DECODE

디코드 국어

비 문 학

저자 **노란양말**

READ ME

이 책은 3단계로 구성된다.

01
DEBUG
문제를 진단한다.

수능 국어가 어려운 이유.
영상에 익숙한 뇌로 텍스트를 해독해야 한다.

02
CODE
코드를 익힌다.

평가원이 사용하는 코드를 학습한다.
모든 주제, 모든 지문에 적용되는 보편 코드.

03
DECODE
코드를 해독한다.

하루 3지문. 직접 풀고, 바로 해독한다.
내 사고와 평가원의 코드의 차이, 그 간극을 좁히는 것이 해답이다.

매일 반복한다. 코드가 몸에 밸 때까지.

INDEX

이 책은 3단계로 구성된다.

▶ 국어가 어려운 이유

수능 국어는 재능이 아니다.

그런데 왜 아무리 해도 안 오르는가?
혹시 이런 경험이 있는가?

"분명히 다 읽었는데, 선지에서 헷갈린다."
"어떤 날은 1등급, 어떤 날은 3등급. 실력인지 운인지 모르겠다."
"시간이 부족해서 끝까지 못 풀었다."
"수능 날, 국어에서 뒤통수 맞았다."

2등급에서 1등급 벽을 못 넘는 학생.
1~3등급을 왔다 갔다 하는 학생.
공부한 만큼 점수가 안 나오는 학생.

이들의 공통점은 '읽기'로 승부하려 한다는 것이다.

문제는 세대 차이다.
출제자는 읽기 세대다.
책과 신문으로 정보를 얻던 사람들.
읽기가 곧 실력인 시대를 살았다.

학생은 보기 세대다.
영상과 이미지로 정보를 처리하는 사람들. 태어날 때부터 스마트폰이 있었다.

읽기 세대가 만든 시험을
보기 세대가 읽기로 풀려고 한다.

안 되는 게 당연하다.
운에 따라 등급이 바뀌는 것도 당연하다.

그렇다면 방법은 없는가? 있다.

물론 읽기를 잘하면 좋다.
수능은 읽기 능력을 평가하는 시험이니까.

하지만 보기 세대에게는 보기 세대에 맞는 방법이 있다.
읽기 실력이 부족해도 안정적으로 1등급을 받을 수 있는 방법.

▶ 쓰기는 읽기의 역과정이다.

"경제 지문이 약해요."
"과학은 읽어도 1무슨 말인지 모르겠어요."
"법 지문만 나오면 시간이 부족해요."

많은 학생들이 주제별로 지문을 분류해서 공부한다.
경제, 법, 과학기술, 예술, 인문..
약한 주제를 파악하고, 그 주제를 집중적으로 훈련한다.
하지만 이 방법은 추천하지 않는다.

주제별 학습의 함정

주제별로 나누면 반드시 '약한 주제'가 생긴다.
한번 약하다고 인식하면, 그 인식은 쉽게 사라지지 않는다.

수능 당일
1교시, 국어.
긴장과 두려움이 가시지 않은 상태에서 "내가 약한 주제"가 눈에 들어온다.

쉬운 문제도 의심하게 된다. 어려운 지문이면 패닉에 빠진다.
실력과 상관없이 무너진다.

주제는 중요하지 않다.

출제자는 경제 전문가가 아니다.법학자도, 과학자도 아니다.
그들은 '글을 쓰는 사람'이다.

경제든 법이든 과학이든,글을 쓰는 방식은 같다.
정의하고, 나열하고, 비교하고, 순서를 정한다.
문제를 제시하고 해결한다.
조건을 걸고 예외를 둔다.

이것이 쓰기의 구조다.

쓰기를 알면 읽기가 풀린다
쓰기는 읽기의 역과정이다.
출제자가 글을 '쓴 방식'을 알면,어떤 주제가 나와도 그 구조가 보인다.
경제를 몰라도 된다. 철학을 몰라도 된다.과학을 몰라도 된다.
쓰기의 패턴만 알면,모든 지문을 해독할 수 있다

▶ 수능 국어 공부법

국어 공부의 가장 큰 불안.
점수가 오르락내리락한다는 것. 그리고 그 진동폭이 크다는 것.

6월 모의고사 2등급.
9월 모의고사 1등급.
수능 3등급.

도대체 내 실력이 몇 등급인지 모르겠다.

왜 진동하는가?

국어는 언어다.
언어는 연속성이 생명이다.

며칠 쉬면 감이 무뎌진다.
그러나 하루 몰아서 한다고 돌아오지 않는다.

쉬어도 무뎌지고, 몰아쳐도 흔들린다.
균형이 답이다.

매일, 조금씩, 모든 영역,

일주일에 14시간을 국어에 쓴다고 하자.

> ○ 주 7일 하루 2시간
> X 주 4일 하루 4시간

그리고 한 영역만 파지 마라.

> ○ 독서 1시간 | 문학 1시간 | 선택 과목 30분
> X 독서 3시간

매일 한다. 모든 영역을 한다. 꾸준히 한다.
진동은 멈춘다.

	표현의 예시	나만의 체크리스트
🔍 정의	~란 ~이다. ~라 한다.	
📁 분류	구별된다. 다르다. N가지 있다.	
⬅➡ 비교/대조	차이가 있다. 찬성/반대. ~보다 크다.	
💡 문제와 해결	문제, 손해, 폐해, 단점	
	해결, 해소, 장점.	
⚙ 순서	N 번째. 선행, 후행, 우선.	
디테일 · ⚙ 조건	아니다, ~가 아닌, 부정한다.	
	다만, ~면 ···하다.	
	증가, 감소, 강해진다, 약해진다.	
디테일 · 👤 인물, 책, 업적	이름, 책 이름, 학파	
디테일 · 📝 시간,연도	세기, 사건, 구체적인 연도	

나만의 체크리스트문제 풀다가 "이건 체크해야겠다" 싶은 표현을 적는 칸. 자주 놓치는 것, 헷갈리는 것.
반복하면 내 무기가 된다.

01

정의

문제를 진단한다.

첫 문단에는 핵심 소재가 있다.
설명문의 기본이다.
첫 문단에서 글의 소재를 정의하고, 이후 문단에서 그 소재를 풀어나간다.

그런데 수능 독서에는 특징이 있다.
수능 지문은 짧다. A4 한 장 안에 여러 개념을 압축한다.
그래서 정의가 첫 문단에서 끝나지 않는다.
2문단에도, 3문단에도새로운 정의가 등장한다.
출제자는 이 정의들을 전부 묻는다.
정의가 나오면, 어디서든 체크하라.
첫 문단이든, 마지막 문단이든 정의는 중요하다.
출제자는 문단을 차별하지 않는다. 정의가 나오면 묻는다. 그게 전부다.
정의를 따라가면 글의 뼈대가 보인다. 뼈대가 보이면 문제가 풀린다.

저울은 흔히 지렛대의 원리를 이용하거나 전기 저항 변화를 측정하여 질량을 잰다. 그렇다면 초정밀 저울은 기체 분자나 DNA와 같은 미세 물질의 질량을 어떻게 잴까? 이에 답하기 위해서는 압전 효과에 대한 이해가 필요하다.

압전 효과에는 재료에 기계적 변형이 생기면 재료에 전압이 발생하는 1차 압전 효과와, 재료에 전압을 걸면 재료에 기계적 변형이 생기는 2차 압전 효과가 있다. 두 압전 효과가 모두 생기는 재료를 압전체라 하며, 수정이 주로 쓰인다.

압전체로 사용하는 수정은 특정 방향으로 절단 및 가공하여 납작한 원판 모양으로 만든다. 이후 원판의 양면에 전극을 만든 후 (+)와 (−) 극이 교대로 바뀌는 전압을 가하면 수정이 진동한다. 이때 전압의 주파수*를 수정의 고유 주파수와 일치시켜

수정이 큰 폭으로 진동하도록 하여 진동을 측정하기 쉽게 만든 것이 ㉠수정 진동자이다. 고유 주파수란 어떤 물체가 갖는 고유한 진동 주파수인데, 같은 재료의 압전체라도 압전체의 모양과 크기에 따라 달라진다. 수정 진동자에 어떤 물질이 달라붙어 질량이 증가하면 고유 주파수에서 진동하던 수정 진동자의 주파수가 감소한다. 수정 진동자의 주파수는 매우 작은 질량 변화에 민감하게 변하므로 기체 분자나 DNA와 같은 미세한 물질의 질량을 측정할 수 있다. 진동자에서 질량 민감도는 주파수의 변화 정도를 측정된 질량으로 나눈 값인데, 수정 진동자의 질량 민감도는 매우 크다.

수정 진동자로 질량을 측정하는 원리를 응용하면 특정 기체의 농도를 감지할 수 있다. 수정 진동자를 특정 기체가 붙도록 처리하면, 여기에 특정 기체가 달라붙으며 질량 변화가 생겨 수정 진동자의 주파수는 감소한다. 일정 시점이 되면 수정 진동자의 주파수가 더 감소하지 않고 일정한 값을 유지한다. 이렇게 일정한 값을 유지하는 이유는 특정 기체가 일정량 이상 달라붙지 않기 때문이다. 혼합 기체에서 특정 기체의 농도가 클수록 더 작은 주파수에서 주파수가 일정하게 유지된다. 특정 기체가 얼마나 빨리 수정 진동자에 붙어서 주파수가 일정한 값이 되는가

의 척도를 반응 시간이라 하는데, 반응 시간이 짧을수록 특정 기체의 농도를 더 빨리 잴 수 있다.

그런데 측정 대상이 아닌 기체가 함께 붙으면 측정하려는 대상 기체의 정확한 농도 측정이 어렵다. 또한 대상 기체만 붙더라도 그 기체의 농도를 알 수는 없다. 이 때문에 대상 기체의 농도에 따라 수정 진동자의 주파수 변화를 미리 측정해 놓아야 한다.

그 후 대상 기체의 농도를 모르는 혼합 기체에서 주파수 변화를 측정하면 대상 기체의 농도를 알 수 있다. 수정 진동자의 주파수 변화 정도를 농도로 나누면 농도에 대한 민감도를 구할 수 있다.

* 주파수 : 진동이 1초 동안 반복하는 횟수 또는 전압의 (+)와 (−) 극이 1초 동안, 서로 바뀌고 다시 원래대로 되는 횟수.

01 윗글에 대한 설명으로 가장 적절한 것은?

① 압전체의 제작 방법을 소개하고 제작 시 유의점을 나열하고 있다.

② 압전 효과의 개념을 정의하고 압전체의 장단점을 분석하고 있다.

③ 압전 효과의 종류를 분류하고 그 분류에 따른 압전체의 구조를 비교하고 있다.

④ 압전체의 유형을 구분하는 기준을 제시하고 초정밀 저울의 작동 과정을 단계별로 설명하고 있다.

⑤ 압전 효과에 기반한 초정밀 저울의 작동 원리를 설명하고 이 원리가 적용된 기체 농도 측정 방법을 소개하고 있다.

02 윗글을 통해 알 수 있는 내용으로 적절하지 않은 것은?

① 수정 이외에도 압전 효과를 보이는 재료가 존재한다.

② 수정을 절단하고 가공하여 미세 질량 측정에 사용한다.

③ 전기 저항 변화를 이용하여 물체의 질량을 측정하는 경우가 있다.

④ 같은 방향으로 절단한 수정은 크기가 달라도 고유 주파수가 서로 같다.

⑤ 진동자의 주파수 변화 정도를 측정된 질량으로 나누면 질량에 대한 민감도를 구할 수 있다.

03 ㉠에 대한 이해로 적절하지 않은 것은?

① ㉠에는 1차 압전 효과를 보일 수 있는 재료가 있다.

② ㉠에서는 전압에 의해 압전체의 기계적 변형이 일어난다.

③ ㉠에는 전극이 양면에 있는 원판 모양의 수정이 사용된다.

④ ㉠에서는 전극에 가하는 전압의 주파수를 수정의 고유 주파수에 맞춘다.

⑤ ㉠의 전극에 가해지는 특정 주파수의 전압은 압전체의 고유 주파수 값을 더 크게 만든다.

04 윗글을 바탕으로 <보기>를 탐구한 내용으로 가장 적절한 것은? [3점]

> **보기**
>
> 알코올 감지기 A와 B를 이용하여 어떤 밀폐된 공간에 있는 혼합 기체의 알코올 농도를 측정하였다. 이때 A와 B는 모두 진동자에 알코올이 달라붙을 수 있도록 처리되어 있다.
>
> A와 B 모두, 시간이 흐름에 따라 주파수가 감소하다가 더 이상 감소하지 않고 일정하게 유지되었다.
>
> (단, 측정하는 동안 밀폐된 공간의 상황은 변동 없음.)

① A의 진동자에 있는 압전체의 고유 주파수를 알코올만 있는 기체에서 미리 측정해 놓으면, 혼합 기체에서의 알코올의 농도를 알 수 있겠군.

② B에 달라붙은 알코올의 양은 변하지 않고 다른 기체가 함께 달라붙은 후 진동자의 주파수가 일정하게 유지된다면, 이때 주파수의 값은 알코올만 붙었을 때보다 더 작겠군.

③ A와 B에서 알코올이 달라붙도록 진동자를 처리한 것은 알코올이 달라붙음에 따라 진동자가 최대한 큰 폭으로 진동할 수 있게 하려는 것이겠군.

④ A가 B에 비해 동일한 양의 알코올이 달라붙은 후에 생기는 주파수 변화 정도가 크다면, A가 B보다 알코올 농도에 대한 민감도가 더 작다고 할 수 있겠군.

⑤ B가 A보다 알코올이 일정량까지 달라붙는 시간이 더 짧더라도 알코올이 달라붙은 양이 서로 같다면, A와 B의 반응 시간은 서로 같겠군.

저울은 흔히 지렛대의 원리를 이용하거나 전기 저항 변화를 측정하여 질량을 잰다. 그렇다면 초정밀 저울은 기체 분자나 DNA와 같은 미세 물질의 질량을 어떻게 잴까? 이에 답하기 위해서는 압전 효과에 대한 이해가 필요하다.

압전 효과에는 재료에 기계적 변형이 생기면 재료에 전압이 발생하는 1차 압전 효과와, 재료에 전압을 걸면 재료에 기계적 변형이 생기는 2차 압전 효과가 있다. 두 압전 효과가 모두 생기는 재료를 압전체라 하며, 수정이 주로 쓰인다.

압전체로 사용하는 수정은 특정 방향으로 절단 및 가공하여 납작한 원판 모양으로 만든다. 이후 원판의 양면에 전극을 만든 후 (+)와 (-) 극이 교대로 바뀌는 전압을 가하면 수정이 진동한다. 이때 전압의 주파수*를 수정의 고유 주파수와 일치시켜 수정이 큰 폭으로 진동하도록 하여 진동을 측정하기 쉽게 만든 것이 ㉠수정 진동자이다. 고유 주파수란 어떤 물체가 갖는 고유한 진동 주파수인데, 같은 재료의 압전체라도 압전체의 모양과 크기에 따라 달라진다. 수정 진동자에 어떤 물질이 달라붙어 질량이 증가하면 고유 주파수에서 진동하던 수정 진동자의 주파수가 감소한다. 수정 진동자의 주파수는 매우 작은 질량 변화에 민감하게 변하므로 기체 분자나 DNA와 같은 미세한 물질의 질량을 측정할 수 있다. 진동자에서 질량 민감도는 주파수의 변화 정도를 측정된 질량으로 나눈 값인데, 수정 진동자의 질량 민감도는 매우 크다.

수정 진동자로 질량을 측정하는 원리를 응용하면 특정 기체의 농도를 감지할 수 있다. 수정 진동자를 특정 기체가 붙도록 처리하면, 여기에 특정 기체가 달라붙으며 질량 변화가 생겨 수정 진동자의 주파수는 감소한다. 일정 시점이 되면 수정 진동자의 주파수가 더 감소하지 않고 일정한 값을 유지한다. 이렇게 일정한 값을 유지하는 이유는 특정 기체가 일정량 이상 달라붙지 않기 때문이다. 혼합 기체에서 특정 기체의 농도가 클수록 더 작은 주파수에서 주파수가 일정하게 유지된다. 특정 기체가 얼마나 빨리 수정 진동자에 붙어서 주파수가 일정한 값이 되는가의 척도를 반응 시간이라 하는데, 반응 시간이 짧을수록 특정 기체의 농도를 더 빨리 잴 수 있다.

그런데 측정 대상이 아닌 기체가 함께 붙으면 측정하려는 대상 기체의 정확한 농도 측정이 어렵다. 또한 대상 기체만 붙더라도 그 기체의 농도를 알 수는 없다. 이 때문에 대상 기체의 농도에 따라 수정 진동자의 주파수 변화를 미리 측정해 놓아야 한다.

그 후 대상 기체의 농도를 모르는 혼합 기체에서 주파수 변화를 측정하면 대상 기체의 농도를 알 수 있다. 수정 진동자의 주파수 변화 정도를 농도로 나누면 농도에 대한 민감도를 구할 수 있다.

* 주파수 : 진동이 1초 동안 반복하는 횟수 또는 전압의 (+)와 (-) 극이 1초 동안, 서로 바뀌고 다시 원래대로 되는 횟수.

🔍 **정의는 체크한다.**

⚙️ **증가/감소는 체크한다.**

🔍 **정의는 체크한다.**

⚙️ **증가/감소는 체크한다.**

⚙️ **조건은 체크한다.**

🔍 **정의는 체크한다.**

01 윗글에 대한 설명으로 가장 적절한 것은?

① 압전체의 제작 방법을 소개하고 제작 시 유의점을 나열하고 있다.

② 압전 효과의 개념을 정의하고 압전체의 장단점을 분석하고 있다.

③ 압전 효과의 종류를 분류하고 그 분류에 따른 압전체의 구조를 비교하고 있다.

④ 압전체의 유형을 구분하는 기준을 제시하고 초정밀 저울의 작동 과정을 단계별로 설명하고 있다.

⑤ 압전 효과에 기반한 초정밀 저울의 작동 원리를 설명하고 이 원리가 적용된 기체 농도 측정 방법을 소개하고 있다.

1 STRUCTURE FLOW

🔍 정의   ⚙️ 조건

2 ANSWER DECODING

● **STEP 1. 지문 스캔**

지문에서 정의를 중심으로 선지에서 묻는 상황을 찾는다.

● **STEP 2. 선지 매칭**

지문에서 정의와 증가/감소를 통해 압전효과에 기반한 저울의 작동 원리를 설명하고 있으므로 적절한 선지 ⇒ 정답.

---

02 윗글을 통해 알 수 있는 내용으로 적절하지 <u>않은</u> 것은?

① 수정 이외에도 압전 효과를 보이는 재료가 존재한다.

② 수정을 절단하고 가공하여 미세 질량 측정에 사용한다.

③ 전기 저항 변화를 이용하여 물체의 질량을 측정하는 경우가 있다.

④ 같은 방향으로 절단한 수정은 크기가 달라도 고유 주파수가 서로 같다.

⑤ 진동자의 주파수 변화 정도를 측정된 질량으로 나누면 질량에 대한 민감도를 구할 수 있다.

1 STRUCTURE FLOW

🔍 정의   ⚙️ 조건

2 ANSWER DECODING

● **STEP 1. 지문 스캔**

지문에서 정의를 중심으로 선지에서 묻는 상황을 찾는다.

● **STEP 2. 선지 매칭**

정의로 체크했던 "고유 주파수"는 압천제의 모양과 크기에 따라 달라진다고 했으므로 적절하지 않은 선지 ⇒ 정답

03 ㉠에 대한 이해로 적절하지 <u>않은</u> 것은?

① ㉠에는 1차 압전 효과를 보일 수 있는 재료가 있다.

② ㉠에서는 전압에 의해 압전체의 기계적 변형이 일어난다.

③ ㉠에는 전극이 양면에 있는 원판 모양의 수정이 사용된다.

④ ㉠에서는 전극에 가하는 전압의 주파수를 수정의 고유 주파수에 맞춘다.

⑤ ㉠의 전극에 가해지는 특정 주파수의 전압은 압전체의 ~~고유 주파수 값~~을 더 크게 만든다.

04 윗글을 바탕으로 <보기>를 탐구한 내용으로 가장 적절한 것은? [3점]

/ 보기 /

알코올 감지기 A와 B를 이용하여 어떤 밀폐된 공간에 있는 혼합 기체의 알코올 농도를 측정하였다. 이때 A와 B는 모두 진동자에 알코올이 달라붙을 수 있도록 처리되어 있다.

A와 B 모두, 시간이 흐름에 따라 주파수가 감소하다가 더 이상 감소하지 않고 일정하게 유지되었다. (단, 측정하는 동안 밀폐된 공간의 상황은 변동 없음.)

① A의 진동자에 있는 압전체의 ~~고유 주파수~~를 알코올만 있는 기체에서 미리 측정해 놓으면, 혼합 기체에서의 알코올의 농도를 알 수 있겠군.

② B에 달라붙은 알코올의 양은 변하지 않고 다른 기체가 함께 달라붙은 후 진동자의 주파수가 일정하게 유지된다면, 이때 주파수의 값은 알코올만 붙었을 때보다 더 작겠군.

③ A와 B에서 알코올이 달라붙도록 진동자를 처리한 것은 ~~알코올이 달라붙음에 따라~~ 진동자가 최대한 큰 폭으로 진동할 수 있게 하려는 것이겠군.

④ A가 B에 비해 동일한 양의 알코올이 달라붙은 후에 생기는 주파수 변화 정도가 크다면, A가 B보다 알코올 농도에 대한 민감도가 더 ~~작다고~~ 할 수 있겠군.

⑤ B가 A보다 알코올이 일정량까지 달라붙는 시간이 더 짧더라도 알코올이 달라붙은 양이 서로 같다면, A와 B의 반응 시간은 ~~서로 같겠군.~~

---

1 STRUCTURE FLOW /////////

🔍 정의   ⚙ 조건

2 ANSWER DECODING /////////

● **STEP 1. 지문 스캔**

지문에서 정의를 중심으로 선지에서 묻는 상황을 찾는다.

● **STEP 2. 선지 매칭**

정의로 체크했던 "수정 진동자"는 전압의 주파수를 수정의 고유 주파수(특정 주파수)와 일치시켜 수정이 큰 폭으로 진동하도록 만든것이다. 수정의 진동폭이 커지는 것이므로적절하지 않은 선지 ⇒ 정답.

1 STRUCTURE FLOW /////////

🔍 정의   ⚙ 조건

2 ANSWER DECODING /////////

● **STEP 1. 지문 스캔**

지문에서 정의를 중심으로 선지에서 묻는 상황을 찾는다.

● **STEP 2. 선지 매칭**

특정 기체가 수정 진동자에 달라붙어 질량의 변화가 생겨 수정 진동자의 주파수가 감소하는 상황과 <보기>의 상황을 대응한다. 주파수가 감소한 후 일정한 값을 유지한다고 했으므로 적절한 선지 ⇒ 정답

02

정보의 나열
분류는 체크한다.

글쓰기를 관통하는 핵심 원칙이 있다.
하나의 본질을 다채로운 표현으로 변주하는 것이다.

단어의 기계적 반복은 글의 전달력을 낮춘다. 이에 출제자는 동일한 대상을 다른 언어로 재정의한다.
형식은 다르지만, 가리키는 지점은 같다.
변형된 표현 속의 반복이 보인다. 같은 의미는 그룹으로 묶어라. 정보를 파편적으로 흩어두면 정보가 과해 보인다.
맥락을 통합하면 글은 명료해진다.

재진술된 문장 혹은 단어를 발견하면 같은 그룹으로 시각화한다.
유기적으로 연결하면 정보의 등가성이 보인다.
그때 비로소 글의 뼈대가 보인다.

문장이나 영상, 음성을 만들어 내는 인공 지능 생성 모델 중 확산 모델은 영상의 복원, 생성 및 변환에 뛰어난 성능을 보인다.

확산 모델의 기본 발상은, 원본 이미지에 노이즈를 점진적으로 추가하였다가 그 노이즈를 다시 제거해 나가면 원본 이미지를 복원할 수 있다는 것이다. 노이즈는 불필요하거나 원하지 않는 값을 의미한다. 원하는 값만 들어 있는 원본 이미지에 노이즈를 단계별로 더하면 노이즈가 포함된 확산 이미지가 되고, 여러 단계를 거치면 결국 원본 이미지가 어떤 이미지였는지 전혀 알아볼 수 없는 노이즈 이미지가 된다. 역으로, 단계별로 더해진 노이즈를 알 수 있다면 노이즈 이미지에서 원본 이미지를 복원할 수 있다. 확산 모델은 노이즈 생성기, 이미지 연산기, 노이즈 예측기로 구성되며, 순확산 과정과 역확산 과정 순으로 작동한다.

순확산 과정은 이미지에 노이즈를 추가하면서 노이즈 예측기를 학습시키는 과정이다. 첫 단계에서는, 노이즈 생성기에서 노이즈를 만든 후 이미지 연산기가 이 노이즈를 원본 이미지에 더해서 노이즈가 포함된 확산 이미지를 출력한다. 다음 단계부터는 노이즈 생성기에서 만든 노이즈를 이전 단계에서 출력된 확산 이미지에 더한다. 이러한 단계를 충분히 반복하면 최종적으로 노이즈 이미지가 출력된다. 이때 더해지는 노이즈는 크기나 분포 양상 등 그 특성이 단계별로 다르다. 따라서 노이즈 예측기는 단계별로 확산 이미지를 입력받아 이미지에 포함된 노이즈의 특성을 추출하여 수치들로 표현하고, 이 수치들을 바탕으로 노이즈를 예측한다. 노이즈 예측기 내부의 이러한 수치들을 잠재 표현 이라고 한다. 노이즈 예측기는 잠재 표현을 구하고 노이즈를 예측하는 방식을 학습한다.

노이즈 예측기의 학습 방법은 기계 학습 중에서 지도 학습에 해당한다. 지도 학습은 학습 데이터에 정답이 주어져 출력과 정답의 차이가 작아지도록 모델을 학습시키는 방법이다. 노이즈 예측기를 학습시킬 때는 노이즈 생성기에서 만들어 넣어 준 노이즈가 정답에 해당하며 이 노이즈와 예측된 노이즈 사이의 차이가 작아지도록 학습시킨다.

역확산 과정은 노이즈 이미지에서 노이즈를 제거하여 원본 이미지를 복원하는 과정이다. 노이즈를 제거하려면 이미지에 단계별로 어떤 특성의 노이즈가 더해졌는지 알아야 하는데 노이즈 예측기가 이 역할을 한다. 노이즈 이미지 또는 중간 단계에서의 확산 이미지를 노이즈 예측기에 입력하면 이미지에 포함된 노이즈의 특성을 추출하여 잠재 표현을 구하고 이를 바탕으로 노이즈를 예측한다. 이미지 연산기는 입력된 확산 이미지로부터 이 노이즈를 빼서 현 단계의 노이즈를 제거한 확산 이미지를 출력한다. 확산 이미지에 이런 단계를 반복하면 결국 노이즈가 대부분 제거되어 원본 이미지에 가까운 이미지만 남게 된다.

한편, 많은 종류의 이미지를 학습시킨 후 학습된 이미지의 잠재 표현에 고유 번호를 붙이면 역확산 과정에서 이미지를 선택하여 생성할 수 있다. 또한 잠재 표현의 수치들을 조정하면 다른 특성의 노이즈가 생성되어 여러 이미지를 혼합하거나 실재하지 않는 이미지를 만들어 낼 수도 있다.

01 학생이 윗글을 읽은 방법으로 적절하지 <u>않은</u> 것은?

① 확산 모델이 지도 학습을 사용한다는 점에 주목하고, 지도 학습 방법이 확산 모델에 어떻게 적용되는지 확인하며 읽었다.

② 확산 모델이 두 가지 과정으로 이루어진다는 점에 주목하고, 두 과정 중 어느 과정이 선행되어야 하는지 살피며 읽었다.

③ 확산 모델에서 노이즈의 중요성을 파악하고, 사용되는 노이즈의 종류가 모델의 성능에 미치는 영향을 이해하며 읽었다.

④ 잠재 표현의 개념을 파악하고, 그 개념을 바탕으로 확산 모델이 노이즈를 예측하고 제거하는 원리를 이해하며 읽었다.

⑤ 확산 모델의 구성 요소를 파악하고, 그 구성 요소가 노이즈 처리 과정에서 어떤 기능을 하는지 확인하며 읽었다.

02 윗글을 이해한 내용으로 가장 적절한 것은?

① 노이즈 생성기는 순확산 과정에서만 작동한다.

② 확산 모델에서의 학습은 역확산 과정에서 이루어진다.

③ 이미지 연산기와 노이즈 예측기는 모두 확산 이미지를 출력한다.

④ 노이즈 예측기를 학습시킬 때는 예측된 노이즈가 정답으로 사용된다.

⑤ 역확산 과정에서 단계가 반복될수록 출력되는 확산 이미지는 원본 이미지와의 유사성이 줄어든다.

03 잠재 표현 에 대한 설명으로 적절하지 <u>않은</u> 것은?

① 잠재 표현의 수치들을 조정하면 여러 이미지를 혼합할 수 있다.

② 역확산 과정에서 잠재 표현이 다르면 예측되는 노이즈가 다르다.

③ 확산 모델의 학습에는 잠재 표현을 구하는 방식이 포함되어 있다.

④ 잠재 표현은 이미지에 더해진 노이즈의 크기나 분포 양상에 따라 다른 값들이 얻어진다.

⑤ 잠재 표현은 노이즈 예측기가 원본 이미지를 입력받아 노이즈의 특성을 추출한 결과이다.

04 윗글을 바탕으로 <보기>를 이해한 내용으로 적절하지 <u>않은</u> 것은? [3점]

／ 보기 ╱

A단계는 확산 모델 과정 중 한 단계이다. ㉠은 원본 이미지이고, ㉡은 확산 이미지 중의 하나이며, ㉢은 노이즈 이미지이다. (가)는 이미지가 단계로 입력되는 부분이고, (나)는 이미지가 A단계에서 출력되는 부분이다.

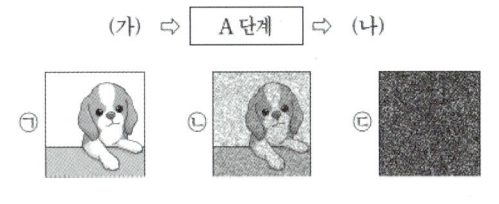

① (가)에 ㉠이 입력된다면, A 단계의 이미지 연산기에서는 ㉠에 노이즈를 더하겠군.

② (나)에 ㉢이 출력된다면, A 단계의 노이즈 생성기에서 생성된 노이즈가 이미지 연산기에서 확산 이미지에 더해졌겠군.

③ 순확산 과정에서 (가)에 ㉡이 입력된다면, A 단계의 노이즈 예측기에서 예측한 노이즈가 이미지 연산기에 입력되겠군.

④ 역확산 과정에서 (가)에 ㉢이 입력된다면, A 단계의 이미지 연산기에서는 ㉢에서 노이즈를 빼겠군.

⑤ 역확산 과정에서 (나)에 ㉡이 출력된다면, A 단계의 노이즈 예측기에서 예측한 노이즈가 이미지 연산기에 입력되었겠군.

문장이나 영상, 음성을 만들어 내는 인공 지능 생성 모델 중 확산 모델은 영상의 복원, 생성 및 변환에 뛰어난 성능을 보인다.

확산 모델의 기본 발상은, 원본 이미지에 노이즈를 점진적으로 추가하였다가 그 노이즈를 다시 제거해 나가면 원본 이미지를 복원할 수 있다는 것이다. 노이즈는 불필요하거나 원하지 않는 값을 의미한다. 원하는 값만 들어 있는 원본 이미지에 노이즈를 단계별로 더하면 노이즈가 포함된 확산 이미지가 되고, 여러 단계를 거치면 결국 원본 이미지가 어떤 이미지였는지 전혀 알아볼 수 없는 노이즈 이미지가 된다. 역으로, 단계별로 더해진 노이즈를 알 수 있다면 노이즈 이미지에서 원본 이미지를 복원할 수 있다. 확산 모델은 노이즈 생성기, 이미지 연산기, 노이즈 예측기로 구성되며, 순확산 과정과 역확산 과정 순으로 작동한다.

순확산 과정은 이미지에 노이즈를 추가하면서 노이즈 예측기를 학습시키는 과정이다. 첫 단계에서는, 노이즈 생성기에서 노이즈를 만든 후 이미지 연산기가 이 노이즈를 원본 이미지에 더해서 노이즈가 포함된 확산 이미지를 출력한다. 다음 단계부터는 노이즈 생성기에서 만든 노이즈를 이전 단계에서 출력된 확산 이미지에 더한다. 이러한 단계를 충분히 반복하면 최종적으로 노이즈 이미지가 출력된다. 이때 더해지는 노이즈는 크기나 분포 양상 등 그 특성이 단계별로 다르다. 따라서 노이즈 예측기는 단계별로 확산 이미지를 입력받아 이미지에 포함된 노이즈의 특성을 추출하여 수치들로 표현하고, 이 수치들을 바탕으로 노이즈를 예측한다. 노이즈 예측기 내부의 이러한 수치들을 잠재 표현 이라고 한다. 노이즈 예측기는 잠재 표현을 구하고 노이즈를 예측하는 방식을 학습한다.

노이즈 예측기의 학습 방법은 기계 학습 중에서 지도 학습에 해당한다. 지도 학습은 학습 데이터에 정답이 주어져 출력과 정답의 차이가 작아지도록 모델을 학습시키는 방법이다. 노이즈 예측기를 학습시킬 때는 노이즈 생성기에서 만들어 넣어 준 노이즈가 정답에 해당하며 이 노이즈와 예측된 노이즈 사이의 차이가 작아지도록 학습시킨다.

역확산 과정은 노이즈 이미지에서 노이즈를 제거하여 원본 이미지를 복원하는 과정이다. 노이즈를 제거하려면 이미지에 단계별로 어떤 특성의 노이즈가 더해졌는지 알아야 하는데 노이즈 예측기가 이 역할을 한다. 노이즈 이미지 또는 중간 단계에서의 확산 이미지를 노이즈 예측기에 입력하면 이미지에 포함된 노이즈의 특성을 추출하여 잠재 표현을 구하고 이를 바탕으로 노이즈를 예측한다. 이미지 연산기는 입력된 확산 이미지로부터 이 노이즈를 빼서 현 단계의 노이즈를 제거한 확산 이미지를 출력한다. 확산 이미지에 이런 단계를 반복하면 결국 노이즈가 대부분 제거되어 원본 이미지에 가까운 이미지만 남게 된다.

한편, 많은 종류의 이미지를 학습시킨 후 학습된 이미지의 잠재 표현에 고유 번호를 붙이면 역확산 과정에서 이미지를 선택하여 생성할 수 있다. 또한 잠재 표현의 수치들을 조정하면 다른 특성의 노이즈가 생성되어 여러 이미지를 혼합하거나 실재하지 않는 이미지를 만들어 낼 수도 있다.

🔍 정의는 체크한다.

⚙ 조건은 체크한다.

🗀 분류는 체크한다.

⚙ 순서는 체크한다.

🔍 정의는 체크한다.

🗀 분류는 체크한다.

01 학생이 윗글을 읽은 방법으로 적절하지 **않은** 것은?

① 확산 모델이 지도 학습을 사용한다는 점에 주목하고, 지도 학습 방법이 확산 모델에 어떻게 적용되는지 확인하며 읽었다.

② 확산 모델이 두 가지 과정으로 이루어진다는 점에 주목하고, 두 과정 중 어느 과정이 선행되어야 하는지 살피며 읽었다.

③ 확산 모델에서 노이즈의 중요성을 파악하고, 사용되는 ~~노이즈의 종류가 모델의 성능에 미치는 영향을~~ 이해하며 읽었다.

④ 잠재 표현의 개념을 파악하고, 그 개념을 바탕으로 확산 모델이 노이즈를 예측하고 제거하는 원리를 이해하며 읽었다.

⑤ 확산 모델의 구성 요소를 파악하고, 그 구성 요소가 노이즈 처리 과정에서 어떤 기능을 하는지 확인하며 읽었다.

1 STRUCTURE FLOW

🔍 정의　📁 분류

2 ANSWER DECODING

● STEP 1. 지문 스캔

지문에서 분류를 중심으로 선지에서 묻는 상황을 찾는다.

● STEP 2. 선지 매칭

지문에서 확산 모델의 구성 요소를 노이즈 성기, 이미지 연산기, 노이즈 예측기로 분류하고 이 요소들을 이용하여 순확산 과정과 역확산 과정을 설명하있다. 노이즈의 종류를 분류했다고 하는 것은 적절하지 않은 선지 ⇒ 정답

---

02 윗글을 이해한 내용으로 가장 적절한 것은?

① 노이즈 생성기는 순확산 과정에서만 작동한다.

② 확산 모델에서의 학습은 ~~역확산~~ 과정에서 이루어진다.

③ 이미지 연산기와 ~~노이즈 예측기는 모두~~ 확산 이미지를 출력 한다.

④ 노이즈 예측기를 학습시킬 때는 ~~예측된 노이즈가~~ 정답으로 사용된다.

⑤ 역확산 과정에서 단계가 반복될수록 출력되는 확산 이미지는 원본 이미지와의 유사성이 ~~줄어든다.~~

1 STRUCTURE FLOW

🔍 정의　📁 분류

2 ANSWER DECODING

● STEP 1. 지문 스캔

지문에서 분류를 중심으로 선지에서 묻는 상황을 찾는다.

● STEP 2. 선지 매칭

지문에서 역확산 과정에는 노이즈 생성기(A)가 없고 순확산 과정에서만 노이즈 생성기(A)가 있기 때문에 적절한 선지 ⇒ 정답

03 잠재 표현 에 대한 설명으로 적절하지 않은 것은?

① 잠재 표현의 수치들을 조정하면 여러 이미지를 혼합할 수 있다.

② 역확산 과정에서 잠재 표현이 다르면 예측되는 노이즈가 다르다.

③ 확산 모델의 학습에는 잠재 표현을 구하는 방식이 포함되어 있다.

④ 잠재 표현은 이미지에 더해진 노이즈의 크기나 분포 양상에 따라 다른 값들이 얻어진다.

⑤ 잠재 표현은 노이즈 예측기가 ~~원본 이미지를~~ 입력받아 노이즈의 특성을 추출한 결과이다.

04 윗글을 바탕으로 <보기>를 이해한 내용으로 적절하지 않은 것은? [3점]

/ 보기 /

A단계는 확산 모델 과정 중 한 단계이다. ㉠은 원본 이미지이고, ㉡은 확산 이미지 중의 하나이며, ㉢은 노이즈 이미지이다. (가)는 이미지가 단계로 입력되는 부분이고, (나)는 이미지가 A단계에서 출력되는 부분이다.

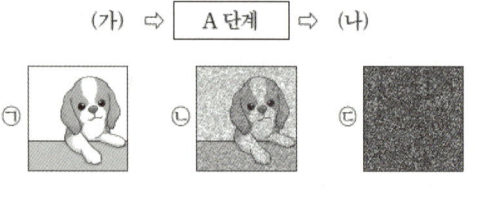

(가) ⇨ A 단계 ⇨ (나)

① (가)에 ㉠이 입력된다면, A 단계의 이미지 연산기에서는 ㉠에 노이즈를 더하겠군.

② (나)에 ㉢이 출력된다면, A 단계의 노이즈 생성기에서 생성된 노이즈가 이미지 연산기에서 확산 이미지에 더해졌겠군.

③ 순확산 과정에서 (가)에 ㉡이 입력된다면, A 단계의 ~~노이즈 예측기에서 예측한 노이즈가~~ 이미지 연산기에 입력되겠군.

④ 역확산 과정에서 (가)에 ㉢이 입력된다면, A 단계의 이미지 연산기에서는 ㉢에서 노이즈를 빼겠군.

⑤ 역확산 과정에서 (나)에 ㉡이 출력된다면, A 단계의 노이즈 예측기에서 예측한 노이즈가 이미지 연산기에 입력되었겠군.

---

1 STRUCTURE FLOW

🔍 정의   📁 분류

2 ANSWER DECODING

● STEP 1. 지문 스캔

지문에서 정의를 중심으로 선지에서 묻는 상황을 찾는다.

● STEP 2. 선지 매칭

지문에서 노이즈 예측기(C) 내부의 수치들이 잠재 표현이라고 했으므로 노이즈 예측기(C)를 확인한다. 노이즈 예측기(C)는 확산 이미지를 입력 받으므로 원본 이미지를 입력받는다는 것은 적절하지 않은 선지 ⇒ 정답

1 STRUCTURE FLOW

📁 분류   ☷ 순서

2 ANSWER DECODING

● STEP 1. 지문 스캔

지문에서 확산 모델의 구성 요소와 순서를 중심으로 선지에서 묻는 상황을 찾는다.

● STEP 2. 선지 매칭

순확산 과정의 구성 요소와 순서를 확인한다. ㉡확산 이미지를 출력한 후 다음 단계부터는 노이즈 생성기(A)에서 만든 노이즈를 더한다. 노이즈 예측기(C)가 아닌 노이즈 생성기(A)에서 노이즈를 만든다고 했으므로 적절하지 않은 선지 ⇒ 정답

03

비교, 대조
인물,의견,시간은 체크한다.

정보가 많을 때, 묶는 것만으로는 부족하다.
비교하고 대조해야 한다.

비교: 공통점을 살핀다여러 의견이나 상황이 나올 때같은 부분을 찾아 체크한다.

대조: 차이점을 살핀다반대로 다른 부분도 체크한다.평가원은 상황을 섞어서 묻는 경우가 많다.

분리해두면 흔들리지 않는다.

조건: 예외를 살핀다일반적인 경우와 다른 상황이 나오면 체크한다.

"단, ~의 경우" "~하면"이런 표현이 나오면 예외다.

(가)

근대 국가는 시민의 생명과 재산을 보호하는 것을 일차적인 존립 이유로 ⓐ삼았다. 최소한의 금지 행위만을 법으로 정하고 이를 위반하는 경우에만 개입함으로써 시민의 자유를 최대한 보장하고자 했다. 이러한 목적이 반영된 자유주의적 법 모델은 근대법의 근간을 이루었다. 그러나 이 모델은 자유를 실질적으로 누릴 사회·경제적 조건이 모두에게 동등하게 주어지지 않은 상황에서 갈등이나 분쟁에 대처하는 데 한계가 있었다. 이를 보완할 목적으로 등장한 것이 사회복지국가적 법 모델이다. 이 모델에서는 법이 삶의 세계에 더 깊숙이 개입한다. 개인의 권리보장뿐 아니라 주거, 노동, 환경 등의 영역에서 평등과 연대의 가치를 구현하기 위한 제도의 구축 및 관리도 법의 역할이 되어, 그 역할 수행에 필요한 의무 규정들이 늘어난다. 가령 『대기환경보전법』은 오염 물질의 배출을 규제하는 대기 환경 관리 체계의 기능을 강화함으로써, 깨끗한 환경에서 살 시민의 권리를 실현하기 위한 공적 토대를 만들고자 한다.

[A]

그런데 법적 규제가 과도할 경우 삶의 세계를 구성해 온 고유한 직업 윤리 등 문화적·도덕적 규범이 강행적 성격을 띤 법 규범에 의해 침범당하는 경우가 생긴다. 이로써 사회각 영역의 자율적 조절 기능이 훼손되고 사회의 통합이 법에 의해 와해된다. 그럴수록 공동체는 갈등 상황에서 법적 해결에 의존하게 된다. 규제에 대한 요구량이 증가하면 법의 수행 능력은 한계에 ⓑ부딪힌다. '문제가 발생할 때 법은 마지막 수단이어야 한다.' 등 근대법의 기본 원리가 유지되기도 ⓒ어렵다. 결국 법의 규범 구조가 균열된 상태에서, 법으로 문제를 해결해야 한다는 당위만 ⓓ남는다. 그로 인해 법 규범이 삶의 세계에 점점 더 깊숙이 개입하게 되어 사회의 자율적 조절 기능은 더욱 망가지는 과정이 반복된다.

⊙이러한 악순환을 방지하면서 사회복지 체계를 보완하고자 등장한 것이 절차주의적 법 모델이다.

절차주의적 법 모델에 따르면, 법은 분쟁에 직접 개입해 해결책을 ⓔ내놓는 대신 분쟁 당사자들의 논의와 협상을 위한 절차나 권한 분배 등 분쟁 해결 방식에만 관여한다. 이로써 사회의 자율적 조절 기능을 보존하고 확대하고자 한다. 또한 권력과 자본이 논의의 장에 개입해 일부가 발언권을 독점하거나 부당한 영향력을 행사할 수 있으므로 이에 대한 점검 과정을 절차 안에 두도록 의무화한다. 당사자 간의 자유롭고 균등한 의견 개진 가능성을 최대한 보장하는 것이 절차주의적 법 모델의 목적이다.

위의 세 가지 법 모델은 시대의 요구에 따라 등장했으나 앞선 모델을 다음 모델이 대체하며 법체계를 지배해 온 것은 아니다.

각각의 법 모델이 고유한 타당성과 필요성을 가진 채 현재의 법체계 안에 공존하고 있다.

(나)

재산 관계에서는 개인의 자유가 최대한 보장되어야 하므로 계약으로 권리와 의무가 인정되는 것이 원칙이다. 그러나 사회·경제적 조건을 달리하는 당사자들 간에서는, 약자 보호를 위해 법률로 그 내용이 정해지는 경우가 있고 이때는 이를 계약으로변경할 수 없다.

임대차의 경우 그 내용은 계약으로 정해지는 것이 원칙이지만, 임대차의 목적물인 임차물이 생활의 근거인 주택이나 생업의 근거인 상가이면 임차인 보호라는 과제는 계약만으로는 실현되기 어렵다. 그래서 주택임대차보호법, 상가건물 임대차보호법에는 계약보다 우선 적용되는 제도가 마련되어 있다. 예컨대계약으로 임대차 기간을 이 법들에 규정된 최단 존속 기간보다 짧게 정했더라도 임차인에게는 최단 존속 기간이 보장된다. 한편 임대차 계약이 종료되기 전의 일정 기간 내에 임대인이나 임차인이 계약 갱신 여부에 대한 의사를 표시할 수 있다. 이 기간 내에 임대인이 임대차 종료를 요구한 경우, 임차인이 갱신요구권을 행사하면 임대차 종료 예정일부터 최단 존속 기간 만큼 임대차가 연장된다. 이러한 갱신 요구권은 임대차 기간이 정해져 있어야 인정된다.

단, 임대인은 이 법들에 규정된 갱신 거절 사유를 증명해 갱신을 거절함으로써 임대차를 종료시킬 수 있다. 갱신 거절 사유의 예로 임대인이 임차물인 주택에 실거주하려는 경우를 들 수 있다.

주택이나 상가 임대차에서도 법이 아니라 계약으로 재산 관계가 정해지는 경우가 있다. 임차인이 임차물을 사용할 권리가 소멸했거나 임차인의 경제력이 충분하면 임차인을 보호할 필요가 없기 때문이다. 예컨대 ㉮임대차 종료 후 임차물을 반환할 때 임차인이 이를 원상회복할 의무를 지는지를 결정할 때는 계약이 법률보다 우선 적용된다. 또한 보증금이『상가건물 임대차 보호법』에 정해진 상한액을 초과하면 최단 존속 기간이 적용 되지 않으므로, 이때 존속 기간을 정하지 않기로 계약했다면 당사자들은 자유롭게 임대차를 종료시킬 수 있다.

임대차 분쟁이 발생한 경우 이를 해결하기 위한 원칙적 절차는 법관이 주도하는 재판 절차인데, 여기서 당사자들은 각자 자신의 주장을 뒷받침할 자료를 제출해야 한다. 한편 분쟁 해결 절차에서 당사자들의 자유로운 의견 개진을 보장하기 위해『주택임대차보호법』과『상가건물 임대차보호법』에는 임대차 분쟁 조정 절차도 마련되어 있다. 이때 조정 절차를 주관하는 조정위원회가 당사자를 위해 자료를 수집해 줄 수 있다. 그러나 임대차 분쟁 조정 절차는 당사자들이 분쟁 해결을 위해 이 절차를 따르기로 합의해야 시작되며, 이러한 합의가 이루어지지 않으면 재판 절차를 따라야 한다.

01 (가)와 (나)에 대한 설명으로 가장 적절한 것은?

① (가)는 특정 개념이 지니는 의의와 가치를, (나)는 특정 개념의 변화에 대한 전망을 제시하고 있다.

② (가)는 시대의 요구가 반영된 방안들이 출현해 온 과정에 대해, (나)는 특정 과제의 해결을 위한 제도에 대해 서술하고 있다.

③ (가)는 (나)와 달리, 사회 현상을 분석한 여러 학자의 이론을 다양한 사례를 들어 설명하고 있다.

④ (나)는 (가)와 달리, 문제 해결을 위해 등장한 방안이 과도하게 적용될 경우 발생할 수 있는 문제점을 밝히고 있다.

⑤ (가)와 (나)는 모두 문제를 해결하려는 기존의 방안들이 지닌 한계점을 비판한 후, 새로운 방안을 제안하고 있다.

03 (가)와 (나)를 이해한 학생이 보인 반응으로 적절하지 않은 것은?

① 자유주의적 법 모델은 임대인과 임차인이 합의한 계약을 법이 존중하여 그 내용에 원칙적으로 개입하지 말아야 한다고 판단하겠군.

② 사회복지국가적 법 모델은 임차인의 생업을 보호할 필요가 인정될 때는 임대인의 재산권에 대한 제한이 불가능하지 않다고 여기겠군.

③ 절차주의적 법 모델은 임대차 분쟁 조정에서 당사자들의 자유로운 의견 개진의 기회를 법으로 보장해야 한다고 보겠군.

④ 자유주의적 법 모델은 사회복지국가적 법 모델과 달리, 임차인의 갱신 요구를 임대인이 거절할 수 없어야 한다고 보겠군.

⑤ 사회복지국가적 법 모델과 절차주의적 법 모델은 모두, 임대차 갈등을 다룰 때 임대인과 임차인이 대등한 관계가 아닐 수 있음을 고려하겠군.

02 [A]를 바탕으로 ㉠을 이해한 내용으로 가장 적절한 것은?

① 법이 사회 각 영역의 자율적 조절 기능에 점점 더 의존한다.

② 근대법의 기본 원리를 철저히 고수하는 법 정책으로 인해 문제 해결이 지체된다.

③ 이전에는 법적 규제를 통해 해결하지 않던 문제들까지도 법의 해결 과제가 된다.

④ 갈등 상황에서는 문화적으로 전승되어 온 규범이 법 규범보다 우선적으로 투입된다.

⑤ 삶의 세계에 대한 법의 간섭 빈도가 점점 더 줄어들어 법의 기본 원리에 대한 사회적 신뢰가 깨진다.

04 (나)를 바탕으로 할 때, ㉮의 이유로 가장 적절한 것은?

① 임차인의 경제력이 충분하면 임대차 기간이 보장될 필요가 없기 때문이다.

② 임차인과 임대인이 법률에 규정된 내용을 계약으로써 변경할 수 없기 때문이다.

③ 임차인의 권리가 법률로 정해져야 개인의 자유가 최대한 보장되기 때문이다.

④ 임대차 목적물인 주택이나 상가가 더 이상 임차인의 생활이나 생업의 근거가 아니기 때문이다.

⑤ 임차물이 상가인 경우 임대차의 내용 결정은 임차인의 사회·경제적 조건과 무관하기 때문이다.

05 (가), (나)를 바탕으로 <보기>를 이해한 내용으로 적절하지 <u>않은</u> 것은? [3점]

> 갑은 자신이 소유한 A 주택과 B 상가를 을에게 임대하기로 계약하면서, A 주택의 임대차 기간은 「주택임대차보호법」에 규정된 최단 존속 기간으로 정했으나 B 상가의 임대차 기간은 정하지 않기로 했다. B 상가의 보증금은 「상가건물 임대차 보호법」에 규정된 상한액을 초과한다.
>
> 갑이 위의 두 법에 규정된, 갱신 여부에 대한 의사를 표시할 수 있는 기간 중에 을에게 A 주택과 B 상가에 대한 임대차 종료를 주장했으나 을은 갱신을 요구했다. 하지만 갑은 위 기간 내에 갱신을 거절하고 을에게 A 주택과 B 상가를 반환하라고 함으로써 분쟁이 생겼다. 을은 임대차 분쟁 조정 절차로 분쟁을 해결하자고 제안했으나 갑이 이를 거절하여 결국 합의가 이루어지지 않았다.

① 갑이 A 주택에 실거주할 계획이 있음을 증명한 경우, 갑과 을 간의 A 주택 임대차는 갱신되지 않겠군.

② 을이 갱신 요구권을 행사하여 임대차 기간을 연장할 수 있다면, 이것은 평등과 연대의 가치 실현을 위해 마련된 의무 규정이 적용된 것이겠군.

③ 을은 갑에게 「상가건물 임대차보호법」에 규정된 최단 존속 기간을 주장할 수 없겠군.

④ 을의 의사와 무관하게 갑이 B 상가 임대차를 종료시킬 수 있는 것은, 시민 개개인의 자유가 갑에게 보장된 것이겠군.

⑤ 갑과 을 간의 A 주택 임대차에 관한 분쟁 해결 절차에서는 조정위원회가 을을 위해 자료를 수집할 수 있겠군.

06 문맥상 ⓐ~ⓔ와 가장 가까운 의미로 쓰인 것은?

① ⓐ : 그는 신문 기사를 주장의 근거로 <u>삼았다</u>.

② ⓑ : 아이가 한눈을 팔다가 친구와 <u>부딪혔다</u>.

③ ⓒ : 그가 사용한 전문 용어들은 너무 <u>어렵다</u>.

④ ⓓ : 열심히 장사했더니 이익이 많이 <u>남았다</u>.

⑤ ⓔ : 언니가 화분들을 모두 베란다에 <u>내놓았다</u>.

(가)

근대 국가는 시민의 생명과 재산을 보호하는 것을 일차적인 존립 이유로 ⓐ삼았다. 최소한의 금지 행위만을 법으로 정하고 이를 위반하는 경우에만 개입함으로써 시민의 자유를 최대한 보장하고자 했다. 이러한 목적이 반영된 자유주의적 법 모델은 근대법의 근간을 이루었다. 그러나 이 모델은 자유를 실질적으로 누릴 사회·경제적 조건이 모두에게 동등하게 주어지지 않은 상황에서 갈등이나 분쟁에 대처하는 데 한계가 있었다. 이를 보완할 목적으로 등장한 것이 사회복지국가적 법 모델이다. 이 모델에서는 법이 삶의 세계에 더 깊숙이 개입한다. 개인의 권리보장뿐 아니라 주거, 노동, 환경 등의 영역에서 평등과 연대의 가치를 구현하기 위한 제도의 구축 및 관리도 법의 역할이 되어, 그 역할 수행에 필요한 의무 규정들이 늘어난다. 가령 『대기환경보전법』은 오염 물질의 배출을 규제하는 대기 환경 관리 체계의 기능을 강화함으로써, 깨끗한 환경에서 살 시민의 권리를 실현하기 위한 공적 토대를 만들고자 한다.

[A]

그런데 법적 규제가 과도할 경우 삶의 세계를 구성해 온 고유한 직업 윤리 등 문화적·도덕적 규범이 강행적 성격을 띤 법 규범에 의해 침범당하는 경우가 생긴다. 이로써 사회각 영역의 자율적 조절 기능이 훼손되고 사회의 통합이 법에 의해 와해된다. 그럴수록 공동체는 갈등 상황에서 법적 해결에 의존하게 된다. 규제에 대한 요구량이 증가하면 법의 수행 능력은 한계에 ⓑ부딪힌다. '문제가 발생할 때 법은 마지막 수단이어야 한다.' 등 근대법의 기본 원리가 유지되기도 ⓒ어렵다. 결국 법의 규범 구조가 균열된 상태에서, 법으로 문제를 해결해야 한다는 당위만 ⓓ남는다. 그로 인해 법 규범이 삶의 세계에 점점 더 깊숙이 개입하게 되어 사회의 자율적 조절 기능은 더욱 망가지는 과정이 반복된다.

㉠이러한 악순환을 방지하면서 사회복지 체계를 보완하고자 등장한 것이 절차주의적 법 모델이다.

절차주의적 법 모델에 따르면, 법은 분쟁에 직접 개입해 해결책을 ⓔ내놓는 대신 분쟁 당사자들의 논의와 협상을 위한 절차나 권한 분배 등 분쟁 해결 방식에만 관여한다. 이로써 사회의 자율적 조절 기능을 보존하고 확대하고자 한다. 또한 권력과 자본이 논의의 장에 개입해 일부가 발언권을 독점하거나 부당한 영향력을 행사할 수 있으므로 이에 대한 점검 과정을 절차 안에 두도록 의무화한다. 당사자 간의 자유롭고 균등한 의견 개진 가능성을 최대한 보장하는 것이 절차주의적 법 모델의 목적이다.

위의 세 가지 법 모델은 시대의 요구에 따라 등장했으나 앞선 모델을 다음 모델이 대체하며 법체계를 지배해 온 것은 아니다.

각각의 법 모델이 고유한 타당성과 필요성을 가진 채 현재의 법체계 안에 공존하고 있다.

⚙ 조건은 체크한다.

💡 문제 / 해결은 체크한다.

👤 의견 / 주장은 체크한다.

💡 문제 / 해결은 체크한다.

⚙ 조건은 체크한다.

👤 의견 / 주장은 체크한다.

(나)

　재산 관계에서는 개인의 자유가 최대한 보장되어야 하므로 계약으로 권리와 의무가 인정되는 것이 원칙이다. 그러나 사회·경제적 조건을 달리하는 당사자들 간에서는, 약자 보호를 위해 법률로 그 내용이 정해지는 경우가 있고 이때는 이를 계약으로 변경할 수 없다.

　임대차의 경우 그 내용은 계약으로 정해지는 것이 원칙이지만, 임대차의 목적물인 임차물이 생활의 근거인 주택이나 생업의 근거인 상가이면 임차인 보호라는 과제는 계약만으로는 실현되기 어렵다. 그래서 주택임대차보호법, 상가건물 임대차보호법에는 계약보다 우선 적용되는 제도가 마련되어 있다. 예컨대 계약으로 임대차 기간을 이 법들에 규정된 최단 존속 기간보다 짧게 정했더라도 임차인에게는 최단 존속 기간이 보장된다. 한편 임대차 계약이 종료되기 전의 일정 기간 내에 임대인이나 임차인이 계약 갱신 여부에 대한 의사를 표시할 수 있다. 이 기간 내에 임대인이 임대차 종료를 요구한 경우, 임차인이 갱신요구권을 행사하면 임대차 종료 예정일부터 최단 존속 기간 만큼 임대차가 연장된다. 이러한 갱신 요구권은 임대차 기간이 정해져 있어야 인정된다. 단, 임대인은 이 법들에 규정된 갱신 거절 사유를 증명해 갱신을 거절함으로써 임대차를 종료시킬 수 있다. 갱신 거절 사유의 예로 임대인이 임차물인 주택에 실거주하려는 경우를 들 수 있다.

　주택이나 상가 임대차에서도 법이 아니라 계약으로 재산 관계가 정해지는 경우가 있다. 임차인이 임차물을 사용할 권리가 소멸했거나 임차인의 경제력이 충분하면 임차인을 보호할 필요가 없기 때문이다. 예컨대 ㉮임대차 종료 후 임차물을 반환할 때 임차인이 이를 원상회복할 의무를 지는지를 결정할 때는 계약이 법률보다 우선 적용된다. 또한 보증금이 『상가건물 임대차 보호법』에 정해진 상한액을 초과하면 최단 존속 기간이 적용 되지 않으므로, 이때 존속 기간을 정하지 않기로 계약했다면 당사자들은 자유롭게 임대차를 종료시킬 수 있다.

　임대차 분쟁이 발생한 경우 이를 해결하기 위한 원칙적 절차는 법관이 주도하는 재판 절차인데, 여기서 당사자들은 각자 자신의 주장을 뒷받침할 자료를 제출해야 한다. 한편 분쟁 해결 절차에서 당사자들의 자유로운 의견 개진을 보장하기 위해 『주택임대차보호법』과 『상가건물 임대차 보호법』에는 임대차 분쟁 조정 절차도 마련되어 있다. 이때 조정 절차를 주관하는 조정위원회가 당사자를 위해 자료를 수집해 줄 수 있다. 그러나 임대차 분쟁 조정 절차는 당사자들이 분쟁 해결을 위해 이 절차를 따르기로 합의해야 시작되며, 이러한 합의가 이루어지지 않으면 재판 절차를 따라야 한다.

⚙️ 조건은 체크한다.

🔁 대조는 체크한다.

🔍 정의는 체크한다.

🔍 정의는 체크한다.

01 (가)와 (나)에 대한 설명으로 가장 적절한 것은?

① (가)는 특정 개념이 지니는 의의와 가치를, (나)는 특정 개념의 변화에 대한 전망을 제시하고 있다.

② (가)는 시대의 요구가 반영된 방안들이 출현해 온 과정에 대해, (나)는 특정 과제의 해결을 위한 제도에 대해 서술하고 있다.

③ (가)는 (나)와 달리, 사회 현상을 분석한 여러 학자의 이론을 다양한 사례를 들어 설명하고 있다.

④ (나)는 (가)와 달리, 문제 해결을 위해 등장한 방안이 과도하게 적용될 경우 발생할 수 있는 문제점을 밝히고 있다.

⑤ (가)와 (나)는 모두 문제를 해결하려는 기존의 방안들이 지닌 한계점을 비판한 후, 새로운 방안을 제안하고 있다.

1 STRUCTURE FLOW

👤 의견/주장   💡 문제/해결   ↔ 대조

2 ANSWER DECODING

● STEP 1. 지문 스캔

지문에서 의견/주장 중심으로 선지에서 묻는 상황을 찾는다.

● STEP 2. 선지 매칭

(가)에서는 자유주의적 법 모델의 등장과 한계점, 사회복지 국가적 법 모델의 등장과 한계점, 절차주의적 법 모델의 등장을 순서대로 제시하고 있으므로 적절하다.

(나)에서 건물 임대를 예시로 법이 우선시되는 해결 사례와 계약이 우선시 되는 해결사례를 제시하고 있으므로 적절한 선지 ⇒ 정답

02 [A]를 바탕으로 ㉠을 이해한 내용으로 가장 적절한 것은?

① 법이 사회 각 영역의 자율적 조절 기능에 점점 더 의존한다.

② 근대법의 기본 원리를 철저히 고수하는 법 정책으로 인해 문제 해결이 지체된다.

③ 이전에는 법적 규제를 통해 해결하지 않던 문제들까지도 법의 해결 과제가 된다.

④ 갈등 상황에서는 문화적으로 전승되어 온 규범이 법 규범 보다 우선적으로 투입된다.

⑤ 삶의 세계에 대한 법의 간섭 빈도가 점점 더 줄어들어 법의 기본 원리에 대한 사회적 신뢰가 깨진다.

1 STRUCTURE FLOW

🔍 정의   💡 문제/해결

2 ANSWER DECODING

● STEP 1. 지문 스캔

지문에서 문제/해결 중심으로 선지에서 묻는 상황을 찾는다.

● STEP 2. 선지 매칭

㉠ 이러한 악순환이라고 하였으므로 문제 상황을 찾는다. 규제에 대한 요구량이 증가(조건)하면서 사회 조율적 조절이 망가지면서 법이 대부분의 문제를 해결하는 상황을 의미하기 때문에 적절한 선지 ⇒ 정답

03 (가)와 (나)를 이해한 학생이 보인 반응으로 적절하지 않은 것은?

① 자유주의적 법 모델은 임대인과 임차인이 합의한 계약을 법이 존중하여 그 내용에 원칙적으로 개입하지 말아야 한다고 판단하겠군.

② 사회복지국가적 법 모델은 임차인의 생업을 보호할 필요가 인정될 때는 임대인의 재산권에 대한 제한이 불가능하지 않다고 여기겠군.

③ 절차주의적 법 모델은 임대차 분쟁 조정에서 당사자들의 자유 로운 의견 개진의 기회를 법으로 보장해야 한다고 보겠군.

④ 자유주의적 법 모델은 사회복지국가적 법 모델과 달리, 임차 인의 갱신 요구를 임대인이 거절할 ~~수 없어야~~ 한다고 보겠군.

⑤ 사회복지국가적 법 모델과 절차주의적 법 모델은 모두, 임대차 갈등을 다룰 때 임대인과 임차인이 대등한 관계가 아닐 수 있음을 고려하겠군.

1 STRUCTURE FLOW

👤 의견/주장   ⚙ 조건

2 ANSWER DECODING

● STEP 1. 지문 스캔

지문에서 의견/주장을 중심으로 선지에서 묻는 상황을 찾는다.

● STEP 2. 선지 매칭

자유주의적 법 모델과 사회복지국가적 법 모델을 비교/대조해야한다. 자유주의적 법 모델은 최소한의 금지 행위만을 법으로 정하고 이를 위반한 경우에만 개입한다고 하였다. 갱신 요구를 거절하는 것이 법적으로 금지가 아니므로 갱신 요구를 거절할 수 있다 ⇒ 정답

---

04 (나)를 바탕으로 할 때, ㉮의 이유로 가장 적절한 것은?

① 임차인의 ~~경제력이~~ 충분하면 임대차 기간이 보장될 필요가 없기 때문이다.

② 임차인과 임대인이 법률에 규정된 내용을 ~~계약으로써~~ 변경할 수 없기 때문이다.

③ 임차인의 권리가 법률로 정해져야 개인의 ~~자유가 최대한 보장되기~~ 때문이다.

④ 임대차 목적물인 주택이나 상가가 더 이상 임차인의 생활이나 생업의 근거가 아니기 때문이다.

⑤ 임차물이 상가인 경우 임대차의 내용 결정은 임차인의 사회·경제적 조건과 ~~무관하기 때문이다.~~

1 STRUCTURE FLOW

🔁 대조   ⚙ 조건

2 ANSWER DECODING

● STEP 1. 지문 스캔

지문에서 상황 대조를 중심으로 선지에서 묻는 상황을 찾는다.

● STEP 2. 선지 매칭

㉮는 계약이 우선 적용되는 상황이다. 이와 대조되는 상황은 법이 우선 직용되는 상황으로 임사물이 생활의 근거인 수택이나 생업의 근거인 상가일 때이다. 계약이 우선 적용되는 상황이므로 법이 우선되는 상황이 아니기 때문에 적절한 선지. ⇒ 정답

05 (가), (나)를 바탕으로 <보기>를 이해한 내용으로 적절하지 <u>않은</u> 것은? [3점]

갑은 자신이 소유한 A주택과 B상가를 을에게 임대하기로 계약하면서, A주택의 임대차 기간은 「주택임대차보호법」에 규정된 최단 존속 기간으로 정했으나 B상가의 임대차 기간은 정하지 않기로 했다. B상가의 보증금은 「상가건물 임대차 보호법」에 규정된 상한액을 초과한다.

갑이 위의 두 법에 규정된, 갱신 여부에 대한 의사를 표시할 수 있는 기간 중에 을에게 A 주택과 B 상가에 대한 임대차 종료를 주장했으나 을은 갱신을 요구했다. 하지만 갑은 위 기간 내에 갱신을 거절하고 을에게 A 주택과 B 상가를 반환하라고 함으로써 분쟁이 생겼다. 을은 임대차 분쟁 조정 절차로 분쟁을 해결하자고 제안했으나 갑이 이를 거절하여 결국 합의가 이루어지지 않았다.

① 갑이 A 주택에 실거주할 계획이 있음을 증명한 경우, 갑과 을 간의 A 주택 임대차는 갱신되지 않겠군.

② 을이 갱신 요구권을 행사하여 임대차 기간을 연장할 수 있다면, 이것은 평등과 연대의 가치 실현을 위해 마련된 의무 규정이 적용된 것이겠군.

③ 을은 갑에게 「상가건물 임대차보호법」에 규정된 최단 존속 기간을 주장할 수 없겠군.

④ 을의 의사와 무관하게 갑이 B 상가 임대차를 종료시킬 수 있는 것은, 시민 개개인의 자유가 갑에게 보장된 것이겠군.

⑤ 갑과 을 간의 A 주택 임대차에 관한 분쟁 해결 절차에서는 ~~조정위원회~~가 을을 위해 자료를 수집할 수 있겠군.

06 문맥상 ⓐ~ⓔ와 가장 가까운 의미로 쓰인 것은?

① ⓐ : 그는 신문 기사를 주장의 근거로 <u>삼았다</u>.

② ⓑ : 아이가 한눈을 팔다가 친구와 <u>부딪혔다</u>.

③ ⓒ : 그가 사용한 전문 용어들은 너무 <u>어렵다</u>.

④ ⓓ : 열심히 장사했더니 이익이 많이 <u>남았다</u>.

⑤ ⓔ : 언니가 화분들을 모두 베란다에 <u>내놓았다</u>.

2 ANSWER DECODING /////////

● STEP 1. 지문 스캔

지문에서 상황 대조를 중심으로 선지에서 묻는 상황을 찾는다.

● STEP 2. 선지 매칭

분쟁 해결 절차는 원칙적으로 재판 절차이나 임대차 분쟁 조정 절차도 마련되어있다.

<보기>에서 갑이 임대차 분쟁 조절 절차를 거절했기 때문에 원칙적으로 재판 절차로 진행해야한다. 조정위원회가 당사자를 위해 자료를 수집하는 것은 분쟁 조정 절차에서만 가능하므로 재판 절차에서 조정위원회가 자료를 수집한다는 것은 적절하지 않은 선지 ⇒ 정답

1 ANSWER DECODING /////////

● STEP 1. 지문 스캔

지문에서 문맥과 단어의 뜻으로 선지에서 묻는 단어를 찾는다. 틀렸다면 별도로 정리한다.

● STEP 2. 선지 매칭

ⓐ,① 무엇을 무엇이 되게 하거나 여기다 ⇒ 정답

04

순서,문제와 해결
순서, 문제/해결은 체크한다.

순서는 읽을 때는 자연스럽게 넘어가지만 선지에서는 뒤바뀌어서 매력적인 오답으로 나온다.

순서가 보이면 화살표로 흐름을 표시하자. 특히 우선, 이후, 선행, 후행을 놓치지 말자.

시각화해두면 섞여도 보인다.

문제와 해결은 글쓰기의 정석이다. 수능 국어의 특성상 지문에서 해결책이 반드시 제시되는 건 아니다. 하지만 저자가 주제를 드러내기 좋은 구조다.

평가원도 이 구조로 자주 출제한다. 특히 한계점과 단점은 문제의 전형적인 패턴이다.

문제와 해결이 나온다면 체크하자.

혈액은 세포에 필요한 물질을 공급하고 노폐물을 제거한다. 만약 혈관 벽이 손상되어 출혈이 생기면 손상 부위의 혈액이 응고되어 혈액 손실을 막아야 한다. 혈액 응고는 섬유소 단백질인 피브린이 모여 형성된 섬유소 그물이 혈소판이 응집된 혈소판 마개와 뭉쳐 혈병이라는 덩어리를 만드는 현상이다. 혈액 응고는 혈관 속에서도 일어나는데, 이때의 혈병을 혈전이라 한다. 이물질이 쌓여 동맥 내벽이 두꺼워지는 동맥 경화가 일어나면 그 부위에 혈전 침착, 혈류 감소 등이 일어나 혈관 질환이 발생하기도 한다. 이러한 혈액의 응고 및 원활한 순환에 비타민 K가 중요한 역할을 한다.

비타민 K는 혈액이 응고되도록 돕는다. 지방을 뺀 사료를 먹인 병아리의 경우, 지방에 녹는 어떤 물질이 결핍되어 혈액 응고가 지연된다는 사실을 발견하고 그 물질을 비타민 K로 명명했다. 혈액 응고는 단백질로 이루어진 다양한 인자들이 관여하는 연쇄 반응에 의해 일어난다. 우선 여러 혈액 응고 인자들이 활성화된 이후 프로트롬빈이 활성화되어 트롬빈으로 전환되고, 트롬빈은 혈액에 녹아 있는 피브리노겐을 불용성인 피브린으로 바꾼다.

비타민 K는 프로트롬빈을 비롯한 혈액 응고 인자들이 간세포에서 합성될 때 이들의 활성화에 관여한다. 활성화는 칼슘 이온과의 결합을 통해 이루어지는데, 이들 혈액 단백질이 칼슘 이온과 결합하려면 카르복실화되어 있어야 한다. 카르복실화는 단백질을 구성하는 아미노산 중 글루탐산이 감마-카르복시글루탐산으로 전환되는 것을 말한다. 이처럼 비타민 K에 의해 카르복실화되어야 활성화가 가능한 표적 단백질을 비타민 K-의존성 단백질이라 한다.

비타민 K는 식물에서 합성되는 ㉠비타민 K1과 동물 세포에서 합성되거나 미생물 발효로 생성되는 ㉡비타민 K2로 나뉜다. 녹색 채소 등은 비타민 K1을 충분히 함유하므로 일반적인 권장 식단을 따르면 혈액 응고에 차질이 생기지 않는다.

그런데 혈관 건강과 관련된 비타민 K의 또 다른 중요한 기능이 발견되었고, 이는 칼슘의 역설 과도 관련이 있다. 나이가 들면 뼈 조직의 칼슘 밀도가 낮아져 골다공증이 생기기 쉬운데, 이를 방지하고자 칼슘 보충제를 섭취한다. 하지만 칼슘 보충제를 섭취해서 혈액 내 칼슘 농도는 높아지나 골밀도는 높아지지 않고, 혈관 벽에 칼슘염이 침착되는 혈관 석회화가 진행되어 동맥 경화 및 혈관 질환이 발생하는 경우가 생긴다. 혈관 석회화는 혈관 근육 세포 등에서 생성되는 MGP라는 단백질에 의해 억제되는데, 이 단백질이 비타민 K-의존성 단백질이다. 비타민 K가 부족하면 MGP 단백질이 활성화되지 못해 혈관 석회화가 유발된다는 것이다.

비타민 K1과 K2는 모두 비타민 K-의존성 단백질의 활성화를 유도하지만 K1은 간세포에서, K2는 그 외의 세포에서 활성이 높다. 그러므로 혈액 응고 인자의 활성화는 주로 K1이, 그 외의 세포에서 합성되는 단백질의 활성화는 주로 K2가 담당한다.

이에 따라 일부 연구자들은 비타민 K의 권장량을 K1과 K2로 구분하여 설정해야 하며, K2가 함유된 치즈, 버터 등의 동물성 식품과 발효 식품의 섭취를 늘려야 한다고 권고한다.

01 윗글에서 알 수 있는 내용으로 적절하지 <u>않은</u> 것은?

① 혈전이 형성되면 섬유소 그물이 뭉쳐 혈액의 손실을 막는다.

② 혈액의 응고가 이루어지려면 혈소판 마개가 형성되어야 한다.

③ 혈관 손상 부위에 혈병이 생기려면 혈소판이 응집되어야 한다.

④ 혈관 경화를 방지하려면 이물질이 침착되지 않게 해야 한다.

⑤ 혈관 석회화가 계속되면 동맥 내벽과 혈류에 변화가 생긴다.

02 ┃칼슘의 역설┃에 대한 이해로 가장 적절한 것은?

① 칼슘 보충제를 섭취하면 오히려 비타민 K1의 효용성이 감소된다는 것이겠군.

② 칼슘 보충제를 섭취해도 뼈조직에서는 칼슘이 여전히 필요하다는 것이겠군.

③ 칼슘 보충제를 섭취해도 골다공증은 막지 못하나 혈관 건강은 개선되는 경우가 있다는 것이겠군.

④ 칼슘 보충제를 섭취하면 혈액 내 단백질이 칼슘과 결합하여 혈관 벽에 칼슘이 침착된다는 것이겠군.

⑤ 칼슘 보충제를 섭취해도 혈액으로 칼슘이 흡수되지 않아 골다공증 개선이 안 되는 경우가 있다는 것이겠군.

03 ㉠과 ㉡에 대한 설명으로 가장 적절한 것은?

① ㉠은 ㉡과 달리 우리 몸의 간세포에서 합성된다.

② ㉡은 ㉠과 달리 지방과 함께 섭취해야 한다.

③ ㉡은 ㉠과 달리 표적 단백질의 아미노산을 변형하지 않는다.

④ ㉠과 ㉡은 모두 표적 단백질의 활성화 이전 단계에 작용한다.

⑤ ㉠과 ㉡은 모두 일반적으로는 결핍이 발생해 문제가 되는 경우는 없다.

04 윗글을 참고할 때 <보기>의 (가)~(다)를 투여함에 따라 체내에서 일어나는 반응을 예상한 내용으로 적절하지 <u>않은</u> 것은? [3점]

> 다음은 혈전으로 인한 질환을 예방 또는 치료하는 약물이다.
>
> (가) 와파린 : 트롬빈에는 작용하지 않고 비타민 K의 작용을 방해함.
>
> (나) 플라스미노겐 활제제 : 피브리노겐에는 작용하지 않고 피브린을 분해함.
>
> (다) 헤파린 : 비타민 K-의존성 단백질에는 작용하지 않고 트롬빈의 작용을 억제함.

① (가)의 지나친 투여는 혈관 석회화를 유발할 수 있겠군.

② (나)는 이미 뭉쳐 있던 혈전이 풀어지도록 할 수 있겠군.

③ (다)는 혈액 응고 인자와 칼슘 이온의 결합을 억제하겠군.

④ (가)와 (다)는 모두 피브리노겐이 전환되는 것을 억제하겠군.

⑤ (나)와 (다)는 모두 피브린 섬유소 그물의 형성을 억제하겠군.

혈액은 세포에 필요한 물질을 공급하고 노폐물을 제거한다. 만약 혈관 벽이 손상되어 출혈이 생기면 손상 부위의 혈액이 응고되어 혈액 손실을 막아야 한다. 혈액 응고는 섬유소 단백질인 피브린이 모여 형성된 섬유소 그물이 혈소판이 응집된 혈소판 마개와 뭉쳐 혈병이라는 덩어리를 만드는 현상이다. 혈액 응고는 혈관 속에서도 일어나는데, 이때의 혈병을 혈전이라 한다. 이물질이 쌓여 동맥 내벽이 두꺼워지는 동맥 경화가 일어나면 그 부위에 혈전 침착, 혈류 감소 등이 일어나 혈관 질환이 발생하기도 한다. 이러한 혈액의 응고 및 원활한 순환에 비타민 K가 중요한 역할을 한다.

비타민 K는 혈액이 응고되도록 돕는다. 지방을 뺀 사료를 먹인 병아리의 경우, 지방에 녹는 어떤 물질이 결핍되어 혈액 응고가 지연된다는 사실을 발견하고 그 물질을 비타민 K로 명명했다. 혈액 응고는 단백질로 이루어진 다양한 인자들이 관여하는 연쇄 반응에 의해 일어난다. 우선 여러 혈액 응고 인자들이 활성화된 이후 프로트롬빈이 활성화되어 트롬빈으로 전환되고, 트롬빈은 혈액에 녹아 있는 피브리노겐을 불용성인 피브린으로 바꾼다.

비타민 K는 프로트롬빈을 비롯한 혈액 응고 인자들이 간세포에서 합성될 때 이들의 활성화에 관여한다. 활성화는 칼슘 이온과의 결합을 통해 이루어지는데, 이들 혈액 단백질이 칼슘 이온과 결합하려면 카르복실화되어 있어야 한다. 카르복실화는 단백질을 구성하는 아미노산 중 글루탐산이 감마-카르복시글루탐산으로 전환되는 것을 말한다. 이처럼 비타민 K에 의해 카르복실화되어야 활성화가 가능한 표적 단백질을 비타민 K-의존성 단백질이라 한다.

비타민 K는 식물에서 합성되는 ㉠비타민 K1과 동물 세포에서 합성되거나 미생물 발효로 생성되는 ㉡비타민 K2로 나뉜다. 녹색 채소 등은 비타민 K1을 충분히 함유하므로 일반적인 권장 식단을 따르면 혈액 응고에 차질이 생기지 않는다.

그런데 혈관 건강과 관련된 비타민 K의 또 다른 중요한 기능이 발견되었고, 이는 칼슘의 역설 과도 관련이 있다. 나이가 들면 뼈 조직의 칼슘 밀도가 낮아져 골다공증이 생기기 쉬운데, 이를 방지하고자 칼슘 보충제를 섭취한다. 하지만 칼슘 보충제를 섭취해서 혈액 내 칼슘 농도는 높아지나 골밀도는 높아지지 않고, 혈관 벽에 칼슘염이 침착되는 혈관 석회화가 진행되어 동맥 경화 및 혈관 질환이 발생하는 경우가 생긴다. 혈관 석회화는 혈관 근육 세포 등에서 생성되는 MGP라는 단백질에 의해 억제되는데, 이 단백질이 비타민 K-의존성 단백질이다. 비타민 K가 부족하면 MGP 단백질이 활성화되지 못해 혈관 석회화가 유발된다는 것이다.

비타민 K1과 K2는 모두 비타민 K-의존성 단백질의 활성화를 유도하지만 K1은 간세포에서, K2는 그 외의 세포에서 활성이 높다. 그러므로 혈액 응고 인자의 활성화는 주로 K1이, 그 외의 세포에서 합성되는 단백질의 활성화는

주로 K2가 담당한다.

이에 따라 일부 연구자들은 비타민 K의 권장량을 K1과 K2로 구분하여 설정해야 하며, K2가 함유된 치즈, 버터 등의 동물성 식품과 발효 식품의 섭취를 늘려야 한다고 권고한다.

🔍 정의는 체크한다.

⚙ 순서는 체크한다.

🔍 정의는 체크한다.

⚙ 조건은 체크한다.

🗀 분류는 체크한다.

01 윗글에서 알 수 있는 내용으로 적절하지 <u>않은</u> 것은?

① 혈전이 형성되면 섬유소 그물이 뭉쳐 혈액의 손실을 막는다.

② 혈액의 응고가 이루어지려면 혈소판 마개가 형성되어야 한다.

③ 혈관 손상 부위에 혈병이 생기려면 혈소판이 응집되어야 한다.

④ 혈관 경화를 방지하려면 이물질이 침착되지 않게 해야 한다.

⑤ 혈관 석회화가 계속되면 동맥 내벽과 혈류에 변화가 생긴다.

1 STRUCTURE FLOW

🔍 정의   ⚙ 순서

2 ANSWER DECODING

● STEP 1. 지문 스캔

지문에서 정의를 중심으로 선지에서 묻는 상황을 찾는다.

● STEP 2. 선지 매칭

피브린이 섬유소 그물이 되고 섬유소 그물과 혈소판 마개가 뭉쳐 혈병이 된다. 이 중 혈관 속에서 만들어진 혈병이 혈전이다. 즉, 혈전은 순서상 섬유소 그물보다 뒤에 있으므로 적절하지 않은 선지 ⇒ 정답

---

02 | 칼슘의 역설 | 에 대한 이해로 가장 적절한 것은?

① 칼슘 보충제를 섭취하면 오히려 ~~비타민 K의 흡수성이 감소~~된다는 것이겠군.

② 칼슘 보충제를 섭취해도 뼈조직에서는 칼슘이 여전히 필요하다는 것이겠군.

③ 칼슘 보충제를 섭취해도 골다공증은 막지 못하나 ~~혈관 건강은 재선되는~~ 경우가 있다는 것이겠군.

④ 칼슘 보충제를 섭취하면 ~~혈액 내 단백질이 칼슘과 결합하여~~ 혈관 벽에 칼슘이 침착된다는 것이겠군.

⑤ 칼슘 보충제를 섭취해도 혈액으로 ~~칼슘이 흡수되지 않아~~ 골다공증 개선이 안 되는 경우가 있다는 것이겠군.

1 STRUCTURE FLOW

🔍 정의   ⚙ 증가 / 감소 / 부정

2 ANSWER DECODING

● STEP 1. 지문 스캔

지문에서 조건을 중심으로 선지에서 묻는 상황을 찾는다.

● STEP 2. 선지 매칭

골밀도가 낮아져 이를 방지하고자 칼슘 보충제를 섭취하지만, 골밀도가 높아지지 않고, 혈관 석회화가 진행된다. 칼슘 보충제를 섭취해도 골밀도가 높아지지 않아 뼈 조직에서는 여전히 칼슘이 필요하므로 적절한 선지. ⇒ 정답

03 ㉠과 ㉡에 대한 설명으로 가장 적절한 것은?

① ㉠은 ㉡과 달리 우리 몸의 간세포에서 ~~합성된다.~~

② ㉡은 ㉠과 ~~달리~~ 지방과 함께 섭취해야 한다.

③ ㉡은 ㉠과 ~~달리~~ 표적 단백질의 아미노산을 변형하지 ~~않~~ ~~는다.~~

④ ㉠과 ㉡은 모두 표적 단백질의 활성화 이전 단계에 작용한다.

⑤ ㉠과 ㉡은 모두 일반적으로는 결핍이 발생해 문제가 되는 ~~경우는 없다.~~

1 STRUCTURE FLOW /////////

🔍 정의   ⚙ 순서

2 ANSWER DECODING /////////

● STEP 1. 지문 스캔

지문에서 정의와 순서를 중심으로 선지에서 묻는 상황을 찾는다.

● STEP 2. 선지 매칭

비타민 K + 비타민 K 의존성 단백질 → 혈액 응고 인자 활성화
㉠과 ㉡은 모두 비타민 K이므로 활성화 이전 단계에 작용하여 혈액 응고 단백질을 활성화하므로 적절한 선지 ⇒ 정답

04 윗글을 참고할 때 <보기>의 (가)~(다)를 투여함에 따라 체내에서 일어나는 반응을 예상한 내용으로 적절하지 않은 것은? [3점]

> 다음은 혈전으로 인한 질환을 예방 또는 치료하는 약물이다.
> (가) 와파린 : 트롬빈에는 작용하지 않고 비타민 K의 작용을 방해함.
> (나) 플라스미노겐 활성제 : 피브리노겐에는 작용하지 않고 피브린을 분해함.
> (다) 헤파린 : 비타민 K-의존성 단백질에는 작용하지 않고 트롬빈의 작용을 억제함.

① (가)의 지나친 투여는 혈관 석회화를 유발할 수 있겠군.

② (나)는 이미 뭉쳐 있던 혈전이 풀어지도록 할 수 있겠군.

③ ~~(다)는 혈액 응고 인자와 칼슘 이온의 결합을 억제하겠군.~~

④ (가)와 (다)는 모두 피브리노겐이 전환되는 것을 억제하겠군.

⑤ (나)와 (다)는 모두 피브린 섬유소 그물의 형성을 억제하겠군.

1 STRUCTURE FLOW /////////

🔍 정의   ⚙ 순서

2 ANSWER DECODING /////////

● STEP 1. 지문 스캔

지문에서 조건을 중심으로 선지에서 묻는 상황을 찾는다.

● STEP 2. 선지 매칭

비타민 K에 의해 카르복실화→칼슘 이온과 결합→활성화
(다) 트롬빈은 비타민 K-의존성 단백질에 작용하지 않으므로 활성화 단계에 관여하지 않는다. 따라서 칼슘이온과 혈액 응고 인자의 결합인 활성화 단계와 관련있다는 것은 적절하지 않은 선지⇒ 정답

05

조건 7가지
조건은 체크한다.

평가원이 좋아하는 조건을 표현하는 방법이 있다.

1. 부정: 아니다, ~가 아닌

2. if: ~하면, ~할 경우

3. only: 오직, ~만

4. 증가/감소: 강해진다, 약해진다

5. but: 그러나, ~만

6. 달리: ~와 달리, 한편

7. not only but also: ~뿐만 아니라

이런 표현이 나오면 체크하자. 특수한 조건은 출제 확률이 높다.

단, 주의할 점이 있다.표지어 체크에만 매몰되면 안 된다. 체크하느라 글의 흐름을 놓치면 본말이 전도된다. 핵심을 읽으면서 동시에 표지어를 체크하는 것.

이 균형을 연습하자.

(가)

　아도르노는 문화 산업에 의해 양산되는 대중 예술이 이윤 극대화를 위한 상품으로 전락함으로써 예술의 본질을 상실했을 뿐 아니라 현대 사회의 모순과 부조리를 은폐하고 있다고 지적했다. 아도르노가 보는 대중 예술 가 보는 대중 예술은 창작의 구성에서 표현까지 표준화되어 생산되는 상품에 불과하다. 그는 대중 예술의 규격성으로 인해 개인의 감상 능력 역시 표준화되고, 개인의 개성은 다른 개인의 그것과 다르지 않게 된다고 보았다. 특히 모든 것을 상품의 교환 가치로 환원하려는 자본주의 사회에서, 대중 예술은 개인의 정체성마저 상품으로 ⓐ전락시키는 기제로 작용한다는 것이다.

　아도르노는 서로 다른 가치 체계를 하나의 가치 체계로 통일시키려는 속성을 동일성으로, 하나의 가치 체계로의 환원을 거부하는 속성을 비동일성으로 규정하고, 예술은 이러한 환원을 거부하는 비동일성을 지녀야 한다고 주장한다. 그렇기 때문에 예술은 대중이 원하는 아름다운 상품이 되기를 거부하고, 그 자체로 추하고 불쾌한 것이 되어야 한다는 것이다. 그에게 있어 예술은 예술가가 직시한 세계의 본질을 감상자들에게 체험하게 해야 한다. 예술은 동일화되지 않으려는, 일정한 형식이 없는 비정형화된 모습으로 나타남으로써 현대 사회의 부조리를 체험하게 하는 매개여야 한다는 것이다.

　아도르노는 쇤베르크의 음악과 같은 전위 예술이 그 자체로 동일화에 저항하면서도, 저항이나 계몽을 직접적으로 드러내지 않는다는 것을 높게 평가한다. 저항이나 계몽을 직접 표현하는 것에는 비동일성을 동일화하려는 폭력적 의도가 내재되어 있다고 보기 때문이다. 불협화음으로 가득 찬 쇤베르크의 음악이 감상자들에게 불쾌함을 느끼게 했던 것처럼 예술은 그것에 드러난 비동일성을 체험하게 함으로써 동일화의 폭력에 저항해야 한다는 것이다.

　아도르노에게 있어 예술은 사회적 산물이며, 그래서 미학은 작품에 침전된 사회의 고통스러운 상태를 읽기 위해 존재한다. 그는 비동일성 그 자체를 속성으로 하는 전위 예술을 예술이 추구해야 할 바람직한 모습으로 제시했다.

(나)

　아도르노의 미학은 예술과 사회의 관계를 통해 예술의 자율성을 추구했다는 점에서 긍정적으로 평가된다. 예술은 사회적인 것인 동시에 사회에서 떨어져 사회의 본질을 직시하는 것이어야 한다고 보기 때문이다. 그의 미학은 기존의 예술에 대한 비판적 관점을 제공한다. 가령 사과를 표현한 세잔의 작품을 아도르노의 미학으로 읽어 낸다면, 이 그림은 사회의 본질과 ⓑ유리된 '아름다운 가상'을 표현한 것에 불과할 것이다.

　하지만 세잔의 작품은 예술가의 주관적 인상을 붉은색과 회색 등의 색채와 기하학적 형태로 표현한 미메시스일 수 있다. 미메시스란 세계를 바라보는 주체의 관념을 재현하는 것, 즉 감각될 수 없는 것을 감각 가능한 것으로 구현하는 것을 의미한다. 다시 말해 세잔의 작품은 눈에 보이는 특정의 사과가 아닌 예술가의 시선에 포착된 세계의 참모습, 곧 자연의 생명력과 그에 얽힌 농부의 삶 그리고 이를 ⓒ응시하는 예술가의 사유를 재현한 것이 된다.

　아도르노는 예술이 예술가에게 포착된 세계의 본질을 감상자로 하여금 체험하게 하는 것이어야 한다고 본다. 그러나 그는 이러한 미적 체험을 현대 사회의 부조리에 국한시킴으로써, 진정한 예술을 감각적 대상인 형태 그 자체의 비정형성에 대한 체험으로 한정한다. 결국 ㉠아도르노의 미학에서는 주관의 재현이라는 미메시스가 부정되고 있다.

　한편 아도르노의 미학은 예술의 영역을 극도로 축소시키고 있다. 즉 그 자신은 동일화의 폭력을 비판하지만, 자신이 추구하는 전위 예술만이 진정한 예술이라고 주장하며 ㉡전위 예술의 관점에서 예술의 동일화를 시도하고 있다. 특히 이는 현실 속 다양한 예술의 가치가 발견될 기회를 ⓓ박탈한다. 실수로 찍혀 작가의 어떠한 주관도 결여된 사진에서조차 새로운 예술 정신을 ⓔ발견하는 것이 가능하다는 베냐민의 지적처럼, 전위 예술이 아닌 예술에서도 미적 가치를 발견할 수 있다. 또한 대중음악이 사회적 저항의 메시지를 전달하는 사례도 있듯이, 자본의 논리에 편승한 대중 예술이라 하더라도 사회에 대한 비판적 기능을 수행하는 경우도 있다.

01 다음은 (가)와 (나)를 읽고 수행한 독서 활동지의 일부이다. Ⓐ～Ⓔ 중 적절하지 <u>않은</u> 것은?

	(가)	(나)
글의 화제	아도르노의 예술관	
서술 방식의 공통점	구체적인 예를 제시하고 그것에 담긴 의미를 설명함.	
서술 방식의 차이점	(가)는 (나)와 달리 화제와 관련된 개념을 정의하고 개념의 변화 과정을 제시함. … Ⓒ	(나)는 (가)와 달리 논지를 강화하기 위해 다른 이의 견해를 인용함. … Ⓓ
서술된 내용 간의 관계	(가)에서 소개한 이론에 대해 (나)에서 의의를 밝히고 한계를 지적함. … Ⓔ	

① Ⓐ   ② Ⓑ   ③ Ⓒ   ④ Ⓓ   ⑤ Ⓔ

02 아도르노가 보는 대중 예술에 대한 이해로 적절하지 <u>않은</u> 것은?

① 문화 산업을 통해 상품화된 개인의 정체성과 대립적 관계를 형성한다.

② 일정한 규격에 맞춰 생산될 뿐 아니라 대중의 감상 능력을 표준화한다.

③ 자본주의의 교환 가치 체계에 종속된 것으로서 예술로 포장된 상품에 불과하다.

④ 모든 것을 상품의 교환 가치로 환원하려는 자본주의 사회의 속성을 은폐한다.

⑤ 문화 산업의 이윤 극대화 과정에서 개인들이 지닌 개성의 차이를 상실시킨다.

03 ㉠의 이유를 추론한 내용으로 가장 적절한 것은?

① 비정형적 형태뿐 아니라 정형적 형태 역시 재현되기 때문이다.

② 재현의 주체가 예술가로부터 예술 작품의 감상자로 전환되기 때문이다.

③ 미적 체험의 대상이 사회의 부조리에서 세계의 본질로 변화되기 때문이다.

④ 미적 체험의 과정에서 비정형적인 형태가 예술가의 주관으로 왜곡되기 때문이다.

⑤ 예술가의 주관이 가려지고 작품에 나타난 형태에 대한 체험만이 강조되기 때문이다.

04 (가)의 '아도르노'의 관점을 바탕으로 할 때, ㉡에 대해 반박할 수 있는 말로 가장 적절한 것은?

① 동일화는 애초에 예술과 무관하므로 예술의 동일화는 실현 불가능하다.

② 전위 예술의 속성은 부조리 그 자체를 폭로하는 것이므로 비동일성은 결국 동일성으로 귀결된다.

③ 동일성으로 환원된 대중 예술에서도 비동일성을 발견할 수 있으므로 예술의 동일화는 무의미하다.

④ 전위 예술은 동일성과 비동일성의 구분을 거부하므로 전위 예술로의 동일화는 새로운 차원의 비동일성으로 전환된다.

⑤ 동일화를 거부하는 속성이 전위 예술의 본질이므로 전위 예술을 추구하는 것은 동일화가 아니라 비동일화를 지향하는 것이다.

05 다음은 학생이 미술관에 다녀와서 작성한 감상문이다. 이에 대해 (가)의 '아도르노'의 관점(A)과 (나)의 글쓴이의 관점(B)에서 설명한 내용으로 적절하지 <u>않은</u> 것은? [3점]

> 주말 동안 미술관에서 작품을 관람했다. 기억에 남는 세 작품이 있었다. 첫 번째 작품의 제목은 「자화상」이었지만 얼굴의 형상을 전혀 찾아볼 수 없는 기괴한 모습이었고, 제각각의 형태와 색채들이 이곳저곳 흩어져 있어 불편한 감정만 느껴졌다. 두 번째 작품은 사회에 비판적인 유명 연예인의 얼굴을 모사한 그림으로, 대량 복제되어 유통되는 작품이었다. 그리고 사용된 색채와 구도가 TV에서 본 상업 광고의 한 장면같이 익숙하게 느껴져서 좋았다. 세 번째 작품은 시골 마을의 서정적인 풍경을 사실적으로 모사한 그림으로 색감과 조형미가 뛰어나 오랫동안 기억에 잔상으로 남았다.

① A : 첫 번째 작품에서 학생이 기괴함과 불편함을 느낀 것은 부조리한 사회에 대한 예술적 체험의 충격 때문일 수 있습니다.

② A : 두 번째 작품에서 학생이 느낀 익숙함은 현대 사회의 모순에 대한 무감각과 같은 것일 수 있습니다. 이는 문화 산업의 논리에 동일화되어 감각이 무뎌진 결과라 할 수 있습니다.

③ A : 세 번째 작품에 표현된 서정성과 조형미는 부조리에 대한 저항과는 괴리가 있습니다. 사회에 대한 저항을 직접적으로 드러낸 예술이어야 진정한 예술이라고 할 수 있습니다.

④ B : 첫 번째 작품의 흩어져 있는 형태와 색채가 예술가의 표현 의도를 담고 있지 않더라도 그 작품에서 예술적 가치를 발견할 수 있습니다.

⑤ B : 두 번째 작품은 대량 생산을 통해 제작된 것이지만 그 연예인의 사회 비판적 이미지를 이용해 현대 사회의 문제점을 고발하는 것일 수 있습니다.

06 문맥상 ⓐ~ⓔ와 바꿔 쓰기에 적절하지 <u>않은</u> 것은?

① ⓐ : 맞바꾸는
② ⓑ : 동떨어진
③ ⓒ : 바라보는
④ ⓓ : 빼앗는다
⑤ ⓔ : 찾아내는

(가)

아도르노는 문화 산업에 의해 양산되는 대중 예술이 이윤 극대화를 위한 상품으로 전락함으로써 예술의 본질을 상실했을 뿐 아니라 현대 사회의 모순과 부조리를 은폐하고 있다고 지적했다. 아도르노가 보는 대중 예술가 보는 대중 예술은 창작의 구성에서 표현까지 표준화되어 생산되는 상품에 불과하다. 그는 대중 예술의 규격성으로 인해 개인의 감상 능력 역시 표준화되고, 개인의 개성은 다른 개인의 그것과 다르지 않게 된다고 보았다. 특히 모든 것을 상품의 교환 가치로 환원하려는 자본주의 사회에서, 대중 예술은 개인의 정체성마저 상품으로 ⓐ전락시키는 기제로 작용한다는 것이다.

아도르노는 서로 다른 가치 체계를 하나의 가치 체계로 통일시키려는 속성을 동일성으로, 하나의 가치 체계로의 환원을 거부하는 속성을 비동일성으로 규정하고, 예술은 이러한 환원을 거부하는 비동일성을 지녀야 한다고 주장한다. 그렇기 때문에 예술은 대중이 원하는 아름다운 것이 되기를 거부하고, 그 자체로 추하고 불쾌한 것이 되어야 한다는 것이다. 그에게 있어 예술은 예술가가 직시한 세계의 본질을 감상자들에게 체험하게 해야 한다. 예술은 동일화되지 않으려는, 일정한 형식이 없는 비정형화된 모습으로 나타남으로써 현대 사회의 부조리를 체험하게 하는 매개여야 한다는 것이다.

아도르노는 쇤베르크의 음악과 같은 전위 예술이 그 자체로 동일화에 저항하면서도, 저항이나 계몽을 직접적으로 드러내지 않는다는 것을 높게 평가한다. 저항이나 계몽을 직접 표현하는 것에는 비동일성을 동일화하려는 폭력적 의도가 내재되어 있다고 보기 때문이다. 불협화음으로 가득 찬 쇤베르크의 음악이 감상자들에게 불쾌함을 느끼게 했던 것처럼 예술은 그것에 드러난 비동일성을 체험하게 함으로써 동일화의 폭력에 저항해야 한다는 것이다.

아도르노에게 있어 예술은 사회적 산물이며, 그래서 미학은 작품에 침전된 사회의 고통스러운 상태를 읽기 위해 존재한다. 그는 비동일성 그 자체를 속성으로 하는 전위 예술을 예술이 추구해야 할 바람직한 모습으로 제시했다.

(나)

아도르노의 미학은 예술과 사회의 관계를 통해 예술의 자율성을 추구했다는 점에서 긍정적으로 평가된다. 예술은 사회적인 것인 동시에 사회에서 떨어져 사회의 본질을 직시하는 것이어야 한다고 보기 때문이다. 그의 미학은 기존의 예술에 대한 비판적 관점을 제공한다. 가령 사과를 표현한 세잔의 작품을 아도르노의 미학으로 읽어 낸다면, 이 그림은 사회의 본질과 ⓑ유리된 '아름다운 가상'을 표현한 것에 불과할 것이다.

하지만 세잔의 작품은 예술가의 주관적 인상을 붉은색과 회색 등의 색채와 기하학적 형태로 표현한 미메시스일 수 있다. 미메시스란 세계를 바라보

인물은 체크한다.

조건은 체크한다.

정의는 체크한다.

조건은 체크한다.

인물은 체크한다.

정의는 체크한다.

는 주체의 관념을 재현하는 것, 즉 ~~감각~~될 수 없는 것을 감각 가능한 것으로 구현하는 것을 의미한다. 다시 말해 세잔의 작품은 눈에 보이는 특정의 사과가 아닌 예술가의 시선에 포착된 세계의 참모습, 곧 자연의 생명력과 그에 얽힌 농부의 삶 그리고 이를 ⓒ응시하는 예술가의 사유를 재현한 것이 된다.

아도르노는 예술이 예술가에게 포착된 세계의 본질을 감상자로 하여금 체험하게 하는 것이어야 한다고 본다. 그러나 그는 이러한 미적 체험을 현대 사회의 부조리에 국한시킴으로써, 진정한 예술을 감각적 대상인 형태 그 자체의 비정형성에 대한 체험으로 (한정)한다. 결국 ㉠아도르노의 미학에서는 주관의 재현이라는 ~~미메시스~~가 부정되고 있다.

한편 아도르노의 미학은 예술의 영역을 극도로 축소시키고 있다. 즉 그 자신은 동일화의 폭력을 비판하지만, 자신이 추구하는 전위 예술(만이) 진정한 예술이라고 주장하며 ㉡전위 예술의 관점에서 예술의 동일화를 시도하고 있다. 특히 이는 현실 속 다양한 예술의 가치가 발견될 기회를 ⓓ박탈한다. 실수로 찍혀 작가의 어떠한 주관도 결여된 사진에서조차 새로운 예술 정신을 ⓔ발견하는 것이 가능하다는 베냐민의 지적처럼, 전위 예술이 아닌 예술에서도 미적 가치를 발견할 수 있다. 또한 대중음악이 사회적 저항의 메시지를 전달하는 사례도 있듯이, 자본의 논리에 편승한 대중 예술이라 하더라도 사회에 대한 비판적 기능을 수행하는 경우도 있다.

⚙ 조건은 체크한다.

👤 인물은 체크한다.

⚙ 조건은 체크한다.

👤 인물은 체크한다.

01 다음은 (가)와 (나)를 읽고 수행한 독서 활동지의 일부이다. Ⓐ~Ⓔ 중 적절하지 <u>않은</u> 것은?

	(가)	(나)
글의 화제	아도르노의 예술관	
서술 방식의 공통점	구체적인 예를 제시하고 그것에 담긴 의미를 설명함.	
서술 방식의 차이점	(가)는 (나)와 <s>달리</s> 화제와 관련된 개념을 정의하고 <s>개념의 변화 과정</s>을 제시함. … Ⓒ	(나)는 (가)와 달리 논지를 강화하기 위해 다른 이의 견해를 인용함. … Ⓓ
서술된 내용 간의 관계	(가)에서 소개한 이론에 대해 (나)에서 의의를 밝히고 한계를 지적함. … Ⓔ	

① Ⓐ ② Ⓑ ③Ⓒ ④ Ⓓ ⑤ Ⓔ

1 STRUCTURE FLOW ////////

🔍 정의   ⚙️ 조건

2 ANSWER DECODING ////////

● STEP 1. 지문 스캔

지문에서 정의를 중심으로 선지에서 묻는 상황을 찾는다.

● STEP 2. 선지 매칭

(가)는 아도르노가 정의한 동일성,비동일성의 개념을 설명하고 있다. (나)는 미메시스에 대한 정의를 설명하고 있다. 변화 과정은 체크하지 않았으므로 지문에 없는 것을 확인할 수 있다. 변화 과정이 있다는 적절하지 않은 선지 ⇒ 정답

02 아도르노가 보는 대중 예술 에 대한 이해로 적절하지 <u>않은</u> 것은?

① 문화 산업을 통해 상품화된 개인의 정체성과 <s>대립적 관계</s>를 형성한다.

② 일정한 규격에 맞춰 생산될 뿐 아니라 대중의 감상 능력을 표준화한다.

③ 자본주의의 교환 가치 체계에 종속된 것으로서 예술로 포장된 상품에 불과하다.

④ 모든 것을 상품의 교환 가치로 환원하려는 자본주의 사회의 속성을 은폐한다.

⑤ 문화 산업의 이윤 극대화 과정에서 개인들이 지닌 개성의 차이를 상실시킨다.

1 STRUCTURE FLOW ////////

🔍 정의   ⚙️ 조건

2 ANSWER DECODING ////////

● STEP 1. 지문 스캔

지문에서 조건을 중심으로 선지에서 묻는 상황을 찾는다.

● STEP 2. 선지 매칭

아도르노가 보는 체크한 조건에 의하면 대중 예술은 예술의 본질을 상실하고, 부조리를 은폐하고, 개인의 정체성을 상품으로 전락시킨다. 개인의 정체성과 대립적 관계가 아닌 상품으로 전락이기 때문에 적절하지 않은 선지 ⇒ 정답

03 ㉠의 이유를 추론한 내용으로 가장 적절한 것은?

① 비정형적 형태뿐 아니라 ~~정형적 형태 역시 재현되기~~ 때문이다.

② 재현의 주체가 예술가로부터 예술 작품의 감상자로 ~~전환되기~~ 때문이다.

③ 미적 체험의 대상이 사회의 부조리에서 ~~세계의 본질로 변화~~ 되기 때문이다.

④ 미적 체험의 과정에서 비정형적인 형태가 ~~예술가의 주관으로 왜곡되기~~ 때문이다.

⑤ 예술가의 주관이 가려지고 작품에 나타난 형태에 대한 체험 만이 강조되기 때문이다.

1 STRUCTURE FLOW

　👤 인물(아도르노)　⚙️ 조건

2 ANSWER DECODING

● STEP 1. 지문 스캔

　지문에서 정의를 중심으로 선지에서 묻는 상황을 찾는다.

● STEP 2. 선지 매칭

　(가)는 아도르노가 정의한 동일성,비동일성의 개념을 설명하고 있다. (나)는 미메시스에 대한 정의를 설명하고 있다. 변화 과정은 체크하지 않았으므로 지문에 없는 것을 확인할 수 있다. 변화 과정이 있다는 적절하지 않은 선지 ⇒ 정답

04 (가)의 '아도르노'의 관점을 바탕으로 할 때, ㉡에 대해 반박할 수 있는 말로 가장 적절한 것은?

① 동일화는 애초에 예술과 ~~무관하므로~~ 예술의 동일화는 실현 불가능하다.

② 전위 예술의 속성은 ~~부조리 그 자체를~~ 폭로하는 것이므로 비동일성은 결국 동일성으로 귀결된다.

③ 동일성으로 환원된 대중 예술에서도 ~~비동일성을 발견할 수 있으므로~~ 예술의 동일화는 무의미하다.

④ 전위 예술은 동일성과 비동일성의 ~~구분을 거부하므로~~ 전위 ~~예술로의 동일화는~~ 새로운 차원의 비동일성으로 전환된다.

⑤ 동일화를 거부하는 속성이 전위 예술의 본질이므로 전위 예술을 추구하는 것은 동일화가 아니라 비동일화를 지향하는 것이다.

1 STRUCTURE FLOW

　👤 인물(아도르노)　🔍 정의　⚙️ 조건

2 ANSWER DECODING

● STEP 1. 지문 스캔

　지문에서 조건을 중심으로 선지에서 묻는 상황을 찾는다.

● STEP 2. 선지 매칭

아도르노가 보는 체크한 조건에 의하면 대중 예술은 예술의 본질을 상실하고, 부조리를 은폐하고, 개인의 정체성을 상품으로　전락시킨다. 개인의 정체성과 대립적 관계가 아닌 상품으로 전락이기 때문에 적절하지 않은 선지 ⇒ 정답

05 다음은 학생이 미술관에 다녀와서 작성한 감상문이다. 이에 대해 (가)의 '아도르노'의 관점(A)과 (나)의 글쓴이의 관점(B)에서 설명한 내용으로 적절하지 <u>않은</u> 것은? [3점]

주말 동안 미술관에서 작품을 관람했다. 기억에 남는 세 작품이 있었다. 첫 번째 작품의 제목은 「자화상」이었지만 얼굴의 형상을 전혀 찾아볼 수 없는 기괴한 모습이었고, 제각각의 형태와 색채들이 이곳저곳 흩어져 있어 불편한 감정만 느껴졌다. 두 번째 작품은 사회에 비판적인 유명 연예인의 얼굴을 모사한 그림으로, 대량 복제되어 유통되는 작품이었다. 그리고 사용된 색채와 구도가 TV에서 본 상업 광고의 한 장면같이 익숙하게 느껴져서 좋았다. 세 번째 작품은 시골 마을의 서정적인 풍경을 사실적으로 모사한 그림으로 색감과 조형미가 뛰어나 오랫동안 기억에 잔상으로 남았다.

① A : 첫 번째 작품에서 학생이 기괴함과 불편함을 느낀 것은 부조리한 사회에 대한 예술적 체험의 충격 때문일 수 있습니다.

② A : 두 번째 작품에서 학생이 느낀 익숙함은 현대 사회의 모순에 대한 무감각과 같은 것일 수 있습니다. 이는 문화 산업의 논리에 동일화되어 감각이 무뎌진 결과라 할 수 있습니다.

③ A : 세 번째 작품에 표현된 서정성과 조형미는 부조리에 대한 저항과는 괴리가 있습니다. 사회에 대한 저항을 ~~직접적으로 드러낸 예술이어야 진정한 예술~~이라고 할 수 있습니다.

④ B : 첫 번째 작품의 흩어져 있는 형태와 색채가 예술가의 표현 의도를 담고 있지 않더라도 그 작품에서 예술적 가치를 발견할 수 있습니다.

⑤ B : 두 번째 작품은 대량 생산을 통해 제작된 것이지만 그 연예인의 사회 비판적 이미지를 이용해 현대 사회의 문제점을 고발하는 것일 수 있습니다.

06 문맥상 ⓐ~ⓔ와 바꿔 쓰기에 적절하지 <u>않은</u> 것은?

① ⓐ : 맞바꾸는
② ⓑ : 동떨어진
③ ⓒ : 바라보는
④ ⓓ : 빼앗는다
⑤ ⓔ : 찾아내는

---

1 STRUCTURE FLOW /////////

> 👤 인물(아도르노) 🔍 정의 ⚙ 조건

2 ANSWER DECODING /////////

● STEP 1. 지문 스캔

지문에서 인물(아도르노)과 조건을 중심으로 선지에서 묻는 상황을 찾는다.

● STEP 2. 선지 매칭

아도르노는 전위 예술이 그 자체로 동일화에 저항하면서도, 직접적으로 드러내지 않아야 한다고 주장했다. 사회에 대한 저항을 직접적으로 드러낸 것이 진정한 예술이라는 것은 아도르노와 일치하지 않는 견해이므로 적절하지 않은 선지 ⇒ 정답

1 ANSWER DECODING /////////

● STEP 1. 지문 스캔

지문에서 문맥과 단어의 뜻으로 선지에서 묻는 단어를 찾는다. 틀렸다면 별도로 정리한다.

● STEP 2. 선지 매칭

ⓐ 전락하다 : 나쁜 상태나 타락한 상태에 빠지다.

① 맞바꾸다 : 더 보태거나 빼지 않고 어떤 것을 주고 다른 것을 받다. ⇒ 정답

01

엄밀성
정확한 1:1 대응을 묻는다.

선지가 그럴듯해 보여도 지문과 정확하게 대응하지 않으면 오답이다.

이 것이 바로 최근 평가원의 경향이다.

비슷한 말, 비슷한 느낌.

그건 정답이 아니다.

지문에 있는 표현과 정확히 일치해야 한다.

확실하지 않으면 돌아가라.

"맞는 것 같다"로 넘어가지 말고 지문에서 근거를 찾아 확인하자.

한 번 더 확인하는 습관이 1등급과 2등급을 가른다.

주차하거나 좁은 길을 지날 때 운전자를 돕는 장치들이 있다. 이 중 차량 전후좌우에 장착된 카메라로 촬영한 영상을 이용하여 차량 주위 360°의 상황을 위에서 내려다본 것 같은 영상을 만들어 차 안의 모니터를 통해 운전자에게 제공하는 장치 가 있다. 운전자에게 제공되는 영상이 어떻게 만들어지는지 알아보자.

먼저 차량 주위 바닥에 바둑판 모양의 격자판을 펴 놓고 카메라로 촬영한다. 이 장치에서 사용하는 광각 카메라는 큰 시야각을 갖고 있어 사각지대가 줄지만 빛이 렌즈를 ⓐ지날 때 렌즈 고유의 곡률로 인해 영상이 중심부는 볼록하고 중심부에서 멀수록 더 휘어지는 현상, 즉 렌즈에 의한 상의 왜곡이 발생한다. 이 왜곡에 영향을 주는 카메라 자체의 특징을 내부 변수라고 하며 왜곡 계수로 나타낸다. 이를 알 수 있다면 왜곡 모델을 설정하여 왜곡을 보정할 수 있다. 한편 차량에 장착된 카메라의 기울어짐 등으로 인해 발생하는 왜곡의 원인을 외부 변수라고 한다. ㉠촬영된 영상과 실세계 격자판을 비교하면 영상에서 격자판이 회전한 각도나 격자판의 위치 변화를 통해 카메라의 기울어진 각도 등을 알 수 있으므로 왜곡을 보정할 수 있다.

왜곡 보정이 끝나면 영상의 점들에 대응하는 3차원 실세계의 점들을 추정하여 이로부터 원근 효과가 제거된 영상을 얻는 시점 변환이 필요하다. 카메라가 3차원 실세계를 2차원 영상으로 투영하면 크기가 동일한 물체라도 카메라로부터 멀리 있을수록 더 작게 나타나는데, 위에서 내려다보는 시점의 영상에서는 거리에 따른 물체의 크기 변화가 없어야 하기 때문이다.

㉡왜곡이 보정된 영상에서의 몇 개의 점과 그에 대응하는 실세계 격자판의 점들의 위치를 알고 있다면, 영상의 모든 점들과 격자판의 점들 간의 대응 관계를 가싱의 좌표계를 이용하여 기술할 수 있다. 이 대응 관계를 이용해서 영상의 점들을 격자의 모양과 격자 간의 상대적인 크기가 실세계에서와 동일하게 유지 되도록 한 평면에 놓으면 2차원 영상으로 나타난다. 이때 얻은 영상이 ㉢위에서 내려다보는 시점의 영상이 된다. 이와 같은 방법으로 구한 각 방향의 영상을 합성하면 차량 주위를 위에서 내려다본 것 같은 영상이 만들어진다.

01 윗글의 내용과 일치하는 것은?

① 차량 주위를 위에서 내려다본 것 같은 영상은 360°를 촬영 하는 카메라 하나를 이용하여 만들어진다.

② 외부 변수로 인한 왜곡 은 카메라 자체의 특징을 알 수 있으면 쉽게 해결할 수 있다.

③ 차량의 전후좌우 카메라에서 촬영된 영상을 하나의 영상으로 합성한 후 왜곡을 보정한다.

④ 영상이 중심부로부터 멀수록 크게 휘는 것은 왜곡 모델을 설정하여 보정할 수 있다.

⑤ 위에서 내려다보는 시점의 영상에 있는 점들은 카메라 시점의 영상과는 달리 3차원 좌표로 표시된다..

03 윗글을 바탕으로 <보기>를 탐구한 내용으로 가장 적절한 것은? [3점]

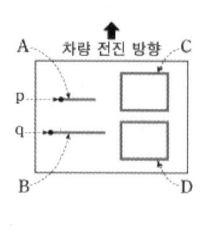

보기

그림은 장치가 장착된 차량의 운전자에게 제공된 영상에서 전방 부분만 보여 준 것이다. 차량 전방의 바닥에 그려진 네 개의 도형이 영상에서 각각

A, B, C, D 로 나타나있고, C와 D는 직사각형이고 크기는 같다. p와 q는 각각 영상 속 임의의 한 점이다.

① 원근 효과가 제거되기 전의 영상에서 C는 윗변이 아랫변보다 긴 사다리꼴 모양이다.

② 시점 변환 전의 영상에서 D는 C보다 더 작은 크기로 영상의 더 아래쪽에 위치한다.

③ A와 B는 p와 q 간의 대응 관계를 이용하여 바닥에 그려진 도형을 크기가 유지되도록 한 평면에 놓은 것이다.

④ B에 대한 A의 상대적 크기는 가상의 좌표계를 이용하여 시점을 변환하기 전의 영상에서보다 더 커진 것이다.

⑤ p가 A 위의 한 점이라면 A는 p에 대응하는 실세계의 점이 시점 변환을 통해 선으로 나타난 것이다.

02 ㉠~㉢을 이해한 내용으로 가장 적절한 것은?

① ㉠에서 광각 카메라를 이용하여 확보한 시야각은 ㉡에서는 작아지겠군.

② ㉡에서는 ㉠과 마찬가지로 렌즈와 격자판 사이의 거리가 멀어질수록 격자판이 작아 보이겠군.

③ ㉡에서는 ㉠에서 렌즈와 격자판 사이의 거리에 따른 렌즈의 곡률 변화로 생긴 휘어짐이 보정되었겠군.

④ ㉡과 실세계 격자판을 비교하여 격자판의 위치 변화를 보정한 ㉢은 카메라의 기울어짐에 의한 왜곡을 바로잡은 것이겠군.

⑤ ㉡에서 렌즈에 의한 상의 왜곡 때문에 격자판의 윗부분으로 갈수록 격자 크기가 더 작아 보이던 것이 ㉢에서 보정되었겠군.

04 문맥상 ⓐ의 의미와 가장 가까운 것은?

① 그때 동생이 탄 버스는 교차로를 지나고 있었다.

② 그것은 슬픈 감정을 지나서 아픔으로 남아 있다.

③ 어느새 정오가 훌쩍 지나 식사할 시간이 되었다.

④ 물의 온도가 어는점을 지나 계속 내려가고 있다.

⑤ 가장 힘든 고비를 지나고 나니 마음이 가쁘다.

주차하거나 좁은 길을 지날 때 운전자를 돕는 장치들이 있다. 이 중 차량 전후좌우에 장착된 카메라로 촬영한 영상을 이용하여 차량 주위 360°의 상황을 위에서 내려다본 것 같은 영상을 만들어 차 안의 모니터를 통해 운전자에게 제공하는 장치 가 있다. 운전자에게 제공되는 영상이 어떻게 만들어지는지 알아보자.

먼저 차량 주위 바닥에 바둑판 모양의 격자판을 펴 놓고 카메라로 촬영한다. 이 장치에서 사용하는 광각 카메라는 큰 시야각을 갖고 있어 사각지대가 줄지만 빛이 렌즈를 ⓐ지날 때 렌즈 고유의 곡률로 인해 영상이 중심부는 볼록하고 중심부에서 멀수록 더 휘어지는 현상, 즉 렌즈에 의한 상의 왜곡이 발생한다. 이 왜곡에 영향을 주는 카메라 자체의 특징을 내부 변수라고 하며 왜곡 계수로 나타낸다. 이를 알 수 있다면 왜곡 모델을 설정하여 왜곡을 보정할 수 있다. 한편 차량에 장착된 카메라의 기울어짐 등으로 인해 발생하는 왜곡의 원인을 외부 변수라고 한다. ㉠촬영된 영상과 실세계 격자판을 비교하면 영상에서 격자판이 회전한 각도나 격자판의 위치 변화를 통해 카메라의 기울어진 각도 등을 알 수 있으므로 왜곡을 보정할 수 있다.

왜곡 보정이 끝나면 영상의 점들에 대응하는 3차원 실세계의 점들을 추정하여 이로부터 원근 효과가 제거된 영상을 얻는 시점 변환이 필요하다. 카메라가 3차원 실세계를 2차원 영상으로 투영하면 크기가 동일한 물체라도 카메라로부터 멀리 있을수록 더 작게 나타나는데, 위에서 내려다보는 시점의 영상에서는 거리에 따른 물체의 크기 변화가 없어야 하기 때문이다.

㉡왜곡이 보정된 영상에서의 몇 개의 점과 그에 대응하는 실세계 격자판의 점들의 위치를 알고 있다면, 영상의 모든 점들과 격자판의 점들 간의 대응 관계를 가상의 좌표계를 이용하여 기술할 수 있다. 이 대응 관계를 이용해서 영상의 점들을 격자의 모양과 격자 간의 상대적인 크기가 실세계에서와 동일하게 유지 되도록 한 평면에 놓으면 2차원 영상으로 나타난다. 이때 얻은 영상이 ㉢위에서 내려다보는 시점의 영상이 된다. 이와 같은 방법으로 구한 각 방향의 영상을 합성하면 차량 주위를 위에서 내려다본 것 같은 영상이 만들어진다.

⇄ 순서는 체크한다.

🔍 정의는 체크한다.

⇄ 순서는 체크한다.

⚙ 조건은 체크한다.

01 윗글의 내용과 일치하는 것은?

① 차량 주위를 위에서 내려다본 것 같은 영상은 360°를 촬영 하는 ~~카메라 하나~~를 이용하여 만들어진다.

② ~~외부~~ 변수로 인한 왜곡 은 카메라 자체의 특징을 알 수 있으면 쉽게 해결할 수 있다.

③ 차량의 전후좌우 카메라에서 촬영된 영상을 ~~하나의 영상으로 합성한 후 왜곡을 보정한다.~~

④ 영상이 중심부로부터 멀수록 크게 휘는 것은 왜곡 모델을 설정하여 보정할 수 있다.

⑤ 위에서 내려다보는 시점의 영상에 있는 점들은 카메라 시점의 영상과는 달리 ~~3차원 좌표로~~ 표시된다..

1 STRUCTURE FLOW //////////

> 🔍 정의   ⚙ 순서

2 ANSWER DECODING //////////

● **STEP 1. 지문 스캔**

지문에서 정의를 중심으로 선지에서 묻는 상황을 찾는다.

● **STEP 2. 선지 매칭**

중심부는 볼록하고 멀수록 휘는 것을 렌즈에 의한 상의 왜곡이라고 정의하였고 이 왜곡에 영향을 주는 카메라 자체의 특징을 내부 변수라고 정의하였다. 이는 왜곡 모델을 설정하여 보정할 수 있다고 하였으므로 적절한 선지 ⇒ 정답

---

02 ㉠~㉢을 이해한 내용으로 가장 적절한 것은?

① ㉠에서 광각 카메라를 이용하여 확보한 시야각은 ㉡에서는 ~~작아지겠군.~~

② ㉡에서는 ㉠과 마찬가지로 렌즈와 격자판 사이의 거리가 멀어질수록 격자판이 작아 보이겠군.

③ ㉡에서는 ㉠에서 ~~렌즈와 격자판 사이의 거리에 따른~~ 렌즈의 곡률 변화로 생긴 휘어짐이 보정되었겠군.

④ ~~㉠~~과 실세계 격자판을 비교하여 격자판의 위치 변화를 보정한 ~~㉢~~은 카메라의 기울어짐에 의한 왜곡을 바로잡은 것이겠군.

⑤ ㉡에서 ~~렌즈에 의한 상의 왜곡~~ 때문에 격자판의 윗부분으로 갈수록 격자 크기가 더 작아 보이던 것이 ㉢에서 보정되었겠군.

1 STRUCTURE FLOW //////////

> 🔍 정의   ⚙ 순서   ⚙ 증가/감소

2 ANSWER DECODING //////////

● **STEP 1. 지문 스캔**

지문에서 정의와 순서를 중심으로 선지에서 묻는 상황을 찾는다.

● **STEP 2. 선지 매칭**

㉠ 렌즈에 의한 상의 왜곡 + 원근 효과

㉡ 원근 효과

㉢ 모두 수정된 영상

㉠과㉡ 모두 거리가 멀수록 격자판이 작아지는 원근 효과가 제거 되기 전 영상이므로 적절한 선지, 렌즈에 의한 상의 왜곡은   렌즈 고유의 곡률로 인해 발생 ⇒ 정답

03 윗글을 바탕으로 <보기>를 탐구한 내용으로 가장 적절한 것은? [3점]

> **보기**
>
> 그림은 [장치]가 장착된 차량의 운전자에게 제공된 영상에서 전방 부분만 보여 준 것이다. 차량 전방의 바닥에 그려진 네 개의 도형이 영상에서 각각
>
>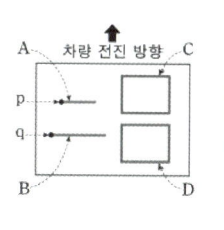
>
> A, B, C, D 로 나타나있고, C와 D는 직사각형이고 크기는 같다. p와 q는 각각 영상 속 임의의 한 점이다.

① 원근 효과가 제거되기 전의 영상에서 C는 윗변이 아랫변보다 ~~긴~~ 사다리꼴 모양이다.

② 시점 변환 전의 영상에서 D는 C보다 더 ~~작은~~ 크기로 영상의 더 아래쪽에 위치한다.

③ A와 B는 ~~p와 q 간의 대응 관계를~~ 이용하여 바닥에 그려진 도형을 크기가 유지되도록 한 평면에 놓은 것이다.

④ B에 대한 A의 상대적 크기는 가상의 좌표계를 이용하여 시점을 변환하기 전의 영상에서보다 더 커진 것이다.

⑤ p가 A 위의 한 점이라면 ~~A는 p에 대응하는 실세계의 점~~ 시점 변환을 통해 선으로 나타난 것이다.

1 STRUCTURE FLOW ///////

🔍 정의　🎚 순서　⚙️ 증가/감소

2 ANSWER DECODING ///////

● STEP 1. 지문 스캔

지문에서 정의와 순서를 중심으로 선지에서 묻는 상황을 찾는다.

● STEP 2. 선지 매칭

<보기>의 그림은 렌즈에 의한 상의 왜곡과 시점 변환으로 원근 효과가 수정된 영상이다. 전진 방향에 따르면 B가 차에 더 가까이 있다. 원근 효과 수정 전에는 가까이 있는 물체가 더 크게 보이기 때문에 B가 더 크게 보인다. ⇒ 정답

---

04 문맥상 ⓐ의 의미와 가장 가까운 것은?

① 그때 동생이 탄 버스는 교차로를 <u>지나고</u> 있었다.

② 그것은 슬픈 감정을 <u>지나서</u> 아픔으로 남아 있다.

③ 어느새 정오가 훌쩍 <u>지나</u> 식사할 시간이 되었다.

④ 물의 온도가 어는점을 <u>지나</u> 계속 내려가고 있다.

⑤ 가장 힘든 고비를 <u>지나고</u> 나니 마음이 가뿐하다.

1 ANSWER DECODING ///////

● STEP 1. 지문 스캔

지문에서 문맥과 단어의 뜻으로 선지에서 묻는 단어를 찾는다. 틀렸다면 별도로 정리한다.

● STEP 2. 선지 매칭

ⓐ,① 지나다 : 어디를 거치어 가거나 오거나 하다. ⇒ 정답

02

독립 난이도
정확한 1:1 대응을 묻는다.

지문 난이도와 문제 난이도는 독립적이다.

지문이 어렵다고 문제가 어려운 건 아니고,
지문이 쉽다고 문제가 쉬운 것도 아니다.

어려운 지문에서 쉬운 문제가 나오기도 하고,
쉬운 지문에서 어려운 문제가 나오기도 한다.

기준은 하나다.

지문이 어렵게 느껴져도 연습한 대로 읽고,
지문이 쉽게 느껴져도 연습한 대로 읽는다.

어렵다고 당황하지 않고,
쉽다고 방심하지 않는다.

일관되게 읽는 것.그게 흔들리지 않는 방법이다.

사유 재산 제도하에서는 누구나 자신의 재산을 자유롭게 처분할 수 있다. 그러나 기부와 같이 어떤 재산이 대가 없이 넘어가는 무상 처분 행위가 행해졌을 때는 그 당사자인 무상 처분자와 무상 취득자의 의사와 무관하게 그 결과가 번복될 수 있다. 무상 처분자가 사망하면 상속이 개시되고, 그의 상속인들이 유류분을 반환받을 수 있는 권리인 유류분권을 행사할 수 있기 때문이다. 이때 무상 처분자는 피상속인이 되고 그의 권리와 의무는 상속인에게 이전된다.

유류분은 피상속인의 무상 처분 행위가 없었다고 가정할 때 상속인들이 상속받을 수 있었을 이익 중 법으로 보장된 부분이다. 만약 상속인이 피상속인의 자녀 한 명뿐이면, 상속받을 수 있었을 이익의 $\frac{1}{2}$만 보장된다. 상속인들이 상속받을 수 있었을 이익은 상속 개시 당시에 피상속인이 가졌던 재산의 가치에 이미 무상 취득자에게 넘어간 재산의 가치를 더하여 산정한다. 유류분은 상속인들이 기대했던 이익을 보호하기 위한 것이기 때문이다.

피상속인이 상속 개시 당시에 가졌던 재산으로부터 상속받은 이익이 있는 상속인은 유류분에 해당하는 이익의 일부만 반환 받을 수 있다. 유류분에 해당하는 이익에서 이미 상속받은 이익을 뺀 값인 유류분 부족액만 반환받을 수 있기 때문이다. 유류분 부족액의 가치는 금액으로 계산되지만 항상 돈으로 반환되는 것은 아니다. 만약 무상 처분된 재산이 돈이 아니라 물건이나 주식처럼 돈 이외의 재산이라면, 처분된 재산 자체가 반환 대상이 되는 것이 원칙이다. 다만 그 재산 자체를 반환하는 것이 불가능한 때에는 무상 취득자는 돈으로 반환해야 한다. 또한 재산 자체의 반환이 가능해도 유류분권자와 무상 취득자의 합의에 의해 돈으로 반환될 수도 있다.

무상 처분된 재산이 물건이라면 유류분 반환은 어떤 형태로 이루어질까? 무상 취득자가 반환해야 할 유류분 부족액이 무상 처분된 물건의 가치보다 적다면 유류분권자는 그 물건의 가치에 상당하는 금액에서 유류분 부족액이 차지하는 비율만큼 무상

취득자로부터 반환받을 수 있다. 이로 인해 하나의 물건에 대한 소유권이 여러 명에게 나눠지는데, 이때 각자의 몫을 지분이라고 한다.

무상 처분된 물건의 시가가 변동하면 유류분 부족액을 계산할 때는 언제의 시가를 기준으로 삼아야 할까? ㉠유류분의 취지에 비추어 상속 개시 당시의 시가를 기준으로 해야 한다. 다만 그 물건의 시가 상승이 무상 취득자의 노력에서 비롯되었으면 이때는 무상 취득 당시의 시가를 기준으로 계산해야 한다. 이렇게 정해진 유류분 부족액을 근거로 반환 대상인 지분을 계산할 때는, 시가 상승의 원인이 무엇이든 상속 개시 당시의 시가를 기준으로 해야 한다.

01 윗글의 내용과 일치하지 않는 것은?

① 유류분권은 상속인이 아닌 사람에게는 인정되지 않는다.

② 유류분권이 보장되는 범위는 유류분 부족액의 일부에 한정된다.

③ 상속인은 상속 개시 전에는 무상 취득자에게 유류분권을 행사할 수 없다.

④ 피상속인이 생전에 다른 사람에게 판 재산은 유류분권의 대상이 될 수 없다.

⑤ 무상으로 취득한 재산에 대한 권리는 무상 취득자 자신의 의사에 반하여 제한될 수 있다.

02 윗글에 대한 이해로 가장 적절한 것은?

① 무상 처분된 재산이 물건 한 개이면 유류분권자는 그 물건 전부를 반환받는다.

② 무상 처분된 물건이 반환되는 경우 유류분 부족액이 클수록 무상 취득자의 지분이 더 커진다.

③ 무상 취득자가 무상 취득한 물건을 반환할 수 없게 되면 유류분 부족액을 지분으로 반환해야 한다.

④ 유류분권자가 유류분 부족액을 물건 대신 돈으로 반환하라고 요구하더라도 무상 취득자는 무상 취득한 물건으로 반환할 수 있다.

⑤ 무상 처분된 물건의 일부가 반환되면 무상 취득자는 그 물건의 소유권을 가지고 유류분권자는 유류분 부족액만큼의 돈을 반환받게 된다.

03 윗글을 통해 알 수 있는 ㉠의 이유로 가장 적절한 것은?

① 유류분은 피상속인이 자유롭게 처분한 재산의 일부이어야 하기 때문이다.

② 유류분은 피상속인이 재산을 무상 처분하지 않은 것으로 가정하여 산정되기 때문이다.

③ 유류분은 재산의 가치를 증가시킨 무상 취득자의 노력에 대한 보상으로 인정되는 것이기 때문이다.

④ 유류분은 피상속인의 재산에 대해 소유권을 나눠 가진 사람들 각자의 몫을 반영해야 하기 때문이다.

⑤ 유류분에 해당하는 이익의 가치가 상속 개시 전후에 걸쳐 변동되는 것을 반영해야 하기 때문이다.

04 윗글을 바탕으로 <보기>를 이해한 내용으로 적절하지 않은 것은? [3점]

> **보기**
>
> 갑의 재산으로는 A 물건과 B 물건이 있었으며 그 외의 재산이나 채무는 없었다. 갑은 을에게 A 물건을 무상으로 넘겨주었고 그로부터 6개월 후 사망했다. 갑의 상속인으로는 갑의 자녀인 병만 있다. A 물건의 시가는 을이 A 물건을 소유하게 되었을 때는 300, 갑이 사망했을 때는 700이었다.
>
> 병은 갑이 사망한 날로부터 3개월 후에 을에게 유류분권을 행사했다. B 물건의 시가는 병이 상속받았을 때부터 병이 을에게 유류분 반환을 요구했을 때까지 100으로 동일하다.
>
> (단, 세금, 이자 및 기타 비용은 고려하지 않음.)

① A 물건의 시가 상승이 을의 노력과 무관한 경우 유류분 부족 액은 300이다.

② A물건의 시가 상승이 을의 노력과 무관한 경우 유류분 반환의 대상은 A 물건의 $\frac{3}{7}$ 지분이다.

③ A물건의 시가가 을의 노력으로 상승한 경우 유류분 부족액은 100이다.

④ A 물건의 시가가 을의 노력으로 상승한 경우 유류분 반환의 대상은 A 물건의 $\frac{1}{3}$ 지분이다.

⑤ A 물건의 시가가 을의 노력으로 상승한 경우와 을의 노력과 무관하게 상승한 경우 모두, 갑이 상속 개시 당시 소유했던 재산으로부터 병이 취득할 수 있는 이익은 동일하다.

사유 재산 제도하에서는 누구나 자신의 재산을 자유롭게 처분할 수 있다. 그러나 기부와 같이 어떤 재산이 대가 없이 넘어가는 무상 처분 행위가 행해졌을 때는 그 당사자인 무상 처분자와 무상 취득자의 의사와 무관하게 그 결과가 번복될 수 있다. 무상 처분자가 사망하면 상속이 개시되고, 그의 상속인들이 유류분을 반환받을 수 있는 권리인 유류분권을 행사할 수 있기 때문이다. 이때 무상 처분자는 피상속인이 되고 그의 권리와 의무는 상속인에게 이전된다.

유류분은 피상속인의 무상 처분 행위가 없었다고 가정할 때 상속인들이 상속받을 수 있었을 이익 중 법으로 보장된 부분이다. 만약 상속인이 피상속인의 자녀 한 명뿐이면, 상속받을 수 있었을 이익의 $\frac{1}{2}$만 보장된다. 상속인들이 상속받을 수 있었을 이익은 상속 개시 당시에 피상속인이 가졌던 재산의 가치에 이미 무상 취득자에게 넘어간 재산의 가치를 더하여 산정한다. 유류분은 상속인들이 기대했던 이익을 보호하기 위한 것이기 때문이다.

피상속인이 상속 개시 당시에 가졌던 재산으로부터 상속받은 이익이 있는 상속인은 유류분에 해당하는 이익의 일부만 반환 받을 수 있다. 유류분에 해당하는 이익에서 이미 상속받은 이익을 뺀 값인 유류분 부족액만 반환받을 수 있기 때문이다. 유류분 부족액의 가치는 금액으로 계산되지만 항상 돈으로 반환되는 것은 아니다. 만약 무상 처분된 재산이 돈이 아니라 물건이나 주식처럼 돈 이외의 재산이라면, 처분된 재산 자체가 반환 대상이 되는 것이 원칙이다. 다만 그 재산 자체를 반환하는 것이 불가능한 때에는 무상 취득자는 돈으로 반환해야 한다. 또한 재산 자체의 반환이 가능해도 유류분권자와 무상 취득자의 합의에 의해 돈으로 반환될 수도 있다.

무상 처분된 재산이 물건이라면 유류분 반환은 어떤 형태로 이루어질까? 무상 취득자가 반환해야 할 유류분 부족액이 무상 처분된 물건의 가치보다 적다면 유류분권자는 그 물건의 가치에 상당하는 금액에서 유류분 부족액이 차지하는 비율만큼 무상 취득자로부터 반환받을 수 있다. 이로 인해 하나의 물건에 대한 소유권이 여러 명에게 나뉘지는데, 이때 각자의 몫을 지분이라고 한다.

무상 처분된 물건의 시가가 변동하면 유류분 부족액을 계산할 때는 언제의 시가를 기준으로 삼아야 할까? ㉠유류분의 취지에 비추어 상속 개시 당시의 시가를 기준으로 해야 한다. 다만 그 물건의 시가 상승이 무상 취득자의 노력에서 비롯되었으면 이때는 무상 취득 당시의 시가를 기준으로 계산해야 한다. 이렇게 정해진 유류분 부족액을 근거로 반한 대상인 지분을 계산할 때는, 시가 상승의 원인이 무엇이든 상속 개시 당시의 시가를 기준으로 해야 한다.

01 윗글의 내용과 일치하지 않는 것은?

① 유류분권은 상속인이 아닌 사람에게는 인정되지 않는다.

② 유류분권이 보장되는 범위는 유류분 부족액의 ~~일부에 한정된다.~~

③ 상속인은 상속 개시 전에는 무상 취득자에게 유류분권을 행사할 수 없다.

④ 피상속인이 생전에 다른 사람에게 판 재산은 유류분권의 대상이 될 수 없다.

⑤ 무상으로 취득한 재산에 대한 권리는 무상 취득자 자신의 의사에 반하여 제한될 수 있다.

1 STRUCTURE FLOW //////////

> 🔍 정의   ⚙️ 조건

2 ANSWER DECODING //////////

● STEP 1. 지문 스캔

지문에서 조건을 중심으로 선지에서 묻는 상황을 찾는다.

● STEP 2. 선지 매칭

유류분권은 유류분 혹은 유류분의 일부= 유류분 부족액의 전체에 해당한다. 따라서 유류분 부족액의 일부가 아닌 유류분 부족액의 전체여야하므로 적절하지 않은 선지 ⇒ 정답

02 윗글에 대한 이해로 가장 적절한 것은?

① 무상 처분된 재산이 물건 한 개이면 유류분권자는 그 물건 ~~전부~~를 반환받는다.

② 무상 처분된 물건이 반환되는 경우 유류분 부족액이 클수록 ~~무상 취득자~~의 지분이 더 커진다.

③ 무상 취득자가 무상 취득한 물건을 반환할 수 없게 되면 유류분 부족액을 ~~지분으로~~ 반환해야 한다.

④ 유류분권자가 유류분 부족액을 물건 대신 돈으로 반환하라고 요구하더라도 무상 취득자는 무상 취득한 물건으로 반환할 수 있다.

⑤ 무상 처분된 물건의 일부가 반환되면 무상 취득자는 그 물건의 ~~소유권을~~ 가지고 유류분권자는 유류분 부족액만큼의 ~~돈을~~ 반환받게 된다.

1 STRUCTURE FLOW //////////

> 🔍 정의   ⚙️ 조건

2 ANSWER DECODING //////////

● STEP 1. 지문 스캔

지문에서 조건을 중심으로 선지에서 묻는 상황을 찾는다.

● STEP 2. 선지 매칭

돈 이외의 재산은 원칙적으로 재산 자체를 반환해야한다. 다만 재산 자체 반환이 불가능할 경우와 합의가 이루어진 경우 돈으로 반환이 가능하다. 따라서 합의가 이루어지지 않는다면 원칙적으로 물건으로 반환하는 것이 원칙이므로 적절한 선지 ⇒ 정답

03 윗글을 통해 알 수 있는 ㉠의 이유로 가장 적절한 것은?

① 유류분은 피상속인이 ~~자유롭게 처분할~~ 재산의 일부이어야 하기 때문이다.

② 유류분은 피상속인이 재산을 무상 처분하지 않은 것으로 가정 하여 산정되기 때문이다.

③ 유류분은 재산의 가치를 증가시킨 ~~무상 취득자의 노력에 대한 보상으로~~ 인정되는 것이기 때문이다.

④ 유류분은 피상속인의 재산에 대해 소유권을 나눠 가진 사람들 ~~각자의 몫을 반영해야 하기~~ 때문이다.

⑤ 유류분에 해당하는 이익의 가치가 상속 개시 전후에 걸쳐 ~~변동되는 것을 반영해야 하기~~ 때문이다.

---

04 윗글을 바탕으로 <보기>를 이해한 내용으로 적절하지 않은 것은? [3점]

> **보기**
>
> 갑의 재산으로는 A 물건과 B 물건이 있었으며 그 외의 재산이나 채무는 없었다. 갑은 을에게 A 물건을 무상으로 넘겨주었고 그로부터 6개월 후 사망했다. 갑의 상속인으로는 갑의 자녀인 병만 있다. A 물건의 시가는 을이 A 물건을 소유하게 되었을 때는 300, 갑이 사망했을 때는 700이었다.
>
> 병은 갑이 사망한 날로부터 3개월 후에 을에게 유류분권을 행사했다. B 물건의 시가는 병이 상속받았을 때부터 병이 을에게 유류분 반환을 요구했을 때까지 100으로 동일하다.
>
> (단, 세금, 이자 및 기타 비용은 고려하지 않음.)

① A 물건의 시가 상승이 을의 노력과 무관한 경우 유류분 부족 액은 300이다.

② A물건의 시가 상승이 을의 노력과 무관한 경우 유류분 반환의 대상은 A 물건의 $\frac{3}{7}$ 지분이다.

③ A물건의 시가가 을의 노력으로 상승한 경우 유류분 부족액은 100이다.

④ A 물건의 시가가 을의 노력으로 상승한 경우 유류분 반환의 대상은 A 물건의 지분이다.

⑤ A 물건의 시가가 을의 노력으로 상승한 경우와 을의 노력과 무관하게 상승한 경우 모두, 갑이 상속 개시 당시 소유했던 재산으로부터 병이 취득할 수 있는 이익은 동일하다.

---

1 STRUCTURE FLOW ///////

🔍 정의   ⚙️ 조건

2 ANSWER DECODING ///////

● STEP 1. 지문 스캔

지문에서 정의를 중심으로 선지에서 묻는 상황을 찾는다.

● STEP 2. 선지 매칭

유류분의 정의는 피상속인이 무상 처분 행위가 없었다고 가정할 때 상속인들이 받을 수 있었을 이익 중 법으로 보장된 부분이다. 이 것이 유류분의 취지이므로 무상 처분하지 않은 것으로 가정하는 것이 적절한 선지 ⇒ 정답

---

1 STRUCTURE FLOW ///////

🔍 정의   ⚙️ 조건

2 ANSWER DECODING ///////

● STEP 1. 지문 스캔

지문에서 조건을 중심으로 선지에서 묻는 상황을 찾는다.

● STEP 2. 선지 매칭

A물건이 을의 노력으로 시가가 상승한 경우 무상 취득 당시의 시가를 기준으로 계산한다. 따라서 A300 +B100 = 400이다. 이 때 유류분은 400의 절반인 200이고 유류분 부족액은 200-100인 100이다. A가 물건이고 유류분 부족액(100)이 A물건의 가치(700)보다 적으므로 지분으로 반환받는다. 지분은 현재 가치로 정하기 때문에 100/700=1/7이므로 적절한 선지 ⇒ 정답

리프킨은 사회적 상호 작용에서의 자기표현은 본질적으로 연극적이며, 표면 연기와 심층 연기로 ⓐ이루어진다고 언급했다.

표면 연기는 내면의 자연스러운 감정보다 의례적인 표현과 같은 형식에 집중하여 연기하는 것이고, 심층 연기는 내면의 솔직한

정서를 ⓑ불러내어 자신의 진정성을 보여 주는 것이다. 인터넷에서의 커뮤니케이션에 주목한 리프킨은 가상 공간에서 자기표현이 더욱 활발히 이루어진다고 보았다.

가상 공간의 특성에 주목한 연구자들은 사람들과의 관계 속에서 드러나는 고유한 존재로서의 위상을 뜻하는 자기 정체성이 가상 공간에서 다양하게 ⓒ나타난다고 본다. 가상 공간에서는 익명성이 작동하므로 현실에서 위축되는 사람도 적극적으로 자기표현을 할 수 있다. 아울러 현실에서의 자기 정체성을 ⓓ감추고 다른 인격체로 활동하거나 현실에서 억압된 정서를 공격적으로 드러내기도 한다. 게임 아이디, 닉네임, 아바타 등 가상 공간에서 개별적 대상으로 인식되는 '인터넷 ID'에 대한 사이버 폭력이 ⓔ넘쳐 나는 현실도 이와 무관하지 않다.

사이버 폭력과 관련하여, 인터넷 ID만을 알고 있는 상황에서 그에 대해 명예훼손이나 모욕 등의 공격이 있을 때 가해자에게

법적인 책임을 물을 수 있는지에 대한 논란이 있어 왔다. 이는 인터넷 ID가 사회적 평판인 명예의 주체로 인정될 수 있는가와 관련된다. 인터넷 ID의 명예 주체성을 ㉠인정하는 입장에 따르면, 자기 정체성은 일원적·고정적인 것이 아니라 현실 세계와 가상 공간에 걸쳐 존재하고 상호 작용하는 복합적인 것이다. 인터넷에서의 자기 정체성은 사용자 개인의 자기 정체성의 일부이기 때문에 자기 정체성을 가진 인터넷 ID의 명예 역시 보호되어야 한다. 반면 ㉡인정하지 않는 입장에 따르면, 생성·변경·소멸이 자유롭고 복수로 개설이 가능한 인터넷 ID는 그 사용자인 개인을 가상 공간에서 구별하는 장치에 불과하다. 인터넷 ID는 현실에서의 성명과 달리 그 사용자인 개인과 동일시될 수 없고, 인터넷 ID

자체는 사람이 아니므로 명예 주체성을 인정할 수 없다는 것이다.

㉮대법원은 실명을 거론한 경우는 물론, 실명을 거론하지 않았더라도 주위 사정을 종합할 때 지목된 사람이 누구인지를 제3자가 알 수 있는 경우에는 명예훼손이나 모욕에 대한 가해자의 법적 책임이 성립한다고 판시해 왔다. 이를 수용한 헌법재판소에서는 인터넷 ID와 관련된 명예훼손·모욕 사건의 헌법 소원에 대한 결정을 내린 바 있다. 이 결정에서 ㉯다수 의견은 인터넷 ID만을 알 수 있을 뿐 그 사용자가 누구인지 제3자가 알 수 없다면 피해자가 특정되지 않아 명예훼손이나 모욕에 대한 가해자의 법적 책임이 성립하지 않는다고 보았다. 반면 인터넷 ID는 가상 공간에서 성명과 같은 기능을 하므로 제3자의 인식 여부가 법적 책임의 근거가 될 수 없다는 ㉰소수 의견도 제시되었다.

01 윗글의 내용과 일치하지 <u>않는</u> 것은?

① 심층 연기는 내면의 진솔한 정서를 드러내기위해 형식에 집중하는 자기표현이다.

② 리프킨은 현실 세계보다 가상 공간에서 자기표현이 더욱 왕성하게 드러난다고 보았다.

③ 가상 공간에서 개별적인 것으로 인식되는 아바타는 사이버 폭력의 대상이 될 수 있다.

④ 익명성은 가상 공간에서 자기 정체성이 다양하게 나타나는 데 영향을 미치는 가상 공간의 특성이다.

⑤ 가상 공간에서의 자기 정체성은 현실에서의 자기 정체성과 마찬가지로 타인과의 관계 속에서 나타난다.

02 ㉠과 ㉡에 대한 이해로 가장 적절한 것은?

① ㉠은 ㉡과 달리 자기 정체성을 단일하고 고정적인 것으로 파악하겠군.

② ㉠은 ㉡과 달리 인터넷 ID에 대한 공격을 그 사용자인 개인에 대한 공격이라고 보겠군.

③ ㉡은 ㉠과 달리 인터넷에서의 자기 정체성과 현실 세계의 자기 정체성이 상호 작용을 한다고 보겠군.

④ ㉡은 ㉠과 달리 인터넷 ID는 복수 개설이 가능하므로 자기 정체성이 복합적으로 구성된다고 보겠군.

⑤ ㉠과 ㉡은 모두, 인터넷 ID마다 개인의 자기 정체성이 다르다고 보겠군

03 윗글을 바탕으로 <보기>를 이해한 내용으로 적절하지 <u>않은</u> 것은? [3점]

┌─ **보기**

　　○○ 인터넷 카페의 이용자 A는 a, B는 b, C는 c라는 ID를 사용한다. 박사 학위 소지자인 □□ 전시관의 해설사이고, B는 같은 전시관에서 물고기 관리를 혼자 전담한다. 이 전시관의 누리집에는 직무별로 담당자가 공개되어 있다. 어떤 사람이 □□ 전시관에서 A의 해설을 듣고 A의 실명을 언급한 후기를 카페 게시판에 올리자 다음과 같은 댓글이 달렸다.

A의 해설에 대한 후기
㉮ b　A가 박사인지 의심스럽다. A는 #~#.
㉯ a　□□ 전시관에서 물고기를 관리하는 b는 #~#.
㉰ c　게시판 분위기를 흐리는 a는 #~#.

　(단, '#~#'는 명예를 훼손하거나 모욕을 주는 표현이고, A, B, C는 실명이다. ID로는 그 사용자의 개인 정보를 알 수 없으며, A, B, C의 법적 책임에 영향을 미치는 다른 요소는 고려하지 않는다.

① ㉮는 B가 가해자로서의 법적 책임을 져야 하지만 C는 가해자로서의 법적 책임을 지지 않는다고 보겠군.

② ㉯는 B가 가해자로서의 법적 책임을 져야 하지만 A는 가해자로서의 법적 책임을 지지 않는다고 보겠군.

③ ㉮와 ㉰는 A가 가해자로서의 법적 책임을 져야 하는지의 여부에 대해 같게 보겠군.

④ ㉯와 ㉰는 B가 가해자로서의 법적 책임을 져야 하는지의 여부에 대해 같게 보겠군.

⑤ ㉮, ㉯, ㉰가, C가 가해자로서의 법적 책임을 져야 하는지의 여부에 대해 판단한 내용이 모두 같지는 않겠군.

04 문맥상 ⓐ～ⓔ와 바꿔 쓰기에 가장 적절한 것은?

① ⓐ : 완성(完成)된다고

② ⓑ : 요청(要請)하여

③ ⓒ : 표출(表出)된다고

④ ⓓ : 기만(欺瞞)하고

⑤ ⓔ : 확충(擴充)되는

(가)

법조문으로 구성된 법 규범인 성문법의 의미를 파악하는 것을 법 해석이라고 한다. 법은 사회 구성원들에게 보편적으로 적용 되는 규범이므로, 성문법을 ⓐ구성하는 단어나 문장은 그 일상적 의미에 충실하게 해석되어야 한다. 이러한 '문리 해석'이 법 해석의 출발점이다.

그러나 문리 해석으로 그 내용을 제대로 파악하기 어려우면, 그것이 사용된 맥락을 ⓑ고려하여 그 의미를 파악하는 '체계적 해석', 입법 과정에서 논의된 내용을 바탕으로 그 의미를 파악하는 '역사적 해석' 등의 해석 방법을 사용할 수 있다. 그 예로서 '담보'를 들 수 있다. 담보의 일상적 의미는 '맡아서 보증함'이고, 이런 의미로 사용된 예로 '구조물의 안전을 담보하기 위한 검사'를 들 수 있다. 하지만 성문법 조문에서 사용될 때는 그 맥락을 고려하여 다른 의미로 해석되기도 한다.

담보는 유상 계약의 맥락에서 거래 대상의 값어치를 보장한다는 의미로 해석된다. 유상 계약이란 그 당사자가 서로 대가를 주고받을 것을 약속하는 계약을 뜻한다. 유상 계약의 일종인 매매 계약에서 목적물이 계약 체결 당시부터 있던 하자 때문에 대금만큼의 값어치를 하지 못하는 상태였다면, 매도인은 그 하자 발생의 원인이 무엇이든 담보 책임을 져야 한다. 그 책임의 내용은 손해 배상이 원칙이지만, 만약 하자로 인해 매수인이 계약의 목적을 달성할 수 없으면 매수인은 계약을 ⓒ파기하고 대금 환불을 청구할 수도 있다. 다만 매수인이 계약 체결 당시 하자의 존재를 알았거나 알 수 있었던 경우에는 담보 책임이 인정되지 않는다.

한편, 담보는 채권과 관련된 맥락에서는 채권의 실현 가능성을 보장하기 위한 조치라는 의미로 해석된다. 담보 물권이 그 예이다. 금전 채권은 채권자가 채무자로부터 돈을 받아야 실현되는데, 채무자가 돈을 지급하지 않으면 강제 집행 절차를 거쳐야 한다. 강제 집행의 목적물이 부동산이면 그 부동산을 경매하여 마련된 경매 대금을 배당받음으로써 금전 채권이 실현된다. 이때 경매 대금을 배당받을 금전 채권자가 여럿이면 각 채권자는 각자의 채권액에 비례하여 배당받아야 하는 것이 원칙이다. 그러나 그 채권자 중 담보 물권을 가진 자는 경매 대금에서 자신의 채권액부터 먼저 배당받는다.

(나)

보증이란 채무자가 채무를 이행하지 않으면 그 채무를 다른 사람이 대신 이행하기로 하는 것이다. 이때 원래의 채무자를 주채무자, 주채무자 대신 채무를 이행하는 사람을 보증인이라 하고, 주채무자가 부담하는 채무를 주채무, 보증인이 부담하는 채무를 보증 채무라 한다. 보증은 담보 기능을 수행하므로 주채무가 소멸되면 보증 채무도 당연히 소멸된다. 보증이 ⓓ성립하려면 채권자와 보증인을 당사자로 하는 보증 계약이 필요하다. 보증 계약은 보증인에게만 채무를 발생시키므로 유상 계약이 아니다. ㉠이는 주채무자와 보증인 간에 보증의 대가를 지급하기로 하는 계약이 별도로 체결되었더라도 마찬가지이다.

보증 계약에 대해서는 보증인 보호를 위하여 법적 규제가 적용된다. 우선 『민법』에 의하면 보증 계약을 할 때는 일반적인 계약과는 달리 계약서가 작성되어야 하고, 여기에는 보증인의 서명이나 기명 날인이 있어야 한다. 이를 위반한 보증 계약은 무효이지만 보증 채무가 이행되었으면 보증인이 그 무효를 주장할 수 없다. 주채무가 주채무자의 사업과 무관한 금전 채무이고, 보증인이 대가 없이 주채무자에 대한 호의로 보증 계약을 한 경우에는 『보증인 보호를 위한 특별법』에 의한 보호도 제공된다.

예컨대 보증 기간이 명시되지 않은 경우 보증 기간은 3년으로 간주된다.

채권자가 주채무자에게 주채무의 이행을 청구하지 않고 곧바로 보증인에게만 보증 채무의 이행을 청구한 경우, 보증인은 주채무자가 강제 집행 대상 재산을 보유하고 있음을 채권자에게 증명하여 보증 채무의 이행을 거절할 수 있는 권리가 있다.

그러나 보증인이 이러한 권리를 포기하기로 하는 '연대 보증 특약'이 보증 계약에 포함될 수 있다.

이러한 특약을 한 보증인인 연대 보증인은, 채권자가 곧바로 주채무 전액에 해당하는 돈의 지급을 요구하더라도 그 이행을 거절할 수 없다.

연대 보증인에게도 『보증인 보호를 위한 특별법』이 적용되는지가 문제 되는데, 어떤 해석 방법을 따르느냐에 따라 결론이 달라질 수 있다. 위 법률 제2조가 그 적용 대상인 보증 계약을 '주채무자가 금전 채무를 이행하지 않는 경우 그 채무를 보증인이 이행하기로 하는 계약'이라고 ⓔ규정하고 있으나 그 입법 과정에서 연대 보증인 보호의 필요성이 강조되었기 때문이다.

01 (가)와 (나)의 내용 전개 방식에 대한 설명으로 가장 적절한 것은?

① (가)는 법조문의 의미 해석 방법을 구분하여 제시하고, (나)는 보증 계약에 관한 규범의 주요 내용을 열거하고 있다.

② (가)는 법조문의 의미 차이가 확대되어 온 이유를 분석하고, (나)는 보증 계약에 관련되는 주요 개념들을 정의하고 있다.

③ (가)는 법조문의 의미를 해석하는 방법의 사례를 소개하고, (나)는 보증 계약의 폐해와 이로 인한 결과를 서술하고 있다.

④ (가)는 법조문의 의미를 파악하는 입장들을 대조하고, (나)는 보증 계약이 역사적 맥락에 따라 변화한 과정을 밝히고 있다.

⑤ (가)는 법조문의 의미를 다른 상황에서 유추하여 도출하고, (나)는 보증 계약의 유형별로 규제의 공통점을 비교하고 있다.

02 (가)를 통해 알 수 있는 내용으로 적절하지 않은 것은?

① 법은 사회 구성원들에게 보편적으로 적용되어야 하므로 일상적 의미가 해석의 출발점이 되어야 한다.

② 법조문에서의 담보에는 채권자의 금전 채권 실현의 가능성을 보장하는 조치라는 법적인 의미가 부여되기도 한다.

③ 금전 채권자가 여럿인 경우에 진행된 경매에서 담보 물권의 존재 여부는 경매 대금의 배당 순위에 영향을 준다.

④ 유상 계약에서의 담보는 당사자 간 거래 대상의 값어치를 보장하는 의미로 해석되므로, 교환 대상 사이의 값어치가 일치해야 계약이 체결된다.

⑤ 법조문의 의미를 문리 해석만으로 제대로 파악하기 어려운 경우에는 법조문의 입법 과정에서 논의된 내용을 바탕으로 그 의미를 해석하기도 한다.

03 (가), (나)를 바탕으로 할 때, ㉠의 이유로 가장 적절한 것은?

① 주채무자가 보증인에게 지급하기로 한 대가를 채권자가 대신 받을 수 있기 때문이다.

② 보증인에게 대가를 지급할 의무를 지는 사람이 보증 계약의 당사자가 아니기 때문이다.

③ 보증 채무를 이행하기 전까지는 보증인이 주채무자로부터 손해 배상을 받을 수 없기 때문이다.

④ 채권자에게 주채무자 대신 채무를 이행하는 것은 보증인 자신의 채무를 이행하는 것에 해당하기 때문이다.

⑤ 보증은 주채무자에 대한 채권의 실현을 담보하는 기능을 수행한다는 점에서 담보 물권과 다름없기 때문이다.

08 연대 보증인 에 대한 이해로 가장 적절한 것은?

① 주채무자에 대한 호의로 대가 없이 보증 계약을 한 자이어야 한다.

② 보증인 보호를 위한 특별법 제2조의 문리 해석에 의하면 이 법의 적용 대상에 해당한다.

③ 채권자가 주채무자에게 채무의 이행을 청구하지 않는 한 보증채무의 이행을 거절할 권리가 있다.

④ 채권자와는 보증 계약을 하고 채무자와는 연대 보증 특약을 함으로써, 보증 채무를 부담하게 된다.

⑤ 채권자가 주채무자에게 채무의 이행을 청구하여 그 채권이 실현되면 더 이상 보증 채무를 이행할 의무가 없다.

05 (가), (나)를 바탕으로 <보기>를 이해한 내용으로 적절하지 않은 것은? [3점]

／ 보기 ／

갑은 자신이 보유한 예술품을 1년에 1점씩 4년간 을에게 납품하고, 그 대금으로 1점당 500만 원씩을 매년 연말에 받기로 하는 매매 계약을 했다. 을은 그 예술품을 소장 목적으로 수집하고 있었다. 갑이 을에게 대금 채무에 대한 담보를 요구하자 을은 병에게 보증을 서 달라고 부탁했고, 병은 을에 대한 호의로 대가 없이 갑과 보증 계약을 했다. 이에 갑이 을에게 예술품의 납품을 시작했고 을은 2년 동안 갑에게 그 대금을 지급했다. 그런데 이후 2년 동안 갑이 예술품을 1년에 1점씩 납품했으나 을은 그 대금을 지급하지 않았다. 이에 갑이 병에게 미납 대금 1,000만 원의 지급을 요구하고 있다

① 갑이 납품한 예술품에 갑의 행위와 무관한 하자가 있어서 을에게 손해가 발생한 경우, 계약 체결 시점에 을이 그 하자를 알 수 있었으면 을은 손해 배상을 받을 권리가 없다.

② 갑이 납품한 예술품에 하자가 있어서 을에게 손해가 발생한 경우, 을이 그 하자에도 불구하고 계약의 목적을 달성할 수 있으면 을은 그 대금의 환불을 받을 권리가 없다.

③ 보증 계약서에 병의 서명은 있고 연대 보증 특약이 없는 경우, 을에게 강제 집행 대상 재산이 있음을 병이 갑에게 증명했더라도 병은 갑이 요구한 1,000만 원의 지급을 거절할 수 없다.

④ 보증 계약서가 작성되지 않았고 연대 보증 특약이 없는 경우, 병이 을을 대신하여 갑에게 1,000만 원을 지급했으면 보증 계약의 무효를 주장할 수 없다.

⑤ 보증 계약서에 병의 서명도 날인도 없지만 연대 보증 특약이 있는 경우, 보증인 보호를 위한 특별법 제2조를 어떤 방법으로 해석하든 병은 갑에게 1,000만 원을 지급할 의무가 없다.

06 문맥상 ⓐ~ⓔ와 바꿔 쓰기에 적절하지 않은 것은?

① ⓐ : 이루는

② ⓑ : 헤아려

③ ⓒ : 깨뜨리고

④ ⓓ : 이루어지려면

⑤ ⓔ : 바로잡고

신체의 세포, 조직, 장기가 손상되어 더 이상 제 기능을 하지 못할 때에 이를 대체하기 위해 이식을 실시한다. 이때 이식으로 옮겨 붙이는 세포, 조직, 장기를 이식편이라 한다. 자신이나 일란성 쌍둥이의 이식편을 이용할 수 없다면 다른 사람의 이식편으로 '동종 이식'을 실시한다. 그런데 우리의 몸은 자신의 것이 아닌 물질이 체내로 유입될 경우 면역 반응을 일으키므로, 유전적으로 동일하지 않은 이식편에 대해 항상 거부 반응을 일으킨다.

면역적 거부 반응은 면역 세포가 표면에 발현하는 주조직적합 복합체(MHC) 분자의 차이에 의해 유발된다. 개체마다 MHC에 차이가 있는데 서로 간의 유전적 거리가 멀수록 MHC에 차이가 커져 거부 반응이 강해진다. 이를 막기 위해 면역 억제제를 사용하는데, 이는 면역 반응을 억제하여 질병 감염의 위험성을 높인다.

이식에는 많은 비용이 소요될 뿐만 아니라 이식이 가능한 동종 이식편의 수가 매우 부족하기 때문에 이를 대체하는 방법이 개발되고 있다. 우선 인공 심장과 같은 '전자 기기 인공 장기'를 이용하는 방법이 있다. 하지만 이는 장기의 기능을 일시적으로 대체하는 데 사용되며, 추가 전력 공급 및 정기적 부품 교체 등이 요구되는 단점이 있고, 아직 인간의 장기를 완전히 대체할 만큼 정교한 단계에 이르지는 못했다.

다음으로는 사람의 조직 및 장기와 유사한 다른 동물의 이식편을 인간에게 이식하는 '이종 이식'이 있다. 그런데 이종 이식은 동종 이식보다 거부 반응이 훨씬 심하게 일어난다. 특히 사람이 가진 자연항체는 다른 종의 세포에서 발현되는 항원에 반응하는데, 이로 인해 이종 이식편에 대해서 초급성 거부 반응 및 급성 혈관성 거부 반응이 일어난다. 이런 거부 반응을 일으키는 유전자를 제거한 형질 전환 미니돼지에서 얻은 이식편을 이식하는 실험이 성공한 바 있다. 미니돼지는 장기의 크기가 사람의 것과 유사하고 번식력이 높아 단시간에 많은 개체를 생산할 수 있다는 장점이 있어, 이를 이용한 이종 이식편을 개발하기 위한 연구가 진행되고 있다.

이종 이식의 또 다른 문제는 ㉠내인성 레트로바이러스이다. 내인성 레트로바이러스는 생명체의 DNA의 일부분으로, 레트로 바이러스로부터 유래된 것으로 여겨지는 부위들이다. 이는 바이러스의 활성을 가지지 않으며 사람을 포함한 모든 포유류에 존재한다. ㉡레트로바이러스는 자신의 유전 정보를 RNA에 담고 있고 역전사 효소를 갖고 있는 바이러스로서, 특정한 종류의 세포를 감염시킨다. 유전 정보가 담긴 DNA로부터 RNA가 생성되는 전사 과정만 일어날 수 있는 다른 생명체와는 달리, 레트로 바이러스는 다른 생명체의 세포에 들어간 후 역전사 과정을 통해 자신의 RNA를 DNA로 바꾸고 그 세포의 DNA에 끼어들어 감염시킨다. 이후에는 다른 바이러스와 마찬가지로 자신이 속해 있는 생명체를 숙주로 삼아 숙주 세포의 시스템을 이용하여 복제, 증식하고 일정한 조건이 되면 숙주 세포를 파괴한다.

그런데 정자, 난자와 같은 생식 세포가 레트로바이러스에 감염되고도 살아남는 경우가 있었다. 이런 세포로부터 유래된 자손의 모든 세포가 갖게 된 것이 내인성 레트로바이러스이다. 내인성 레트로바이러스는 세대가 지나면서 돌연변이로 인해 염기 서열의 변화가 일어나며 해당 세포 안에서는 바이러스로 활동하지 않는다.

그러나 내인성 레트로바이러스를 떼어 내어 다른 종의 세포 속에 주입하면 이는 레트로바이러스로 변환되어 그 세포를 감염시키기도 한다. 따라서 미니돼지의 DNA에 포함된 내인성 레트로 바이러스를 효과적으로 제거하는 기술이 개발 중에 있다.

그동안의 대체 기술과 관련된 연구 성과를 토대로 ⓐ이상적인 이식편을 개발하기 위해 많은 연구가 수행되고 있다.

01 윗글에서 알 수 있는 내용으로 적절하지 <u>않은</u> 것은?

① 동종 간보다 이종 간이 MHC 분자의 차이가 더 크다.
② 면역 세포의 작용으로 인해 장기 이식의 거부 반응이 일어난다.
③ 이종 이식을 하는 것만으로도 바이러스 감염의 원인이 될 수 있다.
④ 포유동물은 과거에 어느 조상이 레트로바이러스에 의해 감염된 적이 있다.
⑤ 레트로바이러스는 숙주 세포의 역전사 효소를 이용하여 RNA를 DNA로 바꾼다.

02 ⓐ가 갖추어야 할 조건으로 적절하지 <u>않은</u> 것은?

① 이식편의 비용을 낮추어서 정기 교체가 용이해야 한다.
② 이식편은 대체를 하려는 장기와 크기가 유사해야 한다.
③ 이식편과 수혜자 사이의 유전적 거리를 극복해야 한다.
④ 이식편은 짧은 시간에 대량으로 생산이 가능해야 한다.
⑤ 이식편이 체내에서 거부 반응을 유발하지 않아야 한다.

03 다음은 신문 기사의 일부이다. 윗글을 참고할 때, 기사의 ㉮에 대한 반응으로 적절하지 <u>않은</u> 것은? [3점]

○○**신 문**   ○○○○년 ○○월 ○○일

최근에 줄기 세포 연구와 3D 프린팅 기술이 급속도로 발전하고 있다. 줄기 세포는 인체의 모든 세포나 조직으로 분화할 수 있다. 그러므로 수혜자 자신의 줄기 세포만을 이용하여 3D 바이오 프린팅 기술로 제작한 ㉮세포 기반 인공 이식편을 만들 수 있을 것으로 전망된다. 이미 미니 폐, 미니 심장 등의 개발 성공 사례가 보고되었다.

① 전자 기기 인공 장기와 달리 전기 공급 없이도 기능을 유지할 수 있겠군.
② 동종 이식편과 달리 이식 후 면역 억제제를 사용할 필요가 없겠군.
③ 동종 이식편과 달리 내인성 레트로바이러스를 제거할 필요가 없겠군.
④ 이종 이식편과 달리 유전자를 조작하는 과정이 필요하지는 않겠군.
⑤ 이종 이식편과 달리 자연항체에 의한 초급성 거부 반응이 일어나지 않겠군.

DAY 1 – ①

리프킨은 사회적 상호 작용에서의 자기표현은 본질적으로 연극적이며, 표면 연기와 심층 연기로 ⓐ이루어진다고 언급했다.

표면 연기는 내면의 자연스러운 감정보다 의례적인 표현과 같은 형식에 집중하여 연기하는 것이고, 심층 연기는 내면의 솔직한

정서를 ⓑ불러내어 자신의 진정성을 보여 주는 것이다. 인터넷에서의 커뮤니케이션에 주목한 리프킨은 가상 공간에서 자기표현이 더욱 활발히 이루어진다고 보았다.

가상 공간의 특성에 주목한 연구자들은 사람들과의 관계 속에서 드러나는 고유한 존재로서의 위상을 뜻하는 자기 정체성이 가상 공간에서 다양하게 ⓒ나타난다고 본다. 가상 공간에서는 익명성이 작동하므로 현실에서 위축되는 사람도 적극적으로 자기표현을 할 수 있다. 아울러 현실에서의 자기 정체성을 ⓓ감추고 다른 인격체로 활동하거나 현실에서 억압된 정서를 공격적으로 드러내기도 한다. 게임 아이디, 닉네임, 아바타 등 가상 공간에서 개별적 대상으로 인식되는 '인터넷 ID'에 대한 사이버 폭력이 ⓔ넘쳐 나는 현실도 이와 무관하지 않다.

사이버 폭력과 관련하여, 인터넷 ID만을 알고 있는 상황에서 그에 대해 명예훼손이나 모욕 등의 공격이 있을 때 가해자에게 법적인 책임을 물을 수 있는지에 대한 논란이 있어 왔다. 이는 인터넷 ID가 사회적 평판인 명예의 주체로 인정될 수 있는가와 관련된다. 인터넷 ID의 명예 주체성을 ㉠인정하는 입장에 따르면, 자기 정체성은 열위적·고정적인 것이 아니라 현실 세계와 가상 공간에 걸쳐 존재하고 상호 작용하는 복합적인 것이다. 인터넷에서의 자기 정체성은 사용자 개인의 자기 정체성의 일부이기 때문에 자기 정체성을 가진 인터넷 ID의 명예 역시 보호되어야 한다. 반면 ㉡인정하지 않는 입장에 따르면, 생성·변경·소멸이 자유롭고 복수로 개설이 가능한 인터넷 ID는 그 사용자인 개인을 가상 공간에서 구별하는 장치에 불과하다. 인터넷 ID는 현실에서의 성명과 달리 그 사용자인 개인과 동일시될 수 없고, 인터넷 ID 자체는 사람이 아니므로 명예 주체성을 인정할 수 없다는 것이다.

㉮대법원은 실명을 거론한 경우는 물론, 실명을 거론하지 않았더라도 주위 사정을 종합할 때 지목된 사람이 누구인지를 제3자가 알 수 있는 경우에는 명예훼손이나 모욕에 대한 가해자의 법적 책임이 성립한다고 판시해 왔다. 이를 수용한 헌법재판소에서는 인터넷 ID와 관련된 명예훼손·모욕 사건의 헌법 소원에 대한 결정을 내린 바 있다. 이 결정에서 ㉯다수 의견은 인터넷 ID만을 알 수 있을 뿐 그 사용자가 누구인지 제3자가 알 수 없다면 피해자가 특정되지 않아 명예훼손이나 모욕에 대한 가해자의 법적 책임이 성립하지 않는다고 보았다. 반면 인터넷 ID는 가상 공간에서 성명과 같은 기능을 하므로 제3자의 인

식 여부가 법적 책임의 근거가 될 수 없다는 ㉰소수 의견도 제시되었다.

👤 **인물은 체크한다.**

🔍 **정의는 체크한다.**

⚙️ **조건은 체크한다.**

🗂 **분류는 체크한다.**

🗂 **분류는 체크한다.**

01 윗글의 내용과 일치하지 <u>않는</u> 것은?

① 심층 연기는 내면의 진솔한 정서를 드러내기위해 ~~형식에 집중하는 자기표현~~이다.

② 리프킨은 현실 세계보다 가상 공간에서 자기표현이 더욱 왕성하게 드러난다고 보았다.

③ 가상 공간에서 개별적인 것으로 인식되는 아바타는 사이버 폭력의 대상이 될 수 있다.

④ 익명성은 가상 공간에서 자기 정체성이 다양하게 나타나는 데 영향을 미치는 가상 공간의 특성이다.

⑤ 가상 공간에서의 자기 정체성은 현실에서의 자기 정체성과 마찬가지로 타인과의 관계 속에서 나타난다.

1 STRUCTURE FLOW /////////

> 🔍 정의   👤 인물

2 ANSWER DECODING /////////

● STEP 1. 지문 스캔

지문에서 정의를 중심으로 선지에서 묻는 상황을 찾는다.

● STEP 2. 선지 매칭

심층 연기는 내면의 솔직한 정서를 불러내어 자신의 진성성을 보여주는 것이고, 표면 연기는 표현적인 형식에 집중하여 연기하는 것이다. 따라서 형식에 집중하는 것은 표면 연기이므로 적절하지 않은 선지 ⇒ 정답

02 ㉠과 ㉡에 대한 이해로 가장 적절한 것은?

① ㉠은 ㉡과 ~~달리 자기 정체성을 단일하고 고정적인 것으로 파악하겠군.~~

②㉠은 ㉡과 달리 인터넷 ID에 대한 공격을 그 사용자인 개인에 대한 공격이라고 보겠군.

③ ㉡은 ㉠과 ~~달리~~ 인터넷에서의 자기 정체성과 현실 세계의 자기 정체성이 상호 작용을 한다고 보겠군.

④ ㉡은 ㉠과 달리 인터넷 ID는 ~~복수 개설이 가능하므로 자기 정체성이 복합적으로 구성된다~~고 보겠군.

⑤ ㉠과 ~~㉡은 모두~~, 인터넷 ID마다 개인의 자기 정체성이 다르다고 보겠군

1 STRUCTURE FLOW /////////

> 🔍 정의   🗂 분류

2 ANSWER DECODING /////////

● STEP 1. 지문 스캔

지문에서 분류를 중심으로 선지에서 묻는 상황을 찾는다.

● STEP 2. 선지 매칭

㉠은 인터넷 아이디의 명예 주체성을 인정하는 입장이고 ㉡은 인터넷 아이디의 명예 주체성을 인정하지 않는 입장이다. 인터넷 아이디를 명예 주체성이라고 인정하는 입장만 ID에 대한 공격이 개인에 대한 공격이라고 주장하므로 적절한 선지 ⇒ 정답

03 윗글을 바탕으로 <보기>를 이해한 내용으로 적절하지 않은 것은? [3점]

> **보기**
>
> ○○ 인터넷 카페의 이용자 A는 a, B는 b, C는 c라는 ID를 사용한다. 박사 학위 소지자인 □□ 전시관의 해설사이고, B는 같은 전시관에서 물고기 관리를 혼자 전담한다. 이 진시관의 누리집에는 직무별로 담당자가 공개되어 있다. 어떤 사람이 □□ 전시관에서 A의 해설을 듣고 A의 실명을 언급한 후기를 카페 게시판에 올리자 다음과 같은 댓글이 달렸다.
>
> | A의 해설에 대한 후기 |
> | --- |
> | └ b A가 박사인지 의심스럽다. A는 #~#. |
> | └ a □□ 전시관에서 물고기를 관리하는 b는 #~#. |
> | └ c 게시판 분위기를 흐리는 a는 #~#. |
>
> (단, '#~#'는 명예를 훼손하거나 모욕을 주는 표현이고, A, B, C는 실명이다. ID로는 그 사용자의 개인 정보를 알 수 없으며, A, B, C의 법적 책임에 영향을 미치는 다른 요소는 고려하지 않는다.)

① ㉮는 B가 가해자로서의 법적 책임을 져야 하지만 C는 가해자로서의 법적 책임을 지지 않는다고 보겠군.

②㉯는 B가 가해자로서의 법적 책임을 져야 하지만 A는 가해자로서의 법적 책임을 지지 않는다고 보겠군.

③ ㉮와 ㉰는 A가 가해자로서의 법적 책임을 져야 하는지의 여부에 대해 같게 보겠군.

④ ㉯와 ㉰는 B가 가해자로서의 법적 책임을 져야 하는지의 여부에 대해 같게 보겠군.

⑤ ㉮, ㉯, ㉰가, C가 가해자로서의 법적 책임을 져야 하는지의 여부에 대해 판단한 내용이 모두 같지는 않겠군.

04 문맥상 ⓐ~ⓔ와 바꿔 쓰기에 가장 적절한 것은?

① ⓐ : 완성(完成)된다고
② ⓑ : 요청(要請)하여
③ⓒ : 표출(表出)된다고
④ ⓓ : 기만(欺瞞)하고
⑤ ⓔ : 확충(擴充)되는

---

1 **STRUCTURE FLOW** ////////

🔍 정의   🗂 분류

2 **ANSWER DECODING** ////////

● STEP 1. 지문 스캔

지문에서 분류를 중심으로 선지에서 묻는 상황을 찾는다.

● STEP 2. 선지 매칭

㉮ 대법원은 실명을 거론한 경우와 실명을 거론하지 않아도 제 3자가 알 수 있는 경우 법적 책임이 가능하다는 입장이다. ㉯ 다수 의견은 제 3자가 알 수 없다면 법적 책임을지지 않는다는 입장이다. ㉰ 소수 의견은 제 3자의 인식 여부와 관계 없이 법적 책임의 근거가 될 수 없다는 입장이다. 따라서 실명을 거론한 b(B), 제 3자가 알 수 있는 a(A)는 법적 책임을 진다. ⇒ 정답

1 **ANSWER DECODING** ////////

● STEP 1. 지문 스캔

지문에서 문맥과 단어의 뜻으로 선지에서 묻는 단어를 찾는다. 틀렸다면 별도로 정리한다.

● STEP 2. 선지 매칭

ⓒ 나타난다고

③ 표출된다고 : 겉으로 나타나다.

⇒ 정답

DAY 1 - ②

정의는 체크한다.

분류는 체크한다.

조건은 체크한다.

조건은 체크한다.

비교는 체크한다.

정의는 체크한다.

(가)

법조문으로 구성된 법 규범인 성문법의 의미를 파악하는 것을 법 해석이라고 한다. 법은 사회 구성원들에게 보편적으로 적용 되는 규범이므로, 성문법을 ⓐ구성하는 단어나 문장은 그 일상적 의미에 충실하게 해석되어야 한다. 이러한 '문리 해석'이 법 해석의 출발점이다.

그러나 문리 해석으로 그 내용을 제대로 파악하기 어려우면, 그것이 사용된 맥락을 ⓑ고려하여 그 의미를 파악하는 '체계적 해석', 입법 과정에서 논의된 내용을 바탕으로 그 의미를 파악하는 '역사적 해석' 등의 해석 방법을 사용할 수 있다. 그 예로서 '담보'를 들 수 있다. 담보의 일상적 의미는 '맡아서 보증함'이고, 이런 의미로 사용된 예로 '구조물의 안전을 담보하기 위한 검사'를 들 수 있다. 하지만 성문법 조문에서 사용될 때는 그 맥락을 고려하여 다른 의미로 해석되기도 한다.

담보는 유상 계약의 맥락에서 거래 대상의 값어치를 보장한다는 의미로 해석된다. 유상 계약이란 그 당사자가 서로 대가를 주고받을 것을 약속하는 계약을 뜻한다. 유상 계약의 일종인 매매 계약에서 목적물이 계약 체결 당시부터 있던 하자 때문에 대금만큼의 값어치를 하지 못하는 상태였다면, 매도인은 그 하자 발생의 원인이 무엇이든 담보 책임을 져야 한다. 그 책임의 내용은 손해 배상이 원칙이지만, 만약 하자로 인해 매수인이 계약의 목적을 달성할 수 없으면 매수인은 계약을 ⓒ파기하고 대금 환불을 청구할 수도 있다. 다만 매수인이 계약 체결 당시 하자의 존재를 알았거나 알 수 있었던 경우에는 담보 책임이 인정되지 않는다.

한편, 담보는 채권과 관련된 맥락에서는 채권의 실현 가능성을 보장하기 위한 조치라는 의미로 해석된다. 담보 물권이 그 예이다. 금전 채권은 채권자가 채무자로부터 돈을 받아야 실현되는데, 채무자가 돈을 지급하지 않으면 강제 집행 절차를 거쳐야 한다. 강제 집행의 목적물이 부동산이면 그 부동산을 경매하여 마련된 경매 대금을 배당받음으로써 금전 채권이 실현된다. 이때 경매 대금을 배당받을 금전 채권자가 여럿이면 각 채권자는 각자의 채권액에 비례하여 배당받아야 하는 것이 원칙이다. 그러나 그 채권자 중 담보 물권을 가진 자는 경매 대금에서 자신의 채권액부터 먼저 배당받는다.

(나)

보증이란 채무자가 채무를 이행하지 않으면 그 채무를 다른 사람이 대신 이행하기로 하는 것이다. 이때 원래의 채무자를 주채무자, 주채무자 대신 채무를 이행하는 사람을 보증인이라 하고, 주채무자가 부담하는 채무를 주채무, 보증인이 부담하는 채무를 보증 채무라 한다. 보증은 담보 기능을 수행하므로 주채무가 소멸되면 보증 채무도 당연히 소멸된다. 보증이 ⓓ성립하려면 채권자와 보증인을 당사자로 하는 보증 계약이 필요하다. 보증 계약은 보증인에게만 채무를 발생시키므로 유상 계약이 아니다. ㉠이는 주채무자와 보증인 간에 보증의 대가를 지급하기로 하는 계약이 별도로 체결되었더라도 마찬가지이다.

보증 계약에 대해서는 보증인 보호를 위하여 법적 규제가 적용된다. 우선 『민법』에 의하면 보증 계약을 할 때는 일반적인 계약과는 달리 계약서가 작성되어야 하고, 여기에는 보증인의 서명이나 기명 날인이 있어야 한다. 이를 위반한 보증 계약은 무효이지만 보증 채무가 이행되었으면 보증인이 그 무효를 주장할 수 없다. 주채무가 주채무자의 사업과 무관한 금전 채무이고, 보증인이 대가 없이 주채무자에 대한 호의로 보증 계약을 한 경우에는 『보증인 보호를 위한 특별법』에 의한 보호도 제공된다. 예컨대 보증 기간이 명시되지 않은 경우 보증 기간은 3년으로 간주된다.

채권자가 주채무자에게 주채무의 이행을 청구하지 않고 곧바로 보증인에게만 보증 채무의 이행을 청구한 경우, 보증인은 주채무자가 강제 집행 대상 재산을 보유하고 있음을 채권자에게 증명하여 보증 채무의 이행을 거절할 수 있는 권리가 있다.

그러나 보증인이 이러한 권리를 포기하기로 하는 '연대 보증 특약'이 보증 계약에 포함될 수 있다. 이러한 특약을 한 보증인인 연대 보증인 은, 채권자가 곧바로 주채무 전액에 해당하는 돈의 지급을 요구하더라도 그 이행을 거절할 수 없다.

연대 보증인에게도 『보증인 보호를 위한 특별법』이 적용되는지가 문제 되는데, 어떤 해석 방법을 따르느냐에 따라 결론이 달라질 수 있다. 위 법률 제2조가 그 적용 대상인 보증 계약을 '주채무자가 금전 채무를 이행하지 않는 경우 그 채무를 보증인이 이행하기로 하는 계약'이라고 ⓔ규정하고 있으나 그 입법 과정에서 연대 보증인 보호의 필요성이 강조되었기 때문이다.

⚙ **조건은 체크한다.**

01 (가)와 (나)의 내용 전개 방식에 대한 설명으로 가장 적절한 것은?

① (가)는 법조문의 의미 해석 방법을 구분하여 제시하고, (나)는 보증 계약에 관한 규범의 주요 내용을 열거하고 있다.

② (가)는 ~~법조문의 의미 차이가 확대되어 온 이유~~를 분석하고, (나)는 보증 계약에 관련되는 주요 개념들을 정의하고 있다.

③ (가)는 법조문의 의미를 해석하는 방법의 사례를 소개하고, (나)는 ~~보증 계약의 폐해와 이로 인한 결과~~를 서술하고 있다.

④ (가)는 법조문의 의미를 파악하는 입장들을 대조하고, (나)는 보증 계약이 ~~역사적 맥락에 따라 변화한 과정~~을 밝히고 있다.

⑤ (가)는 법조문의 의미를 ~~다른 상황에서 유추하여 도출하고~~, (나)는 보증 계약의 유형별로 ~~규제와 공통점을 비교하고~~ 있다.

1 STRUCTURE FLOW ////////

🔍 정의   ⚙️ 조건

2 ANSWER DECODING ////////

● STEP 1. 지문 스캔
지문에서 분류와 조건을 중심으로 선지에서 묻는 상황을 찾는다.

● STEP 2. 선지 매칭
(가)는 정의, 분류, 조건을 확인할 수 있다. (나)는 정의, 조건을 확인할 수 있다. 따라서 법조문의 의미 해석 방법을 분류하고, 보증과 관련된 조건들을 나열하여 규범의 주요 내용을 열거하는 것은 적절한 선지 ⇒ 정답

---

02 (가)를 통해 알 수 있는 내용으로 적절하지 <u>않은</u> 것은?

① 법은 사회 구성원들에게 보편적으로 적용되어야 하므로 일상적의미가 해석의 출발점이 되어야 한다.

② 법조문에서의 담보에는 채권자의 금전 채권 실현의 가능성을 보장하는 조치라는 법적인 의미가 부여되기도 한다.

③ 금전 채권자가 여럿인 경우에 진행된 경매에서 담보 물권의 존재 여부는 경매 대금의 배당 순위에 영향을 준다.

④ 유상 계약에서의 담보는 당사자 간 거래 대상의 값어치를 보장하는 의미로 해석되므로, ~~교환 대상 사이의 값어치~~가 일치해야 계약이 체결된다.

⑤ 법조문의 의미를 문리 해석만으로 제대로 파악하기 어려운 경우에는 법조문의 입법 과정에서 논의된 내용을 바탕으로 그 의미를 해석하기도 한다

1 STRUCTURE FLOW ////////

🔍 정의   ⚙️ 조건

2 ANSWER DECODING ////////

● STEP 1. 지문 스캔
지문에서 정의를 중심으로 선지에서 묻는 상황을 찾는다.

● STEP 2. 선지 매칭
담보는 유상 계약의 맥락에서 거래 대상의 값어치를 보장한다는 의미로 해석된다. 이 때 계약 채결 당시부터 있던 하자 때문에 대금만큼 값어치를 못하는 상태였다면, 하자 발생의 원인과 상관 없이 담보 책임을 져야한다. 따라서 값어치가 일치해야 한다는 것은 적절하지 않은 선지 ⇒ 정답

03 (가), (나)를 바탕으로 할 때, ㉠의 이유로 가장 적절한 것은?

① 주채무자가 보증인에게 지급하기로 한 대가를 채권자가 ~~대신 받을 수 있기~~ 때문이다.

②보증인에게 대가를 지급할 의무를 지는 사람이 보증 계약의 당사자가 아니기 때문이다.

③ 보증 채무를 이행하기 전까지는 보증인이 주채무자로부터 ~~손해 배상을 받을 수 없기~~ 때문이다.

④ 채권자에게 주채무자 대신 채무를 이행하는 것은 보증인 자신의 채무를 이행하는 것에 해당하기 때문이다.

⑤ 보증은 주채무자에 대한 채권의 실현을 담보하는 기능을 수행한다는 점에서 담보 물권과 다름없기 때문이다.

1 STRUCTURE FLOW

🔍 정의   ⚙️ 조건

2 ANSWER DECODING

● STEP 1. 지문 스캔

지문에서 조건을 중심으로 선지에서 묻는 상황을 찾는다.

● STEP 2. 선지 매칭

㉠은 유상 계약이 아닌 보증 계약인 경우이다. 유상 계약이란 그 당사자가 서로 대가를 주고받을 것을 약속하는 계약을 뜻한다. 이 계약의 당사자는 보증인과 채권자이다 .보증인에게 대가를 지급할 의무를 지는 사람은 주채무자로 계약의 당사자가 아니기 때문에 유상 계약이 성립하지 않으므로 적절한 선지 ⇒ 정답

---

04 연대 보증인 에 대한 이해로 가장 적절한 것은?

① ~~주채무자에 대한 호의로 대가 없이 보증 계약을 한 자~~ 이어야 한다.

② 보증인 보호를 위한 특별법 제2조의 문리 해석에 의하면 이 법의 적용 대상에 ~~해당한다.~~

③ 채권자가 주채무자에게 채무의 이행을 청구하지 ~~않는 한~~ 보증채무의 이행을 거절할 권리가 있다.

④ 채권자와는 보증 계약을 하고 ~~채무자와는 연대 보증 특약을~~ 함으로써, 보증 채무를 부담하게 된다.

⑤채권자가 주채무자에게 채무의 이행을 청구하여 그 채권이 실현되면 더 이상 보증 채무를 이행할 의무가 없다.

1 STRUCTURE FLOW

🔍 정의   ⚙️ 조건

2 ANSWER DECODING

● STEP 1. 지문 스캔

지문에서 정의를 중심으로 선지에서 묻는 상황을 찾는다.

● STEP 2. 선지 매칭

보증은 담보 기능을 수행하므로 주채무가 소멸되면 보증 채무도 소멸된다. 따라서 연대 보증인의 보증 채무도 소멸하므로 적절한 선지 ⇒ 정답

05 (가), (나)를 바탕으로 <보기>를 이해한 내용으로 적절하지 <u>않은</u> 것은? [3점]

> **보기**
>
> 갑은 자신이 보유한 예술품을 1년에 1점씩 4년간 을에게 납품하고, 그 대금으로 1점당 500만 원씩을 매년 연말에 받기로 하는 매매 계약을 했다. 을은 그 예술품을 소장 목적으로 수집하고 있었다. 갑이 을에게 대금 채무에 대한 담보를 요구하자 을은 병에게 보증을 서 달라고 부탁했고, 병은 을에 대한 호의로 대가 없이 갑과 보증 계약을 했다. 이에 갑이 을에게 예술품의 납품을 시작했고 을은 2년 동안 갑에게 그 대금을 지급했다. 그런데 이후 2년 동안 갑이 예술품을 1년에 1점씩 납품했으나 을은 그 대금을 지급하지 않았다. 이에 갑이 병에게 미납 대금 1,000만 원의 지급을 요구하고 있다

① 갑이 납품한 예술품에 갑의 행위와 무관한 하자가 있어서 을에게 손해가 발생한 경우, 계약 체결 시점에 을이 그 하자를 알 수 있었으면 을은 손해 배상을 받을 권리가 없다.

② 갑이 납품한 예술품에 하자가 있어서 을에게 손해가 발생한 경우, 을이 그 하자에도 불구하고 계약의 목적을 달성할 수 있으면 을은 그 대금의 환불을 받을 권리가 없다.

③ 보증 계약서에 병의 서명은 있고 연대 보증 특약이 없는 경우, 을에게 강제 집행 대상 재산이 있음을 병이 갑에게 ~~증명했더라도~~ 병은 갑이 요구한 1,000만 원의 지급을 거절할 수 ~~없다~~.

④ 보증 계약서가 작성되지 않았고 연대 보증 특약이 없는 경우, 병이 을을 대신하여 갑에게 1,000만 원을 지급했으면 보증 계약의 무효를 주장할 수 없다.

⑤ 보증 계약서에 병의 서명도 날인도 없지만 연대 보증 특약이 있는 경우, 보증인 보호를 위한 특별법 제2조를 어떤 방법으로 해석하든 병은 갑에게 1,000만 원을 지급할 의무가 없다.

06 문맥상 ⓐ~ⓔ와 바꿔 쓰기에 적절하지 <u>않은</u> 것은?

① ⓐ : 이루는
② ⓑ : 헤아려
③ ⓒ : 깨뜨리고
④ ⓓ : 이루어지려면
⑤ ⓔ : 바로잡고

---

1 STRUCTURE FLOW //////////

🔍 **정의** ⚙️ **조건**

2 ANSWER DECODING //////////

● **STEP 1. 지문 스캔**

지문에서 조건을 중심으로 선지에서 묻는 상황을 찾는다.

● **STEP 2. 선지 매칭**

갑은 채권자, 을은 주채무자, 병은 보증인이다. 연대 보증 특약이 없는 경우 갑이 을에게 주채무 이행을 청구하지 않고 바로 병에게 보증 채무 이행을 요구한다면, 병은 을이 강제 집행 재산을 가지고 있음을 갑에게 증명하여 보증 채무 이행을 거절 할 수 있다. 따라서 병이 갑의 보증 채무 이행 요구를 거절할 수 없다는 것은 적절하지 않은 선지 ⇒ 정답

1 ANSWER DECODING //////////

● **STEP 1. 지문 스캔**

지문에서 문맥과 단어의 뜻으로 선지에서 묻는 단어를 찾는다. 틀렸다면 별도로 정리한다.

● **STEP 2. 선지 매칭**

ⓔ 규정하고 : 양이나 범위 따위를 제한하여 정하다.

⑤ 바로잡고 : 그릇된 일을 바르게 만들거나 잘못된 것을 올바르게 고치다. ⇒ 정답

DAY 1 – ②

신체의 세포, 조직, 장기가 손상되어 더 이상 제 기능을 하지 못할 때에 이를 대체하기 위해 이식을 실시한다. 이때 이식으로 옮겨 붙이는 세포, 조직, 장기를 이식편이라 한다. 자신이나 일란성 쌍둥이의 이식편을 이용할 수 없으면 다른 사람의 이식편으로 '동종 이식'을 실시한다. 그런데 우리의 몸은 자신의 것이 아닌 물질이 체내로 유입될 경우 면역 반응을 일으키므로, 유전적 으로 동일하지 않은 이식편에 대해 항상 거부 반응을 일으킨다.

면역적 거부 반응은 면역 세포가 표면에 발현하는 주조직적합 복합체(MHC) 분자의 차이에 의해 유발된다. 개체마다 MHC에 차이가 있는데 서로 간의 유전적 거리가 멀수록 MHC에 차이가 커져 거부 반응이 강해진다. 이를 막기 위해 면역 억제제를 사용하는데, 이는 면역 반응을 억제하여 질병 감염의 위험성을 높인다.

이식에는 많은 비용이 소요될 뿐만 아니라 이식이 가능한 동종 이식편의 수가 매우 부족하기 때문에 이를 대체하는 방법이 개발되고 있다. 우선 인공 심장과 같은 '전자기기 인공 장기'를 이용하는 방법이 있다. 하지만 이는 장기의 기능을 일시적으로 대체 하는 데 사용되며, 추가 전력 공급 및 정기적 부품 교체 등이 요구되는 단점이 있고, 아직 인간의 장기를 완전히 대체할 만큼 정교한 단계에 이르지는 못했다.

다음으로는 사람의 조직 및 장기와 유사한 다른 동물의 이식편을 인간에게 이식하는 '이종 이식'이 있다. 그런데 이종 이식은 동종 이식보다 거부 반응이 훨씬 심하게 일어난다. 특히 사람이 가진 자연항체는 다른 종의 세포에서 발현되는 항원에 반응하는데, 이로 인해 이종 이식편에 대해서 초급성 거부 반응 및 급성 혈관성 거부 반응이 일어난다. 이런 거부 반응을 일으키는 유전자를 제거한 형질 전환 미니돼지에서 얻은 이식편을 이식하는 실험이 성공한 바 있다. 미니돼지는 장기의 크기가 사람의 것과 유사 하고 번식력이 높아 단시간에 많은 개체를 생산할 수 있다는 장점이 있어, 이를 이용한 이종 이식편을 개발하기 위한 연구가 진행되고 있다.

이종 이식의 또 다른 문제는 ㉠내인성 레트로바이러스이다. 내인성 레트로바이러스는 생명체의 DNA의 일부분으로, 레트로 바이러스로부터 유래된 것으로 여겨지는 부위들이다. 이는 바이러스의 활성을 가지지 않으며 사람을 포함한 모든 포유류에 존재 한다. ㉡레트로바이러스는 자신의 유전 정보를 RNA에 담고 있고 역전사 효소를 갖고 있는 바이러스로서, 특정한 종류의 세포를 감염시킨다. 유전 정보가 담긴 DNA로부터 RNA가 생성되는 전사 과정만 일어날 수 있는 다른 생명체와는 달리 레트로 바이러스는 다른 생명체의 세포에 들어간 후 역전사 과정을 통해 자신의 RNA를 DNA로 바꾸고 그 세포의 DNA에 끼어들어 감염시킨다. 이후에는 다른 바이러스와 마찬가지

로 자신이 속해 있는 생명체를 숙주로 삼아 숙주 세포의 시스템을 이용하여 복제, 증식하고 일정한 조건이 되면 숙주 세포를 파괴한다.

그런데 정자, 난자와 같은 생식 세포가 레트로바이러스에 감염되고도 살아남는 경우가 있었다. 이런 세포로부터 유래된 자손의 모든 세포가 갖게 된 것이 내인성 레트로바이러스이다. 내인성 레트로바이러스는 세대가 지나면서 돌연변이로 인해 염기 서열의 변화가 일어나며 해당 세포 안에서는 바이러스로 활동하지 않는다.

그러나 내인성 레트로바이러스를 떼어 내어 다른 종의 세포 속에 주입하면 이는 레트로바이러스로 변환되어 그 세포를 감염시키기도 한다. 따라서 미니돼지의 DNA에 포함된 내인성 레트로 바이러스를 효과적으로 제거하는 기술이 개발 중에 있다.

그동안의 대체 기술과 관련된 연구 성과를 토대로 ⓐ이상적인 이식편을 개발하기 위해 많은 연구가 수행되고 있다.

🔍 정의는 체크한다.

⚙️ 조건은 체크한다.

💡 문제 / 해결은 체크한다.

💡 문제 / 해결은 체크한다.

⚙️ 조건은 체크한다.

⇄ 순서는 체크한다.

💡 문제 / 해결은 체크한다.

01 윗글에서 알 수 있는 내용으로 적절하지 않은 것은?

① 동종 간보다 이종 간이 MHC 분자의 차이가 더 크다.

② 면역 세포의 작용으로 인해 장기 이식의 거부 반응이 일어난다.

③ 이종 이식을 하는 것만으로도 바이러스 감염의 원인이 될 수 있다.

④ 포유동물은 과거에 어느 조상이 레트로바이러스에 의해 감염된 적이 있다.

⑤ 레트로바이러스는 ~~숙주세포~~의 역전사 효소를 이용하여 RNA를 DNA로 바꾼다.

1 STRUCTURE FLOW //////////

🔍 정의   ⚙ 증가/ 감소

2 ANSWER DECODING //////////

● STEP 1. 지문 스캔

지문에서 정의를 중심으로 선지에서 묻는 상황을 찾는다.

● STEP 2. 선지 매칭

레트로바이러스는 자신의 유전정보를 RNA에 담고 있고 역전사 효소를 가지고 있는 바이러스이다. 역전사 효소는 숙주의 세포가 아닌 레트로바이러스의 효소이므로 적절하지 않은 선지 ⇒ 정답

02 ⓐ가 갖추어야 할 조건으로 적절하지 않은 것은?

① 이식편의 비용을 낮추어서 ~~정기 교체가 용이해야 한다.~~

② 이식편은 대체를 하려는 장기와 크기가 유사해야 한다.

③ 이식편과 수혜자 사이의 유전적 거리를 극복해야 한다.

④ 이식편은 짧은 시간에 대량으로 생산이 가능해야 한다.

⑤ 이식편이 체내에서 거부 반응을 유발하지 않아야 한다.

1 STRUCTURE FLOW //////////

💡 장점/단점   ⚙ 증가/ 감소

2 ANSWER DECODING //////////

● STEP 1. 지문 스캔

지문에서 장단점을 중심으로 선지에서 묻는 상황을 찾는다.

● STEP 2. 선지 매칭

ⓐ는 이상적인 이식편이다. 인공 심장과 같은 '전자 기기 인공 장기'의 단점으로 추가 전력 공급 및 정기적 부품 교체가 있다. 정기적 교체는 단점이므로 적절하지 않은 선지 ⇒ 정답

03 다음은 신문 기사의 일부이다. 윗글을 참고할 때, 기사의 ㉮에 대한 반응으로 적절하지 <u>않은</u> 것은? [3점]

○○신문   ○○○○년 ○○월 ○○일

최근에 줄기 세포 연구와 3D 프린팅 기술이 급속도로 발전하고 있다. 줄기 세포는 인체의 모든 세포나 조직으로 분화할 수 있다. 그러므로 수혜자 자신의 줄기 세포만을 이용하여 3D 바이오 프린팅 기술로 제작한 ㉮ 세포 기반 인공 이식편을 만들 수 있을 것으로 전망된다. 이미 미니 폐, 미니 심장 등의 개발 성공 사례가 보고되었다.

① 전자 기기 인공 장기와 달리 전기 공급 없이도 기능을 유지할 수 있겠군.

② 동종 이식편과 달리 이식 후 면역 억제제를 사용할 필요가 없겠군.

③ ~~동종 이식편과~~ 달리 내인성 레트로바이러스를 제거할 필요가 없겠군.

④ 이종 이식편과 달리 유전자를 조작하는 과정이 필요하지는 않겠군.

⑤ 이종 이식편과 달리 자연항체에 의한 초급성 거부 반응이 일어나지 않겠군.

1 STRUCTURE FLOW /////////

🔍 정의   💡 문제

2 ANSWER DECODING /////////

● **STEP 1. 지문 스캔**

지문에서 정의를 중심으로 선지에서 묻는 상황을 찾는다.

● **STEP 2. 선지 매칭**

<보기>의 이식편은 자신의 줄기 세포만을 이용한 세포 기반 인공 이식편이다. 자신이나 일란성 쌍둥이의 이식편을 이용하는 경우에 해당한다. 내인성 레트로바이러스는 이종 이식의 문제이다. ㉮는 내인성 레트로바이러스를 제거할 필요가 없지만 이를 제거해야 하는 이식편은 이종 이식편이므로 적절하지 않은 선지 ⇒ 정답

인간은 정보와 독립적으로 존재하며 정보는 인간의 도구에 불과하다는 인간중심주의와 달리, 플로리디의 정보 철학 은 인간을 정보적 존재의 하나로 간주한다. 인간을 포함한 세계 내 모든 존재는 속성과 행위가 정보로 환원된다는 것이다.

가령 내가 빵을 사는 행위를 하는 것은, '내가 빵을 산다'는 정보이다. 이렇듯 속성과 행위가 정보로 환원되는 정보적 존재를 플로리디는 '인포그'라고 부른다. 인포그는 정보적으로 상호 연결되어 영향을 주고받는 존재이다. 상호 연결되었다는 것의 의미는, 다른 정보를 변화시키는 행위자 즉 주체인 동시에 다른 정보에 의해 변화되는 대상이라는 것이다. 내가 친구에게 빵이 맛있다고 말해서 친구가 그 빵을 샀다면, 나의 음성 정보는 그 빵이 지닌 속성이라는 정보에 의해 촉발된 대상이자 친구의 행위라는 정보를 발생시킨 주체이다. 플로리디는 인간을 정보적 상호 연결에 의해 구현되는 인포그의 하나로 본다는 점에서, 인간을 별도의 범주로 분류하는 인간중심주의와 대비된다.

인간을 바라보는 관점의 차이는 윤리적 견해의 차이로 이어진다. 존재함 즉 '있음'을 '경험될 수 있다'는 뜻으로 정의하는 경험주의와 달리, 인포그의 '있음'은 '상호 연결의 주체와 대상이 될 수 있다'는 뜻으로 정의된다. 그러한 연결 속에서 인간을 비롯한 모든 인포그들은, 동일한 권리는 아니지만 각자의 본성에 적합한 방식으로 '있을' 나름의 권리를 가진다고 플로리디는 주장한다. 자유 의지를 지닌 인간만을 도덕 행위자로 인정하는 칸트 윤리학과 생명에 절대적인 가치를 부여하는 생명 중심 윤리학은 도덕적 주체 및 도덕적으로 대해야 하는 대상의 범위에서 인공물을 제외하지만, 플로리디는 존재하는 것의 내재적 가치를 '있음'에서 찾음으로써 인공물로까지 그 범위를 확장한다.

플로리디는 인포그와 그 상호 연결을 망라하는 공간을 '인포스피어'라 칭한다. 온라인 공간과 오프라인 공간이 중첩되어 가는 오늘날, 우리의 생활 환경 전체가 인포스피어에 해당한다.

이 공간은 기존의 공간 개념과는 다른 이해를 요구한다. 예를 들어 뉴턴이 생각한 공간은 주체나 대상과 관계없는 절대적인 것이었으나, 인포스피어는 대상과 주체가 서로 의존함으로써 존재하는 공간이자 대상이 추상화 층위를 통해서 인식되는 공간이다. 추상화 층위란 주체의 목적이나 관심을 반영함으로써 주체와 대상 사이의 인식적 관계를 매개하는 경로이다. 추상화 층위에서는 그 층위를 선택한 주체의 목적에 부합하는 속성만 정보로 인식되고 나머지 정보는 생략된다. 예컨대 차량 구매 시, 안전성을 목적으로 추상화 층위를 선택했을 때는 에어백 성능 등의 정보가, 경제성을 목적으로 했을 때는 유지 비용 등의 정보가 인식된다. 이처럼 ㉠추상화 층위를 통해 인식되는 정보는 '구성'된 것이다. 여기서 구성이란, 주어진 세계를 주체가 택한 경로에 따라 해석하여 이해하는 것을 말한다. 즉, 플로리디에 따르면 인포스피어라는 공간은 주체가 발견한 것도 주체가 만들어 낸 허구도 아니다. 정보 철학은 삶의 터전이 온라인으로 확장되는 한편 인공 지능 등의 비인간 행위자가 인간과 공존 하는 현대의 변화를 통찰한다는 의의를 가진다.

01 플로리디의 정보 철학 에 대한 이해로 가장 적절한 것은?

① '있음'의 개념은 경험주의에서 정의하는 것과 같은 뜻을 지닌다.

② 인간과 영향을 주고받는 정보는 모두 음성 정보의 형태로 전달된다.

③ 사물이 지닌 속성과 마찬가지로 인간이 지닌 속성 또한 정보로 환원될 수 있다.

④ 추상화 층위에서 생략되는 정보는 층위를 선택한 주체의 목적에 부합하는 정보이다.

⑤ 하나의 정보적 존재는 다른 정보적 존재들과의 상호 연결 관계를 둘 이상 맺을 수 없다.

02 ㉠의 의미로 가장 적절한 것은?

① 인포그가 속한 공간은, 오프라인 공간이 아닌 온라인 공간이다.

② 주체가 어떤 추상화 층위를 택하는가에 따라, 인포그는 행위자와 대상 중 어느 하나에만 해당한다.

③ 추상화 층위에 의한 주체와 대상 사이의 매개는, 인포그가 가지는 속성에 대한 인식이 객관적임을 보장한다.

④ 인포그들이 서로 의존함으로써 존재하는 공간은, 추상화 층위를 통해 주체가 전적으로 만들어 낸 허구이다.

⑤ 인포그가 지닌 속성이라는 정보는, 주체가 자신을 둘러싼 세계를 어떤 관점을 통해서 인식하는가에 의존한다.

03 윗글을 바탕으로 다음의 ㄱ~ㅁ에 대해 판단한 것으로 적절하지 <u>않은</u> 것은?

> ㄱ. 인간은 무엇이 그 본성에 적합한가와 무관하게 다른 인공물들과 동일한 권리를 가진다.
> ㄴ. 모든 정보는 인간의 행위에 의해 발생한다.
> ㄷ. 정보는 도구일 뿐이며 인간은 정보와 별개로 존재한다.
> ㄹ. 주체가 속한 공간은 그 주체가 어떤 인식적 매개 경로를 택하는가에 의해 영향을 받는다.
> ㅁ. 인공물은 도덕적으로 대해야 하는 대상이 아니다.

① ㄱ은 플로리디의 입장과 상충하지 않는다.

② ㄴ은 플로리디의 입장과 상충한다.

③ ㄷ은 인간중심주의의 입장과 상충하지 않는다.

④ ㄹ은 뉴턴의 입장과 상충하지만, 플로리디의 입장과는 상충하지 않는다.

⑤ ㅁ은 생명 중심 윤리학의 입장과 상충하지 않지만, 플로리디의 입장과는 상충한다.

04 <보기>는 플로리디와 학생이 나눈 가상의 대화이다. 윗글을 참고할 때, ㉮에 들어갈 내용으로 적절하지 <u>않은</u> 것은? [3점]

┌─ 보기 ─────────────────────
학생 : 선생님의 강연을 칸트와 비교하여 듣고, '책임의소재'에 대해 궁금해졌습니다. 자동으로 작동하며 작동 규칙도 변경할 수 있지만, 자유 의지는 없는 인공 지능 교통 통제 시스템(AI-TCS)이 교통 혼란을 일으켰다고 해 보죠. 이 경우에 대한 선생님의 견해를 듣고 싶습니다.

플로리디 : 칸트에 따르면 자유 의지가 있음은 행위에 대해 도덕적 책임을 질 수 있음을 뜻합니다. 학생이 예로 든 시스템이 혼란에 대한 책임을 질 수는 없지만 나는 칸트와 달리 그 시스템이 도덕 행위자에 포함될 뿐 아니라 도덕적 옳고 그름까지 평가될 수 있다고 봐요. 이처럼 정보화 사회에서는 책임을 질 수 없는 도덕 행위자가 늘어나는 한편, 더 많은 정보를 보유하게 된 인간은 예상되는 결과를 예방적으로 관리하고 전체 인포스피어의 번영을 감독할 책임이 그만큼 커지지요. 인포스피어의 책임 있는 관리자로서의 인간을 나는 '호모포이에티쿠스'라 부릅니다.

학생 : 선생님께서는 [㉮] 보시는군요.
────────────────────────────

① AI-TCS는 호모포이에티쿠스에 속하지 않으며, 칸트 윤리학에서 도덕 행위자로서의 지위가 인정될 자격을 갖지 않는다고

② 칸트와는 대조적으로, 자유 의지를 지니지 않은 비인간 행위자인 AI-TCS에는 교통 혼란에 대한 책임을 지울 수 없다고

③ AI-TCS와 같은 인공물이 운전자와 보행자에게 바람직하지 않은 결과를 초래하지 않게끔 예방적으로 관리할 책임이 호모포이에티쿠스에게 있다고

④ 도로의 교통 통제에 대한 규칙을 입력된 프로그램에 따라 변경한 AI-TCS에 대해 도덕적 옳고 그름을 평가하는 것이 칸트와 달리 가능하다고

⑤ AI-TCS와 같은 인포그들이 상호 의존함으로써 존재하는 생활 환경으로서의 인포스피어를 더 나은 공간으로 가꿔 나가는 데 호모포이에티쿠스가 책임을 다해야 한다고

경제학에서는 증거에 근거한 정책 논의를 위해 사건의 효과를 평가해야 할 경우가 많다. 어떤 사건의 효과를 평가한다는 것은 사건 후의 결과와 사건이 없었을 경우에 나타났을 결과를 비교 하는 일이다. 그런데 가상의 결과는 관측할 수 없으므로 실제로는 사건을 경험한 표본들로 구성된 시행집단의 결과와, 사건을 경험 하지 않은 표본들로 구성된 비교 집단의 결과를 비교하여 사건의 효과를 평가한다. 따라서 이 작업의 관건은 그 사건 외에는 결과에 차이가 ⓐ날 이유가 없는 두 집단을 구성하는 일이다. 가령 어떤 사건이 임금에 미친 효과를 평가할 때, 그 사건이 없었다면 시행집단과 비교집단의 평균 임금이 같을 수밖에 없도록 두 집단을 구성하는 것이다. 이를 위해서는 두 집단에 표본이 임의로 배정되도록 사건을 설계하는 실험적 방법이 이상적이다. 그러나 사람을 표본으로 하거나 사회 문제를 다룰 때에는 이 방법을 적용할 수 없는 경우가 많다.

이중차분법은 시행집단에서 일어난 변화에서 비교집단에서 일어난 변화를 뺀 값을 사건의 효과라고 평가하는 방법이다. 이는 사건이 없었더라도 비교집단에서 일어난 변화와 같은 크기의 변화가 시행집단에서도 일어났을 것이라는 평행추세 가정에 근거해 사건의 효과를 평가한 것이다. 이 가정이 충족되면 사건 전의 상태가 평균적으로 같도록 두 집단을 구성하지 않아도 된다.

이중차분법은 1854년에 스노가 처음 사용했다고 알려져 있다. 그는 두 수도 회사로부터 물을 공급받는 런던의 동일 지역 주민들에 주목했다. 같은 수원을 사용하던 두 회사 중 한 회사만 수원을 ⓑ바꿨는데 주민들은 자신의 수원을 몰랐다. 스노는 수원이 바뀐 주민들과 바뀌지 않은 주민들의 수원 교체 전후 콜레라로 인한 사망률의 변화들을 비교함으로써 콜레라가 공기가 아닌 물을 통해 전염된다는 결론을 ⓒ내렸다. 경제학에서는 1910년대에 최저임금제 도입 효과를 파악하는 데 이 방법이 처음 이용되었다.

평행추세 가정이 충족되지 않는 경우에 이중차분법을 적용하면 사건의 효과를 잘못 평가하게 된다.

예컨대 ㉠어떤 노동자 교육 프로그램의 고용 증가 효과를 평가할 때, 일자리가 급격히 줄어 드는 산업에 종사하는 노동자의 비중이 비교집단에 비해 시행 집단에서 더 큰 경우에는 평행추세 가정이 충족되지 않을 것이다. 그렇다고 해서 집단 간 표본의 통계적 유사성을 ⓓ높이려고 사건 이전 시기의 시행집단을 비교집단으로 설정하는 것이 평행추세 가정의 충족을 보장하는 것은 아니다. 예컨대 고용처럼 경기변동에 민감한 변화라면 집단 간 표본의 통계적 유사성보다 변화 발생의 동시성이 이 가정의 충족에서 더 중요할 수 있기 때문이다.

여러 비교집단을 구성하여 각각에 이중차분법을 적용한 평가 결과가 같음을 확인하면 평행추세 가정이 충족된다는 신뢰를 줄 수 있다. 또한 시행집단과 여러 특성에서 표본의 통계적 유사성이 높은 비교집단을 구성하면 평행추세 가정이 위협받을 가능성을 ⓔ줄일 수 있다. 이러한 방법들을 통해 이중차분법을 적용한 평가에 대한 신뢰도를 높일 수 있다.

01 윗글에 대한 이해로 적절하지 <u>않은</u> 것은?

① 실험적 방법에서는 시행집단에서 일어난 평균 임금의 사건 전후 변화를 어떤 사건이 임금에 미친 효과라고 평가한다.

② 사람을 표본으로 하거나 사회 문제를 다룰 때에도 실험적 방법을 적용하는 경우가 있다.

③ 평행추세 가정에서는 특정 사건 이외에는 두 집단의 변화에 차이가 날 이유가 없다고 전제한다.

④ 스노의 연구에서 시행집단과 비교집단의 콜레라 사망률은 사건 후뿐만 아니라 사건 전에도 차이가 있었을 수 있다.

⑤ 스노는 수원이 바뀐 주민들과 바뀌지 않은 주민들 사이에 공기의 차이는 없다고 보았을 것이다.

02 다음은 이중차분법 을 ㉠에 적용할 경우에 나타날 결과를 추론한 것이다. A와 B에 들어갈 말을 바르게 짝지은 것은?

> 프로그램이 없었다면 시행집단에서 일어났을 고용률 증가는, 비교집단에서 일어난 고용률 증가와/보다 (A) 것이다. 그러므로 ㉠에 이중차분법을 적용하여 평가한 프로그램의 고용 증가 효과는 평행추세 가정이 충족되는 비교집단을 이용 하여 평가한 경우의 효과보다 (B) 것이다.

	A	B
①	클	클
②	클	작을
③	같을	클
④	작을	클
⑤	작을	작을

03 윗글을 바탕으로 <보기>를 이해한 내용으로 적절하지 않은 것은? [3점]

보기

아래의 표는 S 국가의 P주와 그에 인접한 Q주에 위치한 식당들을 1992년 1월 초와 12월 말에 조사한 결과의 일부이다. P주는 1992년 4월에 최저임금을 시간당 4달러에서 5달러로 올렸고, Q주는 1992년에 최저임금을 올리지 않았다. P주 저임금 식당들은, 최저임금 인상 전에 시간당 4달러의 임금을 지급했고 최저임금 인상 후에 임금이 상승했다. P주 고임금 식당들은, 최저임금 인상 전에 이미 시간당 5달러보다 더 높은 임금을 지급했고 최저임금 인상 후에도 임금이 상승하지 않았다. 이때 최저임금 인상에 따른 임금 상승이 고용에 미친 효과를 평가한다고 하자.

집단	평균 피고인 고용 수 (단위 : 명)		
	사건 전(A)	사건 후(B)	변화(B-A)
P주 저임금 식당	19.6	20.9	1.3
P주 고임금 식당	22.3	20.2	-2.1
Q주 식당	23.3	21.2	-2.1

① 최저임금 인상 후에 시행집단에서 일어난 변화는 1.3명이다.

② 시행집단과 비교집단의 식당들이 종류나 매출액 수준 등의 특성에서 통계적 유사성이 높을수록 평가에 대한 신뢰도가 높아진다.

③ 비교집단을 Q주 식당들로 택해 이중차분법을 적용하면 시행 집단에서 최저임금 인상에 따른 임금 상승의 고용 효과는 3.4명 증가로 평가된다.

④ 비교집단의 변화를, P주 고임금 식당들의 1992년 1년간 변화로 파악할 경우보다 시행집단의 1991년 1년간 변화로 파악할 경우에 더 신뢰할 만한 평가를 얻는다.

⑤ 비교집단을 Q주 식당들로 택하든 P주 고임금 식당들로 택하든 비교집단에서 일어난 변화가 동일하다는 사실은 평행추세 가정의 충족에 대한 신뢰도를 높인다.

04 문맥상 ⓐ～ⓔ의 단어와 가장 가까운 의미로 쓰인 것은?

① ⓐ : 그 사건의 전말이 모두 오늘 신문에 났다.

② ⓑ : 산에 가려다가 생각을 바꿔 바다로 갔다.

③ ⓒ : 기상청에서 전국에 건조 주의보를 내렸다.

④ ⓓ : 회원들이 회칙 개정을 요구하는 목소리를 높였다.

⑤ ⓔ : 하고 싶은 말은 많지만 오늘은 이만 줄입니다.

블록체인 기술은 데이터를 블록이라는 단위로 묶어 체인 형태로 연결한 것을 여러 대의 컴퓨터에 중복 저장하는 기술이다. 체인 형태로 연결된 블록의 집합을 블록체인이라 하고, 블록체인을 저장하는 컴퓨터를 노드라고 한다. 새로 생성된 블록은 노드들에 전파된다. 노드들은 블록에 포함된 내용이 블록체인의 다른 블록에 있는 내용과 상충되지 않는지, 동일한 내용이 블록체인의 다른 블록에 이중으로 포함되어 있지 않은지 검증한다. 검증이 끝난 블록을 블록체인에 연결할지 여부는 모든 노드들이 참여하는 승인 과정을 통해 정해진다. 승인이 완료된 블록은 블록체인에 연결되고, 이 블록체인은 노드들에 저장된다. 승인 과정에는 합의 알고리즘이 사용되고, 합의 알고리즘의 예로 '작업증명'이 있다.

블록체인 기술의 성능은 블록체인에 데이터가 저장되는 속도로 정의되며, 단위 시간당 블록체인에 저장되는 데이터의 양으로 계산될 수 있다. 블록체인 기술은 공개형과 비공개형으로 구분된다. 비공개형은 공개형과 달리 노드 수에 제한을 두고, 일반적으로 공개형에 비해 합의 알고리즘의 속도가 빠르다. 따라서 비공개형은 승인 과정에 걸리는 시간이 짧기 때문에 성능이 높다.

데이터가 무단으로 변경되기 어렵다는 성질을 무결성이라 하는데 무결성은 블록체인 기술의 대표적인 장점이다. 특정 노드에 저장되어 있는 일부 데이터가 변경되면 변경된 블록과 그 이후의 블록들은 블록체인과의 연결이 끊어진다. 끊어진 모든 블록을 다시 연결하는 것은 승인 과정을 필요로 하기 때문에 연결을 복구하는 것은 어렵다. 즉 블록과 블록체인의 연결을 유지하면서 블록체인에 포함된 데이터를 변경하는 것이 어려우므로 블록체인 데이터는 무결성이 높다. 무단 변경과 달리, 일부 데이터가 지워져도 승인된 원래의 데이터로 복원할 때는 승인 과정이 필요하지 않다. 따라서 ㉠블록체인에 포함된 데이터는 일부가 지워지더라도 복원이 용이하다.

블록체인 기술에서 고려해야 할 세 가지 특성이 있다. 보안성은 데이터의 무단 변경이 어려울 뿐 아니라 동일한 내용의 데이터가 블록체인의 서로 다른 블록에 또는 단일 블록에 이중으로 포함되는 것이 어렵다는 성질이다. 승인 과정에 걸리는 시간이 줄거나 노드 수가 감소하면 보안성은 낮아진다. 탈중앙성은 승인 과정에 다수의 노드들이 참여하고, 특정 노드가 승인 과정을 주도하지 않는다는 성질이다. 노드 수가 감소하면 탈중앙성은 낮아진다. 확장성은 블록체인 기술이 목표로 하는 응용 분야에 적용 가능할 만큼 성능이 높고, 노드 수가 증가해도 서비스 유지가 가능하다는 성질이다. 노드 수가 증가하면 성능이 저하 되므로, 확장성이 높다는 것은 노드 수가 증가하더라도 성능 저하가 크지 않다는 것을 의미한다. 그래서 기술 변화 없이 확장성을 높이고자 할 때 노드 수를 제한하는 방법이 사용되기도 한다. 노드 수를 제한하면 성능 저하를 막을 수 있기 때문이다. 아직까지 블록체인 기술은 보안성, 탈중앙성, 확장성을 함께 높일 수 있는 방법이 없어 대규모로 채택되지 못하고 있다.

01 다음은 윗글을 읽은 학생에게 제공된 학습지의 일부이다. 학생의 '판단결과'로 적절하지 <u>않은</u> 것은?

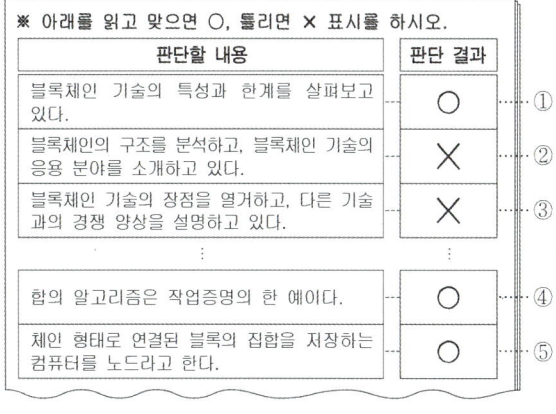

※ 아래를 읽고 맞으면 ○, 틀리면 ✕ 표시를 하시오.	
판단할 내용	**판단 결과**
블록체인 기술의 특성과 한계를 살펴보고 있다.	○ …………①
블록체인의 구조를 분석하고, 블록체인 기술의 응용 분야를 소개하고 있다.	✕ …………②
블록체인 기술의 장점을 열거하고, 다른 기술과의 경쟁 양상을 설명하고 있다.	✕ …………③
⋮	⋮
합의 알고리즘은 작업증명의 한 예이다.	○ …………④
체인 형태로 연결된 블록의 집합을 저장하는 컴퓨터를 노드라고 한다.	○ …………⑤

02 윗글에 대한 이해로 가장 적절한 것은?

① 승인 과정에 참여할 노드를 결정하기 위해 합의 알고리즘이 사용된다.

② 일부 블록체인 데이터가 변경되면 전체 노드의 모든 블록은 승인 과정을 다시 거쳐야 한다.

③ 블록과 블록체인의 연결을 유지하면서 블록체인 데이터를 삭제할 수 있으면 보안성이 높다.

④ 공개형 블록체인 기술은 같은 양의 데이터가 저장되는 데 걸리는 시간이 짧을수록 성능이 낮아진다.

⑤ 블록이 블록체인에 연결되기 위해서는 블록의 데이터가 블록 체인의 다른 데이터와 비교되어야 한다.

03 ㉠의 이유로 가장 적절한 것은?

① 블록체인에 포함된 데이터는 변경이 쉽기 때문이다.

② 블록체인이 여러 노드들에 중복 저장되기 때문이다.

③ 승인 과정에 참여하는 노드 수에 제한이 있기 때문이다.

④ 데이터가 블록체인에 포함되기 위해서는 승인 과정을 필요로 하기 때문이다.

⑤ 동일한 데이터가 블록체인에 연결된 서로 다른 블록에 이중으로 포함되어 있기 때문이다.

04 윗글을 바탕으로 <보기>를 이해한 내용으로 가장 적절한 것은? [3점]

> **보기**
>
> 노드 수가 10개로 고정된 블록체인 기술을 사용하고 있는 A 업체는 이전에 사용하던 작업증명 대신 속도가 더 빠른 합의 알고리즘을 개발해, 유통 분야에서 요구되는 성능을 초과 달성했다. 한편 B 업체는 최근 A 업체보다 데이터의 위조 불가능성을 향상시킨 블록체인 기술을 개발했다. 이 기술은 노드 수에 제한이 없지만 현재는 200개의 노드가 참여하고 있다. 승인 과정에는 작업증명을 사용한다.

① A 업체의 블록체인 기술은 이전보다 확장성과 보안성이 모두 높아졌겠군.

② B 업체의 블록체인 기술은 노드 수가 증가할수록 보안성과 확장성이 모두 높아지겠군.

③ B 업체의 블록체인 기술은 노드 수가 감소하면 성능은 높아지고 탈중앙성이 낮아지겠군.

④ A 업체의 블록체인 기술은 B 업체와 달리 공개형이고, B 업체보다 탈중앙성이 낮겠군.

⑤ A 업체의 블록체인 기술은 B 업체와 승인 과정이 다르고, B 업체보다 무결성이 높겠군.

인간은 정보와 독립적으로 존재하며 정보는 인간의 도구에 불과하다는 인간중심주의와 달리, 플로리디의 정보 철학은 인간을 정보적 존재의 하나로 간주한다. 인간을 포함한 세계 내 모든 존재는 속성과 행위가 정보로 환원된다는 것이다.

가령 내가 빵을 사는 행위를 하는 것은, '내가 빵을 산다'는 정보이다. 이렇듯 속성과 행위가 정보로 환원되는 정보적 존재를 플로리디는 '인포그'라고 부른다. 인포그는 정보적으로 상호 연결되어 영향을 주고받는 존재이다. 상호 연결되었다는 것의 의미는, 다른 정보를 변화시키는 행위자 즉 주체인 동시에 다른 정보에 의해 변화되는 대상이라는 것이다. 내가 친구에게 빵이 맛있다고 말해서 친구가 그 빵을 샀다면, 나의 음성 정보는 그 빵이 지닌 속성이라는 정보에 의해 촉발된 대상이자 친구의 행위라는 정보를 발생시킨 주체이다. 플로리디는 인간을 정보적 상호 연결에 의해 구현되는 인포그의 하나로 본다는 점에서, 인간을 별도의 범주로 분류하는 인간중심주의와 대비된다.

인간을 바라보는 관점의 차이는 윤리적 견해의 차이로 이어 진다. 존재함 즉 '있음'을 '경험될 수 있다'는 뜻으로 정의하는 경험주의와 달리 인포그의 '있음'은 '상호 연결의 주체와 대상이 될 수 있다'는 뜻으로 정의된다. 그러한 연결 속에서 인간을 비롯한 모든 인포그들은, 동일한 권리는 아니지만 각자의 본성에 적합한 방식으로 '있을' 나름의 권리를 가진다고 플로리디는 주장한다. 자유 의지를 지닌 인간만을 도덕 행위자로 인정하는 칸트 윤리학과 생명에 절대적인 가치를 부여하는 생명 중심 윤리학은 도덕적 주체 및 도덕적으로 대해야 하는 대상의 범위에서 인공물을 제외하지만, 플로리디는 존재하는 것의 내재적 가치를 '있음'에서 찾음으로써 인공물로까지 그 범위를 확장한다.

플로리디는 인포그와 그 상호 연결을 망라하는 공간을 '인포스피어'라 칭한다. 온라인 공간과 오프라인 공간이 중첩되어 가는 오늘날, 우리의 생활 환경 전체가 인포스피어에 해당한다.

이 공간은 기존의 공간 개념과는 다른 이해를 요구한다. 예를 들어 뉴턴이 생각한 공간은 주체나 대상과 관계없는 절대적인 것이었으나, 인포스피어는 대상과 주체가 서로 의존함으로써 존재하는 공간이자 대상이 추상화 층위를 통해서 인식되는 공간 이다. 추상화 층위란 주체의 목적이나 관심을 반영함으로써 주체와 대상 사이의 인식적 관계를 매개하는 경로이다. 추상화 층위에서는 그 층위를 선택한 주체의 목적에 부합하는 속성만 정보로 인식되고 나머지 정보는 생략된다. 예컨대 차량 구매 시, 안전성을 목적으로 추상화 층위를 선택했을 때는 에어백 성능 등의 정보가, 경제성을 목적으로 했을 때는 유지 비용 등의 정보가 인식된다. 이처럼 ⊙ 추상화 층위를 통해 인식되는 정보는 '구성'된 것이다. 여기서 구성이란, 주어진 세계를 주체가 택한 경로에 따라 해석하여 이해하는 것을 말한다. 즉, 플로리디에 따르면 인포스피어라는 공간은 주체가 발견한 것도 주체가 만들어 낸 허구도 아니다. 정보 철학은 삶의 터전이 온라인으로 확장되는 한편 인공 지능 등의 비인간 행위자가 인간과 공존 하는 현대의 변화를 통찰한다는 의의를 가진다.

⚙ 조건은 체크한다.

⚙ 조건은 체크한다.

👤 인물은 체크한다.

⚙ 조건은 체크한다.

🔍 정의는 체크한다.

01 플로리디의 정보 철학 에 대한 이해로 가장 적절한 것은?

① '있음'의 개념은 경험주의에서 정의하는 것과 같은 뜻을 지닌다.

② 인간과 영향을 주고받는 정보는 ~~모두 음성 정보의 형태~~로 전달된다.

③ 사물이 지닌 속성과 마찬가지로 인간이 지닌 속성 또한 정보로 환원될 수 있다.

④ 추상화 층위에서 생략되는 정보는 층위를 선택한 주체의 목적에 ~~부합하는~~ 정보이다.

⑤ 하나의 정보적 존재는 다른 정보적 존재들과의 상호 연결관계를 둘 이상 맺을 수 ~~없다.~~

1 STRUCTURE FLOW

Q 정의   ⚙ 조건

2 ANSWER DECODING

● STEP 1. 지문 스캔

지문에서 정의를 중심으로 선지에서 묻는 상황을 찾는다.

● STEP 2. 선지 매칭

플로리디의 정보 철학은 인간을 정보의 하나로 간주하고 인간을 포함한 세계 내 모든 존재는 속성과 행위가 정보로 환원된다고 주장한다. 사물이 지닌 속성과 인간이 지닌 속성 모두 정보로 환원 되는 것은 적절한 선지 ⇒ 정답

---

02 ㉠의 의미로 가장 적절한 것은?

① 인포그가 속한 공간은, 오프라인 공간이 ~~아닌~~ 온라인 공간이다.

② 주체가 어떤 추상화 층위를 ~~택하는가에 따라,~~ 인포그는 행위자와 대상 중 ~~어느 하나에만~~ 해당한다.

③ 추상화 층위에 의한 주체와 대상 사이의 매개는, 인포그가 가지는 속성에 대한 인식이 ~~객관적임을 보장한다.~~

④ 인포그들이 서로 의존함으로써 존재하는 공간은, 추상화 층위를 통해 주체가 ~~전적으로 만들어 낸 허구이다.~~

⑤ 인포그가 지닌 속성이라는 정보는, 주체가 자신을 둘러싼 세계를 어떤 관점을 통해서 인식하는가에 의존한다.

1 STRUCTURE FLOW

Q 정의   ⚙ 조건

2 ANSWER DECODING

● STEP 1. 지문 스캔

지문에서 정의를 중심으로 선지에서 묻는 상황을 찾는다.

● STEP 2. 선지 매칭

추상화 층위란 주체의 목적이나 관심을 반영함으로써 주체와 대상 사이의 인식적 관계를 매개하는 경로이다. 이 때 주체의 목적에 부합하는 속성만 정보로 인식된다. 구성이란 주어진 세계를 주체가 택한 경로에 따라 해석하여 이해하는 것이다. 추상화 층위와 구성 모두 주체의 관점을 통해 인식하는 것이므로 적절한 선지 ⇒ 정답

03 윗글을 바탕으로 다음의 ㄱ~ㅁ에 대해 판단한 것으로 적절하지 <u>않은</u> 것은?

> ㄱ. 인간은 무엇이 그 본성에 적합한가와 무관하게 다른 인공물들과 동일한 권리를 가진다.
> ㄴ. 모든 정보는 인간의 행위에 의해 발생한다.
> ㄷ. 정보는 도구일 뿐이며 인간은 정보와 별개로 존재한다.
> ㄹ. 주체가 속한 공간은 그 주체가 어떤 인식적 매개 경로를 택하는가에 의해 영향을 받는다.
> ㅁ. 인공물은 도덕적으로 대해야 하는 대상이 아니다.

① ㄱ은 플로리디의 입장과 상충하지 ~~않는다.~~
② ㄴ은 플로리디의 입장과 상충한다.
③ ㄷ은 인간중심주의의 입장과 상충하지 않는다.
④ ㄹ은 뉴턴의 입장과 상충하지만, 플로리디의 입장과는 상충하지 않는다.
⑤ ㅁ은 생명 중심 윤리학의 입장과 상충하지 않지만, 플로리디의 입장과는 상충한다.

1 STRUCTURE FLOW

👤 인물   ⚙️ 조건

2 ANSWER DECODING

● STEP 1. 지문 스캔

지문에서 인물을 중심으로 선지에서 묻는 상황을 찾는다.

● STEP 2. 선지 매칭

플로리디는 인간을 비롯한 모든 인포그들은, 동일한 권리는 아니지만 각자의 본성에 적합한 방식으로 '있을' 나름의 권리를 가진다고 주장하였다. 인간과 인공물들이 동일한 권리를 가진다고 주장한 ㄱ과 상충하므로 적절하지 않은 선지 ⇒ 정답

1 STRUCTURE FLOW

👤 인물   ⚙️ 조건

2 ANSWER DECODING

● STEP 1. 지문 스캔

지문에서 인물을 중심으로 선지에서 묻는 상황을 찾는다.

● STEP 2. 선지 매칭

칸트 윤리학은 자유 의지를 지닌 인간 만을 도덕 행위자로 인정하였다. 또한 자유 의지가 있다는 것은 도덕적 책임을 진다는 것으로 따라서 인공 지능 교통 통제 시스템은 도덕 행위자가 아니며 도덕적 책임을 지지 않는다.. 그러나 <보기>에서 플로리디는 인공 지능 교통 통제 시스템을 도덕 행위자 뿐만 아니라 도덕적 옳고 그름까지 평가할 수 있다고 하였다. 그러나 책임은 지지 않는다고 하였다. 도덕적 책임에 대해서 칸트와 플로리디는 동일하게 인공 지능 교통 통제 시스템은 책임을 지지 않는다고 하였으므로 적절하지 않은 선지 ⇒ 정답

04 <보기>는 플로리디와 학생이 나눈 가상의 대화이다. 윗글을 참고할 때, ㉮에 들어갈 내용으로 적절하지 <u>않은</u> 것은? [3점]

보기

학생 : 선생님의 강연을 칸트와 비교하여 듣고, '책임의소재'에 대해 궁금해졌습니다. 자동으로 작동하며 작동 규칙도 변경할 수 있지만, 자유 의지는 없는 인공 지능 교통 통제 시스템(AI-TCS)이 교통 혼란을 일으켰다고 해 보죠. 이 경우에 대한 선생님의 견해를 듣고 싶습니다.

플로리디 : 칸트에 따르면 자유 의지가 있음은 행위에 대해 도덕적 책임을 질 수 있음을 뜻합니다. 학생이 예로 든 시스템이 혼란에 대한 책임을 질 수는 없지만 나는 칸트와 달리 그 시스템이 도덕 행위자에 포함될 뿐 아니라 도덕적 옳고 그름까지 평가될 수 있다고 봐요. 이처럼 정보화 사회 에서는 책임을 질 수 없는 도덕 행위자가 늘어나는 한편, 더 많은 정보를 보유하게 된 인간은 예상되는 결과를 예방적으로 관리하고 전체 인포스피어의 번영을 감독할 책임이 그만큼 커지지요. 인포스피어의 책임 있는 관리자 로서의 인간을 나는 '호모포이에티쿠스' 라부릅니다.

학생 : 선생님께서는 [㉮   ] 보시는 군요.

① AI-TCS는 호모포이에티쿠스에 속하지 않으며, 칸트 윤리학 에서 도덕 행위자로서의 지위가 인정될 자격을 갖지 않는다고

② 칸트와는 ~~대조적으로~~, 자유 의지를 지니지 않은 비인간 행위 자인 AI-TCS에는 교통 혼란에 대한 책임을 지울 수 없다고

③ AI-TCS와 같은 인공물이 운전자와 보행자에게 바람직하지 않은 결과를 초래하지 않게끔 예방적으로 관리할 책임이 호모포이에티쿠스에게 있다고

④ 도로의 교통 통제에 대한 규칙을 입력된 프로그램에 따라 변경한 AI-TCS에 대해 도덕적 옳고 그름을 평가하는 것이 칸트와 달리 가능하다고

⑤ AI-TCS와 같은 인포그들이 상호 의존함으로써 존재하는 생활 환경으로서의 인포스피어를 더 나은 공간으로 가꿔 나가는 데 호모포이에티쿠스가 책임을 다해야 한다고

2 ANSWER DECODING ///////

● STEP 1. 지문 스캔

지문에서 인물을 중심으로 선지에서 묻는 상황을 찾는다.

● STEP 2. 선지 매칭

칸트 윤리학은 자유 의지를 지닌 인간 만을 도덕 행위자로 인정하였다. 또한 자유 의지가 있다는 것은 도덕적 책임을 진다는 것으로 따라서 인공 지능 교통 통제 시스템은 도덕 행위자가 아니며 도덕적 책임을 지지 않는다.. 그러나 <보기>에서 플로리디는 인공 지능 교통 통제 시스템을 도덕 행위자 뿐만 아니라 도덕적 옳고 그름까지 평가할 수 있다고 하였다. 그러나 책임은 지지 않는다고 하였다. 도덕적 책임에 대해서 칸트와 플로리디는 동일하게 인공 지능 교통 통제 시스템은 책임을 지지 않는다고 하였으므로 적절하지 않은 선지 ⇒ 정답

DAY 2 - ②

경제학에서는 증거에 근거한 정책 논의를 위해 사건의 효과를 평가해야 할 경우가 많다. 어떤 사건의 효과를 평가한다는 것은 사건 후의 결과와 사건이 없었을 경우에 나타났을 결과를 비교 하는 일이다. 그런데 가상의 결과는 관측할 수 없으므로 실제로는 사건을 경험한 표본들로 구성된 시행집단의 결과와, 사건을 경험하지 않은 표본들로 구성된 비교집단의 결과를 비교하여 사건의 효과를 평가한다. 따라서 이 작업의 관건은 그 사건 외에는 결과에 차이가 ⓐ날 이유가 없는 두 집단을 구성하는 일이다. 가령 어떤 사건이 임금에 미친 효과를 평가할 때, 그 사건이 없었다면 시행집단과 비교집단의 평균 임금이 같을 수밖에 없도록 두 집단을 구성하는 것이다. 이를 위해서는 두 집단에 표본이 임의로 배정 되도록 사건을 설계하는 실험적 방법이 이상적이다. 그러나 사람을 표본으로 하거나 사회 문제를 다룰 때에는 이 방법을 적용할 수 없는 경우가 많다.

이중차분법 은 시행집단에서 일어난 변화에서 비교집단에서 일어난 변화를 뺀 값을 사건의 효과라고 평가하는 방법이다. 이는 사건이 없었더라도 비교집단에서 일어난 변화와 같은 크기의 변화가 시행집단에서도 일어났을 것이라는 평행추세 가정에 근거해 사건의 효과를 평가한 것이다. 이 가정이 충족되면 사건 전의 상태가 평균적으로 같도록 두 집단을 구성하지 않아도 된다.

이중차분법은 1854년에 스노가 처음 사용했다고 알려져 있다. 그는 두 수도 회사로부터 물을 공급받는 런던의 동일 지역 주민들에 주목했다. 같은 수원을 사용하던 두 회사 중 한 회사만 수원을 ⓑ바꿨는데 주민들은 자신의 수원을 몰랐다. 스노는 수원이 바뀐 주민들과 바뀌지 않은 주민들의 수원 교체 전후 콜레라로 인한 사망률의 변화들을 비교함으로써 콜레라가 공기가 아닌 물을 통해 전염된다는 결론을 ⓒ내렸다. 경제학에서는 1910년대에 최저임금제 도입 효과를 파악하는 데 이 방법이 처음 이용되었다.

평행추세 가정이 충족되지 않는 경우에 이중차분법을 적용하면 사건의 효과를 잘못 평가하게 된다. 예컨대 ㉠어떤 노동자 교육 프로그램의 고용 증가 효과를 평가할 때, 일자리가 급격히 줄어 드는 산업에 종사하는 노동자의 비중이 비교집단에 비해 시행 집단에서 더 큰 경우에는 평행추세 가정이 충족되지 않을 것이다. 그렇다고 해서 집단 간 표본의 통계적 유사성을 ⓓ높이려고 사건 이전 시기의 시행집단을 비교집단으로 설정하는 것이 평행추세 가정의 충족을 보장하는 것은 아니다. 예컨대 고용처럼 경기변동에 민감한 변화라면 집단 간 표본의 통계적 유사성보다 변화 발생의 동시성이 이 가정의 충족에서 더 중요할 수 있기 때문이다.

여러 비교집단을 구성하여 각각에 이중차분법을 적용한 평가 결과가 같음을 확인하면 평행추세 가정이 충족된다는 신뢰를 줄 수 있다. 또한 시행집단과 여러 특성에서 표본의 통계적 유사성이 높은 비교집단을 구성하면 평행추세 가정이 위협받을 가능성을 ⓔ줄일 수 있다. 이러한 방법들을 통해 이중차분법을 적용한 평가에 대한 신뢰도를 높일 수 있다.

⚙ 조건은 체크한다.

🔍 정의는 체크한다.

📅 시간은 체크한다.

📁 분류는 체크한다.

🔁 비교는 체크한다.

01 윗글에 대한 이해로 적절하지 <u>않은</u> 것은?

① 실험적 방법에서는 ~~시행집단에서 일어난~~ 평균 임금의 사건 전후 변화를 어떤 사건이 임금에 미친 효과라고 평가한다.

② 사람을 표본으로 하거나 사회 문제를 다룰 때에도 실험적 방법을 적용하는 경우가 있다.

③ 평행추세 가정에서는 특정 사건 이외에는 두 집단의 변화에 차이가 날 이유가 없다고 전제한다.

④ 스노의 연구에서 시행집단과 비교집단의 콜레라 사망률은 사건 후뿐만 아니라 사건 전에도 차이가 있었을 수 있다.

⑤ 스노는 수원이 바뀐 주민들과 바뀌지 않은 주민들 사이에 공기의 차이는 없다고 보았을 것이다.

---

1 STRUCTURE FLOW

🔍 정의   ⚙️ 조건

2 ANSWER DECODING

● STEP 1. 지문 스캔

지문에서 조건을 중심으로 선지에서 묻는 상황을 찾는다.

● STEP 2. 선지 매칭

실험적 방법에서는 시행 집단의 결과와, 사건을 경험하지 않은 표본들로 구성된 비교 집단의 결과를 비교하여 사건의 효과를 평가한다. 시행 집단에서 일어난 결과만으로 효과를 평가하는 것은 적절하지 않은 선지 ⇒ 정답

---

02 다음은 이중차분법 을 ㉠에 적용할 경우에 나타날 결과를 추론한 것이다. A와 B에 들어갈 말을 바르게 짝지은 것은?

> 프로그램이 없었다면 시행집단에서 일어났을 고용률 증가는, 비교집단에서 일어난 고용률 증가와/보다 (A) 것이다. 그러므로 ㉠에 이중차분법을 적용하여 평가한 프로그램의 고용 증가 효과는 평행추세 가정이 충족되는 비교집단을 이용 하여 평가한 경우의 효과보다 (B) 것이다.

	A	B
①	클	클
②	클	작을
③	같을	클
④	작을	클
⑤	작을	작을

---

1 STRUCTURE FLOW

🔍 정의   ↔️ 비교

2 ANSWER DECODING

● STEP 1. 지문 스캔

지문에서 비교를 중심으로 선지에서 묻는 상황을 찾는다.

● STEP 2. 선지 매칭

이중차분법은 시행 집단의 변화값과 비교 집단의 변화값의 차이를 사건의 효과라고 평가하는 방법이다. ㉠은 평행추세 가정이 충족되지 않는 경우로 일자리가 급격하게 줄어드는 산업에 종사하는 비율이 더 큰 시행집단의 고용률 증가가 적을 것이다.(A) 평행 추세 가정이 적용되면 시행집단의 고용률 효과가 더 커져 사건의 효과가 커지므로 평행 추세를 만족하는 세계보다 더 작은 효과가 발생한다.(B) ⇒ 정답

03 윗글을 바탕으로 <보기>를 이해한 내용으로 적절하지 않은 것은? [3점]

> **보기**
>
> 아래의 표는 S 국가의 P주와 그에 인접한 Q주에 위치한 식당들을 1992년 1월 초와 12월 말에 조사한 결과의 일부이다. P주는 1992년 4월에 최저임금을 시간당 4달러에서 5달러로 올렸고, Q주는 1992년에 최저임금을 올리지 않았다. P주 저임금 식당들은, 최저임금 인상 전에 시간당 4달러의 임금을 지급했고 최저임금 인상 후에 임금이 상승했다. P주 고임금 식당들은, 최저임금 인상 전에 이미 시간당 5달러보다 더 높은 임금을 지급했고 최저임금 인상 후에도 임금이 상승하지 않았다. 이때 최저임금 인상에 따른 임금 상승이 고용에 미친 효과를 평가한다고 하자.
>
> | 집단 | 평균 피고인 고용 수 (단위 : 명) | | |
> |---|---|---|---|
> | | 사건 전(A) | 사건 후(B) | 변화(B-A) |
> | P주 저임금 식당 | 19.6 | 20.9 | 1.3 |
> | P주 고임금 식당 | 22.3 | 20.2 | -2.1 |
> | Q주 식당 | 23.3 | 21.2 | -2.1 |

① 최저임금 인상 후에 시행집단에서 일어난 변화는 1.3명이다.

② 시행집단과 비교집단의 식당들이 종류나 매출액 수준 등의 특성에서 통계적 유사성이 높을수록 평가에 대한 신뢰도가 높아진다.

③ 비교집단을 Q주 식당들로 택해 이중차분법을 적용하면 시행 집단에서 최저임금 인상에 따른 임금 상승의 고용 효과는 3.4명 증가로 평가된다.

④ 비교집단의 변화를, P주 고임금 식당들의 1992년 1년간 변화로 파악할 경우보다 시행집단의 1991년 1년간 변화로 파악할 경우에 더 신뢰할 만한 평가를 얻는다.

⑤ 비교집단을 Q주 식당들로 택하든 P주 고임금 식당들로 택하든 비교집단에서 일어난 변화가 동일하다는 사실은 평행추세 가정의 충족에 대한 신뢰도를 높인다.

04 문맥상 ⓐ~ⓔ의 단어와 가장 가까운 의미로 쓰인 것은?

① ⓐ : 그 사건의 전말이 모두 오늘 신문에 났다.

② ⓑ : 산에 가려다가 생각을 바꿔 바다로 갔다.

③ ⓒ : 기상청에서 전국에 건조 주의보를 내렸다.

④ ⓓ : 회원들이 회칙 개정을 요구하는 목소리를 높였다.

⑤ ⓔ : 하고 싶은 말은 많지만 오늘은 이만 줄입니다.

---

1 STRUCTURE FLOW

👤 인물   ⚙ 조건

2 ANSWER DECODING

● STEP 1. 지문 스캔

지문에서 조건을 중심으로 선지에서 묻는 상황을 찾는다.

● STEP 2. 선지 매칭

P주 저임금 식당은 시행집단, Q는 비교집단이다. P주 고임금 식당은 이미 높은 임금을 받고 있으므로 사건인 최저임금 인상의 효과를 판단할 수 없다. 고용과 같은 경기 변동에 민감한 변화는 변화 발생의 동시성이 평행추세 가정을 만족하는데 더 중요하기 때문이다. 따라서 P주 고임금 식당으로 시행 집단을 설정할 경우 평행추세의 가정을 충족하지 못해 신뢰도를 높이지 못하므로 적절하지 않은 선지 ⇒ 정답

1 ANSWER DECODING

● STEP 1. 지문 스캔

지문에서 문맥과 단어의 뜻으로 선지에서 묻는 단어를 찾는다. 틀렸다면 별도로 정리한다.

● STEP 2. 선지 매칭

ⓑ,②바꿨는데 : 원래의 내용이나 상태를 다르게 고치다.
⇒ 정답

블록체인 기술은 데이터를 블록이라는 단위로 묶어 체인 형태로 연결한 것을 여러 대의 컴퓨터에 중복 저장하는 기술이다. 체인 형태로 연결된 블록의 집합을 블록체인이라 하고, 블록체인을 저장하는 컴퓨터를 노드라고 한다. 새로 생성된 블록은 노드들에 전파된다. 노드들은 블록에 포함된 내용이 블록체인의 다른 블록에 있는 내용과 상충되지 않는지, 동일한 내용이 블록체인의 다른 블록에 이중으로 포함되어 있지 않은지 검증한다. 검증이 끝난 블록을 블록체인에 연결할지 여부는 모든 노드들이 참여하는 승인 과정을 통해 정해진다. 승인이 완료된 블록은 블록체인에 연결되고, 이 블록체인은 노드들에 저장된다. 승인 과정에는 합의 알고리즘이 사용되고, 합의 알고리즘의 예로 '작업증명'이 있다.

블록체인 기술의 성능은 블록체인에 데이터가 저장되는 속도로 정의되며, 단위 시간당 블록체인에 저장되는 데이터의 양으로 계산될 수 있다. 블록체인 기술은 공개형과 비공개형으로 구분된다. 비공개형은 공개형과 달리 노드 수에 제한을 두고, 일반적으로 공개형에 비해 합의 알고리즘의 속도가 빠르다. 따라서 비공개형은 승인 과정에 걸리는 시간이 짧기 때문에 성능이 높다.

데이터가 무단으로 변경되기 어렵다는 성질을 무결성이라 하는데 무결성은 블록체인 기술의 대표적인 장점이다. 특정 노드에 저장되어 있는 일부 데이터가 변경되면 변경된 블록과 그 이후의 블록들은 블록체인과의 연결이 끊어진다. 끊어진 모든 블록을 다시 연결하는 것은 승인 과정을 필요로 하기 때문에 연결을 복구하는 것은 어렵다. 즉 블록과 블록체인의 연결을 유지하면서 블록체인에 포함된 데이터를 변경하는 것이 어려우므로 블록체인 데이터는 무결성이 높다. 무단 변경과 달리, 일부 데이터가 지워져도 승인된 원래의 데이터로 복원할 때는 승인 과정이 필요하지 않다. 따라서 ㉠블록체인에 포함된 데이터는 일부가 지워지더라도 복원이 용이하다.

블록체인 기술에서 고려해야 할 세 가지 특성이 있다. 보안성은 데이터의 무단 변경이 어려울 뿐 아니라 동일한 내용의 데이터가 블록체인의 서로 다른 블록에 또는 단일 블록에 이중으로 포함되는 것이 어렵다는 성질이다. 승인 과정에 걸리는 시간이 줄거나 노드 수가 감소하면 보안성은 낮아진다. 탈중앙성은 승인 과정에 다수의 노드들이 참여하고, 특정 노드가 승인 과정을 주도하지 않는다는 성질이다. 노드 수가 감소하면 탈중앙성은 낮아진다. 확장성은 블록체인 기술이 목표로 하는 응용 분야에 적용 가능할 만큼 성능이 높고, 노드 수가 증가해도 서비스 유지가 가능하다는 성질이다. 노드 수가 증가하면 성능이 저하 되므로, 확장성이 높다는 것은 노드 수가 증가하더라도 성능 저하가 크지 않다는 것을 의미한다. 그래서 기술 변화 없이 확장성을 높이고자 할 때 노드 수를 제한하

는 방법이 사용되기도 한다. 노드 수를 제한하면 성능 저하를 막을 수 있기 때문이다. 아직까지 블록체인 기술은 보안성, 탈중앙성, 확장성을 함께 높일 수 있는 방법이 없어 대규모로 채택되지 못하고 있다.

🔍 **정의는 체크한다.**

⚙️ **조건은 체크한다.**

🔍 **정의는 체크한다.**

⚙️ **조건은 체크한다.**

01 다음은 윗글을 읽은 학생에게 제공된 학습지의 일부이다. 학생의 '판단결과'로적절하지 <u>않은</u> 것은?

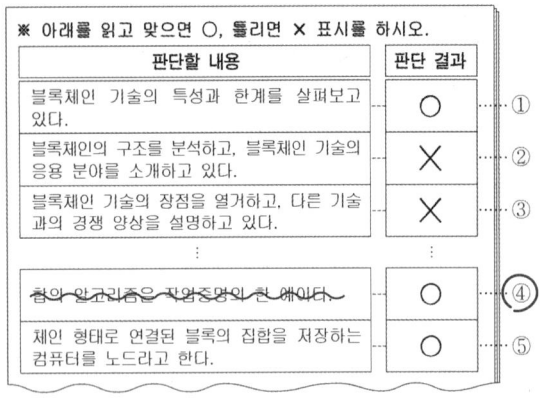

※ 아래를 읽고 맞으면 ○, 틀리면 ✕ 표시를 하시오.	
판단할 내용	**판단 결과**
블록체인 기술의 특성과 한계를 살펴보고 있다.	○ ①
블록체인의 구조를 분석하고, 블록체인 기술의 응용 분야를 소개하고 있다.	✕ ②
블록체인 기술의 장점을 열거하고, 다른 기술과의 경쟁 양상을 설명하고 있다.	✕ ③
⋮	⋮
~~참의 알고리즘은 작업증명의 한 예이다.~~	○ ④
체인 형태로 연결된 블록의 집합을 저장하는 컴퓨터를 노드라고 한다.	○ ⑤

1 STRUCTURE FLOW ////////

🔍 정의   ⚙️ 조건

2 ANSWER DECODING ////////

● STEP 1. 지문 스캔

지문에서 정의를 중심으로 선지에서 묻는 상황을 찾는다.

● STEP 2. 선지 매칭

합의 알고리즘의 예로 '작업 증명'이 있다. 합의 알고리즘은 예시가 아니므로 적절하지 않은 선지 ⇒ 정답

02 윗글에 대한 이해로 가장 적절한 것은?

① 승인 과정에 ~~참여할 노드를 결정하기 위해~~ 합의 알고리즘이 사용된다.

② 일부 블록체인 데이터가 변경되면 ~~전체 노드의 모든 블록은~~ 승인 과정을 다시 거쳐야 한다.

③ 블록과 블록체인의 연결을 유지하면서 블록체인 데이터를 삭제할 수 있으면 보안성이 ~~높다.~~

④ 공개형 블록체인 기술은 같은 양의 데이터가 저장되는 데 걸리는 시간이 짧을수록 성능이 ~~낮아진다.~~

⑤ 블록이 블록체인에 연결되기 위해서는 블록의 데이터가 블록 체인의 다른 데이터와 비교되어야 한다.

1 STRUCTURE FLOW ////////

🔍 정의   ⚙️ 조건

2 ANSWER DECODING ////////

● STEP 1. 지문 스캔

지문에서 조건을 중심으로 선지에서 묻는 상황을 찾는다.

● STEP 2. 선지 매칭

노드들은 블록에 포함된 내용이 블록체인의 다른 블록에 있는 내용과 상충되지 않는지, 이중으로 포함되어 있지 않은지 검증을 거친 후 모든 노드들이 참여하는 승인 과정을 통해 정해진다. 다른 데이터와 비교 후 승인 과정이 진행되므로 적절한 선지 ⇒ 정답

03 ㉠의 이유로 가장 적절한 것은?

① 블록체인에 포함된 데이터는 ~~변경이 쉽지 때문이다.~~
② 블록체인이 여러 노드들에 중복 저장되기 때문이다.
③ 승인 과정에 참여하는 노드 수에 ~~제한이 있기~~ 때문이다.
④ 데이터가 블록체인에 포함되기 위해서는 ~~승인 과정을 필요로~~ 하기 때문이다.
⑤ 동일한 데이터가 블록체인에 연결된 서로 다른 블록에 ~~이중으로 포함되어~~ 있기 때문이다.

1 STRUCTURE FLOW /////////

🔍 정의　⚙ 조건

2 ANSWER DECODING /////////

● STEP 1. 지문 스캔

지문에서 정의를 중심으로 선지에서 묻는 상황을 찾는다.

● STEP 2. 선지 매칭

㉠은 복원의 용이성이다. 무단 변경과 달리, 일부 데이터가 지워져도 승인된 원래의 데이터로 복원할 때는 승인 과정이 필요하지 않다. 블록체인은 여러 대의 컴퓨터에 중복 저장하는 기술이기 때문이다. 따라서 여러 노드들에 중복 저장되는 것은 적절한 선지 ⇒ 정답

04 윗글을 바탕으로 <보기>를 이해한 내용으로 가장 적절한 것은? [3점]

> **보기**
>
> 노드 수가 10개로 고정된 블록체인 기술을 사용하고 있는 A 업체는 이전에 사용하던 작업증명 대신 속도가 더 빠른 합의 알고리즘을 개발해, 유통 분야에서 요구되는 성능을 초과 달성했다. 한편 B 업체는 최근 A 업체보다 데이터의 위조 불가능성을 향상시킨 블록체인 기술을 개발했다. 이 기술은 노드 수에 제한이 없지만 현재는 200개의 노드가 참여하고 있다. 승인 과정에는 작업증명을 사용한다.

① A 업체의 블록체인 기술은 이전보다 확장성과 ~~보안성이 모두~~ 높아졌겠군.
② B 업체의 블록체인 기술은 노드 수가 증가할수록 보안성과 확장성이 모두 높아지겠군.
③ B 업체의 블록체인 기술은 노드 수가 감소하면 성능은 높아 지고 탈중앙성이 낮아지겠군.
④ A업체의 블록체인 기술은 B 업체와 달리 ~~공개형이고,~~ B 업체 보다 탈중앙성이 낮겠군.
⑤ A 업체의 블록체인 기술은 B 업체와 승인 과정이 다르고, B 업체보다 무결성이 ~~높겠군.~~

1 STRUCTURE FLOW /////////

🔍 정의　⚙ 조건

2 ANSWER DECODING /////////

● STEP 1. 지문 스캔

지문에서 정의를 중심으로 선지에서 묻는 상황을 찾는다.

● STEP 2. 선지 매칭

A업체는 승인 과정에 걸리는 시간을 줄이고, B업체는 무결성을 높였다. 노드 수가 감소하면 탈중앙성은 낮아지는 단점이 있다. 노드 수가 증가하면 성능이 저하된다는 것은 노드 수가 감소하면 성능이 향상된다는 것이기 때문에 성능이 높아지고 탈중앙성이 낮아지는 깃은 적절한 선지 ⇒ 징답

(가)

　　중국에서 비롯된 유서(類書)는 고금의 서적에서 자료를 수집하고 항목별로 분류, 정리하여 이용에 편리하도록 편찬한 서적이다. 일반적으로 유서는 기존 서적에서 필요한 부분을 뽑아 배열할 뿐 상호 비교하거나 편찬자의 해석을 가하지 않았다. 유서는 모든 주제를 망라한 일반 유서와 특정 주제를 다룬 전문 유서로 나눌 수 있으며, 편찬 방식은 책에 따라 다른 경우가 많았다. 중국에서는 대체로 왕조 초기에 많은 학자를 동원하여 국가 주도로 대규모 유서를 편찬하여 간행하였다. 이를 통해 이전까지의 지식을 집성하고 왕조의 위엄을 과시할 수 있었다.

[A]

　　고려 때 중국 유서를 수용한 이후, 조선에서는 중국 유서를 활용하는 한편, 중국 유서의 편찬 방식에 ⓐ따라 필요에 맞게 유서를 편찬하였다. 조선의 유서는 대체로 국가보다 개인이 소규모로 편찬하는 경우가 많았고, 목적에 따른 특정 주제의 전문 유서가 집중적으로 편찬되었다. 전문 유서 가운데 편찬자가 미상인 유서가 많은데, 대체로 간행을 염두에 두지 않고 기존 서적에서 필요한 부분을 발췌, 기록하여 시문 창작, 과거 시험 등 개인적 목적으로 유서를 활용하고자 하였기 때문이었다.

이 같은 유서 편찬 경향이 지속되는 가운데 17세기부터 실학의 학풍이 하나의 조류를 형성하면서 유서 편찬에 변화가 나타났다. ㉮실학자들의 유서는 현실 개혁의 뜻을 담고, 편찬 의도를 지식의 제공과 확산에 두었다. 또한 단순 정리를 넘어 지식을 재분류하여 범주화하고 평가를 더하는 등 저술의 성격을 드러냈다. 독서와 견문을 통해 주자학에서 중시되지 않았던 지식을 집적했고, 증거를 세워 이론적으로 밝히는 고증과 이에 대한 의견 등 '안설'을 덧붙이는 경우가 많았다. 주자학의 지식을 ⓑ이어받는 한편, 주자학이 아닌 새로운 지식을 수용하는 유연성과 개방성을 보였다. 광범위하게 정리한 지식을 식자층이 ⓒ쉽게 접할 수 있어야 한다고 생각

했고, 객관적 사실 탐구를 중시하여 박물학과 자연과학에 관심을 기울였다.

　　조선 후기 실학자들이 편찬한 유서가 주자학의 관념적 사유에 국한되지 않고 새로운 지식의 축적과 확산을 촉진한 것은 지식의 역사에서 적지 않은 의미를 지닌다.

(나)

예수회 선교사들이 중국에 소개한 서양의 학문, 곧 서학은 조선 후기 유서(類書)의 지적 자원 중 하나로 활용되었다. 조선 후기 실학자들 가운데 이수광, 이익, 이규경 등이 편찬한 백과 전서식 유서는 주자학의 지적 영역 내에서 서학의 지식을 어떻게 수용하였는지를 보여 주는 대표적인 사례이다.

17세기의 이수광은 주자학뿐 아니라 다른 학문에 대해서도 열린 태도를 가지고 있었다. 주자학에 기초하여 도덕에 관한 학문과 경전에 관한 학문 등이 주류였던 당시 상황에서, 그는 『지봉유설』을 통해 당대 조선의 지식을 망라하여 항목화하고 자신의 견해를 덧붙였을 뿐 아니라 사신의 일원으로 중국에서 접한 서양 관련 지식을 객관적으로 소개했다. 이에 대해 심성 수양에 절실하지 않을뿐더러 주자학이 아닌 것이 ⓓ뒤섞여 순수하지 않다는 ㉯일부 주자학자의 비판이 있었지만, 그가 소개한 서양 관련 지식은 중국과 큰 시간 차이 없이 주변에 알려졌다.

18세기의 이익은 서학 지식 자체를 ㉠『성호사설』의 표제어로 삼았고, 기존의 학설을 정당화하거나 배제하는 근거로 서학을 수용하는 등 서학을 지적 자원으로 활용하였다. 특히 그는 서학의 세부 내용을 다른 분야로 확대하며 상호 참조하는 방식으로 지식을 심화하고 확장하여 소개하였다. 서학의 해부학과 생리학을 그 자체로 수용하지 않고 주자학 심성론의 하위 이론으로 재분류하는 등 지식의 범주를 ⓔ바꾸어 수용하였다. 또한 서학의 수학을 주자학의 지식 영역 안에서 재구성하기도 하였다.

19세기의 이규경도 ㉡『오주연문장전산고』를 편찬하면서 서학을 적극 활용하였다. 그는 『성호사설』의 분류 체계를 적용하였고 이익과 마찬가지로

서학의 천문학, 우주론 등의 내용을 수록하였다. 그가 주로 유서의 지적 자원으로 활용한 중국의 서학 연구서들은 서학을 소화하여 중국의 학문과 절충한 것이었고, 서학이 가지는 진보성의 토대가 중국이라는 서학 중국 원류설을 반영한 것이었다. 이에 따라 이규경은 이 책들에 담긴 중국화한 서학 지식과 서학 중국 원류설을 받아들였고, 문명의 척도로 여겨진 기존의 중화 관념에서 탈피하지 않으면서도 서학 수용의 이질감과 부담감에서 자유로울 수 있었다. 이렇듯 이규경은 중국의 서학 연구서들을 활용해 매개적 방식으로 서학을 수용하였다.

01 (가)와 (나)에 대한 설명으로 가장 적절한 것은?

① (가)는 유서의 유형을 분류하였고, (나)는 유서의 분류 기준과 적절성 여부를 평가하였다.

② (가)는 유서의 개념과 유용성을 소개하였고, (나)는 국가별 유서의 변천 과정을 설명하였다.

③ (가)는 유서의 기원에 대한 다양한 학설을 검토하였고, (나)는 유서 편찬자들 간의 견해 차이를 분석하였다.

④ (가)는 유서의 특성과 의의를 설명하였고, (나)는 유서 편찬에서 특정 학문의 수용 양상을 시기별로 소개하였다.

⑤ (가)는 유서에 대한 평가가 시대별로 달라진 원인을 분석하였고, (나)는 역사적으로 대표적인 유서의 특징을 제시하였다.

02 [A]에 대한 이해로 적절하지 <u>않은</u> 것은?

① 조선에서 편찬자가 미상인 유서가 많았던 것은 편찬자의 개인적 목적으로 유서를 활용하려 했기 때문이다.

② 조선에서는 시문 창작, 과거 시험 등에 필요한 내용을 담은 유서가 편찬되는 경우가 적지 않았다.

③ 조선에서는 중국의 편찬 방식을 따르면서도 대체로 국가보다는 개인에 의해 유서가 편찬되었다.

④ 중국에서는 많은 학자를 동원하여 대규모로 편찬한 유서를 통해 왕조의 위엄을 드러내었다.

⑤ 중국에서는 주로 서적에서 발췌한 내용을 비교하고 해석을 덧붙여 유서를 편찬하였다.

03 ㉮에 대한 이해를 바탕으로 ㉠, ㉡에 대해 파악한 내용으로 적절하지 <u>않은</u> 것은?

① 지식의 제공이라는 ㉮의 편찬 의도는, ㉠에서 지식을 심화하고 확장하여 소개한 것에서 나타난다.

② 지식을 재분류하여 범주화한 ㉮의 방식은, ㉠에서 해부학과 생리학을 주자학 심성론의 하위 이론으로 수용한 것에서 나타난다.

③ 평가를 더하는 저술로서 ㉮의 성격은, ㉡에서 중국 학문의 진보성을 확인하고자 서학을 활용한 것에서 나타난다.

④ 사실 탐구를 중시하며 자연 과학에 대해 드러낸 ㉮의 관심은, ㉡에서 천문학과 우주론의 내용을 수록한 것에서 나타난다.

⑤ 새로운 지식을 수용하는 ㉮의 유연성과 개방성은, ㉠과 ㉡에서 서학을 지적 자원으로 받아들인 것에서 나타난다.

04 ㉯를 반박하기 위한 '이수광'의 말로 가장 적절한 것은?

① 학문에서 의리를 앞세우고 이익을 뒤로하는 것보다 중한 것이 없으니, 심성을 수양하는 것은 그다음의 일이다.

② 주자학에 매몰되어 세상의 여러 이치를 연구하지 않는 것은 널리 배우고 익히는 앎의 바른 방법이 아닐 것이다.

③ 주자의 가르침이 쇠퇴하게 되면 주자학이 아닌 학문이 날로 번성하게 되니, 주자의 도가 분명히 밝혀져야 한다.

④ 유학 경전에서 쓰이지 않은 글자를 한 글자라도 더하는 일을 용납하는 것은 바른 학문을 해치는 길이 될 것이다.

⑤ 참되게 알고 참되게 행하는 것이 어려우니, 우리 학문의 여러 경전으로부터 널리 배우고 면밀히 익혀야 할 것이다.

05 (가), (나)를 읽은 학생이 <보기>의 『임원경제지』에 대해 보인 반응으로 적절하지 <u>않은</u> 것은? [3점]

> **보기**
>
> 서유구의 『임원경제지』는 19세기까지의 조선과 중국 서적 들에서 향촌 관련 부분을 발췌, 분류하고 고증한 유서이다.
> 국가를 위한다는 목적의식을 명시한 이 유서에는 향촌 사대부 의 이상적인 삶을 제시하는 과정에서 향촌 구성원 전체의 삶의 조건을 개선할 수 있는 방안이 실렸고, 향촌 실생활에서 활용할 수 있는 내용이 집성되었다. 주자학을 기반으로 실증과 실용의 자세를 견지했던 서유구의 입장, 서학 중국 원류설, 중국과 비교한 조선의 현실 등이 반영되었다. 안설을 부기 했으며, 제한적으로 색인을 넣어 검색이 가능하도록 하였다.

① 현실 개혁의 뜻을 담았던 (가)의 실학자들의 유서와 마찬가 지로 현실의 문제를 개선하려는 목적의식이 확인되겠군.

② 증거를 제시하여 이론적으로 밝히거나 의견을 제시하는 경우가 많았던 (가)의 실학자들의 유서와 마찬가지로 편찬자의 고증과 의견이 반영된 것이 확인되겠군.

③ 당대 지식을 망라하고 서양 관련 지식을 소개하고자 한 (나)의 『지봉유설』에 비해 특정한 주제를 중심으로 편찬되는 전문 유서의 성격이 두드러지게 드러나겠군.

④ 기존 학설의 정당화 내지 배제에 관심을 두었던 (나)의 『성호사설』에 비해 향촌 사회 구성원의 삶에 필요한 실용적인 지식의 활용에 대한 관심이 드러나겠군.

⑤ 중국을 문명의 척도로 받아들였던 (나)의 『오주연문장전산고』와 달리 중화 관념에 구애되지 않고 중국의 현실과 조선의 현실을 비교한 내용이 확인되겠군.

06 문맥상 ⓐ~ⓔ와 바꾸어 쓰기에 적절하지 <u>않은</u> 것은?

① ⓐ : 의거(依據)하여
② ⓑ : 계몽(啓蒙)하는
③ ⓒ : 용이(容易)하게
④ ⓓ : 혼재(混在)되어
⑤ ⓔ : 변경(變更)하여

물건을 사용하고 있는 사람이 그 물건의 주인일까? 점유란 물건에 대한 사실상의 지배 상태를 뜻한다. 이에 비해 소유란 어떤 물건을 사용·수익·처분할 수 있는 권리를 가진 상태라고 정의된다. 따라서 점유자와 소유자가 항상 일치하지는 않는다.

[A] 물건을 빌려 쓰거나 보관하고 있는 것을 포함하여 물건을 물리적으로 지배하는 상태를 직접 점유라고 한다. 이에 비해 어떤 물건을 빌려 쓰거나 보관하는 사람에게 그 물건의 반환을 청구할 수 있는 권리를 가진 사람도 사실상의 지배를 한다고 볼 수 있다. 이와 같이 반환청구권을 가진 상태를 간접점유라고 한다. 직접점유와 간접점유는 모두 점유에 해당한다. 점유는 소유자를 공시하는 기능도 수행한다. 공시란 물건에 대해 누가 어떤 권리를 가지고 있는지를 알려 주는 것이다. 물건 중에서 피아노, 금반지, 가방 등과 같은 대부분의 동산은 점유에 의해 소유권이 공시된다.

물건의 소유권이 양도되려면, 소유자가 양도인이 되어 양수인과 유효한 양도 계약을 하고 이에 더하여 소유권 양도를 공시해야 한다. ㉠점유로 소유권이 공시되는 동산의 소유권 양도는 점유를 넘겨주는 점유 인도로 공시된다. 양수인이 간접점유를 하여 소유권 이전이 공시되는 경우로서 '점유개정'과 '반환청구권 양도'가 있다.

예를 들어 A가 B에게 피아노의 소유권을 양도하기로 계약하되 사흘간 빌려 쓰는 것으로 합의한 경우, B는 A에게 피아노를 사흘 후 돌려 달라고 요구할 수 있는 반환청구권을 가지게 된다. 이처럼 양도인이 직접점유를 유지하지만, 양수인에게 점유 인도가 이루어진 것으로 간주되는 경우를 점유개정이라고 한다. 한편 C가 자신이 소유한 가방을 D에게 맡겨 두어 이에 대한 반환 청구권을 가지게 되었는데, 이 가방의 소유권을 E에게 양도하는 계약을 체결하였다고 하자. 이때 C가 D에게 통지하여 가방 주인이 바뀌었으니 가방을 E에게 반환하라고 알려 주면 D가 보관 중인 가방에 대한 반환청구권은 C로부터 E에게로 넘어간다. 이 경우를 반환청구권 양도라고 한다.

양도인이 소유자가 아니더라도 양수인이 점유 인도를 받으면 소유권을 취득할 수 있을까? 점유로 공시되는 동산의 경우 양수인이 충분히 주의를 했는데도 양도인이 소유자가 아님을 알지 못한 채 양도인과 유효한 계약을 하고, 점유 인도로 공시를 했다면 양수인은 소유권을 취득한다. 이것을 '선의취득'이라 한다. 다만 간접점유에 의한 인도 방법 중 점유개정으로는 선의취득을 하지 못한다. 선의취득으로 양수인이 소유권을 취득하면 원래 소유자는 원하지 않아도 소유권을 상실하게 된다.

반면에 국가가 관리하는 공적 기록인 등기·등록으로 공시되어야 하는 물건은 아예 선의취득 대상이 아니다. ㉡법률이 등록 대상으로 규정한 자동차, 항공기 등의 동산은 등록으로 공시되는 물건이고, ㉢토지·건물과 같은 부동산은 등기로 공시 되는 물건이다. 이러한 고가의 재산에 대해 선의취득을 허용하게 되면 원래 소유자의 의사에 반하는 소유권 박탈이 ⓐ일어나게 된다. 이것은 거래 안전에만 치중하고 원래 소유자의 권리 보호를 경시한 것이 되어 바람직하지 않다고 볼 수 있다.

01 윗글을 이해한 내용으로 적절하지 **않은** 것은?

① 가방을 사용하고 있는 사람은 그 가방의 점유자이다.

② 가방을 점유하고 있더라도 그 가방의 소유자가 아닐 수 있다.

③ 가방의 소유권이 유효한 계약으로 이전되려면 점유 인도가 있어야 한다.

④ 가방에 대해 누가 소유권을 가지고 있는지를 알게 해 주는 방법은 점유이다.

⑤ 가방의 소유권을 양도하는 유효한 계약을 체결하면 공시 방법이 갖춰지지 않아도 소유권은 이전된다.

02 [A]에 대한 이해로 가장 적절한 것은?

① 물리적 지배를 해야 동산의 간접점유자가 될 수 있다.
② 간접점유는 피아노 소유권에 대한 공시 방법이 아니다.
③ 하나의 동산에 직접점유자가 있으려면 간접점유자도 있어야 한다.
④ 피아노의 직접점유자가 있으면 그 피아노의 간접점유자는 소유자가 아니다.
⑤ 유효한 양도 계약으로 피아노의 소유자가 되려면 피아노에 대해 직접점유나 간접점유 중 하나를 갖춰야 한다

03 ㉠~㉢을 비교한 내용으로 가장 적절한 것은?

① ㉠은 ㉢과 달리, 국가가 관리하는 공적 기록에 의해 소유권 양도가 공시될 수 있다.
② ㉡은 ㉠과 달리, 원래 소유자의 권리 보호가 거래 안전보다 중시되는 대상이다.
③ ㉢은 ㉠과 달리, 물리적 지배의 대상이 아니므로 점유로 공시될 수 없다.
④ ㉠과 ㉡은 모두 양도인이 소유자가 아니더라도 소유권 이전이 가능하다.
⑤ ㉠과 ㉢은 모두 점유개정으로 소유권 양도가 공시될 수 있다.

04 윗글을 바탕으로 할 때, <보기>를 이해한 내용으로 적절하지 <u>않은</u> 것은? [3점]

> /보기/
>
> 갑과 을은, 갑이 끼고 있었던 금반지의 소유권을 을에게 양도하기로 하는 유효한 계약을 했다. 갑과 을은, 갑이 이 금반지를 보관하다가 을이 요구할 때 넘겨주기로 합의했다.
> 을은 소유권 양도 계약을 할 때 양도인이 소유자라고 믿었고 양도인이 소유자인지 확인하기 위해 충분히 주의했다. 을은 일주일 후 병과 유효한 소유권 양도 계약을 했고, 갑에게 통지 하여 사흘 후 병에게 금반지를 넘겨주라고 알려 주었다.

① 갑이 금반지 소유자였다면, 병이 금반지의 물리적 지배를 넘겨받지 않았으나 병은 소유권을 취득한다.
② 갑이 금반지 소유자였다면, 을은 갑으로부터 물리적 지배를 넘겨받지 않았으나 점유 인도를 받은 것으로 간주된다.
③ 갑이 금반지 소유자가 아니었더라도, 병은 을로부터 을이 가진 소유권을 양도받아 취득한다.
④ 갑이 금반지 소유자가 아니었더라도, 을은 반환청구권 양도로 병에게 점유 인도를 한 것으로 간주된다.
⑤ 갑이 금반지 소유자가 아니었더라도, 병이 계약할 때 양도인이 소유자라고 믿었고 양도인이 소유자인지 확인하기 위해 충분히 주의했다면, 병은 소유권을 취득한다.

05 문맥상 의미가 ⓐ와 가장 가까운 것은?

① 작년은 우리나라에서 수많은 사건이 일어난 해였다.
② 청중 사이에서는 기쁨으로 인해 환호성이 일어났다.
③ 형님의 강한 의지력으로 집안이 다시 일어나게 되었다.
④ 나는 그 사람에 대해 경계심이 일어나지 않을 수 없었다.
⑤ 사회는 구성원들이 부조리에 맞서 일어남으로써 발전한다.

소리 특히 음악을 저장하는 방법은 축음기에서 시작하여 매체의 발명과 발맞추어 많은 발전을 이루었다. 축음기의 원리는 간단하다. 끝부분에 날카로운 바늘을 장착한 원뿔형 나팔을 준비한다. 바늘 아래에 섬세하게 긁히는 회전판을 대고 나팔에 소리를 들려준다. 소리는 나팔의 진동으로 바뀌고 진동의 형태를 따라서 바늘이 판에 홈을 만들어 소리를 저장한다. 이것이 초기 녹음기의 원리인데, 소리를 아날로그 형태로 저장하였고, 이후에 등장한 매체에서도 한동안 소리를 아날로그 형태로 기록하였다.

현재는, 소리를 디지털 신호, 즉 이진수로 이루어진 오디오 신호로 바꾸어 파일로 저장한다. 한 파일 내의 오디오 신호에는 모든 소리 크기에 균일한 개수의 비트가 할당된다. 일반적으로 각 소리 크기에 16비트를 할당하며, 소리 크기에 따라 16자리의 이진수 값을 달리한다. 각 소리 크기에 할당되는 비트의 개수가 늘면 소리는 아날로그 원음에 가까워진다. 그런데 오디오 파일은 저장하거나 네트워크를 통해 전송하기에는 데이터 양이 많다. 따라서 저장 공간을 아끼고 전송이 가능하도록 오디오 신호를 압축할 필요가 있다.

일반적으로 오디오 신호 압축에는 지각부호화를 이용한다. 지각부호화는 청각 특성에 따라 감도가 낮은 소리를 제거하여 오디오 신호를 압축하는 기술이다. 지각부호화에서 이용하는 청각 특성에는 최소가청강도와 차폐가 있다. 최소가청강도는 조용할 때 청각이 감지할 수 있는 소리 크기의 최솟값이다. 최소가청강도보다 큰 소리는 들을 수 있지만, 작은 소리는 들을 수 없다. 최소가청강도는 주파수별로 그 크기가 정해져 있다. 예를 들어, 1,000Hz부터 10,000Hz 사이에서는 아주 작은 소리도 들을 수 있지만, 100Hz 이하의 저음에서는 훨씬 큰 소리여야 들을 수 있다.

한편, 큰 소리로 인해 작은 소리가 들리지 않는 현상을 차폐라고 하며 차폐를 일으키는 큰 소리를 차폐음이라 한다. 두 소리의 주파수가 가까울수록 차폐가 쉽게 일어나고, 주파수가 어느 정도 차이가 나

면 차폐가 일어나지 않는다. 차폐음의 주파수를 기준으로 차폐가 일어날 수 있는 가장 낮은 주파수와 가장 높은 주파수 사이의 구간을 임계대역이라고 한다. 임계 대역의 폭은 차폐음의 주파수에 따라 다른데 고음에서는 저음에서보다 임계대역이 훨씬 넓다. 차폐를 고려한, 실제 청각이 감지할 수 있는 소리 크기의 최솟값을 차폐 문턱값이라 한다.

지각부호화는 이런 성질들을 이용하여 오디오 신호를 압축한다.

지각부호화에서는 오디오 신호를 먼저 주파수에 따라 여러 개의 임계대역으로 나누고, 각 임계대역에서 최소가청강도와 차폐음을 고려하여 차폐 문턱값을 구한다. 소리 크기와 차폐 문턱값의 차이가 큰 소리일수록 해당 소리 크기에 비트를 많이 할당하여 소리의 손실을 낮춘다. 차폐 문턱값보다 작은 소리들은 들리지 않으므로 제거한다. 즉 지각부호화는 각 임계대역마다 다른 개수의 비트를 할당하여 소리의 품질 저하를 최소화하면서 오디오 신호를 압축하는 기술이다.

01 내용 간의 관계에 주목하여 윗글을 읽은 방법으로 적절하지 않은 것은?

① 1문단에서 초기 녹음기의, 2문단에서 최근 매체의 음악 저장 방법을 설명한 점에 주목하고, 그 차이점을 이해하며 읽었다.

② 2문단에서 오디오 파일을 저장하거나 전송할 때의 난점을 언급한 점에 주목하고, 이러한 난점으로 인한 오디오 신호 압축의 필요성을 이해하며 읽었다.

③ 2문단에서 소리 크기를, 3문단에서 청각 특성을 각각 압축의 변수라고 언급한 점에 주목하고, 두 변수의 관계를 이해하며 읽었다.

④ 3문단에서 최소가청강도에 대해 설명한 점에 주목하고, 이를 바탕으로 소리의 감지와 주파수의 관련성을 이해하며 읽었다.

⑤ 4문단에서 오디오 신호 압축에 관여하는 요소를 언급한 점에 주목하고, 이를 바탕으로 5문단에서 압축의 과정을 이해하며 읽었다.

02 윗글을 이해한 내용으로 가장 적절한 것은?

① 초기 녹음기는 오디오 신호를 저장한 파일과 마찬가지로 소리를 디지털 신호로 저장한다.

② 축음기의 판에 새겨진 홈은 오디오 신호의 이진수와 달리, 저장된 소리에 해당한다.

③ 파일로 저장된, 압축 전의 오디오 신호는 소리 크기마다 할당된 비트의 개수가 동일하다.

④ 비트를 많이 사용하여 오디오 신호를 저장할수록 네트워크 전송에 적합하다.

⑤ 오디오 신호를 압축할 때, 소리의 품질 저하가 최소가 되도록 아날로그 형태로 저장한다.

03 [청각 특성]에 대한 설명으로 가장 적절한 것은?

① 최소가청강도는 사람이 들을 수 있는 주파수의 최솟값이다.

② 임계대역은 차폐음의 주파수와 그것보다 높은 주파수 사이의 구간이다.

③ 저음에서는 최소가청강도가 크므로 임계대역도 고음의 임계 대역보다 넓다.

④ 임계대역 내에서 큰 소리로 인해 들리지 않는 작은 소리를 차폐음이라 한다.

⑤ 차폐음과 어떤 소리의 주파수 차이가 임계대역의 폭보다 크면 두 소리 사이에는 차폐가 일어나지 않는다.

04 윗글을 바탕으로 <보기>를 이해한 내용으로 적절한 것은? [3점]

> **보기**
>
> 다음은 소리 A~D의 주파수 크기, 청각 특성을 제시한 가상의 표이다. 각 소리는 서로 다른 임계 대역에 있다.
>
> | 소리 | A | B | C | D |
> |---|---|---|---|---|
> | 주파수(Hz) | 150 | 1,000 | 1,500 | 2,000 |
> | 소리 크기 (dB) | 30 | 30 | 63 | 55 |
> | 최소가청강도(dB) | 38 | 8 | 12 | 2 |
> | 차폐 문턱값 (dB) | 38 | 20 | 38 | 6 |

① A가 포함된 임계대역에서는 차폐가 일어나지 않았으므로 A를 들을 수 있겠군.

② D가 포함된 임계대역에서는 차폐가 일어났으므로 D를 들을 수 없겠군.

③ A와 B는 소리 크기가 같으므로 압축할 때 두 소리 크기에 같은 개수의 비트가 할당되겠군.

④ A와 C의 차폐 문턱값이 같으므로 A가 포함된 임계대역의 폭과 C가 포함된 임계대역의 폭은 같겠군.

⑤ 압축할 때는 C의 소리 크기보다 D의 소리 크기에 더 많은 비트가 할당되겠군.

DAY 3 – ①

(가)

[A]

　중국에서 비롯된 유서(類書)는 고금의 서적에서 자료를 수집하고 항목별로 분류, 정리하여 이용에 편리하도록 편찬한 서적이다. 일반적으로 유서는 기존 서적에서 필요한 부분을 뽑아 배열할 뿐 상호 ~~참조~~하거나 편찬자의 ~~해석~~을 가하지 않았다. 유서는 모든 주제를 망라한 일반 유서와 특정 주제를 다룬 전문 유서로 나눌 수 있으며, 편찬 방식은 책에 따라 다른 경우가 많았다. 중국에서는 대체로 왕조 초기에 많은 학자를 동원하여 국가 주도로 대규모 유서를 편찬하여 간행하였다. 이를 통해 이전까지의 지식을 집성하고 왕조의 위엄을 과시할 수 있었다.

　고려 때 중국 유서를 수용한 이후, 조선에서는 중국 유서를 활용하는 한편, 중국 유서의 편찬 방식에 ⓐ따라 필요에 맞게 유서를 편찬하였다. 조선의 유서는 대체로 국가보다 개인이 소규모로 편찬하는 경우가 많았고, 목적에 따른 특정 주제의 전문 유서가 집중적으로 편찬되었다. 전문 유서 가운데 편찬자가 미상인 유서가 많은데, 대체로 간행을 염두에 두지 않고 기존 서적에서 필요한 부분을 발췌, 기록하여 시문 창작, 과거 시험 등 개인적 목적으로 유서를 활용하고자 하였기 때문이었다.

　이 같은 유서 편찬 경향이 지속되는 가운데 17세기부터 실학의 학풍이 하나의 조류를 형성하면서 유서 편찬에 변화가 나타났다. ㉮실학자들의 유서는 현실 개혁의 뜻을 담았고, 편찬 의도를 지식의 제공과 확산에 두었다. 또한 단순 정리를 넘어 지식을 재분류하여 범주화하고 평가를 더하는 등 저술의 성격을 드러냈다. 독서와 견문을 통해 주자학에서 중시되지 않았던 지식을 집적했고, 증거를 세워 이론적으로 밝히는 고증과 이에 대한 의견 등 '안설'을 덧붙이는 경우가 많았다. 주자학의 지식을 ⓑ이어받는 한편, 주자학이 아닌 새로운 지식을 수용하는 유연성과 개방성을 보였다. 광범위하게 정리한 지식을 식자층이 ⓒ쉽게 접할 수 있어야 한다고 생각했고, 객관적 사실 탐구를 중시하여 박물학과 자연 과학에 관심을 기울였다.

　조선 후기 실학자들이 편찬한 유서가 주자학의 관념적 사유에 국한되지 않고 새로운 지식의 축적과 확산을 촉진한 것은 지식의 역사에서 적지 않은 의미를 지닌다.

(나)

　예수회 선교사들이 중국에 소개한 서양의 학문, 곧 서학은 조선 후기 유서(類書)의 지적 자원 중 하나로 활용되었다. 조선 후기 실학자들 가운데 이수광, 이익, 이규경 등이 편찬한 백과 전서식 유서는 주자학의 지적 영역 내에서 서학의 지식을 어떻게 수용하였는지를 보여 주는 대표적인 사례이다.

🔍 **정의는 체크한다.**

↔ **비교는 체크한다.**

📅 **시간은 체크한다.**

🔍 **정의는 체크한다.**

👤 **인물은 체크한다.**

17세기의 이수광은 주자학뿐 아니라 다른 학문에 대해서도 열린 태도를 가지고 있었다. 주자학에 기초하여 도덕에 관한 학문과 경전에 관한 학문 등이 주류였던 당시 상황에서, 그는 『지봉유설』을 통해 당대 조선의 지식을 망라하여 항목화하고 자신의 견해를 덧붙였을 뿐 아니라 사신의 일원으로 중국에서 접한 서양 관련 지식을 객관적으로 소개했다. 이에 대해 심성 수양에 절실하지 않을뿐더러 주자학이 아닌 것이 ⓓ뒤섞여 순수하지 않다는 ㉯일부 주자학자의 비판이 있었지만, 그가 소개한 서양 관련 지식은 중국과 큰 시간 차이 없이 주변에 알려졌다.

👤 인물(책)은 체크한다.

⚙️ 조건은 체크한다.

18세기의 이익은 서학 지식 자체를 ㉠『성호사설』의 표제어로 삼았고, 기존의 학설을 정당화하거나 배제하는 근거로 서학을 수용하는 등 서학을 지적 자원으로 활용하였다. 특히 그는 서학의 세부 내용을 다른 분야로 확대하며 상호 참조하는 방식으로 지식을 심화하고 확장하여 소개하였다. 서학의 해부학과 생리학을 그 자체로 수용하지 않고 주자학 심성론의 하위 이론으로 재분류하는 등 지식의 범주를 ⓔ바꾸어 수용하였다. 또한 서학의 수학을 주자학의 지식 영역 안에서 재구성하기도 하였다.

👤 인물(책)은 체크한다.

19세기의 이규경도 ㉡『오주연문장전산고』를 편찬하면서 서학을 적극 활용하였다. 그는 『성호사설』의 분류 체계를 적용하였고 이익과 마찬가지로 서학의 천문학, 우주론 등의 내용을 수록하였다. 그가 주로 유서의 지적 자원으로 활용한 중국의 서학 연구서들은 서학을 소화하여 중국의 학문과 절충한 것이었고, 서학이 가지는 진보성의 토대가 중국이라는 서학 중국 원류설을 반영한 것이었다. 이에 따라 이규경은 이 책들에 담긴 중국화한 서학 지식과 서학 중국 원류설을 받아들였고, 문명의 척도로 여겨진 기존의 중화 관념에서 탈피하지 않으면서도 서학 수용의 이질감과 부담감에서 자유로울 수 있었다. 이렇듯 이규경은 중국의 서학 연구서들을 활용해 매개적 방식으로 서학을 수용하였다.

🔍 정의는 체크한다.

01 (가)와 (나)에 대한 설명으로 가장 적절한 것은?

① (가)는 유서의 유형을 분류하였고, (나)는 ~~유서의 분류 기준과 적절성 여부를 평가하였다.~~

② (가)는 유서의 개념과 유용성을 소개하였고, (나)는 국가별 유서의 ~~변천 과정을 설명하였다.~~

③ (가)는 ~~유서의 기원에 대한 다양한 학설을~~ 검토하였고, (나)는 ~~유서 편찬자들 간의 견해 차이~~를 분석하였다.

④ (가)는 유서의 특성과 의의를 설명하였고, (나)는 유서 편찬에서 특정 학문의 수용 양상을 시기별로 소개하였다.

⑤ (가)는 ~~유서에 대한 평가가 시대별로 달라진 원인을 분석~~하였고, (나)는 역사적으로 대표적인 유서의 특징을 제시하였다.

1 STRUCTURE FLOW ///////

🔍 정의   👤 인물

2 ANSWER DECODING ///////

● STEP 1. 지문 스캔
지문에서 정의와 인물을 중심으로 선지에서 묻는 상황을 찾는다.

● STEP 2. 선지 매칭
(가)는 유서의 정의와 특징을 알 수 있고, (나)는 시기 별 인물의 책을 바탕으로 서학의 수용 양상을 설명하고 있으므로 적절한 선지 ⇒ 정답

02 [A]에 대한 이해로 적절하지 <u>않은</u> 것은?

① 조선에서 편찬자가 미상인 유서가 많았던 것은 편찬자의 개인적 목적으로 유서를 활용하려 했기 때문이다.

② 조선에서는 시문 창작, 과거 시험 등에 필요한 내용을 담은 유서가 편찬되는 경우가 적지 않았다.

③ 조선에서는 중국의 편찬 방식을 따르면서도 대체로 국가보다는 개인에 의해 유서가 편찬되었다.

④ 중국에서는 많은 학자를 동원하여 대규모로 편찬한 유서를 통해 왕조의 위엄을 드러내었다.

⑤ 중국에서는 주로 서적에서 발췌한 내용을 비교하고 해석을 덧붙여 유서를 편찬하였다.

1 STRUCTURE FLOW ///////

↔️ 비교   ⚙️ 조건

2 ANSWER DECODING ///////

● STEP 1. 지문 스캔
지문에서 인물을 중심으로 선지에서 묻는 상황을 찾는다.

● STEP 2. 선지 매칭
일반적으로 유서는 기존 서적에서 필요한 부분을 뽑아 배열할 뿐 상호 비교하거나 편찬자의 해석을 가하지 않았다. 서적에서 발췌한 내용을 비교·해석하였다는 적절하지 않은 선지 ⇒ 정답

03 ㉮에 대한 이해를 바탕으로 ㉠, ㉡에 대해 파악한 내용으로 적절하지 <u>않은</u> 것은?

① 지식의 제공이라는 ㉮의 편찬 의도는, ㉠에서 지식을 심화하고 확장하여 소개한 것에서 나타난다.

② 지식을 재분류하여 범주화한 ㉮의 방식은, ㉠에서 해부학과 생리 학을 주자학 심성론의 하위 이론으로 수용한 것에서 나타난다.

③ 평가를 더하는 저술로서 ㉮의 성격은, ㉡에서 중국 학문의 ~~진보성을 확인하고자~~ 서학을 활용한 것에서 나타난다.

④ 사실 탐구를 중시하며 자연 과학에 대해 드러낸 ㉮의 관심은, ㉡에서 천문학과 우주론의 내용을 수록한 것에서 나타난다.

⑤ 새로운 지식을 수용하는 ㉮의 유연성과 개방성은, ㉠과 ㉡에서 서학을 지적 자원으로 받아들인 것에서 나타난

1 STRUCTURE FLOW ////////

🔍 정의   👤 인물

2 ANSWER DECODING ////////

● STEP 1. 지문 스캔

지문에서 인물을 중심으로 선지에서 묻는 상황을 찾는다.

● STEP 2. 선지 매칭

㉯는 이수광에 대해 심성 수양에 절실하지 않고, 주자학이 아닌 것이 섞여 있어 순수하지 않다고 비판하였다. 이수광은 다른 학문에도 열린 태도를 가지고 여러 지식을 소개하였다. 따라서 여러 이치 = 여러 학문을 널리 배우고 익히는 일이 바른 방법이라는 것은 이수광의 주장으로 적절한 선지 ⇒ 정답

---

04 ㉯를 반박하기 위한 '이수광'의 말로 가장 적절한 것은?

① 학문에서 의리를 앞세우고 이익을 뒤로하는 것보다 중한 것이 없으니, 심성을 수양하는 것은 그다음의 일이다.

② 주자학에 매몰되어 세상의 여러 이치를 연구하지 않는 것은 널리 배우고 익히는 앎의 바른 방법이 아닐 것이다.

③ 주자의 가르침이 쇠퇴하게 되면 주자학이 아닌 학문이 날로 번성하게 되니, 주자의 도가 분명히 밝혀져야 한다.

④ 유학 경전에서 쓰이지 않은 글자를 한 글자라도 더하는 일을 용납하는 것은 바른 학문을 해치는 길이 될 것이다.

⑤ 참되게 알고 참되게 행하는 것이 어려우니, 우리 학문의 여러 경전으로부터 널리 배우고 면밀히 익혀야 할 것이다.

1 STRUCTURE FLOW ////////

🔍 정의   👤 인물

2 ANSWER DECODING ////////

● STEP 1. 지문 스캔

지문에서 인물을 중심으로 선지에서 묻는 상황을 찾는다.

● STEP 2. 선지 매칭

㉯는 이수광에 대해 심성 수양에 절실하지 않고, 주자학이 아닌 것이 섞여 있어 순수하지 않다고 비판하였다. 이수광은 다른 학문에도 열린 태도를 가지고 여러 지식을 소개하였다. 따라서 여러 이치 = 여러 학문을 널리 배우고 익히는 일이 바른 방법이라는 것은 이수광의 주장으로 적절한 선지 ⇒ 정답

05 (가), (나)를 읽은 학생이 <보기>의 『임원경제지』에 대해 보인 반응으로 적절하지 <u>않은</u> 것은? [3점]

/ 보기 /

서유구의 『임원경제지』는 19세기까지의 조선과 중국 서적 들에서 향촌 관련 부분을 발췌, 분류하고 고증한 유서이다.

국가를 위한다는 목적의식을 명시한 이 유서에는 향촌 사대부 의 이상적인 삶을 제시하는 과정에서 향촌 구성원 전체의 삶의 조건을 개선할 수 있는 방안이 실렸고, 향촌 실생활에서 활용할 수 있는 내용이 집성되었다. 주자학을 기반으로 실증과 실용의 자세를 견지했던 서유구의 입장, 서학 중국 원류설, 중국과 비교한 조선의 현실 등이 반영되었다. 안설을 부기 했으며, 제한적으로 색인을 넣어 검색이 가능하도록 하였다.

① 현실 개혁의 뜻을 담았던 (가)의 실학자들의 유서와 마찬가 지로 현실의 문제를 개선하려는 목적의식이 확인되겠군.

② 증거를 제시하여 이론적으로 밝히거나 의견을 제시하는 경우가 많았던 (가)의 실학자들의 유서와 마찬가지로 편찬자의 고증과 의견이 반영된 것이 확인되겠군.

③ 당대 지식을 망라하고 서양 관련 지식을 소개하고자 한 (나)의 『지봉유설』에 비해 특정한 주제를 중심으로 편찬되는 전문 유서의 성격이 두드러지게 드러나겠군.

④ 기존 학설의 정당화 내지 배제에 관심을 두었던 (나)의 『성호 사설』에 비해 향촌 사회 구성원의 삶에 필요한 실용적인 지식의 활용에 대한 관심이 드러나겠군.

⑤ 중국을 문명의 척도로 받아들였던 (나)의 『오주연문장전산고』와 달리 ~~중화 관념에 구애되지 않고~~ 중국의 현실과 조선의 현실을 비교한 내용이 확인되겠군.

06 문맥상 ⓐ~ⓔ와 바꾸어 쓰기에 적절하지 <u>않은</u> 것은?

① ⓐ : 의거(依據)하여
② ⓑ : 계몽(啓蒙)하는
③ ⓒ : 용이(容易)하게
④ ⓓ : 혼재(混在)되어
⑤ ⓔ : 변경(變更)하여

1 STRUCTURE FLOW ///////

🔍 정의   👤 인물

2 ANSWER DECODING ///////

● STEP 1. 지문 스캔
지문에서 인물을 중심으로 선지에서 묻는 상황을 찾는다.

● STEP 2. 선지 매칭
19세기 이규경의 『오주연문장전산고』는 서학 중국 원류설을 받아들였으므로 중화 관념에 구애되지 않는다는 것은 적절하지 않은 선지 ⇒ 정답

1 ANSWER DECODING ///////

● STEP 1. 지문 스캔
지문에서 문맥과 단어의 뜻으로 선지에서 묻는 단어를 찾는다. 틀렸다면 별도로 정리한다.

● STEP 2. 선지 매칭
ⓑ이어받는 : 이미 이루어진 일의 결과나, 해 오던 일 또는 그 정신 따위를 전하여 받다.
②계몽하는 : 지식수준이 낮거나 인습에 젖은 사람을 가르쳐서 깨우다. ⇒ 정답

DAY 3 - ②

물건을 사용하고 있는 사람이 그 물건의 주인일까? 점유란 물건에 대한 사실상의 지배 상태를 뜻한다. 이에 비해 소유란 어떤 물건을 사용·수익·처분할 수 있는 권리를 가진 상태라고 정의된다. 따라서 점유자와 소유자가 항상 일치하지는 않는다.

[A]
물건을 빌려 쓰거나 보관하고 있는 것을 포함하여 물건을 물리적으로 지배하는 상태를 직접점유라고 한다. 이에 비해 어떤 물건을 빌려 쓰거나 보관하는 사람에게 그 물건의 반환을 청구할 수 있는 권리를 가진 사람도 사실상의 지배를 한다고 볼 수 있다. 이와 같이 반환청구권을 가진 상태를 간접점유라고 한다. 직접점유와 간접점유는 모두 점유에 해당한다. 점유는 소유자를 공시하는 기능도 수행한다. 공시란 물건에 대해 누가 어떤 권리를 가지고 있는지를 알려 주는 것이다. 물건 중에서 피아노, 금반지, 가방 등과 같은 대부분의 동산은 점유에 의해 소유권이 공시된다.

물건의 소유권이 양도되려면, 소유자가 양도인이 되어 양수인과 유효한 양도 계약을 하고 이에 더하여 소유권 양도를 공시해야 한다. ㉠점유로 소유권이 공시되는 동산의 소유권 양도는 점유를 넘겨주는 점유 인도로 공시된다. 양수인이 간접점유를 하여 소유권 이전이 공시되는 경우로서 '점유개정'과 '반환청구권 양도'가 있다.

예를 들어 A가 B에게 피아노의 소유권을 양도하기로 계약하되 사흘간 빌려 쓰는 것으로 합의한 경우, B는 A에게 피아노를 사흘 후 돌려 달라고 요구할 수 있는 반환청구권을 가지게 된다. 이처럼 양도인이 직접점유를 유지하지만 양수인에게 점유 인도가 이루어진 것으로 간주되는 경우를 점유개정이라고 한다. 한편 C가 자신이 소유한 가방을 D에게 맡겨 두어 이에 대한 반환 청구권을 가지게 되었는데, 이 가방의 소유권을 E에게 양도하는 계약을 체결하였다고 하자. 이때 C가 D에게 통지하여 가방 주인이 바뀌었으니 가방을 E에게 반환하라고 알려 주면 D가 보관 중인 가방에 대한 반환청구권은 C로부터 E에게로 넘어간다. 이 경우를 반환청구권 양도라고 한다.

양도인이 소유자가 아니더라도 양수인이 점유 인도를 받으면 소유권을 취득할 수 있을까? 점유로 공시되는 동산의 경우 양수인이 충분히 주의를 했는데도 양도인이 소유자가 아님을 알지 못한 채 양도인과 유효한 계약을 하고, 점유 인도로 공시를 했다면 양수인은 소유권을 취득한다. 이것을 '선의취득'이라 한다. 다만 간접점유에 의한 인도 방법 중 점유개정으로는 선의취득을 하지 못한다. 선의취득으로 양수인이 소유권을 취득하면 원래 소유자는 원하지 않아도 소유권을 상실하게 된다.

반면에 국가가 관리하는 공적 기록인 등록으로 공시되어야 하는 물건은 아예 선의취득 대상이 아니다.

㉡법률이 등록 대상으로 규정한 자동차, 항공기 등의 동산은 등록으로 공시되는 물건이고, ㉢토지·건물과 같은 부동산은 등기로 공시 되는 물건이다. 이러한 고가의 재산에 대해 선의취득을 허용하게 되면 원래 소유자의 의사에 반하는 소유권 박탈이 ⓐ일어나게 된다. 이것은 거래 안전에만 치중하고 원래 소유자의 권리 보호를 경시한 것이 되어 바람직하지 않다고 볼 수 있다.

🔍 **정의는 체크한다.**

⚙️ **조건은 체크한다.**

🔍 **정의는 체크한다.**

⚙️ **조건은 체크한다.**

📁 **분류는 체크한다.**

⚙️ **조건은 체크한다.**

01 윗글을 이해한 내용으로 적절하지 <u>않은</u> 것은?

① 가방을 사용하고 있는 사람은 그 가방의 점유자이다.
② 가방을 점유하고 있더라도 그 가방의 소유자가 아닐 수 있다.
③ 가방의 소유권이 유효한 계약으로 이전되려면 점유 인도가 있어야 한다.
④ 가방에 대해 누가 소유권을 가지고 있는지를 알게 해 주는 방법은 점유이다.
⑤ 가방의 소유권을 양도하는 유효한 계약을 체결하면 공시 방법이 갖춰지지 ~~않아도~~ 소유권은 이전된다.

1 STRUCTURE FLOW

🔍 정의   ⚙️ 조건

2 ANSWER DECODING

● STEP 1. 지문 스캔

지문에서 조건을 중심으로 선지에서 묻는 상황을 찾는다.

● STEP 2. 선지 매칭

물건의 소유권이 양도 되려면 유효한 계약과 소유권 양도 공시가 필요하다. 따라서 공시 방법이 갖춰야 소유권이 이전되므로 공시 방법이 갖춰지지 않아도 된다는 것은 적절하지 않은 선지⇒ 정답

02 [A]에 대한 이해로 가장 적절한 것은?

① 물리적 지배를 해야 동산의 ~~간접점유자~~가 될 수 있다.
② 간접점유는 피아노 소유권에 대한 공시 방법이 ~~아니다.~~
③ 하나의 동산에 ~~직접점유자~~가 있으려면 ~~간접점유자~~도 있어야 한다.
④ 피아노의 직접점유자가 있으면 그 피아노의 간접점유자는 소유자가 ~~아니다.~~
⑤ 유효한 양도 계약으로 피아노의 소유자가 되려면 피아노에 대해 직접점유나 간접점유 중 하나를 갖춰야 한다.

1 STRUCTURE FLOW

🔍 정의   ⚙️ 조건

2 ANSWER DECODING

● STEP 1. 지문 스캔

지문에서 조건을 중심으로 선지에서 묻는 상황을 찾는다.

● STEP 2. 선지 매칭

물건의 소유권이 양도 되려면 유효한 계약과 소유권 양도 공시가 필요하다. 피아노는 점유에 의해 소유권이 공시되고, 직접점유와 간접점유 모두 점유에 해당한다. 따라서 유효한 계약과 직접점유 혹은 간접점유 중 하나로 소유권 공시를 하면 피아노의 소유자가 된다는 것은 적절한 선지 ⇒ 정답

03 ㉠~㉢을 비교한 내용으로 가장 적절한 것은?

① ~~㉠은~~ ㉢과 ~~달리~~, 국가가 관리하는 공적 기록에 의해 소유권 양도가 공시될 수 있다.

② ㉡은 ㉠과 달리, 원래 소유자의 권리 보호가 거래 안전보다 중시되는 대상이다.

③ ㉢은 ㉠과 달리, ~~물리적 지배의 대상이 아니므로~~ 점유로 공시될 수 없다.

④ ㉠과 ~~㉡은 모두~~ 양도인이 소유자가 아니더라도 소유권 이전이 가능하다.

⑤ ㉠과 ~~㉡은 모두~~ 점유개정으로 소유권 양도가 공시될 수 있다.

1 STRUCTURE FLOW /////////

🔍 정의   ⚙️ 조건

2 ANSWER DECODING /////////

● STEP 1. 지문 스캔

지문에서 조건을 중심으로 선지에서 묻는 상황을 찾는다.

● STEP 2. 선지 매칭

㉠은 점유로 소유가 공시되는 동산, ㉡은 법률이 등록 대상으로 규정한 동산이다. 법률이 등록 대상으로 규정한 동산은 선의 취득 대상이 아닌데, 그 이유는 원래 소유자의 권리 보호를 위해서이다. 따라서 원래 소유자의 권리 보호를 더 중시하는 것은 ㉡이다. ⇒ 정답

04 윗글을 바탕으로 할 때, <보기>를 이해한 내용으로 적절하지 <u>않은</u> 것은? [3점]

> ╱ 보기 ╱
>
> 갑과 을은, 갑이 끼고 있었던 금반지의 소유권을 을에게 양도하기로 하는 유효한 계약을 했다. 갑과 을은, 갑이 이 금반지를 보관하다가 을이 요구할 때 넘겨주기로 합의했다.
> 을은 소유권 양도 계약을 할 때 양도인이 소유자라고 믿었고 양도인이 소유자인지 확인하기 위해 충분히 주의했다. 을은 일주일 후 병과 유효한 소유권 양도 계약을 했고, 갑에게 통지 하여 사흘 후 병에게 금반지를 넘겨주라고 알려 주었다.

① 갑이 금반지 소유자였다면, 병이 금반지의 물리적 지배를 넘겨받지 않았으나 병은 소유권을 취득한다.

② 갑이 금반지 소유자였다면, 을은 갑으로부터 물리적 지배를 넘겨받지 않았으나 점유 인도를 받은 것으로 간주된다.

③ 갑이 금반지 소유자가 아니었더라도, 병은 을로부터 을이 가진 소유권을 양도받아 ~~취득한다.~~

④ 갑이 금반지 소유자가 아니었더라도, 을은 반환청구권 양도로 병에게 점유 인도를 한 것으로 간주된다.

⑤ 갑이 금반지 소유자가 아니었더라도, 병이 계약할 때 양도인이 소유자라고 믿었고 양도인이 소유자인지 확인하기 위해 충분히 주의했다면, 병은 소유권을 취득한다.

1 STRUCTURE FLOW /////////

🔍 정의   ⚙️ 조건

2 ANSWER DECODING /////////

● STEP 1. 지문 스캔

지문에서 조건을 중심으로 선지에서 묻는 상황을 찾는다.

● STEP 2. 선지 매칭

금반지는 점유로 소유권이 공시된다. 현재 갑이 보관하다가 을이 요구할 때 넘겨주기로 합의한 경우 갑은 직접 점유, 을은 간접 점유 + 반환청구권을 가지고 있는 상황인 점유 개정 상황이다. 병이 금반지의 소유권 취득을 허용하는 것은 선의 취득이나 점유 개정으로는 선의 취득을 하지 못한다. 따라서 병이 금반지를 취득한다는 것은 적절하지 않은 선지. ⇒ 정답

05 문맥상 의미가 ⓐ와 가장 가까운 것은?

① 작년은 우리나라에서 수많은 사건이 일어난 해였다.
② 청중 사이에서는 기쁨으로 인해 환호성이 일어났다.
③ 형님의 강한 의지력으로 집안이 다시 일어나게 되었다.
④ 나는 그 사람에 대해 경계심이 일어나지 않을 수 없었다.
⑤ 사회는 구성원들이 부조리에 맞서 일어남으로써 발전한다.

1 ANSWER DECODING /////////

● STEP 1. 지문 스캔

지문에서 문맥과 단어의 뜻으로 선지 에서 묻는 단어를 찾는다. 틀렸다면 별도로 정리한다.

● STEP 2. 선지 매칭

ⓐ,①일어나다 : 어떤 일이 생기다. ⇒ 정답

DAY 3 - ③

소리 특히 음악을 저장하는 방법은 축음기에서 시작하여 매체의 발명과 발맞추어 많은 발전을 이루었다. 축음기의 원리는 간단하다. 끝부분에 날카로운 바늘을 장착한 원뿔형 나팔을 준비한다. 바늘 아래에 섬세하게 긁히는 회전판을 대고 나팔에 소리를 들려준다. 소리는 나팔의 진동으로 바뀌고 진동의 형태를 따라서 바늘이 판에 홈을 만들어 소리를 저장한다. 이것이 초기 녹음기의 원리인데, 소리를 아날로그 형태로 저장하였고, 이후에 등장한 매체에서도 한동안 소리를 아날로그 형태로 기록하였다.

현재는, 소리를 디지털 신호, 즉 이진수로 이루어진 오디오 신호로 바꾸어 파일로 저장한다. 한 파일 내의 오디오 신호에는 모든 소리 크기에 균일한 개수의 비트가 할당된다. 일반적으로 각 소리 크기에 16비트를 할당하며, 소리 크기에 따라 16자리의 이진수 값을 달리한다. 각 소리 크기에 할당되는 비트의 개수가 늘면 소리는 아날로그 원음에 가까워진다. 그런데 오디오 파일은 저장하거나 네트워크를 통해 전송하기에는 데이터 양이 많다. 따라서 저장 공간을 아끼고 전송이 가능하도록 오디오 신호를 압축할 필요가 있다.

일반적으로 오디오 신호 압축에는 지각부호화를 이용한다. 지각부호화는 청각 특성에 따라 감도가 낮은 소리를 제거하여 오디오 신호를 압축하는 기술이다. 지각부호화에서 이용하는 청각 특성 에는 최소가청강도와 차폐가 있다. 최소가청강도는 조용할 때 청각이 감지할 수 있는 소리 크기의 최솟값이다. 최소가청강도보다 큰 소리는 들을 수 있지만, 작은 소리는 들을 수 없다. 최소가청강도는 주파수별로 그 크기가 정해져 있다. 예를 들어, 1,000Hz부터 10,000Hz 사이에서는 아주 작은 소리도 들을 수 있지만, 100Hz 이하의 저음에서는 훨씬 큰 소리여야 들을 수 있다.

한편, 큰 소리로 인해 작은 소리가 들리지 않는 현상을 차폐라고 하며 차폐를 일으키는 큰 소리를 차폐음이라 한다. 두 소리의 주파수가 가까울수록 차폐가 쉽게 일어나고, 주파수가 어느 정도 차이가 나면 차폐가 일어나지 않는다. 차폐음의 주파수를 기준으로 차폐가 일어날 수 있는 가장 낮은 주파수와 가장 높은 주파수 사이의 구간을 임계대역이라고 한다. 임계 대역의 폭은 차폐음의 주파수에 따라 다른데 고음에서는 저음에서보다 임계대역이 훨씬 넓다. 차폐를 고려한, 실제 청각이 감지할 수 있는 소리 크기의 최솟값을 차폐 문턱값이라 한다.

지각부호화는 이런 성질들을 이용하여 오디오 신호를 압축한다.

지각부호화에서는 오디오 신호를 먼저 주파수에 따라 여러 개의 임계대역으로 나누고, 각 임계대역에서 최소가청강도와 차폐음을 고려하여 차폐 문턱값을 구한다. 소리 크기와 차폐 문턱값의 차이가 큰 소리일수록 해당 소리

크기에 비트를 많이 할당하여 소리의 손실을 낮춘다. 차폐 문턱값보다 작은 소리들은 들리지 않으므로 제거한다. 즉 지각부호화는 각 임계대역마다 다른 개수의 비트를 할당하여 소리의 품질 저하를 최소화하면서 오디오 신호를 압축하는 기술이다.

순서는 체크한다.

시간은 체크한다.

조건은 체크한다.

정의는 체크한다.

비교는 체크한다.

조건은 체크한다.

01 내용 간의 관계에 주목하여 윗글을 읽은 방법으로 적절하지 <u>않은</u> 것은?

① 1문단에서 초기 녹음기의, 2문단에서 최근 매체의 음악 저장 방법을 설명한 점에 주목하고, 그 차이점을 이해하며 읽었다.

② 2문단에서 오디오 파일을 저장하거나 전송할 때의 난점을 언급한 점에 주목하고, 이러한 난점으로 인한 오디오 신호 압축의 필요성을 이해하며 읽었다.

③ 2문단에서 ~~소리 크기를~~, 3문단에서 청각 특성을 각각 압축의 변수라고 언급한 점에 주목하고, ~~두 변수의 관계를~~ 이해하며 읽었다.

④ 3문단에서 최소가청강도에 대해 설명한 점에 주목하고, 이를 바탕으로 소리의 감지와 주파수의 관련성을 이해하며 읽었다.

⑤ 4문단에서 오디오 신호 압축에 관여하는 요소를 언급한 점에 주목하고, 이를 바탕으로 5문단에서 압축의 과정을 이해하며 읽었다.

1 STRUCTURE FLOW ////////

🔍 정의   ⚙️ 조건

2 ANSWER DECODING ////////

● STEP 1. 지문 스캔

지문에서 조건을 중심으로 선지에서 묻는 상황을 찾는다.

● STEP 2. 선지 매칭

2문단에서는 오디오 파일을 저장할 때 원리와 전송할 때 압축의 필요성에 대해서 서술하고 있다. 소리의 크기에 대한 내용이 아니므로 적절하지 않은 선지. 3문단에서는 정의와 조건을 이용하여 각 변수에 대해서 설명하고 있다. 변수 간의 관계에 대해서 언급하고 있지 않으므로 적절하지 않은 선지 ⇒ 정답

---

02 윗글을 이해한 내용으로 가장 적절한 것은?

① 초기 녹음기는 오디오 신호를 저장한 파일과 마찬가지로 ~~소리를 디지털 신호로 저장~~한다.

② 축음기의 판에 새겨진 홈은 오디오 신호의 이진수와 ~~달리~~, 저장된 소리에 해당한다.

③ 파일로 저장된, 압축 전의 오디오 신호는 소리 크기마다 할당된 비트의 개수가 동일하다.

④ 비트를 많이 사용하여 오디오 신호를 저장할수록 네트워크 전송에 ~~적합하다.~~

⑤ 오디오 신호를 압축할 때, 소리의 품질 저하가 최소가 되도록 ~~아날로그 형태~~로 저장한다.

1 STRUCTURE FLOW ////////

🔍 정의   ⚙️ 조건

2 ANSWER DECODING ////////

● STEP 1. 지문 스캔

지문에서 조건을 중심으로 선지에서 묻는 상황을 찾는다.

● STEP 2. 선지 매칭

한 파일 내의 오디오 신호에는 모든 소리에 균일한 개수의 비트가 할당된다. 압축 전 소리의 크기마다 할당된 비트의 수가 동일하다는 것은 적절한 선지 ⇒ 정답

03 청각 특성 에 대한 설명으로 가장 적절한 것은?

① 최소가청강도는 사람이 들을 수 있는 주파수의 최솟값이다.

② 임계대역은 차폐음의 주파수와 그것보다 높은 주파수 사이의 구간이다.

③ 저음에서는 최소가청강도가 크므로 임계대역도 고음의 임계 대역보다 넓다.

④ 임계대역 내에서 큰 소리로 인해 들리지 않는 작은 소리를 차폐음이라 한다.

⑤ 차폐음과 어떤 소리의 주파수 차이가 임계대역의 폭보다 크면 두 소리 사이에는 차폐가 일어나지 않는다.

1 STRUCTURE FLOW

Q 정의   ⚙ 조건

2 ANSWER DECODING

● STEP 1. 지문 스캔

지문에서 조건을 중심으로 선지에서 묻는 상황을 찾는다.

● STEP 2. 선지 매칭

주파수의 차이가 크면 차폐가 일어나지 않는다. 임계 대역이란 차폐음을 기준으로 차폐가 일어나는 가장 낮은 주파수와 가장 높은 주파수 사이의 구간이다. 즉, 주파수의 차이가 임계 대역 내에 있어야 차폐가 일어난다. 차폐음과 어떤 소리의 주파수의 차이가 임계 내역 밖에 있다면 차폐가 일어나지 않으므로 적절한 선지 ⇒ 정답

---

04 윗글을 바탕으로 <보기>를 이해한 내용으로 적절한 것은? [3점]

/ 보기 /

다음은 소리 A~D의 주파수 크기, 청각 특성을 제시한 가상의 표이다. 각 소리는 서로 다른 임계 대역에 있다.

소리	A	B	C	D
주파수(Hz)	150	1,000	1,500	2,000
소리 크기 (dB)	30	30	63	55
최소가청강도(dB)	38	8	12	2
차폐 문턱값 (dB)	38	20	38	6

① A가 포함된 임계대역에서는 차폐가 일어나지 않았으므로 A를 들을 수 있겠군.

② D가 포함된 임계대역에서는 차폐가 일어났으므로 D를 들을 수 없겠군.

③ A와 B는 소리 크기가 같으므로 압축할 때 두 소리 크기에 같은 개수의 비트가 할당되겠군.

④ A와 C의 차폐 문턱값이 같으므로 A가 포함된 임계대역의 폭과 C가 포함된 임계대역의 폭은 같겠군.

⑤ 압축할 때는 C의 소리 크기보다 D의 소리 크기에 더 많은 비트가 할당되겠군.

1 STRUCTURE FLOW

Q 정의   ⚙ 조건

2 ANSWER DECODING

● STEP 1. 지문 스캔

지문에서 조건을 중심으로 선지에서 묻는 상황을 찾는다.

● STEP 2. 선지 매칭

소리 크기와 차폐 문턱값의 차이가 큰 소리일수록 해당 소리 크기에 비트를 많이 할당하여 소리의 손실을 낮춘다. 소리의 크기와 차폐 문턱값의 차이는 C가 25, D가 49로 D가 더 크다. 따라서 D에 더 많은 비트를 할당 하는 것은 적절한 선지 ⇒ 정답

철학에서 특정한 개인으로서의 인간을 '인격', 그 중 '나'를 '자아'라고 한다. 인격의 동일성은 모든 생각의 기반이다. 우리는 과거의 내가 현재의 나와 동일한 인격이기에 과거에 내가 한 약속을 현재의 내가 지켜야 한다고 판단한다. 칸트 이전까지 인격의 동일성을 설명하는 유력한 견해는, '생각하는 나'인 영혼이 단일한 주관으로서 시간의 흐름 속에 지속한다는 것이었다. '주관'은 인식의 주체를 가리키며, '인식'은 '앎'을 말한다.

그러나 칸트는 '나는 생각한다.', 즉 '자기의식'은 인식이 이루어지는 것을 가능하게 하는 조건 중 하나에 불과하다고 본다. 그러한 조건 자체는 무언가가 실재함을 보장하지 않는다. 그렇기에 자기의식은 '생각하는 나'가 단일한 주관으로서 실제로 존재한다는 것, 즉 '영혼의 실재함'을 보장하지 않고, '영혼이 실재할 가능성'을 열어둘 뿐이다.

[A] 이를 바탕으로 칸트는 영혼이 인격이라는 견해를 반박한다. 칸트는 '시간의 흐름 속에서 스스로의 동일성을 의식하는 것은 인격이다.'와 '영혼이 자기의식을 한다.'라는 두 전제 모두 납득할 수 있다고 보지만, 그 전제들로부터 '영혼이 인격이다.'라는 결론은 도출되지 않는다고 지적한다. 첫 번째 전제에 등장하는 '의식'은 실제로 존재하는 무언가에 대해 의식한다는 뜻이지만, '생각하는 나는 생각한다.'와 다름없는 두 번째 전제에 등장하는 '의식'은 무언가가 꼭 실재함을 뜻하지는 않기 때문이다.

칸트는 통시적으로 동일한 인격의 존재를 직접 증명하는 대신 '시간의 흐름 속에서 마주치는 복수의 주관이 동일한 인격으로 인식된다.'라는 가정이 반드시 선행되어야 한다고 제안한다. 그래야 경험적 판단, 윤리적 판단 등의 생각이 가능하기 때문이다. 생각의 구성은 시간의 흐름을 따르는데, 이러한 구성은 통시적으로 동일한 인격을 반드시 필요로 한다는 것이다.

스트로슨은 자아를 인식하는 방식이 경험적 인식의 방식과 구별된다는 칸트의 견해에 동의하지만, 복수의 주관이 동일한 인격으로 인식된다고 가정하는 것은 철학적 상상에 불과하다고 칸트를 비판한다. 인격의 문제에서 신체를 간과한 칸트와 달리, 스트로슨은 인격을 의식과 신체의 복합체로 본다. 스트로슨에 따르면, 시공간적 세계 안에서 우리의 신체를 매개로 대상이 경험된다는 것은 과학적 사실이며 자아에 대한 인식은 경험적 인식들로부터 추상화되는 것이다. 그러므로 시공간적 세계에서의 경험이 인격의 통시적 동일성을 뒷받침한다고 그는 주장한다. 자기의식도 마찬가지로 경험에 의존하기에, 자기의식이 인식을 가능하게 하는 조건이라는 칸트의 견해는 잘못이라는 것이다.

롱게네스는 통시적으로 동일한 자아가 없이는 경험적 인식이 성립할 수조차 없으므로, 자아에 대한 인식은 경험으로부터 추상화된 것이 아니라고 본다. 하지만 그는 자아와 인격이 시공간적 세계를 경험하는 인간에만 적용되는 개념이라고 주장한다. 롱게네스는 인간은 도덕적 존재이며 도덕적 존재로서의 인간은 자율성을 지닌 존재라는 칸트의 견해를 인정한다. 그러나 자율성을 지닌다는 것은 사는 동안 경험하는 것들 사이에서 스스로 선택한다는 것을 뜻한다. 그러려면 신체가 있고 살아 있어야 하므로, 인격의 동일성의 기준은 각자가 자신의 것이라고 통시적으로 인식하는 신체라고 롱게네스는 주장한다.

01 윗글의 내용과 일치하는 것은?

① 칸트에 따르면 자기의식은 영혼의 실재를 보장한다.

② 칸트에 따르면 생각의 구성은 시간의 흐름과 독립적이다.

③ 스트로슨에 따르면 자기의식은 인식을 가능하게 하는 조건이다.

④ 스트로슨에 따르면 의식을 매개로 대상이 경험된다는 것은 과학적 사실이다.

⑤ 롱게네스에 따르면 살아 있다는 것은 시공간적 세계 안에서의 선택에 필수적이다.

02 [A]에서 답을 찾을 수 있는 질문으로 가장 적절한 것은?

① '두 전제'를 연결하는 개념의 함의는 실재성과 관련하여 어떤 점에서 서로 다를까?

② '복수의 주관이 동일한 인격으로 인식된다.'라는 가정은 어떤 점에서 반박되고 있을까?

③ '영혼이 실재할 가능성'이 열려 있다는 것이 납득할 수 없는 견해인 근거는 무엇일까?

④ 인격의 통시적 동일성이 '직접 증명'될 수 있다는 견해를 받아 들여야 하는 근거는 무엇일까?

⑤ '영혼이 자기의식을 한다.'라는 전제가 '생각하는 나는 생각한다.'라는 전제와 다름없는 근거는 무엇일까?

03 다음은 윗글을 읽고 학생이 작성한 학습 활동지이다. 윗글을 바탕으로 할 때, 적절하지 <u>않은</u> 것은?

> □ 아래의 핵심 개념에 대해 윗글에 제시된 학자들이 보일 수 있는 입장을 작성해 봅시다.
>
> **[핵심 개념1] 자아에 대한 이식과 경험적 인식**
> ·칸트 : 자아를 인식하는 방식과 시공간적 세계의 대상들을 경험적으로 인식하는 방식은 다르다고 본다. ·· ①
> ·스트로슨 : 시공간적 세계에서 이루어지는 경험적 인식은 자아에 대한 인식에 의존한다고 본다. ········· ②
>
> **[핵심 개념2] 추상화 과정**
> ·스트로슨 : 경험으로부터의 추상화 과정을 거치지 않고서 '나'를 인식할 수 있다는 것에 동의하지 않는다.
> ·롱게네스 : 경험으로부터의 추상화 과정을 거치지 않고서 '나'를 인식할 수 있다는 것에 동의한다. ··· ③
>
> **[핵심 개념3] 통시적 인격과 도덕적 존재**
> ·칸트, 롱게네스 : 도덕적 존재로서의 인간이 자율성을 지닌 다는 것을 수용한다. ············· ④
> ·칸트, 스트로슨, 롱게네스 : '시간의 흐름 속 동일한 인격 으로서의' 나'라는 개념을 수용한다. ·· ⑤

04 윗글을 바탕으로 <보기>를 이해한 반응으로 가장 적절한 것은? [3점]

> ┌─ 보기 ─
>
> 갑 : 두뇌에서 일어나는 의식을 스캔하여 프로그램으로 재현 한다고 상상해 보자. 그런 경우, 본래의 자신과 재현된 의식은 동일한 인격이 아니야. 두뇌에서 일어나는 의식은 신체 전체의 기여로 일어난 것이기 때문이지. 즉, 프로그 램으로 재현된 의식은 인격일 수 없어. '생각하는 나'의 지속만으로는 인격의 동일성이 보장될 수 없고, 살아 있는 신체도 인격의 구성 요소에 포함되어야 하거든.
>
> 을 : 그렇지 않아. 프로그램으로 재현된 의식은 본래의 자신과 동일한 인격이야. 비록 프로그램은 신체가 없지만 우리 두뇌와 프로그램이 수행하는 사고 기능에는 근본적인 차이가 없거든. 인격의 동일성은 어떤 가정도 두지 않고 이러한 사고 기능의 동일성만을 기준으로 판단해야 해.

① 롱게네스의 견해에 의하면, 프로그램으로 재현된 의식만으로 인격이 될 수 있다는 갑의 입장은 옳겠군.

② 스트로슨의 견해에 의하면, 신체를 지니지 않은 존재에게 인격이 귀속될 수 없다는 을의 입장은 옳지 않겠군.

③ 칸트 이전까지 유력했던 견해에 의하면, '생각하는 나'의 지속만으로는 인격의 동일성을 보장하지 않는다는 갑의 입장은 옳지 않겠군.

④ 칸트의 견해에 의하면, 인격의 통시적 동일성은 그것에 대한 가정이 선행될 필요 없이 사고 기능의 동일성을 통해 판단 된다는 을의 입장은 옳겠군.

⑤ 롱게네스의 견해에 의하면, 인간과 상이한 존재에 의해서도 동일하게 수행될 수 있는 사고 기능이 인격의 동일성을 판단 하는 기준이라는 을의 입장은 옳겠군.

법령의 조문은 대개 'A에 해당하면 B를 해야 한다.'처럼 요건과 효과로 구성된 조건문으로 규정된다. 하지만 그 요건이나 효과가 항상 일의적인 것은 아니다. 법조문에는 구체적 상황을 고려해야 그 상황에 ⓐ맞는 진정한 의미가 파악되는 불확정 개념이 사용 될 수 있기 때문이다. 개인 간 법률관계를 규율하는 민법에서 불확정 개념이 사용된 예로 '손해 배상 예정액이 부당히 과다한 경우에는 법원은 적당히 감액할 수 있다.'라는 조문을 ⓑ들 수 있다. 이때 법원은 요건과 효과를 재량으로 판단할 수 있다. 손해 배상 예정액은 위약금의 일종이며, 계약 위반에 대한 제재인 위약벌도 위약금에 속한다. 위약금의 성격이 둘 중 무엇인지 증명되지 못하면 손해 배상 예정액으로 다루어진다.

채무자의 잘못으로 계약 내용이 실현되지 못하여 계약 위반이 발생하면, 이로 인해 손해를 입은 채권자가 손해 액수를 증명해야 그 액수만큼 손해 배상금을 받을 수 있다. 그러나 손해 배상 예정액이 정해져 있었다면 채권자는 손해 액수를 증명하지 않아도 손해 배상 예정액만큼 손해 배상금을 받을 수 있다. 이때 손해 액수가 얼마로 증명되든 손해 배상 예정액보다 더 받을 수는 없다. 한편 위약금이 위약벌임이 증명되면 채권자는 위약벌에 해당하는 위약금을 ⓒ받을 수 있고, 손해 배상 예정액과는 달리 법원이 감액할 수 없다. 이때 채권자가 손해 액수를 증명하면 손해 배상금도 받을 수 있다.

불확정 개념은 행정 법령에도 사용된다. 행정 법령은 행정청이 구체적 사실에 대해 행하는 법 집행인 행정 작용을 규율한다. 법령상 요건이 충족되면 그 효과로서 행정청이 반드시 해야 하는 특정 내용의 행정 v작용은 기속 행위이다. 반면 법령상 요건이 충족되더라도 그 효과인 행정 작용의 구체적 내용을 ⓓ고를 수 있는 재량이 행정청에 주어져 있을 때, 이러한 재량을 행사하는 행정 작용은 재량 행위이다. 법령에서 불확정 개념이 사용되면 이에 근거한 행정 작용은 대개 재량 행위이다.

행정청은 재량으로 재량 행사의 기준을 명확히 정할 수 있는데 이 기준을 ㉠재량 준칙이라 한다. 재

량 준칙은 법령이 아니므로 재량 준칙대로 재량을 행사하지 않아도 근거 법령 위반은 아니다. 다만 특정 요건하에 재량 준칙대로 특정한 내용의 적법한 행정 작용이 반복되어 행정 관행이 생긴 후에는, 같은 요건이 충족되면 행정청은 동일한 내용의 행정 작용을 해야 한다. 행정청은 평등 원칙을 ⓔ지켜야 하기 때문이다.

01 윗글의 내용과 일치하지 않는 것은?

① 법령의 요건과 효과에는 모두 불확정 개념이 사용될 수 있다.

② 법원은 불확정 개념이 사용된 법령을 적용할 때 재량을 행사할 수 있다.

③ 불확정 개념이 사용된 법령의 진정한 의미를 이해하려면 구체적 상황을 고려해야 한다.

④ 불확정 개념이 사용된 행정 법령에 근거한 행정 작용은 재량 행위인 경우보다 기속 행위인 경우가 많다.

⑤ 불확정 개념은 행정청이 행하는 법 집행 작용을 규율하는 법령과 개인 간의 계약 관계를 규율하는 법률에 모두 사용된다.

02 ㉠에 대한 이해로 가장 적절한 것은?

① 재량 준칙은 법령이 아니기 때문에 일의적이지 않은 개념으로 규정된다.

② 재량 준칙으로 정해진 내용대로 재량을 행사하는 행정 작용은 기속 행위이다.

③ 재량 준칙으로 규정된 재량 행사 기준은 반복되어 온 적법한 행정 작용의 내용대로 정해져야 한다.

④ 재량 준칙이 정해져야 행정청은 특정 요건하에 행정 작용의 구체적 내용을 선택할 수 있는 재량을 행사할 수 있다.

⑤ 재량 준칙이 특정 요건에서 적용된 선례가 없으면 행정청은 동일한 요건이 충족되어도 행정 작용을 할 때 재량 준칙을 따르지 않을 수 있다.

03 윗글을 바탕으로 <보기>를 이해한 내용으로 가장 적절한 것은? [3점]

> **보기**
>
> 갑은 을에게 물건을 팔고 그 대가로 100을 받기로 하는 매매 계약을 했다. 그 후 갑이 계약을 위반하여 을은 80의 손해를 입었다. 이와 관련하여 세 가지 상황이 있다고 하자.
>
> (가) 갑과 을 사이에 위약금 약정이 없었다.
> (나) 갑이 을에게 위약금 100을 약정했고, 위약금의 성격이 무엇인지 증명되지 못했다.
> (다) 갑이 을에게 위약금 100을 약정했고, 위약금의 성격이 위약벌임이 증명되었다.
> (단, 위의 모든 상황에서 세금, 이자 및 기타 비용은 고려하지 않음.)

① (가)에서 을의 손해가 얼마인지 증명되지 못한 경우에도, 갑이 을에게 80을 지급해야 하고 법원이 감액할 수 없다.
② (나)에서 을의 손해가 80임이 증명된 경우, 갑이 을에게 100을 지급해야 하고 법원이 감액할 수 있다.
③ (나)에서 을의 손해가 얼마인지 증명되지 못한 경우, 갑이 을에게 100을 지급해야 하고 법원이 감액할 수 없다.
④ (다)에서 을의 손해가 80임이 증명된 경우, 갑이 을에게 180을 지급해야 하고 법원이 감액할 수 있다.
⑤ (다)에서 을의 손해가 얼마인지 증명되지 못한 경우, 갑이 을에게 80을 지급해야 하고 법원이 감액할 수 없다

04 문맥상 ⓐ~ⓔ의 의미와 가장 가까운 것은?

① ⓐ : 이것이 네가 찾는 자료가 맞는지 확인해 보아라.
② ⓑ : 그 부부는 노후 대책으로 적금을 들고 안심했다.
③ ⓒ : 그의 파격적인 주장은 학계의 큰 주목을 받았다.
④ ⓓ : 형은 땀 흘려 울퉁불퉁한 땅을 평평하게 골랐다.
⑤ ⓔ : 그분은 우리에게 한 약속을 반드시 지킬 것이다

하루에 필요한 에너지의 양은 하루 동안의 총 열량 소모량인 대사량으로 구한다. 그중 기초 대사량은 생존에 필수적인 에너지로, 쾌적한 온도에서 편히 쉬는 동물이 공복 상태에서 생성하는 열량으로 정의된다. 이때 체내에서 생성한 열량은 일정한 체온에서 체외로 발산되는 열량과 같다. 기초 대사량은 개체에 따라 대사량의 60~75%를 차지하고, 근육량이 많을수록 증가한다.

기초 대사량은 직접법 또는 간접법으로 구한다. ㉠직접법은 온도가 일정하게 유지되고 공기의 출입량을 알고 있는 호흡실에서 동물이 발산하는 열량을 열량계를 이용해 측정하는 방법이다. ㉡간접법은 호흡 측정 장치를 이용해 동물의 산소 소비량과 이산화 탄소 배출량을 측정하고, 이를 기준으로 체내에서 생성된 열량을 추정하는 방법이다.

19세기의 초기 연구는 체외로 발산되는 열량이 체표 면적에 비례한다고 보았다. 즉 그 둘이 항상 일정한 비(比)를 갖는다는 것이다. 체표 면적은 (체중)0.67에 비례하므로, 기초 대사량은 체중이 아닌 (체중)0.67에 비례한다고 하였다. 어떤 변수의 증가율은 증가 후 값을 증가 전 값으로 나눈 값이므로, 체중이 W에서 2W로 커지면 체중의 증가율은 (2W)/(W) = 2이다. 이 경우에 기초 대사량의 증가율은 (2W)0.67/(W)0.67 = 20.67, 즉 약 1.6이 된다.

1930년대에 클라이버는 생쥐부터 코끼리까지 다양한 크기의 동물의 기초 대사량 측정 결과를 분석했다. 그래프의 가로축 변수로 동물의 체중을, 세로축 변수로 기초 대사량을 두고, 각 동물별 체중과 기초 대사량의 순서쌍을 점으로 나타냈다.

가로축과 세로축 두 변수의 증가율이 서로 다를 경우, 그 둘의 증가율이 같을 때와 달리, '일반적인 그래프'에서 이 점들은 직선이 아닌 어떤 곡선의 주변에 분포한다. 그런데 순서쌍의 값에 상용로그를 취해 새로운 순서쌍을 만들어서 이를 <그림>과 같이 그래프에 표시하면, 어떤 직선의 주변에 점들이 분포하는 것으로 나타난다. 그러면 그 직선의 기울기를 이용해 두 변수의 증가율을 비교할 수 있다. <그림>에서 X와 Y는 각각 체중과 기초 대사량에 상용로그를 취한 값이다. 이런 방식으로 표현한 그래프를 'L-그래프'라 하자.

체중의 증가율에 비해, 기초 대사량의 증가율이 작다면 L그래프에서 직선의 기울기는 1보다 작으며 기초 대사량의 증가율이 작을수록 기울기도 작아진다. 만약 체중의 증가율과 기초 대사량의 증가율이 같다면 L-그래프에서 직선의 기울기는 1이 된다.

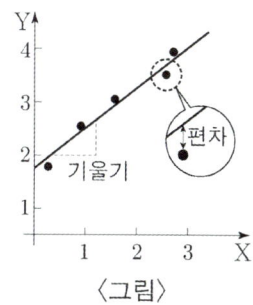
〈그림〉

이렇듯 L-그래프와 같은 방식으로 표현할 때, 생물의 어떤 형질이 체중 또는 몸 크기와 직선의 관계를 보이며 함께 증가하는 경우 그 형질은 '상대 성장'을 한다고 한다. 동일 종에서의 심장, 두뇌와 같은 신체 기관의 크기도 상대 성장을 따른다.

한편, 그래프에서 가로축과 세로축 두 변수의 관계를 대변하는 최적의 직선의 기울기와 절편은 최소 제곱법으로 구할 수 있다. 우선, 그래프에 두 변수의 순서쌍을 나타낸 점들 사이를 지나는 임의의 직선을 그린다. 각 점에서 가로축에 수직 방향으로 직선까지의 거리인 편차의 절댓값을 구하고 이들을 각각 제곱하여 모두 합한 것이 '편차 제곱 합'이며, 편차 제곱 합이 가장 작은 직선을 구하는 것이 최소 제곱법이다.

클라이버는 이런 방법에 근거하여 L-그래프에 나타난 최적의 직선의 기울기로 0.75를 얻었고, 이에 따라 동물의 (체중)0.75에 기초 대사량이 비례한다고 결론지었다. 이것을 '클라이버의 법칙'이라 하며, (체중)0.75을 대사 체중이라 부른다. 대사 체중은 치료제 허용량의 결정에도 이용되는데, 이때 그 양은 대사 체중에 비례하여 정한다. 이는 치료제 허용량이 체내 대사와 밀접한 관련이 있기 때문이다.

01 윗글의 내용과 일치하지 <u>않는</u> 것은?

① 클라이버의 법칙은 동물의 기초 대사량이 대사 체중에 비례한다고 본다.

② 어떤 개체가 체중이 늘 때 다른 변화 없이 근육량이 늘면 기초 대사량이 증가한다.

③ 'L-그래프'에서 직선의 기울기는 가로축과 세로축 두 변수의 증가율의 차이와 동일하다.

④ 최소 제곱법은 두 변수 간의 관계를 나타내는 최적의 직선의 기울기와 절편을 알게 해 준다.

⑤ 동물의 신체 기관인 심장과 두뇌의 크기는 몸무게나 몸의 크기에 상대 성장을 하며 발달한다.

02 윗글을 읽고 추론한 내용으로 적절하지 <u>않은</u> 것은?

① 일반적인 경우 기초 대사량은 하루에 소모되는 총 열량 중에 가장 큰 비중을 차지하겠군.

② 클라이버의 결론에 따르면, 기초 대사량이 동물의 체표면적에 비례한다고 볼 수 없겠군.

③ 19세기의 초기 연구자들은 체중의 증가율보다 기초 대사량의 증가율이 작다고 생각했겠군.

④ 코끼리에게 적용하는 치료제 허용량을 기준으로, 체중에 비례하여 생쥐에게 적용할 허용량을 정한 후 먹이면 과다 복용이 될 수 있겠군.

⑤ 클라이버의 법칙에 따르면, 동물의 체중이 증가함에 따라 함께 늘어나는 에너지의 필요량이 이전 초기 연구에서 생각했던 양보다 많겠군.

03 ㉠, ㉡에 대한 이해로 가장 적절한 것은?

① ㉠은 체온을 환경 온도에 따라 조정하는 변온 동물이 체외로 발산하는 열량을 측정할 수 없다.

② ㉡은 동물이 호흡에 이용한 산소의 양을 알 필요가 없다.

③ ㉠은 ㉡과 달리 격한 움직임이 제한된 편하게 쉬는 상태에서 기초 대사량을 구한다.

④ ㉠과 ㉡은 모두 일정한 체온에서 동물이 체외로 발산하는 열량을 구할 수 있다.

⑤ ㉠과 ㉡은 모두 생존에 필수적인 최소한의 에너지를 공급하면서 기초 대사량을 구한다.

04 윗글을 바탕으로 <보기>를 탐구한 내용으로 가장 적절한 것은? [3점]

<보기>

　농게의 수컷은 집게발 하나가 매우 큰데, 큰 집게발의 길이는 게 딱지의 폭에 '상대 성장'을 한다. 농게의 ⓐ게딱지 폭을 이용해 ⓑ큰 집게발의 길이를 추정하기 위해, 다양한 크기의 농게의 게딱지 폭과 큰 집게발의 길이를 측정하여 다수의 순서쌍을 확보했다. 그리고 'L-그래프'와 같은 방식으로, 그래프의 가로축과 세로축에 각각 게딱지 폭과 큰 집게발의 길이에 해당하는 값을 놓고 분석을 실시했다.

① 최적의 직선을 구한다고 할 때, 최적의 직선의 기울기가 1보다 작다면 ⓐ에 ⓑ가 비례한다고 할 수 없겠군.

② 최적의 직선을 구하여 ⓐ와 ⓑ의 증가율을 비교하려고 할 때, 점들이 최적의 직선으로부터 가로축에 수직 방향으로 멀리 떨어질수록 편차 제곱 합은 더 작겠군.

③ ⓐ의 증가율보다 ⓑ의 증가율이 크다면, 점들의 분포가 직선이 아닌 어떤 곡선의 주변에 분포하겠군.

④ ⓐ의 증가율보다 ⓑ의 증가율이 작다면, 점들 사이를 지나는 최적의 직선의 기울기는 1보다 크겠군.

⑤ ⓐ의 증가율과 ⓑ의 증가율이 같고 '일반적인 그래프'에서 순서쌍을 점으로 표시한다면, 점들은 직선이 아닌 어떤 곡선의 주변에 분포하겠군.

DAY 4 – ①

철학에서 특정한 개인으로서의 인간을 '인격', 그중 '나'를 '자아'라고 한다. 인격의 동일성은 모든 생각의 기반이다. 우리는 과거의 내가 현재의 나와 동일한 인격이기에 과거에 내가 한 약속을 현재의 내가 지켜야 한다고 판단한다. 칸트 이전까지 인격의 동일성을 설명하는 유력한 견해는, '생각하는 나'인 영혼이 단일한 주관으로서 시간의 흐름 속에 지속한다는 것이었다. '주관'은 인식의 주체를 가리키며, '인식'은 '앎'을 말한다.

그러나 칸트는 '나는 생각한다.', 즉 '자기의식'은 인식이 이루어지는 것을 가능하게 하는 조건 중 하나에 불과하다고 본다. 그러한 조건 자체는 무언가가 실재함을 보장하지 않는다. 그렇기에 자기의식은 '생각하는 나'가 단일한 주관으로서 실제로 존재한다는 것, 즉 '영혼의 실재함'을 보장하지 않고, '영혼이 실재할 가능성'을 열어둘 뿐이다.

[A] 이를 바탕으로 칸트는 영혼이 인격이라는 견해를 반박한다. 칸트는 '시간의 흐름 속에서 스스로의 동일성을 의식하는 것은 인격이다.'와 '영혼이 자기의식을 한다.'라는 두 전제 모두 납득할 수 있다고 보지만, 그 전제들로부터 '영혼이 인격이다.'라는 결론은 도출되지 않는다고 지적한다. 첫 번째 전제에 등장하는 '의식'은 실제로 존재하는 무언가에 대해 의식한다는 뜻이지만, '생각하는 나는 생각한다.'와 다름없는 두 번째 전제에 등장하는 '의식'은 무언가가 꼭 실재함을 뜻하지는 않기 때문이다.

칸트는 통시적으로 동일한 인격의 존재를 직접 증명하는 대신 '시간의 흐름 속에서 마주치는 복수의 주관이 동일한 인격으로 인식된다.'라는 가정이 반드시 선행되어야 한다고 제안한다. 그래야 경험적 판단, 윤리적 판단 등의 생각이 가능하기 때문이다. 생각의 구성은 시간의 흐름을 따르는데, 이러한 구성은 통시적으로 동일한 인격을 반드시 필요로 한다는 것이다.

스트로슨은 자아를 인식하는 방식이 경험적 인식의 방식과 구별된다는 칸트의 견해에 동의하지만, 복수의 주관이 동일한 인격으로 인식된다고 가정하는 것은 철학적 상상에 불과하다고 칸트를 비판한다. 인격의 문제에서 신체를 간과한 칸트와 달리, 스트로슨은 인격을 의식과 신체의 복합체로 본다. 스트로슨에 따르면, 시공간적 세계 안에서 우리의 신체를 매개로 대상이 경험된다는 것은 과학적 사실이며 자아에 대한 인식은 경험적 인식들로부터 추상화되는 것이다. 그러므로 시공간적 세계에서의 경험이 인격의 통시적 동일성을 뒷받침한다고 그는 주장한다. 자기의식도 마찬가지로 경험에 의존하기에, 자기의식이 인식을 가능하게 하는 조건이라는 칸트의 견해는 잘못이라는 것이다.

롱게네스는 통시적으로 동일한 자아가 없이는 경험적 인식이 성립할 수조차 없으므로, 자아에 대한 인식은 경험으로부터 추상화된 것이 아니라고 본다. 하지만 그는 자아와 인격이 시공간적 세계를 경험하는 인간에만 적용되는 개념이라고 주장한다. 롱게네스는 인간은 도덕적 존재이며 도덕적 존재로서의 인간은 자율성을 지닌 존재라는 칸트의 견해를 인정한다. 그러나 자율성을 지닌다는 것은 시는 동안 경험하는 것들 사이에서 스스로 선택한다는 것을 뜻한다. 그러려면 신체가 있고 살아 있어야 하므로, 인격의 동일성의 기준은 각자가 자신의 것이라고 통시적으로 인식하는 신체라고 롱게네스는 주장한다.

🔍 **정의는 체크한다.**

👤 **인물은 체크한다.**

⚙️ **조건은 체크한다.**

📁 **분류는 체크한다.**

👤 **인물은 체크한다.**

⚙️ **조건은 체크한다.**

👤 **인물은 체크한다.**

01 윗글의 내용과 일치하는 것은?

① 칸트에 따르면 자기의식은 영혼의 실재를 보장한다.

② 칸트에 따르면 생각의 구성은 시간의 흐름과 독립적이다.

③ 스트로슨에 따르면 자기의식은 인식을 가능하게 하는 조건이다.

④ 스트로슨에 따르면 의식을 매개로 대상이 경험된다는 것은 과학적 사실이다.

⑤ 롱게네스에 따르면 살아 있다는 것은 시공간적 세계 안에서의 선택에 필수적이다.

02 [A]에서 답을 찾을 수 있는 질문으로 가장 적절한 것은?

① '두 전제'를 연결하는 개념의 함의는 실재성과 관련하여 어떤 점에서 서로 다를까?

② '복수의 주관이 동일한 인격으로 인식된다.'라는 가정은 어떤 점에서 반박되고 있을까?

③ '영혼이 실재할 가능성'이 열려 있다는 것이 납득할 수 없는 견해인 근거는 무엇일까?

④ 인격의 통시적 동일성이 '직접 증명'될 수 없다는 견해를 받아 들여야 하는 근거는 무엇일까?

⑤ '영혼이 자기의식을 한다.'라는 전제가 '생각하는 나는 생각한다.' 라는 전제와 다름없는 근거는 무엇일까?

---

1 STRUCTURE FLOW ///////

👤 인물   ⚙️ 조건

2 ANSWER DECODING ///////

● STEP 1. 지문 스캔

지문에서 조건을 중심으로 선지에서 묻는 상황을 찾는다.

● STEP 2. 선지 매칭

롱게네스는 인간은 자율성을 지닌 존재라는 것에 동의한다. 자율성을 지닌다는 것은 시공간적 세계를 살아가는 동안 경험하는 것들 사이에서 스스로 선택한다는 의미이다. 그러기 위해서 신체가 살아있어야 한다고 주장한다. 따라서 살아있는 것은 스스로 선택하기 위해 필수적이므로 적절한 선지 ⇒ 정답

1 STRUCTURE FLOW ///////

📁 분류   ⚙️ 조건

2 ANSWER DECODING ///////

● STEP 1. 지문 스캔

지문에서 분류를 중심으로 선지에서 묻는 상황을 찾는다.

● STEP 2. 선지 매칭

두 전제는 의식이라는 같은 단어를 쓰지만 각 전제에서 의식은 다른 의미로 분류된다. 첫 번째는 실제로 존재하는 것을 의식하는 것이고 두 번째는 꼭 실재함을 뜻하지 않는다. 실재성과 관련하여 의식을 분류하고 있으므로 적절한 선지 ⇒ 정답

03 다음은 윗글을 읽고 학생이 작성한 학습 활동지이다. 윗글을 바탕으로 할 때, 적절하지 <u>않은</u> 것은?

□ 아래의 핵심 개념에 대해 윗글에 제시된 학자들이 보일 수 있는 입장을 작성해 봅시다.

[핵심 개념1] 자아에 대한 이식과 경험적 인식

·칸트 : 자아를 인식하는 방식과 시공간적 세계의 대상들을 경험적으로 인식하는 방식은 다르다고 본다. ······································ ①

·스트로슨 : 시공간적 세계에서 이루어지는 경험적 인식은 자아에 대한 인식에 의존한다고 본다. ······ ··································· ②

[핵심 개념2] 추상화 과정

·스트로슨 : 경험으로부터의 추상화 과정을 거치지 않고서 '나'를 인식할 수 있다는 것에 동의하지 않는다.

·롱게네스 : 경험으로부터의 추상화 과정을 거치지 않고서 '나'를 인식할 수 있다는 것에 동의한다. ··· ··································· ③

[핵심 개념3] 통시적 인격과 도덕적 존재

·칸트, 롱게네스 : 도덕적 존재로서의 인간이 자율성을 지닌 다는 것을 수용한다. ·················· ··································· ④

·칸트, 스트로슨, 롱게네스 : '시간의 흐름 속 동일한 인격 으로서의 나'라는 개념을 수용한다. ········· ··································· ⑤

---

1 STRUCTURE FLOW /////////

👤 **인물** ⚙️ **조건**

2 ANSWER DECODING /////////

● **STEP 1. 지문 스캔**

지문에서 인물을 중심으로 선지에서 묻는 상황을 찾는다.

● **STEP 2. 선지 매칭**

스트로슨은 우리의 신체를 매게로 대상이 경험된다는 것은 과학적 사실이며 자아에 대한 인식은 경험적 인식들로부터 추상화된것이라고 주장하였다. 경험적 인식은 신체를 매게로 진행되기 때문에 자아에 대한 인식에 의존한다는 것은 적절하지 않은 선지 ⇒ 정답

04 윗글을 바탕으로 <보기>를 이해한 반응으로 가장 적절한 것은? [3점]

> **보기**
>
> 갑 : 두뇌에서 일어나는 의식을 스캔하여 프로그램으로 재현 한다고 상상해 보자. 그런 경우, 본래의 자신과 재현된 의식은 동일한 인격이 아니야. 두뇌에서 일어나는 의식은 신체 전체의 기여로 일어난 것이기 때문이지. 즉, 프로그램으로 재현된 의식은 인격일 수 없어. '생각하는 나'의 지속만으로는 인격의 동일성이 보장될 수 없고, 살아 있는 신체도 인격의 구성 요소에 포함되어야 하거든.
>
> 을 : 그렇지 않아. 프로그램으로 재현된 의식은 본래의 자신과 동일한 인격이야. 비록 프로그램은 신체가 없지만 우리 두뇌와 프로그램이 수행하는 사고 기능에는 근본적인 차이가 없거든. 인격의 동일성은 어떤 가정도 두지 않고 이러한 사고 기능의 동일성만을 기준으로 판단해야 해.

① 롱게네스의 견해에 의하면, 프로그램으로 재현된 의식만으로 인격이 될 수 ~~있다는~~ 갑의 입장은 옳겠군.

② 스트로슨의 견해에 의하면, 신체를 지니지 않은 존재에게 인격이 귀속될 수 ~~없다는~~ 을의 입장은 옳지 않겠군.

③ 칸트 이전까지 유력했던 견해에 의하면, '생각하는 나'의 지속만으로는 인격의 동일성을 보장하지 않는다는 갑의 입장은 옳지 않겠군.

④ 칸트의 견해에 의하면, 인격의 통시적 동일성은 그것에 대한 가정이 선행될 필요 없이 사고 기능의 동일성을 통해 판단 된다는 을의 입장은 ~~옳겠군.~~

⑤ 롱게네스의 견해에 의하면, 인간과 상이한 존재에 의해서도 동일하게 수행될 수 있는 사고 기능이 인격의 동일성을 판단 하는 기준이라는 을의 입장은 ~~옳겠군.~~

⮾ **인물**   ⚙ **조건**

● **STEP 1. 지문 스캔**

지문에서 인물을 중심으로 선지에서 묻는 상황을 찾는다.

● **STEP 2. 선지 매칭**

<보기>의 갑은 프로그램으로 재현된 의식은 동일한 인격이 아니라고 주장한다. <보기>의 을은 프로그램은 재현된 의식과 동일하다고 주장한다. 칸트 이전까지 유력했던 견해는 영혼이 단일한 주관으로 시간의 흐름 속에서 지속하여 인격의 동일성을 주장하였다. 따라서 인격의 동일성을 주장하는 칸트 이전의 견해는 인격의 동일성에 반대하는 갑이 옳지 않다고 생각하므로 적절한 선지 ⇒ 정답

DAY 4 – ②

법령의 조문은 대개 'A에 해당하면 B를 해야 한다.'처럼 요건과 효과로 구성된 조건문으로 규정된다. 하지만 그 요건이나 효과가 ~~항상~~ 일의적인 것은 아니다. 법조문에는 구체적 상황을 고려해야 그 상황에 ⓐ맞는 진정한 의미가 파악되는 불확정 개념이 사용 될 수 있기 때문이다. 개인 간 법률관계를 규율하는 민법에서 불확정 개념이 사용된 예로 '손해 배상 예정액이 부당히 과다한 경우에는 법원은 적당히 감액할 수 있다.'라는 조문을 ⓑ들 수 있다. 이때 법원은 요건과 효과를 재량으로 판단할 수 있다. 손해 배상 예정액은 위약금의 일종이며, 계약 위반에 대한 제재인 위약벌도 위약금에 속한다. 위약금의 성격이 둘 중 무엇인지 ~~증명~~되지 못하면 손해 배상 예정액으로 다루어진다.

채무자의 잘못으로 계약 내용이 실현되지 못하여 계약 위반이 발생하면, 이로 인해 손해를 입은 채권자가 손해 액수를 증명해야 그 액수만큼 손해 배상금을 받을 수 있다. 그러나 손해 배상 예정액이 정해져 있었다면 채권자는 손해 액수를 ~~증명~~하지 않아도 손해 배상 예정액만큼 손해 배상금을 받을 수 있다. 이때 손해 액수가 얼마로 증명되든 손해 배상 예정액보다 ~~더~~ 받을 수는 없다. 한편 위약금이 위약벌임이 증명되면 채권자는 위약벌에 해당하는 위약금을 ⓒ받을 수 있고, 손해 배상 예정액과는 달리 법원이 감액할 수 없다. 이때 채권자가 손해 액수를 증명하면 손해 배상금도 받을 수 있다.

불확정 개념은 행정 법령에도 사용된다. 행정 법령은 행정청이 구체적 사실에 대해 행하는 법 집행인 행정 작용을 규율한다. 법령상 요건이 충족되면 그 효과로서 행정청이 반드시 해야 하는 특정 내용의 행정 작용은 기속 행위이다. 반면 법령상 요건이 충족되더라도 그 효과인 행정 작용의 구체적 내용을 ⓓ고를 수 있는 재량이 행정청에 주어져 있을 때, 이러한 재량을 행사하는 행정 작용은 재량 행위이다. 법령에서 불확정 개념이 사용되면 이에 근거한 행정 작용은 대개 재량 행위이다.

행정청은 재량으로 재량 행사의 기준을 명확히 정할 수 있는데 이 기준을 ㉠재량 준칙이라 한다. 재량 준칙은 ~~법~~이 아니므로 재량 준칙대로 재량을 행사하지 않아도 근거 법령 위반은 아니다. 다만 특정 요건하에 재량 준칙대로 특정한 내용의 적법한 행정 작용이 반복되어 행정 관행이 생긴 후에는, 같은 요건이 충족되면 행정청은 동일한 내용의 행정 작용을 해야 한다. 행정청은 평등 원칙을 ⓔ지켜야 하기 때문이다.

Q 정의는 체크한다.

⚙ 조건은 체크한다.

📁 분류는 체크한다.

Q 정의는 체크한다.

⧮ 순서는 체크한다.

01 윗글의 내용과 일치하지 <u>않는</u> 것은?

① 법령의 요건과 효과에는 모두 불확정 개념이 사용될 수 있다.

② 법원은 불확정 개념이 사용된 법령을 적용할 때 재량을 행사할 수 있다.

③ 불확정 개념이 사용된 법령의 진정한 의미를 이해하려면 구체적 상황을 고려해야 한다.

④ 불확정 개념이 사용된 행정 법령에 근거한 행정 작용은 재량 행위인 ~~경우보다 기속 행위인~~ 경우가 많다.

⑤ 불확정 개념은 행정청이 행하는 법 집행 작용을 규율하는 법령과 개인 간의 계약 관계를 규율하는 법률에 모두 사용된다.

1 STRUCTURE FLOW ////////

🔍 정의 ⚙️ 조건

2 ANSWER DECODING ////////

● STEP 1. 지문 스캔

지문에서 정의를 중심으로 선지에서 묻는 상황을 찾는다.

● STEP 2. 선지 매칭

재량 행위란 법령상 요건이 충족되더라도 그 효과인 행정 작용의 구체적 내용을 고를 수 있는 재량이 행정청에 주어져 있을 때, 재량을 행사하는 행정 작용이다. 법령에서 불확정 개념이 사용되면 대개 재량 행위이므로 기속 행위가 더 많다는 적절하지 않은 선지 ⇒ 정답

---

02 ㉠에 대한 이해로 가장 적절한 것은?

① 재량 준칙은 법령이 아니기 때문에 ~~실익적이지 않은 개념으로~~ 규정된다.

② 재량 준칙으로 정해진 내용대로 재량을 행사하는 행정 작용은 ~~기속 행위이다.~~

③ 재량 준칙으로 규정된 재량 행사 기준은 반복되어 온 적법한 행정 작용의 내용대로 정해져야 한다.

④ ~~재량 준칙이 정해져야~~ 행정청은 특정 요건하에 행정 작용의 구체적 내용을 선택할 수 있는 재량을 행사할 수 있다.

⑤ 재량 준칙이 특정 요건에서 적용된 선례가 없으면 행정 청은 동일한 요건이 충족되어도 행정 작용을 할 때 재량 준칙을 따르지 않을 수 있다.

1 STRUCTURE FLOW ////////

🔍 정의 ⚙️ 조건

2 ANSWER DECODING ////////

● STEP 1. 지문 스캔

지문에서 정의를 중심으로 선지에서 묻는 상황을 찾는다.

● STEP 2. 선지 매칭

재량 준칙이란 행정청 재량으로 재량 행사의 기준을 명확히 할 때의 기준이다. 특정 요건 하에 반복되어 행정 관행이 생긴 후에는 동일한 내용의 행정 작용을 해야 한다. 반복되지 않았다면 = 선례가 없다면 재량 준칙대로 재량을 행사하지 않아도 되므로 적절한 선지 ⇒ 정답

03 윗글을 바탕으로 <보기>를 이해한 내용으로 가장 적절한 것은? [3점]

/ 보기 /

갑은 을에게 물건을 팔고 그 대가로 100을 받기로 하는 매매 계약을 했다. 그 후 갑이 계약을 위반하여 을은 80의 손해를 입었다. 이와 관련하여 세 가지 상황이 있다고 하자.

(가) 갑과 을 사이에 위약금 약정이 없었다.

(나) 갑이 을에게 위약금 100을 약정했고, 위약금의 성격이 무엇인지 증명되지 못했다.

(다) 갑이 을에게 위약금 100을 약정했고, 위약금의 성격이 위약벌임이 증명되었다.

(단, 위의 모든 상황에서 세금, 이자 및 기타 비용은 고려하지 않음.)

① (가)에서 을의 손해가 얼마인지 증명되지 못한 경우에도, 갑이 을에게 ~~80을 지급해야 하고 법원이 감액할 수 없다.~~

② (나)에서 을의 손해가 80임이 증명된 경우, 갑이 을에게 100을 지급해야 하고 법원이 감액할 수 있다.

③ (나)에서 을의 손해가 얼마인지 증명되지 못한 경우, 갑이 을에게 100을 지급해야 하고 법원이 ~~감액할 수 없다.~~

④ (다)에서 을의 손해가 80임이 증명된 경우, 갑이 을에게 180을 지급해야 하고 법원이 ~~감액할 수 있다.~~

⑤ (다)에서 을의 손해가 얼마인지 증명되지 못한 경우, 갑이 을에게 ~~80을~~ 지급해야 하고 법원이 감액할 수 없다

---

1 STRUCTURE FLOW ///////

🔍 **정의** ⚙️ **조건**

2 ANSWER DECODING ///////

● STEP 1. 지문 스캔

지문에서 조건을 중심으로 선지에서 묻는 상황을 찾는다.

● STEP 2. 선지 매칭

(가)는 손해 액수를 증명해야 그 액수만큼 손해 배상금을 받을 수 있다.(나)는 손해 배상 예정액이 100이고 감액이 가능하다. 손해 배상 예정액 만큼 손해 배상금을 받을 수 있다. (다)는 손해 배상 예정액이 100이고 감액이 불가능하다. 손해 액수를 증명하면 추가로 손해 배상금을 받을 수 있다. (나)에서 손해 배상액인 100 만큼 손해 배상금을 받을 수 있고 감액이 가능하다는 적절한 선지 ⇒ 정답

---

04 문맥상 ⓐ∼ⓔ의 의미와 가장 가까운 것은?

① ⓐ : 이것이 네가 찾는 자료가 <u>맞는지</u> 확인해 보아라.

② ⓑ : 그 부부는 노후 대책으로 적금을 <u>들고</u> 안심했다.

③ ⓒ : 그의 파격적인 주장은 학계의 큰 주목을 <u>받았다.</u>

④ ⓓ : 형은 땀 흘려 울퉁불퉁한 땅을 평평하게 <u>골랐다.</u>

⑤ ⓔ : 그분은 우리에게 한 약속을 반드시 <u>지킬</u> 것이다

---

1 ANSWER DECODING ///////

● STEP 1. 지문 스캔

지문에서 문맥과 단어의 뜻으로 선지에서 묻는 단어를 찾는다. 틀렸다면 별도로 정리한다.

● STEP 2. 선지 매칭

ⓔ 지켜야 : 규정, 약속, 법, 예의 따위를 어기지 아니하고 그대로 실행하다.

⑤ 지킬 : 규정, 약속, 법, 예의 따위를 어기지 아니하고 그대로 실행하다. ⇒ 정답

DAY 4 - ③

하루에 필요한 에너지의 양은 하루 동안의 총 열량 소모량인 대사량으로 구한다. 그중 기초 대사량은 생존에 필수적인 에너지 로, 쾌적한 온도에서 편히 쉬는 동물이 공복 상태에서 생성하는 열량으로 정의된다. 이때 체내에서 생성한 열량은 일정한 체온 에서 체외로 발산되는 열량과 같다. 기초 대사량은 개체에 따라 대사량의 60~75%를 차지하고, 근육량이 많을수록 증가한다.

기초 대사량은 직접법 또는 간접법으로 구한다. ㉠직접법은 온도가 일정하게 유지되고 공기의 출입량을 알고 있는 호흡실 에서 동물이 발산하는 열량을 열량계를 이용해 측정하는 방법이다. ㉡간접법은 호흡 측정 장치를 이용해 동물의 산소 소비량과 이산화 탄소 배출량을 측정하고, 이를 기준으로 체내에서 생성된 열량을 추정하는 방법이다.

19세기의 초기 연구는 체외로 발산되는 열량이 체표 면적에 비례한다고 보았다. 즉 그 둘이 항상 일정한 비(比)를 갖는다는 것이다. 체표 면적은 (체중)$^{0.67}$에 비례하므로, 기초 대사량은 체중이 아닌 (체중)$^{0.67}$에 비례한다고 하였다. 어떤 변수의 증가율은 증가 후 값을 증가 전 값으로 나눈 값이므로, 체중이 W에서 2W로 커지면 체중의 증가율은 (2W)/(W) = 2이다. 이 경우에 기초 대사량의 증가율은 (2W)0.67/(W)0.67 = 20.67, 즉 약 1.6이 된다.

1930년대에 클라이버는 생쥐부터 코끼리까지 다양한 크기의 동물의 기초 대사량 측정 결과를 분석했다. 그래프의 가로축 변수로 동물의 체중을, 세로축 변수로 기초 대사량을 두고, 각 동물별 체중과 기초 대사량의 순서쌍을 점으로 나타냈다.

가로축과 세로축 두 변수의 증가율이 서로 다를 경우, 그 둘의 증가율이 같을 때와 달리, '일반적인 그래프'에서 이 점들은 직선이 아닌 어떤 곡선의 주변에 분포한다. 그런데 순서쌍의 값에 상용로그를 취해 새로운 순서쌍을 만들어서 이를 <그림>과 같이 그래프에 표시하면, 어떤 직선의 주변에 점들이 분포하는 것으로 나타난다. 그러면 그 직선의 기울기를 이용해 두 변수의 증가율을 비교할 수 있다. <그림>에서 X와 Y는 각각 체중과 기초 대사량에 상용로그를 취한 값이다. 이런 방식으로 표현한 그래프를 'L-그래프'라 하자.

체중의 증가율에 비해 기초 대사량의 증가율이 작다면 L그래프에서 직선의 기울기는 1보다 작으며 기초 대사량의 증가율이 작을수록 기울기도 작아진다. 만약 체중의 증가율과 기초 대사량의 증가율이 같다면 L-그래프에서 직선의 기울기는 1이 된다.

이렇듯 L-그래프와 같은 방식으로 표현할 때, 생물의 어떤 형질이 체중 또는 몸 크기와 직선의 관계를 보이며 함께 증가하는 경우 그 형질은 '상대 성장'을 한다고 한다. 동일 종에서의 심장, 두뇌와 같은 신체 기관의 크기도 상대 성장을 따른다.

한편, 그래프에서 가로축과 세로축 두 변수의 관계를 대변하는 최적의 직선의 기울기와 절편은 최소 제곱법으로 구할 수 있다. 우선, 그래프에 두 변수의 순서쌍을 나타낸 점들 사이를 지나는 임의의 직선을 그린다. 각 점에서 가로축에 수직 방향으로 직선까지의 거리인 편차의 절댓값을 구하고 이들을 각각 제곱하여 모두 합한 것이 '편차 제곱 합'이며, 편차 제곱 합이 가장 작은 직선을 구하는 것이 최소 제곱법이다.

클라이버는 이런 방법에 근거하여 L-그래프에 나타난 최적의 직선의 기울기로 0.75를 얻었고, 이에 따라 동물의 (체중)$^{0.75}$에 기초 대사량이 비례한다고 결론지었다. 이것을 '클라이버의 법칙'이라 하며, (체중)$^{0.75}$을 대사 체중이라 부른다. 대사 체중은 치료제 허용량의 결정에도 이용되는데, 이때 그 양은 대사 체중에 비례하여 정한다. 이는 치료제 허용량이 체내 대사와 밀접한 관련이 있기 때문이다.

🔍 **정의는 체크한다.**

⚙️ **조건은 체크한다.**

🗓️ **시간은 체크한다.**

⚙️ **조건은 체크한다.**

〈그림〉

↔️ **비교는 체크한다.**

🔍 **정의는 체크한다.**

⚙️ **조건은 체크한다.**

🔍 **정의는 체크한다.**

01 윗글의 내용과 일치하지 <u>않는</u> 것은?

① 클라이버의 법칙은 동물의 기초 대사량이 대사 체중에 비례 한다고 본다.

② 어떤 개체가 체중이 늘 때 다른 변화 없이 근육량이 늘면 기초 대사량이 증가한다.

③ 'L-그래프'에서 직선의 기울기는 가로축과 세로축 두 변 수의 증가율의 차이와 ~~동일하다.~~

④ 최소 제곱법은 두 변수 간의 관계를 나타내는 최적의 직 선의 기울기와 절편을 알게 해 준다.

⑤ 동물의 신체 기관인 심장과 두뇌의 크기는 몸무게나 몸 의 크기에 상대 성장을 하며 발달한다.

1 STRUCTURE FLOW

    🔍 정의   ⚙️ 조건

2 ANSWER DECODING

● STEP 1. 지문 스캔

지문에서 조건을 중심으로 선지에서 묻는 상황을 찾는다.

● STEP 2. 선지 매칭

L-그래프에서 가로축의 증가율>세로축의 증가율인 경우 기울기가 1보다 작고 가로축의 증가율<세로축의 증가율인 경우 기울기가 1보다 크다. 즉, 기울기는 세로축의 증가율을 가로축의 증가율로 나눈 값이다. 따라서 기울기가 두 변수의 증가율 차이는 적절하지 않은 선지 ⇒ 정답

---

02 윗글을 읽고 추론한 내용으로 적절하지 <u>않은</u> 것은?

① 일반적인 경우 기초 대사량은 하루에 소모되는 총 열량 중에 가장 큰 비중을 차지하겠군.

② 클라이버의 결론에 따르면, 기초 대사량이 동물의 체표 면적 에 비례한다고 볼 수 없겠군.

③ 19세기의 초기 연구자들은 체중의 증가율보다 기초 대사 량의 증가율이 작다고 생각했겠군.

④ 코끼리에게 적용하는 치료제 허용량을 기준으로, 체중에 비례 하여 생쥐에게 적용할 허용량을 정한 후 먹이면 ~~과 다 복용이~~ 될 수 있겠군.

⑤ 클라이버의 법칙에 따르면, 동물의 체중이 증가함에 따라 함께 늘어나는 에너지의 필요량이 이전 초기 연구에 서 생각했던 양보다 많겠군.

1 STRUCTURE FLOW

    🔍 정의   ⚙️ 조건

2 ANSWER DECODING

● STEP 1. 지문 스캔

지문에서 조건을 중심으로 선지에서 묻는 상황을 찾는다.

● STEP 2. 선지 매칭

코끼리를 기준으로 생쥐에게 적용할 허용량을 정할 때는 그 값이 1보다 작으므로 지수가 1보다 작아지면 더 큰 값이 다. 예를 들어 코끼리가 100키로 쥐가 1키로라고 했을 때 $\left(\dfrac{1}{100}\right)^{1} < \left(\dfrac{1}{100}\right)^{0.75}$ 이므로 과소 복용이 되기 때문 에 적절하지 않은 선지 ⇒ 정답

03 ⊙, ⓒ에 대한 이해로 가장 적절한 것은?

① ⊙은 체온을 환경 온도에 따라 조정하는 변온 동물이 체
외로 발산하는 열량을 측정할 수 ~~있다.~~

② ⓒ은 동물이 호흡에 이용한 산소의 양을 알 필요가 ~~없다.~~

③ ⊙은 ~~ⓒ과 달리~~ 격한 움직임이 제한된 편하게 쉬는 상태
에서 기초 대사량을 구한다.

④ ⊙과 ⓒ은 모두 일정한 체온에서 동물이 체외로 발산하
는 열량을 구할 수 있다.

⑤ ⊙과 ⓒ은 모두 생존에 필수적인 최소한의 에너지를 ~~공급하면서~~ 기초 대사량을 구한다.

04 윗글을 바탕으로 <보기>를 탐구한 내용으로 가장 적절한 것은? [3점]

보기

농게의 수컷은 집게
발 하나가 매우 큰데,
큰 집게발의 길이는 게
딱지의 폭에 '상대 성
장'을 한다. 농게의 @게딱지 폭을 이용해 ⓑ큰 집게
발의 길이를 추정하기 위해, 다양한 크기의 농게의 게
딱지 폭과 큰 집게발의 길이를 측정하여 다수의 순서
쌍을 확보했다. 그리고 'L-그래프'와 같은 방식으로,
그래프의 가로축과 세로축에 각각 게딱지 폭과 큰 집
게발의 길이에 해당하는 값을 놓고 분석을 실시했다.

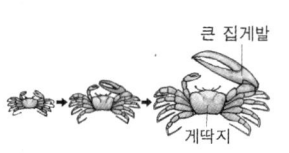

큰 집게발

게딱지

① 최적의 직선을 구한다고 할 때, 최적의 직선의 기울기가 1
보다 작다면 @에 ⓑ가 비례한다고 할 수 없겠군.

② 최적의 직선을 구하여 @와 ⓑ의 증가율을 비교하려고
할 때, 점들이 최적의 직선으로부터 가로축에 수직 방향
으로 멀리 떨어질수록 편차 제곱 합은 더 ~~작겠군.~~

③ @의 증가율보다 ⓑ의 증가율이 크다면, 점들의 분포가
직선이 ~~아닌 어떤 곡선의~~ 주변에 분포하겠군.

④ @의 증가율보다 ⓑ의 증가율이 작다면, 점들 사이를 지
나는 최적의 직선의 기울기는 1보다 ~~크겠군.~~

⑤ @의 증가율과 ⓑ의 증가율이 ~~같고~~ '일반적인 그래프'에
서 순서쌍을 점으로 표시한다면, 점들은 직선이 아닌 어
떤 곡선의 주변에 분포하겠군.

(가)

　서양의 과학과 기술, 천주교의 수용을 반대했던 이항로를 비롯한 척사파의 주장은 개항 이후에도 지속되었지만, 개화 는 거스를 수 없는 대세로 자리 잡았다. 개물성무(開物成務)와 화민성속(化民成俗)의 앞 글자를 딴 개화는 개항 이전에는 통치자의 통치 행위로서 변화하는 세상에 대한 지식 확장과 피통치자에 대한 교화를 의미했다.

　개항 이후 서양 문명에 대한 긍정적 인식이 확산되면서 서양 문명의 수용을 뜻하는 개화 개념이 자리 잡았다. 임오군란 이후, 고종은 자강 정책을 추진하면서 반(反)서양 정서의 교정을 위해 『한성순보』를 발간했다. 이 신문의 개화 개념은 서양 기술과 제도의 도입을 통한 인지의 발달과 풍속의 진보를 뜻했다. 이 개념에는 인민이 국가의 독립 주권의 소중함을 깨닫는 의식의 변화가 내포되었고, 통치자의 입장에서 수용 가능한 문명의 장점을 받아들여 국가의 진보를 달성한다는 의미도 담겼다.

　개화당의 한 인사가 제시한 개화 개념은 성문화된 규정에 따른 대민 정치에서의 법적 처리 절차 실현 등 서양 근대 국가의 통치 방식으로의 변화를 내포하는 것이었다. 그는 개화 실행 주체를 여전히 왕으로 생각했고, 개화 실행 주체로서 왕의 역할이 사라진 것은 갑신정변에서였다. 풍속의 진보와 통치 방식 변화라는 의미를 내포한 갑신정변의 개화 개념은 통치권에 대한 도전으로뿐 아니라 개인의 사욕을 위한 것으로 표상되었다. 이후 개화 개념은 국가 구성원을 조직하고 동원하기 위해 부정적 이미지에서 벗어나야 했고, 유길준은 『서유견문』을 저술하며 개화 개념에 덧씌워진 부정적 이미지를 떼어 내고자 했다. 이후 간행된 『대한매일신보』 등의 개화 개념은 국가 구성원 전체를 실행 주체로 하여 근대 국가 주권을 향해 그들을 조직하고 동원하는 것을 의미했다.

　을사늑약 이후, 개화 논의는 문명에 대한 본격적인 논의로 이어졌다. 대한 자강회의 주요 인사들은 서양 근대 문명을 수용하여 근대 국가를 건설하고자, 앞서 문명화를 이룬 일본의 지도를 받아야 한다고 보았다. 이들은 서양 근대 문명의 주체를 주체 인식의 준거로 삼았기 때문에 민족 주체성을 간과했다. 이러한 상황에서 박은식은 ㉠근대 국가 건설과 새로운 주체의 형성에 주목하여 문명에 대한 견해를 제시했다. 그의 기본 전략은 문명의 물질적 측면인 과학은 서양으로부터 수용하되, 문명의 정신적 측면인 철학은 유학을 혁신하여 재구성하는 것이었다. 그는 생존과 편리 증진을 위해 과학 연구가 시급하지만, 가치관 정립과 인격 수양을 위해 철학 또한 필수적이라고 보았다. 자국 철학 전통의 정립이라는 당시 동아시아의 사상적 흐름 속에서 그가 제시한 근대 주체는 과학적·철학적 인식의 주체이자 실천적 도덕 수양의 주체로서의 성격을 띠는 것이었다.

(나)

　중국이 서양의 과학과 기술에 전면적인 관심을 기울인 때는 아편 전쟁 이후였다. 전쟁 패배에 따른 위기감은 반세기에 걸쳐 근대화의 추진과 함께 의욕적인 기술 수용으로 이어졌지만, 청일 전쟁의 패배는 기술 수용만으로는 부족하다는 인식을 낳았다. 이에 따라 20세기 초반 진정한 근대를 이루기 위해 기술 배후에서 작용하는 과학 정신을 사회 전체에 이식하려는 시도가 구체화되었다.

　옌푸는 국가 간에 벌어지는 약육강식의 경쟁을 부각하고, 경쟁에서 승리하려면 기술뿐 아니라 국민의 정신적 자질이 뒷받침되어야 한다고 보았다. 정신적 자질 중 과학적 사유 능력이 가장 중요하다고 파악한 그에게 과학 정신이 전제되지 않은 정치적 변혁은 뿌리내릴 수 없는 것이었다. 그는 인과 실증의 방법에 근거한 근대 학문 전체를 과학이라 파악하고, 과학을 습득하여 전통 학문의 폐단에서 벗어나야 한다고 주장했다. 그의 입장은 1910년대 후반 신문화 운동을 주도한 천두슈에게 이어졌다.

　천두슈를 비롯한 신문화 운동의 지식인들은 ㉡과학의 근거 위에서만 민주 정치의 실현이 가능하다고 주장했다. 중국이 달성해야 할 신문화는 과학 및 과학의 방법에 근거한 문화라 보고, 신문화를 이루기 위해 전통문화 전반에 대해 철저한 부정과 비판을 시도했다. 사상이나 철학이 과학의 방법을 이용하지 않으면 공상(空想)에 ⓐ그칠 뿐이라고 주장한 천두슈는 사회와 인간의 삶에 대한 연구도 과학의 연구 방법을 이용해야 한다고 보았다. 그는 제1차 세계 대전의 비극은 과학을 이용해 저지른 죄악의 결과일 뿐 과학 자체의 죄악이 아니라고 주장하며 과학에 대한 자신의 생각을 지속했다.

한편, 제1차 세계 대전 이후 유럽을 시찰했던 장쥔마이는 통제되지 않은 과학이 불러온 역작용을 목도한 후, 과학이 어떻게 발달하든 그것이 인생관의 문제를 해결할 수는 없다며 서양 근대 문명을 비판했다. 근대 과학 문명에서 초래된 사상적 위기가 주체의 책임 부재에서 비롯된 것이라는 주장에 동의했던 그는 과학적 방법을 부정하지 않았지만, 인생관의 문제에는 과학적 방법이 적용될 수 없다고 지적했다. 그는 인생관을 과학과 별개로 파악했고, 과학만능주의에 기초한 신문화 운동에 의해 부정된 중국 전통 가치관의 수호를 내세웠다.

01 윗글에 대한 이해로 적절하지 않은 것은?

① (가) : 서양 과학과 기술의 국내 유입을 반대하는 주장이 개항 이후에도 이어졌다.
② (가) : 유학을 혁신하여 철학으로 재구성하는 것이 필요하다는 견해가 을사늑약 이후에 제기되었다.
③ (나) : 진정한 근대를 이루려면 기술 수용의 차원을 넘어서야 한다는 인식이 등장하였다.
④ (나) : 과학 정신이 사회에 자리 잡으려면 정치적 변혁이 선행되어야 한다는 주장이 제기되었다.
⑤ (나) : 근대 과학 문명에 대한 비판적 인식을 바탕으로 전통 가치관에 주목하는 견해가 제시되었다.

02 개화에 대한 이해로 적절하지 않은 것은?

① 개항 이전의 개화 개념은 백성을 다스리는 통치자로서의 역할과 관련 있었다.
② 『한성순보』의 개화 개념은 서양 기술과 제도의 선별적 수용을 통한 국가 진보의 의미를 포함하였다.
③ 『한성순보』와 개화당의 한 인사의 개화 개념은 통치권자인 왕을 개화의 실행 주체로 상정하였다.
④ 개화의 실행 주체로 왕에게 역할을 부여하지 않은 갑신정변의 개화 개념은 통치권에 대한 도전으로 이해되었다.
⑤ 『대한매일신보』의 발간에 이르러서야 국가의 주권과 결부한 개화 개념이 제기되었다.

03 (나)의 '천두슈'와 '장쥔마이'가 모두 동의할 수 있는 진술로 가장 적절한 것은?

① 전통 사상은 과학 및 과학 정신과 양립할 수 없는 관계에 놓여 있다.
② 전통 사상의 폐단은 과학 정신이 뿌리내리지 못한 사회 체질에서 비롯된 것이다.
③ 과학을 이용하는 과정에서 문제가 발생했다고 해도 과학적 방법을 부정할 수 없다.
④ 서양의 과학 정신을 전면적으로 도입하면 당면한 국가의 위기를 충분히 극복할 수 있다.
⑤ 국가의 위기는 과학적 방법으로 사상을 재구성할 필요가 있다는 인식이 부재한 데에서 비롯된 것이다.

04 ㉠과 ㉡에 대한 이해로 가장 적절한 것은?

① ㉠은 인격의 수양을 동반하는 근대 주체의 정립에, ㉡은 전통적 사유 방식에 기반을 둔 신문화의 달성에 동의하는 입장이다.
② ㉠은 주체 인식의 준거가 서양 근대 문명의 주체라는 인식에, ㉡은 철학이 과학의 방법에 근거할 수 없다는 생각에 반대하는 입장이다.
③ ㉠은 생존과 편리 증진을 위한 과학 연구의 시급성을, ㉡은 과학의 방법에 영향 받지 않는 사상이나 철학을 부인하는 입장이다.
④ ㉠은 앞서 근대 문명을 이룬 국가를 추종하는 태도를, ㉡은 전쟁의 폐해가 과학을 오용한 자들의 탓이라는 주장을 비판하는 입장이다.
⑤ ㉠은 과학과 철학이 문명의 두 축을 이루는 학문이라는 견해에, ㉡은 철학보다 과학이 우위임을 인정할 수 없다는 견해에 동의하는 입장이다.

05 (가), (나)를 이해한 학생이 <보기>에 대해 보인 반응으로 적절하지 <u>않은</u> 것은? [3점]

> **보기**
>
> A 마을은 가난했지만 전통문화와 공동체적 삶을 중시하며 이웃 마을들과 조화롭게 살아왔다. 오래전, 정부는 마을의 경제 발전을 목표로 서양의 생산 기술을 도입하는 정책을 시행했다. 마을 사람들은 정책의 필요성에 공감하면서도 자신들이 발전을 이뤄 낼 수 있다는 확신이 부족했다. 이에 정부는 마을 사람들을 독려하기 위해 마을의 역량으로 달성할 수 있는 미래상을 지속해서 홍보했다. 이후 마을은 물질적 풍요를 누리게 되었지만 경제적 이권을 두고 이웃 마을들과 경쟁하며 갈등하게 되었다. 격화된 경쟁에서 A 마을은 새로운 기술의 수용만을 우선시했고, 과거에 중시되었던 협력과 나눔의 인생관은 낡은 관념이 되었다. 젊은이들에게 전통 문화는 서양 문화에 비해 열등한 것으로 여겨졌다.

① (가)에서 『한성순보』를 간행한 취지는 서양에 대한 반감을 줄이는 데에 있다는 점에서, <보기>에서 정부가 서양의 생산 기술 도입으로 변화하게 될 마을을 홍보한 취지와 부합하겠군.

② (가)에서 개화당의 한 인사의 개화 개념에 내포된 개화의 지향점은 통치 방식의 변화와 관련 있다는 점에서, <보기>에서 정부가 서양의 생산 기술을 도입하며 내세운 목표와 다르겠군.

③ (가)에서 박은식은 과학과 구별되는 철학의 중요성을 강조 했으므로, <보기>에서 젊은이들의 자문화에 대한 인식 변화는 가치관 정립을 위한 철학이 부재했기 때문이라고 보겠군.

④ (나)에서 옌푸는 경쟁에서 승리하기 위한 조건으로 기술과 정신적 자질을 강조했으므로, <보기>에서 마을이 기술의 수용만을 중시하면 마을 간 경쟁에서 승리할 수 없다고 보겠군.

⑤ (나)에서 장쥔마이는 과학적 방법의 한계를 지적했으므로, <보기>에서 마을이 과거에 중시했던 인생관이 더 이상 유효 하지 않게 된 문제는 과학적 방법으로 해결할 수 없다고 보겠군.

06 ⓐ와 문맥상 의미가 가장 가까운 것은?

① 다행히 비는 그사이에 <u>그쳐</u> 있었다.
② 우리 학교는 이번에 16강에 <u>그쳤다.</u>
③ 아이 울음이 좀처럼 <u>그치지</u> 않았다.
④ 그는 만류에도 말을 <u>그치지</u> 않았다.
⑤ 저 사람들은 불평이 <u>그칠</u> 날이 없다.

공정거래위원회는 시장 경쟁을 촉진하고 소비자 주권을 확립 하기 위해, 사업자의 불공정한 거래 행위와 부당한 광고를 규제 한다. 이를 위해 '공정거래법'과 '표시광고법'을 활용한다.

'공정거래법'은 사업자의 재판매 가격 유지 행위를 원칙적으로 금지한다. ㉠재판매 가격 유지 행위란 사업자가 상품·용역을 거래할 때 거래 상대방 사업자 또는 그다음 거래 단계별 사업자에게 거래 가격을 정해 그 가격대로 판매·제공할 것을 강제하거나 그 가격대로 판매·제공하도록 그 밖의 구속 조건을 ⓐ붙여 거래하는 행위이다. 이때 거래 가격에는 재판매 가격, 최고 가격, 최저 가격, 기준 가격이 포함된다. 권장 소비자 가격이라도 강제성이 있다면 재판매 가격 유지 행위에 해당한다.

재판매 가격 유지 행위는 사업자의 가격 결정의 자유, 즉 영업의 자유를 제한하고 사업자 간 가격 경쟁을 제한한다. 유통 조직의 효율성도 저하시킨다. 재판매 가격 유지 행위를 하는 사업자는 형사 처벌은 받지 않지만 시정명령이나 과징금 부과 대상이 될 수 있다. 다만, '공정거래법'에 따라 공정거래위원회가 고시하는 출판된 저작물은 금지 대상이 아니다. 또 경쟁 제한의 폐해보다 소비자 후생 증대 효과가 큰 경우 등 정당한 이유가 있으면 재판매 가격 유지 행위가 허용되는데, 그 이유는 사업자가 입증해야 한다.

'표시광고법'은 소비자를 속이거나 오인하게 할 우려가 있는 부당한 광고를 금지한다. 광고는 표현의 자유와 영업의 자유로 보호받는다. 하지만 사실과 다르거나 사실을 지나치게 부풀리는 거짓·과장 광고, 사실을 은폐하거나 축소하는 기만 광고를 금지한다. 이를 위반한 사업자는 시정명령이나 과징금 부과 또는 형사 처벌 대상이 될 수 있다.

추천·보증과 이용후기를 활용한 인터넷 광고가 늘면서 부당 광고 심사 기준이 중요해졌다. 공정거래위원회의 '추천·보증 광고 심사 지침', '인터넷 광고 심사 지침'에 따르면 추천·보증은 사업자의 의견이 아니라 제3자의 독자적 의견으로 인식되는 표현으로서, 해당 상품·용역의 장점을 알리거나 구매·사용을 권장하는 것이다. 경험적 사실을 근거로 추천·보증을 할 때는 실제 사용해 봐야 하고 추천·보증을 하는 내용이 경험한 사실에 부합해야 부당한 광고로 제재받지 않는다. 전문적 판단을 근거로 추천·보증을 할 때는 그 내용이 해당 분야의 전문적 지식에 부합해야 한다. 추천·보증이 광고에 활용되면서 추천·보증을 한 사람이 사업자로부터 현금 등의 대가를 지급받는 등 경제적 이해관계가 있다면 해당 게시물에 이를 명시해야 한다.

위의 두 심사 지침에서 말하는 ㉡이용후기 광고란 사업자가 자사 홈페이지 등에 게시된 소비자의 상품 이용후기를 활용해 광고하는 것이다. 사업자는 자신에게 유리한 이용후기는 광고로 적극 활용한다. 반면 사업자는 자신에게 불리한 이용후기는 비공개하거나 삭제하기도 하는데, 합리적 이유가 없다면 이는 부당한 광고가 될 수 있다. 사업자는 자신에게 불리한 이용 후기의 게시자를 인터넷상 명예훼손죄로 고소하기도 한다. 이때 이용후기가 객관적 내용으로 자신의 사용 경험에 바탕을 두고 다른 이용자에게 도움을 주려는 등 공공의 이익에 관한 것으로 인정받는다면, 게시자의 비방할 목적이 부정되어 명예훼손죄가 성립하지 않는다.

01 윗글을 통해 알 수 있는 내용으로 적절하지 <u>않은</u> 것은?

① 부당한 광고 행위에 대해서는 재판매 가격 유지 행위와 달리 형사 처벌이 내려질 수 있다.

② 거래 단계별 사업자에게 거래 가격을 강제하는 것은 유통 조직의 효율성 저하를 초래한다.

③ 재판매 가격 유지 행위의 정당성을 인정받고자 하는 사업자는 그 행위의 정당성을 입증할 책임을 진다.

④ 경험적 사실을 바탕으로 한 추천·보증은 심사 지침에 따라 해당 분야의 전문적 지식에 부합해야 한다.

⑤ 공정거래위원회가 고시하는 출판된 저작물의 사업자는 거래 상대방 사업자에게 기준 가격을 지정할 수 있다.

02 ㉠, ㉡에 대한 이해로 가장 적절한 것은?

① ㉠은 소비자 후생 증대 효과가 시장 경쟁 제한의 폐해보다 작은 경우에 허용된다.

② ㉠을 '공정거래법'에서 금지하는 목적은 사업자의 가격 결정의 자유를 제한하기 위한 것이다.

③ ㉡을 할 때 사업자는 영업의 자유를 보호받지만 표현의 자유는 보호받지 못한다.

④ ㉡은 사업자가 자사의 홈페이지에 직접 작성해서 게시한 이용 후기를 광고로 활용하는 것을 포함하지 않는다.

⑤ ㉠은 사업자와 소비자 간에, ㉡은 소비자와 소비자 간에 직접 일어나는 행위이다.

03 윗글을 바탕으로 <보기>를 이해한 내용으로 적절하지 <u>않은</u> 것은? [3점]

> **보기**
>
> A 상품 제조 사업자인 갑은 거래 상대방 사업자에게 특정 판매 가격을 지정해 거래했다. 갑의 회사 홈페이지에 A 상품에 대한 이용후기가 다수 게시되었다. 갑은 그중 A 상품의 품질 불량을 문제 삼은 이용후기 200개를 삭제하고, 박○○ 교수 팀이 A 상품을 추천·보증한 광고를 게시했다. 광고 대행사 직원 을은 A 상품의 효능이 뛰어나다는 후기를 갑의 회사 홈페이지에 게시했다. 소비자 병은 A 상품을 사용하며 발견한 하자를 찍은 사진과 품질이 불량하다는 글을 갑의 회사 홈페이지에 게시했다. 갑은 병을 명예훼손죄로 처벌해 달라며 수사 기관에 고소했다.

① 갑이 A 상품의 품질 불량을 은폐하기 위해 자신에게 불리한 이용후기를 삭제하는 대신 비공개 처리하는 것도 부당한 광고에 해당하겠군.

② 갑이 박○○ 교수팀이 A 상품을 실험·검증하고 우수성을 추천·보증했다고 광고했으나 해당 실험이 진행된 적이 없다면 갑은 부당한 광고 행위로 제재를 받겠군.

③ 갑이 거래 상대방에게 판매 가격을 지정하며 이를 준수하도록 부과한 조건에 대해 정당성을 인정받지 못했더라도 그 가격이 권장 소비자 가격이었다면 갑은 제재를 받지 않겠군.

④ 을이 갑으로부터 금전을 받고 갑의 회사 홈페이지에 A 상품의 장점을 알리는 이용후기를 게시했다면 대가성이 있었다는 사실을 명시해야겠군.

⑤ 병이 A 상품을 직접 사용해 보고 그 상품의 결점을 제시하면서 다른 소비자들에게 도움을 주려는 취지로 이용후기를 게시한 점이 인정된다면 명예훼손죄가 성립되지 않겠군.

04 ⓐ와 문맥상 의미가 가장 가까운 것은?

① 그는 내 의견에 본인의 견해를 붙여 발언을 이어 갔다.

② 나는 수영에 재미를 붙여 수영장에 다니기로 결정했다.

③ 그는 따뜻한 바닥에 등을 붙여 잠깐 동안 잠을 청했다.

④ 나는 알림판에 게시물을 붙여 동아리 행사를 홍보했다.

⑤ 그는 숯에 불을 붙여 고기를 배부를 만큼 구워 먹었다.

청정 에너지원 중 하나인 수소는 생산, 저장, 운송, 추출, 활용 등 전체 과정에서의 친환경성과 관련하여 높은 관심을 받고 있다. 재생 에너지를 통해 생산된 전기로 물을 전기분해하면 탄소 배출 없이 수소 생산이 가능하다. 생산된 수소 기체는 부피가 크고 폭발 위험성이 있어 저장 및 운송이 어렵다. 부피를 크게 ⓐ줄일 수 있는 액화 수소 방식이 제안되었지만, 저장 및 운송 시 액화된 상태를 유지하려면 극저온의 조건이 필요하다는 문제가 있다. 이 때문에 액상 유기 화합물 또는 액화 암모니아와 같은 수소 운반체를 활용하는 방식이 제안되었다.

액상 유기 화합물을 이용한 수소의 저장 및 추출에는 톨루엔과 ⊙메틸사이클로헥세인(MCH)이라는 두 화합물 간의 상호 전환 반응이 주로 사용된다. 이는 톨루엔에 수소가 결합해 MCH가 되고 역으로 MCH가 톨루엔과 수소로 변환되는 원리를 활용하는 것이다. 톨루엔 분자 하나에 세 개의 수소 분자가 결합할 때 각각의 수소 분자가 탄소와 수소 원자 간의 결합을 두 개씩 ⓑ만들며 MCH 분자 하나가 생성된다. MCH는 취급 안전성 및 독성이 휘발유와 유사하므로 석유의 저장과 운송을 위한 기존 인프라를 이용할 수 있다. 또한 MCH가 액체이므로 증발 기체 발생으로 인한 누출 위험이 거의 없다. 하지만 톨루엔과 MCH의 상호 전환을 통한 수소의 저장 및 추출이 반복되면서 화합물이 불안정해지는 문제가 있다.

⊙암모니아는 질소 원자와 수소 원자로 이루어진 화합물로서, 분자당 세 개의 수소 원자를 포함하고 있어 물보다 분자당 저장된 수소가 많다. 암모니아는 기존 비료 산업에서 사용하는 합성법으로 생산할 수 있고, 대규모의 투자 없이 기존 인프라를 이용하여 저장 및 운송할 수 있다. 하지만 높은 독성으로 인한 위험성은 해결해야 할 과제이다. 암모니아에서의 수소 추출 방식으로는 전기분해, 광분해, 그리고 가장 많이 ⓒ쓰이는 열분해가 있다. 각 방식에서는 암모니아 분해 반응이 일어나는데, 암모니아 분해 반응이란 암모니아가 분해되어 질소 기체와 수소 기체를 생성하는 반응이다. 이때 반응한 암모니아, 질소 기체, 수소 기체의 몰* 수의 비는 2:1:3이다. Ⓐ열분해 방식을 통해서는 0.9 이상의 전환율이 ⓓ얻어지는데, 부반응은 거의 없다.

여기서 전환율은 반응한 전체 암모니아의 몰 수를 공급한 암모니아의 몰 수로 나눈 값이며, 부반응이란 암모니아 분해 반응의 의도된 생성물 외의 다른 물질이 최종 물질로 생기는 반응을 뜻한다.

수소의 대표적 활용법인 수소 연료 전지는 수소의 화학 에너지를 전기 에너지로 직접 변환하는 장치로, 산화 극, 환원 극, 전해질, 도선으로 구성된다. 산화 극에서는 공급된 수소가 수소 이온과 전자로 분해되는 반응이 일어난다. 수소 이온은 전해질을 통해, 전자는 도선을 통해 환원 극으로 이동하면서 전기를 생산한다. 그리고 환원 극에서는 공급된 산소가 수소 이온과 전자를 만나 물을 생성한다. 이 외의 반응은 거의 ⓔ일어나지 않으므로 친환경적이다.

* 몰 : 원자 또는 분자 6.02×10^{23}개

01 윗글의 내용과 일치하지 않는 것은?

① 재생 에너지는 탄소 배출 없이 수소를 생산하기 위한 에너지원 으로 사용될 수 있다.

② MCH는 휘발유와 유사한 취급 안전성을 갖는다.

③ 광분해 방식으로 암모니아를 질소 기체와 수소 기체로 분해할 수 있다.

④ 수소 연료 전지에 공급되는 물질은 수소와 산소이다.

⑤ 수소 연료 전지에서 수소 이온은 전자와 마찬가지로 도선을 통해 이동한다.

03 윗글의 ⒜와 <보기>의 ⒝를 비교하여 탐구한 내용으로 가장 적절한 것은? [3점]

/ 보기 /

한 과학자는 전기분해 방식으로 암모니아를 분해하는 반응기를 고안하고, 이를 사용하여 수소 기체를 얻고자 실험을 수행하였다. ⒝이 전기분해 방식에서는 암모니아 10 몰을 공급 했을 때 6 몰의 암모니아만 반응하였으며, 반응한 암모니아의 몰 수보다 많은 몰 수의 수소 기체가 생성되었다. 이때, 원치 않았던 물질인 암모늄 이온 등이 최종 물질로 상당량 생성 되었다.

① ⒜에서 질소 기체를 생성하는 것과 달리, ⒝에서는 질소 기체를 생성하지 않겠군.

② ⒜에서 생성된 수소 기체는 ⒝에서 생성된 수소 기체와 달리, 부반응에 의해서 생겼군.

③ ⒜에서 암모니아를 공급했을 때의 전환율은 ⒝에서 암모니아를 공급했을 때의 전환율보다 작겠군.

④ ⒝는 ⒜와 비교할 때, 같은 양의 암모니아를 공급한다면 더 적은 양의 수소 기체를 생성하겠군.

⑤ ⒝에서는 ⒜에서와 달리, 반응한 암모니아의 몰 수보다 많은 몰 수의 수소 기체가 생성된 것이겠군.

02 ㉠, ㉡에 대한 설명으로 가장 적절한 것은?

① ㉠은 증발 기체가 많이 발생하므로 누출 위험성이 크다.

② ㉡은 독성이 낮아 위험성이 크지 않다.

③ ㉡은 운송을 위한 대규모의 투자가 필요하다.

④ ㉠은 ㉡보다 분자당 저장되어 있는 수소 원자가 많다.

⑤ ㉠은 ㉡과 달리, 기존 인프라를 이용하여 저장할 수 있다.

04 문맥상 ⓐ~ⓔ와 바꿔 쓰기에 가장 적절한 것은?

① ⓐ : 단축(短縮)할

② ⓑ : 제작(製作)하며

③ ⓒ : 활용(活用)되는

④ ⓓ : 습득(拾得)되는데

⑤ ⓔ : 성행(盛行)하지

DAY 5 – ①

(가)

서양의 과학과 기술, 천주교의 수용을 반대했던 이항로를 비롯한 척사파의 주장은 개항 이후에도 지속되었지만, 개화는 거스를 수 없는 대세로 자리 잡았다. 개물성무(開物成務)와 화민성속(化民成俗)의 앞 글자를 딴 개화는 개항 이전에는 통치자의 통치 행위로서 변화하는 세상에 대한 지식 확장과 피통치자에 대한 교화를 의미했다.

개항 이후 서양 문명에 대한 긍정적 인식이 확산되면서 서양 문명의 수용을 뜻하는 개화 개념이 자리 잡았다. 임오군란 이후, 고종은 자강 정책을 추진하면서 반(反)서양 정서의 교정을 위해 『한성순보』를 발간했다. 이 신문의 개화 개념은 서양 기술과 제도의 도입을 통한 인지의 발달과 풍속의 진보를 뜻했다. 이 개념에는 인민이 국가의 독립 주권의 소중함을 깨닫는 의식의 변화가 내포되었고, 통치자의 입장에서 수용 가능한 문명의 장점을 받아들여 국가의 진보를 달성한다는 의미도 담겼다.

개화당의 한 인사가 제시한 개화 개념은 성문화된 규정에 따른 대민 정치에서의 법적 처리 절차 실현 등 서양 근대 국가의 통치 방식으로의 변화를 내포하는 것이었다. 그는 개화 실행 주체를 여전히 왕으로 생각했고, 개화 실행 주체로서 왕의 역할이 사라진 것은 갑신정변에서였다. 풍속의 진보와 통치 방식 변화라는 의미를 내포한 갑신정변의 개화 개념은 통치권에 대한 도전으로뿐 아니라 개인의 사욕을 위한 것으로 표상되었다. 이후 개화 개념은 국가 구성원을 조직하고 동원하기 위해 부정적 이미지에서 벗어나야 했고, 유길준은 『서유견문』을 저술하며 개화 개념에 덧씌워진 부정적 이미지를 떼어 내고자 했다. 이후 간행된 『대한매일신보』 등의 개화 개념은 국가 구성원 전체를 실행 주체로 하여 근대 국가 주권을 향해 그들을 조직하고 동원하는 것을 의미했다.

을사늑약 이후, 개화 논의는 문명에 대한 본격적인 논의로 이어졌다. 대한 자강회의 주요 인사들은 서양 근대 문명을 수용하여 근대 국가를 건설하고자, 앞서 문명화를 이룬 일본의 지도를 받아야 한다고 보았다. 이들은 서양 근대 문명의 주체를 주체 인식의 준거로 삼았기 때문에 민족 주체성을 간과했다. 이러한 상황에서 박은식은 ㉠근대 국가 건설과 새로운 주체의 형성에 주목하여 문명에 대한 견해를 제시했다. 그의 기본 전략은 문명의 물질적 측면인 과학은 서양으로부터 수용하되, 문명의 정신적 측면인 철학은 유학을 혁신하여 재구성하는 것이었다. 그는 생존과 편리 증진을 위해 과학 연구가 시급하지만, 가치관 정립과 인격 수양을 위해 철학 또한 필수적이라고 보았다. 자국 철학 전통의 정립이라는 당시 동아시아의 사상적 흐름 속에서 그가 제시한 근대 주체는 과학적·철학적 인식의 주체이자 실천적 도덕 수양의 주체로서의 성격을 띠는 것이었다.

인물은 체크한다.

인물(책)은 체크한다.

시간은 체크한다.

인물(책)은 체크한다.

(나)

　중국이 서양의 과학과 기술에 전면적인 관심을 기울인 때는 아편 전쟁 이후였다. 전쟁 패배에 따른 위기감은 반세기에 걸쳐 근대화의 추진과 함께 의욕적인 기술 수용으로 이어졌지만, 청일 전쟁의 패배는 기술 수용만으로는 부족하다는 인식을 낳았다. 이에 따라 20세기 초반 진정한 근대를 이루기 위해 기술 배후에서 작용하는 과학 정신을 사회 전체에 이식하려는 시도가 구체화되었다.

　옌푸는 국가 간에 벌어지는 약육강식의 경쟁을 부각하고, 경쟁에서 승리하려면 기술뿐 아니라 국민의 정신적 자질이 뒷받침되어야 한다고 보았다. 정신적 자질 중 과학적 사유 능력이 가장 중요하다고 파악한 그에게 과학 정신이 전제되지 않은 정치적 변혁은 뿌리내릴 수 없는 것이었다. 그는 인과 실증의 방법에 근거한 근대 학문 전체를 과학이라 파악하고, 과학을 습득하여 전통 학문의 폐단에서 벗어나야 한다고 주장 했다. 그의 입장은 1910년대 후반 신문화 운동을 주도한 천두슈에게 이어졌다.

　천두슈를 비롯한 신문화 운동의 지식인들은 ⓛ과학의 근거 위에서만 민주 정치의 실현이 가능하다고 주장했다. 중국이 달성해야 할 신문화는 과학 및 과학의 방법에 근거한 문화라 보고, 신문화를 이루기 위해 전통 문화 전반에 대해 철저한 부정과 비판을 시도했다. 사상이나 철학이 과학의 방법을 이용하지 않으면 공상(空想)에 ⓐ그칠 뿐이라고 주장한 천두슈는 사회와 인간의 삶에 대한 연구도 과학의 연구 방법을 이용해야 한다고 보았다. 그는 제1차 세계 대전의 비극은 과학을 이용해 저지른 죄악의 결과일 뿐 과학 자체의 죄악이 아니라고 주장하며 과학에 대한 자신의 생각을 지속했다.

　한편, 제1차 세계 대전 이후 유럽을 시찰했던 장쥔마이는 통제되지 않은 과학이 불러온 역작용을 목도한 후, 과학이 어떻게 발달하든 그것이 인생관의 문제를 해결할 수는 없다며 서양 근대 문명을 비판했다. 근대 과학 문명에서 초래된 사상적 위기가 주체의 책임 부재에서 비롯된 것이라는 주장에 동의했던 그는 과학적 방법을 부정하지 않았지만, 인생관의 문제에는 과학적 방법이 적용될 수 없다고 지적했다. 그는 인생관을 과학과 별개로 파악했고, 과학만능주의에 기초한 신문화 운동에 의해 부정된 중국 전통 가치관의 수호를 내세웠다.

📅 **시간은 체크한다.**

👤 **인물은 체크한다.**

⚙️ **조건은 체크한다.**

👤 **인물은 체크한다.**

01 윗글에 대한 이해로 적절하지 <u>않은</u> 것은?

① (가) : 서양 과학과 기술의 국내 유입을 반대하는 주장이 개항 이후에도 이어졌다.

② (가) : 유학을 혁신하여 철학으로 재구성하는 것이 필요하다는 견해가 을사늑약 이후에 제기되었다.

③ (나) : 진정한 근대를 이루려면 기술 수용의 차원을 넘어서야 한다는 인식이 등장하였다.

④ (나) : ~~과학 정신이~~ 사회에 자리 잡으려면 ~~정치적 변혁이~~ 선행되어야 한다는 주장이 제기되었다.

⑤ (나) : 근대 과학 문명에 대한 비판적 인식을 바탕으로 전통 가치관에 주목하는 견해가 제시되었다.

1 STRUCTURE FLOW ////////

👤 인물   📅 시간

2 ANSWER DECODING ////////

● STEP 1. 지문 스캔

지문에서 인물을 중심으로 선지에서 묻는 상황을 찾는다.

● STEP 2. 선지 매칭

정치적 변혁은 옌푸가 주장하였다. 옌푸는 과학 정신이 전제되어야 정치 변혁이 가능하다고 하였다. 따라서 정치 변혁이 먼저라는 선지는 적절하지 않은 선지 ⇒ 정답

02 개화에 대한 이해로 적절하지 <u>않은</u> 것은?

① 개항 이전의 개화 개념은 백성을 다스리는 통치자로서의 역할과 관련 있었다.

②『한성순보』의 개화 개념은 서양 기술과 제도의 선별적 수용을 통한 국가 진보의 의미를 포함하였다.

③『한성순보』와 개화당의 한 인사의 개화 개념은 통치권자인 왕을 개화의 실행 주체로 상정하였다.

④ 개화의 실행 주체로 왕에게 역할을 부여하지 않은 갑신정변의 개화 개념은 통치권에 대한 도전으로 이해되었다.

⑤『대한매일신보』의 발간에 ~~이르러서야~~ 국가의 주권과 결부한 개화 개념이 제기되었다.

1 STRUCTURE FLOW ////////

👤 인물   📅 시간

2 ANSWER DECODING ////////

● STEP 1. 지문 스캔

지문에서 인물(책)을 중심으로 선지에서 묻는 상황을 찾는다.

● STEP 2. 선지 매칭

『한성순보』에서 개화 개념에 인민이 국가의 독립 주권의 소중함을 깨닫는 의식의 변화를 내포하고 있다고 하였으므로 주권과 결부한 개화 개념은『대한매일신보』에 이르러서야 제기 되었다는 적절하지 않은 선지 ⇒ 정답

03 (나)의 '천두슈'와 '장쥔마이'가 모두 동의할 수 있는 진술로 가장 적절한 것은?

① 전통 사상은 과학 및 과학 정신과 양립할 수 없는 관계에 놓여 있다.

② 전통 사상의 폐단은 과학 정신이 뿌리내리지 못한 사회 체질에서 비롯된 것이다.

③ 과학을 이용하는 과정에서 문제가 발생했다고 해도 과학적 방법을 부정할 수 없다.

④ 서양의 과학 정신을 전면적으로 도입하면 당면한 국가의 위기를 충분히 극복할 수 있다.

⑤ 국가의 위기는 과학적 방법으로 사상을 재구성할 필요가 있다는 인식이 부재한 데에서 비롯된 것이다.

1 STRUCTURE FLOW

👤 **인물**　　📅 **시간**

2 ANSWER DECODING

● **STEP 1. 지문 스캔**

지문에서 인물을 중심으로 선지에서 묻는 상황을 찾는다.

● **STEP 2. 선지 매칭**

천두슈는 전통문화 전반에 대한 비판과 과학의 연구 방법 도입에 긍정적이었다. 장쥔마이는 과학적 방법을 부정하지는 않았으나, 중국 전통 가치관의 수호를 내세웠다. 천두슈와 장쥔마이 모두 과학적 방법을 수용하였으므로 적절한 선지 ⇒ 정답

---

04 ㉠과 ㉡에 대한 이해로 가장 적절한 것은?

① ㉠은 인격의 수양을 동반하는 근대 주체의 정립에, ㉡은 ~~전통적 사유 방식에 기반을 둔 신문화의 달성에~~ 동의하는 입장이다.

② ㉠은 주체 인식의 준거가 서양 근대 문명의 주체라는 인식에, ㉡은 철학이 과학의 방법에 근거할 수 없다는 생각에 반대하는 입장이다.

③ ㉠은 ~~생존과 권리 증진을 위한 과학 연구의 시급성을,~~ ㉡은 과학의 방법에 영향 받지 않는 사상이나 철학을 부인하는 입장이다.

④ ㉠은 앞서 근대 문명을 이룬 국가를 추종하는 태도를, ㉡은 전쟁의 폐해가 ~~과학을 오용한 자들의 탓이라는 주장을~~ 비판하는 입장이다.

⑤ ㉠은 과학과 철학이 문명의 두 축을 이루는 학문이라는 견해에, ㉡은 ~~철학보다 과학이 우위임을 인정할 수 없다~~는 견해에 동의하는 입장이다.

1 STRUCTURE FLOW

👤 **인물**　　⚙️ **조건**

2 ANSWER DECODING

● **STEP 1. 지문 스캔**

지문에서 인물을 중심으로 선지에서 묻는 상황을 찾는다.

● **STEP 2. 선지 매칭**

㉠은 박은식, ㉡은 천두슈의 견해이다. 박은식은 과학을 수용하되 정신적 측면은 유학을 통한 철학이 필요하다고 주장하였다. 천두슈는 철학도 과학의 연구 방법을 이용해야한다고 주장하였다. 주체 인식의 준거가 서양 근대 문명의 주체라는 인식은 대한 자강회의 주요 인사로 박은식은 이에 반대하였고, 천두슈는 철학에도 과학의 방법에 근거할 수 없다는 생각에 반대하였으므로 적절한 선지 ⇒ 정답

05 (가), (나)를 이해한 학생이 <보기>에 대해 보인 반응으로 적절하지 <u>않은</u> 것은? [3점]

/ 보기 /

A 마을은 가난했지만 전통문화와 공동체적 삶을 중시하며 이웃 마을들과 조화롭게 살아왔다. 오래전, 정부는 마을의 경제 발전을 목표로 서양의 생산 기술을 도입하는 정책을 시행했다. 마을 사람들은 정책의 필요성에 공감하면서도 자신들이 발전을 이뤄 낼 수 있다는 확신이 부족했다. 이에 정부는 마을 사람들을 독려하기 위해 마을의 역량으로 달성할 수 있는 미래상을 지속해서 홍보했다. 이후 마을은 물질적 풍요를 누리게 되었지만 경제적 이권을 두고 이웃 마을들과 경쟁하며 갈등하게 되었다. 격화된 경쟁에서 A 마을은 새로운 기술의 수용만을 우선시했고, 과거에 중시되었던 협력과 나눔의 인생관은 낡은 관념이 되었다. 젊은이들에게 전통 문화는 서양 문화에 비해 열등한 것으로 여겨졌다.

① (가)에서 『한성순보』를 간행한 취지는 서양에 대한 반감을 줄이는 데에 있다는 점에서, <보기>에서 정부가 서양의 생산 기술 도입으로 변화하게 될 마을을 ~~홍보한 취지와 부합하겠군.~~

② (가)에서 개화당의 한 인사의 개화 개념에 내포된 개화의 지향점은 통치 방식의 변화와 관련 있다는 점에서, <보기>에서 정부가 서양의 생산 기술을 도입하며 내세운 목표와 다르겠군.

③ (가)에서 박은식은 과학과 구별되는 철학의 중요성을 강조 했으므로, <보기>에서 젊은이들의 자문화에 대한 인식 변화는 가치관 정립을 위한 철학이 부재했기 때문이라고 보겠군.

④ (나)에서 옌푸는 경쟁에서 승리하기 위한 조건으로 기술과 정신적 자질을 강조했으므로, <보기>에서 마을이 기술의 수용만을 중시하면 마을 간 경쟁에서 승리할 수 없다고 보겠군.

⑤ (나)에서 장쥔마이는 과학적 방법의 한계를 지적했으므로, <보기>에서 마을이 과거에 중시했던 인생관이 더 이상 유효 하지 않게 된 문제는 과학적 방법으로 해결할 수 없다고 보겠군.

---

1 STRUCTURE FLOW /////////

👤 **인물**　⚙️ **조건**

2 ANSWER DECODING /////////

● **STEP 1. 지문 스캔**

지문에서 인물(책)을 중심으로 선지에서 묻는 상황을 찾는다.

● **STEP 2. 선지 매칭**

고종이 『한성순보』 발행한 이유는 반서양정서의 교정을 위해서이다. <보기>에서 정부가 홍보한 취지는 마을 사람들을 독려하기 위함이다. 따라서 『한성순보』와 <보기>의 정부의 취지가 동일하다는 것은 적절하지 않은 선지 ⇒ 정답

06 ⓐ와 문맥상 의미가 가장 가까운 것은?

① 다행히 비는 그사이에 그쳐 있었다.
② 우리 학교는 이번에 16강에 그쳤다.
③ 아이 울음이 좀처럼 그치지 않았다.
④ 그는 만류에도 말을 그치지 않았다.
⑤ 저 사람들은 불평이 그칠 날이 없다.

1 ANSWER DECODING ////////

● STEP 1. 지문 스캔

지문에서 문맥과 단어의 뜻으로 선지에서 묻는 단어를 찾는다. 틀렸다면 별도로 정리한다.

● STEP 2. 선지 매칭

ⓐ그쳤다 : 더 이상의 진전이 없이 어떤상태에 머무르다.

②그쳤다. : 더 이상의 진전이 없이 어떤상태에 머무르다.

⇒ 정답

DAY 5 - ②

공정거래위원회는 시장 경쟁을 촉진하고 소비자 주권을 확립 하기 위해, 사업자의 불공정한 거래 행위와 부당한 광고를 규제 한다. 이를 위해 '공정거래법'과 '표시광고법'을 활용한다.

'공정거래법'은 사업자의 재판매 가격 유지 행위를 원칙적으로 금지한다. ㉠재판매 가격 유지 행위란 사업자가 상품·용역을 거래할 때 거래 상대방 사업자 또는 그다음 거래 단계별 사업자에게 거래 가격을 정해 그 가격대로 판매·제공할 것을 강제하거나 그 가격대로 판매·제공하도록 그 밖의 구속 조건을 ⓐ붙여 거래하는 행위이다. 이때 거래 가격에는 재판매 가격, 최고 가격, 최저 가격, 기준 가격이 포함된다. 권장 소비자 가격이라도 강제성이 있다면 재판매 가격 유지 행위에 해당한다.

재판매 가격 유지 행위는 사업자의 가격 결정의 자유, 즉 영업의 자유를 제한하고 사업자 간 가격 경쟁을 제한한다. 유통 조직의 효율성도 저하시킨다. 재판매 가격 유지 행위를 하는 사업자는 형사 처벌은 받지 않지만 시정명령이나 과징금 부과 대상이 될 수 있다. 다만 '공정거래법'에 따라 공정거래위원회가 고시하는 출판된 저작물은 금지 대상이 아니다. 또 경쟁 제한의 폐해보다 소비자 후생 증대 효과가 큰 경우 등 정당한 이유가 있으면 재판매 가격 유지 행위가 허용되는데, 그 이유는 사업자가 입증해야 한다.

'표시광고법'은 소비자를 속이거나 오인하게 할 우려가 있는 부당한 광고를 금지한다. 광고는 표현의 자유와 영업의 자유로 보호받는다. 하지만 사실과 다르거나 사실을 지나치게 부풀리는 거짓·과장 광고, 사실을 은폐하거나 축소하는 기만 광고를 금지한다. 이를 위반한 사업자는 시정명령이나 과징금 부과 또는 형사 처벌 대상이 될 수 있다.

추천·보증과 이용후기를 활용한 인터넷 광고가 늘면서 부당 광고 심사 기준이 중요해졌다. 공정거래위원회의 '추천·보증 광고 심사 지침', '인터넷 광고 심사 지침'에 따르면 추천·보증은 사업자의 의견이 아니라 제3자의 독자적 의견으로 인식되는 표현으로서, 해당 상품·용역의 장점을 알리거나 구매·사용을 권장하는 것이다. 경험적 사실을 근거로 추천·보증을 할 때는 실제 사용해 봐야 하고 추천·보증을 하는 내용이 경험한 사실에 부합해야 부당한 광고로 제재받지 않는다. 전문적 판단을 근거로 추천·보증을 할 때는 그 내용이 해당 분야의 전문적 지식에 부합해야 한다. 추천·보증이 광고에 활용되면서 추천·보증을 한 사람이 사업자로부터 현금 등의 대가를 지급받는 등 경제적 이해관계가 있다면 해당 게시물에 이를 명시해야 한다.

위의 두 심사 지침에서 말하는 ㉡이용후기 광고란 사업자가 자사 홈페이지 등에 게시된 소비자의 상품 이용후기를 활용해 광고하는 것이다. 사업자는 자신에게 유리한 이용후기는 광고로 적극 활용한다. 반면 사업자는 자신에게 불리한 이용후기는 비공개하거나 삭제하기도 하는데, 합리적 이유가 없다면 이는 부당한 광고가 될 수 있다. 사업자는 자신에게 불리한 이용 후기의 게시자를 인터넷상 명예훼손죄로 고소하기도 한다. 이때 이용후기가 객관적 내용으로 자신의 사용 경험에 바탕을 두고 다른 이용자에게 도움을 주려는 등 공공의 이익에 관한 것으로 인정받는다면, 게시자의 비방할 목적이 부정되어 명예훼손죄가 성립하지 않는다.

🔍 **정의는 체크한다.**

⚙️ **조건은 체크한다.**

🔍 **정의는 체크한다.**

📁 **분류는 체크한다.**

🔍 **정의는 체크한다.**

⚙️ **조건은 체크한다.**

01 윗글을 통해 알 수 있는 내용으로 적절하지 <u>않은</u> 것은?

① 부당한 광고 행위에 대해서는 재판매 가격 유지 행위와 달리 형사 처벌이 내려질 수 있다.

② 거래 단계별 사업자에게 거래 가격을 강제하는 것은 유통 조직의 효율성 저하를 초래한다.

③ 재판매 가격 유지 행위의 정당성을 인정받고자 하는 사업자는 그 행위의 정당성을 입증할 책임을 진다.

④ 경험적 사실을 바탕으로 한 추천·보증은 심사 지침에 따라 해당 분야의 전문적 지식에 부합해야 한다.

⑤ 공정거래위원회가 고시하는 출판된 저작물의 사업자는 거래 상대방 사업자에게 기준 가격을 지정할 수 있다.

1 STRUCTURE FLOW

🔍 정의   📁 분류

2 ANSWER DECODING

● STEP 1. 지문 스캔

지문에서 정의를 중심으로 선지에서 묻는 상황을 찾는다.

● STEP 2. 선지 매칭

경험적 사실을 근거로 추천·보증을 할 때는 실제로 사용을 해봐야 하고, 추천·보증을 하는 내용이 경험한 사실에 부합해야한다. 전문적 지식에 부합해야 하는 것은 전문적 판단을 근거로 추천·보증을 하는 경우이므로 적절하지 않은 선지 ⇒ 정답

---

02 ㉠, ㉡에 대한 이해로 가장 적절한 것은?

① ㉠은 소비자 후생 증대 효과가 시장 경쟁 제한의 폐해보다 작은 경우에 허용된다.

② ㉠을 '공정거래법'에서 금지하는 목적은 사업자의 가격 결정의 자유를 제한하기 위한 것이다.

③ ㉡을 할 때 사업자는 영업의 자유를 보호받지만 표현의 자유는 보호받지 못한다.

④ ㉡은 사업자가 자사의 홈페이지에 직접 작성해서 게시한 이용 후기를 광고로 활용하는 것을 포함하지 않는다.

⑤ ㉠은 사업자와 소비자 간에, ㉡은 소비자와 소비자 간에 직접 일어나는 행위이다.

1 STRUCTURE FLOW

🔍 정의   ⚙️ 조건

2 ANSWER DECODING

● STEP 1. 지문 스캔

지문에서 정의를 중심으로 선지에서 묻는 상황을 찾는다.

● STEP 2. 선지 매칭

㉡이용 후기 광고란 사업자가 소비자의 상품 이용후기를 활용하여 광고하는 것이다. 공정거래위원회의 '추천·보증 광고 심사 지침'에 의하면 사업자의 의견이 아니라 제 3자의 독자적 의견이어야 한다고 명시되어 있으므로 사업자가 직접 작성하는 후기는 적절하지 않은 선지 ⇒ 정답

03 윗글을 바탕으로 <보기>를 이해한 내용으로 적절하지 <u>않은</u> 것은? [3점]

> **보기**
>
> A 상품 제조 사업자인 갑은 거래 상대방 사업자에게 특정 판매 가격을 지정해 거래했다. 갑의 회사 홈페이지에 A 상품에 대한 이용후기가 다수 게시되었다. 갑은 그중 A 상품의 품질 불량을 문제 삼은 이용후기 200개를 삭제하고, 박○○ 교수 팀이 A 상품을 추천·보증한 광고를 게시했다. 광고 대행사 직원 을은 A 상품의 효능이 뛰어나다는 후기를 갑의 회사 홈페이지에 게시했다. 소비자 병은 A 상품을 사용하며 발견한 하자를 찍은 사진과 품질이 불량하다는 글을 갑의 회사 홈페이지에 게시했다. 갑은 병을 명예훼손죄로 처벌해 달라며 수사 기관에 고소했다.

① 갑이 A 상품의 품질 불량을 은폐하기 위해 자신에게 불리한 이용후기를 삭제하는 대신 비공개 처리하는 것도 부당한 광고에 해당하겠군.

② 갑이 박○○ 교수팀이 A 상품을 실험·검증하고 우수성을 추천·보증했다고 광고했으나 해당 실험이 진행된 적이 없다면 갑은 부당한 광고 행위로 제재를 받겠군.

③ 갑이 거래 상대방에게 판매 가격을 지정하며 이를 준수하도록 부과한 조건에 대해 정당성을 인정받지 못했더라도 그 가격이 권장 소비자 가격이었다면 갑은 제재를 ~~받지 않겠군.~~

④ 을이 갑으로부터 금전을 받고 갑의 회사 홈페이지에 A 상품의 장점을 알리는 이용후기를 게시했다면 대가성이 있었다는 사실을 명시해야겠군.

⑤ 병이 A 상품을 직접 사용해 보고 그 상품의 결점을 제시하면서 다른 소비자들에게 도움을 주려는 취지로 이용후기를 게시한 점이 인정된다면 명예훼손죄가 성립되지 않겠군.

04 ⓐ와 문맥상 의미가 가장 가까운 것은?

① 그는 내 의견에 본인의 견해를 붙여 발언을 이어 갔다.
② 나는 수영에 재미를 붙여 수영장에 다니기로 결정했다.
③ 그는 따뜻한 바닥에 등을 붙여 잠깐 동안 잠을 청했다.
④ 나는 알림판에 게시물을 붙여 동아리 행사를 홍보했다.
⑤ 그는 숯에 불을 붙여 고기를 배부를 만큼 구워 먹었다.

DAY 5 – ③

청정 에너지원 중 하나인 수소는 생산, 저장, 운송, 추출, 활용 등 전체 과정에서의 친환경성과 관련하여 높은 관심을 받고 있다. 재생 에너지를 통해 생산된 전기로 물을 전기분해하면 탄소 배출 없이 수소 생산이 가능하다. 생산된 수소 기체는 부피가 크고 폭발 위험성이 있어 저장 및 운송이 어렵다. 부피를 크게 ⓐ줄일 수 있는 액화 수소 방식이 제안되었지만, 저장 및 운송 시 액화된 상태를 유지하려면 극저온의 조건이 필요하다는 문제가 있다. 이 때문에 액상 유기 화합물 또는 액화 암모니아와 같은 수소 운반체를 활용하는 방식이 제안되었다.

액상 유기 화합물을 이용한 수소의 저장 및 추출에는 톨루엔과 ㉠메틸사이클로헥세인(MCH)이라는 두 화합물 간의 상호 전환 반응이 주로 사용된다. 이는 톨루엔에 수소가 결합해 MCH가 되고 역으로 MCH가 톨루엔과 수소로 변환되는 원리를 활용 하는 것이다. 톨루엔 분자 하나에 세 개의 수소 분자가 결합할 때 각각의 수소 분자가 탄소와 수소 원자 간의 결합을 두 개씩 ⓑ만들며 MCH 분자 하나가 생성된다. MCH는 취급 안전성 및 독성이 휘발유와 유사하므로 석유의 저장과 운송을 위한 기존 인프라를 이용할 수 있다. 또한 MCH가 액체이므로 증발 기체 발생으로 인한 누출 위험이 거의 없다. 하지만 톨루엔과 MCH의 상호 전환을 통한 수소의 저장 및 추출이 반복되면서 화합물이 불안정해지는 문제가 있다.

㉡암모니아는 질소 원자와 수소 원자로 이루어진 화합물로서, 분자당 세 개의 수소 원자를 포함하고 있어 물보다 분자당 저장된 수소가 많다. 암모니아는 기존 비료 산업에서 사용하는 합성법으로 생산할 수 있고, 대규모의 투자 없이 기존 인프라를 이용하여 저장 및 운송할 수 있다. 하지만 높은 독성으로 인한 위험성은 해결해야 할 과제이다. 암모니아에서의 수소 추출 방식으로는 전기분해, 광분해, 그리고 가장 많이 ⓒ쓰이는 열분해가 있다. 각 방식에서는 암모니아 분해 반응이 일어나는데, 암모니아 분해 반응이란 암모니아가 분해되어 질소 기체와 수소 기체를 생성하는 반응이다. 이때 반응한 암모니아, 질소 기체, 수소 기체의 몰* 수의 비는 2:1:3이다. ⒜열분해 방식을 통해서는 0.9 이상의 전환율이 ⓓ얻어지는데, 부반응은 거의 없다.

여기서 전환율은 반응한 전체 암모니아의 몰 수를 공급한 암모 니아의 몰 수로 나눈 값이며, 부반응이란 암모니아 분해 반응의 의도된 생성물 외의 다른 물질이 최종 물질로 생기는 반응을 뜻한다.

수소의 대표적 활용법인 수소 연료 전지는 수소의 화학 에너지를 전기 에너지로 직접 변환하는 장치로, 산화 극, 환원 극, 전해질, 도선으로 구성된다. 산화 극에서는 공급된 수소가 수소 이온과 전자로 분해되는 반응이 일어난다. 수소 이온은 전해질을 통해, 전자는 도선을 통해 환원

극으로 이동하면서 전기를 생산 한다. 그리고 환원 극에서는 공급된 산소가 수소 이온과 전자를 만나 물을 생성한다. 이 외의 반응은 거의 ⓔ일어나지 않으므로 친환경적이다.

* 몰 : 원자 또는 분자 6.02×10^{23}개

⚙ 조건은 체크한다.

🔍 정의는 체크한다.

🎚 순서는 체크한다.

💡 문제 / 해결은 체크한다.

🔁 비교는 체크한다.

⚙ 조건은 체크한다.

🔍 정의는 체크한다.

01 윗글의 내용과 일치하지 <u>않는</u> 것은?

① 재생 에너지는 탄소 배출 없이 수소를 생산하기 위한 에너지원으로 사용될 수 있다.

② MCH는 휘발유와 유사한 취급 안전성을 갖는다.

③ 광분해 방식으로 암모니아를 질소 기체와 수소 기체로 분해할 수 있다.

④ 수소 연료 전지에 공급되는 물질은 수소와 산소이다.

⑤ 수소 연료 전지에서 수소 이온은 전자와 ~~마찬가지로 도선을~~ 통해 이동한다.

1 STRUCTURE FLOW /////////

🔍 정의 ⚙️ 조건

2 ANSWER DECODING /////////

● STEP 1. 지문 스캔

지문에서 정의를 중심으로 선지에서 묻는 상황을 찾는다.

● STEP 2. 선지 매칭

수소 이온은 전해질을 통해서 이동하고, 전자는 도선을 통해서 이동한다. 수소 이온이 도선을 통해 이동하는 것은 적절하지 않은 선지⇒ 정답

---

02 ㉠, ㉡에 대한 설명으로 가장 적절한 것은?

① ㉠은 증발 기체가 ~~많이 발생하므로~~ 누출 위험성이 ~~크다.~~

② ㉡은 독성이 ~~낮아~~ 위험성이 ~~크지 않다.~~

③ ㉡은 운송을 위한 대규모의 투자가 ~~필요하다.~~

④ ㉠은 ㉡보다 분자당 저장되어 있는 수소 원자가 많다.

⑤ ㉠은 ㉡과 ~~달리,~~ 기존 인프라를 이용하여 저장할 수 있다.

1 STRUCTURE FLOW /////////

🔍 정의 ⚙️ 조건

2 ANSWER DECODING /////////

● STEP 1. 지문 스캔

지문에서 조건(수식)을 중심으로 선지에서 묻는 상황을 찾는다.

● STEP 2. 선지 매칭

MCH분자 하나를 생성할 때 톨루엔 분자 하나에 세 개의 수소 분자가 사용된다. 암모니아는 분자당 세 개의 수소 원자를 포함한다. 세 개의 수소 분자는 여섯 개의 수소 원자이므로 분자당 저장되어 있는 수소 원자는 ㉠MCH가 6개 <㉡ 암모니아가 3개로 적절한 선지 ⇒ 정답

03 윗글의 ⓐ와 <보기>의 ⓑ를 비교하여 탐구한 내용으로 가장 적절한 것은? [3점]

> **보기**
>
> 한 과학자는 전기분해 방식으로 암모니아를 분해하는 반응기를 고안하고, 이를 사용하여 수소 기체를 얻고자 실험을 수행하였다. ⓑ이 전기분해 방식에서는 암모니아 10 몰을 공급 했을 때 6 몰의 암모니아만 반응하였으며, 반응한 암모니아의 몰 수보다 많은 몰 수의 수소 기체가 생성되었다. 이때, 원치 않았던 물질인 암모늄 이온 등이 최종 물질로 상당량 생성 되었다.

① ⓐ에서 질소 기체를 생성하는 것과 달리, ⓑ에서는 질소 기체를 ~~생성하지 않겠군~~.

② ⓐ에서 생성된 수소 기체는 ⓑ에서 생성된 수소 기체와 달리, ~~부반응에 의해서~~ 생겼군.

③ ⓐ에서 암모니아를 공급했을 때의 전환율은 ⓑ에서 암모니아를 공급했을 때의 전환율보다 ~~작겠군~~.

④ ⓑ는 ⓐ와 비교할 때, 같은 양의 암모니아를 공급한다면 더 적은 양의 수소 기체를 생성하겠군.

⑤ ⓑ에서는 ⓐ에서와 ~~달리~~, 반응한 암모니아의 몰 수보다 많은 몰 수의 수소 기체가 생성된 것이겠군.

---

1 STRUCTURE FLOW

🔍 정의   ⚙️ 조건

2 ANSWER DECODING

● STEP 1. 지문 스캔

지문에서 조건(수식)을 중심으로 선지에서 묻는 상황을 찾는다.

● STEP 2. 선지 매칭

전환율이란 (반응한 암모니아 몰 수)/(공급한 암모니아 몰 수)이다. ⓐ의 전환율은 0.9이고 ⓑ는 0.6이다. 같은 양의 암모니아를 공급하였을 때 전환율이 높은 ⓑ가 더 적은 양의 암모니아가 반응하므로 생성하는 수소 기체의 양이 적다는 적절한 선지 ⇒ 정답

---

04 문맥상 ⓐ~ⓔ와 바꿔 쓰기에 가장 적절한 것은?

① ⓐ : 단축(短縮)할

② ⓑ : 제작(製作)하며

③ ⓒ : 활용(活用)되는

④ ⓓ : 습득(拾得)되는데

⑤ ⓔ : 성행(盛行)하지

---

1 STRUCTURE FLOW

🔍 정의   ⚙️ 조건

2 ANSWER DECODING

● STEP 1. 지문 스캔

지문에서 문맥과 단어의 뜻으로 선지에서 묻는 단어를 찾는다. 틀렸다면 별도로 정리한다.

● STEP 2. 선지 매칭

ⓒ쓰이는 : 어떤 일을 하는 데에 재료나 도구, 수단이 이용되다.

③활용되는 : 도구나 물건 따위가 충분히 잘 이용되다. ⇒ 정답

㉠많은 전통적 인식론자는 임의의 명제에 대해 우리가 세 가지 믿음의 태도 중 하나만을 ⓐ가질 수 있다고 본다. 가령 '내일 눈이 온다.'는 명제를 참이라고 믿거나, 거짓이라고 믿거나, 참이라 믿지도 않고 거짓이라 믿지도 않을 수 있다. 반면 ㉡베이즈주의자는 믿음은 정도의 문제라고 본다. 가령 각 인식 주체는 '내일 눈이 온다.'가 참이라는 것에 대하여 가장 강한 믿음의 정도에서 가장 약한 믿음의 정도까지 가질 수 있다. 이처럼 베이즈주의자는 믿음의 정도를 믿음의 태도에 포함함으로써 많은 전통적 인식론자들과 달리 믿음의 태도를 풍부하게 표현한다.

우리는 종종 임의의 명제가 참인지 거짓인지 새롭게 알게 된다. 이것을 베이즈주의자의 표현으로 바꾸면 그 명제가 참인지 거짓인지에 대해 가장 강한 믿음의 정도를 새롭게 갖는다는 것이다. 베이즈주의는 이런 경우에 믿음의 정도가 어떤 방식으로 변해야 하는지에 대해 정교한 설명을 제공한다. 이에 따르면, 인식 주체가 특정 시점에 임의의 명제 A가 참이라는 것만을 또는 거짓이라는 것만을 새롭게 알게 됐을 때, 다른 임의의 명제 B에 대한 인식 주체의 기존 믿음의 정도의 변화는 조건화 원리의 적용을 받는다. 이는 믿음의 정도의 변화에 관한 원리로서, 만약 인식 주체가 A가 참이라는 것만을 새롭게 알게 된다면, B가 참이라는 것에 대한 그 인식 주체의 믿음의 정도는 애초의 믿음의 정도에서 A가 참이라는 조건하에 B가 참이라는 것에 대한 믿음의 정도로 되어야 함을 의미한다. 예를 들어 갑이 '내일 비가 온다.'가 참이라는 것을 약하게 믿고 있고, '오늘 비가 온다.'가 참이라는 조건하에서는 '내일 비가 온다.'가 참이라는 것을 강하게 믿는다고 해 보자. 조건화 원리에 따르면, 갑이 실제로 '오늘 비가 온다.'가 참이라는 것만을 새롭게 알게 될 때, '내일 비가 온다.'가 참이라는 것을 그 이전보다 더 강하게 믿는 것이 합리적이다. 조건화 원리는 새롭게 알게 된 명제가 동시에 둘 이상인 경우에도 마찬가지로 적용된다. 다만 이 원리는 믿음의 정도에 관한 것이지 행위에 관한 것은 아니다.

명제들 중에는 위의 예에서처럼 참인지 거짓인지 새롭게 알게 된 명제와 관련된 것도 있지만 그렇지 않은 것도 있다. 조건화 원리에 ⓑ따르면, 어떤 명제가 참인지 거짓인지 새롭게 알게 되더라도 그 명제와 관련 없는 명제에 대한 믿음의 정도는 변하지 않아야 한다. 예를 들어 위에서처럼 갑이 '오늘 비가 온다.'가 참이라는 것만을 새롭게 알게 되더라도 그것과 관련 없는 명제 '다른 은하에는 외계인이 존재한다.'에 대한 그의 믿음의 정도는 변하지 않아야 한다. 이처럼 베이즈주의자는 특별한 이유가 없는 한 우리의 믿음의 정도는 유지되어야 한다고 ⓒ본다.

베이즈주의자는 이렇게 상식적으로 당연하게 여겨지는 생각을 정당화하기 위해 기존의 믿음의 정도를 유지함으로써 ⓓ얻을 수 있는 실용적 효율성에 호소할 수 있다. 특별한 이유 없이 학교를 옮기는 행위는 어떠한 방식으로든 우리의 에너지를 불필요하게 소모한다. 베이즈주의자는 특별한 이유 없이 기존의 믿음의 정도를 ⓔ바꾸는 것도 이와 유사하게 에너지를 불필요하게 소모한다고 볼 수 있다. 이 관점에서는 실용적 효율성을 추구한다면, 특별한 이유가 없는 한 기존의 믿음의 정도를 유지하는 것이 합리적이다.

01 윗글에서 답을 찾을 수 있는 질문에 해당하지 <u>않는</u> 것은?

① 믿음의 정도와 관련하여 상식적으로 당연하게 여겨지는 생각을 어떻게 정당화할 수 있을까?

② 특별한 이유 없이 믿음의 정도를 바꾸어야 하는 이유는 무엇일까?

③ 믿음의 정도를 어떤 경우에 바꾸고 어떤 경우에 바꾸지 말아야 할까?

④ 믿음의 정도를 바꾸어야 한다면 어떤 방식으로 바꾸어야 할까?

⑤ 임의의 명제에 대해 어떤 믿음의 태도를 가질 수 있을까?

02 ㉠, ㉡에 대한 이해로 적절하지 않은 것은?

① 만약 을이 ㉠이라면 을은 동시에 ㉡일 수 없다.

② ㉠은 을이 '내일 눈이 온다.'가 거짓이라 믿는 것은 그 명제가 거짓임을 강한 정도로 믿는다는 의미라고 주장한다.

③ ㉠은 을이 '내일 눈이 온다.'가 참이라고 믿는다면 을은 '내일 눈이 온다.'가 거짓이라고 믿을 수는 없다고 주장한다.

④ ㉡은 을의 '내일 눈이 온다.'가 참이라는 것에 대한 믿음의 정도와 '내일 눈이 온다.'가 거짓이라는 것에 대한 믿음의 정도가 같을 수 있다고 본다.

⑤ ㉡은 을이 '내일 눈이 온다.'와 '내일 비가 온다.'가 모두 거짓이라고 믿더라도 후자를 전자보다 더 강하게 거짓이라고 믿을 수 있다고 주장한다.

03 조건화 원리에 대해 설명한 내용으로 가장 적절한 것은?

① 에너지를 불필요하게 소모하더라도 특별한 이유 없이 믿음의 정도를 바꾸는 것은 합리적이라고 설명한다.

② 어떤 행위를 할 특별한 이유가 있더라도 믿음의 정도의 변화 없이 그 행위를 해서는 안 된다고 말해 준다.

③ 새롭게 알게 된 명제와는 관련 없는 명제에 대해 우리의 믿음의 정도가 어떠해야 하는지에 대해서 말해 주지 않는다.

④ 어떤 명제가 참인 것을 새롭게 알게 되고 동시에 그와 다른 명제가 거짓인 것을 새롭게 알게 되었을 때에도 적용될 수 있다.

⑤ 임의의 명제를 새롭게 알기 전에 그와 다른 명제에 대해 가장 강하지도 않고 가장 약하지도 않은 믿음의 정도를 가지고 있는 인식 주체에게는 적용될 수 없다.

04 다음은 윗글을 읽은 학생의 독서 활동 기록이다. 윗글을 참고할 때, [A]에 들어갈 내용으로 적절하지 않은 것은? [3점]

[독서 후 심화 활동]
글의 내용을 다른 상황에 적용해보자.
○ 상황

병과 정은 공동 발표 내용을 기록한 흰색 수첩 하나를 잃어버렸다는 것을 알게 되었다. 그 수첩에는 병의 이름이 적혀 있다. 이와 관련하여 병과 정은 다음 명제 ㉮가 참이라고 믿지만 믿음의 정도는 강하지 않다.

㉮ 병의 수첩은 체육관에 있다.

병 혹은 정이 참이라고 새롭게 알게 될 수 있는 명제는 다음과 같다.

㉯ 체육관에 누군가의 이름이 적힌 흰색 수첩이 있다.

㉰ 병의 이름이 적혀있지만 어떤 색인지 확인이 안된 수첩이 병의 집에 있다.

병과 정은 ㉯와 ㉰ 이외에는 ㉮와 관련이 있는 어떤 명제도 새롭게 알게 되지 않고, 조건화 원리에 의해서만 자신들의 믿음 정도를 바꾼다.

○ 적용

[A]

① 병이 ㉮와 관련이 없는 다른 명제만을 새롭게 알게 된다면, ㉮에 대한 병의 믿음의 정도는 변하지 않겠군.

② 병이 ㉯만을 알게 된다면, 그 후에 ㉮가 참이라는 것에 대한 병의 믿음의 정도는 그 전보다 더 강해질 수 있겠군.

③ 병이 ㉯를 알게 된 후에 ㉰를 추가로 알게 된다면, ㉮가 참이라는 것에 대한 병의 믿음의 정도는 ㉰를 추가로 알기 전보다 더 약해질 수 있겠군.

④ 병이 ㉯와 ㉰를 동시에 알게 된다면, ㉮가 참이라는 것에 대한 병의 믿음의 정도는 ㉯와 ㉰가 참이라는 조건하에 ㉮가 참이라는 것에 대한 믿음의 정도로 변하겠군.

⑤ 병과 정이 ㉯를 알게 되기 전에 ㉮가 참이라는 것에 대한 믿음의 정도가 서로 다르다면, ㉯만을 알게 된 후에는 ㉮가 참이라는 것에 대한 병과 정의 믿음의 정도가 같을 수 없겠군.

05 문맥상 ⓐ~ⓔ의 단어와 가장 가까운 의미로 쓰인 것은?

① ⓐ: 어제 친구들과 함께 만나는 자리를 가졌다.

② ⓑ: 법에 따라 모든 절차가 공정하게 진행됐다.

③ ⓒ: 우리는 지금 아이를 봐 줄 분을 찾고 있다.

④ ⓓ: 그는 젊었을 때 얻은 병을 아직 못 고쳤다.

⑤ ⓔ: 매장에서 헌 냉장고를 새 선풍기와 바꿨다.

(가)

　춘추 전국 시대의 논쟁 주제 중 하나였던 음악은 진나라 때 저작인 ⊙『여씨춘추』에서도 비중 있게 다뤄졌다. 이 저작에 서는 음악을 인간의 자연스러운 감정이 표출되어 형성된 것이자 백성 교화의 수단으로 인식하면서도 즐거움을 주는 욕구의 대상으로 보는 것에 주안점을 두었다. 지배층의 사치스러운 음악 향유를 거론하며 음악을 아예 거부하는 묵자에 대해 이는 인간의 자연적 욕구를 거스르는 것이라 비판하고, 좋은 음악이란 신분, 연령 등을 막론하고 모든 사람들에게 즐거움을 주는 것이라고 주장하였다.

　이전까지는 음악이 모든 사람에게 동일한 영향을 미친다고 여겼지만, 『여씨춘추』에서는 음악을 듣는 주체의 수준과 감성에 따라 동일한 음악이라도 상이한 느낌과 결과를 유발한다고 보았다. 인간이 감정을 가진 것처럼 음악에도 감정이 담겨 있다고 전제하고, 음악을 통해 감정을 적절히 해소하거나 표현하면 결과적으로 장수할 수 있다고 주장하였다. 음악을 통해 감정의 표현이 적절해지면 사람의 마음은 편안해지며, 생명 연장까지도 가능하다고 본 것이다.

　『여씨춘추』에 따르면, 천지를 채운 기(氣)가 음악을 통해 균형을 이루는데, 음악의 조화로운 소리가 자연의 기와 공명하여 천지의 조화에 기여할 수 있고, 인체 내에서도 기의 원활한 순환을 돕는다. 음악은 우주 자연의 근원에서 비롯되어 음양의 작용에 따라 자연 에서 생겨나지만, 조화로운 소리는 적절함을 위해 인위적 과정을 거쳐야 한다고 지적하고, 좋은 음악은 소리의 세기와 높낮이가 적절해야 한다고 주장하였다.

　음악에 대한 『여씨춘추』의 입장은 인간의 선천적 욕구의 추구 를 인정하면서도 음악을 통한 지나친 욕구의 추구는 적절히 통제 되어야 한다는 것이라 할 수 있다. 이러한 입장은 『여씨춘추』의 '생명을 귀하게 여긴다.'는 '귀생(貴生)'의 원칙을 통해 분명하게 확인할 수 있다. 이 원칙에 따르면, 인간은 자연적인 욕구에 따라 음악을 즐기면서도 그것이 생명에 도움이 되는지의 여부에 따라 그것의 좋고 나쁨을 판단하고 취사선택해야 한다. 이에 따라 『여씨춘추』에서는 개인적인 욕구에 따른 일차적인 자연적 음악 보다 인간의 감정과 욕구를 절도 있게 표현한 선왕(先王)들의 음악을 더 중시하였다. 그리고 선왕들의 음악이 민심을 교화하는 도덕적 기능이 있다고 지적하였다.

(나)

　음악적 아름다움의 본질은 무엇인가? 19세기 미학자 한슬리 크는 "ⓛ음악의 아름다움은 외부의 어떤 것에도 의존하지 않고, 오로지 음과 음의 결합에 의해 이루어진다."라고 주장했다. 예를 들면, 모차르트의 '교향곡 제40번 사단조'는 '사' 음을 으뜸음 으로 하는 단음계로 작곡된 조성 음악으로, 여기에는 제목이나 가사 등 음악 외적인 어떤 것도 개입하지 않는다. 다만 7개의 음을 사용하여 음계를 구성하고, 으뜸, 딸림, 버금딸림 등 각각의 기능에 따라 규칙적인 화성 진행을 한다. 조성 음악의 체계는 17세기 이후 지속된 서양 음악의 구조적 기본틀이었다.

　그러나 20세기 초 서양 음악은 전통적인 아름다움의 개념을 거부하고 새로운 미적 가치를 추구하였다. 불협화음이 반드시 협화음으로 해결되어야 한다는 기존의 조성 음악으로부터의 탈피를 보여 주는 대표적인 음악들 중의 하나가 표현주의 음악 이다. 표현주의는 20세기 초반에 나타난 예술 사조로서 미술에서 시작하여 음악과 문학 등 예술의 제 분야에 영향력을 미쳤다. 표현주의 예술은 소외된 인간 내면의 주관적인 감성을 충실하게 표현하려는 사조이다. 표현주의 음악의 주된 특성은 조성 음악의 체계가 상실된 것이며, 이는 곧 '무조 음악'의 탄생으로 이어졌다. 당시 쇤베르크가 발표한 음악 프로그램 노트에는 이렇게 적혀 있다. "처음으로 나는 지난 시기 미학의 모든 울타리를 부숴 버렸으며, 사명을 띠고 한 이념 을 부르짖는다."

　무조 음악은 12개의 음을 자유롭게 사용하며, 다양한 불협화음 을 다룬다. 대표적인 예는 쇤베르크가 1912년에 발표한 작품 'ⓒ달에 홀린 피에로'이다.

이 작품은 상징주의 시인인 지로가 발표한 연시집에 수록된 50편의 시 중에서 21편을 가사로 삼아 작곡한 성악곡이다.

Rezitation

이 곡의 성악 성부는 새로운 성악 기법으로 주목을 받았다. 즉 악보에 음표를 표기하기는 하였으나, 모든 음표에 ×표를 하여 연주할 때에는 음높이를 정확하게 드러내지 않고 '말하는 선율'로 연주하도록 하였다. 피에로로 분장한 낭송자가 날카로운 사회 비판과 풍자를 담은 가사를 읊는다. 또한 기악 성부는 다양한 악기 배합과 주법을 통해 새로운 음향을 창출한다. 이 곡은 무조적 짜임새를 기본으로 하여, 낭송조의 표현적 측면을 강조한 새로운 성악 기법과, 새로운 연주 기법을 시도한 색채적 음향 등을 통해 표현주의 음악의 특징을 드러내는 작품이라고 볼 수 있다.

01 다음은 (가), (나)를 읽고 학생이 작성한 활동지의 일부이다. ⓐ~ⓒ에 대한 평가를 바르게 짝지은 것은?

공통점	• 음악에 대한 견해를 설명하기 위해 그 견해와 대비 되는 견해를 제시함. ····· ⓐ ⋮
차이점	• (가)와 달리 (나)는 특정 음악 작품을 예로 제시함. ········· ⓑ • (나)와 달리 (가)는 음악을 다른 예술 갈래와 비교함. ········ ⓒ ⋮

	ⓐ	ⓑ	ⓒ
①	적절	적절	적절
②	적절	적절	부적절
③	적절	부적절	적절
④	부적절	적절	적절
⑤	부적절	부적절	부적절

02 ㉠에 제시된 음악에 대한 견해와 부합하는 진술로 적절하지 않은 것은?

① 너무 큰 소리와 너무 작은 소리로 이루어진 음악은 적절하지 않은 음악이 된다.

② 훌륭한 음악은 군주와 신하, 아버지와 자식, 어른과 어린 아이 모두에게 즐거움을 주는 것이다.

③ 사람이 음악을 즐기는 것은 선천적인 욕구에 따른 것이니 음악은 사람이 억지로 부정할 수 있는 것이 아니다.

④ 음악에 감정이 있다는 것은 사람에게 감정이 있는 것과 같으니 음악을 듣고 감정을 적절히 해소하면 마음이 쾌적해진다.

⑤ 쾌활한 사람이든지 우울한 사람이든지 막론하고 슬픈 곡조의 음악을 들으면 누구나 슬픈 감정의 상태에 이르는 법이다

03 (가)를 참고할 때, <보기>에 대한 반응으로 적절하지 않은 것은? [3점]

┌─── 보기 ───
노자(老子)는 인간의 자연스러운 본성을 실현하는 데 욕구가 방해가 된다고 보고, 현실 속 음악을 거부하였다. 그에게 최고의 음악은 우주의 근원인 도(道)의 모습을 닮아 거의 들리지 않는 음악이었다. 욕구가 일어나지 않는 마음 상태를 이상적으로 본 장자(莊子)는 노자와 같이 음악을 우주 자연의 근원에서 비롯되었다고 전제하면서 음악을 천지 만물의 조화와 결부하여 설명하였다. 음악이 인간의 삶에서 결여될 수 없다고 주장한 그는 의미 있는 음악이란 사람의 자연스러운 감정에 근본을 두면서도 형식화되어야 함을 지적하고, 선왕(先王)들이 백성들을 위해 제대로 된 음악을 만들었다고 보았다.
└────────────

① 노자는 『여씨춘추』와 달리 인위적인 음악에 대해 부정적 이었겠군.

② 노자는 『여씨춘추』와 같이 우주 자연의 근원에서 음악이 비롯 되었다는 데 긍정적이었겠군.

③ 장자는 『여씨춘추』와 같이 선왕들의 음악에 대해 긍정적 이었겠군.

④ 장자는 『여씨춘추』와 달리 음악에 대한 묵자의 태도에 대해 부정적이었겠군.

⑤ 장자는 『여씨춘추』와 같이 만물의 조화를 중심으로 음악을 보는 것에 대해 긍정적이었겠군.

04 한 이념 의 실천 내용으로 가장 적절한 것은?

① 조성에서 벗어난 무조적 짜임새로 표현하는 것
② 음계를 구성하는 7개의 음을 사용한 화음들로 표현하
   는 것
③ 사회 비판과 풍자를 가사에 담아 정확한 음높이로 표
   현하는 것
④ 불협화음을 사용할 경우에 반드시 협화음으로 해결하
   여 표현 하는 것
⑤ 전통적인 아름다움을 거부하고 감정이 드러나지 않도
   록 표현

05 ⓛ의 관점에서 ⓒ을 비평한 내용으로 가장 적절한 것은?

① ×표로 표시된 말하는 성악 선율은 주관적인 감성을 제
   대로 표현하지 못하므로 바람직하지 않다.
② 피에로 분장을 한 낭송자가 가사를 낭송하는 것은 음악
   외적 인 것이 개입하므로 적절하지 않다.
③ 다양한 악기의 배합과 새로운 연주 기법을 시도한 것
   은 색채적 음향으로 무조적 경향을 깨뜨리므로 바람직
   하지 않다.
④ 규칙적인 화성 진행을 따르는 것은 12개의 음을 자유
   롭게 사용 하는 조성 음악의 체계에서 벗어나므로 적
   절하지 않다.
⑤ 지로가 발표한 연시집 중 일부만을 가사로 사용한 것은
   전체 작품의 줄거리를 이해하기 어렵게 하므로 바람직
   하지 않다.

06 다음은 학생의 독서 활동 과정이다. 학생이 재구성하기 단계에서 쓴 글로 가장 적절한 것은? [3점]

질문하기	좋은 곡을 작곡하기 위해 어떤 노력이 필요할까?
탐색하기	음악에 대한 이해를 돕는 글 찾기
분석적 읽기	(가), (나)를 읽고 주제, 관점, 내용 등을 비교하여 종합하기
재구성하기	분석내용을 바탕으로 질문에 대한 답을 재구성하여 글로 쓰기

① 두 글은 모두 음악이 구조적인 기본틀을 제대로 갖추어
   야 아름 다움을 느낄 수 있다고 제시하였다. 다양한 음
   악 작품의 구조 를 분석해 보고 내가 작곡할 때에도 적
   용해 보아야겠다.
② 두 글은 창작자와 감상자가 각각의 입장에 따라 음악의
   가치를 서로 다르게 판단한다고 제시하였다. 감상하는
   사람뿐만 아니라 연주하는 사람에게도 인정받을 수 있
   는 음악을 작곡할 수 있도록 노력해야겠다.
③ 두 글은 좋은 음악으로 인정받기 위한 조건으로 도덕
   적 기능이 있어야 한다는 것을 공통적으로 제시하였다.
   사람들의 정서에 긍정적인 영향을 끼쳐서 세상을 아름
   답게 가꾸는 데 기여할 수 있는 음악을 만들어야겠다.
④ 두 글은 동서양을 막론하고 음악이 감정을 표현하는 도
   구로 쓰였지만, 음악에 대한 인식이 고정되어 있는 것이
   아님을 보여 주었다. 작곡을 할 때 한 가지 기준이나 방
   법만 고집할 것이 아니라 다양한 시도를 해 보아야겠다.
⑤ 두 글은 시대적 상황이 음악에 영향을 끼친다는 것을
   보여 주었다. 역사에 대한 배경 지식이 부족하여 글을
   이해하기 힘 들었는데, 글을 제대로 이해하는 데 필요
   한 배경 지식을 갖출 수 있도록 다양한 책 읽기를 실천
   해야겠다.

1993년 노벨 화학상은 중합 효소 연쇄 반응(PCR)을 개발한 멀리스에게 수여된다. 염기 서열을 아는 DNA가 한 분자라도 있으면 이를 다량으로 증폭할 수 있는 길을 열었기 때문이다. PCR는 주형 DNA, 프라이머, DNA 중합 효소, 4종의 뉴클레오 타이드가 필요하다. 주형 DNA란 시료로부터 추출하여 PCR 에서 DNA 증폭의 바탕이 되는 이중 가닥 DNA를 말하며, 주형 DNA에서 증폭하고자 하는 부위를 표적 DNA라 한다. 프라이머는 표적 DNA의 일부분과 동일한 염기 서열로 이루어진 짧은 단일 가닥 DNA로, 2종의 프라이머가 표적 DNA의 시작과 끝에 각각 결합한다. DNA 중합 효소는 DNA를 복제하는데, 단일 가닥 DNA의 각 염기 서열에 대응하는 뉴클레오 타이드를 순서대로 결합시켜 이중 가닥 DNA를 생성한다.

PCR 과정은 우선 열을 가해 이중 가닥의 DNA를 2개의 단일 가닥으로 분리하는 것으로 시작한다. 이후 각각의 단일 가닥 DNA에 프라이머가 결합하면, DNA 중합 효소에 의해 복제되어 2개의 이중 가닥 DNA가 생긴다. 일정한 시간 동안 진행되는 이러한 DNA 복제 과정이 한 사이클을 이루며, 사이클마다 표적 DNA의 양은 2배씩 증가한다. 그리고 DNA의 양이 더 이상 증폭되지 않을 정도로 충분히 사이클을 수행한 후 PCR를 종료한다. 전통적인 PCR는 PCR의 최종 산물에 형광 물질을 결합시켜 발색을 통해 표적 DNA의 증폭 여부를 확인한다.

PCR는 시료의 표적 DNA 양도 알 수 있는 실시간 PCR라는 획기적인 개발로 이어졌다. 실시간 PCR는 전통적인 PCR와 동일하게 PCR를 실시하지만, 사이클마다 발색 반응이 일어나도록 하여 누적되는 발색을 통해 표적 DNA의 증폭을 실시간으로 확인할 수 있다. 이를 위해 실시간 PCR에서는 PCR 과정에 발색 물질이 추가로 필요한데, '이중 가닥 DNA 특이 염료' 또는 '형광 표식 탐침'이 이에 이용된다. ㉠이중 가닥 DNA 특이 염료는 이중 가닥 DNA에 결합하여 발색하는 형광 물질로, 새로 생성된 이중 가닥 표적 DNA에 결합하여 발색하므로 표적 DNA의 증폭을 알 수 있게 한다. 다만, 이중 가닥 DNA 특이 염료는 모든 이중 가닥 DNA에 결합할 수 있기 때문에 2개의 프라이머끼리 결합하여 이중 가닥의 이합체(二合體)를 형성한 경우에는 이와 결합하여 의도치 않은 발색이 일어난다.

㉡형광 표식 탐침은 형광 물질과 이 형광 물질을 억제하는 소광 물질이 붙어 있는 단일 가닥 DNA 단편으로, 표적 DNA에서 프라이머가 결합하지 않는 부위에 특이적으로 결합하도록 설계된다. PCR 과정에서 이중 가닥 DNA가 단일 가닥으로 되면, 형광 표식 탐침은 프라이머와 마찬가지로 표적 DNA에 결합한다. 이후 DNA 중합 효소에 의해 이중 가닥 DNA가 형성되는 과정 중에 탐침은 표적 DNA와의 결합이 끊어지고 분해된다. 탐침이 분해되어 형광 물질과 소광 물질의 분리가 일어나면 비로소 형광 물질이 발색되며, 이로써 표적 DNA가 증폭되었음을 알 수 있다. 형광 표식 탐침은 표적 DNA에 특이적으로 결합하는 장점을 지니나 상대적으로 비용이 비싸다.

[A] 실시간 PCR에서 발색도는 증폭된 이중 가닥 표적 DNA의 양에 비례하며, 일정 수준의 발색도에 도달하는 데 필요한 사이클은 표적 DNA의 초기 양에 따라 달라진다. 사이클의 진행에 따른 발색도의 변화가 연속적인 선으로 표시되며, 표적 DNA를 검출했다고 판단하는 발색도에 도달하는 데 소요된 사이클을 Ct값이라 한다. 표적 DNA의 농도를 알지 못하는 미지 시료의 Ct값과 표적 DNA의 농도를 알고 있는 표준 시료의 Ct값을 비교하면 미지 시료에 포함된 표적 DNA의 농도를 계산할 수 있다.

PCR는 시료로부터 얻은 DNA를 가지고 유전자 복제, 유전병 진단, 친자 감별, 암 및 감염성 질병 진단 등에 광범위하게 활용된다. 특히 실시간 PCR를 이용하면 바이러스의 감염 여부를 초기에 정확하고 빠르게 진단할 수 있다.

01 윗글에서 알 수 있는 내용으로 적절하지 <u>않은</u> 것은?

① 2종의 프라이머 각각의 염기 서열과 정확히 일치하는 염기 서열을 주형 DNA에서 찾을 수 없다.

② PCR에서 표적 DNA 양이 초기 양을 기준으로 처음의 2배가 되는 시간과 4배에서 8배가 되는 시간은 같다.

③ 전통적인 PCR는 표적 DNA 농도를 아는 표준 시료가 있어도 미지 시료의 표적 DNA 농도를 PCR 과정 중에 알 수 없다.

④ 실시간 PCR는 가열 과정을 거쳐야 시료에 포함된 표적 DNA의 양을 증폭할 수 있다.

⑤ 실시간 PCR를 실시할 때에 표적 DNA의 증폭이 일어나려면 DNA 중합 효소와 프라이머가 필요하다.

02 ⊙과 ⓛ에 대한 설명으로 가장 적절한 것은?

① ⊙은 ⓛ과 달리 프라이머와 결합하여 이합체를 이룬다.

② ⊙은 ⓛ과 달리 표적 DNA에 붙은 채 발색 반응이 일어난다.

③ ⓛ은 ⊙과 달리 형광 물질과 결합하여 이합체를 이룬다.

④ ⓛ은 ⊙과 달리 한 사이클의 시작 시점에 발색 반응이 일어난다.

⑤ ⊙과 ⓛ은 모두 이중 가닥 표적 DNA에 결합하는 물질이다.

03 어느 바이러스 감염증의 진단 검사에 PCR를 이용하려고 한다. 윗글을 읽고 이해한 반응으로 가장 적절한 것은?

① 전통적인 PCR로 진단 검사를 할 때, 시료에 바이러스의 양이 적은 감염 초기에는 감염 여부를 진단할 수 없겠군.

② 전통적인 PCR로 진단 검사를 할 때, DNA 증폭 여부 확인에 발색 물질이 필요 없으니 비용이 상대적으로 싸겠군.

③ 전통적인 PCR로 진단 검사를 할 때, 실시간 증폭 여부를 확인할 필요가 없어 진단에 걸리는 시간을 줄일 수 있겠군.

④ 실시간 PCR로 진단 검사를 할 때, 표적 DNA의 염기 서열이 알려져 있어야 감염 여부를 분석할 수 있겠군.

⑤ 실시간 PCR로 진단 검사를 할 때, 감염 여부는 PCR가 끝난 후에야 알 수 있지만 실시간 증폭은 확인할 수 있겠군.

04 [A]를 바탕으로 <보기 1>의 실험 상황을 가정하고 <보기 2>와 같이 예상 결과를 추론하였다. ㉮~㉰에 들어갈 말로 적절한 것은?

/보기 1/
표적 DNA의 농도를 알지 못하는 ⓐ미지 시료와, 이와 동일한 표적 DNA를 포함하지만 그 농도를 알고 있는 ⓑ표준 시료가 있다. 각 시료의 DNA를 주형 DNA로 하여 같은 양의 시료로 동일한 조건에서 실시간 PCR를 실시한다.

[3점]

/보기 2/
만약 ⓐ가 ⓑ보다 표적 DNA의 초기 농도가 높다면,

↓

표적 DNA가 증폭되는 동안, 사이클이 진행됨에 따라 시간당 시료의 표적 DNA의 증가량은 ⓐ가 (㉮).

↓

실시간 PCR의 Ct값에서의 발색도는 ⓐ가 (㉯).

↓

따라서 실시간 PCR의 Ct값은 ⓐ가 (㉰).

	㉮	㉯	㉰
①	ⓑ보다 많겠군	ⓑ보다 높겠군	ⓑ보다 크겠군
②	ⓑ보다 많겠군	ⓑ와 같겠군	ⓑ보다 작겠군
③	ⓑ와 같겠군	ⓑ보다 높겠군	ⓑ보다 작겠군
④	ⓑ와 같겠군	ⓑ와 같겠군	ⓑ보다 작겠군
⑤	ⓑ와 같겠군	ⓑ보다 높겠군	ⓑ보다 크겠군

DAY 6 – ①

　㉠많은 전통적 인식론자는 임의의 명제에 대해 우리가 세 가지 믿음의 태도 중 하나만을 ⓐ가질 수 있다고 본다. 가령 '내일 눈이 온다.'는 명제를 참이라고 믿거나, 거짓이라고 믿거나, 참이라 믿지도 않고 거짓이라 믿지도 않을 수 있다. 반면 ㉡베이즈주의자는 믿음은 정도의 문제라고 본다. 가령 각 인식 주체는 '내일 눈이 온다.'가 참이라는 것에 대하여 가장 강한 믿음의 정도에서 가장 약한 믿음의 정도까지 가질 수 있다. 이처럼 베이즈주의자는 믿음의 정도를 믿음의 태도에 포함함으로써 많은 전통적 인식론자들과 달리 믿음의 태도를 풍부하게 표현한다.

　우리는 종종 임의의 명제가 참인지 거짓인지 새롭게 알게 된다. 이것을 베이즈주의자의 표현으로 바꾸면 그 명제가 참인지 거짓인지에 대해 가장 강한 믿음의 정도를 새롭게 갖는다는 것이다. 베이즈주의는 이런 경우에 믿음의 정도가 어떤 방식으로 변해야 하는지에 대해 정교한 설명을 제공한다. 이에 따르면, 인식 주체가 특정 시점에 임의의 명제 A가 참이라는 것만을 또는 거짓이라는 것만을 새롭게 알게 됐을 때, 다른 임의의 명제 B에 대한 인식 주체의 기존 믿음의 정도의 변화는 조건화 원리의 적용을 받는다. 이는 믿음의 정도의 변화에 관한 원리로서, 만약 인식 주체가 A가 참이라는 것만을 새롭게 알게 된다면, B가 참이라는 것에 대한 그 인식 주체의 믿음의 정도는 애초의 믿음의 정도에서 A가 참이라는 조건하에 B가 참이라는 것에 대한 믿음의 정도로 되어야 함을 의미한다. 예를 들어 갑이 '내일 비가 온다.'가 참이라는 것을 약하게 믿고 있고, '오늘 비가 온다.'가 참이라는 조건하에서는 '내일 비가 온다.'가 참이라는 것을 강하게 믿는다고 해 보자. 조건화 원리에 따르면, 갑이 실제로 '오늘 비가 온다.'가 참이라는 것만을 새롭게 알게 될 때, '내일 비가 온다.'가 참이라는 것을 그 이전보다 더 강하게 믿는 것이 합리적이다. 조건화 원리는 새롭게 알게 된 명제가 동시에 둘 이상인 경우에도 마찬가지로 적용된다. 다만 이 원리는 믿음의 정도에 관한 것이지 행위에 관한 것은 아니다.

　명제들 중에는 위의 예에서처럼 참인지 거짓인지 새롭게 알게 된 명제와 관련된 것도 있지만 그렇지 않은 것도 있다. 조건화 원리에 ⓑ따르면, 어떤 명제가 참인지 거짓인지 새롭게 알게 되더라도 그 명제와 관련 없는 명제에 대한 믿음의 정도는 변하지 않아야 한다. 예를 들어 위에서처럼 갑이 '오늘 비가 온다.'가 참이라는 것만을 새롭게 알게 되더라도 그것과 관련 없는 명제 '다른 은하에는 외계인이 존재한다.'에 대한 그의 믿음의 정도는 변하지 않아야 한다. 이처럼 베이즈주의자는 특별한 이유가 없는 한 우리의 믿음의 정도는 유지되어야 한다고 ⓒ본다.

　베이즈주의자는 이렇게 상식적으로 당연하게 여겨지는 생각을 정당화하기 위해 기존의 믿음의 정도를 유지함으로써 ⓓ얻을 수 있는 실용적 효율성에 호소할 수 있다. 특별한 이유 없이 학교를 옮기는 행위는 어떠한 방식으로든 우리의 에너지를 불필요하게 소모한다. 베이즈주의자는 특별한 이유 없이 기존의 믿음의 정도를 ⓔ바꾸는 것도 이와 유사하게 에너지를 불필요하게 소모한다고 볼 수 있다. 이 관점에서는 실용적 효율성을 추구한다면, 특별한 이유가 없는 한 기존의 믿음의 정도를 유지하는 것이 합리적이다.

人 인물은 체크한다.

⚙ 조건은 체크한다.

🔍 정의는 체크한다.

⚙ 조건은 체크한다.

01 윗글에서 답을 찾을 수 있는 질문에 해당하지 <u>않는</u> 것은?

① 믿음의 정도와 관련하여 상식적으로 당연하게 여겨지는 생각을 어떻게 정당화할 수 있을까?

② 특별한 이유 없이 믿음의 정도를 ~~바꾸어야 하는~~ 이유는 무엇일까?

③ 믿음의 정도를 어떤 경우에 바꾸고 어떤 경우에 바꾸지 말아야 할까?

④ 믿음의 정도를 바꾸어야 한다면 어떤 방식으로 바꾸어야 할까?

⑤ 임의의 명제에 대해 어떤 믿음의 태도를 가질 수 있을까?

1 STRUCTURE FLOW ////////

👤 인물   ⚙️ 조건

2 ANSWER DECODING ////////

● STEP 1. 지문 스캔

지문에서 인물을 중심으로 선지에서 묻는 상황을 찾는다.

● STEP 2. 선지 매칭

베이즈주의자는 특별한 이유가 없는 한 기존의 믿음 정도를 유지하는 것이 합리적이라고 하였으므로 믿음의 정도를 바꾸어야 하는 까닭은 적절하지 않은 선지⇒ 정답

---

02 ㉠, ㉡에 대한 이해로 적절하지 <u>않은</u> 것은?

① 만약 을이 ㉠이라면 을은 동시에 ㉡일 수 없다.

② ㉠은 을이 '내일 눈이 온다.'가 거짓이라 믿는 것은 그 명제가 거짓임을 강한 정도로 믿는다는 의미라고 주장한다.

③ ㉠은 을이 '내일 눈이 온다.'가 참이라고 믿는다면 을은 '내일 눈이 온다.'가 거짓이라고 믿을 수는 없다고 주장한다.

④ ㉡은 을의 '내일 눈이 온다.'가 참이라는 것에 대한 믿음의 정도와 '내일 눈이 온다.'가 거짓이라는 것에 대한 믿음의 정도가 같을 수 있다고 본다.

⑤ ㉡은 을이 '내일 눈이 온다.'와 '내일 비가 온다.'가 모두 거짓이라고 믿더라도 후자를 전자보다 더 강하게 거짓이라고 믿을 수 있다고 주장한다.

1 STRUCTURE FLOW ////////

👤 인물   ⚙️ 조건

2 ANSWER DECODING ////////

● STEP 1. 지문 스캔

지문에서 인물을 중심으로 선지에서 묻는 상황을 찾는다.

● STEP 2. 선지 매칭

㉠전통적 인식론자는 참이라고 믿거나, 거짓이라고 믿거나, 참이라 믿지도 않고 거짓이라고 믿지도 않는 세 가지 믿음의 태도 중 하나만 가질 수 있다고 주장하였다. ㉡베이즈주의자는 믿음의 정도의 문제라고 주장하였다. 거짓임을 강한 정도로 믿는 것은 ㉠이 아닌 ㉡이므로 적절하지 않은 선지⇒ 정답

03 조건화 원리 에 대해 설명한 내용으로 가장 적절한 것은?

① 에너지를 불필요하게 소모하더라도 특별한 이유 없이 믿음의 정도를 바꾸는 것은 ~~합리적이라고~~ 설명한다.

② 어떤 행위를 할 특별한 이유가 있더라도 믿음의 정도의 변화 없이 ~~그 행위를~~ 해서는 안 된다고 말해 준다.

③ 새롭게 알게 된 명제와는 관련 없는 명제에 대해 우리의 믿음의 정도가 어떠해야 하는지에 대해서 말해 주지 ~~않는다.~~

④ 어떤 명제가 참인 것을 새롭게 알게 되고 동시에 그와 다른 명제가 거짓인 것을 새롭게 알게 되었을 때에도 적용될 수 있다.

⑤ 임의의 명제를 새롭게 알기 전에 그와 다른 명제에 대해 가장 강하지도 않고 가장 약하지도 않은 믿음의 정도를 가지고 있는 인식 주체에게는 적용될 수 ~~없다.~~

---

1 STRUCTURE FLOW //////////

> 🔍 **정의**   ⚙️ **조건**

2 ANSWER DECODING //////////

● **STEP 1. 지문 스캔**

지문에서 정의를 중심으로 선지에서 묻는 상황을 찾는다.

● **STEP 2. 선지 매칭**

조건화 원리는 새롭게 알게 된 명제가 둘 이상인 경우에도 마찬가지로 적용된다. 참인 것을 새롭게 알게 되고 동시에 그와 다른 명제가 거짓인 것을 알게 되었을 때도 적용가능하므로 적절한 선지 ⇒ 정답

04 다음은 윗글을 읽은 학생의 독서 활동 기록이다. 윗글을 참고할 때, [A]에 들어갈 내용으로 적절하지 <u>않은</u> 것은? [3점]

[독서 후 심화 활동]

글의 내용을 다른 상황에 적용해보자.

○ 상황

병과 정은 공동 발표 내용을 기록한 흰색 수첩 하나를 잃어버렸다는 것을 알게 되었다. 그 수첩에는 병의 이름이 적혀 있다. 이와 관련하여 병과 정은 다음 명제 ㉮가 참이라고 믿지만 믿음의 정도는 강하지 않다.

㉮ 병의 수첩은 체육관에 있다.

병 혹은 정이 참이라고 새롭게 알게 될 수 있는 명제는 다음과 같다.

㉯ 체육관에 누군가의 이름이 적힌 흰색 수첩이 있다.

㉰ 병의 이름이 적혀있지만 어떤 색인지 확인이 안된 수첩이 병의 집에 있다.

병과 정은 ㉯와 ㉰ 이외에는 ㉮와 관련이 있는 어떤 명제도 새롭게 알게 되지 않고, 조건화 원리에 의해서만 자신들의 믿음 정도를 바꾼다.

○ 적용

| [A] |

① 병이 ㉮와 관련이 없는 다른 명제만을 새롭게 알게 된다면, ㉮에 대한 병의 믿음의 정도는 변하지 않겠군.

② 병이 ㉯만을 알게 된다면, 그 후에 ㉮가 참이라는 것에 대한 병의 믿음의 정도는 그 전보다 더 강해질 수 있겠군.

③ 병이 ㉯를 알게 된 후에 ㉰를 추가로 알게 된다면, ㉮가 참이 라는 것에 대한 병의 믿음의 정도는 ㉰를 추가로 알기 전보다 더 약해질 수 있겠군.

④ 병이 ㉯와 ㉰를 동시에 알게 된다면, ㉮가 참이라는 것에 대한 병의 믿음의 정도는 ㉯와 ㉰가 참이라는 조건하에 ㉮가 참이 라는 것에 대한 믿음의 정도로 변하겠군.

⑤ 병과 정이 ㉯를 알게 되기 전에 ㉮가 참이라는 것에 대한 믿음의 정도가 서로 다르다면, ㉯만을 알게 된 후에는 ㉮가 참이라는 것에 대한 병과 정의 믿음의 정도가 ~~같을 수 없겠군.~~

1 STRUCTURE FLOW ///////

Q 정의   ⚙ 조건

2 ANSWER DECODING ///////

● STEP 1. 지문 스캔

지문에서 정의를 중심으로 선지에서 묻는 상황을 찾는다.

● STEP 2. 선지 매칭

조건화 원리는 믿음의 변화에 관한 원리로 새롭게 알게 될 때 A가 참이라는 조건 하에 B가 참이라는 것에 대한 믿음의 정도로 변한다는 것이다. ㉮가 참이라는 것에 대한 믿음 정도의 변화는 다를 수 있으나 믿음의 정도는 같을 수 있으므로 적절하지 않은 선지 ⇒ 정답

05 문맥상 ⓐ∼ⓔ의 단어와 가장 가까운 의미로 쓰인 것은?

① ⓐ: 어제 친구들과 함께 만나는 자리를 가졌다.
② ⓑ : 법에 따라 모든 절차가 공정하게 진행됐다.
③ ⓒ : 우리는 지금 아이를 봐 줄 분을 찾고 있다.
④ ⓓ : 그는 젊었을 때 얻은 병을 아직 못 고쳤다.
⑤ ⓔ : 매장에서 헌 냉장고를 새 선풍기와 바꿨다.

1 ANSWER DECODING //////////

● STEP 1. 지문 스캔

지문에서 문맥과 단어의 뜻으로 선지 에서 묻는 단어를 찾는다. 틀렸다면 별도로 정리한다.

● STEP 2. 선지 매칭

ⓑ따르면 : 어떤 경우, 사실이나 기준 등에 의거하다.
②따라 : 어떤 경우, 사실이나 기준 등에 의거하다 ⇒ 정답

DAY 6 − ②

(가)

　춘추 전국 시대의 논쟁 주제 중 하나였던 음악은 진나라 때 저작인 ㉠『여씨춘추』에서도 비중 있게 다뤄졌다. 이 저작에 서는 음악을 인간의 자연스러운 감정이 표출되어 형성된 것이자 백성 교화의 수단으로 인식하면서도 즐거움을 주는 욕구의 대상 으로 보는 것에 주안점을 두었다. 지배층의 사치스러운 음악 향유를 거론하며 ~~음악~~을 아예 거부하는 **묵자**에 대해 이는 인간의 자연적 욕구를 거스르는 것이라 비판하고, 좋은 음악이란 신분, 연령 등을 막론하고 모든 사람들에게 즐거움을 주는 것이라고 주장하였다.

　이전까지는 음악이 모든 사람에게 동일한 영향을 미친다고 여겼지만,『여씨춘추』에서는 음악을 듣는 주체의 수준과 감성에 따라 동일한 음악이라도 상이한 느낌과 결과를 유발한다고 보았다. 인간이 감정을 가진 것처럼 음악에도 감정이 담겨 있다 고 전제하고, 음악을 통해 감정을 적절히 해소하거나 표현하면 결과적으로 장수할 수 있다고 주장하였다. 음악을 통해 감정의 표현이 적절해지면 사람의 마음은 편안해지며, 생명 연장까지도 가능하다고 본 것이다.

　『여씨춘추』에 따르면, 천지를 채운 기(氣)가 음악을 통해 균형을 이루는데, 음악의 **조화로운 소리**가 자연의 기와 공명하여 천지의 조화에 기여할 수 있고, 인체 내에서도 기의 원활한 순환을 돕는다. 음악은 우주 자연의 근원에서 비롯되어 음양의 작용에 따라 자연 에서 생겨나지만, 조화로운 소리는 적절함을 위해 인위적 과정을 거쳐야 한다고 지적하고, 좋은 음악은 소리의 세기와 높낮이가 적절해야 한다고 주장하였다.

　음악에 대한 『여씨춘추』의 입장은 인간의 선천적 욕구의 추구 를 인정하면서도 음악을 통한 지나친 욕구의 추구는 적절히 통제 되어야 한다는 것이라 할 수 있다. 이러한 입장은『여씨춘추』의 '생명을 귀하게 여긴다.'는 **귀생(貴生)**의 원칙을 통해 분명하게 확인할 수 있다. 이 원칙에 따르면, 인간은 자연적인 욕구에 따라 음악을 즐기면서도 그것이 생명에 도움이 되는지의 여부에 따라 그것의 좋고 나쁨을 판단하고 취사선택해야 한다. 이에 따라『여씨춘추』에서는 개인적인 욕구에 따른 일차적인 자연적 음악 보다 인간의 감정과 욕구를 절도 있게 표현한 선왕(先王)들의 음악을 더 중시하였다. 그리고 선왕들의 음악이 민심을 교화하는 도덕적 기능이 있다고 지적하였다.

(나)

　음악적 아름다움의 본질은 무엇인가? 19세기 미학자 **한슬리크**는 "㉡음악의 아름다움은 외부의 어떤 것에도 의존하지 않고, 오로지 음과 음의 결합에 의해 이루어진다."라고 주장했다. 예를 들면, 모차르트의 '교향곡 제40번 사단조'는 '사' 음을 으뜸음 으로 하는 단음계로 작곡된 조성

👤 **인물은 체크한다.**

⚙ **조건은 체크한다.**

🔍 **정의는 체크한다.**

👤 **인물은 체크한다.**

음악으로, 여기에는 제목이나 가사 등 음악 외적인 어떤 것도 개입하지 않는다. 다만 7개의 음을 사용하여 음계를 구성하고, 으뜸, 딸림, 버금딸림 등 각각의 기능에 따라 규칙적인 화성 진행을 한다. 조성 음악의 체계는 17세기 이후 지속된 서양 음악의 구조적 기본틀이었다.

📅 시간은 체크한다.

그러나 20세기 초 서양 음악은 전통적인 아름다움의 개념을 거부하고 새로운 미적 가치를 추구하였다. 불협화음이 반드시 협화음으로 해결되어야 한다는 기존의 조성 음악으로부터의 탈피를 보여 주는 대표적인 음악들 중의 하나가 표현주의 음악 이다. 표현주의는 20세기 초반에 나타난 예술 사조로서 미술에서 시작하여 음악과 문학 등 예술의 제 분야에 영향력을 미쳤다.표현주의 예술은 소외된 인간 내면의 주관적인 감성을 충실하게 표현하려는 사조이다. 표현주의 음악의 주된 특성은 조성 음악의 체계가 상실된 것이며, 이는 곧 '무조 음악'의 탄생으로 이어졌다. 당시 쇤베르크가 발표한 음악 프로그램 노트에는 이렇게 적혀 있다. "처음으로 나는 지난 시기 미학의 모든 울타리를 부숴 버렸으며, 사명을 띠고 한 이념 을 부르짖는다."

📅 시간은 체크한다.

🔍 정의는 체크한다.

👤 인물은 체크한다.

무조 음악은 12개의 음을 자유롭게 사용하며, 다양한 불협화음 을 다룬다. 대표적인 예는 쇤베르크가 1912년에 발표한 작품 'ⓒ달에 홀린 피에로'이다. 이 작품은 상징주의 시인인 지로가 발표한 연시집에 수록된 50편의 시 중에서 21편을 가사로 삼아 작곡한 성악곡이다.

Rezitation

Fin-stre, schwarze   Rie-sen-fal-ter   to-tet-en der   Son-ne Glanz.

이 곡의 성악 성부는 새로운 성악 기법으로 주목을 받았다. 즉 악보에 음표를 표기하기는 하였으나, 모든 음표에 ×표를 하여 연주할 때에는 음높이를 정확하게 드러내지 않고 '말하는 선율'로 연주하도록 하였다. 피에로로 분장한 낭송자가 날카로운 사회 비판과 풍자를 담은 가사를 읊는다. 또한 기악 성부는 다양한 악기 배합과 주법을 통해 새로운 음향을 창출한다. 이 곡은 무조적 짜임새를 기본으로 하여, 낭송조의 표현적 측면을 강조한 새로운 성악 기법과, 새로운 연주 기법을 시도한 색채적 음향 등을 통해 표현주의 음악의 특징을 드러내는 작품이라고 볼 수 있다.

01 다음은 (가), (나)를 읽고 학생이 작성한 활동지의 일부이다. ⓐ～ⓒ에 대한 평가를 바르게 짝지은 것은?

공통점	• 음악에 대한 견해를 설명하기 위해 그 견해와 대비 되는 견해를 제시함. ‥‥ ⓐ ⋮
차이점	• (가)와 달리 (나)는 특정 음악 작품을 예로 제시함. ‥‥‥‥‥ ⓑ • (나)와 달리 (가)는 음악을 다른 예술 갈래와 비교함. ‥‥‥‥ ⓒ ⋮

	ⓐ	ⓑ	ⓒ
①	적절	적절	~~적절~~
②	적절	적절	부적절
③	적절	~~부적절~~	~~적절~~
④	~~부적절~~	적절	~~적절~~
⑤	~~부적절~~	~~부적절~~	부적절

1 STRUCTURE FLOW ///////

👤 인물   📓 시간

2 ANSWER DECODING ///////

● **STEP 1. 지문 스캔**

지문에서 인물과 시간을 중심으로 선지에서 묻는 상황을 찾는다.

● **STEP 2. 선지 매칭**

(가)는 『여씨춘추』와 그 이전을 대비하여 제시하고 있다. (나)에서는 19세기와 20세기 음악 사조를 대비하여 제시하고 있다. (나)에서는 모차르트의 '교향곡 제 40번 사단조'와 쇤베르크의 '달에 홀린 삐에로'를 예시로 들고 있다. (가)와 (나) 모두 음악 외 다른 예술 갈래를 제시하고 있지 않다. ⇒ 정답

---

02 ㉠에 제시된 음악에 대한 견해와 부합하는 진술로 적절하지 않은 것은?

① 너무 큰 소리와 너무 작은 소리로 이루어진 음악은 적절하지 않은 음악이 된다.

② 훌륭한 음악은 군주와 신하, 아버지와 자식, 어른과 어린아이 모두에게 즐거움을 주는 것이다.

③ 사람이 음악을 즐기는 것은 선천적인 욕구에 따른 것이니 음악은 사람이 억지로 부정할 수 있는 것이 아니다.

④ 음악에 감정이 있다는 것은 사람에게 감정이 있는 것과 같으니 음악을 듣고 감정을 적절히 해소하면 마음이 쾌적해진다.

⑤ 쾌활한 사람이든지 우울한 사람이든지 ~~막론하고~~ 슬픈 곡조의 음악을 들으면 ~~누구나~~ 슬픈 감정의 상태에 이르는 법이다

1 STRUCTURE FLOW ///////

🔍 정의   ⚙️ 조건

2 ANSWER DECODING ///////

● **STEP 1. 지문 스캔**

지문에서 조건을 중심으로 선지에서 묻는 상황을 찾는다.

● **STEP 2. 선지 매칭**

『여씨춘추』에서는 음악을 듣는 주체의 수준과 감성에 따라 동일한 음악이라도 상이한 느낌과 결과를 유발한다고 보았다. 감정을 막론하고 누구나 슬픈 감정 상태에 이른다는 것은 적절하지 않은 선지 ⇒ 정답

03 (가)를 참고할 때, <보기>에 대한 반응으로 적절하지 않은 것은? [3점]

> **보기**
>
> 노자(老子)는 인간의 자연스러운 본성을 실현하는 데 욕구가 방해가 된다고 보고, 현실 속 음악을 거부하였다. 그에게 최고의 음악은 우주의 근원인 도(道)의 모습을 닮아 거의 들리지 않는 음악이었다. 욕구가 일어나지 않는 마음 상태를 이상적으로 본 장자(莊子)는 노자와 같이 음악을 우주 자연의 근원에서 비롯되었다고 전제하면서 음악을 천지 만물의 조화와 결부하여 설명하였다. 음악이 인간의 삶에서 결여될 수 없다고 주장한 그는 의미 있는 음악이란 사람의 자연스러운 감정에 근본을 두면서도 형식화되어야 함을 지적하고, 선왕(先王)들이 백성들을 위해 제대로 된 음악을 만들었다고 보았다.

① 노자는 『여씨춘추』와 달리 인위적인 음악에 대해 부정적이었겠군.

② 노자는 『여씨춘추』와 같이 우주 자연의 근원에서 음악이 비롯되었다는 데 긍정적이었겠군.

③ 장자는 『여씨춘추』와 같이 선왕들의 음악에 대해 긍정적이었겠군.

④ 장자는 『여씨춘추』와 달리 음악에 대한 묵자의 태도에 대해 부정적이었겠군.

⑤ 장자는 『여씨춘추』와 같이 만물의 조화를 중심으로 음악을 보는 것에 대해 긍정적이었겠군.

04 한 이념 의 실천 내용으로 가장 적절한 것은?

① 조성에서 벗어난 무조적 짜임새로 표현하는 것

② 음계를 구성하는 7개의 음을 사용한 화음들로 표현하는 것

③ 사회 비판과 풍자를 가사에 담아 정확한 음높이로 표현하는 것

④ 불협화음을 사용할 경우에 반드시 협화음으로 해결하여 표현하는 것

⑤ 전통적인 아름다움을 거부하고 감정이 드러나지 않도록 표현

1 STRUCTURE FLOW

🔍 정의   👤 인물

2 ANSWER DECODING

● **STEP 1. 지문 스캔**

지문에서 정의를 중심으로 선지에서 묻는 상황을 찾는다.

● **STEP 2. 선지 매칭**

무조음악은 조성 음악 체계의 상실로 발생하였다. 한 이념은 무조 음악과 관련된다고 하였으므로 조성에서 벗어난 무조적 짜임새로 표현하는 것은 적절한 선지 ⇒ 정답

1 STRUCTURE FLOW

🔍 정의   👤 인물

2 ANSWER DECODING

● **STEP 1. 지문 스캔**

지문에서 인물(책)을 중심으로 선지에서 묻는 상황을 찾는다.

● **STEP 2. 선지 매칭**

ⓒ은 19세기 한슬리크의 견해로 조성 음악체계를 긍정하였다. ⓒ쇤베르크의 작품으로 가사가 있는 성악곡이다. 한슬리크는 제목이나 가사 등 음악 외적인 것의 개입을 부정적으로 여겼으므로 가사가 있는 ⓒ이 적절하지 않다는 것은 적절한 선지 ⇒ 정답

05 ⓛ의 관점에서 ⓒ을 비평한 내용으로 가장 적절한 것은?

① ×표로 표시된 말하는 성악 선율은 주관적인 감성을 제대로 표현하지 못하므로 바람직하지 않다.

②피에로 분장을 한 낭송자가 가사를 낭송하는 것은 음악 외적 인 것이 개입하므로 적절하지 않다.

③ 다양한 악기의 배합과 새로운 연주 기법을 시도한 것은 색채적 음향으로 무조적 경향을 깨뜨리므로 바람직하지 않다.

④ 규칙적인 화성 진행을 따르는 것은 12개의 음을 자유롭게 사용하는 조성 음악의 체계에서 벗어나므로 적절하지 않다.

⑤ 지로가 발표한 연시집 중 일부만을 가사로 사용한 것은 전체 작품의 줄거리를 이해하기 어렵게 하므로 바람직하지 않다.

1 STRUCTURE FLOW ///////

🔍 정의   👤인물

2 ANSWER DECODING ///////

● STEP 1. 지문 스캔

지문에서 정의를 중심으로 선지에서 묻는 상황을 찾는다.

● STEP 2. 선지 매칭

무조음악은 조성 음악 체계의 상실로 발생하였다. 한 이념 은 무조 음악과 관련된다고 하였으므로 조성에서 벗어난 무조적 짜임새로 표현하는 것은 적절한 선지 ⇒ 정답

06 다음은 학생의 독서 활동 과정이다. 학생이 재구성하기 단계에서 쓴 글로 가장 적절한 것은? [3점]

질문하기	좋은 곡을 작곡하기 위해 어떤 노력이 필요할까?
↓	
탐색하기	음악에 대한 이해를 돕는 글 찾기
↓	
분석적 읽기	(가), (나)를 읽고 주제, 관점, 내용 등을 비교하여 종합하기
↓	
재구성하기	분석내용을 바탕으로 질문에 대한 답을 재구성하여 글로 쓰기

① 두 글은 모두 음악이 ~~구조적인 기본틀을 제대로 갖추어야 아름다움을 느낄 수 있다~~고 제시하였다. 다양한 음악 작품의 구조 를 분석해 보고 내가 작곡할 때에도 적용해 보아야겠다.

② 두 글은 ~~창작자와 감상자가 각각의 입장에 따라 음악의 가치를 서로 다르게 판단한다~~고 제시하였다. 감상하는 사람뿐만 아니라 연주하는 사람에게도 인정받을 수 있는 음악을 작곡할 수 있도록 노력해야겠다.

③ 두 글은 좋은 음악으로 인정받기 위한 조건으로 도덕적 기능이 있어야 한다는 것을 ~~공통적으로 제시하였다.~~ 사람들의 정서에 긍정적인 영향을 끼쳐서 세상을 아름답게 가꾸는 데 기여할 수 있는 음악을 만들어야겠다.

④ 두 글은 동서양을 막론하고 음악이 감정을 표현하는 도구로 쓰였지만, 음악에 대한 인식이 고정되어 있는 것이 아님을 보여 주었다. 작곡을 할 때 한 가지 기준이나 방법만 고집할 것이 아니라 다양한 시도를 해 보아야겠다.

⑤ 두 글은 ~~시대적 상황이 음악에 영향을 끼친다는 것을~~ 보여 주었다. 역사에 대한 배경 지식이 부족하여 글을 이해하기 힘 들었는데, 글을 제대로 이해하는 데 필요한 배경 지식을 갖출 수 있도록 다양한 책 읽기를 실천해야겠다.

---

1 STRUCTURE FLOW //////////

🔍 정의   👤 인물

2 ANSWER DECODING //////////

● **STEP 1. 지문 스캔**

지문에서 인물(책)을 중심으로 선지에서 묻는 상황을 찾는다.

● **STEP 2. 선지 매칭**

『여씨춘추』는 음악을 통해 감정을 적절히 해소하거나 표현하면 마음이 편안해지고, 생명 연장까지 가능하다고 보았다. 서양 음악은 19세기, 20세기를 거치면서 다양한 관점이 등장하였다. 음악은 감정을 표현하고 다양한 방법으로 작곡한다는 것은 적절한 선지 ⇒ 정답

DAY 6 – ③

1993년 노벨 화학상은 중합 효소 연쇄 반응(PCR)을 개발한 멀리스에게 수여된다. 염기 서열을 아는 DNA가 한 분자라도 있으면 이를 다량으로 증폭할 수 있는 길을 열었기 때문이다. PCR는 주형 DNA, 프라이머, DNA 중합 효소, 4종의 뉴클레오 타이드가 필요하다. 주형 DNA란 시료로부터 추출하여 PCR 에서 DNA 증폭의 바탕이 되는 이중 가닥 DNA를 말하며, 주형 DNA에서 증폭하고자 하는 부위를 표적 DNA라 한다. 프라이머는 표적 DNA의 일부분과 동일한 염기 서열로 이루어진 짧은 단일 가닥 DNA로, 2종의 프라이머가 표적 DNA의 시작과 끝에 각각 결합한다. DNA 중합 효소는 DNA를 복제하는데, 단일 가닥 DNA의 각 염기 서열에 대응하는 뉴클레오 타이드를 순서대로 결합시켜 이중 가닥 DNA를 생성한다.

PCR 과정은 우선 열을 가해 이중 가닥의 DNA를 2개의 단일 가닥으로 분리하는 것으로 시작한다. 이후 각각의 단일 가닥 DNA에 프라이머가 결합하면, DNA 중합 효소에 의해 복제되어 2개의 이중 가닥 DNA가 생긴다. 일정한 시간 동안 진행되는 이러한 DNA 복제 과정이 한 사이클을 이루며, 사이클마다 표적 DNA의 양은 2배씩 증가한다. 그리고 DNA의 양이 더 이상 증폭되지 않을 정도로 충분히 사이클을 수행한 후 PCR를 종료한다. 전통적인 PCR는 PCR의 최종 산물에 형광 물질을 결합시켜 발색을 통해 표적 DNA의 증폭 여부를 확인한다.

PCR는 시료의 표적 DNA 양도 알 수 있는 실시간 PCR라는 획기적인 개발로 이어졌다. 실시간 PCR는 전통적인 PCR와 동일하게 PCR를 실시하지만 사이클마다 발색 반응이 일어나도록 하여 누적되는 발색을 통해 표적 DNA의 증폭을 실시간으로 확인할 수 있다. 이를 위해 실시간 PCR에서는 PCR 과정에 발색 물질이 추가로 필요한데, '이중 가닥 DNA 특이 염료' 또는 '형광 표식 탐침'이 이에 이용된다. ⊙이중 가닥 DNA 특이 염료는 이중 가닥 DNA에 결합하여 발색하는 형광 물질로, 새로 생성된 이중 가닥 표적 DNA에 결합하여 발색하므로 표적 DNA의 증폭을 알 수 있게 한다. 다만, 이중 가닥 DNA 특이 염료는 모든 이중 가닥 DNA에 결합할 수 있기 때문에 2개의 프라이머끼리 결합하여 이중 가닥의 이합체(二合體)를 형성한 경우에는 이와 결합하여 의도치 않은 발색이 일어난다.

ⓒ형광 표식 탐침은 형광 물질과 이 형광 물질을 억제하는 소광 물질이 붙어 있는 단일 가닥 DNA 단편으로, 표적 DNA에서 프라이머가 결합하지 않는 부위에 특이적으로 결합하도록 설계된다. PCR 과정에서 이중 가닥 DNA가 단일 가닥으로 되면, 형광 표식 탐침은 프라이머와 마찬가지로 표적 DNA에 결합한다. 이후 DNA 중합 효소에 의해 이중 가닥 DNA가 형성되는 과정 중에 탐침은 표적 DNA와의 결합이 끊어지고 분해된다. 탐침이 분해되어 형

광 물질과 소광 물질의 분리가 일어나면 바로소 형광 물질이 발색되며, 이로써 표적 DNA가 증폭되었음을 알 수 있다. 형광 표식 탐침은 표적 DNA에 특이적으로 결합하는 장점을 지니나 상대적으로 비용이 비싸다.

실시간 PCR에서 발색도는 증폭된 이중 가닥 표적 DNA의 양에 비례하며, 일정 수준의 발색도에 도달하는 데 필요한 사이클은 표적 DNA의 초기 양에 따라 달라진다. 사이클의 진행에 따른 발색도의 변화가 연속적인 선으로 표시되며, 표적 DNA를 검출했다고 판단하는 발색도에 도달하는 데 소요된 사이클을 Ct값이라 한다. 표적 DNA의 농도를 알지 못하는 미지 시료의 Ct값과 표적 DNA의 농도를 알고 있는 표준 시료의 Ct값을 비교하면 미지 시료에 포함된 표적 DNA의 농도를 계산할 수 있다.

PCR는 시료로부터 얻은 DNA를 가지고 유전자 복제, 유전병 진단, 친자 감별, 암 및 감염성 질병 진단 등에 광범위하게 활용된다. 특히 실시간 PCR를 이용하면 바이러스의 감염 여부를 초기에 정확하고 빠르게 진단할 수 있다.

🔍 **정의는 체크한다.**

⚙ **순서는 체크한다.**

⚙ **조건은 체크한다.**

🔍 **정의는 체크한다.**

⚙ **순서는 체크한다.**

🔍 **정의는 체크한다.**

01 윗글에서 알 수 있는 내용으로 적절하지 <u>않은</u> 것은?

① ~~2종의 프라이머 각각의 염기 서열과 정확히 일치하는 염기 서열을 주형 DNA에서 찾을 수 없다.~~

② PCR에서 표적 DNA 양이 초기 양을 기준으로 처음의 2배가 되는 시간과 4배에서 8배가 되는 시간은 같다.

③ 전통적인 PCR는 표적 DNA 농도를 아는 표준 시료가 있어도 미지 시료의 표적 DNA 농도를 PCR 과정 중에 알 수 없다.

④ 실시간 PCR는 가열 과정을 거쳐야 시료에 포함된 표적 DNA의 양을 증폭할 수 있다.

⑤ 실시간 PCR를 실시할 때에 표적 DNA의 증폭이 일어나려면 DNA 중합 효소와 프라이머가 필요하다.

1 STRUCTURE FLOW ///////////

🔍 정의   ⚙️ 조건

2 ANSWER DECODING ///////////

● STEP 1. 지문 스캔

지문에서 정의를 중심으로 선지에서 묻는 상황을 찾는다.

● STEP 2. 선지 매칭

프라이머는 표적 DNA의 일부분과 동일한 염기 서열로 이루어진 짧은 가닥 DNA이다. 표적 DNA는 주형 DNA에서 증폭하고자 하는 부위이므로 프라이머에서 주형 DNA를 찾을 수 없다는 적절하지 않은 선지 ⇒ 정답

02 ㉠과 ㉡에 대한 설명으로 가장 적절한 것은?

① ㉠은 ㉡과 달리 ~~프라이머와 결합하여 이합체를~~ 이룬다.

② ㉠은 ㉡과 달리 표적 DNA에 붙은 채 발색 반응이 일어난다.

③ ㉡은 ㉠과 달리 ~~형광 물질과 결합하여 이합체를~~ 이룬다.

④ ㉡은 ㉠과 달리 한 사이클의 ~~시작 시점에~~ 발색 반응이 일어난다.

⑤ ㉠과 ~~㉡은 모두~~ 이중 가닥 표적 DNA에 결합하는 물질이다.

1 STRUCTURE FLOW ///////////

🔍 정의   ⚙️ 조건

2 ANSWER DECODING ///////////

● STEP 1. 지문 스캔

지문에서 정의를 중심으로 선지에서 묻는 상황을 찾는다.

● STEP 2. 선지 매칭

㉠이중가닥 DNA 특이 염료는 이중 가닥 표적 DNA에 결합하여 발색한다. ㉡형광 표식 탐침은 단일 가닥 표적 DNA에 결합한 후 분해되면서 발색한다. DNA에 붙은 채 발색 하는 것은 ㉠뿐이므로 적절한 선지 ⇒ 정답

03 어느 바이러스 감염증의 진단 검사에 PCR를 이용하려고 한다. 윗글을 읽고 이해한 반응으로 가장 적절한 것은?

① 전통적인 PCR로 진단 검사를 할 때, 시료에 바이러스의 양이 적은 감염 초기에는 감염 여부를 진단할 수 ~~없겠군.~~

② 전통적인 PCR로 진단 검사를 할 때, DNA 증폭 여부 확인에 발색 물질이 ~~필요 없으니~~ 비용이 상대적으로 싸겠군.

③ 전통적인 PCR로 진단 검사를 할 때, 실시간 증폭 여부를 확인 할 ~~필요가 없어~~ 진단에 걸리는 시간을 ~~줄일 수 있겠군.~~

④ 실시간 PCR로 진단 검사를 할 때, 표적 DNA의 염기 서열이 알려져 있어야 감염 여부를 분석할 수 있겠군.

⑤ 실시간 PCR로 진단 검사를 할 때, 감염 여부는 PCR가 ~~끝난 후에야~~ 알 수 있지만 실시간 증폭은 확인할 수 있겠군.

04 [A]를 바탕으로 <보기 1>의 실험 상황을 가정하고 <보기 2>와 같이 예상 결과를 추론하였다. ㉮~㉰에 들어갈 말로 적절한 것은?

／보기 1／
표적 DNA의 농도를 알지 못하는 ⓐ미지 시료와, 이와 동일한 표적 DNA를 포함하지만 그 농도를 알고 있는 ⓑ표준 시료가 있다. 각 시료의 DNA를 주형 DNA로 하여 같은 양의 시료로 동일한 조건에서 실시간 PCR를 실시한다.

／보기 2／
만약 ⓐ가 ⓑ보다 표적 DNA의 초기 농도가 높다면,

⬇

표적 DNA가 증폭되는 동안, 사이클이 진행됨에 따라 시간당 시료의 표적 DNA의 증가량은 ⓐ가 (㉮).

⬇

실시간 PCR의 Ct값에서의 발색도는 ⓐ가 (㉯).

⬇

따라서 실시간 PCR의 Ct값은 ⓐ가 (㉰).

	㉮	㉯	㉰
①	ⓑ보다 많겠군	~~ⓑ보다 높겠군~~	~~ⓑ보다 크겠군~~
②	ⓑ보다 많겠군	ⓑ와 같겠군	ⓑ보다 작겠군
③	~~ⓑ와 같겠군~~	~~ⓑ보다 높겠군~~	ⓑ보다 작겠군
④	~~ⓑ와 같겠군~~	ⓑ와 같겠군	ⓑ보다 작겠군
⑤	~~ⓑ와 같겠군~~	ⓑ보다 높겠군	~~ⓑ보다 크겠군~~

1 STRUCTURE FLOW ////////

🔍 정의   ⚙ 조건

2 ANSWER DECODING ////////

● STEP 1. 지문 스캔
지문에서 조건을 중심으로 선지에서 묻는 상황을 찾는다.

● STEP 2. 선지 매칭
프라이머는 표적 DNA와 일부가 동일한 염기 서열로 이루어진 짧은 가닥으로 표적 DNA가 알려져 있어야 한다. 표적 DNA의 염기 서열을 알고 있어야 한다는 적절한 선지 ⇒ 정답

1 STRUCTURE FLOW ////////

🔍 정의   ⚙ 조건

2 ANSWER DECODING ////////

● STEP 1. 지문 스캔
지문에서 조건을 중심으로 선지에서 묻는 상황을 찾는다.

● STEP 2. 선지 매칭
㉮ 사이클 마다 표적 DNA가 2배씩 증가하므로 초기 농도가 높은 ⓐ가 더 많이 증가한다.

㉯ 발색도는 일정한 양의 표적 DNA가 검출했다고 판단하는 기준이다. 동일한 표적 DNA를 가지고 있으므로 ⓐ와 ⓑ는 같다.

㉰ Ct값은 표적 DNA를 검출했다고 판단하는 발색도에 달하는데 소요된 사이클이다. 초기 농도가 높은 ⓐ가 더 적은 수의 사이클이 사용되므로 Ct값이 더 작다. ⇒ 정답

(가)

『한비자』는 중국 전국 시대의 한비자가 제시한 사상이 ⓐ담긴 저작이다. 여러 나라가 패권을 다투던 혼란기를 맞아 엄격한 법치를 통해 부국강병을 꾀한 한비자는 『노자』에 대한 해석을 통해 자신의 법치 사상을 뒷받침했고, 이러한 면모는 『한비자』의 『해로』, 『유로』 등에서 확인할 수 있다.

『노자』에서 '도(道)'는 만물 생성의 근원으로 묘사된다. 도를 천지 만물의 존재와 본질의 근거라고 본 한비자의 이해도 이와 다르지 않다. 그는 자연과 인간 사회의 모든 현상은 도의 영향을 받지 않을 수 없다고 보고, 인간 사회의 일은 도에 따라 제대로 행했는가의 여부에 따라 그 성패가 드러나는 것이라고 이해했다.

한비자는 『노자』에 제시된 영구불변하는 도의 항상성에 대해 도가 천지와 더불어 영원히 존재한다는 것을 의미하는 것이지, 도가 모습과 이치를 일정하게 유지하는 것은 아니라고 이해했다. 그리고 도는 형체가 없을 뿐 아니라 일정하게 고정되어 있지 않기 때문에 때와 상황에 따라 유연하게 변화하는 것이라고 파악했다. 도가 가변성을 가지고 있어야 도가 일정한 곳에만 있지 않게 되고, 그래야만 도가 모든 사물의 존재와 본질의 근거가 될 수 있다고 파악한 것이다. 그는 도가 가변적이기 때문에 통치술도 고정되어서는 안 된다고 주장했다.

한편, 한비자는 도를 구체적인 사물과 사건에 내재한 개별 법칙의 통합으로 보고, 『노자』의 도에 시비 판단의 근거라는 새로운 의미를 부여했다. 항상 존재하는 도는 개별 법칙을 포괄하기 때문에 다양한 개별 사건의 시비를 판단하는 기준이 될 수 있고, 이러한 도에 근거해서 입법해야 다양한 사건을 판단할 수 있다고 본 것이다. 이러한 이해를 바탕으로 그는 만족을 모르는 인간의 욕망을 사회 혼란의 원인으로 지목한 『노자』의 견해에 동의하면서도, 『노자』에서처럼 욕망을 없애야 한다고 주장하지 않고 인간은 욕망을 필연적으로 가질 수밖에 없음을 지적하며 욕망을 제어하기 위해 법이 필요하다고 강조했다.

(나)

유학자들은 도를 인간 삶의 올바른 길을 의미하는 것이라고 보았다. 중국 송나라 이후, 유학자들은 이러한 유학의 도를 기반으로 현상 세계 너머의 근원으로서 도가의 도에 주목하여 『노자』 주석을 전개했다.

혼란기를 거친 송나라 초기에 중앙집권화가 추진된 이후 정치적 갈등이 드러나면서 개혁의 분위기가 조성됐다. 이러한 분위기하에서 유학자이자 개혁 사상가인 왕안석은 『노자주』를 저술했다. 그는 『노자』의 도를 만물의 물질적 근원인 '기(氣)'라고 파악하고, 현상 세계에 앞서 존재하는 기의 작용에 의해 사물이 형성된다고 보았다. 그는 기가 시시각각 변화하듯 현상 세계도 변화한다고 이해했다. 인위적인 것을 제거해야만 도가 드러나고 인간 사회가 안정된다는 『노자』를 비판한 그는 자연과 달리 인간 사회의 안정을 위해서는 제도와 규범의 제정과 같은 인간의 적극적인 개입이 필요하다고 주장했다. 지혜와 덕이 뛰어난 사람이 제정한 사회 제도와 규범도 현실 사회의 변화에 따라 이 문제지에 관한 새롭게 해야 한다고 주장한 것이다. 『노자』의 이상 정치가 실현되려면 유학 이념이 실질적 수단으로 사용되어야 한다고 주장 하는 등 왕안석은 『노자』를 유학의 실천적 측면과 결부하여 이해했다.

송 이후 원나라에 이르러 성행하던 도교는 유학과 불교 등을 받아들여 체계화되었지만, 오징에게는 주술적인 종교에 불과했다. ㉠유학자의 입장에서 그는 잘못된 가르침을 펴는 도교에 사람들이 빠지는 것을 경계했다. 그는 도교의 시조로 간주된 『노자』의 가르침이 공자의 학문과 크게 다르지 않음을 밝히고자 『도덕진경주』를 저술했다. 그는 도와 유학 이념을 관련짓는 구절을 추가하는 등 『노자』의 일부 내용을 바꾸고 기존 구성 체제를 재편했다. 『노자』의 도를 근원적인 불변하는 도로 본 그는 모든 이치를 내재한 도가 현실화하여 천지 만물이 생성된다고 이해했다. 이런 관점에서 그는 유학의 인의예지가 도의 쇠퇴 때문에 나타난 것이라는 『노자』와 달리 도가 현실화하여 드러난 것으로 해석하고, 인간이 마땅히 따라야 할 사회 규범과 사회 질서 체계도 도가 현실화한 결과로 파악했다.

원이 쇠퇴하고 명나라가 들어선 이후 유학과 도가 등 여러 사상이 합류하는 사조가 무르익는 가운데, 유학자인 설혜는 자신의 ⓛ학문적 소신에 따라 『노자』를 주석한 『노자집해』를 저술했다. 그는 공자도 존중했던 스승이 『노자』이므로 『노자』 사상에 대한 오해를 불식해야 한다고 보았다. 그는 기존의 주석서가 『노자』의 진정한 의미를 제대로 밝히지 못했기 때문에 유학자들이 『노자』 사상을 이단으로 치부했다고 파악한 것이다. 다양한 경전을 인용하여 『노자』를 해석하면서 그는 『노자』의 도를 인간의 도덕 본성과 그것의 근거인 천명으로 이해하고, 본성과 천명의 이치를 탐구한다는 점에서 『노자』 사상과 유학이 다르지 않다고 보았다. 또한 그는 『노자』서 인의 등을 비판한 것은 도덕을 근본으로 삼게 하기 위한 충고라고 파악했다.

02 (가)에 제시된 한비자의 견해로 적절하지 **않은** 것은?

① 사건의 시비에 따라 달라지는 도에 근거하여 법이 제정되어야 한다.

② 인간은 무엇을 가지거나 누리고자 하는 마음에서 벗어날 수 없다.

③ 도는 고정된 모습 없이 때와 형편에 따라 변화하며 영원히 존재한다.

④ 인간 사회의 흥망성쇠는 사람이 도에 따라 올바르게 행하였 는가의 여부에 좌우되는 것이다.

⑤ 도는 만물의 근원이면서 동시에 현실 사회의 개별 사물과 사건에 내재한 법칙을 포괄하는 것이다.

01 (가), (나)에 대한 설명으로 가장 적절한 것은?

① (가)는 한비자의 철학사적 의의를 설명하고 한비자와 『노자』의 사회적 파급력을 비교하고 있다.

② (가)는 한비자가 추구한 이상적인 사회를 소개하고 그 실현을 위해 『노자』를 수용한 입장의 한계를 설명하고 있다.

③ (나)는 특정 개념을 중심으로 『노자』에 대한 여러 학자의 견해를 시간의 흐름에 따라 제시하고 있다.

④ (나)는 여러 유학자가 『노자』를 해석한 의도를 각각 제시하고 그 차이로 인해 발생한 학자 간의 이견을 절충하고 있다.

⑤ (가)와 (나)는 모두, 『노자』에 대해 다양한 시각에서 제시된 비판이 심화되는 과정을 구체적 사례와 함께 설명하고 있다.

03 ㉠과 ㉡에 대한 이해로 가장 적절한 것은?

① ㉠은 유학 덕목의 등장을 긍정적으로 평가한 『노자』의 견해를 수용하는, ㉡은 유학 덕목에 대한 『노자』의 비판에 담긴 긍정적 의도를 밝히려는 것으로 표출되었다.

② ㉠은 유학에 유입되고 있는 주술성을 제거하는, ㉡은 노자 사상이 탐구하는 대상에 대한 이해를 근거로 노자 사상과 유학의 공통점을 제시하려는 것으로 표출되었다.

③ ㉠은 유학의 가르침을 차용한 종교가 사람들을 현혹하는 상황에 대응하는, ㉡은 『노자』를 해석한 경전들을 참고하여 유학 이론의 독창성을 밝히려는 것으로 표출되었다.

④ ㉠은 유학을 노자 사상과 연관 지어 유교적 사회 질서의 정당성을 확인하는, ㉡은 유학에서 이단으로 치부하는 사상의 진의를 밝혀 오해를 바로잡으려는 것으로 표출되었다.

⑤ ㉠은 특정 종교에서 추앙하는 사상가와 유학 이론의 관련성을 제시하는, ㉡은 유학의 사상적 우위를 입증하여 다른 학문을 통합할 수 있는 근거를 제시하려는 것으로 표출되었다.

04 (나)의 왕안석과 오징의 입장에서 다음의 ㄱ~ㄹ에 대해 판단한 것으로 가장 적절한 것은?

보기

ㄱ. 도는 만물을 통해 드러나는 것이지 만물에 앞서서 존재 하는 것은 아니다.

ㄴ. 인간 사회의 규범은 이치를 내재한 근원적 존재인 도가 현실에 드러난 것이다.

ㄷ. 도는 현상 세계의 너머에만 머물러 있지 않고 세상 일과 유기적으로 관련되는 것이다.

ㄹ. 도가 변화하듯이 현상 세계가 변하니, 현실 사회의 변화에 따라 인간 사회의 규범도 변해야 한다.

① 왕안석은 ㄱ에 동의하지 않고 ㄴ에 동의하겠군.

② 왕안석은 ㄴ과 ㄹ에 동의하겠군.

③ 왕안석은 ㄷ에 동의하고 ㄹ에 동의하지 않겠군.

④ 오징은 ㄱ과 ㄹ에 동의하지 않겠군.

⑤ 오징은 ㄴ에 동의하고 ㄷ에 동의하지 않겠군.

05 <보기>를 참고할 때, (가), (나)의 사상가에 대한 왕부지의 평가로 적절하지 <u>않은</u> 것은? [3점]

보기

청나라 초기의 유학자 왕부지는 『노자』의 본래 뜻을 드러 내어 『노자』 사상을 비판하고자 『노자연』을 저술했다. 노자 사상의 비현실성을 드러내어 유학의 실용적 가치를 부각 하고자 했던 그는 기존의 『노자』 주석서가 노자 사상이 아닌 사상을 기준으로 삼았기 때문에 『노자』뿐만 아니라 주석자의 사상마저 왜곡 했다고 비판했다. 『노자』에서 아무런 행동을 하지 않 아도 천하가 다스려진다고 한 것 등을 비판한 그는, 『노자』에서처럼 단순히 인간의 이기적 욕망을 없애 는 것이 아니라 사회 질서 유지를 위해 유학 규범을 활용해야 한다고 강조했다.

① 왕부지는 인간의 욕망에 대한 『노자』의 대응 방식을 부정적 으로 보았으므로, (가)의 한비자가 『노자』와 달리 사회에 대한 인위적 개입이 필요하다고 한 것에 대해서는 수긍하겠군.

② 왕부지는 『노자』에 제시된 소극적인 삶의 태도를 부정적으로 보았으므로, (나)의 왕안석이 사회 제도에 대한 『노자』의 견해를 비판하며 유학 이념의 활용을 주장한 것은 긍정하겠군.

③ 왕부지는 『노자』의 본래 뜻을 파악해야 한다고 보았으므로, (나)의 오징이 『노자』를 주석하면서 자신의 이해에 따라 원문의 구성과 내용을 수정한 것이 잘못이라고 보겠군.

④ 왕부지는 주석자가 유학을 기준으로 『노자』를 이해하면 주석자의 사상도 왜곡된다고 보았으므로, (나)의 오징이 유학의 인의 예지를 『노자』의 도가 현실화한 것으로 본 것을 비판하겠군.

⑤ 왕부지는 『노자』에 담긴 비현실성을 드러내야 한다고 보았으므로, (나)의 설혜가 기존의 『노자』 주석서들을 비판하며 드러낸 학문적 입장이 유학의 실용적 가치를 부각한다고 보겠군.

06 ⓐ와 문맥상 의미가 가장 가까운 것은?

① 과일이 접시에 예쁘게 담겨 있다.

② 상자에 탁구공이 가득 담겨 있다.

③ 시원한 계곡물에 수박이 담겨 있다.

④ 화폭에 봄 경치가 그대로 담겨 있다.

⑤ 매실이 설탕물에 한 달째 담겨 있다.

저널리즘이란 공적 관심이 큰 시사 현안을 일련의 규칙에 따라 취재 및 편집하여 미디어를 통해 알리는 지적 활동이다. 20세기 중·후반에 언론은 주로 권력 집단과 관련된 사안을 피상적으로 보도하는 경향이 있었다. 보도 내용이 대다수의 일반 사람들인 공중의 일상과 ⓐ괴리되고, 일회적 문제 제기 수준을 벗어나지 못함에 따라 공중은 뉴스를 ⓑ기피하였다. 이에 대한 대안으로 공중의 관심사를 보도의 중심 의제로 삼는 '공공 저널리즘'이 등장했다.

공공 저널리즘에 대한 논의의 배경은 일찍이 언론과 공중의 관계에 대해 상반된 입장을 가진 리프만과 듀이의 견해에서 찾을 수 있다. 리프만은 공중이 저마다의 경험과 지식에 기반한 고정 관념의 틀로 세상을 바라보는 경향이 있으며, 이러한 고정 관념을 ⓒ분별할 수 있는 이는 드물다고 판단했다. 또한 공중은 공공의 문제에 대한 전문적 지식이 부족하다고 보았다. 따라서 그는 정확하고 객관적인 뉴스를 공중에게 전달하는 언론의 역할이 중요하며, 이것은 언론인의 전문화를 통해 구현될 수 있다고 보았다. 반면 듀이는 공중을 합리적인 존재로 보았다.

그는 ㉠파편화된 공중의 유기적인 결합을 위해 언론이 공적 담론의 장을 이끌어내야 한다고 주장했다. 공중이 자신에게 필요한 사항을 요구하는 이성적인 공적 담론의 장을 통해 민주주의가 발전할 수 있다는 것이다.

언론학자 로젠에 따르면, 공공 저널리즘은 공중을 공공 문제의 잠재적 참여자로 간주하고, 다양한 층위의 사람들을 공론장에 참여하게 함으로써, 공공 문제의 해결 방안이 원활히 토의될 수 있도록 하는 목적을 가진다. 이를 위해 공공 저널리즘은 설문이나 회의, 이해 당사자들의 집단 인터뷰 등의 사회 과학적 방법을 적극 활용한다. 공론장에서 논의된 문제 해결 방안에 대한 언론 보도가 실제로 문제 해결까지 담보하는 것은 아니지만, 공론장을 형성한 것만으로도 충분한 의의가 있다.

공공 저널리즘은 언론이 ⓓ적합한 대상을 취재하여 정확하고 중립적으로 보도해야 한다는 언론의 객관성 측면에서 비판을 받기도 한다. 언론인이 취재 과정에서 공중과 밀접하게 결합하여 주관성이 개입되면 현상을 객관적으로 바라보지 못할 수도 있다는 것이다. 이러한 비판에 대해 마이어는 공공 저널리즘이 사회 과학적 방법을 통해 ⓔ달성되는 방법론적 객관주의에 중점을 둔다고 주장했다. 대상을 선정하고 자료를 취합 및 분석하는 등의 취재 과정에 사회 과학적 방법을 활용함으로써 주관성이 개입될 수 있는 한계를 보완하고 공중의 숙고를 촉진한다는 것이다.

01 윗글에서 답을 찾을 수 있는 질문으로 적절하지 <u>않은</u> 것은?

① 듀이는 공중을 어떠한 존재로 보았는가?
② 공공 저널리즘이 중심 의제로 삼는 것은 무엇인가?
③ 공중의 일상과 괴리된 보도가 불러온 결과는 무엇인가?
④ 공공 저널리즘을 비판하는 주장에 대한 대응 논리는 무엇인가?
⑤ 언론인의 전문화는 어떠한 제도와 절차를 통해 이루어지는가?

02 ㉠을 이해한 내용으로 가장 적절한 것은?

① 공중이 각자의 경험과 지식으로 세상을 판단하는 방식이다.
② 공중이 언론 보도를 통해 공공 문제를 해결했음을 전제로 한다.
③ 공중이 공공 저널리즘의 한계를 극복하기 위해 제시한 방안 이다.
④ 공중이 공공 문제에 관심을 갖고 논의에 참여할 때 실현 가능하다.
⑤ 공중이 공공 저널리즘의 취재 대상으로 선정되기 위해 지녀야 할 요건이다.

03 (나)의 왕안석과 오징의 입장에서 다음의 ㄱ~ㄹ에 대해 판단한 것으로 가장 적절한 것은?

[사례 1] A 지역 ○○ 신문사는 지역민 인터뷰를 통해 그 지역의 가장 심각한 문제가 높은 범죄율이라는 점을 파악했다. 범죄 문제에 관해 자문할 지원자를 모집하여, 공정한 절차를 통해 지역민과 사회 지도자 및 전문가 등으로 자문단을 구성했다. 지역 자문단 회의에서 범죄 퇴치 방안에 대해 논의했고, 신문사는 그 결과를 취합·분석해서 지속적으로 보도했다. 이후 시민 포럼 등에서 관련 논의가 이어졌고, A 지역의 범죄율은 크게 낮아졌다.

[사례 2] B 지역 △△ 신문사는 설문을 통해 지역민의 최근 관심이 지역 경제 위기임을 파악하여, 전문가와 지역민 대상의 집단 인터뷰를 마련하고 수차례 회의를 통해 문제 해결 방안으로 국제 행사 유치를 논의했다. 그 결과, 전문가는 B 지역의 기반 시설이 부족하다고 판단했으나 행사 유치를 강력히 원하는 지역민의 입장에 동화된 신문사는 B 지역이 적합한 후보지라고 보도했다. 최종적으로 B 지역은 행사 개최지로 선정되지 못했다.

---

① [사례 1]에서 치안상의 긍정적 변화가 일어난 것에 대해, 듀이와 로젠은 모두 공공 문제에 능동적으로 참여한 공중이 변화에 기여했다고 평가하겠군.

② [사례 1]에서 신문사가 지역민, 사회 지도자, 전문가 등을 공적 담론의 장으로 유도한 것에 대해, 듀이는 민주주의 발전에 긍정적 영향을 미쳤다고 평가하겠군.

③ [사례 1]에서 신문사가 공정한 절차로 지역 자문단을 구성하여 자문단 회의의 논의 결과를 취합하고 분석한 것에 대해, 마이어는 취재 과정에 사회 과학적 방법을 사용했다고 평가하겠군.

④ [사례 2]에서 지역민의 바람이 이루어지지 못한 결과에 대해, 로젠과 마이어는 모두 공공 저널리즘이 추구하는 목적이 실현되지 못했다고 평가하겠군.

⑤ [사례 2]에서 신문사가 지역민과 인터뷰하고 수차례 회의하며 논의한 것에 대해, 리프만은 공중에 대한 자신의 관점에 비추어 신문사의 취재 방식이 적절하지 않다고 평가하겠군.

04 문맥상 ⓐ~ⓔ와 바꿔 쓰기에 적절하지 **않은** 것은?

① ⓐ : 동떨어지고
② ⓑ : 멀리하였다
③ ⓒ : 깨달을
④ ⓓ : 알맞은
⑤ ⓔ : 이루어지는

열팽창이란 물체의 온도 변화에 따라 그 길이, 부피가 변화하는 현상을 말한다. 그중 길이의 변화를 수치화한 것이 선형 열팽창 계수인데, 이는 온도 변화에 따른 길이 변화율을 온도 변화량으로 나눈 값이다. 여기에서 길이 변화율은 길이의 변화량을 처음 길이로 나누어 ⓐ얻는 값이며, 변화량이란 나중 값에서 처음 값을 뺀 것이다. 대부분의 물질은 선형 열팽창 계수가 양수이며 물질마다 그 값이 다르다. 합금인 인바(invar)와 순수한 금속인 알루미늄은 선형 열팽창 계수가 양수인 물질이며 인바는 알루미늄에 비해 매우 작은 선형 열팽창 계수를 갖는다.

선형 열팽창 계수가 다른, 두 종류의 물질 P와 Q를 서로 같은 두께의 두 층으로 접합하여 평평한 띠를 만든다고 하자. 이때 Q가 P보다 선형 열팽창 계수가 크다면 온도를 올렸을 때 Q층은 P층보다 더 팽창하려고 한다. 그러나 두 층이 접합되어 있어 독립적인 팽창이 억제되므로, <그림>과 같이 띠가 P층 쪽으로 원의 호

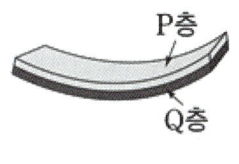

<그림>

형태로 휘면서 팽창한 후 그 상태를 유지한다. 이후 다시 처음의 온도로 내리면 띠는 원래 모양으로 ⓑ돌아온다.

물체의 휨의 정도는 곡률로 수치화할 수 있는데, 띠 또한 휨의 정도를 곡률로 나타낸다. 띠의 길이에 비해 두께가 매우 얇고 폭이 좁아 띠를 하나의 곡선이라고 간주하면, 띠를 원의 호로 생각할 수 있다. 이때 이 원의 호를 포함하는 원의 반지름을 휘어진 띠의 곡률 반지름이라 하는데, 곡률은 이 곡률 반지름의 역수이다. 즉, 곡률 반지름이 작을수록 더 심하게 휘어진 것이다. 다른 조건이 동일하다면, 두 물질의 선형 열팽창 계수 차이가 크거나 온도 변화가 클수록 띠가 더 휘어진다. 온도 변화량이 같아도 띠를 이루는 물질에 따라 띠가 휘는 정도는 달라지며, 이를 나타내는 것이 휨 민감도이다. 휨 민감도가 더 크다는 것은 같은 온도 변화량에서 띠가 더 심하게 휨을 의미한다.

띠의 한쪽 끝을 고정하고 열을 가하면 띠가 휘면서 반대쪽 끝이 움직이는 액추에이터가 된다. 액추에이터란 열에너지 등을 기계적 동작으로 변환하는 장치로, 액추에이터의 설계에는 최대 이동 거리, 띠가 외부에 가할 수 있는 힘, 반응 완료 시간 등이 고려된다.

띠가 휠수록 고정되지 않은 끝의 이동 거리는 커진다. 최대 이동 거리는 휨을 방해하는 외부의 힘이 없다고 가정할 때, 주어진 온도 변화량에서 띠의 끝이 최대로 이동할 수 있는 거리이다. 이 값은 띠의 길이에 따라 달라진다. 띠가 휘면서 띠의 끝이 외부에 힘을 가할 수 있는데, 이 힘은 띠의 끝이 최대 이동 거리에 도달하여 휨이 완료되었을 때 소멸된다. 따라서 띠가 외부에 가할 수 있는 힘이 소멸되는 시점은 최대 이동 거리에 도달했을 때이고, 이는 띠가 휘는 과정에서 최대의 곡률에 도달했을 때와 같다. 반응 완료 시간 또한 고려해야 하는데, 반응 완료 시간은 온도를 올리기 시작한 시점부터 띠의 끝이 최대 이동 거리에 도달하기까지의 시간이고, 띠의 두께가 얇을수록 짧다.

01 윗글의 내용과 일치하는 것은?

① 온도의 변화에 따라 물체의 길이는 변하지만 부피는 변하지 않는다.

② 물질의 선형 열팽창 계수는 열을 가해 변화되었을 때의 길이를 열을 가하기 전의 길이로 나눈 값이다.

③ 선형 열팽창 계수가 음수인 물질이 선형 열팽창 계수가 양수인 물질보다 그 종류가 더 많다.

④ 액추에이터는 열에너지를 얻기 위해 기계적 움직임을 이용하는 장치이다.

⑤ 서로 다른 물질을 두께가 같은 두 층으로 접합해 만든 띠의 온도를 올릴 때, 띠의 두께가 얇을수록 휨이 빨리 완료된다.

02 윗글에서 추론한 내용으로 적절하지 <u>않은</u> 것은?

① 선형 열팽창 계수가 음수인 물질에 열을 가하면 길이가 줄어든다.

② 온도에 따라 길이 변화가 작아야 하는 부b 품에는 알루미늄보다 인바가 더 적합하다.

③ 두 물질을 접합하여 두 층으로 이루어진 띠를 만들고 온도를 내리면 선형 열팽창 계수가 작은 물질 쪽으로 휜다.

④ 열팽창으로 길이가 늘어난 두 물체의 길이의 변화량이 같다면 팽창 전의 길이가 더 긴 물체의 길이 변화율이 더 작다.

⑤ 한쪽 끝이 고정되고 길이가 다른 평평한 두 띠가 동일한 곡률로 휘었다면 길이가 긴 띠의 끝의 이동 거리가 더 길다.

03 윗글을 바탕으로 <보기>를 이해한 내용으로 적절한 것은? [3점]

> **보기**
>
>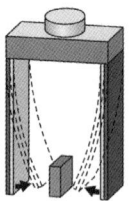
> 두 물질을 접합하여 두 층으로 만든, 두 종류의 띠 a와 b가 있다. 두 물질의 선형 열팽창 계수의 차이는 b가 a보다 크고, 두께와 길이는 a, b 모두 같다. 이 띠를 활용하여 오른쪽 그림과 같이 띠가 안으로 휘어 물체를 잡는 집게를 만들었다. a를 두 개 사용한 것은 집게 A이고, b를 두 개 사용한 것은 집게 B이다. 온도 T0에서 A와 B의 모든 띠는 평평한 형태였다. 이후 온도를 T1로 올렸을 때는 B만 물체를 잡을 수 있었다. 그런데 T0에서 T1보다 높은 온도인 T2로 온도를 올렸을 때는 A도 물체를 잡을 수 있었다. (단, 선형 열팽창 계수 차이, 온도 변화 외에 휨에 영향을 주는 다른 요소는 고려하지 않음.)

① T0에서 T1로 올렸을 때보다 T0에서 T2로 올렸을 때, a와 b 모두 외부에 가할 수 있는 힘이 소멸되는 시점의 곡률은 더 크겠군.

② T0에서 T1로 올렸을 때, a와 b 각각의 휨이 멈춘 시점에서의 a의 곡률 반지름은 b의 곡률 반지름보다 작겠군.

③ T0에서 T1로 올렸을 때, A와 B 각각의 동작이 멈추는 데 걸린 시간이 서로 같았다면 b의 반응 완료 시간이 a보다 짧겠군.

④ T0에서 T2로 올렸을 때, a의 최대 이동 거리가 b보다 더 크겠군.

⑤ B와 달리, T2가 되어야 A가 물체를 잡을 수 있었던 것은 a가 b보다 휨 민감도가 크기 때문이겠군

04 ⓐ, ⓑ의 의미로 쓰인 예가 바르게 짝지어진 것은?

① ⓐ : 그는 이 실험에서 예측한 근사치를 <u>얻었다</u>.

   ⓑ : 그는 은퇴한 후 고향으로 <u>돌아왔다</u>.

② ⓐ : 그는 친구의 도움에 용기를 <u>얻었다</u>.

   ⓑ : 곧 그에게 발표할 차례가 <u>돌아왔다</u>.

③ ⓐ : 그는 열심히 일해 지금의 결과를 <u>얻었다</u>..

   ⓑ : 그는 지름길을 두고 먼 길로 <u>돌아왔다</u>.

④ ⓐ : 그는 자신이 하는 일에서 보람을 <u>얻었다</u>..

   ⓑ : 모임이 한 달에 한 번씩 <u>돌아온다</u>.

⑤ ⓐ : 그는 가족의 열렬한 호응에 자신감을 <u>얻었다</u>.

   ⓑ : 우리 부서에 적은 돈이 몫으로 <u>돌아왔다</u>.

DAY 7 – ①

(가)

『한비자』는 중국 전국 시대의 한비자가 제시한 사상이 @담긴 저작이다. 여러 나라가 패권을 다투던 혼란기를 맞아 엄격한 법치를 통해 부국강병을 꾀한 한비자는『노자』에 대한 해석을 통해 자신의 법치 사상을 뒷받침했고, 이러한 면모는『한비자』의『해로』,『유로』등에서 확인할 수 있다.

『노자』에서 '도(道)'는 만물 생성의 근원으로 묘사된다. 도를 천지 만물의 존재와 본질의 근거라고 본 한비자의 이해도 이와 다르지 않다. 그는 자연과 인간 사회의 모든 현상은 도의 영향을 받지 않을 수 없다고 보고, 인간 사회의 일은 도에 따라 제대로 행했는가의 여부에 따라 그 성패가 드러나는 것이라고 이해했다.

한비자는『노자』에 제시된 영구불변하는 도의 항상성에 대해 도가 천지와 더불어 영원히 존재한다는 것을 의미하는 것이지, 도가 모습과 이치를 일정하게 <del>유지</del>하는 것은 아니라고 이해했다. 그리고 도는 <del>형체</del>가 없을 뿐 아니라 일정하게 <del>고정</del>되어 있지 않기 때문에 때와 상황에 따라 유연하게 변화하는 것이라고 파악했다. 도가 가변성을 가지고 있어야 도가 일정한 곳에만 있지 않게 되고, 그래야만 도가 모든 사물의 존재와 본질의 근거가 될 수 있다고 파악한 것이다. 그는 도가 가변적이기 때문에 통치술도 <del>고정</del>되어서는 안 된다고 주장했다.

한편, 한비자는 도를 구체적인 사물과 사건에 내재한 개별 법칙의 통합으로 보고,『노자』의 도에 시비 판단의 근거라는 새로운 의미를 부여했다. 항상 존재하는 도는 개별 법칙을 포괄하기 때문에 다양한 개별 사건의 시비를 판단하는 기준이 될 수 있고, 이러한 도에 근거해서 입법해야 다양한 사건을 판단할 수 있다고 본 것이다. 이러한 이해를 바탕으로 그는 만족을 모르는 인간의 욕망을 사회 혼란의 원인으로 지목한『노자』의 견해에 동의하면서도,『노자』에서처럼 욕망을 없애야 한다고 <del>주장</del>하지 않고 인간은 욕망을 필연적으로 가질 수밖에 없음을 지적하며 욕망을 제어하기 위해 법이 필요하다고 강조했다.

(나)

유학자들은 도를 인간 삶의 올바른 길을 의미하는 것이라고 보았다. 중국 송나라 이후, 유학자들은 이러한 유학의 도를 기반으로 현상 세계 너머의 근원으로서 도가의 도에 주목하여『노자』주석을 전개했다.

혼란기를 거친 송나라 초기에 중앙집권화가 추진된 이후 정치적 갈등이 드러나면서 개혁의 분위기가 조성됐다. 이러한 분위기하에서 유학자이자 개혁 사상가인 왕안석은『노자주』를 저술했다. 그는『노자』의 도를 만물의 물질적 근원인 '기(氣)'라고 파악하고, 현상 세계에 앞서 존재하는 기의 작용에 의해 사물이 형성된다고 보았다. 그는 기가 시시각각 변화하듯 현상 세계도 변화한다고 이해

👤 인물은 체크한다.

⚙️ 조건은 체크한다.

👤 인물은 체크한다.

📅 시간은 체크한다.

👤 인물은 체크한다.

했다. 인위적인 것을 제거해야만 도가 드러나고 인간 사회가 안정된다는 『노자』를 비판한 그는 자연과 달리 인간 사회의 안정을 위해서는 제도와 규범의 제정과 같은 인간의 적극적인 개입이 필요하다고 주장했다. 지혜와 덕이 뛰어난 사람이 제정한 사회 제도와 규범도 현실 사회의 변화에 따라 이 문제지에 관한 새롭게 해야 한다고 주장한 것이다. 『노자』의 이상 정치가 실현되려면 유학 이념이 실질적 수단으로 사용되어야 한다고 주장 하는 등 왕안석은 『노자』를 유학의 실천적 측면과 결부하여•이해했다.

송 이후 원나라에 이르러 성행하던 도교는 유학과 불교 등을 받아들여 체계화되었지만, 오징에게는 주술적인 종교에 불과했다. ㉠유학자의 입장에서 그는 잘못된 가르침을 펴는 ~~것~~에 사람들이 빠지는 것을 경계했다. 그는 도교의 시조로 간주된 『노자』의 가르침이 공자의 학문과 크게 다르지 않음을 밝히고자 『도덕진 경주』를 저술했다. 그는 도와 유학 이념을 관련짓는 구절을 추가하는 등 『노자』의 일부 내용을 바꾸고 기존 구성 체제를 재편했다. 『노자』의 도를 근원적인 불변하는 도로 본 그는 모든 이치를 내재한 도가 현실화하여 천지 만물이 생성된다고 이해했다. 이런 관점에서 그는 유학의 인의예지가 도의 쇠퇴 때문에 나타난 것이라는 『노자』와 달리 도가 현실화하여 드러난 것으로 해석하고, 인간이 마땅히 따라야 할 사회 규범과 사회 질서 체계도 도가 현실화한 결과로 파악했다.

원이 쇠퇴하고 명나라가 들어선 이후 유학과 도가 등 여러 사상이 합류하는 사조가 무르익는 가운데, 유학자인 설혜는 자신의 ㉡학문적 소신에 따라 『노자』를 주석한 『노자집해』를 저술했다. 그는 공자도 존중했던 스승이 『노자』이므로 『노자』 사상에 대한 오해를 불식해야 한다고 보았다. 그는 기존의 주석서가 『노자』의 진정한 의미를 제대로 밝히지 못했기 때문에 유학자들이 『노자』 사상을 이단으로 치부했다고 파악한 것이다. 다양한 경전을 인용하여 『노자』를 해석하면서 그는 『노자』의 도를 인간의 도덕 본성과 그것의 근거인 천명으로 이해하고, 본성과 천명의 이치를 탐구한다는 점에서 『노자』 사상과 유학이 다르지 않다고 보았다. 또한 그는 『노자』서 인의 등을 비판한 것은 도덕을 근본으로 삼게 하기 위한 충고라고 파악했다.

⚙️ **조건은 체크한다.**

👤 **인물은 체크한다.**

📅 **시간은 체크한다.**

⚙️ **조건은 체크한다.**

👤 **인물은 체크한다.**

01 (가), (나)에 대한 설명으로 가장 적절한 것은?

① (가)는 한비자의 ~~철학사적 의의~~를 설명하고 한비자와 『노자』의 ~~사회적 파급력을 비교하고 있다.~~

② (가)는 한비자가 추구한 이상적인 사회를 소개하고 그 실현을 위해 『노자』를 수용한 입장의 ~~한계~~를 설명하고 있다.

③ (나)는 특정 개념을 중심으로 『노자』에 대한 여러 학자의 견해를 시간의 흐름에 따라 제시하고 있다.

④ (나)는 여러 유학자가 『노자』를 해석한 의도를 각각 제시하고 그 차이로 인해 발생한 ~~학자 간의 이견을 절충하고 있다.~~

⑤ ~~(가)와~~ (나)는 ~~모두~~, 『노자』에 대해 다양한 시각에서 제시된 비판이 ~~심화되는~~ 과정을 구체적 사례와 함께 설명하고 있다.

1 STRUCTURE FLOW ///////

👤 **인물(책)**   📔 **시간**

2 ANSWER DECODING ///////

● STEP 1. 지문 스캔

지문에서 인물(책) 중심으로 선지에서 묻는 상황을 찾는다.

● STEP 2. 선지 매칭

(가)는 『한비자』와 『노자』에서 제시하는 도의 개념을 중심으로 전개하고 있다.

(나)는 도를 중심으로 왕안석, 오징, 설혜의 견해를 송나라에서 원나라의 흐름에 따라 전개하고 있다. 특정 개념인 도를 중심으로 여러 학자의 견해를 시간의 흐름에 따라 제시하는 것은 적절한 선지 ⇒ 정답

---

02 (가)에 제시된 한비자의 견해로 적절하지 <u>않은</u> 것은?

① ~~시간의 시비에 따라 달라지는~~ 도에 근거하여 법이 제정되어야 한다.

② 인간은 무엇을 가지거나 누리고자 하는 마음에서 벗어날 수 없다.

③ 도는 고정된 모습 없이 때와 형편에 따라 변화하며 영원히 존재한다.

④ 인간 사회의 흥망성쇠는 사람이 도에 따라 올바르게 행하였는가의 여부에 좌우되는 것이다.

⑤ 도는 만물의 근원이면서 동시에 현실 사회의 개별 사물과 사건에 내재한 법칙을 포괄하는 것이다.

1 STRUCTURE FLOW ///////

👤 **인물(책)**   ⚙️ **조건**

2 ANSWER DECODING ///////

● STEP 1. 지문 스캔

지문에서 인물을 중심으로 선지에서 묻는 상황을 찾는다.

● STEP 2. 선지 매칭

한비자는 도를 개별 법칙의 통합이자, 개별 사건을 판단하는 기준으로 보았다. 도가 시비에 따라 달라지는 것이 아닌 사건이 도에 따라 달라지므로 적절하지 않은 선지 ⇒ 정답

03 ㉠과 ㉡에 대한 이해로 가장 적절한 것은?

① ㉠은 ~~유학 덕목의 등장을 긍정적으로 평가한~~ 『노자』의 견해를 ~~수용하는~~, ㉡은 유학 덕목에 대한 『노자』의 비판에 담긴 긍정적 의도를 밝히려는 것으로 표출되었다.

② ㉠은 ~~유학에 유입되고 있는 주술성을 재각하는~~, ㉡은 노자 사상이 탐구하는 대상에 대한 이해를 근거로 노자 사상과 유학의 공통점을 제시하려는 것으로 표출되었다.

③ ㉠은 유학의 가르침을 차용한 종교가 사람들을 현혹하는 상황에 대응하는, ㉡은 『노자』를 ~~해석한~~ 경전들을 참고하여 유학 이론의 ~~독창성을 밝히려는 것으로~~ 표출되었다.

④ ㉠은 유학을 노자 사상과 연관 지어 유교적 사회 질서의 정당성을 확인하는, ㉡은 유학에서 이단으로 치부하는 사상의 진의를 밝혀 오해를 바로잡으려는 것으로 표출되었다.

⑤ ㉠은 특정 종교에서 추앙하는 사상가와 유학 이론의 관련성을 제시하는, ㉡은 유학의 사상적 ~~우위를 입증하여~~ 다른 학문을 ~~통합할 수 있는 근거를~~ 제시하려는 것으로 표출되었다.

---

1 STRUCTURE FLOW ////////

👤 인물(책)   ⚙ 조건

2 ANSWER DECODING ////////

● STEP 1. 지문 스캔

지문에서 인물을 중심으로 선지에서 묻는 상황을 찾는다.

● STEP 2. 선지 매칭

㉠은 오징의 견해, ㉡은 설혜의 견해이다. 오징은 유학의 인의예지가 도가 현실화 한것으로 해석하였다. 설혜는 『노자』의 진정한 의미를 파악하지 못하여 유학자들이 노자 사상을 이단으로 치부했다고 판단하였다. 오징은 도와 유학을 연관 지어 사회 질서의 정당성을 확인 하였고, 설혜는 유학자들의 오해를 불식해야 한다고 보았으므로 적절한 선지 ⇒ 정답

---

04 (나)의 왕안석과 오징의 입장에서 다음의 ㄱ~ㄹ에 대해 판단한 것으로 가장 적절한 것은?

> **／보기╱**
> ㄱ. 도는 만물을 통해 드러나는 것이지 만물에 앞서서 존재 하는 것은 아니다.
> ㄴ. 인간 사회의 규범은 이치를 내재한 근원적 존재인 도가 현실에 드러난 것이다.
> ㄷ. 도는 현상 세계의 너머에만 머물러 있지 않고 세상 일과 유기적으로 관련되는 것이다.
> ㄹ. 도가 변화하듯이 현상 세계가 변하니, 현실 사회의 변화에 따라 인간 사회의 규범도 변해야 한다.

① 왕안석은 ㄱ에 동의하지 않고 ㄴ에 ~~동의하겠군.~~
② 왕안석은 ~~ㄴ과~~ ㄹ에 동의하겠군.
③ 왕안석은 ㄷ에 동의하고 ㄹ에 동의하지 ~~않겠군.~~
④ 오징은 ㄱ과 ㄹ에 동의하지 않겠군.
⑤ 오징은 ㄴ에 동의하고 ㄷ에 동의하지 ~~않겠군.~~

---

1 STRUCTURE FLOW ////////

👤 인물(책)   ⚙ 조건

2 ANSWER DECODING ////////

● STEP 1. 지문 스캔

지문에서 인물을 중심으로 선지에서 묻는 상황을 찾는다.

● STEP 2. 선지 매칭

왕안석은 『노자』의 도가 만물의 근원이라고 파악하고, 인간 사회는 적극적 개입이 필요하다고 보았다. 오징은 도를 근원적인 불변하는 것으로 보고, 사회 질서 체계도 도가 현실화된 결과라고 보았다. 따라서 왕안석은 ㄷ, ㄹ 에 동의하고 오징은 ㄴ, ㄷ 에 동의한다. ⇒ 정답

05 <보기>를 참고할 때, (가), (나)의 사상가에 대한 왕부지의 평가로 적절하지 <u>않은</u> 것은? [3점]

/ 보기 /

청나라 초기의 유학자 왕부지는 『노자』의 본래 뜻을 드러 내어 『노자』 사상을 비판하고자 『노자연』을 저술했다. 노자 사상의 비현실성을 드러내어 유학의 실용적 가치를 부각 하고자 했던 그는 기존의 『노자』 주석서가 노자 사상이 아닌 사상을 기준으로 삼았기 때문에 『노자』뿐만 아니라 주석자의 사상마저 왜곡했다고 비판했다. 『노자』에서 아무런 행동을 하지 않아도 천하가 다스려진다고 한 것 등을 비판한 그는, 『노자』에서처럼 단순히 인간의 이기적 욕망을 없애는 것이 아니라 사회 질서 유지를 위해 유학 규범을 활용해야 한다고 강조했다.

① 왕부지는 인간의 욕망에 대한 『노자』의 대응 방식을 부정적 으로 보았으므로, (가)의 한비자가 『노자』와 달리 사회에 대한 인위적 개입이 필요하다고 한 것에 대해서는 수긍하겠군.

② 왕부지는 『노자』에 제시된 소극적인 삶의 태도를 부정적으로 보았으므로, (나)의 왕안석이 사회 제도에 대한 『노자』의 견해를 비판하며 유학 이념의 활용을 주장한 것은 긍정하겠군.

③ 왕부지는 『노자』의 본래 뜻을 파악해야 한다고 보았으므로, (나)의 오징이 『노자』를 주석하면서 자신의 이해에 따라 원문의 구성과 내용을 수정한 것이 잘못이라고 보겠군.

④ 왕부지는 주석자가 유학을 기준으로 『노자』를 이해하면 주석자의 사상도 왜곡된다고 보았으므로, (나)의 오징이 유학의 인의 예지를 『노자』의 도가 현실화한 것으로 본 것을 비판하겠군.

⑤ 왕부지는 『노자』에 담긴 비현실성을 드러내야 한다고 보았으므로, (나)의 설혜가 기존의 『노자』 주석서들을 비판하며 드러낸 학문적 입장이 유학의 실용적 가치를 ~~부각한다고~~ 보겠군.

06 ⓐ와 문맥상 의미가 가장 가까운 것은?

① 과일이 접시에 예쁘게 담겨 있다.
② 상자에 탁구공이 가득 담겨 있다.
③ 시원한 계곡물에 수박이 담겨 있다.
④ 화폭에 봄 경치가 그대로 담겨 있다.
⑤ 매실이 설탕물에 한 달째 담겨 있다.

1 STRUCTURE FLOW /////////

👤 인물(책)   ⚙️ 조건

2 ANSWER DECODING /////////

● STEP 1. 지문 스캔
지문에서 인물을 중심으로 선지에서 묻는 상황을 찾는다.

● STEP 2. 선지 매칭
왕부지는 노자 사상의 비현실성을 드러내어 유학의 실용적 가치를 부각하고자 했다. 설혜는 노자 사상에 대한 오해를 불식해야 한다고 주장하며 노자 사상이 유학과 다르지 않다고 보았다. 설혜가 노자 주석서들이 『노자』의 진정한 의미를 파악하지 못한다고 주장하였기 때문에 유학의 실용적 가치를 제대로 담지 못하고 있으므로 적절하지 않은 선지 ⇒ 정답

1 STRUCTURE FLOW /////////

👤 인물(책)   ⚙️ 조건

2 ANSWER DECODING /////////

● STEP 1. 지문 스캔
지문에서 문맥과 단어의 뜻으로 선지에서 묻는 단어를 찾는다. 틀렸다면 별도로 정리한다.

● STEP 2. 선지 매칭
ⓐ남긴 : 어떤 내용이나 사상이 그림, 글, 말, 표정 따위 속에 포함되거나 반영되다.
④담겨 : 어떤 내용이나 사상이 그림, 글, 말, 표정 따위 속에 포함되거나 반영되다. ⇒ 정답

DAY 7 – ②

저널리즘이란 공적 관심이 큰 시사 현안을 일련의 규칙에 따라 취재 및 편집하여 미디어를 통해 알리는 지적 활동이다. 20세기 중·후반에 언론은 주로 권력 집단과 관련된 사안을 피상적으로 보도하는 경향이 있었다. 보도 내용이 대다수의 일반 사람들인 공중의 일상과 ⓐ괴리되고, 일회적 문제 제기 수준을 벗어나지 못함에 따라 공중은 뉴스를 ⓑ기피하였다. 이에 대한 대안으로 공중의 관심사를 보도의 중심 의제로 삼는 '공공 저널리즘'이 등장했다.

공공 저널리즘에 대한 논의의 배경은 일찍이 언론과 공중의 관계에 대해 상반된 입장을 가진 리프만과 듀이의 견해에서 찾을 수 있다. 리프만은 공중이 저마다의 경험과 지식에 기반한 고정 관념의 틀로 세상을 바라보는 경향이 있으며, 이러한 고정 관념을 ⓒ분별할 수 있는 이는 드물다고 판단했다. 또한 공중은 공공의 문제에 대한 전문적 지식이 부족하다고 보았다. 따라서 그는 정확하고 객관적인 뉴스를 공중에게 전달하는 언론의 역할이 중요하며, 이것은 언론인의 전문화를 통해 구현될 수 있다고 보았다. 반면 듀이는 공중을 합리적인 존재로 보았다.

그는 ㉠파편화된 공중의 유기적인 결합을 위해 언론이 공적 담론의 장을 이끌어내야 한다고 주장했다. 공중이 자신에게 필요한 사항을 요구하는 이성적인 공적 담론의 장을 통해 민주주의가 발전할 수 있다는 것이다.

언론학자 로젠에 따르면, 공공 저널리즘은 공중을 공공 문제의 잠재적 참여자로 간주하고, 다양한 층위의 사람들을 공론장에 참여하게 함으로써, 공공 문제의 해결 방안이 원활히 토의될 수 있도록 하는 목적을 가진다. 이를 위해 공공 저널리즘은 설문이나 회의, 이해 당사자들의 집단 인터뷰 등의 사회 과학적 방법을 적극 활용한다. 공론장에서 논의된 문제 해결 방안에 대한 언론 보도가 실제로 문제 해결까지 보장하는 것은 아니지만, 공론장을 형성한 것만으로도 충분한 의의가 있다.

공공 저널리즘은 언론이 ⓓ적합한 대상을 취재하여 정확하고 중립적으로 보도해야 한다는 언론의 객관성 측면에서 비판을 받기도 한다. 언론인이 취재 과정에서 공중과 밀접하게 결합하여 주관성이 개입되면 현상을 객관적으로 바라보지 못할 수도 있다는 것이다. 이러한 비판에 대해 마이어는 공공 저널리즘이 사회 과학적 방법을 통해 ⓔ달성되는 방법론적 객관주의에 중점을 둔다고 주장했다. 대상을 선정하고 자료를 취합 및 분석하는 등의 취재 과정에 사회 과학적 방법을 활용함으로써 주관성이 개입될 수 있는 한계를 보완하고 공중의 숙고를 촉진한다는 것이다.

🔍 **정의는 체크한다.**

👤 **인물은 체크한다.**

⚙️ **조건은 체크한다.**

💡 **문제 / 해결은 체크한다.**

👤 **인물은 체크한다.**

01 윗글에서 답을 찾을 수 있는 질문으로 적절하지 <u>않은</u> 것은?

① 듀이는 공중을 어떠한 존재로 보았는가?
② 공공 저널리즘이 중심 의제로 삼는 것은 무엇인가?
③ 공중의 일상과 괴리된 보도가 불러온 결과는 무엇인가?
④ 공공 저널리즘을 비판하는 주장에 대한 대응 논리는 무엇인가?
⑤ 언론인의 전문화는 ~~어떠한 제도와 절차를 통해~~ 이루어 지는가?

1 STRUCTURE FLOW ////////

👤 인물   🔍 정의

2 ANSWER DECODING ////////

● STEP 1. 지문 스캔
  인물을 중심으로 선지에서 묻는 상황을 찾는다.

● STEP 2. 선지 매칭
  리프만은 정확하고 객관적인 뉴스를 공중에게 전달하는 언론의 역할이 중요하며, 이것은 언론인의 전문화를 통해 구현될 수 있다고 보았다. 이후에 전문화 제도와 절차는 언급하고 있지 않으므로 적절하지 않은 선지 ⇒ 정답

02 ㉠을 이해한 내용으로 가장 적절한 것은?

① 공중이 각자의 경험과 지식으로 세상을 판단하는 방식이다.
② 공중이 언론 보도를 통해 ~~공공 문제를 해결했음을 전제~~로 한다.
③ 공중이 공공 저널리즘의 ~~한계를 극복하기~~ 위해 제시한 방안 이다.
④ 공중이 공공 문제에 관심을 갖고 논의에 참여할 때 실현 가능하다.
⑤ 공중이 공공 저널리즘의 ~~취재 대상으로 설정되기 위해~~ 지녀야 할 요건이다.

1 STRUCTURE FLOW ////////

👤 인물   🔍 정의

2 ANSWER DECODING ////////

● STEP 1. 지문 스캔
  지문에서 인물을 중심으로 선지에서 묻는 상황을 찾는다.

● STEP 2. 선지 매칭
  듀이는 파편화된 공중의 유기적인 결합을 위해 언론이 공적 담론의 장을 끌어내야 한다고 주장했다. 공중이 공적 담론의 장에서 공공 문제에 관심을 갖고 논의에 참여할 때 민주주의가 발전할 수 있으므로 적절한 선지 ⇒ 정답

03 (나)의 왕안석과 오징의 입장에서 다음의 ㄱ~ㄹ에 대해 판단한 것으로 가장 적절한 것은?

[사례 1] A 지역 ○○ 신문사는 지역민 인터뷰를 통해 그 지역의 가장 심각한 문제가 높은 범죄율이라는 점을 파악했다. 범죄 문제에 관해 자문할 지원자를 모집하여, 공정한 절차를 통해 지역민과 사회 지도자 및 전문가 등으로 자문단을 구성했다. 지역 자문단 회의에서 범죄 퇴치 방안에 대해 논의했고, 신문사는 그 결과를 취합·분석해서 지속적으로 보도했다. 이후 시민 포럼 등에서 관련 논의가 이어졌고, A 지역의 범죄율은 크게 낮아졌다.

[사례 2] B 지역 △△ 신문사는 설문을 통해 지역민의 최근 관심이 지역 경제 위기임을 파악하여, 전문가와 지역민 대상의 집단 인터뷰를 마련하고 수차례 회의를 통해 문제 해결 방안으로 국제 행사 유치를 논의했다. 그 결과, 전문가는 B 지역의 기반 시설이 부족하다고 판단했으나 행사 유치를 강력히 원하는 지역민의 입장에 동화된 신문사는 B 지역이 적합한 후보지라고 보도했다. 최종적으로 B 지역은 행사 개최지로 선정되지 못했다.

---

① [사례 1]에서 치안상의 긍정적 변화가 일어난 것에 대해, 듀이와 로젠은 모두 공공 문제에 능동적으로 참여한 공중이 변화에 기여했다고 평가하겠군.

② [사례 1]에서 신문사가 지역민, 사회 지도자, 전문가 등을 공적 담론의 장으로 유도한 것에 대해, 듀이는 민주주의 발전에 긍정적 영향을 미쳤다고 평가하겠군.

③ [사례 1]에서 신문사가 공정한 절차로 지역 자문단을 구성하여 자문단 회의의 논의 결과를 취합하고 분석한 것에 대해, 마이어는 취재 과정에 사회 과학적 방법을 사용했다고 평가하겠군.

④ [사례 2]에서 지역민의 바람이 이루어지지 못한 결과에 대해, ~~로젠과~~ 마이어는 ~~모두~~ 공공 저널리즘이 추구하는 목적이 실현되지 못했다고 평가하겠군.

⑤ [사례 2]에서 신문사가 지역민과 인터뷰하고 수차례 회의하며 논의한 것에 대해, 리프만은 공중에 대한 자신의 관점에 비추어 신문사의 취재 방식이 적절하지 않다고 평가하겠군.

---

1 STRUCTURE FLOW ////////

> 👤 **인물**   ⚙️ **조건**

2 ANSWER DECODING ////////

● **STEP 1. 지문 스캔**
| 지문에서 인물을 중심으로 선지에서 묻는 상황을 찾는다.

● **STEP 2. 선지 매칭**

로젠은 언론 보도가 문제 해결까지 다보하는 것은 아니지만, 공론장을 형성한 것만으로도 충분한 의의가 있다고 주장한다. 마이어는 언론인이 공중과 밀접하게 결합하여 주관성이 개입되면 현상을 객관적으로 바라보지 못하는 점을 지적하였다. [사례2]에서 마이어는 공공 저널리즘의 목적이 실현되지 못했으나 로젠은 공론장을 형성했기 때문에 목적을 형성했다고 보기 때문에 적절하지 않은 선지 ⇒ 정답

04 문맥상 ⓐ~ⓔ와 바꿔 쓰기에 적절하지 <u>않은</u> 것은?

① ⓐ : 동떨어지고
② ⓑ : 멀리하였다
③ ⓒ : 깨달을
④ ⓓ : 알맞은
⑤ ⓔ : 이루어지는

1 ANSWER DECODING

● STEP 1. 지문 스캔

지문에서 문맥과 단어의 뜻으로 선지에서 묻는 단어를 찾는다. 틀렸다면 별도로 정리한다.

● STEP 2. 선지 매칭

ⓒ분별할 : 세상 물정에 대한 바른 생각이나 판단을 하다.

③깨달을 : 사물의 본질이나 이치 따위를 생각하거나 궁리하여 알게 되다 ⇒ 정답

열팽창이란 물체의 온도 변화에 따라 그 길이, 부피가 변화하는 현상을 말한다. 그중 길이의 변화를 수치화한 것이 선형 열팽창 계수인데, 이는 온도 변화에 따른 길이 변화율을 온도 변화량으로 나눈 값이다. 여기에서 길이 변화율은 길이의 변화량을 처음 길이로 나누어 ⓐ얻는 값이며, 변화량이란 나중 값에서 처음 값을 뺀 것이다. 대부분의 물질은 선형 열팽창 계수가 양수이며 물질마다 그 값이 다르다. 합금인 인바(invar)와 순수한 금속인 알루미늄은 선형 열팽창 계수가 양수인 물질이며 인바는 알루미늄에 비해 매우 작은 선형 열팽창 계수를 갖는다.

선형 열팽창 계수가 다른, 두 종류의 물질 P와 Q를 서로 같은 두께의 두 층으로 접합하여 평평한 띠를 만든다고 하자. 이때 Q가 P보다

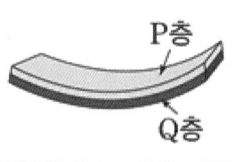

<그림>

선형 열팽창 계수가 크다면 온도를 올렸을 때 Q층은 P층보다 더 팽창하려고 한다. 그러나 두 층이 접합되어 있어 독립적인 팽창이 억제되므로, <그림>과 같이 띠가 P층 쪽으로 원의 호 형태로 휘면서 팽창한 후 그 상태를 유지한다. 이후 다시 처음의 온도로 내리면 띠는 원래 모양으로 ⓑ돌아온다.

물체의 휨의 정도는 곡률로 수치화할 수 있는데, 띠 또한 휨의 정도를 곡률로 나타낸다. 띠의 길이에 비해 두께가 매우 얇고 폭이 좁아 띠를 하나의 곡선이라고 간주하면, 띠를 원의 호로 생각할 수 있다. 이때 이 원의 호를 포함하는 원의 반지름을 휘어진 띠의 곡률 반지름이라 하는데, 곡률은 이 곡률 반지름의 역수이다. 즉, 곡률 반지름이 작을수록 더 심하게 휘어진 것이다. 다른 조건이 동일하다면, 두 물질의 선형 열팽창 계수 차이가 크거나 온도 변화가 클수록 띠가 더 휘어진다. 온도 변화량이 같아도 띠를 이루는 물질에 따라 띠가 휘는 정도는 달라지며, 이를 나타내는 것이 휨 민감도이다. 휨 민감도가 더 크다는 것은 같은 온도 변화량에서 띠가 더 심하게 휨을 의미한다.

띠의 한쪽 끝을 고정하고 열을 가하면 띠가 휘면서 반대쪽 끝이 움직이는 액추에이터가 된다. 액추에이터란 열에너지 등을 기계적 동작으로 변환하는 장치로, 액추에이터의 설계에는 최대 이동 거리, 띠가 외부에 가할 수 있는 힘, 반응 완료 시간 등이 고려된다.

띠가 휠수록 고정되지 않은 끝의 이동 거리는 커진다. 최대 이동 거리는 휨을 방해하는 외부의 힘이 없다고 가정할 때, 주어진 온도 변화량에서 띠의 끝이 최대로 이동할 수 있는 거리이다. 이 값은 띠의 길이에 따라 달라진다. 띠가 휘면서 띠의 끝이 외부에 힘을 가할 수 있는데, 이 힘은 띠의 끝이 최대 이동 거리에 도달하여 휨이 완료되었을 때 소멸된다. 따라서 띠가 외부에 가할 수 있는 힘이 소멸되는 시점은 최대 이동 거리에 도달했을 때이고, 이

는 띠가 휘는 과정에서 최대의 곡률에 도달했을 때와 같다. 반응 완료 시간 또한 고려해야 하는데, 반응 완료 시간은 온도를 올리기 시작한 시점부터 띠의 끝이 최대 이동 거리에 도달하기까지의 시간이고, 띠의 두께가 얇을수록 짧다.

🔍 **정의는 체크한다.**

↔ **비교는 체크한다.**

⚙️ **조건은 체크한다.**

🔍 **정의는 체크한다.**

🗂 **분류는 체크한다.**

⚙️ **조건은 체크한다.**

01 윗글의 내용과 일치하는 것은?

① 온도의 변화에 따라 물체의 길이는 변하지만 부피는 ~~변하지 않는다.~~

② 물질의 선형 열팽창 계수는 ~~열을 가해 변화되었을 때의 길이를 열을 가하기 전의 길이로~~ 나눈 값이다.

③ 선형 열팽창 계수가 음수인 물질이 선형 열팽창 계수가 양수인 물질보다 그 종류가 더 ~~많다.~~

④ 액추에이터는 ~~열에너지를~~ 얻기 위해 ~~기계적 움직임을~~ 이용하는 장치이다.

⑤ 서로 다른 물질을 두께가 같은 두 층으로 접합해 만든 띠의 온도를 올릴 때, 띠의 두께가 얇을수록 휨이 빨리 완료된다.

1 STRUCTURE FLOW /////////

🔍 정의   ⚙️ 조건

2 ANSWER DECODING /////////

● STEP 1. 지문 스캔

인물을 중심으로 선지에서 묻는 상황을 찾는다.

● STEP 2. 선지 매칭

리프만은 정확하고 객관적인 뉴스를 공중에게 전달하는 언론의 역할이 중요하며, 이것은 언론인의 전문화를 통해 구현될 수 있다고 보았다. 이후에 전문화 제도와 절차는 언급하고 있지 않으므로 적절하지 않은 선지 ⇒ 정답

02 윗글에서 추론한 내용으로 적절하지 **않은** 것은?

① 선형 열팽창 계수가 음수인 물질에 열을 가하면 길이가 줄어든다.

② 온도에 따라 길이 변화가 작아야 하는 부b 품에는 알루미늄보다 인바가 더 적합하다.

③ 두 물질을 접합하여 두 층으로 이루어진 띠를 만들고 온도를 ~~내리면~~ 선형 열팽창 계수가 작은 물질 쪽으로 흰다.

④ 열팽창으로 길이가 늘어난 두 물체의 길이의 변화량이 같다면 팽창 전의 길이가 더 긴 물체의 길이 변화율이 더 작다.

⑤ 한쪽 끝이 고정되고 길이가 다른 평평한 두 띠가 동일한 곡률로 휘었다면 길이가 긴 띠의 끝의 이동 거리가 더 길다.

1 STRUCTURE FLOW /////////

🔍 정의   ↔️ 비교

2 ANSWER DECODING /////////

● STEP 1. 지문 스캔

지문에서 정의를 중심으로 선지에서 묻는 상황을 찾는다.

● STEP 2. 선지 매칭

온도를 올리면 선형 열팽창 계수는 Q>P일 때 P층 쪽으로 원의 호 형태로 흰다. 선형 열팽창 계수가 작은 쪽으로 휠 때는 온도를 올릴 때이므로 온도를 내리면 선형 열팽창 계수가 작은 쪽으로 휘는 것은 적절하지 않은 선지 ⇒ 정답

03 윗글을 바탕으로 <보기>를 이해한 내용으로 적절한 것은? [3점]

보기

　두 물질을 접합하여 두 층으로 만든, 두 종류의 띠 a 와 b가 있다. 두 물질의 선형 열팽창 계수의 차이는 b 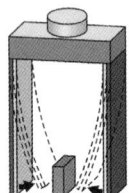 가 a보다 크고, 두께와 길이는 a, b 모 두 같다. 이 띠를 활용하여 오른쪽 그 림과 같이 띠가 안으로 휘어 물체를 잡 는 집게를 만들었다. a를 두 개 사용한 것은 집게 A이고, b를 두 개 사용한 것 은 집게 B이다. 온도 T0에서 A와 B의 모든 띠는 평평 한 형태였다. 이후 온도를 T1로 올렸을 때는 B만 물체 를 잡을 수 있었다. 그런데 T0에서 T1보다 높은 온도인 T2로 온도를 올렸을 때는 A도 물체를 잡을 수 있었다. (단, 선형 열팽창 계수 차이, 온도 변화 외에 휨에 영향 을 주는 다른 요소는 고려하지 않음.)

---

① T0에서 T1로 올렸을 때보다 T0에서 T2로 올렸을 때, a 와 b 모두 외부에 가할 수 있는 힘이 소멸되는 시점의 곡률은 더 크겠군.

② T0에서 T1로 올렸을 때, a와 b 각각의 휨이 멈춘 시점에 서의 a의 곡률 반지름은 b의 곡률 반지름보다 ~~작겠군~~.

③ T0에서 T1로 올렸을 때, A와 B 각각의 동작이 멈추는 데 걸린 시간이 서로 같았다면 b의 반응 완료 시간이 a보다 ~~짧겠군~~.

④ T0에서 T2로 올렸을 때, a의 최대 이동 거리가 b보다 더 ~~크겠군~~.

⑤ B와 달리, T2가 되어야 A가 물체를 잡을 수 있었던 것은 a가 b보다 휨 민감도가 ~~크기~~ 때문이겠군

04 ⓐ, ⓑ의 의미로 쓰인 예가 바르게 짝지어진 것은?

① ⓐ : 그는 이 실험에서 예측한 근사치를 얻었다.
　ⓑ : 그는 은퇴한 후 고향으로 돌아왔다.

② ⓐ : 그는 친구의 도움에 용기를 얻었다.
　ⓑ : 곧 그에게 발표할 차례가 돌아왔다.

③ ⓐ : 그는 열심히 일해 지금의 결과를 얻었다..
　ⓑ : 그는 지름길을 두고 먼 길로 돌아왔다.

④ ⓐ : 그는 자신이 하는 일에서 보람을 얻었다..
　ⓑ : 모임이 한 달에 한 번씩 돌아온다.

⑤ ⓐ : 그는 가족의 열렬한 호응에 자신감을 얻었다.
　ⓑ : 우리 부서에 적은 돈이 몫으로 돌아왔다.

🔍 정의　⚙️ 조건

2 ANSWER DECODING　//////////

● STEP 1. 지문 스캔
　지문에서 조건을 중심으로 선지에서 묻는 상황을 찾는다.

● STEP 2. 선지 매칭
　곡률은 곡률 반지름의 역수이다. 곡률 반지름이 작을수록 = 곡률이 클수록 더 많이 휘어진다. 온도 변화가 클수록, 선형 열팽창 계수 차이가 클수록 더 휘어진다 = 곡률이 커진다. 온도 변화는 T0 →T1 <T0→T2 이므로 온도 변화가 더 큰 T2 까지 온도를 올릴 때 곡률이 더 크다. ⇒ 정답

1 ANSWER DECODING　//////////

● STEP 1. 지문 스캔
　지문에서 문맥과 단어의 뜻으로 선지에서 묻는 단어를 찾 는다. 틀렸다면 별도로 정리한다.

● STEP 2. 선지 매칭
　①,ⓐ얻었다 : 구하거나 찾아서 가지다.
　①,ⓑ돌아왔다 : 원래 있던 곳으로 다시 오거나 다시 그 상태 가 되다. ⇒ 정답

(가)

전통적인 윤리학의 주요 주제는 '선', '올바름'과 같은 도덕 용어에 대한 해명을 바탕으로 무엇이 옳고 그른지를 판정하는 객관적 근거를 ⓐ찾는 것이다. 그러나 윤리학은 오랫동안 그에 대한 만족스러운 답을 ⓑ내놓지 못했다. 이러한 상황에서 에이어는 도덕적으로 옳고 그름에 관한 문장인 도덕 문장이 진리 적합성, 즉 참 또는 거짓일 수 있다는 성질을 갖지 않는다는 주장을 ⓒ펼쳤다.

에이어는 진리 적합성을 갖는 모든 문장은 그 문장에 사용된 단어의 정의를 통해 검증되는 분석적 문장이거나 경험적 관찰에 의해 검증되는 종합적 문장이라는 원리를 바탕으로 도덕 문장은 진리 적합성이 없다고 주장했다. 우선 그는 도덕 문장은 분석적이지 않다는 기존의 논의를 수용했다. '선은 A이다.'라는 도덕 문장이 분석적이려면, 술어인 'A'가 주어인 '선'이라는 개념 속에 내포되어 있어야 한다. 하지만 '선'은 속성이나 내용을 더 이상 분석할 수 없는 단순 개념이므로 해당 문장은 분석적이지 않다. 그렇다고 해서 '선은 A이다.'라는 도덕 문장이 경험적 관찰로 검증될 수 있는 것도 아니다. '선' 그 자체는 우리의 감각으로 검증할 수 없기 때문이다.

도덕 문장은 다양한 감정이나 태도를 표현하고 타인의 감정을 ⓓ불러일으키는 정서적 의미를 갖는다고 에이어는 주장했다.

그는 많은 사람들이 도덕 문장이 진리 적합성을 갖는다고 오해 하는 것은 도덕 용어의 두 가지 용법을 구분하지 못해서라고 주장한다. 그에 따르면 도덕 용어는 감정을 표현하는 표현적 용법으로도, 세계에 관한 어떤 사실을 기술하는 기술적 용법으로도 사용될 수 있다. 만약 '도둑질은 나쁘다.'가 도둑질이 사회적으로 배척된다는 사실을 기술하는 문장이라면, 이 문장은 도덕적으로 옳고 그름에 관한 것이 아니다. 따라서 이 문장은 도덕 문장이 아니고, 경험적으로 검증이 가능하다. 반대로 그 문장이 도둑질에 대한 화자의 감정을 표현한 문장이라면 이는 도덕 문장이며 어떤 사실을 기술한 것이 아니다. 에이어에게는 '도둑질은 나쁘다.'와 같은 도덕 문장을 진술하는 것은 감정을 담은 어조로 '네가 도둑질을 하다니!'라고 말하는 것과 다름없기 때문이다. 그의 주장대로라면 도덕 문장은 감정을 표현하는 도덕 주체로부터 독립적으로 존재하는 무언가를 기술할 수 없다. 이는 전통적인 윤리학자들의 기본 가정을 부정하는 급진적 주장이지만 윤리학에 새로운 사고를 ⓔ열어 준 선구적인 면도 있다.

(나)

논리학에서 제기된 의문이 윤리학의 특정 견해에 대한 비판이 되기도 한다. 다음 논의는 이를 보여 준다. 'P이면 Q이다. P이다. 따라서 Q이다.'인 논증을 전건 긍정식이라 한다. 전건 긍정식은 'P이면 Q이다.'와 'P이다.'라는 두 전제가 참이면 결론 'Q이다.'는 반드시 참이라는 뜻에서 타당하다. 그런데 어떤 문장이 단독으로 진술되는 경우에는 감정이나 태도를 표현할 수 있지만 그 문장이 조건문인 'P이면 Q이다.'의 부분으로 포함되는 경우에는 그렇지 않다. '귤은 맛있다.'는 화자의 선호라는 감정을 표현한다. 하지만 그 문장이 '귤은 맛있다면 귤은 비싸다.'처럼 조건문의 일부가 되면 귤에 관한 화자의 선호를 표현하지 않는다. 이에 전건 긍정식의 P가 감정이나 태도를 표현하는 문장일 때 'P이면 Q이다.'의 P와 'P이다.'의 P 사이에 내용의 차이가 생기므로, 전건 긍정식임에도 두 전제의 참이 결론 'Q이다.'의 참을 보장하지 않는다는 것이 ㉠몇몇 논리학자들이 제기한 문제였다. 전건 긍정식인 '표절은 나쁘다면 표절을 돕는 것은 나쁘다. 표절은 나쁘다. 따라서 표절을 돕는 것은 나쁘다.'라는 논증은 직관적으로 타당해 보인다. 하지만 '표절은 나쁘다.'가 감정을 표현했다면, 위 논증은 타당하지 않다고 해야 한다. 그러므로 에이어의 윤리학 견해를 고수하려면, 도덕 문장을 포함하는 전건 긍정식의 타당성을 부정하거나, 전건 긍정식은 도덕 문장을 포함할 수 없다고 해야 한다. 이 쟁점에 대해 행크스는 다음과 같이 논의를 전개하였다.

'표절은 나쁘다.'라는 문장은 표절이라는 대상에 나쁨이라는 속성을 부여하는 내용을 가진다.

[A]
그리고 화자의 문장 진술은 그 내용과 완전히 무관할 수는 없기 때문에 그런 문장은 단독으로 진술되든 그렇지 않든 판단적이다. 문장이 판단적이라는 것은, 대상에 속성을 부여하는 내용을 지니는 것이 그 문장의 본질이라는 것을 뜻한다. 도덕 문장을 비롯한 모든 판단적 문장은 참 또는 거짓일 수 있다. 조건문에 포함된 문장도 판단적이라는 점에서 단독으로 진술될 때와 내용의 차이가 없다. 그러므로 도덕 문장을 포함하는 전건 긍정식은 타당해 보일 뿐 아니라 실제로도 타당하다. 그렇다면 'P이면 Q이다.'에 포함된 'P이다.'가 단독으로 진술된 경우와 다른 점은 무엇인가? 가령 '귤은 맛있다.'는, '귤은 맛있다면 귤은 비싸다.'라는 조건문에 포함되는 경우 화자가 대상에 속성을 부여하는 행위를 하는 것은 아니기에 그것의 판단적 본질을 발현하지 못한다. 그러나 이 맥락에서도 조건문에 포함된 '귤은 맛있다.'는 판단적 본질을 여전히 잃지 않는다. 다시 말해, 그 문장 자체는 대상에 속성을 부여하는 내용을 지닌다.

01 (가)에 나타난 [에이어]의 입장으로 적절하지 않은 것은?

① 도덕 용어를 기술적 용법으로 사용한 문장은 검증이 가능하다.

② 표현적 용법을 활용한 도덕 문장은 자신의 감정을 표현하는 문장과 동일한 의미를 표현한다.

③ 주어와 술어의 의미 관계를 통해 어떤 문장을 검증할 수 있다면 그 문장은 분석적 문장이다.

④ 도덕 용어의 용법은 도덕 용어가 기술하는 사실의 종류에 따라 기술적 용법과 표현적 용법으로 구분할 수 있다.

⑤ 도덕 문장에 진리 적합성이 있다는 오해는 도덕 문장을 세계에 대한 어떠한 사실을 기술한 것으로 해석한 데에 기인한다.

02 [A]로부터 추론한 내용으로 가장 적절한 것은?

① '귤은 맛있다면 귤은 비싸다.'에 포함된 '귤은 맛있다.'는 판단적 이지 않다.

② '표절은 나쁘다.'는 단독으로 진술되었을 때에만 참 또는 거짓일 수 있다.

③ '귤은 맛있다.'는 조건문의 일부로 진술될 때는 대상에 속성을 부여하는 내용을 지니지 않는다.

④ 화자는 귤이 맛있음의 속성을 가진다는 내용과 완전히 무관한 채로 '귤은 맛있다.'를 진술할 수 있다.

⑤ '표절은 나쁘다.'는 화자가 표절에 나쁨을 부여하지 않는 맥락에서도 그것의 판단적 본질을 유지할 수 있다.

03 다음은 윗글을 읽고 학생이 작성한 학습 활동지이다. 윗글을 바탕으로 할 때, 적절하지 않은 것은?

☐ 아래의 핵심 개념에 대해 윗글에 제시된 학자들이 보일 수 있는 입장을 작성해 봅시다.

[진술 1] 객관적으로 존재하는 도덕적 사실이 있다.

· 전통적인 윤리학자 : 옳다. 도덕적 판단의 근거는 도덕 주체로 부터 독립적으로 존재하기 때문이다.
.... ①

· 에이어 : 옳지 않다. 도덕 문장은 도덕 주체로부터 독립적일 수 없기 때문이다. ....
.... ②

[진술 2] 도덕 문장은 참 또는 거짓이라는 속성을 갖는다.

· 에이어 : 옳지 않다. 도덕 문장은 분석적이지도 종합적이지도 않기 때문이다. ....
.... ③

· 행크스 : 옳다. 도덕 문장은 도덕 용어가 나타내는 속성에 비추어 참 또는 거짓이 정해지기 때문이다.

[진술 3] 전건 긍정식의 두 전제에 공통으로 포함된 도덕 문장은 내용이 다르다.

· 에이어 : 옳다. 도덕 문장은 전건 긍정식의 전제로 사용되면 진리 적합성을 갖기 때문이다. .... ④

· 행크스 : 옳지 않다. 단독으로 진술된 문장은 조건문의 일부로 사용된 때와 내용 차이가 없기 때문이다.
.... ⑤

04 윗글을 바탕으로 ㉠을 이해한 내용으로 적절하지 **않은** 것은?

① 에이어의 윤리학 견해가 옳다면 전건 긍정식이 직관적으로 타당해 보이게 된다는 점에서, ㉠은 에이어에 대한 비판이 된다.

② ㉠에 따르면, 도덕 문장을 포함하는 전건 긍정식이 타당하다면 도덕 문장이 감정을 표현한다는 견해는 수용될 수 없다.

③ ㉠은 전건 긍정식이 타당하려면 두 전제 모두에 나타난 문장의 내용이 일치해야 함에 기초한다.

④ ㉠은 도덕 문장뿐 아니라 개인적 선호를 나타내는 문장에 대해서도 제기될 수 있다.

⑤ 도덕 문장을 판단적이라고 보는 이론에 따르면 ㉠은 애당초 발생하지 않는다.

④ '귤은 맛있다.'가 귤에 대한 화자의 선호를 표현한다는 주장은, '자선은 옳다.'가 자선에 대한 화자의 찬성을 표현한다는 <보기>의 주장과 상충하지 않는군.

⑤ '도둑질은 나쁘다.'가 화자의 정서를 표출하므로 진리 적합성이 없다는 주장은, 폭력에 대한 화자의 태도를 표현하는 문장이 참, 거짓일 수 없다는 <보기>의 주장과 상충하지 않는군.

05 윗글과 <보기>를 비교하여 이해한 내용으로 적절하지 **않은** 것은? [3점]

> **보기**
>
> '자선은 옳다.'는 자선에 대한 찬성, '폭력은 나쁘다.'는 폭력에 대한 반대라는 태도를 표현한다. 도덕 문장을 포함하는 '자선은 옳다면 봉사는 옳다.'라는 조건문은 '태도에 대한 태도'를 표현한다. 위와 같은 주관적 태도들에는 참, 거짓이 없다. '자선은 옳다면 봉사는 옳다.'와 '자선은 옳다.'가 나타내는 태도를 지니면서, '봉사는 옳다.'에 반대하는 것은 비일관적이다.
> '자선은 옳다면 봉사는 옳다. 자선은 옳다. 따라서 봉사는 옳다.'가 타당하다는 것은 이런 뜻이다.

① 도덕 문장이 태도나 감정을 표현한다는 주장은, 도덕 문장을 포함하는 조건문이 '태도에 대한 태도'를 표현한다는 <보기>의 주장과 상충하는군.

② 논증의 타당성이 전제와 결론의 참에 의해 규정된다는 주장은, 타당성을 논증에 나타난 태도 사이의 관계에 의해 규정할 수 있다는 <보기>의 주장과 상충하는군.

③ 무엇이 윤리적으로 옳고 그른지에 대한 객관적 기준을 세워야 한다는 주장은, 도덕 문장은 찬성과 반대라는 주관적 태도를 나타낸다는 <보기>의 주장과 상충하는군.

06 문맥상 ⓐ~ⓔ와 바꿔 쓰기에 가장 적절한 것은?

① ⓐ : 수색하는

② ⓑ : 제시하지

③ ⓒ : 전파했다

④ ⓓ : 발산하는

⑤ ⓔ : 공개하여

⊙경마식 보도는 경마 중계를 하듯 지지율 변화나 득표율 예측 등을 집중 보도하는 선거 방송의 한 방식이다. 경마식 보도는 선거일이 가까워질수록 증가한다. 새롭고 재미있는 정보를 원하는 시청자들의 요구에 부응하고, 방송사로서도 매일 새로운 뉴스를 제공하는 방편이 될 수 있기 때문이다. 경마식 보도는 선거와 정치에 무관심한 유권자들의 선거 참여, 정치 참여를 독려하는 장점이 있다. 하지만 흥미를 돋우는 데 치중하는 경마식 보도는 선거의 주요 의제를 도외시하고 경쟁 결과에 초점을 맞춰 선거의 공정성을 저해할 수 있다.

경마식 보도의 문제점을 줄이려는 조치가 있다. ㉠『공직 선거법』의 규정에 따르면, 당선인을 예상케 하는 여론조사를 실시하는 것은 언제든지 가능하지만, 그 결과의 보도는 선거일 6일 전부터 투표 마감 시각까지 금지된다. 이러한 규정이 국민의 알 권리와 언론의 자유를 침해하는지에 대해 헌법재판소는 신뢰할 수 있는 여론조사 결과라 하더라도 선거일에 임박해 보도하면 선거에 영향을 끼칠 수 있다며 합헌 결정을 내렸다. 『공직 선거법』에 근거를 둔 ㉡『선거방송심의에 관한 특별규정』은 유권자에게 영향을 줄 수 있는 사실의 왜곡 보도를 금지하고, 여론조사 결과가 오차 범위 내에 있을 때 이를 밝히지 않은 채로 서열이나 우열을 나타내는 보도도 금지하고 있다. 언론 단체의 ㉢『선거 여론조사보도준칙』은 표본 오차를 감안하여 여론조사 결과를 정확하게 보도하도록 요구한다. 지지율 차이가 오차 범위 내에 있을 때 "경합"이라는 표현은 무방하지만 서열화하거나 "오차 범위 내에서 앞섰다."라는 표현처럼 우열을 나타내어 보도할 수 없다는 것이다.

경마식 보도로부터 드러난 선거 방송의 한계를 보완하는 방책 중 하나로 선거 방송 토론회가 활용될 수 있다. 이 토론회를 통해 후보자 간 정책과 자질 등의 차이가 드러날 수 있는데, 현실적인 이유로 초청 대상자는 한정된다. ㉣『공직선거법』의 선거 방송 토론회 규정은 5인 이상의 국회의원을 가진 정당이나 직전 선거에서 3% 이상 득표한 정당이 추천한 후보자, 또는 언론기관의 여론조사 결과 평균 지지율이 5% 이상인 후보자 등을 초청 기준으로 제시하고 있다. 다만 초청 대상이 아닌 후보자들을 위해 별도의 토론회 개최가 가능하고 시간이나 횟수를 다르게 할 수 있다.

이러한 규정이 선거 운동의 기회균등 원칙을 침해하는지에 대해 헌법재판소는 위헌이 아니라고 결정했다. ⓐ다수 의견은 방송 토론회의 효율적 운영을 고려할 때 초청 대상 후보자 수가 너무 많으면 제한된 시간 안에 심층적인 토론이 이루어지기 어렵고, 유권자들도 관심이 큰 후보자들의 정책 및 자질을 직접 비교하기 어렵다는 점을 지적하며, 이 규정은 합리적 제한이라고 보았다. 반면 ⓑ소수 의견은 이 규정이 가장 효과적인 선거 운동의 기회를 일부 후보자에게서 박탈하며, 유권자에게도 모든 후보자를 동시에 비교하지 못하게 하고, 초청 대상 후보자 토론회에 참여한 후보자와 그렇지 못한 후보자를 차별적으로 인식하게 만든다고 지적하였다. 이 규정을 소수 정당이나 정치 신인 등에 대한 자의적이고 차별적인 침해라고 본 것이다.

01 ㉠에 대한 설명으로 가장 적절한 것은?

① 선거 기간의 후반기에 비해 전반기에 더 많다.

② 시청자와 방송사의 상반된 이해관계가 반영된다.

③ 당선자 예측과 관련된 정보의 전파에 초점을 맞추지 않는다.

④ 선거의 핵심 의제에 관한 후보자의 입장을 다룬 보도를 중시 한다.

⑤ 정치에 관심이 없던 유권자들이 선거에 관심을 갖도록 북돋 운다.

02 윗글에서 알 수 있는 내용으로 적절하지 <u>않은</u> 것은?

① 신뢰할 수 있는 여론조사의 결과를 보도하더라도 선거의 공정성을 위협할 수 있다.

② 정당의 추천을 받지 못해도 선거 방송의 초청 대상 후보자 토론회에 참여할 수 있다.

③ 국민의 알 권리와 언론의 자유가 서로 충돌하는지의 문제를 헌법재판소에서 논의한 적이 있다.

④ 선거일에 당선인 예측 선거 여론조사를 실시하고 투표 마감 시각 이후에 그 결과를 보도할 수 있다.

⑤ 『공직선거법』에는 선거 운동의 기회가 모든 후보자에게 균등 하게 배분되지 못하도록 할 가능성이 있는 규정이 있다.

03 ⓛ과 관련하여 ⓐ와 ⓑ의 입장에 대한 반응으로 가장 적절한 것은? [3점]

① 선거 방송 초청 대상 후보자 토론회에서 후보자들이 심층적인 토론을 하지 못한 원인이 시간의 제한이나 참여한 토론자의 수와 관계가 없다면 ⓐ의 입장은 강화되겠군.

② 주요 후보자의 정책이 가진 치명적 허점을 지적하고 좋은 대안을 제시해 유명해진 정치 신인이 선거 방송 초청 대상 후보자 토론회에 초청받지 못한다면 ⓐ의 입장은 약화되겠군.

③ 선거 방송 초청 대상 후보자 토론회에 참여할 적정 토론자의 수를 제한하는 기준이 국민의 합의에 의해 결정되었기 때문에 자의적인 것이 아니라고 한다면 ⓑ의 입장은 강화되겠군.

④ 어떤 후보자가 지지율이 낮은 후보자 간의 별도 토론회에서 뛰어난 정치 역량을 보여 주었음에도 그 토론회에 참여했다는 이유만으로 지지율이 떨어진다면 ⓑ의 입장은 약화되겠군.

⑤ 유권자들이 뛰어난 역량을 가진 소수 정당 후보자를 주요 후보자들과 동시에 비교할 수 있는 가장 효율적인 방법이 선거 방송 초청 대상 후보자 토론회라면 ⓑ의 입장은 약화되겠군.

04 ㉮~㉰에 따라 <보기>에 대한 언론 보도를 평가한 내용으로 적절하지 <u>않은</u> 것은?

보기

다음은 ○○방송사의 의뢰로 △△여론조사 기관에서 세 차례 실시한 당선인 예측 여론조사 결과의 일부이다. (세 조사 모두 신뢰 수준 95%, 오차 범위 8.8%P임.)

구분		1차 조사	2차 조사	3차 조사
조사일		선거일 15일 전	선거일 10일 전	선거일 5일 전
조사 결과	A 후보	42%	38%	39%
	B 후보	32%	37%	38%
	C 후보	18%	17%	17%

① 1차 조사 결과를 선거일 14일 전에 "A 후보, 10%P 이상의 차이로 B 후보와 C 후보에 우세"라고 보도하는 것은 ㉯와 ㉰ 중 어느 것에도 위배되지 않겠군.

② 2차 조사 결과를 선거일 9일 전에 "A 후보는 B 후보에 조금 앞서고, C 후보는 3위"라고 보도하는 것은 ㉯에 위배되지만, ㉰에 위배되지 않겠군.

③ 3차 조사 결과를 선거일 4일 전에 "A 후보는 오차 범위 내에서 1위"라고 보도하는 것은 ㉮와 ㉰에 모두 위배되겠군.

④ 1차 조사 결과를 선거일 14일 전에 "A 후보 1위, B 후보 2위, C 후보 3위"라고 보도하는 것은 ㉯에 위배되지 않고, 2차 조사 결과를 선거일 9일 전에 같은 표현으로 보도하는 것은 ㉰에 위배되겠군.

⑤ 2차 조사 결과를 선거일 9일 전에 "B 후보, A 후보와 오차 범위 내 경합"이라고 보도하는 것은 ㉰에 위배되지 않고, 3차 조사 결과를 선거일 4일 전에 같은 표현으로 보도하는 것은 ㉮에 위배되겠군.

스마트폰은 다양한 위치 측정 기술을 활용하여 여러 지형 환경에서 위치를 측정한다. 위치에는 절대 위치와 상대 위치가 있다. 절대 위치는 위도, 경도 등으로 표시된 위치이고, 상대 위치는 특정한 위치를 기준으로 한 상대적인 위치이다.

실외에서는 주로 스마트폰 단말기에 내장된 GPS(위성항법 장치)나 IMU(관성측정장치)를 사용한다. GPS는 위성으로부터 오는 신호를 이용하여 절대 위치를 측정한다. GPS는 위치 오차가 시간에 따라 누적되지 않는다. 그러나 전파 지연 등으로 접속 초기에 짧은 시간 동안이지만 큰 오차가 발생하고 실내나 터널 등에서는 GPS 신호를 받기 어렵다. IMU는 내장된 센서로 가속도와 속도를 측정하여 위치 변화를 계산하고 초기 위치를 기준으로 하는 상대 위치를 구한다. 단기간 움직임에 대한 측정 성능이 뛰어나지만 센서가 측정한 값의 오차가 누적되기 때문에 시간이 지날수록 위치 오차가 커진다. 이 두 방식을 함께 사용하면 서로의 단점을 보완하여 오차 를 줄일 수 있다.

한편 실내에서 위치 측정에 사용 가능한 방법으로는 블루투스 기반의 비콘을 활용하는 기술이 있다. 비콘은 실내에 고정 설치되어 비콘마다 정해진 식별 번호와 위치 정보가 포함된 신호를 주기적으로 보내는 기기이다. 비콘들은 동일한 세기의 신호를 사방으로 보내지만 비콘으로부터 거리가 멀어질수록, 벽과 같은 장애물이 많을수록 신호의 세기가 약해진다. 단말기가 비콘 신호의 도달 거리 내로 진입하면 단말기 안의 수신기가 이 신호를 인식한다. 이 신호를 이용하여 2차원 평면에서의 위치를 측정하는 방법으로는 다음과 같은 것들이 있다.

근접성 기법은 단말기가 비콘 신호를 수신하면 해당 비콘의 위치를 단말기의 위치로 정한다. 여러 비콘 신호를 수신했을 경우에는 신호가 가장 강한 비콘의 위치를 단말기의 위치로 정한다.

삼변측량 기법은 3개 이상의 비콘으로부터 수신된 신호 세기를 측정하여 단말기와 비콘 사이의 거리로 환산한다. 각 비콘을 중심으로 이 거리를 반지름으로 하는 원을 그리고, 그 교점을 단말기의 현재 위치로 정한다. 교점이 하나로 모이지 않는 경우에는 세 원에 공통으로 속한 영역의 중심점을 단말기의 위치로 측정한다.

㉠위치 지도 기법은 측정 공간을 작은 구역들로 나누어 각 구역마다 기준점을 설정하고 그 주위에 비콘들을 설치한다. 그러고 나서 비콘들이 송신하여 각 기준점에 도달하는 신호의 세기를 측정한다. 이 신호 세기와 비콘의 식별 번호, 기준점의 위치 좌표를 서버에 있는 데이터베이스에 위치 지도로 기록해 놓는다. 이 작업을 모든 기준점에서 수행한다. 특정한 위치에 도달한 단말기가 비콘 신호를 수신하면 신호 세기를 측정한 뒤 비콘의 식별 번호와 함께 서버로 전송한다. 서버는 수신된 신호 세기와 가장 가까운 신호 세기를 갖는 기준점을 데이터베이스에서 찾아 이 기준점의 위치를 단말기에 알려 준다.

01 윗글의 내용과 일치하는 것은?

① GPS를 이용하여 측정한 위치는 기준이 되는 위치가 어디냐에 따라 달라진다.

② 비콘들이 서로 다른 세기의 신호를 송신해야 단말기의 위치를 측정할 수 있다.

③ 비콘이 전송하는 식별 번호는 신호가 도달하는 단말기를 구별하기 위한 정보이다.

④ 비콘은 실내에서 GPS 신호를 받아 주위에 위성 식별 번호와 위치 정보를 전송하는 장치이다.

⑤ IMU는 단말기가 초기 위치로부터 얼마나 떨어져 있는지를 계산하여 단말기의 위치를 구한다.

02 오차 에 대해 이해한 내용으로 적절한 것은?

① IMU는 시간이 지날수록 전파 지연으로 인한 오차가 커진다.

② GPS는 사용 시간이 길어질수록 위성의 위치를 파악하는 데 오차가 커진다.

③ IMU는 순간적인 오차가 발생하지만 시간이 지날수록 정확한 위치 측정이 가능해진다.

④ GPS는 단말기가 터널에 진입 시 발생한 오차를 터널을 통과하는 동안 보정할 수 있다.

⑤ IMU의 오차가 커지는 것은 가속도와 속도를 측정할 때 생기는 오차가 누적되기 때문이다.

03 ㉠에 대한 이해로 적절하지 <u>않은</u> 것은?

① 측정 공간을 더 많은 구역으로 나눌수록 기준점이 많아진다.

② 단말기가 측정 공간에 들어오기 전에 데이터베이스가 미리 구축되어 있어야 한다.

③ 측정된 신호 세기가 서버에 저장된 값과 가장 가까운 비콘의 위치가 단말기의 위치가 된다.

④ 비콘을 이동하여 설치하면 정확한 위치 측정을 위해 데이터 베이스를 갱신할 필요가 있다.

⑤ 위치 지도는 측정 공간 안의 특정 위치에서 수신된 신호 세기와 식별 번호 등을 데이터베이스에 기록해 놓은 것이다.

04 <보기>는 단말기가 3개의 비콘 신호를 받은 상태를 도식화한 것이다. 윗글을 바탕으로 <보기>를 이해한 내용으로 적절한 것은? [3점]

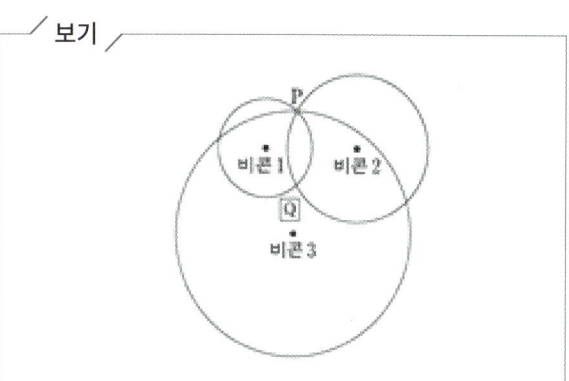

／ 보기 ／

＊각 원의 반지름은 신호 세기로 환산한 비콘과 단말기 사이의 거리이다.

＊신호 세기에 영향을 미치는 장애물이 Q의 위치에 있다. (단, 세 원에 공통으로 속한 영역이 항상 존재한다고 가정하며, 신호 세기에 영향을 미치는 다른 요소는 고려하지 않음)

① 근접성 기법과 삼변측량 기법으로 측정한 단말기의 위치는 동일하겠군.

② 측정된 신호 세기를 약한 것부터 나열하면 비콘 1, 비콘 2, 비콘 3의 신호 순이겠군.

③ 실제 단말기의 위치는 삼변측량 기법으로 측정된 위치에 비해 비콘 3에 더 가까이 있겠군.

④ 의 위치에 있는 장애물이 제거된다면, 삼변측량 기법으로 측정되는 단말기의 위치는 현재 측정된 위치에서 P 방향으로 이동하겠군.

⑤ 단말기에서 측정되는 비콘 2의 신호 세기만 약해진다면, 삼변 측량 기법으로 측정되는 단말기의 위치는 현재 측정된 위치에서 비콘 2 방향으로 이동하겠군.

DAY 8 - ①

(가)

전통적인 윤리학의 주요 주제는 '선', '올바름'과 같은 도덕 용어에 대한 해명을 바탕으로 무엇이 옳고 그른지를 판정하는 객관적 근거를 ⓐ찾는 것이다. 그러나 윤리학은 오랫동안 그에 대한 만족스러운 답을 ⓑ내놓지 못했다. 이러한 상황에서 에이어 는 도덕적으로 옳고 그름에 관한 문장인 도덕 문장이 진리 적합성, 즉 참 또는 거짓일 수 있다는 성질을 갖지 않는다는 주장을 ⓒ펼쳤다.

에이어는 진리 적합성을 갖는 모든 문장은 그 문장에 사용된 단어의 정의를 통해 검증되는 분석적 문장이거나 경험적 관찰에 의해 검증되는 종합적 문장이라는 원리를 바탕으로 도덕 문장은 진리 적합성이 없다고 주장했다. 우선 그는 도덕 문장은 분석적이지 않다는 기존의 논의를 수용했다. '선은 A이다.'라는 도덕 문장이 분석적이려면, 술어인 'A'가 주어인 '선'이라는 개념 속에 내포되어 있어야 한다. 하지만 '선'은 속성이나 내용을 더 이상 분석할 수 없는 단순 개념이므로 해당 문장은 분석적이지 않다. 그렇다고 해서 '선은 A이다.'라는 도덕 문장이 경험적 관찰로 검증될 수 있는 것도 아니다. '선' 그 자체는 우리의 감각으로 검증할 수 없기 때문이다.

도덕 문장은 다양한 감정이나 태도를 표현하고 타인의 감정을 ⓓ불러일으키는 정서적 의미를 갖는다고 에이어는 주장했다.

그는 많은 사람들이 도덕 문장이 진리 적합성을 갖는다고 오해 하는 것은 도덕 용어의 두 가지 용법을 구분하지 못해서라고 주장한다. 그에 따르면 도덕 용어는 감정을 표현하는 표현적 용법으로도, 세계에 관한 어떤 사실을 기술하는 기술적 용법으로도 사용될 수 있다. 만약 '도둑질은 나쁘다.'가 도둑질이 사회적으로 배척된다는 사실을 기술하는 문장이라면, 이 문장은 도덕적으로 옳고 그름에 관한 것이 아니다. 따라서 이 문장은 도덕 문장이 아니고, 경험적으로 검증이 가능하다. 반대로 그 문장이 도둑질에 대한 화자의 감정을 표현한 문장이라면 이는 도덕 문장이며 어떤 사실을 기술한 것이 아니다. 에이어에게는 '도둑질은 나쁘다.'와 같은 도덕 문장을 진술하는 것은 감정을 담은 어조로 '네가 도둑질을 하다니!'라고 말하는 것과 다름없기 때문이다. 그의 주장대로라면 도덕 문장은 감정을 표현하는 도덕 주체로부터 독립적으로 존재하는 무언가를 기술할 수 없다. 이는 전통적인 윤리학자들의 기본 가정을 부정하는 급진적 주장이지만 윤리학에 새로운 사고를 ⓔ열어 준 선구적인 면도 있다.

(나)

논리학에서 제기된 의문이 윤리학의 특정 견해에 대한 비판이 되기도 한다. 다음 논의는 이를 보여 준다. 'P이면 Q이다. P이다. 따라서 Q이다.'인 논증을 전건 긍정식이라 한다. 전건 긍정식은 'P이면 Q이다.'와 'P이다.'라는 두 전

⊙ 👤 **인물은 체크한다.**

⊙ 🔍 **정의는 체크한다.**

⊙ ⚙ **조건은 체크한다.**

⊙ 🔍 **정의는 체크한다.**

⊙ ⚙ **조건은 체크한다.**

⊙ 🔍 **정의는 체크한다.**

제가 참이면 결론 'Q이다.'는 반드시 참이라는 뜻에서 타당하다. 그런데 어떤 문장이 단독으로 진술되는 경우에는 감정이나 태도를 표현할 수 있지만 그 문장이 조건문인 'P이면 Q이다.'의 부분으로 포함되는 경우에는 그렇지 않다. '귤은 맛있다.'는 화자의 선호라는 감정을 표현한다. 하지만 그 문장이 '귤은 맛있다면 귤은 비싸다.'처럼 조건문의 일부가 되면 귤에 관한 화자의 선호를 표현하지 않는다. 이에 전건 긍정식의 P가 감정이나 태도를 표현하는 문장일 때 'P이면 Q이다.'의 P와 'P이다.'의 P 사이에 내용의 차이가 생기므로, 전건 긍정식임에도 두 전제의 참이 결론 'Q이다.'의 참을 보장하지 않는다는 것이 ⊙몇몇 논리학자들이 제기한 문제였다. 전건 긍정식인 '표절은 나쁘다면 표절을 돕는 것은 나쁘다. 표절은 나쁘다. 따라서 표절을 돕는 것은 나쁘다.'라는 논증은 직관적으로 타당해 보인다. 하지만 '표절은 나쁘다.'가 감정을 표현했다면, 위 논증은 타당하지 않다고 해야 한다. 그러므로 에이어의 윤리학 견해를 고수하려면, 도덕 문장을 포함하는 전건 긍정식의 타당성을 부정하거나 전건 긍정식은 도덕 문장을 포함할 수 없다고 해야 한다. 이 쟁점에 대해 행크스는 다음과 같이 논의를 전개하였다.

[A] '표절은 나쁘다.'라는 문장은 표절이라는 대상에 나쁨이라는 속성을 부여하는 내용을 가진다. 그리고 화자의 문장 진술은 그 내용과 완전히 무관할 수는 없기 때문에 그런 문장은 단독으로 진술되든 그렇지 않든 판단적이다. 문장이 판단적이라는 것은, 대상에 속성을 부여하는 내용을 지니는 것이 그 문장의 본질이라는 것을 뜻한다. 도덕 문장을 비롯한 모든 판단적 문장은 참 또는 거짓일 수 있다. 조건문에 포함된 문장도 판단적이라는 점에서 단독으로 진술될 때와 내용의 차이가 없다. 그러므로 도덕 문장을 포함하는 전건 긍정식은 타당해 보일 뿐 아니라 실제로도 타당하다. 그렇다면 'P이면 Q이다.'에 포함된 'P이다.'가 단독으로 진술된 경우와 다른 점은 무엇인가? 가령 '귤은 맛있다.'는, '귤은 맛있다면 귤은 비싸다.'라는 조건문에 포함되는 경우 화자가 대상에 속성을 부여하는 행위를 하는 것은 아니기에 그것의 판단적 본질을 발현하지 못한다. 그러나 이 맥락에서도 조건문에 포함된 '귤은 맛있다.'는 판단적 본질을 여전히 잃지 않는다. 다시 말해, 그 문장 자체는 대상에 속성을 부여하는 내용을 지닌다.

💡 문제 / 해결은 체크한다.

👤 인물은 체크한다.

🔍 정의는 체크한다.

⚙ 조건은 체크한다.

01 (가)에 나타난 에이어 의 입장으로 적절하지 <u>않은</u> 것은?

① 도덕 용어를 기술적 용법으로 사용한 문장은 검증이 가능하다.

② 표현적 용법을 활용한 도덕 문장은 자신의 감정을 표현하는 문장과 동일한 의미를 표현한다.

③ 주어와 술어의 의미 관계를 통해 어떤 문장을 검증할 수 있다면 그 문장은 분석적 문장이다.

④ 도덕 용어의 용법은 도덕 용어가 ~~기술하는 사실의 종류에~~ 따라 기술적 용법과 표현적 용법으로 구분할 수 있다.

⑤ 도덕 문장에 진리 적합성이 있다는 오해는 도덕 문장을 세계에 대한 어떠한 사실을 기술한 것으로 해석한 데에 기인한다.

1 STRUCTURE FLOW

👤 인물   🔍 정의

2 ANSWER DECODING

● STEP 1. 지문 스캔

지문에서 인물을 중심으로 선지에서 묻는상황을 찾는다.

● STEP 2. 선지 매칭

에이어는 도덕 용어는 감정을 표현하는 용법과 사실을 기술하는 기술적 용법 모두 사용할 수 있다고 주장하였다. 표현적 용법은 감정을 표현하는 용법이므로 적절하지 않은 선지 ⇒ 정답

02 [A]로부터 추론한 내용으로 가장 적절한 것은?

① '귤은 맛있다면 귤은 비싸다.'에 포함된 '귤은 맛있다.'는 판단적이지 ~~않다.~~

② '표절은 나쁘다.'는 단독으로 진술되었을 ~~때에만~~ 참 또는 거짓일 수 있다.

③ '귤은 맛있다.'는 조건문의 일부로 진술될 때는 대상에 속성을 부여하는 내용을 지니지 ~~않는다.~~

④ 화자는 귤이 맛있음의 속성을 가진다는 내용과 완전히 무관한 채로 '귤은 맛있다.'를 진술할 수 ~~있다.~~

⑤ '표절은 나쁘다.'는 화자가 표절에 나쁨을 부여하지 않는 맥락에서도 그것의 판단적 본질을 유지할 수 있다.

1 STRUCTURE FLOW

🔍 정의   ⚙️ 조건

2 ANSWER DECODING

● STEP 1. 지문 스캔

지문에서 조건을 중심으로 선지에서 묻는 상황을 찾는다.

● STEP 2. 선지 매칭

'표절은 나쁘다.'라는 문장은 단독으로 진술되거나 다른 문장과 함께 진술되는 경우 모두 판단적인 문장이다. 다른 문장의 맥락과 관련 없이 문장 자체가 판단적이므로 적절한 선지 ⇒ 정답

03 다음은 윗글을 읽고 학생이 작성한 학습 활동지이다. 윗글을 바탕으로 할 때, 적절하지 <u>않은</u> 것은?

□ 아래의 핵심 개념에 대해 윗글에 제시된 학자들이 보일 수 있는 입장을 작성해 봅시다.

> **[진술 1] 객관적으로 존재하는 도덕적 사실이 있다.**
>
> · 전통적인 윤리학자 : 옳다. 도덕적 판단의 근거는 도덕 주체로 부터 독립적으로 존재하기 때문이다. ····· ①
>
> · 에이어 : 옳지 않다. 도덕 문장은 도덕 주체로부터 독립적일 수 없기 때문이다. ························· ②

> **[진술 2] 도덕 문장은 참 또는 거짓이라는 속성을 갖는다.**
>
> · 에이어 : 옳지 않다. 도덕 문장은 분석적이지도 종합적이지도 않기 때문이다. ·················· ③
>
> · 행크스 : 옳다. 도덕 문장은 도덕 용어가 나타내는 속성에 비추어 참 또는 거짓이 정해지기 때문이다.

> **[핵심 개념3] 전건 긍정식의 두 전제에 공통으로 포함된 도덕 문장은 내용이 다르다.**
>
> · 에이어 : 옳다. 도덕 문장은 전건 긍정식의 전제로 사용되면 진리 적합성을 갖기 때문이다. ········· ④
>
> · 행크스 : 옳지 않다. 단독으로 진술된 문장은 조건문의 일부로 사용된 때와 내용 차이가 없기 때문이다. ················· ⑤

---

04 윗글을 바탕으로 ㉠을 이해한 내용으로 적절하지 <u>않은</u> 것은?

① 에이어의 윤리학 견해가 옳다면 전건 긍정식이 ~~객관적으로 타당해 보이게 된다는 점에서~~, ㉠은 에이어에 대한 비판이 된다.

② ㉠에 따르면, 도덕 문장을 포함하는 전건 긍정식이 타당하다면 도덕 문장이 감정을 표현한다는 견해는 수용될 수 없다.

③ ㉠은 전건 긍정식이 타당하려면 두 전제 모두에 나타난 문장의 내용이 일치해야 함에 기초한다.

④ ㉠은 도덕 문장뿐 아니라 개인적 선호를 나타내는 문장에 대해서도 제기될 수 있다.

⑤ 도덕 문장을 판단적이라고 보는 이론에 따르면 ㉠은 애당초 발생하지 않는다.

---

1 STRUCTURE FLOW

👤 인물 ⚙️ 조건

2 ANSWER DECODING

● **STEP 1. 지문 스캔**

지문에서 인물을 중심으로 선지에서 묻는 상황을 찾는다.

● **STEP 2. 선지 매칭**

에이어는 도덕 용어는 감정을 표현하는 용법과 사실을 기술하는 기술적 용법 모두 사용할 수 있다고 주장하였다. 표현적 용법은 감정을 표현하는 용법이므로 적절하지 않은 선지 ⇒ 정답

---

1 STRUCTURE FLOW

👤 인물 💡 문제

2 ANSWER DECODING

● **STEP 1. 지문 스캔**

지문에서 조건을 중심으로 선지에서 묻는 상황을 찾는다.

● **STEP 2. 선지 매칭**

에이어는 도덕 문장은 참 또는 거짓일 수 있다는 싱질을 가지지 않고, 정서적 의미만 가진다고 주장하였다. ㉠은 참을 보장하지 않는 문제를 지적하였다. 에이어의 주장은 참, 거짓 모두를 가지지 않기 때문에 타당해 보인다는 점은 적절하지 않은 선지 ⇒ 정답

05 윗글과 <보기>를 비교하여 이해한 내용으로 적절하지 <u>않은</u> 것은? [3점]

> **보기**
>
> '자선은 옳다.'는 자선에 대한 찬성, '폭력은 나쁘다.'는 폭력에 대한 반대라는 태도를 표현한다. 도덕 문장을 포함하는 '자선은 옳다면 봉사는 옳다.'라는 조건문은 '태도에 대한 태도'를 표현한다. 위와 같은 주관적 태도들에는 참, 거짓이 없다. '자선은 옳다면 봉사는 옳다.'와 '자선은 옳다.'가 나타내는 태도를 지니면서, '봉사는 옳다.'에 반대하는 것은 비일관적이다.
>
> '자선은 옳다면 봉사는 옳다. 자선은 옳다. 따라서 봉사는 옳다.'가 타당하다는 것은 이런 뜻이다.

① 도덕 문장이 태도나 감정을 표현한다는 주장은, 도덕 문장을 포함하는 조건문이 '태도에 대한 태도'를 표현한다는 <보기>의 주장과 ~~상충하는군.~~

② 논증의 타당성이 전제와 결론의 참에 의해 규정된다는 주장은, 타당성을 논증에 나타난 태도 사이의 관계에 의해 규정할 수 있다는 <보기>의 주장과 상충하는군.

③ 무엇이 윤리적으로 옳고 그른지에 대한 객관적 기준을 세워야 한다는 주장은, 도덕 문장은 찬성과 반대라는 주관적 태도를 나타낸다는 <보기>의 주장과 상충하는군.

④ '귤은 맛있다.'가 귤에 대한 화자의 선호를 표현한다는 주장은, '자선은 옳다.'가 자선에 대한 화자의 찬성을 표현한다는 <보기>의 주장과 상충하지 않는군.

⑤ '도둑질은 나쁘다.'가 화자의 정서를 표출하므로 진리 적합성이 없다는 주장은, 폭력에 대한 화자의 태도를 표현하는 문장이 참, 거짓일 수 없다는 <보기>의 주장과 상충하지 않는군.

---

06 문맥상 ⓐ~ⓔ와 바꿔 쓰기에 가장 적절한 것은?

① ⓐ : 수색하는
② ⓑ : 제시하지
③ ⓒ : 전파했다
④ ⓓ : 발산하는
⑤ ⓔ : 공개하여

---

1 STRUCTURE FLOW //////////

> 👤 **인물**   ⚙️ **조건**

2 ANSWER DECODING //////////

● **STEP 1. 지문 스캔**

> 지문에서 인물을 중심으로 선지에서 묻는 상황을 찾는다.

● **STEP 2. 선지 매칭**

> 에이어는 도덕 문장은 진리 적합성이 없다고 주장하였다. 전건 긍정식의 전제로 사용한 것과 무관학 도덕 문장은 진리 적합성이 없으므로 적절하지 않은 선지 ⇒ 정답

---

1 ANSWER DECODING //////////

● **STEP 1. 지문 스캔**

> 지문에서 인물을 중심으로 선지에서 묻는 상황을 찾는다.

● **STEP 2. 선지 매칭**

> 에이어는 도덕 문장은 참 또는 거짓일 수 있다는 성질을 가지지 않고, 정서적 의미만 가진다고 주장하였다. ㉠은 참을 보장하지 않는 문제를 지적하였다. 에이어의 주장은 참, 거짓 모두를 가지지 않기 때문에 타당해 보인다는 점은 적절하지 않은 선지 ⇒ 정답

DAY 8 - ②

㉠경마식 보도는 경마 중계를 하듯 지지율 변화나 득표율 예측 등을 집중 보도하는 선거 방송의 한 방식이다. 경마식 보도는 선거일이 가까워질수록 증가한다. 새롭고 재미있는 정보를 원하는 시청자들의 요구에 부응하고, 방송사로서도 매일 새로운 뉴스를 제공하는 방편이 될 수 있기 때문이다. 경마식 보도는 선거와 정치에 무관심한 유권자들의 선거 참여, 정치 참여를 독려하는 장점이 있다. 하지만 흥미를 돋우는 데 치중하는 경마식 보도는 선거의 주요 의제를 도외시하고 경쟁 결과에 초점을 맞춰 선거의 공정성을 저하할 수 있다.

경마식 보도의 문제점을 줄이려는 조치가 있다. ㉮『공직 선거법』의 규정에 따르면, 당선인을 예상케 하는 여론 조사를 실시하는 것은 언제든지 가능하지만 그 결과의 보도는 선거일 6일 전부터 투표 마감 시각까지 금지된다. 이러한 규정이 국민의 알 권리와 언론의 자유를 침해하는지에 대해 헌법재판소는 신뢰할 수 있는 여론조사 결과라 하더라도 선거일에 임박해 보도하면 선거에 영향을 끼칠 수 있다며 합헌 결정을 내렸다. 『공직 선거법』에 근거를 둔 ㉯『선거방송심의에 관한 특별규정』은 유권자에게 영향을 줄 수 있는 사실의 왜곡 보도를 금지하고, 여론조사 결과가 오차 범위 내에 있을 때에 이를 밝히지 않은 채로 서열이나 우열을 나타내는 보도도 금지하고 있다. 언론 단체의 ㉰『선거 여론조사보도준칙』은 표본 오차를 감안하여 여론조사 결과를 정확하게 보도하도록 요구한다. 지지율 차이가 오차 범위 내에 있을 때 "경합"이라는 표현은 무방하지만 서열화하거나 "오차 범위 내에서 앞섰다."라는 표현처럼 우열을 나타내어 보도할 수 없다는 것이다.

경마식 보도로부터 드러난 선거 방송의 한계를 보완하는 방책 중 하나로 선거 방송 토론회가 활용될 수 있다. 이 토론회를 통해 후보자 간 정책과 자질 등의 차이가 드러날 수 있는데, 현실적인 이유로 초청 대상자는 한정된다. ㉡『공직선거법』의 선거 방송 토론회 규정은 5인 이상의 국회의원을 가진 정당이나 직전 선거에서 3% 이상 득표한 정당이 추천한 후보자, 또는 언론기관의 여론조사 결과 평균 지지율이 5% 이상인 후보자 등을 초청 기준으로 제시하고 있다. 다만 초청 대상이 아닌 후보자들을 위해 별도의 토론회 개최가 가능하고 시간이나 횟수를 다르게 할 수 있다.

이러한 규정이 선거 운동의 기회균등 원칙을 침해하는지에 대해 헌법재판소는 침해가 아니라고 결정했다. ⓐ다수 의견은 방송 토론회의 효율적 운영을 고려할 때 초청 대상 후보자 수가 너무 많으면 제한된 시간 안에 심층적인 토론이 이루어지기 어렵고, 유권자들도 관심이 큰 후보자들의 정책 및 자질을 직접 비교하기 어렵다는 점을 지적하며, 이 규정은 합리적 제한이라고 보았다. 반면 ⓑ소수 의견은 이 규정이 가장 효과적인 선거 운동의 기

회를 일부 후보자에게서 박탈하며, 유권자에게도 모든 후보자를 동시에 비교하지 못하게 하고, 초청 대상 후보자 토론회에 참여한 후보자와 그렇지 못한 후보자를 차별적으로 인식하게 만든다고 지적하였다. 이 규정을 소수 정당이나 정치 신인 등에 대한 자의적이고 차별적인 침해라고 본 것이다.

🔍 정의는 체크한다.

💡 장점 / 단점은 체크한다.

🔍 정의는 체크한다.

⚙️ 조건은 체크한다.

📁 분류는 체크한다.

01 ⊙에 대한 설명으로 가장 적절한 것은?

① 선거 기간의 후반기에 비해 전반기에 ~~더 많다.~~

② 시청자와 방송사의 ~~상반된~~ 이해관계가 반영된다.

③ 당선자 예측과 관련된 정보의 전파에 초점을 맞추지 않는다.

④ 선거의 핵심 의제에 관한 후보자의 입장을 다룬 보도를 ~~중시한다.~~

⑤ 정치에 관심이 없던 유권자들이 선거에 관심을 갖도록 북돋운다.

1 STRUCTURE FLOW /////////

💡 장점 / 단점   🔍 정의

2 ANSWER DECODING /////////

● STEP 1. 지문 스캔

지문에서 장점/단점을 중심으로 선지에서 묻는 상황을 찾는다.

● STEP 2. 선지 매칭

경마식 보도는 선거와 무관심한 유권자들의 선거 참여, 정치 참여를 독려하는 장점이 있다. ⇒ 정답

02 윗글에서 알 수 있는 내용으로 적절하지 <u>않은</u> 것은?

① 신뢰할 수 있는 여론조사의 결과를 보도하더라도 선거의 공정성을 위협할 수 있다.

② 정당의 추천을 받지 못해도 선거 방송의 초청 대상 후보자 토론회에 참여할 수 있다.

③ 국민의 알 권리와 언론의 자유가 ~~서로 충돌하는지의~~ 문제를 헌법재판소에서 논의한 적이 있다.

④ 선거일에 당선인 예측 선거 여론조사를 실시하고 투표 마감 시각 이후에 그 결과를 보도할 수 있다.

⑤ 『공직선거법』에는 선거 운동의 기회가 모든 후보자에게 균등 하게 배분되지 못하도록 할 가능성이 있는 규정이 있다.

1 STRUCTURE FLOW /////////

🔍 정의   📁 분류

2 ANSWER DECODING /////////

● STEP 1. 지문 스캔

지문에서 정의와 분류를 중심으로 선지에서 묻는 상황을 찾는다.

● STEP 2. 선지 매칭

국민의 알 권리와 언론의 자유를 침해하는지에 대해 헌법재판소는 신뢰할 수 있는 여론조사 결과라고 하더라도 선거일에 임박해 보도하면 선거에 영향을 끼칠 수 있다며 합헌 결정을 내렸다. 따라서 국민의 알권리와 언론의 자유가 충돌이 아닌 침해에 대한 입장이므로 적절하지 않은 선지 ⇒ 정답

03 ⓛ과 관련하여 ⓐ와 ⓑ의 입장에 대한 반응으로 가장 적절한 것은? [3점]

① 선거 방송 초청 대상 후보자 토론회에서 후보자들이 심층적인 토론을 하지 못한 원인이 시간의 제한이나 참여한 후보자의 수와 관계가 없다면 ⓐ의 입장은 ~~강화되겠군~~.

② 주요 후보자의 정책이 가진 치명적 허점을 지적하고 좋은 대안을 제시해 유명해진 정치 신인이 선거 방송 초청 대상 후보자 토론회에 초청받지 못한다면 ⓐ의 입장은 약화되겠군.

③ 선거 방송 초청 대상 후보자 토론회에 참여할 적정 토론자의 수를 제한하는 기준이 국민의 합의에 의해 결정되었기 때문에 자의적인 것이 아니라고 한다면 ⓑ의 입장은 ~~강화되겠군~~.

④ 어떤 후보자가 지지율이 낮은 후보자 간의 별도 토론회에서 뛰어난 정치 역량을 보여 주었음에도 그 토론회에 참여했다는 이유만으로 지지율이 떨어진다면 ⓑ의 입장은 ~~약화되겠군~~.

⑤ 유권자들이 뛰어난 역량을 가진 소수 정당 후보자를 주요 후보자들과 동시에 비교할 수 있는 가장 효율적인 방법이 선거 방송 초청 대상 후보자 토론회라면 ⓑ의 입장은 ~~약화되겠군~~.

1 STRUCTURE FLOW

📁 분류　　⚙️ 조건

2 ANSWER DECODING

● STEP 1. 지문 스캔

지문에서 분류를 중심으로 선지에서 묻는 상황을 찾는다.

● STEP 2. 선지 매칭

ⓐ다수 의견은 방송 토론회 초청 대상 후보자를 한정하여 유권자들이 관심이 큰 후보자들의 정책 및 자질을 직접 비교하기 쉬워지기 때문에 ⓛ을 합리적인 제안이라고 본다. 따라서 정치 신인이 방송 토론회에 참석하지 못하여 관심이 큰 후보자가 참석하지 못하면 ⓐ의 입장이 약화되므로 적절한 선지 ⇒ 정답

04 ㉮~㉰에 따라 <보기>에 대한 언론 보도를 평가한 내용으로 적절하지 <u>않은</u> 것은?

> **보기**
>
> 다음은 ○○방송사의 의뢰로 △△여론조사 기관에서 세 차례 실시한 당선인 예측 여론조사 결과의 일부이다. (세 조사 모두 신뢰 수준 95%, 오차 범위 8.8%P임.)
>
> | 구분 | | 1차 조사 | 2차 조사 | 3차 조사 |
> |---|---|---|---|---|
> | 조사일 | | 선거일 15일 전 | 선거일 10일 전 | 선거일 5일 전 |
> | 조사 결과 | A 후보 | 42% | 38% | 39% |
> | | B 후보 | 32% | 37% | 38% |
> | | C 후보 | 18% | 17% | 17% |

① 1차 조사 결과를 선거일 14일 전에 "A 후보, 10%P 이상의 차이로 B 후보와 C 후보에 우세"라고 보도하는 것은 ㉯와 ㉰ 중 어느 것에도 위배되지 않겠군.

② 2차 조사 결과를 선거일 9일 전에 "A 후보는 B 후보에 조금 앞서고, C 후보는 3위"라고 보도하는 것은 ㉯에 위배되지만, ㉰에 ~~위배되지 않겠군.~~

③ 3차 조사 결과를 선거일 4일 전에 "A 후보는 오차 범위 내에서 1위"라고 보도하는 것은 ㉮와 ㉰에 모두 위배되겠군.

④ 1차 조사 결과를 선거일 14일 전에 "A 후보 1위, B 후보 2위, C 후보 3위"라고 보도하는 것은 ㉯에 위배되지 않고, 2차 조사 결과를 선거일 9일 전에 같은 표현으로 보도하는 것은 ㉰에 위배되겠군.

⑤ 2차 조사 결과를 선거일 9일 전에 "B 후보, A 후보와 오차 범위 내 경합"이라고 보도하는 것은 ㉰에 위배되지 않고, 3차 조사 결과를 선거일 4일 전에 같은 표현으로 보도하는 것은 ㉮에 위배되겠군.

---

1 STRUCTURE FLOW //////////

> 📁 분류   ⚙️ 조건

2 ANSWER DECODING //////////

● STEP 1. 지문 스캔

지문에서 조건을 중심으로 선지에서 묻는 상황을 찾는다.

● STEP 2. 선지 매칭

선거 9일 전에는 여론 조사 결과를 보도할 수 있다. 2차 조사 결과에 의해 A와 B의 차이는 1%, A와 C의 차이는 21%이다. 따라서 A와 B는 오차 범위 내에 있으므로 이를 밝히지 않고 보도 하는 것은 ㉯와 ㉰ 모두에 위배된다. 따라서 ㉰에서 위배 되지 않는다는 선지는 적절하지 않은 선지 ⇒ 정답

DAY 8 - ③

스마트폰은 다양한 위치 측정 기술을 활용하여 여러 지형 환경에서 위치를 측정한다. 위치에는 절대 위치와 상대 위치가 있다. 절대 위치는 위도, 경도 등으로 표시된 위치이고, 상대 위치는 특정한 위치를 기준으로 한 상대적인 위치이다.

실외에서는 주로 스마트폰 단말기에 내장된 GPS(위성 항법 장치)나 IMU(관성측정장치)를 사용한다. GPS는 위성으로부터 오는 신호를 이용하여 절대 위치를 측정한다. GPS는 위치 오차가 시간에 따라 누적되지 않는다. 그러나 전파 지연 등으로 접속 초기에 짧은 시간 동안이지만 큰 오차가 발생하고 실내나 터널 등에서는 GPS 신호를 받기 어렵다. IMU는 내장된 센서로 가속도와 속도를 측정하여 위치 변화를 계산하고 초기 위치를 기준으로 하는 상대 위치를 구한다. 단기간 움직임에 대한 측정 성능이 뛰어나지만 센서가 측정한 값의 오차가 누적되기 때문에 시간이 지날수록 위치 오차가 커진다. 이 두 방식을 함께 사용하면 서로의 단점을 보완하여 오차 를 줄일 수 있다.

한편 실내에서 위치 측정에 사용 가능한 방법으로는 블루투스 기반의 비콘을 활용하는 기술이 있다. 비콘은 실내에 고정 설치되어 비콘마다 정해진 식별 번호와 위치 정보가 포함된 신호를 주기적으로 보내는 기기이다. 비콘들은 동일한 세기의 신호를 사방으로 보내지만 비콘으로부터 거리가 멀어질수록, 벽과 같은 장애물이 많을수록 신호의 세기가 약해진다. 단말기가 비콘 신호의 도달 거리 내로 진입하면 단말기 안의 수신기가 이 신호를 인식한다. 이 신호를 이용하여 2차원 평면에서의 위치를 측정하는 방법으로는 다음과 같은 것들이 있다.

근접성 기법은 단말기가 비콘 신호를 수신하면 해당 비콘의 위치를 단말기의 위치로 정한다. 여러 비콘 신호를 수신했을 경우에는 신호가 가장 강한 비콘의 위치를 단말기의 위치로 정한다.

삼변측량 기법은 3개 이상의 비콘으로부터 수신된 신호 세기를 측정하여 단말기와 비콘 사이의 거리로 환산한다. 각 비콘을 중심으로 이 거리를 반지름으로 하는 원을 그리고, 그 교점을 단말기의 현재 위치로 정한다. 교점이 하나로 모이지 않는 경우에는 세 원에 공통으로 속한 영역의 중심점을 단말기의 위치로 측정한다.

㉠위치 지도 기법은 측정 공간을 작은 구역들로 나누어 각 구역마다 기준점을 설정하고 그 주위에 비콘들을 설치한다. 그러고 나서 비콘들이 송신하여 각 기준점에 도달하는 신호의 세기를 측정한다. 이 신호 세기와 비콘의 식별 번호, 기준점의 위치 좌표를 서버에 있는 데이터베이스에 위치 지도로 기록해 놓는다. 이 작업을 모든 기준점에서 수행한다. 특정한 위치에 도달한 단말기가 비콘 신호를 수신하면 신호 세기를 측정한 뒤 비콘의 식별 번호

와 함께 서버로 전송한다. 서버는 수신된 신호 세기와 가장 가까운 신호 세기를 갖는 기준점을 데이터베이스에서 찾아 이 기준점의 위치를 단말기에 알려 준다.

🔍 정의는 체크한다.

⚙ 조건은 체크한다.

🔍 정의는 체크한다.

⚖ 순서는 체크한다.

📁 분류는 체크한다.

⚙ 조건은 체크한다.

📁 분류는 체크한다.

01 윗글의 내용과 일치하는 것은?

① GPS를 이용하여 측정한 위치는 기준이 되는 위치가 어디냐에 따라 ~~달라진다~~.

② 비콘들이 ~~서로 다른 세 개의~~ 신호를 송신해야 단말기의 위치를 측정할 수 있다.

③ 비콘이 전송하는 식별 번호는 신호가 도달하는 ~~단말기~~를 구별하기 위한 정보이다.

④ 비콘은 실내에서 ~~GPS 신호를 받아~~ 주위에 ~~위성~~ 식별 번호와 위치 정보를 전송하는 장치이다.

⑤ IMU는 단말기가 초기 위치로부터 얼마나 떨어져 있는지를 계산하여 단말기의 위치를 구한다.

---

1 STRUCTURE FLOW ///////

🔍 정의   ⚙ 조건

2 ANSWER DECODING ///////

● STEP 1. 지문 스캔

지문에서 정의를 중심으로 선지에서 묻는 상황을 찾는다.

● STEP 2. 선지 매칭

IMU는 내장된 센서로 가속도와 속도를 측정하여 위치 변화를 계산하고 초기 위치를 기준으로 하는 상대 위치를 구한다. 초기 위치로부터 얼마나 떨어져 있는지 계산하면 위치 변화가 나와서 적절한 선지 ⇒ 정답

---

02 오차 에 대해 이해한 내용으로 적절한 것은?

① IMU는 시간이 지날수록 ~~전파 지연으로 인한~~ 오차가 커진다.

② ~~GPS는~~ 사용 시간이 길어질수록 위성의 위치를 파악하는 데 오차가 커진다.

③ IMU는 ~~순간적인~~ 오차가 발생하지만 시간이 지날수록 정확한 위치 측정이 ~~가능해진다~~.

④ GPS는 단말기가 터널에 진입 시 발생한 오차를 터널을 통과 하는 동안 보정할 수 ~~있다~~.

⑤ IMU의 오차가 커지는 것은 가속도와 속도를 측정할 때 생기는 오차가 누적되기 때문이다.

---

1 STRUCTURE FLOW ///////

🔍 정의   ⚙ 조건

2 ANSWER DECODING ///////

● STEP 1. 지문 스캔

지문에서 조건을 중심으로 선지에서 묻는 상황을 찾는다.

● STEP 2. 선지 매칭

IMU는 센서가 측정한 값의 오차가 누적되기 때문에 시간이 지날수록 위치 오차가 커진다. 오차가 누적되어 오차가 커진다는 것은 적절한 선지⇒ 정답

03 ㉠에 대한 이해로 적절하지 <u>않은</u> 것은?

① 측정 공간을 더 많은 구역으로 나눌수록 기준점이 많아진다.

② 단말기가 측정 공간에 들어오기 전에 데이터베이스가 미리 구축되어 있어야 한다.

③ 측정된 신호 세기가 서버에 저장된 값과 가장 가까운 비콘의 위치가 단말기의 위치가 된다.

④ 비콘을 이동하여 설치하면 정확한 위치 측정을 위해 데이터 베이스를 갱신할 필요가 있다.

⑤ 위치 지도는 측정 공간 안의 특정 위치에서 수신된 신호 세기와 식별 번호 등을 데이터베이스에 기록해 놓은 것이다.

1 STRUCTURE FLOW ///////

👤 인물   🎚 순서

2 ANSWER DECODING ///////

● STEP 1. 지문 스캔

지문에서 순서를 중심으로 선지에서 묻는 상황을 찾는다.

● STEP 2. 선지 매칭

서버는 수신된 신호 세기와 가장 가까운 신호 세기를 갖는 기준점을 데이터베이스에서 찾아 단말기에 기준점의 위치를 알려 준다. 가장 가까운 비콘의 위치가 아닌 단말기의 위치이므로 적절하지 않은 선지 ⇒ 정답

04 <보기>는 단말기가 3개의 비콘 신호를 받은 상태를 도식화한 것이다. 윗글을 바탕으로 <보기>를 이해한 내용으로 적절한 것은? [3점]

/ 보기 /

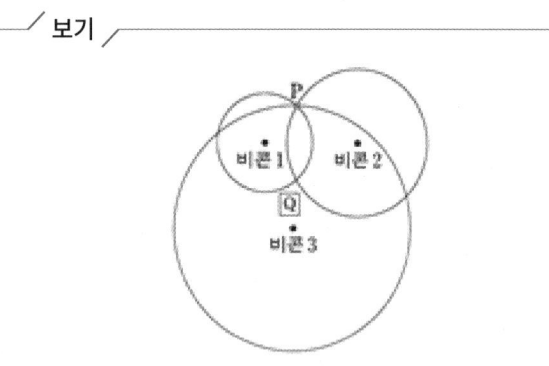

＊각 원의 반지름은 신호 세기로 환산한 비콘과 단말기 사이의 거리이다.

＊신호 세기에 영향을 미치는 장애물이 Q의 위치에 있다. (단, 세 원에 공통으로 속한 영역이 항상 존재한다고 가정하며, 신호 세기에 영향을 미치는 다른 요소는 고려하지 않음)

① 근접성 기법과 삼변측량 기법으로 측정한 단말기의 위치는 ~~동일하겠군~~.

② 측정된 신호 세기를 약한 것부터 나열하면 ~~비콘 1, 비콘 2, 비콘 3~~의 신호 순이겠군.

③ 실제 단말기의 위치는 삼변측량 기법으로 측정된 위치에 비해 비콘 3에 더 가까이 있겠군.

④ 의 위치에 있는 장애물이 제거된다면, 삼변측량 기법으로 측정되는 단말기의 위치는 현재 측정된 위치에서 ~~P 방향으로~~ 이동하겠군.

⑤ 단말기에서 측정되는 비콘 2의 신호 세기만 약해진다면, 삼변 측량 기법으로 측정되는 단말기의 위치는 현재 측정된 위치에서 비콘 2 ~~방향으로 이동하겠군~~.

---

1 STRUCTURE FLOW //////////

🔍 정의   ⚙ 순서

2 ANSWER DECODING //////////

● STEP 1. 지문 스캔

지문에서 순서를 중심으로 선지에서 묻는 상황을 찾는다.

● STEP 2. 선지 매칭

서버는 수신된 신호 세기와 가장 가까운 신호 세기를 갖는 기준점을 데이터베이스에서 찾아 단말기에 기준점의 위치를 알려 준다. 가장 가까운 비콘의 위치가 아닌 단말기의 위치이므로 적절하지 않은 선지 ⇒ 정답

(가)

미학은 예술과 미적 경험에 관한 개념과 이론에 대해 논의하는 철학의 한 분야로서, 미학의 문제들 가운데 하나가 바로 예술의 정의에 대한 문제이다. 예술이 자연에 대한 모방이라는 아리스토텔레스의 말에서 비롯된 모방론은, 대상과 그 대상의 재현이 닮은꼴이어야 한다는 재현의 투명성 이론을 ⓐ전제한다. 그러나 예술가의 독창적인 감정 표현을 중시하는 한편 외부 세계에 대한 왜곡된 표현을 허용하는 낭만주의 사조가 18세기 말에 등장하면서, 모방론은 많이 쇠퇴했다. 이제 모방을 필수 조건으로 삼지 않는 낭만주의 예술가의 작품을 예술로 인정해 줄 수 있는 새로운 이론이 필요했다.

20세기 초에 콜링우드는 진지한 관념이나 감정과 같은 예술가의 마음을 예술의 조건으로 규정하는 표현론을 제시하여 이 문제를 해결하였다. 그에 따르면, 진정한 예술 작품은 물리적 소재를 통해 구성될 필요가 없는 정신적 대상이다. 또한 이와 비슷한 ⓑ시기에 외부 세계나 작가의 내면보다 작품 자체의 고유 형식을 중시하는 형식론도 발전했다. 벨의 형식론은 예술 감각이 있는 비평가들만이 직관적으로 식별할 수 있고 정의는 불가능한 어떤 성질을 일컫는 '의미 있는 형식'을 통해 그 비평가들에게 미적 정서를 유발하는 작품을 예술 작품이라고 보았다.

20세기 중반에, 뒤샹이 변기를 가져다 전시한 『샘』이라는 작품은 예술 작품으로 인정되지만 그것과 형식적인 면에서 차이가 없는 일반적인 변기는 예술 작품으로 인정되지 않는 이유를 설명하지 못하게 되자 두 가지 대응 이론이 나타났다. 하나는 우리가 흔히 예술 작품으로 분류하는 미술, 연극, 문학, 음악 등이 서로 이질적이어서 그것들 전체를 아울러 예술이라 정의할 수 있는 공통된 요소를 갖지 않는다는 웨이츠의 예술 정의 불가론이다. 그의 이론은 예술의 정의에 대한 기존의 이론들이 겉보기에는 명제의 형태를 취하고 있으나 사실은 참과 거짓을 판정할 수 없는 사이비 명제이므로, 예술의 정의에 대한 논의 자체가 불필요하다는 견해를 대변한다.

다른 하나는 예술계라는 어떤 사회 제도에 속하는 한 사람 또는 여러 사람에 의해 감상의 후보 자격을 수여받은 인공물을 예술 작품으로 규정하는 디키의 제도론이다. 하나의 작품이 어떤 특정한 기준에서 훌륭하므로 예술 작품이라고 부를 수 있다는 평가적 ⓒ이론들과 달리, 디키의 견해는 일정한 절차와 관례를 거치기만 하면 모두 예술 작품으로 볼 수 있다는 분류적 이론이다. 예술의 정의와 관련된 이 논의들은 예술로 분류할 수 있는 작품들의 공통된 본질을 찾는 시도이자 예술의 필요충분조건을 찾는 시도이다.

(나)

예술 작품을 어떻게 감상하고 비평해야 하는지에 대해 다양한 논의들이 있다. 예술 작품의 의미와 가치에 대한 해석과 판단은 작품을 비평하는 목적과 태도에 따라 달라진다. 예술 작품에 대한 주요 비평 방법으로는 맥락주의 비평, 형식주의 비평, 인상주의 비평이 있다.

㉠맥락주의 비평은 주로 예술 작품이 창작된 사회적·역사적 배경에 관심을 갖는다.

비평가 텐은 예술 작품이 창작된 당시 예술가가 살던 시대의 환경, 정치·경제·문화적 상황, 작품이 사회에 미치는 효과 등을 예술 작품 비평의 중요한 ⓓ근거로 삼는다. 그 이유는 예술 작품이 예술가가 속해 있는 문화의 상징과 믿음을 구체화하며, 예술가가 속한 사회의 특성들을 반영한다고 보기 때문이다. 또한 맥락주의 비평에서는 작품이 창작된 시대적 상황 외에 작가의 심리적 상태와 이념을 포함하여 가급적 많은 자료를 바탕으로 작품을 분석하고 해석한다.

그러나 객관적 자료를 중심으로 작품을 비평하려는 맥락주의는 자칫 작품 외적인 요소에 치중하여 작품의 핵심적 본질을 훼손할 우려가 있다는 비판을 받는다. 이러한 맥락주의 비평의 문제점을 극복하기 위한 방법으로는 형식주의 비평과 인상주의 비평이 있다. 형식주의 비평은 예술 작품의 외적 요인 대신 작품의 형식적 요소와 그 요소들 간 구조적 유기성의 분석을 중요하게 생각한다. 프리드와 같은 형식주의 비평가들은 작품 속에 표현된 사물, 인간, 풍경 같은 내용보다는 선, 색, 형태 등의 조형 요소와 비례, 율동, 강조 등과 같은 조형 원리를 예술 작품의 우수성을 판단 하는 기준이라고 주장한다.

ⓛ인상주의 비평은 모든 분석적 비평에 대해 회의적인 ⓔ시각을 가지고 있어 예술을 어떤 규칙이나 객관적 자료로 판단할 수 없다고 본다. "훌륭한 비평가는 대작들과 자기 자신의 영혼의 모험들을 관련시킨다."라는 비평가 프랑스의 말처럼, 인상주의 비평은 비평가가 다른 저명한 비평가의 관점과 상관없이 자신의 생각과 느낌에 대하여 자율성과 창의성을 가지고 비평하는 것이다. 즉, 인상주의 비평가는 작가의 의도나 그 밖의 외적인 요인들을 고려할 필요 없이 비평가의 자유 의지로 무한대의 상상력을 가지고 작품을 해석하고 판단한다.

01 (가)와 (나)의 공통적인 내용 전개 방식으로 가장 적절한 것은?

① 대립되는 관점들이 수렴되어 가는 역사적 과정을 밝히고 있다.
② 화제에 대한 이론들을 평가하여 종합적 결론을 도출하고 있다.
③ 화제가 사회에 미치는 영향들을 분석하여 서로 간의 차이를 밝 히고 있다.
④ 화제와 관련된 관점의 문제점을 제시하고 대안적 관점을 소개 하고 있다.
⑤ 화제와 관련된 하나의 사례를 중심으로 다양한 이론을 시대 순으로 나열하고 있다.

02 (가)의 형식론 에 대한 이해로 가장 적절한 것은?

① 미적 정서를 유발할 수 있는 어떤 성질을 근거로 예술 작품의 여부를 판단한다.
② 모든 관람객이 직관적으로 식별할 수 있는 형식을 통해 예술 작품의 여부를 판단한다.
③ 감정을 표현하는 모든 작품은 그 작품이 정신적 대상이더라도 예술 작품이라고 주장한다.
④ 외부 세계의 형식적 요소를 작가 내면의 관념으로 표현하는 것을 예술의 조건이라고 주장한다.
⑤ 특정한 사회 제도에 속하는 모든 예술가와 비평가가 자격을 부여한 작품을 예술 작품으로 판단한다.

03 (가)에 등장하는 이론가와 예술가들이 상대의 견해나 작품을 평가할 수 있는 말로 적절하지 않은 것은?

① 모방론자가 뒤샹에게 : 당신의 작품 샘 은 변기를 닮은 것이 아니라 변기 그 자체라는 점에서 예술 작품이 되기 위한 필요 충분조건을 갖추고 있습니다.
② 낭만주의 예술가가 모방론자에게 : 대상을 재현하기만 하면 예술가의 감정을 표현하지 않은 작품도 예술 작품으로 인정하는 당신의 견해는 받아들일 수 없습니다.
③ 표현론자가 낭만주의 예술가에게 : 당신의 작품은 예술가의 마음을 표현했으니 대상을 있는 그대로 표현하지 않았더라도 예술 작품입니다.
④ 뒤샹이 제도론자에게: 예술계에서 일정한 절차와 관례를 거치면 예술 작품이라는 당신의 주장은 저의 작품 샘 외에 다른 변기 들도 예술 작품이 될 수 있음을 인정하는 것입니다.
⑤ 예술 정의 불가론자가 표현론자에게: 당신이 예술가의 관념을 예술 작품의 조건으로 규정할 때 사용하는 명제는 참과 거짓을 판단할 수 없기 때문에 받아들일 수 없습니다.

04 다음은 비평문을 쓰기 위해 미술 전람회에 다녀온 학생이 (가)와 (나)를 읽은 후 작성한 메모의 일부이다. 메모의 내용이 적절하지 <u>않은</u> 것은? [3점]

■ 작품 정보 요약

- 작품 제목 : 「그리움」
- 팸플릿의 설명
  - 화가 A가 화가였던 자기 아버지가 생전에 신던 낡고 색이 바랜 신발을 보고 그린 작품임.
  - 화가 A의 예술가 정신은 궁핍하게 살면서도 예술 혼을 잃지 않고 작품 활동을 했던 아버지의 삶에서 영향을 받았음.
- 작품 전체에 주로 따뜻한 계열의 색이 주로 사용됨.

■ 비평문 작성을 위한 착안점

- 콜링우드의 관점을 적용하면, 화가 A가 낡은 신발을 그린 것에서 아버지에 대한 그리움을 갖고 있었으리라는 점을 제시할 수 있겠군.················ ①
- 디키의 관점을 적용하면, 평범한 신발이 특별한 이유는 신발의 원래 주인이 화가였다는 사실에 있음을 언급하여 이 그림을 예술 작품으로 평가할 수 있겠군.··· ②
- 텐의 관점을 적용하면, 이 작품에서 아버지의 낡은 신발은 화가 A가 추구하는 예술가 정신의 상징임을 팸플릿 정보를 근거로 해석할 수 있겠군.··············· ③
- 프리드의 관점을 적용하면, 따뜻한 계열의 색들을 유기적으로 구성한 점에서 이 그림이 우수한 작품임을 언급할 수 있겠군.····························· ④
- 프랑스의 관점을 적용하면, 그림 속의 낡고 색이 바랜 신발을 보고, 지친 나의 삶에서 편안함과 여유를 느꼈음을 서술할 수 있겠군.····················· ⑤

---

05 피카소의 게르니카 에 대해 <보기>의 A는 ㉠의 관점, B는 ㉡의 관점에서 비평한 내용이다. (나)를 바탕으로 A, B를 이해한 내용으로 적절하지 <u>않은</u> 것은?

┌─ 보기 ┐

피카소, 「게르니카」

A : 1 9 3 7 년 히틀러가 바스크 산악 마을인 '게르니카'에 30여톤의 폭탄을 퍼부어 수많은 인명을 살상한 비극적 사건의 참상을, 울부짖는 말과 부러진 칼 등 상징적 이미지를 사용하여 전 세계에 고발한 기념비적인 작품이다.

B: 뿔 달린 동물은 슬퍼 보이고, 아이는 양팔을 뻗어 고통을 호소하고 있다. 우울한 색과 기괴한 형태들이 나를 그 속으로 끌어들이는 듯하다. 그러나 빛이 보인다. 고통과 좌절감이 느껴지지만 희망을 갈구하는 훌륭한 작품이다.

---

① A에서 '1937년'에 '게르니카'에서 발생한 사건을 언급한 것은 역사적 정보를 바탕으로 작품을 해석하기 위한 것이겠군.
② A에서 비극적 참상을 '전 세계에 고발'하였다고 서술한 것은 작품이 사회에 미치는 효과를 드러내고자 한 것이겠군.
③ B에서 '슬퍼 보이고'와 '고통을 호소하고'라고 서술한 것은 작가의 심리적 상태를 표현하려는 것이겠군.
④ B에서 '우울한 색과 기괴한 형태'를 언급한 것은 비평가의 주관적 인상을 반영하기 위한 것이겠군.
⑤ B에서 '희망을 갈구하는'이라고 서술한 것은 비평가의 자유로운 상상력이 반영된 것이겠군.

06 문맥을 고려할 때, 밑줄 친 말이 ⓐ~ⓔ의 동음이의어인 것은?

① ⓐ : 모든 인간은 평등하다고 <u>전제(前提)</u>해야 한다.
② ⓑ : 가을은 오곡백과가 무르익는 <u>시기(時期)</u>이다.
③ ⓒ : 이 문제에 대해서는 <u>이론(異論)</u>의 여지가 없다.
④ ⓓ : 이 소설은 사실을 <u>근거(根據)</u>로 하여 쓰였다.
⑤ ⓔ : 청소년의 <u>시각(視角)</u>으로 이 문제를 살펴보자.

정당과 같은 정치 조직이 민주적 방식과 절차로 운영되어야 하는 것은 당연하다. 그런데 민주적 운영 체제를 갖추었으면서도 실제로는 일부 소수에게 권력이 집중되어 있는 경우도 적지 않다. 조직 운영에서 보이는 이러한 현상을 흔히 과두제라 한다. 이는 정치 조직에서뿐만 아니라 기업 경영에서도 나타난다.

모든 주주가 경영진을 이루어 상호 협력 관계를 기반으로 기업을 운영하며 의사 결정권도 균등하게 행사하는 경우에 이를 '공동체적 경영'이라 부르기도 한다. 이런 기업에서 경영진은 모두 업무와 관련하여 전문성을 가지며, 경영 수익에 관련된 중요한 사항은 주주들이 공동으로 결정한다. 그러나 기업의 규모가 성장하고 사업이 다양해지면, 소수의 의사 결정에 따른 수직적 경영으로 효율성을 지향하는 '과두제적 경영'으로 나아가는 일도 있다.

과두제적 경영 은 소수의 경영자로 이루어진 경영진이 강한 결속력을 가지면서 실질적 권한과 정보를 독점하며 기업을 운영하는 것을 말한다. 이런 체제는 전문성과 경험을 갖춘 경영진을 중심으로 안정적 경영권이 확보될 수 있도록 하여, 기업 전략을 장기적으로 수립하고, 이에 맞춰 과감하고 지속적인 투자를 할 수 있어서 첨단 핵심 기술의 개발에도 유리한 면이 있다. 그리고 기업과 경영진 간의 높은 일체성은 위기 상황에서 신속한 의사 결정으로 효율적인 대처를 하는 데 도움을 주기도 한다.

그런데 대체로 주주의 수가 많으면 개별 주주의 결정권은 약하고, 소수의 경영진이 기업을 장악하는 힘은 크다. 이를 이용하여 정보와 권한이 집중된 소수의 경영진이 사익에 치중하면 다수 주주의 이익이 침해되는 폐해가 나타날 수 있다. 경영 성과를 실제보다 부풀려 투자를 유치한 뒤 주주들에게 회복하기 어려운 손해를 입히는 경우도 있으며, 기업 운영에 중대한 영향을 미치는 주요 정보들을 은폐하거나 경영 상황을 조작하여 발표함으로써 결과적으로 기업의 가치에 심각한 타격을 주는 사례도 종종 보게 된다.

이러한 문제점을 완화하기 위해 기업이 경영자와 계약을 체결하여 급여 이외의 경제적 이익을 동기로 부여하는 방안이 있다. 예를 들면, 일정 수량의 주식을 계약 시에 정한 가격으로 미래에 매수할 수 있도록 하는 스톡옵션의 권리를 경영자에게 부여하는 방식이 있다. 이 권리를 행사할지 말지는 자유이고, 경영자는 매수 시점을 유리하게 선택할 수 있다. 또 아직 우리나라에 도입되지는 않았지만, 기업의 주식 가치가 목표치 이상으로 올랐을 때 경영자가 그에 상응하는 보상을 받는 주식 평가 보상권의 방식도 있다.

기업 경영의 건전성을 확보하기 위해 마련된 공적 제도들은 과두제적 경영의 폐해를 방지하는 기능도 한다. 기업의 주식 가치에 영향을 미칠 수 있는 정보 제공을 법적으로 의무화한 경영 공시 제도는 경영 투명성을 높이려는 것이다. 이를 통해 경영진과 주주들 간 정보 격차가 줄어들 수 있다. 기업의 이사회에 외부 인사를 이사로 참여시키도록 하는 사외 이사 제도는 독단적인 의사 결정을 견제함으로써 폐쇄적 경영으로 인한 정보와 권한의 집중을 억제하는 효과를 거둘 수 있다.

01 윗글의 내용 전개 방식으로 가장 적절한 것은?

① 대상의 개념과 장단점을 제시하고 보완책을 소개한다.
② 유사한 원리들을 분석하고 이를 하나의 이론으로 통합한다.
③ 대립하는 유형을 들어 이론적 근거의 변천 과정을 설명한다.
④ 가설을 세우고 그에 대해 현실적인 사례를 들어 가며 검토한다.
⑤ 문제 상황의 근본 원인을 진단하고 해결책에 대한 상반된 입장을 해설한다.

02 과두제적 경영 에 대한 이해로 적절하지 않은 것은?

① 소수의 경영진이 내린 의사 결정이 수직적으로 집행되는 효율성을 추구한다.

② 강한 결속력을 가진 소수의 경영자로 경영진을 이루어 경영권 유지에 강점이 있다.

③ 경영권이 안정되어 중요 기술 개발에 적극적인 투자를 계속 하는 데에 유리하다는 장점이 있다.

④ 경영진이 투자자의 유입을 유도하기 위하여 경영 성과를 부풀릴 위험성이 있어 이에 대비할 필요가 있다.

⑤ 경영진과 다수 주주 사이의 이해가 일치하는 경우에는 그렇지 않은 경우보다 기업 가치가 훼손될 위험성이 높아진다.

03 윗글을 읽고 추론한 내용으로 적절하지 않은 것은?

① 스톡옵션의 권리를 가진 경영자는 주식 가격이 미리 정해 놓은 것보다 하락하더라도 손실을 입지 않을 수 있다.

② 스톡옵션은 경영자의 성과 보상에 미래의 주식 가치가 관련 된다는 점에서 주식 평가 보상권과 차이가 있다.

③ 경영 공시는 주주가 기업 경영 상황을 파악하여 기업 가치를 평가하는 데 유용한 제도가 될 수 있다.

④ 사외 이사 제도는 기업의 의사 결정에 외부 인사를 참여시켜 경영의 개방성을 높일 수 있는 제도라 평가할 수 있다.

⑤ 경영 공시 제도와 사외 이사 제도는 기업의 중요 정보에 대한 경영진의 독점을 완화할 수 있다.

04 윗글을 바탕으로 <보기>를 이해한 내용으로 가장 적절한 것은? [3점]

> **보기**
>
> X사는 정밀 부품 분야에서 독보적인 기술을 장기간 보유 하여 발전시켜 온 기업으로서 시장 점유율도 높다. 원래 X사의 주주들은 모두 함께 경영진이 되어 중요 사항에 대하여 동등한 결정권을 보유하였으나, 기업이 성장하면서 효율성 증진을 위하여 소수의 주주만으로 경영진을 구성하였다. 경영진은 주기적으로 다른 주주들로 교체되어 전체 주주는 기업의 경영 상태를 파악할 수 있으며, 경영 이익의 분배와 같은 주요 사항은 전체 주주가 공동으로 의결한다. X사의 주주 A와 B는 회사의 진로에 관하여 다음과 같은 대화를 나누었다.
>
> A : 최근 치열해진 경쟁에 대응하려면, 경영진의 구성원을 변동시키지 않고 경영 결정권도 경영진이 전적으로 행사 하도록 하는 게 좋겠습니다.
>
> B : 시장 점유율도 잘 유지되고 있고 우리 주주들의 전문성도 탁월하니, 예전처럼 회사를 운영한다고 하더라도 문제없을 듯합니다.

① X사는 주주들 사이의 평등성이 강하여 과도한 정보 격차나 권한 집중과 같은 폐해를 보이지 않는다.

② X사는 현재 경영진이 고정되는 구조로 바뀌었지만 주주가 실적에 대한 이익 분배를 결정할 수 있기 때문에 수직적 경영의 부작용은 나타나지 않는다.

③ A는 결속력이 강한 소수의 경영진을 중심으로 운영되는 경영 방식을 현행대로 유지하여야 시장의 점유율을 지킬 수 있다고 보는 입장이다.

④ B는 수평적인 의사 결정 구조로의 전환을 최소한으로 하여 효율적 경영을 유지해야 한다고 보는 입장이다.

⑤ A와 B는 현재 X사가 경험과 전문성을 바탕으로 안정적인 과두제적 경영을 하고 있다는 전제에서 논의를 한다.

최근의 3D 애니메이션은 섬세한 입체 영상을 구현하여 실물을 촬영한 것 같은 느낌을 준다. 실물을 촬영하여 얻은 자연 영상을 그대로 화면에 표시할 때와 달리 3D 합성 영상을 생성, 출력하기 위해서는 모델링과 렌더링을 거쳐야 한다.

모델링 은 3차원 가상 공간에서 물체의 모양과 크기, 공간적인 위치, 표면 특성 등과 관련된 고유의 값을 설정하거나 수정하는 단계이다. 모양과 크기를 설정할 때 주로 3개의 정점으로 형성되는 삼각형을 활용한다. 작은 삼각형의 조합으로 이루어진 그물과 같은 형태로 물체 표면을 표현하는 방식이다. 이 방법으로 복잡한 굴곡이 있는 표면도 정밀하게 표현할 수 있다. 이때 삼각형의 꼭짓점들은 물체의 모양과 크기를 결정하는 정점이 되는데, 이 정점들의 개수는 물체가 변형되어도 변하지 않으며, 정점들의 상대적 위치는 물체 고유의 모양이 변하지 않는 한 달라지지 않는다. 물체가 커지거나 작아지는 경우에는 정점 사이의 간격이 넓어지거나 좁아지고, 물체가 회전하거나 이동하는 경우에는 정점들이 간격을 유지하면서 회전축을 중심으로 회전하거나 동일 방향으로 동일 거리만큼 이동한다. 물체 표면을 구성하는 각 삼각형 면에는 고유의 색과 질감 등을 나타내는 표면 특성이 하나씩 지정된다.

공간에서의 입체에 대한 정보인 이 데이터를 활용하여, 물체를 어디에서 바라보는가를 나타내는 관찰 시점을 기준으로 2차원의 화면을 생성하는 것이 렌더링이다. 전체 화면을 잘게 나눈 점이 화소인데, 정해진 개수의 화소로 화면을 표시하고 각 화소별로 밝기나 색상 등을 나타내는 화솟값이 부여된다. 렌더링 단계에서는 화면 안에서 동일 물체라도 멀리 있는 경우는 작게, 가까이 있는 경우는 크게 보이는 원리를 활용하여 화솟값을 지정함으로써 물체의 원근감을 구현한다. 표면 특성을 나타내는 값을 바탕으로, 다른 물체에 가려짐이나 조명에 의해 물체 표면에 생기는 명암, 그림자 등을 고려하여 화솟값을 정해 줌으로써 물체의 입체감을 구현한다. 화면을 구성하는 모든 화소의 화솟값이 결정되면 하나의 프레임이 생성된다. 이를 화면출력장치를 통해 모니터에 표시하면 정지 영상이 완성된다.

모델링과 렌더링을 반복하여 생성된 프레임들을 순서대로 표시하면 동영상이 된다. 프레임을 생성할 때, 모델링과 관련된 계산을 완료한 후 그 결과를 이용하여 렌더링을 위한 계산을 한다. 이때 정점의 개수가 많을수록, 해상도가 높아 출력 화소의 수가 많을수록 연산 양이 많아져 연산 시간이 길어진다. 컴퓨터의 중앙 처리장치(CPU)는 데이터 연산을 하나씩 순서대로 수행하기 때문에 과도한 양의 데이터가 집중되면 미처 연산되지 못한 데이터가 차례를 기다리는 병목 현상이 생겨 프레임이 완성되는 데 오랜 시간이 걸린다. CPU의 그래픽 처리 능력을 보완하기 위해 개발된 ㉠그래픽처리장치(GPU)는 연산을 비롯한 데이터 처리를 독립적으로 수행할 수 있는 장치인 코어를 수백에서 수천 개씩 탑재하고 있다. GPU의 각 코어는 그래픽 연산에 특화된 연산만을 할 수 있고 CPU의 코어에 비해서 저속으로 연산한다. 하지만 GPU는 동일한 연산을 여러 번 수행해야 하는 경우, 고속으로 출력 영상을 생성할 수 있다.

왜냐하면 GPU는 한 번의 연산에 쓰이는 데이터들을 순차적으로 각 코어에 전송한 후, 전체 코어에 하나의 연산 명령어를 전달하면, 각 코어는 모든 데이터를 동시에 연산하여 연산 시간이 짧아지기 때문이다.

01 윗글에 대한 이해로 적절하지 <u>않은</u> 것은?

① 자연 영상은 모델링과 렌더링 단계를 거치지 않고 생성된다.

② 렌더링에서 사용되는 물체 고유의 표면 특성은 화솟값에 의해 결정된다.

③ 물체의 원근감과 입체감은 관찰 시점을 기준으로 구현한다.

④ 3D 영상을 재현하는 화면의 해상도가 높을수록 연산 양이 많아진다.

⑤ 병목 현상은 연산할 데이터의 양이 처리 능력을 초과할 때 발생한다.

02 모델링 에 대한 이해로 적절하지 <u>않은</u> 것은?

① 다른 물체에 가려져 보이지 않는 부분에 있는 삼각형의 정점 들의 위치는 계산하지 않는다.

② 삼각형들을 조합함으로써 물체의 복잡한 곡면을 정교하게 표현할 수 있다.

③ 하나의 작은 삼각형에 다양한 색상의 표면 특성들을 함께 부여한다.

④ 공간상에 위치한 정점들을 2차원 평면에 존재하도록 배치한다.

⑤ 다양하게 변할 수 있는 관찰 시점을 순차적으로 저장한다.

03 ㉠에 대한 추론으로 적절한 것은?

① 동일한 개수의 정점 위치를 연산할 때, 동시에 연산을 수행하는 코어의 개수가 많아지면 총 연산 시간이 길어진다.

② 정점의 위치를 구하기 위한 10개의 연산을 10개의 코어에서 동시에 진행하려면, 10개의 연산 명령어가 필요하다.

③ 1개의 코어만 작동할 때, 정점의 위치를 구하기 위한 연산 시간은 1개의 코어를 가진 CPU의 연산 시간과 같다.

④ 정점 위치를 구하기 위한 각 데이터의 연산을 하나씩 순서대로 처리해야 한다면, 다수의 코어가 작동하는 경우 총 연산 시간은 1개의 코어만 작동하는 경우의 총 연산 시간과 같다.

⑤ 정점 위치를 구하기 위해 연산해야 할 10개의 데이터를 10개의 코어에서 처리할 경우, 모든 데이터를 모든 코어에 전송하는 시간은 1개의 데이터를 1개의 코어에 전송하는 시간과 같다.

04 다음은 3D 애니메이션 제작을 위한 계획의 일부이다. 윗글을 바탕으로 할 때 적절하지 <u>않은</u> 것은? [3점]

① 장면 1의 렌더링 단계에서 풍선에 가려 보이지 않는 입 부분의 삼각형들의 표면 특성은 화솟값을 구하는 데 사용되지 않겠군.

② 장면 2의 모델링 단계에서 풍선에 있는 정점의 개수는 유지 되겠군.

③ 장면 2의 모델링 단계에서 풍선에 있는 정점 사이의 거리가 멀어지겠군.

④ 장면 3의 모델링 단계에서 풍선에 있는 정점들이 이루는 삼각형 들이 작아지겠군.

⑤ 장면 3의 렌더링 단계에서 전체 화면에서 화솟값이 부여되는 화소의 개수는 변하지 않겠군.

DAY 9 – ①

(가)

미학은 예술과 미적 경험에 관한 개념과 이론에 대해 논의하는 철학의 한 분야로서, 미학의 문제들 가운데 하나가 바로 예술의 정의에 대한 문제이다. 예술이 자연에 대한 모방이라는 아리스토텔레스의 말에서 비롯된 모방론은, 대상과 그 대상의 재현이 닮은꼴이어야 한다는 재현의 투명성 이론을 ⓐ전제한다. 그러나 예술가의 독창적인 감정 표현을 중시하는 한편 외부 세계에 대한 왜곡된 표현을 허용하는 낭만주의 사조가 18세기 말에 등장하면서, 모방론은 많이 쇠퇴했다. 이제 모방을 필수 조건으로 삼지 않는 낭만주의 예술가의 작품을 예술로 인정해 줄 수 있는 새로운 이론이 필요했다.

20세기 초에 콜링우드는 진지한 관념이나 감정과 같은 예술가의 마음을 예술의 조건으로 규정하는 표현론을 제시하여 이 문제를 해결하였다. 그에 따르면, 진정한 예술 작품은 물리적 소재를 통해 구성될 필요가 없는 정신적 대상이다. 또한 이와 비슷한 ⓑ시기에 외부 세계나 작가의 내면보다 작품 자체의 고유 형식을 중시하는 형식론도 발전했다. 벨의 형식론은 예술 감각이 있는 비평가들만이 직관적으로 식별할 수 있고 정의는 불가능한 어떤 성질을 일컫는 '의미 있는 형식'을 통해 그 비평가들에게 미적 정서를 유발하는 작품을 예술 작품이라고 보았다.

20세기 중반에, 뒤샹이 변기를 가져다 전시한 『샘』이라는 작품은 예술 작품으로 인정되지만 그것과 형식적인 면에서 차이가 없는 일반적인 변기는 예술 작품으로 인정되지 않는 이유를 설명하지 못하게 되자 두 가지 대응 이론이 나타났다. 하나는 우리가 흔히 예술 작품으로 분류하는 미술, 연극, 문학, 음악 등이 서로 이질적 이어서 그것들 전체를 아울러 예술이라 정의할 수 있는 공통된 요소를 갖지 않는다는 웨이츠의 예술 정의 불가론이다. 그의 이론은 예술의 정의에 대한 기존의 이론들이 겉보기에는 명제의 형태를 취하고 있으나 사실은 참과 거짓을 판정할 수 없는 사이비 명제이므로, 예술의 정의에 대한 시도 자체가 불필요하다는 견해를 대변한다.

다른 하나는 예술계라는 어떤 사회 제도에 속하는 한 사람 또는 여러 사람에 의해 감상의 후보 자격을 수여받은 인공물을 예술 작품으로 규정하는 디키의 제도론이다. 하나의 작품이 어떤 특정한 기준에서 훌륭하므로 예술 작품이라고 부를 수 있다는 평가적 ⓒ이론들과 달리, 디키의 견해는 일정한 절차와 관례를 거치기만 하면 모두 예술 작품으로 볼 수 있다는 분류적 이론이다. 예술의 정의와 관련된 이 논의들은 예술로 분류할 수 있는 작품들의 공통된 본질을 찾는 시도이자 예술의 필요충분조건을 찾는 시도이다.

인물(주장)은 체크한다.

시간은 체크한다.

인물(주장)은 체크한다.

인물(주장)은 체크한다.

조건은 체크한다.

(나)

예술 작품을 어떻게 감상하고 비평해야 하는지에 대해 다양한 논의들이 있다. 예술 작품의 의미와 가치에 대한 해석과 판단은 작품을 비평하는 목적과 태도에 따라 달라진다. 예술 작품에 대한 주요 비평 방법으로는 맥락주의 비평, 형식주의 비평, 인상주의 비평이 있다.

㉠맥락주의 비평은 주로 예술 작품이 창작된 사회적·역사적 배경에 관심을 갖는다.

비평가 텐은 예술 작품이 창작된 당시 예술가가 살던 시대의 환경, 정치·경제·문화적 상황, 작품이 사회에 미치는 효과 등을 예술 작품 비평의 중요한 ⓓ근거로 삼는다. 그 이유는 예술 작품이 예술가가 속해 있는 문화의 상징과 믿음을 구체화하며, 예술가가 속한 사회의 특성들을 반영한다고 보기 때문이다. 또한 맥락주의 비평에서는 작품이 창작된 시대적 상황 외에 작가의 심리적 상태와 이념을 포함하여 가급적 많은 자료를 바탕으로 작품을 분석하고 해석한다.

그러나 객관적 자료를 중심으로 작품을 비평하려는 맥락주의는 자칫 작품 외적인 요소에 치중하여 작품의 핵심적 본질을 훼손할 우려가 있다는 비판을 받는다. 이러한 맥락주의 비평의 문제점을 극복하기 위한 방법으로는 형식주의 비평과 인상주의 비평이 있다. 형식주의 비평은 예술 작품의 외적 요인 대신 작품의 형식적 요소와 그 요소들 간 구조적 유기성의 분석을 중요하게 생각한다. 프리드와 같은 형식주의 비평가들은 작품 속에 표현된 사물, 인간, 풍경 같은 내용보다는 선, 색, 형태 등의 조형 요소와 비례, 율동, 강조 등과 같은 조형 원리를 예술 작품의 우수성을 판단 하는 기준이라고 주장한다.

㉡인상주의 비평은 모든 분석적 비평에 대해 회의적인 ⓔ시각을 가지고 있어 예술을 어떤 규칙이나 객관적 자료로 판단할 수 없다고 본다. "훌륭한 비평가는 대작들과 자기 자신의 영혼의 모험들을 관련시킨다."라는 비평가 프랑스의 말처럼, 인상주의 비평은 비평가가 다른 저명한 비평가의 관점과 상관없이 자신의 생각과 느낌에 대하여 자율성과 창의성을 가지고 비평하는 것이다. 즉, 인상주의 비평가는 작가의 의도나 그 밖의 외적인 요인들을 고려할 필요 없이 비평가의 자유 의지로 무한대의 상상력을 가지고 작품을 해석하고 판단한다.

👤 인물은 체크한다.

⚙️ 조건은 체크한다.

👤 인물(주장)은 체크한다.

01 (가)와 (나)의 공통적인 내용 전개 방식으로 가장 적절한 것은?

① 대립되는 관점들이 ~~수렴되어 가는~~ 역사적 과정을 밝히고 있다.

② 화제에 대한 이론들을 평가하여 ~~종합적 결론을 도출하고 있다.~~

③ 화제가 ~~사회에 미치는 영향들을 분석하여~~ 서로 간의 ~~차이를 밝히고 있다.~~

④ 화제와 관련된 관점의 문제점을 제시하고 대안적 관점을 소개하고 있다.

⑤ 화제와 관련된 ~~하나의 사례를 중심으로~~ 다양한 이론을 ~~시대 순으로 나열~~하고 있다.

1 STRUCTURE FLOW

👤 인물 ⚙️ 조건

2 ANSWER DECODING

● STEP 1. 지문 스캔

지문에서 인물을 중심으로 선지에서 묻는 상황을 찾는다.

● STEP 2. 선지 매칭

예술의 정의에 대해서 여러 인물의 주장을 소개하고 있다. 예술의 정의에 대한 문제에 여러 인물의 관점이 대안적 관점으로 소개하고 있으므로 적절한 선지 ⇒ 정답

---

02 (가)의 형식론 에 대한 이해로 가장 적절한 것은?

① 미적 정서를 유발할 수 있는 어떤 성질을 근거로 예술 작품의 여부를 판단한다.

② ~~모든 관람객이~~ 직관적으로 식별할 수 있는 형식을 통해 예술 작품의 여부를 판단한다.

③ 감정을 표현하는 모든 작품은 그 작품이 정신적 대상이더라도 예술 작품이라고 주장한다.

④ ~~외부 세계의 형식적 요소를 작가 내면의~~ 관념으로 표현하는 것을 예술의 조건이라고 주장한다.

⑤ 특정한 사회 제도에 속하는 모든 예술가와 비평가가 자격을 부여한 작품을 예술 작품으로 판단한다.

1 STRUCTURE FLOW

👤 인물(주장) ⚙️ 조건

2 ANSWER DECODING

● STEP 1. 지문 스캔

지문에서 주장을 중심으로 선지에서 묻는 상황을 찾는다.

● STEP 2. 선지 매칭

형식론을 주장한 벨은 비평가들만이 식별할 수 있는 성질에 의해 비평가들의 미적 정서를 불러 일으키는 작품을 예술 작품이라고 정의하였다. 비평가들의 미적 정서를 유발할 수 있는 성질을 근거로 예술 작품의 여부를 판단하였기 때문에 적절한 선지 ⇒ 정답

03 (가)에 등장하는 이론가와 예술가들이 상대의 견해나 작품을 평가할 수 있는 말로 적절하지 <u>않은</u> 것은?

① 모방론자가 뒤샹에게 : 당신의 작품 샘 은 변기를 닮은 것이 아니라 변기 그 자체라는 점에서 예술 작품이 되기 위한 필요 충분조건을 ~~갖추고 있습니다.~~

② 낭만주의 예술가가 모방론자에게 : 대상을 재현하기만 하면 예술가의 감정을 표현하지 않은 작품도 예술 작품으로 인정하는 당신의 견해는 받아들일 수 없습니다.

③ 표현론자가 낭만주의 예술가에게 : 당신의 작품은 예술가의 마음을 표현했으니 대상을 있는 그대로 표현하지 않았더라도 예술 작품입니다.

④ 뒤샹이 제도론자에게 : 예술계에서 일정한 절차와 관례를 거치면 예술 작품이라는 당신의 주장은 저의 작품 샘 외에 다른 변기 들도 예술 작품이 될 수 있음을 인정하는 것입니다.

⑤ 예술 정의 불가론자가 표현론자에게 : 당신이 예술가의 관념을 예술 작품의 조건으로 규정할 때 사용하는 명제는 참과 거짓을 판단할 수 없기 때문에 받아들일 수 없습니다.

1 STRUCTURE FLOW ////////

> 👤 **인물(주장)**   ⚙️ **조건**

2 ANSWER DECODING ////////

● **STEP 1. 지문 스캔**

지문에서 인물(주장)을 중심으로 선지에서 묻는 상황을 찾는다.

● **STEP 2. 선지 매칭**

모방론은 재현이 닮은꼴이어야 한다는 이론을 전제한다. 뒤샹의 「샘」은 변기를 가져다 전시한 작품이다. 모방론은 변기를 닮은 모방이 아니라 그 자체이기 때문에 모방론에서 정의하는 예술 작품이 아니므로 적절하지 않은 선지 ⇒ 정답

04 다음은 비평문을 쓰기 위해 미술 전람회에 다녀온 학생이 (가)와 (나)를 읽은 후 작성한 메모의 일부이다. 메모의 내용이 적절하지 <u>않은</u> 것은? [3점]

■ 작품 정보 요약

· 작품 제목 : 「그리움」

· 팸플릿의 설명

　- 화가 A가 화가였던 자기 아버지가 생전에 신던 낡고 색이 바랜 신발을 보고 그린 작품임.

　- 화가 A의 예술가 정신은 궁핍하게 살면서도 예술혼을 잃지 않고 작품 활동을 했던 아버지의 삶에서 영향을 받았음.

· 작품 전체에 주로 따뜻한 계열의 색이 주로 사용됨.

■ 비평문 작성을 위한 착안점

· 콜링우드의 관점을 적용하면, 화가 A가 낡은 신발을 그린 것에서 아버지에 대한 그리움을 갖고 있었으리라는 점을 제시할 수 있겠군. ························· ①

· 디키의 관점을 적용하면, 평범한 신발이 특별한 이유는 ~~신발의 원래 주인이 화가였다는~~ 사실에 있음을 언급하여 이 그림을 예술 작품으로 평가할 수 있겠군 ··· ②

· 텐의 관점을 적용하면, 이 작품에서 아버지의 낡은 신발은 화가 A가 추구하는 예술가 정신의 상징임을 팸플릿 정보를 근거로 해석할 수 있겠군.

· 프리드의 관점을 적용하면, 따뜻한 계열의 색들을 유기적으로 구성한 점에서 이 그림이 우수한 작품임을 언급할 수 있겠군. ···························· ④

· 프랑스의 관점을 적용하면, 그림 속의 낡고 색이 바랜 신발을 보고, 지친 나의 삶에서 편안함과 여유를 느꼈음을 서술할 수 있겠군. ···················· ⑤

---

1 STRUCTURE FLOW //////////

👤 인물(주장)　　⚙ 조건

2 ANSWER DECODING //////////

● STEP 1. 지문 스캔

지문에서 인물을 중심으로 선지에서 묻는 상황을 찾는다.

● STEP 2. 선지 매칭

디키는 예술계에 속하는 사람(들)에 의해서 감상의 후보 자격을 수여받은 인공물을 예술 작품으로 규정하는 제도론을 주장하였다. 신발의 원래 주인이 화가라서가 아닌 신발이 예술계에 속하는 사람들에게 인정받아야 예술 작품이므로 적절하지 않은 선지 ⇒ 정답

05 피카소의 게르니카 에 대해 <보기>의 A는 ㉠의 관점, B는 ㉡의 관점에서 비평한 내용이다. (나)를 바탕으로 A, B를 이해한 내용으로 적절하지 <u>않은</u> 것은?

보기

피카소, 「게르니카」

A : 1 9 3 7 년 히틀러가 바스크 산악 마을인 '게르니카'에 30여톤의 폭탄을 퍼부어 수많은 인명을 살상한 비극적 사건의 참상을, 울부짖는 말과 부러진 칼 등 상징적 이미지를 사용하여 전 세계에 고발한 기념비적인 작품이다.

B: 뿔 달린 동물은 슬퍼 보이고, 아이는 양팔을 뻗어 고통을 호소하고 있다. 우울한 색과 기괴한 형태들이 나를 그 속으로 끌어들이는 듯하다. 그러나 빛이 보인다. 고통과 좌절감이 느껴지지만 희망을 갈구하는 훌륭한 작품이다.

① A에서 '1937년'에 '게르니카'에서 발생한 사건을 언급한 것은 역사적 정보를 바탕으로 작품을 해석하기 위한 것이겠군.

② A에서 비극적 참상을 '전 세계에 고발'하였다고 서술한 것은 작품이 사회에 미치는 효과를 드러내고자 한 것이겠군.

③ B에서 '슬퍼 보이고'와 '고통을 호소하고'라고 서술한 것은 ~~작가의 심리적 상태를~~ 표현하려는 것이겠군.

④ B에서 '우울한 색과 기괴한 형태'를 언급한 것은 비평가의 주관적 인상을 반영하기 위한 것이겠군.

⑤ B에서 '희망을 갈구하는'이라고 서술한 것은 비평가의 자유로운 상상력이 반영된 것이겠군.

06 문맥을 고려할 때, 밑줄 친 말이 ⓐ~ⓔ의 동음이의어인 것은?

① ⓐ : 모든 인간은 평등하다고 전제(前提)해야 한다.

② ⓑ : 가을은 오곡백과가 무르익는 시기(時期)이다.

③ ⓒ : 이 문제에 대해서는 이론(異論)의 여지가 없다.

④ ⓓ : 이 소설은 사실을 근거(根據)로 하여 썼다.

⑤ ⓔ : 청소년의 시각(視角)으로 이 문제를 살펴보자.

---

1 STRUCTURE FLOW ///////

👤 **인물(주장)** ⚙️ **조건**

2 ANSWER DECODING ///////

● STEP 1. 지문 스캔

지문에서 인물(주장)을 중심으로 선지에서 묻는 상황을 찾는다.

● STEP 2. 선지 매칭

㉠은 맥락주의 비평으로 예술 작품이 창작된 사회·역사적 배경에 관심을 가진다. ㉡은 인상주의 비평으로 작가의 의도나 외적 요인과 관련 없이 자신의 생각과 느낌을 중요하게 여긴다. B는 ㉡으로 작가의 의도나 감정이 아닌 비평가 자신의 생각과 느낌이므로 적절하지 않은 선지 ⇒ 정답

1 ANSWER DECODING ///////

● STEP 1. 지문 스캔

지문에서 문맥과 단어의 뜻으로 선지에서 묻는 단어를 찾는다. 틀렸다면 별도로 정리한다.

● STEP 2. 선지 매칭

ⓒ,③이론 : 사물의 이치나 지식 따위를 해명하기 위하여 논리적으로 정연하게 일반화한 명제의 체계 ⇒ 정답

정당과 같은 정치 조직이 민주적 방식과 절차로 운영되어야 하는 것은 당연하다. 그런데 민주적 운영 체제를 갖추었으면서도 실제로는 일부 소수에게 권력이 집중되어 있는 경우도 적지 않다. 조직 운영에서 보이는 이러한 현상을 흔히 과두제라 한다. 이는 정치 조직에서뿐만 아니라 기업 경영에서도 나타난다.

모든 주주가 경영진을 이루어 상호 협력 관계를 기반으로 기업을 운영하며 의사 결정권도 균등하게 행사하는 경우에 이를 '공동체적 경영'이라 부르기도 한다. 이런 기업에서 경영진은 모두 업무와 관련하여 전문성을 가지며, 경영 수익에 관련된 중요한 사항은 주주들이 공동으로 결정한다. 그러나 기업의 규모가 성장하고 사업이 다양해지면, 소수의 의사 결정에 따른 수직적 경영으로 효율성을 지향하는 '과두제적 경영'으로 나아가는 일도 있다.

과두제적 경영은 소수의 경영자로 이루어진 경영진이 강한 결속력을 가지면서 실질적 권한과 정보를 독점하며 기업을 운영하는 것을 말한다. 이런 체제는 전문성과 경험을 갖춘 경영진을 중심으로 안정적 경영권이 확보될 수 있도록 하여, 기업 전략을 장기적으로 수립하고, 이에 맞춰 과감하고 지속적인 투자를 할 수 있어서 첨단 핵심 기술의 개발에도 유리한 면이 있다. 그리고 기업과 경영진 간의 높은 일체성은 위기 상황에서 신속한 의사 결정으로 효율적인 대처를 하는 데 도움을 주기도 한다.

그런데 대체로 주주의 수가 많으면 개별 주주의 결정권은 약하고, 소수의 경영진이 기업을 장악하는 힘은 크다. 이를 이용하여 정보와 권한이 집중된 소수의 경영진이 사익에 치중하면 다수 주주의 이익이 침해되는 폐해가 나타날 수 있다. 경영 성과를 실제보다 부풀려 투자를 유치한 뒤 주주들에게 회복하기 어려운 손해를 입히는 경우도 있으며, 기업 운영에 중대한 영향을 미치는 주요 정보들을 은폐하거나 경영 상황을 조작하여 발표함으로써 결과적으로 기업의 가치에 심각한 타격을 주는 사례도 종종 보게 된다.

이러한 문제점을 완화하기 위해 기업이 경영자와 계약을 체결하여 급여 이외의 경제적 이익을 동기로 부여하는 방안이 있다. 예를 들면, 일정 수량의 주식을 계약 시에 정한 가격으로 미래에 매수할 수 있도록 하는 스톡옵션의 권리를 경영자에게 부여하는 방식이 있다. 이 권리를 행사할지 말지는 자유이고, 경영자는 매수 시점을 유리하게 선택할 수 있다. 또 아직 우리나라에 도입되지는 않았지만, 기업의 주식 가치가 목표치 이상으로 올랐을 때 경영자가 그에 상응하는 보상을 받는 주식 평가 보상권의 방식도 있다.

기업 경영의 건전성을 확보하기 위해 마련된 공적 제도들은 과두제적 경영의 폐해를 방지하는 기능도 한다. 기업의 주식 가치에 영향을 미칠 수 있는 정보 제공을 법적으로 의무화한 경영 공시 제도는 경영 투명성을 높이려는 것이다. 이를 통해 경영진과 주주들 간 정보 격차가 줄어들 수 있다. 기업의 이사회에 외부 인사를 이사로 참여시키도록 하는 사외 이사 제도는 독단적인 의사 결정을 견제함으로써 폐쇄적 경영으로 인한 정보와 권한의 집중을 억제하는 효과를 거둘 수 있다.

⚙️ 조건은 체크한다.

🔍 정의는 체크한다.

💡 문제 / 해결은 체크한다.

🔍 정의는 체크한다.

🔍 정의는 체크한다.

01 윗글의 내용 전개 방식으로 가장 적절한 것은?

① 대상의 개념과 장단점을 제시하고 보완책을 소개한다.

② 유사한 원리들을 분석하고 이를 하나의 이론으로 통합한다.

③ 대립하는 유형을 들어 이론적 근거의 변천 과정을 설명한다.

④ 가설을 세우고 그에 대해 현실적인 사례를 들어 가며 검토한다.

⑤ 문제 상황의 근본 원인을 진단하고 해결책에 대한 상반된 입장을 해설한다.

1 STRUCTURE FLOW

🔍 정의   💡 문제 / 해결

2 ANSWER DECODING

● STEP 1. 지문 스캔

지문에서 인물을 중심으로 선지에서 묻는 상황을 찾는다.

● STEP 2. 선지 매칭

과두제적 경영의 정의를 소개하고 과두제적 경영의 장점과 문제점, 그리고 해결 방안을 소개하고 있으므로 적절한 선지 ⇒ 정답

---

02 과두제적 경영 에 대한 이해로 적절하지 않은 것은?

① 소수의 경영진이 내린 의사 결정이 수직적으로 집행되는 효율성을 추구한다.

② 강한 결속력을 가진 소수의 경영자로 경영진을 이루어 경영권 유지에 강점이 있다.

③ 경영권이 안정되어 중요 기술 개발에 적극적인 투자를 계속 하는 데에 유리하다는 장점이 있다.

④ 경영진이 투자자의 유입을 유도하기 위하여 경영 성과를 부풀릴 위험성이 있어 이에 대비할 필요가 있다.

⑤ 경영진과 다수 주주 사이의 이해가 일치하는 경우에는 그렇지 않은 경우보다 기업 가치가 훼손될 위험성이 높아진다.

1 STRUCTURE FLOW

🔍 정의   💡 문제 / 해결

2 ANSWER DECODING

● STEP 1. 지문 스캔

지문에서 정의를 중심으로 선지에서 묻는 상황을 찾는다.

● STEP 2. 선지 매칭

정보와 권한이 집중된 소수의 경영진이 사익에 치중하면 다수 주주의 이익이 침해되는 폐해가 나타날 수 있다. 경영진이 사익을 추구하여 다수 주주와 이해가 일치하지 않을 때 문제가 발생하므로 적절하지 않은 선지 ⇒ 정답

03 윗글을 읽고 추론한 내용으로 적절하지 <u>않은</u> 것은?

① 스톡옵션의 권리를 가진 경영자는 주식 가격이 미리 정해 놓은 것보다 하락하더라도 손실을 입지 않을 수 있다.

②스톡옵션은 경영자의 성과 보상에 미래의 주식 가치가 관련 된다는 점에서 주식 평가 보상권과 ~~차이가 있다.~~

③ 경영 공시는 주주가 기업 경영 상황을 파악하여 기업 가치를 평가하는 데 유용한 제도가 될 수 있다.

④ 사외 이사 제도는 기업의 의사 결정에 외부 인사를 참여시켜 경영의 개방성을 높일 수 있는 제도라 평가할 수 있다.

⑤ 경영 공시 제도와 사외 이사 제도는 기업의 중요 정보에 대한 경영진의 독점을 완화할 수 있다.

1 STRUCTURE FLOW /////////

🔍 정의   💡 문제 / 해결

2 ANSWER DECODING /////////

● STEP 1. 지문 스캔

지문에서 정의를 중심으로 선지에서 묻는 상황을 찾는다.

● STEP 2. 선지 매칭

스톡옵션의 권리는 일정 수량의 주식을 계약시에 정한 가격으로 미래에 매수할 수 있도록 하는 제도이다. 주식 평가 보상권은 기업의 주식 가치가 목표치 이상으로 올랐을 때 경영자가 그에 상응하는 보상을 주는 방식이다. 두 제도 모두 미래의 주식 가치와 관련되어 있으므로 적절하지 않은 선지 ⇒ 정답

04 윗글을 바탕으로 <보기>를 이해한 내용으로 가장 적절한 것은? [3점]

/ 보기 /

X사는 정밀 부품 분야에서 독보적인 기술을 장기간 보유 하여 발전시켜 온 기업으로서 시장 점유율도 높다. 원래 X사의 주주들은 모두 함께 경영진이 되어 중요 사항에 대하여 동등한 결정권을 보유하였으나, 기업이 성장하면서 효율성 증진을 위하여 소수의 주주만으로 경영진을 구성하였다. 경영진은 주기적으로 다른 주주들로 교체되어 전체 주주는 기업의 경영 상태를 파악할 수 있으며, 경영 이익의 분배와 같은 주요 사항은 전체 주주가 공동으로 의결한다. X사의 주주 A와 B는 회사의 진로에 관하여 다음과 같은 대화를 나누었다.

A : 최근 치열해진 경쟁에 대응하려면, 경영진의 구성원을 변동시키지 않고 경영 결정권도 경영진이 전적으로 행사 하도록 하는 게 좋겠습니다.

B : 시장 점유율도 잘 유지되고 있고 우리 주주들의 전문성도 탁월하니, 예전처럼 회사를 운영한다고 하더라도 문제없을 듯합니다.

① X사는 주주들 사이의 평등성이 강하여 과도한 정보 격차나 권한 집중과 같은 폐해를 보이지 않는다.

② X사는 현재 경영진이 고정되는 구조로 바뀌었지만 주주가 실적에 대한 이익 분배를 결정할 수 있기 때문에 수직적 경영의 부작용은 나타나지 않는다.

③ A는 결속력이 강한 소수의 경영진을 중심으로 운영되는 경영 방식을 현행대로 유지하여야 시장의 점유율을 지킬 수 있다고 보는 입장이다.

④ B는 수평적인 의사 결정 구조로의 전환을 최소화으로 하여 효율적 경영을 유지해야 한다고 보는 입장이다.

⑤ A와 B는 현재 X사가 경험과 전문성을 바탕으로 안정적이나 과두제적 경영을 하고 있다는 전제에서 논의를 한다.

---

1 STRUCTURE FLOW /////////

🔍 정의 💡 문제 / 해결

2 ANSWER DECODING /////////

● STEP 1. 지문 스캔

지문에서 정의를 중심으로 선지에서 묻는 상황을 찾는다.

● STEP 2. 선지 매칭

X사는 현재 주기적으로 주주가 교체되고, 경영 이익의 분배와 같은 주요 사항은 전체 주주가 공동으로 의결한다. 특정 주주에 권한이 집중되는 폐해가 없으므로 적절한 선지 ⇒ 정답

최근의 3D 애니메이션은 섬세한 입체 영상을 구현하여 실물을 촬영한 것 같은 느낌을 준다. 실물을 촬영하여 얻은 자연 영상을 그대로 화면에 표시할 때와 달리 3D 합성 영상을 생성, 출력하기 위해서는 모델링과 렌더링을 거쳐야 한다.

모델링 은 3차원 가상 공간에서 물체의 모양과 크기, 공간적인 위치, 표면 특성 등과 관련된 고유의 값을 설정하거나 수정하는 단계이다. 모양과 크기를 설정할 때 주로 3개의 정점으로 형성되는 삼각형을 활용한다. 작은 삼각형의 조합으로 이루어진 그물과 같은 형태로 물체 표면을 표현하는 방식이다. 이 방법으로 복잡한 굴곡이 있는 표면도 정밀하게 표현할 수 있다. 이때 삼각형의 꼭짓점들은 물체의 모양과 크기를 결정하는 정점이 되는데, 이 정점들의 개수는 물체가 변형되어도 변하지 않으며, 정점들의 상대적 위치는 물체 고유의 모양이 변하지 않는 한 달라지지 않는다. 물체가 커지거나 작아지는 경우에는 정점 사이의 간격이 넓어지거나 좁아지고, 물체가 회전하거나 이동하는 경우에는 정점들이 간격을 유지하면서 회전축을 중심으로 회전하거나 동일 방향으로 동일 거리만큼 이동한다. 물체 표면을 구성하는 각 삼각형 면에는 고유의 색과 질감 등을 나타내는 표면 특성이 하나씩 지정된다.

공간에서의 입체에 대한 정보인 이 데이터를 활용하여, 물체를 어디에서 바라보는가를 나타내는 관찰 시점을 기준으로 2차원의 화면을 생성하는 것이 렌더링이다. 전체 화면을 잘게 나눈 점이 화소인데, 정해진 개수의 화소로 화면을 표시하고 각 화소별로 밝기나 색상 등을 나타내는 화솟값이 부여된다. 렌더링 단계에서는 화면 안에서 동일 물체라도 멀리 있는 경우는 작게, 가까이 있는 경우는 크게 보이는 원리를 활용하여 화솟값을 지정함으로써 물체의 원근감을 구현한다. 표면 특성을 나타내는 값을 바탕으로, 다른 물체에 가려짐이나 조명에 의해 물체 표면에 생기는 명암, 그림자 등을 고려하여 화솟값을 정해 줌으로써 물체의 입체감을 구현한다. 화면을 구성하는 모든 화소의 화솟값이 결정되면 하나의 프레임이 생성된다. 이를 화면출력장치를 통해 모니터에 표시하면 정지 영상이 완성된다.

모델링과 렌더링을 반복하여 생성된 프레임들을 순서대로 표시하면 동영상이 된다. 프레임을 생성할 때, 모델링과 관련된 계산을 완료한 후 그 결과를 이용하여 렌더링을 위한 계산을 한다. 이때 정점의 개수가 많을수록, 해상도가 높아 출력 화소의 수가 많을수록 연산 양이 많아져 연산 시간이 길어진다. 컴퓨터의 중앙 처리장치(CPU)는 데이터 연산을 하나씩 순서대로 수행하기 때문에 과도한 양의 데이터가 집중되면 미처 연산되지 못한 데이터가 차례를 기다리는 병목 현상이 생겨 프레임이 완성되는 데 오랜 시간이 걸린다. CPU의 그래픽 처리 능력

을 보완하기 위해 개발된 ㉠그래픽처리장치(GPU)는 연산을 비롯한 데이터 처리를 독립적으로 수행할 수 있는 장치인 코어를 수백에서 수천 개씩 탑재하고 있다. GPU의 각 코어는 그래픽 연산에 특화된 연산만을 할 수 있고 CPU의 코어에 비해서 저속으로 연산한다. 하지만 GPU는 동일한 연산을 여러 번 수행해야 하는 경우, 고속으로 출력 영상을 생성할 수 있다.

왜냐하면 GPU는 한 번의 연산에 쓰이는 데이터들을 순차적으로 각 코어에 전송한 후, 전체 코어에 하나의 연산 명령어를 전달하면, 각 코어는 모든 데이터를 동시에 연산하여 연산 시간이 짧아지기 때문이다.

⚙ 조건은 체크한다.

🔍 정의는 체크한다.

🔍 정의는 체크한다.

📁 분류는 체크한다.

⚙ 조건은 체크한다.

🔍 정의는 체크한다.

⬗ 순서는 체크한다.

01 윗글에 대한 이해로 적절하지 <u>않은</u> 것은?

① 자연 영상은 모델링과 렌더링 단계를 거치지 않고 생성
된다.

② 렌더링에서 사용되는 물체 고유의 표면 특성은 화솟값
에 의해 결정된다.

③ 물체의 원근감과 입체감은 관찰 시점을 기준으로 구현
한다.

④ 3D 영상을 재현하는 화면의 해상도가 높을수록 연산 양
이 많아진다.

⑤ 병목 현상은 연산할 데이터의 양이 처리 능력을 초과할
때 발생한다.

---

1 STRUCTURE FLOW //////////

🔍 **정의**   ⚙️ **조건**

---

2 ANSWER DECODING //////////

● STEP 1. 지문 스캔

지문에서 정의을 중심으로 선지에서 묻는 상황을 찾는다..

● STEP 2. 선지 매칭

모델링은 물체의 표면을 삼각형으로 구성하여 고유의 색, 질
감을 지정하여 표면 특성을 구현한다. 렌더링은 화솟값을 지
정하여 원근감을 구현한다. 물체 고유 표면의 특성은 모델링
이므로 적절하지 않은 선지 ⇒ 정답

---

02 모델링 에 대한 이해로 적절하지 <u>않은</u> 것은?

① 다른 물체에 가려져 보이지 않는 부분에 있는 삼각형의
정점 들의 위치는 계산하지 ~~않는다.~~

② 삼각형들을 조합함으로써 물체의 복잡한 곡면을 정교
하게 표현할 수 있다.

③ 하나의 작은 삼각형에 ~~다양한~~ 색상의 표면 특성들을 ~~함
께~~ 부여한다.

④ 공간상에 위치한 정점들을 ~~2차원 평면에 존재하도록~~ 배
치한다.

⑤ ~~다양하게 변할 수 있는 관찰 시점을~~ 순차적으로 저장한다.

---

1 STRUCTURE FLOW //////////

🔍 **정의**   ⚙️ **조건**

---

2 ANSWER DECODING //////////

● STEP 1. 지문 스캔

지문에서 정의를 중심으로 선지에서 묻는 상황을 찾는다.

● STEP 2. 선지 매칭

모델링은 물체의 표면을 삼각형으로 구성하여 고유의 색,
질감을 지정하여 표면 특성을 구현한다. 삼각형을 그물과
같은 형태로 조합하여 굴곡이 있는 표면도 정밀하게 표현할
수 있으므로 적절한 선지 ⇒ 정답

03 ㉠에 대한 추론으로 적절한 것은?

① 동일한 개수의 정점 위치를 연산할 때, 동시에 연산을 수행하는 코어의 개수가 많아지면 총 연산 시간이 ~~길어진다.~~

② 정점의 위치를 구하기 위한 10개의 연산을 10개의 코어에서 동시에 진행하려면, ~~10개의~~ 연산 명령어가 필요하다.

③ 1개의 코어만 작동할 때, 정점의 위치를 구하기 위한 연산 시간은 1개의 코어를 가진 CPU의 연산 시간과 ~~같다.~~

④ 정점 위치를 구하기 위한 각 데이터의 연산을 하나씩 순서대로 처리해야 한다면, 다수의 코어가 작동하는 경우 총 연산 시간은 1개의 코어만 작동하는 경우의 총 연산 시간과 같다.

⑤ 정점 위치를 구하기 위해 연산해야 할 10개의 데이터를 10개의 코어에서 처리할 경우, 모든 데이터를 모든 코어에 전송하는 시간은 1개의 데이터를 1개의 코어에 전송하는 시간과 ~~같다.~~

1 STRUCTURE FLOW /////////

🔍 정의   ⚙️ 조건

2 ANSWER DECODING /////////

● STEP 1. 지문 스캔

지문에서 조건를 중심으로 선지에서 묻는 상황을 찾는다.

● STEP 2. 선지 매칭

GPU는 CPU에 비해 연산 속도가 느리지만 전체 코어에 하나의 연산 명령어를 받아 동시에 연산하여 총 연산 시간을 줄일 수 있다. 그러나 하나씩 처리해야 한다면 동시에 처리할 수 없으므로 하나의 코어가 작동하는 것과 같은 시간인 것은 적절한 선지 ⇒ 정답

04 다음은 3D 애니메이션 제작을 위한 계획의 일부이다. 윗글을 바탕으로 할 때 적절하지 <u>않은</u> 것은? [3점]

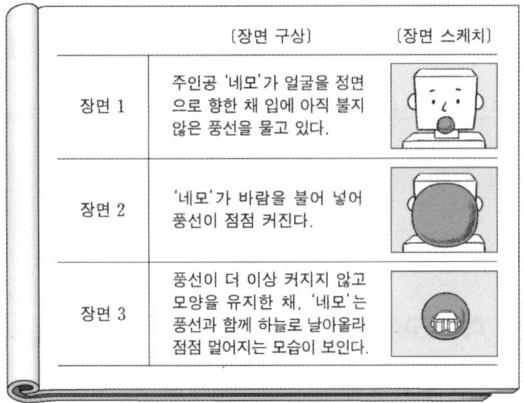

	〔장면 구상〕	〔장면 스케치〕
장면 1	주인공 '네모'가 얼굴을 정면으로 향한 채 입에 아직 불지 않은 풍선을 물고 있다.	
장면 2	'네모'가 바람을 불어 넣어 풍선이 점점 커진다.	
장면 3	풍선이 더 이상 커지지 않고 모양을 유지한 채, '네모'는 풍선과 함께 하늘로 날아올라 점점 멀어지는 모습이 보인다.	

① 장면 1의 렌더링 단계에서 풍선에 가려 보이지 않는 입 부분의 삼각형들의 표면 특성은 화솟값을 구하는 데 사용되지 않겠군.

② 장면 2의 모델링 단계에서 풍선에 있는 정점의 개수는 유지 되겠군.

③ 장면 2의 모델링 단계에서 풍선에 있는 정점 사이의 거리가 멀어지겠군.

④ 장면 3의 모델링 단계에서 풍선에 있는 정점들이 이루는 삼각형 들이 ~~작아지겠군.~~

⑤ 장면 3의 렌더링 단계에서 전체 화면에서 화솟값이 부여되는 화소의 개수는 변하지 않겠군.

1 STRUCTURE FLOW /////////

🔍 정의   ⚙️ 조건

2 ANSWER DECODING /////////

● STEP 1. 지문 스캔

지문에서 조건를 중심으로 선지에서 묻는 상황을 찾는다.

● STEP 2. 선지 매칭

모델링 단계에서 삼각형 꼭지점의 상대적 위치는 물체 고유의 모양이 변하지 않는 한 달라지지 않는다. 원근감은 렌더링 단계에서 화솟값을 지정하여 구할 수 있다. 모델링 단계에서 물체의 고유 모양이 변하지 않아 삼각형의 상대적 위치는 일정하므로 삼각형이 작아지는 것은 적절하지 않은 선지 ⇒ 정답

(가)

대중 예술인 영화는 대중의 취향에 민감하게 반응해 왔다. 장르 영화가 대표적인 사례다. 특정 장르가 유행했다가 침체되는 현상이나, 장르의 전형적인 관습이 형성되고 변형되는 과정에는 대중의 취향이 반영되어 있다.

영화를 사회적 생산물로 간주한 지크프리트 크라카우어는 영화에는 대중의 취향뿐만 아니라 대중이 공유하고 있는 이념도 반영되어 있다고 생각했다. 그런데 이런 이념은 영화에 투명하게 드러나지 않는다. 크라카우어에 따르면, 영화는 드러내면서 동시에 숨기는 매체이다. 사회에서 불순하거나 위험하다고 간주 되는 이념은 영화의 이면에 감추어진다. 크라카우어는 영화의 표면에 가시적으로 드러난, 전형적인 모티브나 이미지가 암시하고 비유하는 것을 해석함으로써 그 이면에 감추어진 이념을 읽어 내고, 이를 바탕으로 사회를 이해할 수 있다고 보았다. 예를 들어, 1920년대 독일 영화에 반복해서 등장하는 밀실, 광인, 독재자 등을 담은 이미지의 이면에서 패전 이후 독일 사회 전반에 만연했던 현실 도피의 퇴행적인 심리와, 왕정복고를 바라는 정치적 이념을 읽어 낼 수 있다는 것이다.

크라카우어가 모티브나 이미지에 대한 해석을 통해 사회를 심층적으로 이해하고자 한다면, 프레드릭 제임슨은 영화의 서사를 통해 영화에 반영된 사회를 총체적으로 이해하고자 한다. 그에 따르면, 오늘날의 사회는 분산적이고 파편적이기 때문에 그 총체적인 양상은 시간이 흐른 뒤에야, 즉 역사가 된 이후에야 파악된다. 그런데 만약 현재를 역사처럼 조망할 수 있다면, 우리가 속한 사회의 총체적인 양상을 파악할 수 있을 것이다. 제임슨은 서사를 통한 '역사화'의 가능성에 주목했다. 서사는 사건을 회고적인 방식으로, 이미 완료된 과거처럼 서술한다는 점에서 총체적인 조망을 가능하게 한다. 이러한 ㉠'역사화'는 미래를 다룬 SF의 경우에도 해당된다.

(나)

SF(Science Fiction)는 기존의 검증된 과학적 지식을 기반으로 한 허구적인 상황 설정을 통해 미래에 대한 상상력을 자극하는 서사 예술이다. 과학적 지식에 기반을 @둔다고 해서 SF가 다루는 소재나 서사가 모두 과학적으로 사실이어야 하는 것은 아니다. SF에서는 과학적 진위가 아니라 개연성, 즉 작품의 주요 설정이나 사건의 인과 관계가 합리적으로 납득될 수 있느냐가 중요하다.

기발한 상상력이 촉발하는 경이로움은 SF의 중요한 장르적 특징이다. SF에 등장하는 장대하고 압도적인 대상들은 광대한 자연을 마주했을 때와 유사한 경이로움을 선사한다. SF 연구자 다르코 수빈은 SF에서 당대의 지식, 기술, 경험을 뛰어넘어 경이로움을 안겨 주는 대상을 노붐이라고 이름 붙였다. 라틴어로 '새로움'을 의미하는 노붐은 일회적인 놀라움을 유발하는 장치가 아니라, 작품 전반에 영향을 미치는 지배적인 요소이자, 현실 세계와 SF 작품이 묘사하는 허구적 세계 사이의 차이를 드러내는 핵심적인 요소이다. 또한 작품의 세계관을 드러내는 장치이기도 하다. 그런 점에서 노붐은 SF 작품의 진정한 주인공이라고도 할 수 있다.

수빈은 SF가 현실의 반영이라고 말한다. SF는 미래 세계에 대한 상상을 표현하지만, 그 상상은 작품이 생산된 그 시대에 기반하고 있기 때문이다. 따라서 SF에 등장하는 인물이나 시·공간적 설정 등은 그 시대의 현실과 유사하면서도 다르다. 수빈은 이처럼 현실을 닮았지만 현실과는 다른 SF 속의 세계가 인지적 낯섦을 촉발한다고 말한다. SF 속에 등장하는 대상은 현실에서 일상적이고 친숙했던 대상을 낯설고 새롭게 느끼도록 만든다. 이 '낯섦'을 유발하는 것은 '다름'이며, 작품을 통해 다름을 인지함으로써, 우리는 현실에 거리를 ⓑ두고 비판적으로 현실을 바라보게 된다. 따라서 인지적 낯섦은 감각적 충격을 통해 이성적 성찰에 도달하는 정서적이고 지적인 체험이라고 할 수 있다.

수빈은 SF가 등장하기 이전에도 인간은 허구적 이야기를 통해, 낯선 미지의 세계에 대한 동경심을 충족해 왔다고 말한다. 특히 수빈은 이상적인 세계인 유토피아에 대한 동경을 다룬 이야기와 SF 사이의 유사성을 인정하고 유토피아를 SF의 중

[A] 요한 소재로 받아들인다. 오늘날 환경 오염, 전쟁 등으로 인해 인류가 심각한 위기에 처한 상황에서 현실 너머에 존재하는 이상적인 세계를 탐색하는 SF의 역할이 더욱 중요해졌다고 수빈은 주장한다.

01 (가), (나)에 대한 이해로 가장 적절한 것은?

① (가) : 영화에 나타나는 전형적인 모티브는 특정 시대의 대중이 공유하고 있는 이념을 투명하게 드러낸다.

② (가) : 크라카우어는 독일 영화들에 쓰인 밀실, 광인, 독재자의 이미지에서 불순하다고 여겨지는 이념을 읽어낼 수 있다고 본다.

③ (나) : SF 속 세계와 현실 세계 간의 '다름'은 SF의 허구적 설정을 통해 그 간격을 좁힐 수 있다.

④ (나) : 수빈은 당대에서 체험할 수 있는 범위를 넘어서는 상상은 SF의 소재로 부적절하다고 본다.

⑤ (나) : SF 작품의 허구적 세계가 현실 세계와 닮았다는 점을 깨달아야 현실에 대한 비판적 인식이 가능하다.

02 '프레드릭 제임슨'의 견해를 바탕으로, ㉠의 의미를 추론한 내용 으로 가장 적절한 것은?

① SF는 현재 시점에서 미래를 묘사하여 사회의 발전 양상에 대한 총체적인 전망을 드러낸다.

② SF는 미래를 완료된 과거처럼 바라보는 방식을 통해 오늘날의 사회를 총체적으로 이해하게 한다.

③ SF는 현재 진행되는 사건이 미래에 완료되는 내용을 담아 사회 변화를 통시적으로 고찰하게 한다.

④ SF는 미래에 일어날 법한 사건을 현재의 사건으로 재구성하여 보여 줌으로써 우리 사회의 지향점을 제시한다.

⑤ SF는 미래 시점에서 시작해서 현재 시점을 향해 전개되는 이야기를 통해 우리 사회의 총체적 면모에 주목하게 한다

03 다음의 입장에서 [A]를 평가한 내용으로 가장 적절한 것은?

수많은 SF 영화나 소설이 유토피아를 소재로 삼는 것은 현실에서 벗어나고 싶은 인간의 욕망이 본연의 것임을 말해 준다. SF 작품들에 묘사된 유토피아는 대부분 '봉쇄된 요새' 같은 공간으로 묘사된다. 공간적으로 분리되고 차단됨으로써 SF 속 유토피아는 안전하고 평화로운 듯 보인다. 하지만 궁극적으로 유토피아는 외부의 위협이나 내부의 갈등에 의해 붕괴되고 만다. 이런 결말은 유토피아가 근본적으로 실현 불가능하다는 점과 더불어, 현실의 문제에 대한 해답이 현실 너머에는 존재하지 않는다는 점을 말해 준다.

① SF는 현재 시점에서 미래를 묘사하여 사회의 발전 양상에 대한 총체적인 전망을 드러낸다.

② SF는 미래를 완료된 과거처럼 바라보는 방식을 통해 오늘날의 사회를 총체적으로 이해하게 한다.

③ SF는 현재 진행되는 사건이 미래에 완료되는 내용을 담아 사회 변화를 통시적으로 고찰하게 한다.

④ SF는 미래에 일어날 법한 사건을 현재의 사건으로 재구성하여 보여 줌으로써 우리 사회의 지향점을 제시한다.

⑤ SF는 미래 시점에서 시작해서 현재 시점을 향해 전개되는 이야기를 통해 우리 사회의 총체적 면모에 주목하게 한다 .

04 노붐 , 인지적 낯섦 에 대한 설명으로 적절하지 않은 것은?

① 노붐은 현실 세계와 작품 속 세계 간의 차이를 드러내는 요소 이다.

② 노붐은 당대의 지식이나 기술로는 현실적으로 구현하기 어려운 새로운 대상이다.

③ 노붐은 작품 전반에 영향을 미치는 요소이자, 작품의 세계관을 드러내는 장치이다.

④ 인지적 낯섦은 친숙함을 주던 일상적인 대상이나 세계에 대해 낯섦을 느끼게 되는 경험이다.

⑤ 인지적 낯섦은 작품에 표현된 세계에서 촉발되는 감각적 충격이 이성적 성찰에 수반되는 체험이다.

05 <보기>는 영화 비평이다. (가), (나)를 바탕으로 이를 이해한 내용으로 적절하지 않은 것은? [3점]

> **보기**
>
> 지난주 개봉한 SF 영화 ○○ 속 미래 세계는 두 구역으로 나뉘어 있다. 첫 화면에 등장하는 허공의 도시는 첨단 과학 기술이 집약된 거대한 우주선 같은 공간이고, 지상은 무너진 콘크리트 건물의 잔해로 뒤덮인 공간이다. 화면 가득 등장하는, 은빛으로 빛나는 허공의 도시는 가히 압도적이다. 몇몇 장면은 물리적 법칙에 어긋나 보이지만, 주요 사건의 인과 관계가 설득력이 있어서 영화의 전개를 따라가는 데 전혀 문제가 없다. 두 구역 사이의 갈등을 중심으로 한 서사는 우리 사회를 조망하게 한다. 다만, 두 구역 간의 갑작스러운 화해로 맺는 결말은 요즘 유행하는 SF 영화의 경향에서 크게 벗어나지 못했다.

① <보기>에서 '지상'을 '콘크리트 건물의 잔해로 뒤덮인 공간'이라고 언급한 것은, (가)에 따르면 이미지의 이면을 읽어 내어 사회를 심층적으로 이해한 결과에 해당하겠군.

② <보기>에서 '허공의 도시'와 관련해 언급한 '압도적'인 느낌은, (나)에 따르면 SF의 장르적 특징에 해당하는 것이라고 할 수 있겠군.

③ <보기>에서 '몇몇 장면'의 과학적 오류를 문제 삼지 않은 것은, (나)에 따르면 SF에서 과학적 진위가 아니라 개연성이 중요하다는 점과 관련 있겠군.

④ <보기>에서 두 구역의 갈등을 다룬 서사가 '우리 사회를 조망하게 한다'라고 언급한 것은, (가)에 따르면 분산적이고 파편적인 사회를 종합적으로 통찰한 것이라고 할 수 있겠군.

⑤ <보기>에서 최근 'SF 영화의 경향'이라고 간주한 '갑작스러운 화해'는, (가)에 따르면 대중의 취향이 영화에 반영된 것이라고 할 수 있겠군.

06 ⓐ, ⓑ의 의미로 쓰인 예가 바르게 짝지어진 것은?

① ⓐ : 우리가 들은 이야기는 실화에 근거를 두고 있었다.
　ⓑ : 곁에 있어도 그와 두었던 거리는 멀어지기만 했다.

② ⓐ : 그렇게 어리석은 사람에게는 큰 미련을 두지 마라.
　ⓑ : 그는 할 수 없이 산 아래 두었던 본진을 포기했다.

③ ⓐ : 뜻을 어디에 두느냐에 따라 다양한 길이 펼쳐진다.
　ⓑ : 우리는 올해부터 체력 증진을 목표로 두려고 한다.

④ ⓐ : 사랑하는 누이를 뒤에 두고도 떠날 수밖에 없었다.
　ⓑ : 나는 이사를 하면서 큰언니와 거리를 두게 되었다.

⑤ ⓐ : 우리들은 환경 문제 해결에 최고의 가치를 두었다.
　ⓑ : 그는 결승선을 겨우 6미터 앞에 두고 힘이 빠졌다.

기축 통화는 국제 거래에 결제 수단으로 통용되고 환율 결정에 기준이 되는 통화이다. 1960년 트리핀 교수는 브레턴우즈 체제에서의 기축 통화인 달러화의 구조적 모순을 지적했다. 한 국가의 재화와 서비스의 수출입 간 차이인 경상 수지는 수입이 수출을 초과하면 적자이고, 수출이 수입을 초과하면 흑자이다. 그는 "미국이 경상 수지 적자를 허용하지 않아 국제 유동성 공급이 중단되면 세계 경제는 크게 위축될 것"이라면서도 "반면 적자 상태가 지속돼 달러화가 과잉 공급되면 준비 자산으로서의 신뢰도가 저하되고 고정 환율 제도도 붕괴될 것"이라고 말했다.

이러한 트리핀 딜레마는 국제 유동성 확보와 달러화의 신뢰도 간의 문제이다. 국제 유동성이란 국제적으로 보편적인 통용력을 갖는 지불 수단을 말하는데, ㉠금 본위 체제에서는 금이 국제 유동성의 역할을 했으며, 각 국가의 통화 가치는 정해진 양의 금의 가치에 고정되었다. 이에 따라 국가 간 통화의 교환 비율인 환율은 자동적으로 결정되었다. 이후 ㉡브레턴우즈 체제에서는 국제 유동성으로 달러화가 추가되어 '금 환 본위제'가 되었다. 1944년에 성립된 이 체제는 미국의 중앙은행에 '금 태환 조항'에 따라 금 1온스와 35달러를 언제나 맞교환해 주어야 한다는 의무를 지게 했다. 다른 국가들은 달러화에 대한 자국 통화의 가치를 고정했고, 달러화로만 금을 매입할 수 있었다. 환율은 경상 수지의 구조적 불균형이 있는 예외적인 경우를 제외하면 ±1% 내에서의 변동만을 허용했다. 이에 따라 기축 통화인 달러화를 제외한 다른 통화들 간 환율인 교차 환율은 자동적으로 결정되었다.

1970년대 초에 미국은 경상 수지 적자가 누적되기 시작하고 달러화가 과잉 공급되어 미국의 금 준비량이 급감했다. 이에 따라 미국은 달러화의 금 태환 의무를 더 이상 감당할 수 없는 상황에 도달했다. 이를 해결할 수 있는 방법은 달러화의 가치를 내리는 평가 절하, 또는 달러화에 대한 여타국 통화의 환율을 하락시켜 그 가치를 올리는 평가 절상이었다. 하지만 브레턴우즈 체제하에서 달러화의 평가 절하는 규정상 불가능했고, 당시 대규모 대미 무역 흑자 상태였던 독일, 일본 등 주요국들은 평가 절상에 나서려고 하지 않았다. 이 상황이 유지되기 어려울 것이라는 전망으로 독일의 마르크화와 일본의 엔화에 대한 투기적 수요가 증가했고, 결국 환율의 변동 압력은 더욱 커질 수밖에 없었다. 이러한 상황에서 각국은 보유한 달러화를 대규모로 금으로 바꾸기를 원했다. 미국은 결국 1971년 달러화의 금 태환 정지를 선언한 닉슨 쇼크를 단행했고, 브레턴우즈 체제는 붕괴되었다.

그러나 붕괴 이후에도 달러화의 기축 통화 역할은 계속되었다. 그 이유로 규모의 경제를 생각할 수 있다. 세계의 모든 국가에서 ㉢어떠한 기축 통화도 없이 각각 다른 통화가 사용되는 경우 두 국가를 짝짓는 경우의 수만큼 환율의 가짓수가 생긴다. 그러나 하나의 기축 통화를 중심으로 외환 거래를 하면 비용을 절감하고 규모의 경제를 달성할 수 있다.

01 윗글을 통해 답을 찾을 수 없는 질문은?

① 브레턴우즈 체제 붕괴 이후에도 달러화가 기축 통화로서 역할을 할 수 있었던 이유는 무엇인가?

② 브레턴우즈 체제 붕괴 이후의 세계 경제 위축에 대해 트리핀은 어떤 전망을 했는가?

③ 브레턴우즈 체제에서 미국 중앙은행은 어떤 의무를 수행해야 했는가?

④ 브레턴우즈 체제에서 국제 유동성의 역할을 한 것은 무엇인가?

⑤ 브레턴우즈 체제에서 달러화 신뢰도 하락의 원인은 무엇인가?

02 윗글을 바탕으로 추론한 내용으로 적절하지 <u>않은</u> 것은?

① 닉슨 쇼크가 단행된 이후 달러화의 고평가 문제를 해결할 수 있는 달러화의 평가 절하가 가능해졌다.

② 브레턴우즈 체제에서 마르크화와 엔화의 투기적 수요가 증가한 것은 이들 통화의 평가 절상을 예상했기 때문이다.

③ 금의 생산량 증가를 통한 국제 유동성 공급량의 증가는 트리핀 딜레마 상황을 완화하는 한 가지 방법이 될 수 있다.

④ 트리핀 딜레마는 달러화를 통한 국제 유동성 공급을 중단할 수도 없고 공급량을 무한정 늘릴 수도 없는 상황을 말한다.

⑤ 브레턴우즈 체제에서 마르크화가 달러화에 대해 평가 절상 되면, 같은 금액의 마르크화로 구입 가능한 금의 양은 감소한다.

03 미국을 포함한 세 국가가 존재하고 각각 다른 통화를 사용할 때, ㉠~㉢에 대한 설명으로 적절한 것은?

① ㉠에서 자동적으로 결정되는 환율의 가짓수는 금에 자국 통화의 가치를 고정한 국가 수보다 하나 적다.

② ㉡이 붕괴된 이후에도 여전히 달러화가 기축 통화라면 ㉡에 비해 교차 환율의 가짓수는 적어진다.

③ ㉢에서 국가 수가 하나씩 증가할 때마다 환율의 전체 가짓수도 하나씩 증가한다.

④ ㉠에서 ㉡으로 바뀌면 자동적으로 결정되는 환율의 가짓수가 많아진다.

⑤ ㉡에서 교차 환율의 가짓수는 ㉢에서 생기는 환율의 가짓수 보다 적다.

04 윗글을 참고할 때, <보기>에 대한 반응으로 가장 적절한 것은? [3점]

> **보기**
>
> 브레턴우즈 체제가 붕괴된 이후 두 차례의 석유 가격 급등을 겪으면서 기축 통화국인 A국의 금리는 인상되었고 통화 공급은 감소했다. 여기에 A국 정부의 소득세 감면과 군비 증대는 A국의 금리를 인상시켰으며, 높은 금리로 인해 대량으로 외국 자본이 유입되었다. A국은 이로 인한 상황을 해소하기 위한 국제적 합의를 주도하여, 서로 교역을 하며 각각 다른 통화를 사용하는 세 국가 A, B, C는 외환 시장에 대한 개입을 합의 했다. 이로 인해 A국 통화에 대한 B국 통화와 C국 통화의 환율은 각각 50%, 30% 하락했다.

① A국의 금리 인상과 통화 공급 감소로 인해 A국 통화의 신뢰도가 낮아진 것은 외국 자본이 대량으로 유입되었기 때문이겠군.

② 국제적 합의로 인한 A국 통화에 대한 B국 통화의 환율 하락 으로 국제 유동성 공급량이 증가하여 A국 통화의 가치가 상승 했겠군.

③ 다른 모든 조건이 변하지 않았다면, 국제적 합의로 인해 A국 통화에 대한 B국 통화의 환율과 B국 통화에 대한 C국 통화의 환율은 모두 하락했겠군.

④ 다른 모든 조건이 변하지 않았다면, 국제적 합의로 인해 A국 통화에 대한 B국과 C국 통화의 환율이 하락하여, B국에 대한 C국의 경상 수지는 개선되었겠군.

⑤ 다른 모든 조건이 변하지 않았다면, A국의 소득세 감면과 군비 증대로 A국의 경상 수지가 악화되며, 그 완화 방안 중 하나는 A국 통화에 대한 B국 통화의 환율을 상승시키는 것이겠군.

데이터를 처리할 때 데이터의 정확성은 매우 중요하다. 그런데 데이터에 결측치와 이상치가 포함되면 데이터의 특징을 제대로 ⓐ나타내기 어렵다.

결측치는 데이터 값이 ⓑ빠져 있는 것이다. 결측치를 처리하는 방법 중 하나인 대체는 다른 값으로 결측치를 채우는 것인데, 대체하는 값으로는 평균, 중앙값, 최빈값을 많이 사용한다. 중앙값은 데이터를 크기순으로 정렬했을 때 중앙에 위치한 값이다. 크기가 같은 값이 복수일 경우에도 순위를 매겨 중앙값을 찾고, 데이터의 개수가 짝수이면 중앙에 있는 두 값의 평균이 중앙값이다. 또 최빈값은 데이터에 가장 많이 나타나는 값을 이른다. 일반적으로 데이터 값이 연속적인 수치이면 평균으로, 석차처럼 순위가 있는 값에는 중앙값으로, 직업과 같이 문자인 경우에는 최빈값으로 결측치를 대체한다.

이상치는 데이터의 다른 값에 비해 유달리 크거나 작은 값으로, 데이터를 수집할 때 측정 오류 등에 의해 주로 ⓒ생긴다. 그러나 정상적인 데이터라도 데이터의 특징을 왜곡하는 데이터 값이 있을 수 있다. 예를 들어, 데이터가 어떤 프로 선수들의 연봉이고 그중 한 명의 연봉이 유달리 많다면, 이상치가 포함된 데이터에 해당한다. 이런 데이터의 특징을 하나의 수치로 나타내려는 경우 ㉠대푯값으로 평균보다 중앙값을 주로 사용한다.

평면상에 있는 점들의 위치를 나타내는 데이터에서도 이상치를 발견할 수 있다. 대부분의 점들이 가상의 직선 주위에 모여 있다면 이 직선은 데이터의 특징을 잘 나타낸다고 할 수 있다.

이 직선을 직선 L이라고 하자. 그런데 직선 L로부터 멀리 떨어진 위치에도 몇 개의 점이 있다. 이 점들이 이상치이다.

㉡이상치를 포함하는 데이터에서 직선 L을 찾는다고 하자. 이때 사용할 수 있는 기법의 하나인 A기법은 두 점을 무작위로 골라 정상치 집합으로 가정하고, 이 두 점을 ⓓ지나는 후보 직선을 그어 나머지 점들과 후보 직선 사이의 거리를 구한다. 이 거리가 허용 범위 이내인 점들을 정상치 집합에 추가한다. 정상치 집합의 점의 개수가 미리 정해 둔 기준, 즉 문턱값보다 많으면 후보 직선을 최종 후보군에 넣는다. 반대로 점의 개수가 문턱값보다 적으면 후보 직선을 버린다. 만약 처음에 고른 점이 이상치이면, 대부분의 점들은 해당 후보 직선과의 거리가 너무 ⓔ멀어 이 직선은 최종 후보군에서 제외되는 것이다. 이 과정을 반복하여 최종 후보군을 구하고, 최종 후보군에 포함된 직선 중에서 정상치 집합의 데이터 개수가 최대인 직선을 직선 L로 선택한다. 이 기법은 이상치가 있어도 직선 L을 찾을 가능성이 높다.

01 윗글을 이해한 내용으로 적절하지 않은 것은?

① 데이터가 수치로 구성되지 않아도 최빈값을 구할 수 있다.
② 데이터의 특징이 언제나 하나의 수치로 나타나는 것은 아니다.
③ 데이터가 정상적으로 수집되었다면 이상치가 존재하지 않는다.
④ 데이터에 동일한 수치가 여러 개 있어도 중앙값으로 결측치를 대체할 수 있다.
⑤ 데이터를 수집하는 과정에서 측정 오류가 발생한 값이라도 이상치가 아닐 수 있다.

02 윗글을 참고할 때, ㉠의 이유로 가장 적절한 것은?

① 중앙값은 극단에 있는 이상치의 영향을 덜 받기 때문이다.
② 중앙값을 찾기 위해 데이터를 나열할 때 이상치는 제외되기 때문이다.
③ 데이터의 개수가 많아질수록 이상치도 많아지고 평균을 구하기 어렵기 때문이다.
④ 이상치가 포함되면 평균을 구하는 것이 중앙값을 찾는 것보다 복잡하기 때문이다.
⑤ 이상치가 포함되면 평균은 데이터에 포함되지 않는 값일 가능성이 큰 반면 중앙값은 항상 데이터에 포함된 값이기 때문이다.

03 ㉡과 관련하여 윗글의 A 기법과 <보기>의 B 기법을 설명한 내용으로 가장 적절한 것은? [3점]

> **보기**
>
> 다음과 같은 방법으로 직선 L을 찾는 B 기법을 가정해 보자. 후보 직선을 임의로 여러 개 가정한 뒤에 모든 점에서 각 후보 직선들과의 거리를 구하여 점들과 가장 가까운 직선을 선택한다. 그러나 이렇게 찾은 직선은 직선 L로 적합한 직선이 아니다. 이상치를 포함해서 찾다 보니 대부분 최적의 직선과 이상치 사이에 위치한 직선을 선택하게 된다.

① A 기법과 B 기법 모두 최적의 직선을 찾기 위해 최대한 많은 점을 지나는 후보 직선을 가정한다.

② A기법은 이상치를 제외하고 후보 직선을 가정하지만 B 기법은 이상치를 제외하는 과정이 없다.

③ A기법에서 최종적으로 선택한 직선은 이상치를 지나지 않지만 B 기법에서 선택한 직선은 이상치를 지난다.

④ A기법은 이상치의 개수가 문턱값보다 적으면 후보 직선을 버리지만 B 기법은 선택한 직선이 이상치를 포함할 수 있다.

⑤ A 기법에서 후보 직선의 정상치 집합에는 이상치가 포함될 수 있고 B 기법에서 후보 직선은 이상치를 지날 수 있다. .

04 문맥상 ⓐ~ⓔ와 바꿔 쓰기에 가장 적절한 것은?

① ⓐ : 형성(形成)하기

② ⓑ : 누락(漏落)되어

③ ⓒ : 도래(到來)한다

④ ⓓ : 투과(透過)하는

⑤ ⓔ : 소원(疏遠)하여

DAY 10 – ①

(가)

대중 예술인 영화는 대중의 취향에 민감하게 반응해 왔다. 장르 영화가 대표적인 사례다. 특정 장르가 유행했다가 침체되는 현상이나, 장르의 전형적인 관습이 형성되고 변형되는 과정에는 대중의 취향이 반영되어 있다.

영화를 사회적 생산물로 간주한 지크프리트 크라카우어는 영화에는 대중의 취향뿐만 아니라 대중이 공유하고 있는 이념도 반영되어 있다고 생각했다. 그런데 이런 이념은 영화에 투명하게 드러나지 않는다. 크라카우어에 따르면, 영화는 드러내면서 동시에 숨기는 매체이다. 사회에서 억압하거나 금기하다고 간주 되는 이념은 영화의 이면에 감추어진다. 크라카우어는 영화의 표면에 가시적으로 드러난, 전형적인 모티브나 이미지가 암시하고 비유하는 것을 해석함으로써 그 이면에 감추어진 이념을 읽어 내고, 이를 바탕으로 사회를 이해할 수 있다고 보았다. 예를 들어, 1920년대 독일 영화에 반복해서 등장하는 밀실, 광인, 독재자 등을 담은 이미지의 이면에서 패전 이후 독일 사회 전반에 만연했던 현실 도피의 퇴행적인 심리와, 왕정복고를 바라는 정치적 이념을 읽어 낼 수 있다는 것이다.

크라카우어가 모티브나 이미지에 대한 해석을 통해 사회를 심층적으로 이해하고자 한다면, 프레드릭 제임슨은 영화의 서사를 통해 영화에 반영된 사회를 총체적으로 이해하고자 한다. 그에 따르면, 오늘날의 사회는 분산적이고 파편적이기 때문에 그 총체적인 양상은 시간이 흐른 뒤에야, 즉 역사가 된 이후에야 파악된다. 그런데 만약 현재를 역사처럼 조망할 수 있다면, 우리가 속한 사회의 총체적인 양상을 파악할 수 있을 것이다. 제임슨은 서사를 통한 '역사화'의 가능성에 주목했다. 서사는 사건을 회고적인 방식으로, 이미 완료된 과거처럼 서술한다는 점에서 총체적인 조망을 가능하게 한다. 이러한 ⊙'역사화'는 미래를 다룬 SF의 경우에도 해당된다.

(나)

SF(Science Fiction)는 기존의 검증된 과학적 지식을 기반으로 한 허구적인 상황 설정을 통해 미래에 대한 상상력을 자극하는 서사 예술이다. 과학적 지식에 기반을 ⓐ둔다고 해서 SF가 다루는 소재나 서사가 모두 과학적으로 사실이어야 하는 것은 아니다. SF에서는 과학적 사실이 아니라 개연성, 즉 작품의 주요 설정이나 사건의 인과 관계가 합리적으로 납득될 수 있느냐가 중요하다.

기발한 상상력이 촉발하는 경이로움은 SF의 중요한 장르적 특징이다. SF에 등장하는 장대하고 압도적인 대상들은 광대한 자연을 마주했을 때와 유사한 경이로움을 선사한다. SF 연구자 다르코 수빈은 SF에서 당대의 지식, 기술, 경험을 뛰어넘어 경이로움을 안겨 주는 대상을

👤 **인물은 체크한다.**

⚙️ **조건은 체크한다.**

📅 **시간은 체크한다.**

👤 **인물은 체크한다.**

🔍 **정의는 체크한다.**

⚙️ **조건은 체크한다.**

⚙️ **조건은 체크한다.**

[노붐]이라고 이름 붙였다. 라틴어로 '새로움'을 의미하는 노붐은 일회적인 놀라움을 유발하는 장치가 아니라, 작품 전반에 영향을 미치는 지배적인 요소이자, 현실 세계와 SF 작품이 묘사하는 허구적 세계 사이의 차이를 드러내는 핵심적인 요소이다. 또한 작품의 세계관을 드러내는 장치이기도 하다. 그런 점에서 노붐은 SF 작품의 진정한 주인공이라고도 할 수 있다.

수빈은 SF가 현실의 반영이라고 말한다. SF는 미래 세계에 대한 상상을 표현하지만, 그 상상은 작품이 생산된 그 시대에 기반하고 있기 때문이다. 따라서 SF에 등장하는 인물이나 시·공간적 설정 등은 그 시대의 현실과 유사하면서도 다르다. 수빈은 이처럼 현실을 닮았지만 현실과는 다른 SF 속의 세계가 인지적 낯섦을 촉발한다고 말한다. SF 속에 등장하는 대상은 현실에서 일상적이고 친숙했던 대상을 낯설고 새롭게 느끼도록 만든다. 이 '낯섦'을 유발하는 것은 '다름'이며, 작품을 통해 다름을 인지함으로써, 우리는 현실에 거리를 ⓑ두고 비판적으로 현실을 바라보게 된다. 따라서 인지적 낯섦은 감각적 충격을 통해 이성적 성찰에 도달하는 정서적이고 지적인 체험이라고 할 수 있다.

[A] 수빈은 SF가 등장하기 이전에도 인간은 허구적 이야기를 통해, 낯선 미지의 세계에 대한 동경심을 충족해 왔다고 말한다. 특히 수빈은 이상적인 세계인 유토피아에 대한 동경을 다룬 이야기와 SF 사이의 유사성을 인정하고 유토피아를 SF의 중요한 소재로 받아들인다. 오늘날 환경 오염, 전쟁 등으로 인해 인류가 심각한 위기에 처한 상황에서 현실 너머에 존재하는 이상적인 세계를 탐색하는 SF의 역할이 더욱 중요해졌다고 수빈은 주장한다.

👤 인물은 체크한다.

⚙️ 조건은 체크한다.

🔍 정의는 체크한다.

01 (가), (나)에 대한 이해로 가장 적절한 것은?

① (가) : 영화에 나타나는 전형적인 모티브는 특정 시대의 대중이 공유하고 있는 이념을 ~~투명하게~~ 드러낸다.

②(가) : 크라카우어는 독일 영화들에 쓰인 밀실, 광인, 독재자의 이미지에서 불순하다고 여겨지는 이념을 읽어 낼 수 있다고 본다.

③ (나) : SF 속 세계와 현실 세계 간의 '다름'은 SF의 허구적 설정을 통해 그 간격을 좁힐 수 ~~있다~~.

④ (나) : 수빈은 당대에서 체험할 수 있는 범위를 넘어서는 상상은 SF의 소재로 ~~부적절하다고 본다~~.

⑤ (나) : SF 작품의 허구적 세계가 현실 세계와 ~~닮았다는 점을~~ 깨달아야 현실에 대한 비판적 인식이 가능하다.

1 STRUCTURE FLOW

> 👤 인물   ⚙️ 조건

2 ANSWER DECODING

● **STEP 1. 지문 스캔**

지문에서 인물을 중심으로 선지에서 묻는 상황을 찾는다.

● **STEP 2. 선지 매칭**

크라카우거는 사회에서 불순하다고 여겨지는 이념은 영화의 이면에 감추어진다고 주장하였다. 영화를 해석함으로써 이면에 감추어진 이념을 읽어낸다고 하였으므로 적절한 선지 ⇒ 정답

---

02 '프레드릭 제임슨'의 견해를 바탕으로, ㉠의 의미를 추론한 내용으로 가장 적절한 것은?

① SF는 ~~현재 시점에서 미래를 묘사하여~~ 사회의 발전 양상에 대한 총체적인 전망을 드러낸다.

②SF는 미래를 완료된 과거처럼 바라보는 방식을 통해 오늘날의 사회를 총체적으로 이해하게 한다.

③ SF는 현재 진행되는 사건이 ~~미래에 완료되는~~ 내용을 담아 사회 변화를 통시적으로 고찰하게 한다.

④ SF는 ~~미래에 일어날 법한 사건을 현재의 사건으로 재구성하여~~ 보여 줌으로써 우리 사회의 지향점을 제시한다.

⑤ SF는 ~~미래 시점에서 시작해서 현재 시점을 향해 전개되는~~ 이야기를 통해 우리 사회의 총체적 면모에 주목하게 한다

1 STRUCTURE FLOW

> 👤 인물   🔍 정의

2 ANSWER DECODING

● **STEP 1. 지문 스캔**

지문에서 정의를 중심으로 선지에서 묻는 상황을 찾는다.

● **STEP 2. 선지 매칭**

㉠은 역사화로 영화의 서사를 통해 영화에 반영된 사회를 총체적으로 이해하는 견해이다. 이는 회고적인 방식이다. 미래를 완료된 과거처럼 바라보는 회고적인 방식으로 사회를 이해하는 것은 적절한 선지 ⇒ 정답

03 다음의 입장에서 [A]를 평가한 내용으로 가장 적절한 것은?

> 수많은 SF 영화나 소설이 유토피아를 소재로 삼는 것은 현실에서 벗어나고 싶은 인간의 욕망이 본연의 것임을 말해 준다. SF 작품들에 묘사된 유토피아는 대부분 '봉쇄된 요새' 같은 공간으로 묘사된다. 공간적으로 분리되고 차단됨으로써 SF 속 유토피아는 안전하고 평화로운 듯 보인다. 하지만 궁극적으로 유토피아는 외부의 위협이나 내부의 갈등에 의해 붕괴되고 만다. 이런 결말은 유토피아가 근본적으로 실현 불가능하다는 점과 더불어, 현실의 문제에 대한 해답이 현실 너머에는 존재하지 않는다는 점을 말해 준다.

① 수빈은 현실의 부정적 양상에 대한 인식이 ~~부재한 상황에서~~, SF에서 그리는 이상적 가치에 대한 탐색을 말하고 있다.

② SF에서 이상적인 세계를 상정할 수 있다는 ~~수빈의 생각은~~ 유토피아의 근원적인 모순에 대한 인식에 기반한 것이다.

③ SF가 유토피아에 대한 동경을 계승한다는 수빈의 생각은 유토피아에 대한 인간의 갈망이 항구적임을 ~~간과한 것이다.~~

④ 수빈이 말하는 유토피아는 현실에서 실현될 수 없지만, 현실을 벗어나려는 욕망은 SF의 허구적 이야기를 통해 ~~해소된다.~~

⑤ 유토피아의 한계를 고려할 때, SF를 통해 현실 너머에서 대안을 모색하고자 하는 수빈의 생각은 수정될 필요가 있다.

04 노붐 , 인지적 낯섦 에 대한 설명으로 적절하지 **않은** 것은?

① 노붐은 현실 세계와 작품 속 세계 간의 차이를 드러내는 요소 이다.

② 노붐은 당대의 지식이나 기술로는 현실적으로 구현하기 어려운 새로운 대상이다.

③ 노붐은 작품 전반에 영향을 미치는 요소이자, 작품의 세계관을 드러내는 징치이다.

④ 인지적 낯섦은 친숙함을 주던 일상적인 대상이나 세계에 대해 낯섦을 느끼게 되는 경험이다.

⑤ 인지적 낯섦은 작품에 표현된 세계에서 촉발되는 감각적 충격이 이성적 성찰에 ~~수반되는~~ 체험이다.

---

1 STRUCTURE FLOW /////////

🔍 정의   💡 문제 / 해결

2 ANSWER DECODING /////////

● STEP 1. 지문 스캔

지문에서 인물을 중심으로 선지에서 묻는 상황을 찾는다.

● STEP 2. 선지 매칭

SF는 현실 문제에 대한 해답이 현실 너머에 존재하지 않는다는 점을 말해준다. 수빈은 오늘날 인류가 처한 위기 상황에서 현실 너머에 존재하는 이상적인 세계를 탐색하는 SF의 역할이 중요해졌다고 주장하였다. 현실 너머에는 해답이 존재하지 않기 때문에 그 너머를 탐색하는 수빈의 의견은 수정될 필요가 있다는 것은 적절한 선지 ⇒ 정답

1 STRUCTURE FLOW /////////

🔍 정의   💡 문제 / 해결

2 ANSWER DECODING /////////

● STEP 1. 지문 스캔

지문에서 정의를 중심으로 선지에서 묻는 상황을 찾는다.

● STEP 2. 선지 매칭

노붐은 일회적 장치가 아니라 작품 전반을 지배하는 요소이자 세계관을 드러내는 장치이다. 인지적 낯섦은 감각적 충격을 통해 이성적 성찰에 도달하는 정서적이고 지적인 체험이다. 감각적 충격 후 이성적 성찰이므로 감각적 성찰이 수반된다는 것은 적절하지 않은 선지 ⇒ 정답

05 <보기>는 영화 비평이다. (가), (나)를 바탕으로 이를 이해한 내용으로 적절하지 **않은** 것은? [3점]

/ 보기 /

지난주 개봉한 SF 영화 ○○ 속 미래 세계는 두 구역으로 나뉘어 있다. 첫 화면에 등장하는 허공의 도시는 첨단 과학 기술이 집약된 거대한 우주선 같은 공간이고, 지상은 무너진 콘크리트 건물의 잔해로 뒤덮인 공간이다. 화면 가득 등장하는, 은빛으로 빛나는 허공의 도시는 가히 압도적이다. 몇몇 장면은 물리적 법칙에 어긋나 보이지만, 주요 사건의 인과 관계가 설득력이 있어서 영화의 전개를 따라가는 데 전혀 문제가 없다. 두 구역 사이의 갈등을 중심으로 한 서사는 우리 사회를 조망하게 한다. 다만, 두 구역 간의 갑작스러운 화해로 맺는 결말은 요즘 유행하는 SF 영화의 경향에서 크게 벗어나지 못했다.

① <보기>에서 '지상'을 '콘크리트 건물의 잔해로 뒤덮인 공간' 이라고 언급한 것은, (가)에 따르면 ~~어미지의 이면을 읽어 내어~~ 사회를 심층적으로 이해한 결과에 해당하겠군.

② <보기>에서 '허공의 도시'와 관련해 언급한 '압도적'인 느낌은, (나)에 따르면 SF의 장르적 특징에 해당하는 것이라고 할 수 있겠군.

③ <보기>에서 '몇몇 장면'의 과학적 오류를 문제 삼지 않은 것은, (나)에 따르면 SF에서 과학적 진위가 아니라 개연성이 중요 하다는 점과 관련 있겠군.

④ <보기>에서 두 구역의 갈등을 다룬 서사가 '우리 사회를 조망 하게 한다'라고 언급한 것은, (가)에 따르면 분산적이고 파편 적인 사회를 종합적으로 통찰한 것이라고 할 수 있겠군.

⑤ <보기>에서 최근 'SF 영화의 경향'이라고 간주한 '갑작스러운 화해'는, (가)에 따르면 대중의 취향이 영화에 반영된 것이라고 할 수 있겠군.

1 STRUCTURE FLOW ///////////

🔍 정의   💡 문제 / 해결

2 ANSWER DECODING ///////////

● STEP 1. 지문 스캔

지문에서 조건을 중심으로 선지에서 묻는상황을 찾는다..

● STEP 2. 선지 매칭

크라카우어는 영화 표면에 드러난 모티브나 비유를 통해 사회를 심층적으로 이해할 수 있다고 보았다. <보기>에서 콘크리트 건물 잔해로 뒤덮인 공간은 모티브나 비유가 아닌 보여지는 그 자체로 면적인 이미지이므로 하지 않은 선지 ⇒ 정답

1 STRUCTURE FLOW ///////////

🔍 정의   💡 문제 / 해결

2 ANSWER DECODING ///////////

● STEP 1. 지문 스캔

지문에서 문맥과 단어의 뜻으로 선지에서 묻는 단어를 찾는다. 틀렸다면 별도로 정리한다.

● STEP 2. 선지 매칭

①,ⓐ두고 : 행위의 준거점, 목표, 근거 따위를 설정하다.

①,ⓑ두었던 : 세상이나 사람들과 밀접한 관계를 갖지 않고 얼마간 떨어져 있다. ⇒ 정답

06 ⓐ, ⓑ의 의미로 쓰인 예가 바르게 짝지어진 것은?

① ⓐ : 우리가 들은 이야기는 실화에 근거를 두고 있었다.
ⓑ : 곁에 있어도 그와 두었던 거리는 멀어지기만 했다.
② ⓐ : 그렇게 어리석은 사람에게는 큰 미련을 두지 마라.
ⓑ : 그는 할 수 없이 산 아래 두었던 본진을 포기했다.
③ ⓐ : 뜻을 어디에 두느냐에 따라 다양한 길이 펼쳐진다.
ⓑ : 우리는 올해부터 체력 증진을 목표로 두려고 한다.
④ ⓐ : 사랑하는 누이를 뒤에 두고도 떠날 수밖에 없었다.
ⓑ : 나는 이사를 하면서 큰언니와 거리를 두게 되었다.
⑤ ⓐ : 우리들은 환경 문제 해결에 최고의 가치를 두었다.
ⓑ : 그는 결승선을 겨우 6미터 앞에 두고 힘이 빠졌다.

1 ANSWER DECODING //////////

● STEP 1. 지문 스캔

지문에서 문맥과 단어의 뜻으로 선지에서 묻는 단어를 찾는다. 틀렸다면 별도로 정리한다.

● STEP 2. 선지 매칭

①,ⓐ두고 : 행위의 준거점, 목표, 근거 따위를 설정하다.
]①,ⓑ두었던 : 세상이나 사람들과 밀접한 관계를 갖지 않고 얼마간 떨어져 있다. ⇒ 정답

DAY 10 – ②

기축 통화는 국제 거래에 결제 수단으로 통용되고 환율 결정에 기준이 되는 통화이다. 1960년 트리핀 교수는 브레턴우즈 체제에서의 기축 통화인 달러화의 구조적 모순을 지적했다. 한 국가의 재화와 서비스의 수출입 간 차이인 경상 수지는 수입이 수출을 초과하면 적자이고, 수출이 수입을 초과하면 흑자이다. 그는 "미국이 경상 수지 적자를 허용하지 않아 국제 유동성 공급이 중단되면 세계 경제는 크게 위축될 것"이라면서도 "반면 적자 상태가 지속돼 달러화가 과잉 공급되면 준비 자산으로서의 신뢰도가 저하되고 고정 환율 제도도 붕괴될 것"이라고 말했다.

이러한 트리핀 딜레마는 국제 유동성 확보와 달러화의 신뢰도 간의 문제이다. 국제 유동성이란 국제적으로 보편적인 통용력을 갖는 지불 수단을 말하는데, ㉠금 본위 체제에서는 금이 국제 유동성의 역할을 했으며, 각 국가의 통화 가치는 정해진 양의 금의 가치에 고정되었다. 이에 따라 국가 간 통화의 교환 비율인 환율은 자동적으로 결정되었다. 이후 ㉡브레턴우즈 체제에서는 국제 유동성으로 달러화가 추가되어 '금 환 본위제'가 되었다. 1944년에 성립된 이 체제는 미국의 중앙은행에 '금 태환 조항'에 따라 금 1온스와 35달러를 언제나 맞교환해 주어야 한다는 의무를 지게 했다. 다른 국가들은 달러화에 대한 자국 통화의 가치를 고정했고, 달러화로만 금을 매입할 수 있었다. 환율은 경상 수지의 구조적 불균형이 있는 예외적인 경우를 제외하면 ±1% 내에서의 변동만을 허용했다. 이에 따라 기축 통화인 달러화를 제외한 다른 통화들 간 환율인 교차 환율은 자동적으로 결정되었다.

1970년대 초에 미국은 경상 수지 적자가 누적되기 시작하고 달러화가 과잉 공급되어 미국의 금 준비량이 급감했다. 이에 따라 미국은 달러화의 금 태환 의무를 더 이상 감당할 수 없는 상황에 도달했다. 이를 해결할 수 있는 방법은 달러화의 가치를 내리는 평가 절하, 또는 달러화에 대한 여타국 통화의 환율을 하락시켜 그 가치를 올리는 평가 절상이었다. 하지만 브레턴우즈 체제하에서 달러화의 평가 절하는 규정상 불가능했고, 당시 대규모 대미 무역 흑자 상태였던 독일, 일본 등 주요국들은 평가 절상에 나서려고 하지 않았다. 이 상황이 유지되기 어려울 것이라는 전망으로 독일의 마르크화와 일본의 엔화에 대한 투기적 수요가 증가했고, 결국 환율의 변동 압력은 더욱 커질 수밖에 없었다. 이러한 상황에서 각국은 보유한 달러화를 대규모로 금으로 바꾸기를 원했다. 미국은 결국 1971년 달러화의 금 태환 정지를 선언한 닉슨 쇼크를 단행했고, 브레턴우즈 체제는 붕괴되었다.

그러나 붕괴 이후에도 달러화의 기축 통화 역할은 계속되었다. 그 이유로 규모의 경제를 생각할 수 있다. 세계의 모든 국가에서 ㉢어떠한 기축 통화도 없이 각각 다른 통화가 사용되는 경우 두 국가를 짝짓는 경우의 수만큼 환율의 가짓수가 생긴다. 그러나 하나의 기축 통화를 중심으로 외환 거래를 하면 비용을 절감하고 규모의 경제를 달성할 수 있다.

🔍 **정의는 체크한다.**

↔ **비교는 체크한다.**

🗀 **분류는 체크한다.**

⚙ **조건은 체크한다.**

🗓 **시간은 체크한다.**

🔍 **정의는 체크한다.**

01 윗글을 통해 답을 찾을 수 없는 질문은?

① 브레턴우즈 체제 붕괴 이후에도 달러화가 기축 통화로서 역할을 할 수 있었던 이유는 무엇인가?

② 브레턴우즈 체제 붕과 이후의 세계 경제 위축에 대해 트리핀은 어떤 전망을 했는가?

③ 브레턴우즈 체제에서 미국 중앙은행은 어떤 의무를 수행해야 했는가?

④ 브레턴우즈 체제에서 국제 유동성의 역할을 한 것은 무엇인가?

⑤ 브레턴우즈 체제에서 달러화 신뢰도 하락의 원인은 무엇인가?

1 STRUCTURE FLOW

🔍 정의   ⚙️ 조건

2 ANSWER DECODING

● STEP 1. 지문 스캔

지문에서 정의를 중심으로 선지에서 묻는 상황을 찾는다.

● STEP 2. 선지 매칭

트리핀 교수는 브레턴우즈 체제의 딜레마를 제시하였으나 이후 전망에 대해서는 언급하지 않았으므로 적절하지 않은 선지 ⇒ 정답

---

02 윗글을 바탕으로 추론한 내용으로 적절하지 <u>않은</u> 것은?

① 닉슨 쇼크가 단행된 이후 달러화의 고평가 문제를 해결할 수 있는 달러화의 평가 절하가 가능해졌다.

② 브레턴우즈 체제에서 마르크화와 엔화의 투기적 수요가 증가한 것은 이들 통화의 평가 절상을 예상했기 때문이다.

③ 금의 생산량 증가를 통한 국제 유동성 공급량의 증가는 트리핀 딜레마 상황을 완화하는 한 가지 방법이 될 수 있다.

④ 트리핀 딜레마는 달러화를 통한 국제 유동성 공급을 중단할 수도 없고 공급량을 무한정 늘릴 수도 없는 상황을 말한다.

⑤ 브레턴우즈 체제에서 마르크화가 달러화에 대해 평가 절상 되면, 같은 금액의 마르크화로 구입 가능한 금의 양은 감소한다.

1 STRUCTURE FLOW

🔍 정의   ⚙️ 조건

2 ANSWER DECODING

● STEP 1. 지문 스캔

지문에서 조건을 중심으로 선지에서 묻는 상황을 찾는다.

● STEP 2. 선지 매칭

달러화에 대해 다른 나라의 환율을 하락시켜 그 가치를 올리는 것을 평가 절상이라고 한다. 마르크화가 평가 절상이 되면 환율이 하락하여 같은 마르크화로 더 많은 달러화와 교환할 수 있다. 브레턴우즈 체제에서 금 1온스와 35달러가 맞교환되므로 많은 달러가 생긴다면 맞교환 할 수 있는 금의 양이 증가한다. 금의 양이 감소하는 것은 적절하지 않은 선지 ⇒ 정답

03 미국을 포함한 세 국가가 존재하고 각각 다른 통화를 사용할 때, ㉠~㉢에 대한 설명으로 적절한 것은?

① ㉠에서 자동적으로 결정되는 환율의 가짓수는 금에 자국 통화의 가치를 고정한 국가 수보다 ~~하나 적다.~~

② ㉡이 붕괴된 이후에도 여전히 달러화가 기축 통화라면 ㉢에 비해 교차 환율의 가짓수는 ~~적어진다.~~

③ ㉢에서 국가 수가 하나씩 증가할 때마다 환율의 전체 가짓수도 ~~하나씩~~ 증가한다.

④ ㉠에서 ㉡으로 바뀌면 자동적으로 결정되는 환율의 가짓수가 ~~많아진다.~~

⑤ ㉡에서 교차 환율의 가짓수는 ㉢에서 생기는 환율의 가짓수 보다 적다.

04 윗글을 참고할 때, <보기>에 대한 반응으로 가장 적절한 것은? [3점]

> **보기**
>
> 브레턴우즈 체제가 붕괴된 이후 두 차례의 석유 가격 급등을 겪으면서 기축 통화국인 A국의 금리는 인상되었고 통화 공급은 감소했다. 여기에 A국 정부의 소득세 감면과 군비 증대는 A국의 금리를 인상시켰으며, 높은 금리로 인해 대량으로 외국 자본이 유입되었다. A국은 이로 인한 상황을 해소하기 위한 국제적 합의를 주도하여, 서로 교역을 하며 각각 다른 통화를 사용하는 세 국가 A, B, C는 외환 시장에 대한 개입을 합의 했다. 이로 인해 A국 통화에 대한 B국 통화와 C국 통화의 환율은 각각 50%, 30% 하락했다.

① A국의 금리 인상과 통화 공급 ~~감소로~~ 인해 A국 통화의 신뢰도가 낮아진 것은 외국 자본이 대량으로 유입되었기 때문이겠군.

② 국제적 합의로 인한 A국 통화에 대한 B국 통화의 환율 하락 으로 국제 유동성 공급량이 증가하여 A국 통화의 가치가 ~~상승했겠군.~~

③ 다른 모든 조건이 변하지 않았다면, 국제적 합의로 인해 A국 통화에 대한 B국 통화의 환율과 B국 통화에 대한 C국 통화의 환율은 ~~모두 하락했겠군.~~

④ 다른 모든 조건이 변하지 않았다면, 국제적 합의로 인해 A국 통화에 대한 B국과 C국 통화의 환율이 하락하여, B국에 대한 C국의 경상 수지는 개선되었겠군.

⑤ 다른 모든 조건이 변하지 않았다면, A국의 소득세 감면과 군비 증대로 A국의 경상 수지가 악화되며, 그 완화 방안 중 하나는 A국 통화에 대한 B국 통화의 환율을 ~~상승시키는 것이겠군.~~

---

1 STRUCTURE FLOW ///////

🔍 정의   📁 분류

2 ANSWER DECODING ///////

● STEP 1. 지문 스캔

지문에서 정의를 중심으로 선지에서 묻는 상황을 찾는다.

● STEP 2. 선지 매칭

㉠에서 교환 환율의 가짓수는 금에 자국 통화의 가치를 고정한 국가의 수이다. ㉢에서는 두 국가를 짝짓는 경우의 수 만큼이다. 따라서 ㉡<㉠<㉢ 순이다. 교차 환율의 가지수가 ㉡<㉢ 이므로 적절한 선지 ⇒ 정답

1 STRUCTURE FLOW ///////

🔍 정의   ⚙️ 조건

2 ANSWER DECODING ///////

● STEP 1. 지문 스캔

지문에서 조건을 중심으로 선지에서 묻는 상황을 찾는다.

● STEP 2. 선지 매칭

환율이 하락하면 가치가 올라가는 평가 절상이 발생한다. B국이 50% 하락, C국이 30% 하락했으므로 B국의 통화 가치가 C국의 통화 가치보다 높다. 통화 가치가 높아지는 것은 환율의 하락이므로 B국과 C국 사이에서 B국이 환율이 하락하였다 = C국의 환율이 상승하였다.. 환율이 상승하면 수입이 줄고 수출이 늘어 경상 수지가 개선되므로 적절한 선지 ⇒ 정답

DAY 10 – ③

데이터를 처리할 때 데이터의 정확성은 매우 중요하다. 그런데 데이터에 결측치와 이상치가 포함되면 데이터의 특징을 제대로 ⓐ나타내기 어렵다.

결측치는 데이터 값이 ⓑ빠져 있는 것이다. 결측치를 처리하는 방법 중 하나인 대체는 다른 값으로 결측치를 채우는 것인데, 대체하는 값으로는 평균, 중앙값, 최빈값을 많이 사용한다. 중앙값은 데이터를 크기순으로 정렬했을 때 중앙에 위치한 값이다. 크기가 같은 값이 복수일 경우에도 순위를 매겨 중앙값을 찾고, 데이터의 개수가 짝수이면 중앙에 있는 두 값의 평균이 중앙값이다. 또 최빈값은 데이터에 가장 많이 나타나는 값을 이른다. 일반적으로 데이터 값이 연속적인 수치이면 평균으로, 석차처럼 순위가 있는 값에는 중앙값으로, 직업과 같이 문자인 경우에는 최빈값으로 결측치를 대체한다.

이상치는 데이터의 다른 값에 비해 유달리 크거나 작은 값으로, 데이터를 수집할 때 측정 오류 등에 의해 주로 ⓒ생긴다. 그러나 정상적인 데이터라도 데이터의 특징을 왜곡하는 데이터 값이 있을 수 있다. 예를 들어, 데이터가 어떤 프로 선수들의 연봉이고 그중 한 명의 연봉이 유달리 많다면, 이상치가 포함된 데이터에 해당한다. 이런 데이터의 특징을 하나의 수치로 나타내려는 경우 ㉠대푯값으로 평균보다 중앙값을 주로 사용한다.

평면상에 있는 점들의 위치를 나타내는 데이터에서도 이상치를 발견할 수 있다. 대부분의 점들이 가상의 직선 주위에 모여 있다면 이 직선은 데이터의 특징을 잘 나타낸다고 할 수 있다.

이 직선을 직선 L이라고 하자. 그런데 직선 L로부터 멀리 떨어진 위치에도 몇 개의 점이 있다. 이 점들이 이상치이다.

㉡이상치를 포함하는 데이터에서 직선 L을 찾는다고 하자. 이때 사용할 수 있는 기법의 하나인 A기법은 두 점을 무작위로 골라 정상치 집합으로 가정하고, 이 두 점을 ⓓ지나는 후보 직선을 그어 나머지 점들과 후보 직선 사이의 거리를 구한다. 이 거리가 허용 범위 이내인 점들을 정상치 집합에 추가한다. 정상치 집합의 점의 개수가 미리 정해 둔 기준, 즉 문턱값보다 많으면 후보 직선을 최종 후보군에 넣는다. 반대로 점의 개수가 문턱값보다 적으면 후보 직선을 버린다. 만약 처음에 고른 점이 이상치이면, 대부분의 점들은 해당 후보 직선과의 거리가 너무 ⓔ멀어 이 직선은 최종 후보군에서 제외되는 것이다. 이 과정을 반복하여 최종 후보군을 구하고, 최종 후보군에 포함된 직선 중에서 정상치 집합의 데이터 개수가 최대인 직선을 직선 L로 선택한다. 이 기법은 이상치가 있어도 직선 L을 찾을 가능성이 높다.

🔍 정의는 체크한다.

🔍 정의는 체크한다.

🔍 정의는 체크한다.

⬌ 비교는 체크한다.

⚙ 조건은 체크한다.

01 윗글을 이해한 내용으로 적절하지 <u>않은</u> 것은?

① 데이터가 수치로 구성되지 않아도 최빈값을 구할 수 있다.

② 데이터의 특징이 언제나 하나의 수치로 나타나는 것은 아니다.

③ 데이터가 정상적으로 수집되었다면 이상치가 ~~존재하지 않는다.~~

④ 데이터에 동일한 수치가 여러 개 있어도 중앙값으로 결측치를 대체할 수 있다.

⑤ 데이터를 수집하는 과정에서 측정 오류가 발생한 값이라도 이상치가 아닐 수 있다.

1 STRUCTURE FLOW

🔍 정의   ⚙️ 조건

2 ANSWER DECODING

● STEP 1. 지문 스캔

지문에서 정의를 중심으로 선지에서 묻는 상황을 찾는다.

● STEP 2. 선지 매칭

이상치는 데이터의 다른 값에 비해 유달리 크거나 작은 값으로 정상적인 데이터라도 특징을 왜곡하는 값이 있을 수 있다. 정상적으로 수집된 데이터에서도 이상치는 있을 수 있으므로 적절하지 않은 선지 ⇒ 정답

---

02 윗글을 참고할 때, ㉠의 이유로 가장 적절한 것은?

① 중앙값은 극단에 있는 이상치의 영향을 덜 받기 때문이다.

② 중앙값을 찾기 위해 데이터를 나열할 때 ~~이상치는 제외되~~ 기 때문이다.

③ ~~데이터의 개수가 많아질수록~~ 이상치도 많아지고 평균을 구하기 어렵기 때문이다.

④ 이상치가 포함되면 평균을 구하는 것이 중앙값을 찾는 것 보다 ~~복잡하기 때문이다.~~

⑤ 이상치가 포함되면 평균은 데이터에 포함되지 않는 값일 가능성이 큰 반면 중앙값은 ~~항상~~ 데이터에 포함된 값이기 때문이다.

1 STRUCTURE FLOW

🔍 정의   ⚙️ 조건

2 ANSWER DECODING

● STEP 1. 지문 스캔

지문에서 정의를 중심으로 선지에서 묻는 상황을 찾는다.

● STEP 2. 선지 매칭

중앙값은 데이터를 크기순으로 정렬했을 때 중앙에 위치한 값이다. 이상치는 다른 데이터에 비해서 유달리 크거나 작은 값이다. 이상치는 크기 순으로 정렬했을 때 양 극단에 위치하므로 중앙값을 대표값으로 사용할 때 이상치의 영향을 덜 받는다는 적절한 선지⇒ 정답

03 ㉡과 관련하여 윗글의 A 기법과 <보기>의 B 기법을 설명한 내용으로 가장 적절한 것은? [3점]

> **보기**
>
> 다음과 같은 방법으로 직선 L을 찾는 B 기법을 가정해 보자. 후보 직선을 임의로 여러 개 가정한 뒤에 모든 점에서 각 후보 직선들과의 거리를 구하여 점들과 가장 가까운 직선을 선택한다. 그러나 이렇게 찾은 직선은 직선 L로 적합한 직선이 아니다. 이상치를 포함해서 찾다 보니 대부분 최적의 직선과 이상치 사이에 위치한 직선을 선택하게 된다.

① A 기법과 B 기법 모두 최적의 직선을 찾기 위해 ~~최대한 많은 점을 지나는 후보 직선~~을 가정한다.

② A기법은 ~~이상치를 제외하고~~ 후보 직선을 가정하지만 B 기법은 이상치를 제외하는 과정이 없다.

③ A기법에서 최종적으로 선택한 직선은 이상치를 지나지 않지만 B 기법에서 선택한 직선은 ~~이상치를 지난다.~~

④ A기법은 ~~이상치의 개수가~~ 문턱값보다 적으면 후보 직선을 버리 지만 B 기법은 선택한 직선이 이상치를 포함할 수 있다.

⑤ A 기법에서 후보 직선의 정상치 집합에는 이상치가 포함될 수 있고 B 기법에서 후보 직선은 이상치를 지날 수 있다. .

04 문맥상 ⓐ~ⓔ와 바꿔 쓰기에 가장 적절한 것은?

① ⓐ : 형성(形成)하기
② ⓑ : 누락(漏落)되어
③ ⓒ : 도래(到來)한다
④ ⓓ : 투과(透過)하는
⑤ ⓔ : 소원(疏遠)하여

---

1 STRUCTURE FLOW ///////

🔍 정의   ⚙️ 조건

2 ANSWER DECODING ///////

● **STEP 1. 지문 스캔**

지문에서 정의를 중심으로 선지에서 묻는 상황을 찾는다.

● **STEP 2. 선지 매칭**

A기법은 두 점을 무작위로 고르기 때문에 후보 직선에 이상치가 포함될 수 있다. B기법은 후보 직선을 임의로 여러 개 가정하기 때문에 이상치를 지날 수 있다. 무작위로 정하는 경우 이상치를 포함할 가능성이 있기 때문에 적절한 선지 ⇒ 정답

1 ANSWER DECODING ///////

● **STEP 1. 지문 스캔**

지문에서 문맥과 단어의 뜻으로 선지에서 묻는 단어를 찾는다. 틀렸다면 별도로 정리한다.

● **STEP 2. 선지 매칭**

ⓑ 빠져 : 차례를 거르거나 일정하게 들어 있어야 할 곳에 들어있지 아니하다.

② 누락되어 : 차례를 거르거나 일정하게 들어 있어야 할 곳에 들어있지 아니하다. ⇒ 정답

(가)

　근대 이후 서양의 철학자들은 과학적 세계관이 대두하면서 이전과는 달리 인과를 물리적 작용 사이의 관계로 국한하려는 경향을 보였다. 문제는 흄이 지적했듯이 인과 관계 그 자체는 직접 관찰할 수 없다는 것이다. 원인과 결과에 해당하는 사건만을 관찰할 수 있을 뿐이다. 가령 "추위 때문에 강물이 얼었다."는 직접 관찰한 물리적 사실을 진술한 것이 아니다. 그래서 인과가 과학적 개념인지에 대한 의심이 철학자들 사이에 제기되었다. 이에 인과를 과학적 세계관에 입각하여 이해하려는 시도가 새먼의 과정 이론이다.

　야구공을 던지면 땅 위의 공 그림자도 따라 움직인다. 공이 움직여서 그림자가 움직인 것이지 그림자 자체가 움직여서 그림자의 위치가 변한 것은 아니다. 과정 이론은 이 차이를 다음과 같이 설명한다. 과정은 대상의 시공간적 궤적이다. 날아가는 야구공은 물론이고 땅에 멈추어 있는 공도 시간은 흘러가고 있기에 시공간적 궤적을 그리고 있다. 공이 멈추어 있는 상태도 과정인 것이다. 그런데 모든 과정이 인과적 과정은 아니다. 어떤 과정은 다른 과정과 한 시공간적 지점에서 만난다. 즉, 두 과정이 교차한다. 만약 교차에서 표지, 즉 대상의 변화된 물리적 속성이 도입되면 이후의 모든 지점에서 그 표지를 전달할 수 있는 과정이 인과적 과정이다.

[A]

　　가령 바나나가 a 지점에서 b 지점까지 이동하는 과정을 과정 1이라고 하자. a와 b의 중간 지점에서 바나나를 한 입 베어 내는 과정 2가 과정 1과 교차했다. 이 교차로 표지가 과정 1에 도입되었고 이 표지는 b까지 전달될 수 있다. 즉, 바나나는 베어 낸 만큼이 없어진 채로 줄곧 b까지 이동할 수 있다. 따라서 과정 1은 인과적 과정이다. 바나나가 이동한 것이 바나나가 b에 위치한 결과의 원인인 것이다. 한편, 바나나의 그림자가 스크린에 생긴다고 하자. 바나나의 그림자가 스크린상의 a'지점에서 b'지점까지 움직이는 과정을 과정 3이라 하자. 과정 1과 과정 2의 교차 이후 스크린상의 그림자 역시 변한다. 그런데 a'과 b'사이의 스크린 표면의 한 지점에 울퉁불퉁한 스티로폼이 부착되는 과정 4가 과정 3과 교차했다고 하자. 그림자가 그 지점과 겹치면서 일그러짐이라는 표지가 과정 3에 도입되지만, 그 지점을 지나가면 그림자는 다시 원래대로 돌아오고 스티로폼은 그대로이다. 이처럼 과정 3은 다른 과정과의 교차로 도입된 표지를 전달할 수 없다.

　과정 이론은 규범이나 마음과 같은, 물리적 세계 바깥의 측면을 해명하기 어렵다는 한계를 지닌다. 예컨대 내가 사회 규범을 어긴 것과 내가 벌을 받아야 하는 것 사이에는 인과 관계가 있지만 과정 이론은 이를 잘 다루지 못한다.

(나)

　자연 현상과 인간사를 인과 관계로 설명하는 동아시아의 대표적 논의는 재이론(災異論)이다. 한대(漢代)의 동중서는 하늘이 덕을 잃은 군주에게 재이를 내려 견책한다는 천견설과, 인간과 하늘에 공통된 음양의 기(氣)를 통해 하늘과 인간이 서로 감응한다는 천인감응론을 결합하여 재이론을 체계화하였다. 그에 따르면, 군주가 실정(失政)을 저지르면 그로 말미암아 변화된 음양의 기를 통해 감응한 하늘이 가뭄과 홍수, 일식과 월식 등 재이를 통해 경고를 내린다. 이때 재이는 군주권이 하늘로부터 비롯된 것임을 입증하는 것이자 군주의 실정에 대한 경고였다.

　양면적 성격의 재이론은 신하가 정치적 논의에 참여할 수 있는 명분을 제공하였고, 재이가 발생하면 군주가 직언을 구하고 신하가 이에 응하는 전통으로 구체화되었다. 하지만 동중서 이후, 원인으로서의 인간사와 결과로서의 재이를 일대일로 대응시켜 설명하는 개별적 대응 방식은 억지가 심하다는 평가를 받았다. 이 방식은 오히려 ㉠예언화 경향으로 이어져 재이를 인간사의 징조로, 인간사를 재이의 결과로 대응시키는 풍조를 낳기도 하였고, 요망한 말로 백성을 미혹시켰다는 이유로 군주가 직언을 하는 신하를 탄압하는 빌미가 되기도 하였다.

이후 재이에 대한 예언적 해석은 비판의 대상이 되었고, 천인 감응론 또한 부정되기도 하였다. 하지만 재이론은 여전히 정치 현장에서 사라지지 않았다. 송대(宋代)에 이르러, 주희는 천문학의 발달로 예측 가능하게 된 일월식을 재이로 간주하지 않는 경향을 수용하였고, 재이를 근본적으로 이치에 의해 설명되기 어려운 자연 현상으로 간주하였다. 하지만 당시까지도 재이에 대해 군주의 적극적인 대응을 유도하며 안전한 언론 활동의 기회를 제공했던 재이론이 폐기되는 것은, 신하의 입장에서 유용한 정치적 기제를 잃는 것이었다. 이 때문에 그는 군주를 경계하는 적절한 방법을 ⓐ찾고자 재이론을 고수하였다. 그는 재이에 대한 개별적 대응 대신 군주에게 허물과 잘못이 쌓이면 이에 하늘이 감응하여 변칙적인 자연 현상이 일어날 것이라는 ⓛ전반적 대응설을 제시하고, 재이를 군주의 심성 수양 문제로 귀결시키며 재이론의 역사적 수명을 연장하였다.

01 다음은 (가)와 (나)를 읽은 학생이 작성한 학습 활동지의 일부 이다. ㄱ~ㅁ에 들어갈 내용으로 적절하지 않은 것은?

학습 항목	학습 내용	
	(가)	(나)
도입 문단의 내용 제시 방식 파악하기	ㄱ	ㄴ
:	:	:
글의 내용 전개 방식 이해하기	ㄷ	ㄹ
특정 개념과 관련하여 두 글을 통합적으로 이해하기	ㅁ	

① ㄱ: '인과'에 대한 특정 이론이 등장하게 된 배경을 철학자들의 인식 변화와 관련지어 제시하였음.

② ㄴ: '인과'와 연관된 특정 이론의 배경 사상과 중심 내용을 제시하였음.

③ ㄷ: '인과'에 대한 특정 이론을 정의한 뒤 구체적인 사례와 관련지어 그 이론의 한계와 전망을 제시하였음.

④ ㄹ: '인과'와 연관된 특정 이론을 제시하고 그 이론이 변용되는 양상을 시대의 흐름에 따라 제시하였음.

⑤ ㅁ: '인과'와 관련하여 동서양의 특정 이론들에 나타나는 관점을 비교해 보도록 하였음.

02 윗글에 대한 이해로 적절하지 않은 것은?

① 과정 이론은 물리적 세계의 테두리 안에서 인과를 해명하는 이론이다.

② 사회 규범 위반과 처벌 당위성 사이의 인과 관계는 표지의 전달로 설명되기 어렵다.

③ 인과가 과학적 세계관과 부합하지 않는다고 생각하는 철학자가 근대 이후 서양에 나타났다.

④ 한대의 재이론에서 전제된 하늘은 음양의 변화에 반응하지 않지만 경고를 하는 의지를 가진 존재였다.

⑤ 천문학의 발달에 따라 일월식이 예측 가능해지면서 송대에는 이를 설명 가능한 자연 현상으로 보는 경향이 있었다.

03 [A]에 대한 이해로 적절하지 않은 것은?

① 바나나와 그 그림자는 서로 다른 시공간적 궤적을 그린다.

② 과정 1이 과정 2와 교차하기 이전과 이후에서, 바나나가 지닌 물리적 속성은 다르다.

③ 과정 1과 달리 과정 3은 인과적 과정이 아니다.

④ 바나나의 일부를 베어 냄으로써 변화된 바나나 그림자의 모양은 과정 3이 과정 2와 교차함으로써 도입된 표지이다.

⑤ 과정 3과 과정 4의 교차로 도입된 표지는 과정 3으로도 과정 4로도 전달되지 않는다.

04 ⊙, ⓒ에 대한 설명으로 가장 적절한 것은?

① ⊙은 군주의 과거 실정에 대한 경고로서 재이의 의미가 강조 되어 신하의 직언을 활성화하는 방향으로 활용되었다.

② ⊙은 이전과 달리 인간사와 재이의 인과 관계를 역전시켜 재이를 인간사의 미래를 알려 주는 징조로 삼는 데 활용되었다.

③ ⓒ은 개별적인 재이 현상을 물리적 작용이라 보고 정치와 무관하게 재이를 이해하는 기초로 활용되었다.

④ ⓒ은 누적된 실정과 특정한 재이 현상을 연결 짓는 방식으로 이어져 군주의 권력을 강화하는 데 활용되었다.

⑤ ⓒ은 과학적 인식을 기반으로 군주의 지배력과 변칙적인 자연 현상이 무관하다는 인식을 강화하는 기초로 활용되었다.

② 인과 관계를 대상 간의 물리적 상호 작용으로 국한하는 ⓝ의 입장은 대상 간의 감응을 기반으로 한 동중서의 재이론이 보여 준 입장과 부합하겠군.

③ 치세와 난세의 차이를 재이의 출현 여부로 설명하는 ⓓ에 대해 동중서와 주희는 모두 재이론에 입각하여 수용 가능한 견해라는 입장을 취하겠군.

④ 덕이 물리적 세계 바깥의 현상에 해당한다면, 덕과 세상의 변화 사이에 인과 관계가 있다고 본 ⓓ는 새먼의 이론에 입각 하여 설명되기 어렵겠군.

⑤ 지방관의 실정에서 도입된 표지가 홍수로 이어지는 과정으로 전달될 수 없다면, 새먼은 실정이 홍수의 원인이 아니라는 점에서 ⓔ에 동의하겠군.

05 <보기>는 윗글의 주제와 관련한 동서양 학자들의 견해이다. 윗글을 읽은 학생이 <보기>에 대해 보인 반응으로 적절하지 <u>않은</u> 것은? [3점]

보기

㉮ 만약 인과 관계가 직접 관찰될 수 없다면, 물리적 속성의 변화와 전달과 같은 관찰 가능한 현상을 탐구하는 것이 인과 개념을 과학적으로 규명하는 올바른 경로이다.

㉯ 인과 관계란 서로 다른 대상들이 물리적 성질들을 서로 주고받는 관계일 수밖에 없다. 그러한 두 대상은 시공간 적으로 연결되어 있어야만 한다.

㉰ 덕이 잘 닦인 치세에서는 재이를 찾아볼 수 없었고, 세상의 변고는 모두 난세의 때에 출현했으니, 하늘과 인간이 서로 통하는 관계임을 알 수 있다.

㉱ 홍수가 자주 발생하는 강 하류 지방의 지방관은 반드시 실정을 한 것이고, 홍수가 발생하지 않는 산악 지방의 지방관은 반드시 청렴한가? 실제로는 그렇지 않다.

① 흄의 문제 제기와 ㉮로부터, 과정 이론이 인과 개념을 과학적 으로 규명하려는 시도의 하나임을 이끌어낼 수 있겠군.

06 ⓐ와 문맥상 의미가 가장 가까운 것은?

① 모두가 만족하는 대책을 <u>찾으려</u> 머리를 맞대었다.

② 모르는 단어가 나오면 국어사전을 <u>찾아서</u> 확인하라.

③ 건강을 위해 친환경 농산물을 <u>찾는</u> 사람이 많아졌다.

④ 아직 완전하지는 않지만 서서히 건강을 <u>찾는</u> 중이다.

⑤ 선생은 독립을 다시 <u>찾는</u> 것을 일생의 사명으로 여겼다

교통 이용 내역과 같은 기록은 개인의 데이터이며, 그 개인이 '정보 주체'이다. 데이터는 물리적 형체가 없고, 복제와 재사용이 수월하다. 이 데이터가 대량으로 집적·처리되면 빅 데이터가 되고, 이것의 정보 처리자인 기업 등이 '빅 데이터 보유자'이다. 산업 분야의 빅 데이터는 특정한 목적으로 활용될 수 있다는 점에서 경제적 가치를 지닌다.

데이터를 재화로 보아 소유권이 누구에게 귀속되어야 하는지에 대한 논의가 있다. 소유권의 주체를 빅 데이터 보유자로 보는 견해와 정보 주체로 보는 견해가 있다. 전자는 빅 데이터 보유자에게 소유권을 부여하면 빅 데이터의 생성 및 유통이 ⓐ쉬워져 데이터 관련 산업이 활성화된다고 주장한다. 후자는 정보 생산 주체는 개인인데, 빅 데이터 보유자에게 부가 집중되는 것은 부당하므로, 정보 주체에게도 대가가 주어져야 한다고 본다.

최근에는 논의의 중심이 데이터의 소유권 주체에서 데이터에 접근하기 위한 방안으로서의 데이터 이동권으로 바뀌고 있다. 우리나라는 데이터에 대해 소유권이 아닌 이동권을 법으로 명문화하여 정보 주체의 개인 정보 자기 결정권을 강화하였다. 데이터 이동권이란 정보 주체가 본인의 데이터를 보유한 자에게 데이터 이동을 요청하면, 그 데이터를 본인 혹은 지정한 제3자에게 무상으로 전송하게 하는 권리이다. 다만, 본인의 데이터라도 빅 데이터 보유자가 수집하여, 분석·가공하는 개발 과정을 거쳐 새로운 가치가 생성된 것은 이에 해당되지 않는다. 법제화 이전에도 은행 간에 계좌 자동 이체 항목을 이동할 수 있는 서비스는 있었다. 이는 은행 간 약정에 ⓑ따라 부분적으로 시행한 조치였다. 데이터 이동권의 도입으로 쇼핑몰 상품 소비 이력 등 정보 주체의 행동 양상과 관련된 부분까지 정보 주체가 자율적으로 통제·관리할 수 있는 범위가 확대되었다.

데이터 이동권의 법제화로 기업은 데이터의 생성 비용과 거래 비용을 줄일 수 있다. 생성 비용은 기업 내에서 데이터를 개발할 때 발생하는 비용으로, 기업이 스스로 데이터를 수집

[A] 할 때보다 전송받은 데이터를 복제 및 재사용하게 되면 절감할 수 있다. 거래 비용은 경제 주체 간 거래 시 발생하는 비용 으로, 계약 체결이나 분쟁 해결 등의 과정에서 생긴다. 그런데 데이터 이동권의 법제화로, ㉮정보 주체가 지정하여 데이터를 전송받게 된 기업은 ㉯정보 주체의 데이터를 보유했던 기업으로부터 데이터를 받으면 비용을 절감할 수 있다. 이에 따라 기업 간 공유나 유통이 촉진되고, 관련 산업이 활성화된다.

[B] 한편, 정보 주체가 보안의 신뢰성이 높고 데이터 제공에 따른 혜택이 많은 기업으로 데이터를 이동하면, 데이터가 집중되어 데이터의 공유나 유통이 위축될 수 있다는 우려도 있다. ㉰데이터 보유량이 적은 신규 기업은 기존 기업과 거래를 통해 데이터를 수집하는 것이 데이터 생성 비용 절감에도 효율적이다. 그런데 ㉱데이터가 집중된 기존 기업이 집적·처리된 데이터를 공유하려 하지 않으면, 신규 기업의 시장 진입이 어려워져 독점화가 강화될 수 있다.

01 윗글의 내용과 일치하지 않는 것은?

① 데이터는 재사용할 수 있으며 물리적 형체가 없다.

② 교통 이용 내역이 집적·처리되면 경제적 가치를 지닌 데이터가 될 수 있다.

③ 우리나라 현행법에는 정보 주체에게 데이터의 소유권을 인정 하는 규정이 있다.

④ 정보 주체의 데이터로 발생한 이득이 빅 데이터 보유자에게 집중되는 것은 부당하다는 견해가 있다.

⑤ 데이터 이동권의 도입으로 정보 주체의 데이터 통제 범위가 본인의 행동 양상과 관련된 부분으로 확대되었다.

02 [A], [B]의 입장에서 ㉠~㉣에 대해 이해한 내용으로 적절하지 <u>않은</u> 것은?

① [A]의 입장에서, ㉠는 데이터 이동권 도입을 통해 ㉡의 데이터를 재사용할 수 있게 되었으므로 데이터 생성 비용을 줄일 수 있다고 보겠군.

② [A]의 입장에서, 정보 주체가 데이터 이동을 요청하여 데이터를 전송받는 제3자가 ㉢라면, ㉢는 분쟁 없이 정보 주체의 데이터를 받게 되어 거래 비용을 줄일 수 있다고 보겠군.

③ [B]의 입장에서, ㉢가 ㉣와의 거래에 실패해 데이터를 수집하지 못하여 ㉡에 데이터 생성 비용이 발생하면, 데이터 관련 산업의 시장에 진입하기 어려워질 수 있다고 보겠군.

④ [A]와 달리 [B]의 입장에서, 정보 주체의 데이터가 ㉡에서 ㉣로 이동하여 집적·처리될수록 기업 간 공유나 유통이 위축될 수 있다고 보겠군.

⑤ [B]와 달리 [A]의 입장에서, ㉡는 ㉠로 데이터를 이동하여 경제적 이득을 취할 수 있으므로 데이터의 공유나 유통의 활성화에 기여할 수 있다고 보겠군.

03 윗글을 바탕으로 <보기>를 이해한 내용으로 적절하지 <u>않은</u> 것은? [3점]

> **보기**
>
> 은행은 고객들의 데이터를 수집하고 이를 분석·가공하여 자산 관리 데이터 서비스인 연령별·직업군별 등 고객 맞춤형 금융 상품 추천 서비스를 제공했다. 갑은 본인의 데이터 제공에 동의하여 A 은행으로부터 소정의 포인트를 받았다.
>
> 데이터 이동권이 법제화된 이후 갑은 B 은행 체크 카드를 발급받은 뒤, A 은행에 '계좌 자동 이체 항목', '체크 카드 사용 내역', '연령별 맞춤형 금융 상품 추천 서비스 내역'을 B 은행으로 이동할 것을 요청했다.

① 갑이 본인의 데이터를 이동 요청하면 A은행은 갑의 '체크 카드 사용 내역'을 B 은행으로 전송해야 한다.

② A 은행에 대한 갑의 데이터 이동 요청은 정보 주체의 자율적 관리이므로 강화된 개인 정보 자기 결정권의 행사이다.

③ 데이터의 소유권 주체가 정보 주체라고 본다면, 갑이 A 은행으로 부터 받은 포인트는 본인의 데이터 제공에 대한 대가이다.

④ 갑이 본인의 데이터를 보유한 A은행을 상대로 요청한 '연령별 맞춤형 금융 상품 추천 서비스 내역'은 데이터 이동권 행사의 대상이다.

⑤ 데이터 이동권의 법제화 이전에도 갑이 A은행에서 B은행으로 이동을 요청한 정보 중에서 '계좌 자동 이체 항목'은 이동이 가능했다.

04 문맥상 ⓐ, ⓑ와 바꾸어 쓰기에 가장 적절한 것은?

	ⓐ	ⓑ
①	용이(容易)해져	근거(根據)하여
②	유력(有力)해져	근거(根據)하여
③	용이(容易)해져	의탁(依託)하여
④	원활(圓滑)해져	의탁(依託)하여
⑤	유력(有力)해져	기초(基礎)하여

식품 포장재, 세제 용기 등으로 사용되는 플라스틱은 생활에서 흔히 ⓐ접할 수 있다. 플라스틱은 '성형할 수 있는, 거푸집으로 조형이 가능한'이라는 의미의 '플라스티코스'라는 그리스어에서 온 말로, 열과 압력으로 성형할 수 있는 고분자 화합물을 이른다.

플라스틱은 단위체인 작은 분자가 수없이 반복 연결되는 중합을 통해 만들어진 거대 분자로 이루어져 있다. 단위체들은 공유 결합으로 연결되는데, 분자를 구성하는 원자들이 서로 전자를 공유하여 안정한 상태가 되는 결합을 공유 결합이라 한다. 두 원자가 각각 전자를 하나씩 내어놓아 그 두 개의 전자를 한 쌍으로 공유하면 단일 결합이라 하고, 두 쌍을 공유하면 이중 결합이라 한다. 공유 전자쌍이 많을수록 원자 간의 결합력은 강하다. 대부분의 원자는 가장 바깥 전자 껍질의 전자 수가 8개가 될 때 안정해진다. 탄소 원자는 가장 바깥 전자 껍질에 4개의 전자를 갖고 있어, 다른 원자들과 전자를 공유하여 안정해질 수 있으며 다양한 형태의 공유 결합이 가능하여 거대한 분자의 골격을 이룰 수 있다.

플라스틱의 한 종류인 폴리에틸렌은 에틸렌 분자들이 서로 연결되는 중합 과정을 거쳐 만들어진다. 에틸렌은 두 개의 탄소 원자와 네 개의 수소 원자로 이루어지는데, 두 개의 탄소 원자가 서로 이중 결합을 하고 각각의 탄소 원자는 두 개의 수소 원자와 단일 결합을 한다. 탄소 원자 간의 이중 결합에서는 한 결합이 다른 하나보다 끊어지기 쉽다.

에틸렌의 중합에는 여러 가지 방법이 있는데 그 중에 하나는 과산화물 개시제를 사용하는 것이다. 열을 흡수한 과산화물 개시제는 가장 바깥 껍질에 7개의 전자가 있는 불안정한 상태의 원자를 가진 분자로 분해된다. 이 불안정한 원자는 안정해지기 위해 에틸렌이 가진 탄소의 이중 결합 중 더 약한 결합을 끊어 버리면서 에틸렌의 한쪽 탄소 원자와 전자를 공유하며 단일 결합한다. 그러면 다른 쪽 탄소 원자는 공유되지 못한, 홀로 남은 전자를 갖게 된다. 이 불안정한 탄소 원자는 같은 방식으로 다른 에틸렌 분자와 반응을 하게 되고, 이와 같은 반응이 이어지며 불안정해지는 탄소 원자가 계속 생성된다. 에틸렌 분자들이 결합하여 더해지면 이것들은 사슬 형태를 이루며, 이 사슬은 지속적으로 성장하고 사슬 끝에는 불안정한 탄소 원자가 존재하게 된다. 성장하는 두 사슬의 끝이 서로 만나 결합하여 안정한 상태가 되면 반복적인 반응이 멈추게 된다. ㉠이 중합 과정을 거쳐 에틸렌 분자들은 폴리에틸렌이라는 고분자 화합물이 된다.

플라스틱을 이루는 거대한 분자들은 길이가 길다. 그래서 사슬들이 일정한 방향으로 나란히 배열되어 있는 결정 영역은, 분자들 전체에서 기대할 수는 없지만 부분적으로 있을 수는 있다. 플라스틱에서 결정 영역이 차지하는 부분의 비율은 여러 조건에 따라 조절이 가능하고 물성에 영향을 미친다. 결정 영역이 많아질수록 플라스틱은 유연성이 낮아 충격에 약하고 가공성이 떨어지며 점점 불투명해지지만, 밀도가 높아져 단단해지고 화학 물질에 대한 민감성이 감소하며 열에 의해 잘 변형되지 않는다. 이런 성질을 활용하여 필요에 따라 다양한 종류의 플라스틱을 만들 수 있다.

01 윗글에서 알 수 있는 내용으로 적절하지 <u>않은</u> 것은?

① 단위체들은 중합을 거쳐 거대 분자를 이룰 수 있다.
② 에틸렌 분자에는 단일 결합과 이중 결합이 모두 존재한다.
③ 플라스틱이라는 명칭의 유래는 열과 압력으로 성형이 되는 성질과 관련이 있다.
④ 불안정한 원자를 가진 에틸렌은 과산화물을 개시제로 쓰면 분해되면서 안정해진다.
⑤ 탄소와 탄소 사이의 이중 결합 중 하나의 결합 세기는 나머지 하나의 결합 세기보다 크다.

02 ㉠에 대한 이해로 적절하지 않은 것은?

① 성장 중의 사슬은 그 양쪽 끝부분에서 불안정한 탄소 원자가 생성된다.

② 사슬의 중간에 두 탄소 원자가 서로 전자를 하나씩 내어놓아 공유하는 결합이 존재한다.

③ 상태가 불안정한 원자를 지닌 분자의 생성이 연속적인 사슬 성장 반응이 일어나는 계기가 된다.

④ 공유되지 못하고 홀로 남은 전자를 가진 탄소 원자는 사슬의 성장 과정이 종결되기 전까지 계속 발생한다.

⑤ 에틸렌 분자를 구성하는 탄소 원자들 사이의 이중 결합이 단일 결합으로 되면서 사슬의 성장 과정을 이어 간다.

04 ⓐ와 문맥상 의미가 가장 가까운 것은?

① 모두가 만족하는 대책을 <u>찾으려</u> 머리를 맞대었다.

② 모르는 단어가 나오면 국어사전을 <u>찾아서</u> 확인해라.

③ 건강을 위해 친환경 농산물을 <u>찾는</u> 사람이 많아졌다.

④ 아직 완전하지는 않지만 서서히 건강을 <u>찾는</u> 중이다.

⑤ 선생은 독립을 다시 <u>찾는</u> 것을 일생의 사명으로 여겼다

03 윗글을 바탕으로 <보기>의 ㉮와 ㉯를 이해한 내용으로 가장 적절한 것은? [3점]

> **보기**
>
> 폴리에틸렌은 높은 압력과 온도에서 중합되어 사슬이 여기저기 가지를 친 구조로 만들어지기도 한다. ㉮가지를 친 구조의 사슬들은 조밀하게 배열되기 힘들다. 한편 특수한 촉매를 사용하여 저온에서 중합되면 탄소 원자들이 이루는 사슬이 한 줄로 쭉 이어진 직선형 구조로 만들어지기도 한다. 이 ㉯직선형 구조의 사슬들은 한 방향으로 서로 나란히 조밀하게 배열될 수 있다.

① 충격에 잘 깨지지 않도록 유연하게 하려면 ㉮보다 ㉯로 이루어진 소재가 적합하겠군.

② 포장된 물품이 잘 보이게 하려면 포장재로는 ㉮보다 ㉯로 이루어진 소재가 적합하겠군.

③ 보관 용기에서 화학 물질이 닿는 부분에는 ㉮보다 ㉯로 이루어진 소재를 쓰는 것이 좋겠군.

④ ㉯보다 ㉮로 이루어진 소재의 밀도가 더 높겠군.

⑤ 열에 잘 견디게 하려면 ㉯보다 ㉮로 이루어진 소재가 적합하겠군.

DAY 11 – ①

(가)

　근대 이후 서양의 철학자들은 과학적 세계관이 대두하면서 이전과는 달리 인과를 물리적 작용 사이의 관계로 국한하려는 경향을 보였다. 문제는 흄이 지적했듯이 인과 관계 그 자체는 직접 관찰할 수 없다는 것이다. 원인과 결과에 해당하는 사건만을 관찰할 수 있을 뿐이다. 가령 "추위 때문에 강물이 얼었다."는 직접 관찰한 물리적 사실을 진술한 것이 아니다. 그래서 인과가 과학적 개념인지에 대한 의심이 철학자들 사이에 제기되었다. 이에 인과를 과학적 세계관에 입각하여 이해하려는 시도가 새먼의 과정 이론이다.

　야구공을 던지면 땅 위의 공 그림자도 따라 움직인다. 공이 움직여서 그림자가 움직인 것이지 그림자가 움직여서 그림자의 위치가 변한 것은 아니다. 과정 이론은 이 차이를 다음과 같이 설명한다. 과정은 대상의 시공간적 궤적이다. 날아가는 야구공은 물론이고 땅에 멈추어 있는 공도 시간은 흘러가고 있기에 시공간적 궤적을 그리고 있다. 공이 멈추어 있는 상태도 과정인 것이다. 그런데 모든 과정이 인과적 과정은 아니다. 어떤 과정은 다른 과정과 한 시공간적 지점에서 만난다. 즉, 두 과정이 교차한다. 만약 교차에서 표지, 즉 대상의 변화된 물리적 속성이 도입되면 이후의 모든 지점에서 그 표지를 전달할 수 있는 과정이 인과적 과정이다.

[A]
　가령 바나나가 a 지점에서 b 지점까지 이동하는 과정을 과정 1이라고 하자. a와 b의 중간 지점에서 바나나를 한 입 베어 내는 과정 2가 과정 1과 교차했다. 이 교차로 표지가 과정 1에 도입되었고 이 표지는 b까지 전달될 수 있다. 즉, 바나나는 베어 낸 만큼이 없어진 채로 줄곧 b까지 이동할 수 있다. 따라서 과정 1은 인과적 과정이다. 바나나가 이동한 것이 바나나가 b에 위치한 결과의 원인인 것이다. 한편, 바나나의 그림자가 스크린에 생긴다고 하자. 바나나의 그림자가 스크린상의 a'지점에서 b'지점까지 움직이는 과정을 과정 3이라 하자. 과정 1과 과정 2의 교차 이후 스크린상의 그림자 역시 변한다. 그런데 a'과 b'사이의 스크린 표면의 한 지점에 울퉁불퉁한 스티로폼이 부착되는 과정 4가 과정 3과 교차했다고 하자. 그림자가 그 지점과 겹치면서 일그러짐이라는 표지가 과정 3에 도입되지만, 그 지점을 지나가면 그림자는 다시 원래대로 돌아오고 스티로폼은 그대로이다. 이처럼 과정 3은 다른 과정과의 교차로 도입된 표지를 전달할 수 없다.

　과정 이론은 규범이나 마음과 같은, 물리적 세계 바깥의 측면을 해명하기 어렵다는 한계를 지닌다. 예컨대 내가 사회 규범을 어긴 것과 내가 벌을 받아야 하는 것 사이에는 인과 관계가 있지만 과정 이론은 이를 잘 다루지 못한다.

(나)

　자연 현상과 인간사를 인과 관계로 설명하는 동아시아의 대표적 논의는 재이론(災異論)이다. 한대(漢代)의 동중서는 하늘이 덕을 잃은 군주에게 재이를 내려 견책한다는 천견설과, 인간과 하늘에 공통된 음양의 기(氣)를 통해 하늘과 인간이 서로 감응한다는 천인감응론을 결합하여 재이론을 체계화하였다. 그에 따르면, 군주가 실정(失政)을 저지르면 그로 말미암아 변화된 음양의 기를 통해 감응한 하늘이 가뭄과 홍수, 일식과 월식 등 재이를 통해 경고를 내린다. 이때 재이는 군주권이 하늘로부터 비롯된 것임을 입증하는 것이자 군주의 실정에 대한 경고였다.

　양면적 성격의 재이론은 신하가 정치적 논의에 참여할 수 있는 명분을 제공하였고, 재이가 발생하면 군주가 직언을 구하고 신하가 이에 응하는 전통으로 구체화되었다. 하지만 동중서 이후, 원인으로서의 인간사와 결과로서의 재이를 일대일로 대응시켜 설명하는 개별적 대응 방식은 억지가 심하다는 평가를 받았다. 이 방식은 오히려 ㉠예언화 경향으로 이어져 재이를 인간사의 징조로, 인간사를 재이의 결과로 대응시키는 풍조를 낳기도 하였고, 요망한 말로 백성을 미혹시켰다는 이유로 군주가 직언을 하는 신하를 탄압하는 빌미가 되기도 하였다.

　이후 재이에 대한 예언적 해석은 비판의 대상이 되었고, 천인 감응론 또한 부정되기도 하였다. 하지만 재이론은 여전히 정치 현장에서 사라지지 않았다. 송대(宋代)에 이르러, 주희는 천문학의 발달로 예측 가능하게 된 일월식을 재이로 간주하지 않는 경향을 수용하였고, 재이를 근본적으로 이치에 의해 설명되기 어려운 자연 현상으로 간주하였다. 하지만 당시까지도 재이에 대해 군주의 적극적인 대응을 유도하며 안전한 언론 활동의 기회를 제공했던 재이론이 폐기되는 것은, 신하의 입장에서 유용한 정치적 기제를 잃는 것이었다. 이 때문에 그는 군주를 경계하는 적절한 방법을 ⓐ찾고자 재이론을 고수하였다. 그는 재이에 대한 개별적 대응 대신 군주에게 허물과 잘못이 쌓이면 이에 하늘이 감응하여 변칙적인 자연 현상이 일어날 것이라는 ㉡전반적 대응설을 제시하고, 재이를 군주의 심성 수양 문제로 귀결시키며 재이론의 역사적 수명을 연장하였다.

01 다음은 (가)와 (나)를 읽은 학생이 작성한 학습 활동지의 일부 이다. ㄱ~ㅁ에 들어갈 내용으로 적절하지 <u>않은</u> 것은?

학습 항목	학습 내용	
	(가)	(나)
도입 문단의 내용 제시 방식 파악하기	ㄱ	ㄴ
:	:	:
글의 내용 전개 방식 이해하기	ㄷ	ㄹ
특정 개념과 관련하여 두 글을 통합적으로 이해하기	ㅁ	

① ㄱ: '인과'에 대한 특정 이론이 등장하게 된 배경을 철학자들의 인식 변화와 관련지어 제시하였음.

② ㄴ: '인과'와 연관된 특정 이론의 배경 사상과 중심 내용을 제시하였음.

③ ㄷ: '인과'에 대한 특정 이론을 정의한 뒤 구체적인 사례와 관련지어 그 이론의 한계와 ~~전망을~~ 제시하였음.

④ ㄹ: '인과'와 연관된 특정 이론을 제시하고 그 이론이 변용되는 양상을 시대의 흐름에 따라 제시하였음.

⑤ ㅁ: '인과'와 관련하여 동서양의 특정 이론들에 나타나는 관점을 비교해 보도록 하였음.

1 STRUCTURE FLOW /////////

🔍 정의   👤 인물(주장)

2 ANSWER DECODING /////////

● STEP 1. 지문 스캔

지문에서 정의와 인물을 중심으로 선지에서 묻는 상황을 찾는다.

● STEP 2. 선지 매칭

과정 이론에서 인과를 정의한 후 예시와 한계를 제시하고 있다. 한계점은 적절하나 예시만 소개하고 있으므로 전망을 제시하였다는 적절하지 않은 선지 ⇒ 정답

---

02 윗글에 대한 이해로 적절하지 <u>않은</u> 것은?

① 과정 이론은 물리적 세계의 테두리 안에서 인과를 해명하는 이론이다.

② 사회 규범 위반과 처벌 당위성 사이의 인과 관계는 표지의 전달로 설명되기 어렵다.

③ 인과가 과학적 세계관과 부합하지 않는다고 생각하는 철학자가 근대 이후 서양에 나타났다.

④ 한대의 재이론에서 전제된 하늘은 음양의 변화에 ~~반응하지 않지만~~ 경고를 하는 의지를 가진 존재였다.

⑤ 천문학의 발달에 따라 일월식이 예측 가능해지면서 송대에는 이를 설명 가능한 자연 현상으로 보는 경향이 있었다.

1 STRUCTURE FLOW /////////

🔍 정의   👤 인물(주장)

2 ANSWER DECODING /////////

● STEP 1. 지문 스캔

지문에서 정의를 중심으로 선지에서 묻는 상황을 찾는다.

● STEP 2. 선지 매칭

한대의 재이론은 군주가 실정을 저지르면 하늘이 재이를 통해 경고를 내린다는 것을 의미한다. 하늘이 음양의 기를 통해 반응하여 경고를 하는 존재이므로 음양의 변화에 반응하지 않는 것은 적절하지 않은 선지⇒ 정답

03 [A]에 대한 이해로 적절하지 <u>않은</u> 것은?

① 바나나와 그 그림자는 서로 다른 시공간적 궤적을 그린다.

② 과정 1이 과정 2와 교차하기 이전과 이후에서, 바나나가 지닌 물리적 속성은 다르다.

③ 과정 1과 달리 과정 3은 인과적 과정이 아니다.

④ 바나나의 일부를 베어 냄으로써 변화된 바나나 그림자의 모양은 ~~과정 3이 과정 2와 교차함으로써~~ 도입된 표지이다.

⑤ 과정 3과 과정 4의 교차로 도입된 표지는 과정 3으로도 과정 4로도 전달되지 않는다.

---

1 STRUCTURE FLOW

> 📁 분류   ⚙️ 조건

2 ANSWER DECODING

● STEP 1. 지문 스캔

지문에서 분류를 중심으로 선지에서 묻는 상황을 찾는다.

● STEP 2. 선지 매칭

과정1과 2가 교차하고, 과정3과 4가 교차한다. 과정1과 과정3은 서로 다른 시공간적 궤적이다. 바나나의 그림자가 변한 것은 과정1과 과정2가 교차하면서 과정1에 표지가 도입되었기 때문에 나타난 변화이므로 과정2와 과정3이 교차한 것은 적절하지 않은 선지 ⇒ 정답

---

04 ㉠, ㉡에 대한 설명으로 가장 적절한 것은?

① ㉠은 군주의 ~~과거 실정에 대한 경고로서~~ 재이의 의미가 강조 되어 ~~선하의 자연을 활성화~~하는 방향으로 활용되었다.

② ㉠은 이전과 달리 인간사와 재이의 인과 관계를 역전시켜 재이를 인간사의 미래를 알려 주는 징조로 삼는 데 활용되었다.

③ ㉡은 ~~개별적인~~ 재이 현상을 물리적 작용이라 보고 정치와 ~~무관하게~~ 재이를 이해하는 기초로 활용되었다.

④ ㉡은 누적된 실정과 특정한 재이 현상을 연결 짓는 방식으로 이어져 군주의 권력을 ~~강화하는~~ 데 활용되었다.

⑤ ㉡은 ~~과학적 인식을 기반으로~~ 군주의 지배력과 변칙적인 자연 현상이 ~~무관하다는~~ 인식을 강화하는 기초로 활용되었다.

---

1 STRUCTURE FLOW

> 🔍 정의   👤 인물(주장)

2 ANSWER DECODING

● STEP 1. 지문 스캔

지문에서 인물을 중심으로 선지에서 묻는 상황을 찾는다.

● STEP 2. 선지 매칭

동중서 이후 재이는 예언화 경향으로 이어져 재이를 인간사의 징조로, 인간사를 재이의 결과로 대응시키는 풍조를 낳았다. 이전에는 인간사의 결과로 재이가 발생했다면 예언화 경향은 재이가 인간사의 징조를 알려주는 원인이 되었으므로 적절한 선지⇒ 정답

05 <보기>는 윗글의 주제와 관련한 동서양 학자들의 견해이다. 윗글을 읽은 학생이 <보기>에 대해 보인 반응으로 적절하지 <u>않은</u> 것은? [3점]

/보기/

㉮ 만약 인과 관계가 직접 관찰될 수 없다면, 물리적 속성의 변화와 전달과 같은 관찰 가능한 현상을 탐구하는 것이 인과 개념을 과학적으로 규명하는 올바른 경로이다.

㉯ 인과 관계란 서로 다른 대상들이 물리적 성질들을 서로 주고받는 관계일 수밖에 없다. 그러한 두 대상은 시공간 적으로 연결되어 있어야만 한다.

㉰ 덕이 잘 닦인 치세에서는 재이를 찾아볼 수 없었고, 세상의 변고는 모두 난세의 때에 출현했으니, 하늘과 인간이 서로 통하는 관계임을 알 수 있다.

㉱ 홍수가 자주 발생하는 강 하류 지방의 지방관은 반드시 실정을 한 것이고, 홍수가 발생하지 않는 산악 지방의 지방관은 반드시 청렴한가? 실제로는 그렇지 않다.

① 흄의 문제 제기와 ㉮로부터, 과정 이론이 인과 개념을 과학적 으로 규명하려는 시도의 하나임을 이끌어낼 수 있겠군.

② 인과 관계를 대상 간의 물리적 상호 작용으로 국한하는 ㉯의 입장은 대상 간의 감응을 기반으로 한 동중서의 재이론이 보여 준 입장과 ~~부합하겠군.~~

③ 치세와 난세의 차이를 재이의 출현 여부로 설명하는 ㉰에 대해 동중서와 주희는 모두 재이론에 입각하여 수용 가능한 견해라는 입장을 취하겠군.

④ 덕이 물리적 세계 바깥의 현상에 해당한다면, 덕과 세상의 변화 사이에 인과 관계가 있다고 본 ㉰는 새먼의 이론에 입각 하여 설명되기 어렵겠군.

⑤ 지방관의 실정에서 도입된 표지가 홍수로 이어지는 과정으로 전달될 수 없다면, 새먼은 실정이 홍수의 원인이 아니라는 점에서 ㉱에 동의하겠군.

1 STRUCTURE FLOW /////////

👤 인물 ⚙️ 조건

2 ANSWER DECODING /////////

● STEP 1. 지문 스캔

지문에서 인물을 중심으로 선지에서 묻는 상황을 찾는다.

● STEP 2. 선지 매칭

동중서의 재이론은 군주사 실정을 저지르면 그로 인해 하늘이 재이를 통해 경고를 내린다고 하였다. ㉯는 인과 관계를 물리적 상호 작용으로 국한하였고 동중서의 재이론은 물리적이지 않은 자연 현상과 인간사를 연결시켰으므로 ㉯와 동중서의 재이론이 부합한다는 적절하지 않은 선지 ⇒ 정답

06 ⓐ와 문맥상 의미가 가장 가까운 것은?

① 모두가 만족하는 대책을 <u>찾으려</u> 머리를 맞대었다.

② 모르는 단어가 나오면 국어사전을 <u>찾아서</u> 확인해라.

③ 건강을 위해 친환경 농산물을 <u>찾는</u> 사람이 많아졌다.

④ 아직 완전하지는 않지만 서서히 건강을 <u>찾는</u> 중이다.

⑤ 선생은 독립을 다시 <u>찾는</u> 것을 일생의 사명으로 여겼다

1 ANSWER DECODING //////////

● STEP 1. 지문 스캔

지문에서 문맥과 단어의 뜻으로 선지 에서 묻는 단어를 찾는다. 틀렸다면 별도로 정리한다.

● STEP 2. 선지 매칭

ⓐ 찾고자 : 모르는 것을 알아내고 밝혀내려고 애쓰다. 또는 그것을 알아내고 밝혀내다.

① 찾으려 : 모르는 것을 알아내고 밝혀내려고 애쓰다. 또는 그것을 알아내고 밝혀내다. ⇒ 정답

교통 이용 내역과 같은 기록은 개인의 데이터이며, 그 개인이 '정보 주체'이다. 데이터는 물리적 형체가 없고, 복제와 재사용이 수월하다. 이 데이터가 대량으로 집적·처리되면 빅 데이터가 되고, 이것의 정보 처리자인 기업 등이 '빅 데이터 보유자'이다. 산업 분야의 빅 데이터는 특정한 목적으로 활용될 수 있다는 점에서 경제적 가치를 지닌다.

데이터를 재화로 보아 소유권이 누구에게 귀속되어야 하는지에 대한 논의가 있다. 소유권의 주체를 빅 데이터 보유자로 보는 견해와 정보 주체로 보는 견해가 있다. 전자는 빅 데이터 보유자에게 소유권을 부여하면 빅 데이터의 생성 및 유통이 ⓐ쉬워져 데이터 관련 산업이 활성화된다고 주장한다. 후자는 정보 생산 주체는 개인인데, 빅 데이터 보유자에게 부가 집중되는 것은 부당하므로, 정보 주체에게도 대가가 주어져야 한다고 본다.

최근에는 논의의 중심이 데이터의 소유권 주체에서 데이터에 접근하기 위한 방안으로서의 데이터 이동권으로 바뀌고 있다. 우리나라는 데이터에 대해 소유권이 아닌 이동권을 법으로 명문화하여 정보 주체의 개인 정보 자기 결정권을 강화하였다. 데이터 이동권이란 정보 주체가 본인의 데이터를 보유한 자에게 데이터 이동을 요청하면, 그 데이터를 본인 혹은 지정한 제3자에게 무상으로 전송하게 하는 권리이다. 다만 본인의 데이터라도 빅 데이터 보유자가 수집하여, 분석·가공하는 개발 과정을 거쳐 새로운 가치가 생성된 것은 이에 해당되지 않는다. 법제화 이전에도 은행 간에 계좌 자동 이체 항목을 이동할 수 있는 서비스는 있었다. 이는 은행 간 약정에 ⓑ따라 부분적으로 시행한 조치였다. 데이터 이동권의 도입으로 쇼핑몰 상품 소비 이력 등 정보 주체의 행동 양상과 관련된 부분까지 정보 주체가 자율적으로 통제·관리할 수 있는 범위가 확대되었다.

[A]
데이터 이동권의 법제화로 기업은 데이터의 생성 비용과 거래 비용을 줄일 수 있다. 생성 비용은 기업 내에서 데이터를 개발할 때 발생하는 비용으로, 기업이 스스로 데이터를 수집할 때보다 전송받은 데이터를 복제 및 재사용하게 되면 절감할 수 있다. 거래 비용은 경제 주체 간 거래 시 발생하는 비용으로, 계약 체결이나 분쟁 해결 등의 과정에서 생긴다. 그런데 데이터 이동권의 법제화로, ㉠정보 주체가 지정하여 데이터를 전송받게 된 기업은 ㉡정보 주체의 데이터를 보유했던 기업으로부터 데이터를 받으면 비용을 절감할 수 있다. 이에 따라 기업 간 공유나 유통이 촉진되고, 관련 산업이 활성화된다.

한편, 정보 주체가 보안의 신뢰성이 높고 데이터 제공에 따른 혜택이 많은 기업으로 데이터를 이동하면,

[B]
데이터가 집중되어 데이터의 공유나 유통이 위축될 수 있다는 우려도 있다. ㉢데이터 보유량이 적은 신규 기업은 기존 기업과 거래를 통해 데이터를 수집하는 것이 데이터 생성 비용 절감에도 효율적이다. 그런데 ㉣데이터가 집중된 기존 기업이 집적·처리된 데이터를 공유하려 하지 않으면, 신규 기업의 시장 진입이 어려워져 독점화가 강화될 수 있다.

🔍 **정의는 체크한다.**

📁 **분류는 체크한다.**

⚙️ **조건은 체크한다.**

📁 **분류는 체크한다.**

🔍 **정의는 체크한다.**

⚙️ **조건은 체크한다.**

01 윗글의 내용과 일치하지 <u>않는</u> 것은?

① 데이터는 재사용할 수 있으며 물리적 형체가 없다.

② 교통 이용 내역이 집적·처리되면 경제적 가치를 지닌 데이터가 될 수 있다.

③ 우리나라 현행법에는 정보 주체에게 데이터의 ~~소유권을~~ 인정 하는 규정이 있다.

④ 정보 주체의 데이터로 발생한 이득이 빅 데이터 보유자에게 집중되는 것은 부당하다는 견해가 있다.

⑤ 데이터 이동권의 도입으로 정보 주체의 데이터 통제 범위가 본인의 행동 양상과 관련된 부분으로 확대되었다.

1 STRUCTURE FLOW ///////////

🔍 정의   ⚙️ 조건

2 ANSWER DECODING ///////////

● STEP 1. 지문 스캔

지문에서 정의를 중심으로 선지에서 묻는 상황을 찾는다.

● STEP 2. 선지 매칭

우리나라는 데이터에 대해 소유권이 아닌 이동권을 법으로 명문화 하여 정보 주체의 개인 정보 자기 결정권을 강화하였다. 현행법에서 소유권을 인정하는 것이 아니라 이동권이므로 적절하지 않은 선지 ⇒ 정답

---

02 [A], [B]의 입장에서 ㉮~㉰에 대해 이해한 내용으로 적절하지 <u>않은</u> 것은?

① [A]의 입장에서, ㉮는 데이터 이동권 도입을 통해 ㉯의 데이터를 재사용할 수 있게 되었으므로 데이터 생성 비용을 줄일 수 있다고 보겠군.

② [A]의 입장에서, 정보 주체가 데이터 이동을 요청하여 데이터를 전송받는 제3자가 ㉰라면, ㉯는 분쟁 없이 정보 주체의 데이터를 받게 되어 거래 비용을 줄일 수 있다고 보겠군.

③ [B]의 입장에서, ㉯가 ㉰와의 거래에 실패해 데이터를 수집하지 못하여 ㉯에 데이터 생성 비용이 발생하면, 데이터 관련 산업의 시장에 진입하기 어려워질 수 있다고 보겠군.

④ [A]와 달리 [B]의 입장에서, 정보 주체의 데이터가 ㉯에서 ㉰로 이동하여 집적·처리될수록 기업 간 공유나 유통이 위축될 수 있다고 보겠군.

⑤ [B]와 달리 [A]의 입장에서, ㉯는 ㉮로 데이터를 이동하여 ~~경제적 이득을 취할 수 있으므로~~ 데이터의 공유나 유통의 활성화에 기여할 수 있다고 보겠군.

1 STRUCTURE FLOW ///////////

🔍 정의   ⚙️ 조건

2 ANSWER DECODING ///////////

● STEP 1. 지문 스캔

지문에서 정의를 중심으로 선지에서 묻는 상황을 찾는다.

● STEP 2. 선지 매칭

데이터 이동권이란 정보 주체가 요구하면 본인 혹은 지정한 제3자에게 무상으로 전송하는 권리이다. [A]는 데이터 이동시 장점을 소개하고 있다. ㉮와 ㉯ 중 경제적 이득을 받는 기업은 전송 받는 기업이므로 ㉮이므로 적절하지 않은 선지 ⇒ 정답

03 윗글을 바탕으로 <보기>를 이해한 내용으로 적절하지 <u>않은</u> 것은? [3점]

> **보기**
>
> 은행은 고객들의 데이터를 수집하고 이를 분석·가공하여 자산 관리 데이터 서비스인 연령별·직업군별 등 고객 맞춤형 금융 상품 추천 서비스를 제공했다. 갑은 본인의 데이터 제공에 동의하여 A 은행으로부터 소정의 포인트를 받았다.
> 데이터 이동권이 법제화된 이후 갑은 B 은행 체크 카드를 발급받은 뒤, A 은행에 '계좌 자동 이체 항목', '체크 카드 사용 내역', '연령별 맞춤형 금융 상품 추천 서비스 내역'을 B 은행으로 이동할 것을 요청했다.

① 갑이 본인의 데이터를 이동 요청하면 A은행은 갑의 '체크 카드 사용 내역'을 B 은행으로 전송해야 한다.

② A 은행에 대한 갑의 데이터 이동 요청은 정보 주체의 자율적 관리이므로 강화된 개인 정보 자기 결정권의 행사이다.

③ 데이터의 소유권 주체가 정보 주체라고 본다면, 갑이 A 은행으로 부터 받은 포인트는 본인의 데이터 제공에 대한 대가이다.

④ 갑이 본인의 데이터를 보유한 A은행을 상대로 요청한 '연령별 맞춤형 금융 상품 추천 서비스 내역'은 데이터 이동권 행사의 ~~대상이다.~~

⑤ 데이터 이동권의 법제화 이전에도 갑이 A은행에서 B은행으로 이동을 요청한 정보 중에서 '계좌 자동 이체 항목'은 이동이 가능했다.

---

04 문맥상 ⓐ, ⓑ와 바꾸어 쓰기에 가장 적절한 것은?

	ⓐ	ⓑ
①	용이(容易)해져	근거(根據)하여
②	유력(有力)해져	근거(根據)하여
③	용이(容易)해져	의탁(依託)하여
④	원활(圓滑)해져	의탁(依託)하여
⑤	유력(有力)해져	기초(基礎)하여

DAY 11 – ③

식품 포장재, 세제 용기 등으로 사용되는 플라스틱은 생활에서 흔히 @접할 수 있다. 플라스틱은 '성형할 수 있는, 거푸집으로 조형이 가능한'이라는 의미의 '플라스티코스'라는 그리스어에서 온 말로, 열과 압력으로 성형할 수 있는 고분자 화합물을 이른다.

플라스틱은 단위체인 작은 분자가 수없이 반복 연결되는 중합을 통해 만들어진 거대 분자로 이루어져 있다. 단위체들은 공유 결합으로 연결되는데, 분자를 구성하는 원자들이 서로 전자를 공유하여 안정한 상태가 되는 결합을 공유 결합이라 한다. 두 원자가 각각 전자를 하나씩 내어 놓아 그 두 개의 전자를 한 쌍으로 공유하면 단일 결합이라 하고, 두 쌍을 공유하면 이중 결합이라 한다. 공유 전자 쌍이 많을수록 원자 간의 결합력은 강하다. 대부분의 원자는 가장 바깥 전자 껍질의 전자 수가 8개가 될 때 안정해진다. 탄소 원자는 가장 바깥 전자 껍질에 4개의 전자를 갖고 있어, 다른 원자들과 전자를 공유하여 안정해질 수 있으며 다양한 형태의 공유 결합이 가능하여 거대한 분자의 골격을 이룰 수 있다.

플라스틱의 한 종류인 폴리에틸렌은 에틸렌 분자들이 서로 연결되는 중합 과정을 거쳐 만들어진다. 에틸렌은 두 개의 탄소 원자와 네 개의 수소 원자로 이루어지는데, 두 개의 탄소 원자가 서로 이중 결합을 하고 각각의 탄소 원자는 두 개의 수소 원자와 단일 결합을 한다. 탄소 원자 간의 이중 결합에서는 한 결합이 다른 하나보다 끊어지기 쉽다.

에틸렌의 중합에는 여러 가지 방법이 있는데 그중에 하나는 과산화물 개시제를 사용하는 것이다. 열을 흡수한 과산화물 개시제는 가장 바깥 껍질에 7개의 전자가 있는 불안정한 상태의 원자를 가진 분자로 분해된다. 이 불안정한 원자는 안정해지기 위해 에틸렌이 가진 탄소의 이중 결합 중 더 약한 결합을 끊어 버리면서 에틸렌의 한쪽 탄소 원자와 전자를 공유하며 단일 결합한다. 그러면 다른 쪽 탄소 원자는 공유되지 못한, 홀로 남은 전자를 갖게 된다. 이 불안정한 탄소 원자는 같은 방식으로 다른 에틸렌 분자와 반응을 하게 되고, 이와 같은 반응이 이어지며 불안정해지는 탄소 원자가 계속 생성된다. 에틸렌 분자들이 결합하여 더해지면 이것들은 사슬 형태를 이루며, 이 사슬은 지속적으로 성장하고 사슬 끝에는 불안정한 탄소 원자가 존재하게 된다. 성장하는 두 사슬의 끝이 서로 만나 결합하여 안정한 상태가 되면 반복적인 반응이 멈추게 된다. ㉠이 중합 과정을 거쳐 에틸렌 분자들은 폴리에틸렌이라는 고분자 화합물이 된다.

플라스틱을 이루는 거대한 분자들은 길이가 길다. 그래서 사슬들이 일정한 방향으로 나란히 배열되어 있는 결정 영역은, 분자들 전체에서 기대할 수는 없지만 부분적으로 있을 수는 있다. 플라스틱에서 결정 영역이 차지하는 부분의 비율은 여러 조건에 따라 조절이 가능하고 물성에 영향을 미친다. 결정 영역이 많아질수록 플라스틱은 유연성이 낮아 충격에 약하고 가공성이 떨어지며 점점 불투명해지지만, 밀도가 높아져 단단해지고 화학 물질에 대한 민감성이 감소하며 열에 의해 잘 변형되지 않는다. 이런 성질을 활용하여 필요에 따라 다양한 종류의 플라스틱을 만들 수 있다.

🔍 **정의는 체크한다.**

🔍 **정의는 체크한다.**

↔️ **비교는 체크한다.**

📁 **분류는 체크한다.**

🔍 **정의는 체크한다.**

⚙️ **조건은 체크한다.**

01 윗글에서 알 수 있는 내용으로 적절하지 않은 것은?

① 단위체들은 중합을 거쳐 거대 분자를 이룰 수 있다.

② 에틸렌 분자에는 단일 결합과 이중 결합이 모두 존재한다.

③ 플라스틱이라는 명칭의 유래는 열과 압력으로 성형이 되는 성질과 관련이 있다.

④ 불안정한 원자를 가진 에틸렌은 과산화물을 개시제로 쓰면 ~~분해되면서 안정해진다.~~

⑤ 탄소와 탄소 사이의 이중 결합 중 하나의 결합 세기는 나머지 하나의 결합 세기보다 크다.

1 STRUCTURE FLOW ////////

Q 정의 ⚙ 조건

2 ANSWER DECODING ////////

● STEP 1. 지문 스캔

지문에서 정의를 중심으로 선지에서 묻는 상황을 찾는다.

● STEP 2. 선지 매칭

과산화물 개시제는 열을 흡수하여 불안정한 상태의 원자를 가진 분자가 된다. 이 분자는 에틸렌의 약한 결합을 끊어 한쪽 탄소를 불안정한 탄소 원자로 만든다. 과산화물 개시제로 에틸렌이 불안정해지므로 적절하지 않은 선지 ⇒ 정답

02 ㉠에 대한 이해로 적절하지 않은 것은?

① 성장 중의 사슬은 그 ~~양쪽~~ 끝부분에서 불안정한 탄소 원자가 생성된다.

② 사슬의 중간에 두 탄소 원자가 서로 전자를 하나씩 내어 놓아 공유하는 결합이 존재한다.

③ 상태가 불안정한 원자를 지닌 분자의 생성이 연속적인 사슬 성장 반응이 일어나는 계기가 된다.

④ 공유되지 못하고 홀로 남은 전자를 가진 탄소 원자는 사슬의 성장 과정이 종결되기 전까지 계속 발생한다.

⑤ 에틸렌 분자를 구성하는 탄소 원자들 사이의 이중 결합이 단일 결합으로 되면서 사슬의 성장 과정을 이어 간다.

1 STRUCTURE FLOW ////////

Q 정의 ⚙ 조건

2 ANSWER DECODING ////////

● STEP 1. 지문 스캔

지문에서 정의를 중심으로 선지에서 묻는 상황을 찾는다.

● STEP 2. 선지 매칭

과산화물 개시제는 열을 흡수하여 불안정한 상태의 원자를 가진 분자가 된다. 이 분자는 에틸렌의 약한 결합을 끊어 한쪽 탄소를 불안정한 탄소 원자로 만든다. 이 탄소 원자는 다른 에틸렌의 약한 결합을 끊어 한쪽 탄소가 불안정한 에틸렌이 계속 생성된다. 양쪽이 아닌 한쪽만 불안정한 사슬이므로 적절하지 않은 선지 ⇒ 정답

03 윗글을 바탕으로 <보기>의 ㉮와 ㉯를 이해한 내용으로 가장 적절한 것은? [3점]

> **보기**
>
> 폴리에틸렌은 높은 압력과 온도에서 중합되어 사슬이 여기저기 가지를 친 구조로 만들어지기도 한다. ㉮가지를 친 구조의 사슬들은 조밀하게 배열되기 힘들다. 한편 특수한 촉매를 사용하여 저온에서 중합되면 탄소 원자들이 이루는 사슬이 한 줄로 쭉 이어진 직선형 구조로 만들어지기도 한다. 이 ㉯직선형 구조의 사슬들은 한 방향으로 서로 나란히 조밀하게 배열될 수 있다.

① 충격에 잘 깨지지 않도록 유연하게 하려면 ㉮보다 ㉯로 이루어진 소재가 적합하겠군.

② 포장된 물품이 잘 보이게 하려면 포장재로는 ㉮보다 ㉯로 이루어진 소재가 적합하겠군.

③ 보관 용기에서 화학 물질이 닿는 부분에는 ㉮보다 ㉯로 이루어진 소재를 쓰는 것이 좋겠군.

④ ㉯보다 ㉮로 이루어진 소재의 밀도가 더 높겠군.

⑤ 열에 잘 견디게 하려면 ㉯보다 ㉮로 이루어진 소재가 적합하겠군.

---

1 STRUCTURE FLOW //////////

🔍 **정의**　⚙️ **조건**

2 ANSWER DECODING //////////

● **STEP 1. 지문 스캔**

지문에서 정의를 중심으로 선지에서 묻는 상황을 찾는다.

● **STEP 2. 선지 매칭**

결정 영역이 많아질수록 화학 물질에 대한 민감성이 감소한다. 결정 영역이 많은 사슬은 가지가 없는 ㉯이다. 화학 물질이 닿는 보관 용기는 민감성이 감소하는 사슬이 적합하므로 ㉯를 사용하는 것은 적절한 선지 ⇒ 정답

---

04 ⓐ와 문맥상 의미가 가장 가까운 것은?

① 요즘 신도시는 아파트가 대규모로 서로 접해 있다.

② 그는 자신의 수상 소식을 오늘에야 접하게 되었다.

③ 나는 교과서에서 접한 시를 모두 외웠다.

④ 우리나라는 삼면이 바다에 접해 있다.

⑤ 우리 집은 공원을 접하고 있다

1 ANSWER DECODING //////////

● **STEP 1. 지문 스캔**

지문에서 문맥과 단어의 뜻으로 선지에서 묻는 단어를 찾는다. 틀렸다면 별도로 정리한다.

● **STEP 2. 선지 매칭**

ⓐ접할 : 가까이 대하다.

③접한 : 가까이 대하다. ⇒ 정답

(가)

전국 시대의 혼란을 종식한 진(秦)은 분서갱유를 단행하며 사상 통제를 ⓐ기도했다. 당시 권력자였던 이사(李斯)에게 역사 지식은 전통만 따지는 허언이었고, 학문은 법과 제도에 대해 논란을 일으키는 원인에 불과했다. 이에 따라 전국 시대의 『순자』처럼 다른 사상을 비판적으로 ⓑ흡수하여 통합 학문의 틀을 보여 준 분위기는 일시적으로 약화되었다. 이에 한(漢) 초기 사상가들의 과제는 진의 멸망 원인을 분석하고 이에 기초한 안정적 통치 방안을 제시하며, 힘의 지배를 ⓒ숭상하던 당시 지배 세력의 태도를 극복하는 것이었다. 이러한 과제에 부응한 대표적 사상가는 육가(陸賈)였다.

순자의 학문을 계승한 그는 한 고조의 치국 계책 요구에 부응해 『신어』를 저술하였다. 이 책을 통해 그는 진의 단명 원인을 가혹한 형벌의 남용, 법률에만 의거한 통치, 군주의 교만과 사치, 그리고 현명하지 못한 인재 등용 등으로 지적하고, 진의 사상 통제가 낳은 폐해를 거론하며 한 고조에게 지식과 학문이 중요함을 설득하고자 하였다. 그에게 지식의 핵심은 현실 정치에 도움을 주는 역사 지식이었다. 그는 역사를 관통하는 자연의 이치에 따라 천문·지리·인사 등 천하의 모든 일을 포괄한다는 ㉠통물(統物)과, 역사 변화 과정에 대한 통찰로서 상황에 맞는 조치를 취하고 기존 규정을 고수하지 않는다는 ㉡통변(通變)을 제시하였다.

통물과 통변이 정치의 세계에 드러나는 것이 ㉢인의(仁義)라고 파악한 그는 힘에 의한 권력 창출을 긍정하면서도 권력의 유지와 확장을 위한 왕도 정치를 제안하며 인의의 실현을 위해 유교 이념과 현실 정치의 결합을 시도하였다.

인의가 실현되는 정치를 위해 육가는 유교의 범위를 벗어나지 않는 한에서 타 사상을 수용하였다. 예와 질서를 중시하며 교화의 정치를 상소하는 유교를 중심으로 도가의 무위와 법가의 권세를 끌어들였다. 그에게 무위는 형벌을 가벼이 하고 군주의 수양을 강조하는 것으로 평온한 통치의 결과를 의미했고, 권세도 현명한 신하의 임용을 통해 정치권력

의 안정을 도모하는 방향성을 가진 것이었기에 원래의 그것과는 차별된 것이었다.

육가의 사상은 과도한 융통성으로 사상적 정체성이 문제가 되기도 했지만, 군주의 정치 행위에 따라 천명이 결정됨을 지적하고 인의의 실현을 강조한 통합의 사상이었다. 그의 사상은 한 무제 이후 유교 독존의 시대를 여는 데 기여하였다.

(나)

조선 초기에 진행된 고려 관련 역사서 편찬은 고려 멸망의 필연성과 조선 건국의 정당성을 드러내는 작업이었다. 편찬자들은 다양한 방식으로 고려와 조선의 차별성을 부각하고, 고려 보다 조선이 뛰어남을 설득하고자 하였다.

태조의 명으로 고려 말에 찬술되었던 자료들을 모아 고려에 관한 역사서가 편찬되었지만, 왕실이 아닌 편찬자의 주관이 ⓓ개입되었다는 비판이 제기되는 등 여러 문제점이 지적되었다. 이에 태종은 고려의 역사서를 다시 만들라는 명을 내렸다. 이후 고려의 용어들을 그대로 싣자는 주장과 유교적 사대주의에 따른 명분에 맞추어 고쳐쓰자는 주장이 맞서는 등 세종 대까지도 논란이 ⓔ계속되었지만, 문종 대에 이르러 『고려사』 편찬이 완성되었다. 이 과정에서 역사 연구에 관심을 기울인 세종은 경서(經書)가 학문의 근본이라면 역사서는 학문을 현실에서 구현하는 것으로 파악하고, 집현전 학자들과의 경연을 통해 경서와 역사서에 대한 이해를 쌓아 갔다.

이런 분위기에서 세종은 중국과 우리나라의 흥망성쇠를 담은 『치평요람』의 편찬을 명하였고, 집현전 학자들은 원(元)까지의 중국 역사와 고려까지의 우리 역사를 정리하였다. 정리 과정에서 주자학적 역사관이 담긴 『자치통감강목』에 따라 역대 국가를 정통과 비정통으로 구분했지만, 편찬 형식 측면에서는 강목체를 따르지 않았다. 또한 올바른 정치의 여부에 따라 국가의 운명이 다하고 천명이 옮겨 간다는 내용을 드러내고자 기존 역사서와 달리 국가 간 전쟁과 외교 문제, 국가 말기의 혼란과 새 국가 초기의 혼란 수습 등을 부각하였다.

이러한 편찬 방식은 국가의 흥망성쇠를 거울삼아 국가를 잘 운영하겠다는 목적 이외에 새 국가의 토대를 마련하려는 의도가 전제된 것이었다. 이런 의도가 집중적으로 반영된 곳은 『치평요람』의 국조(國朝) 부분이었다. 이 부분의 편찬자들은 유교적 시각에서 고려 정치를 바라보며 불교 사상의 폐단을 비롯한 문제점들을 다각도로 드러냈고, 이를 통해 유교적 사회로의 변화를 주장하였다. 이성계의 능력과 업적을 담기는 했지만 이것이 조선 건국을 정당화하기에는 불충분했기에 세종은 역사적 사실을 배경으로 조선 왕조의 우수성을 부각한 『용비어천가』의 편찬을 지시했다. 이는 왕조의 우수성과 정통성을 경전과 역사의 다양한 근거를 통해 보여 주고자 한 것이었다.

01 (가)와 (나)의 차이점을 중심으로 두 글을 비교하며 읽는 방법 으로 가장 적절한 것은?

① (가)는 한(漢)에서, (나)는 조선에서 쓰인 책을 설명하고 있으니, 시대 상황과 사상이 책에 반영된 양상을 비교하며 읽는다.

② (가)는 피지배 계층을, (나)는 지배 계층을 대상으로 한 책을 설명하고 있으니, 예상 독자의 반응 양상을 비교하며 읽는다.

③ (가)는 동일한 시대에, (나)는 서로 다른 시대에 쓰인 책들을 설명하고 있으니, 시대에 따른 창작 환경을 비교하며 읽는다.

④ (가)는 학문적 성격의, (나)는 실용적 성격의 책을 설명하고 있으니, 다양한 분야의 책에 담긴 보편성을 확인하며 읽는다.

⑤ (가)는 국가 주도로, (나)는 개인 주도로 편찬된 책들을 설명 하고 있으니, 각 주체별 관심 분야의 차이를 확인하며 읽는다.

02 (가), (나)의 내용과 일치하지 않는 것은?

① 진의 권력자인 이사는 역사 지식과 학문을 부정적인 것으로 인식하였다.

② 전국 시대에는 『순자』처럼 여러 사상을 통합하려는 학문 경향이 있었다.

③ 『치평요람』은 『자치통감강목』의 편찬 형식에 따라 역대 국가를 정통과 비정통으로 구분하여 정리하였다.

④ 『치평요람』의 『국조』는 고려의 문제점들을 보임으로써 사회의 변화를 이끌어야 한다는 주장을 드러내었다.

⑤ 『용비어천가』에는 조선 왕조의 우수성을 드러내고 건국의 정당성을 확보하려는 목적이 담겨 있다.

03 ㉠～㉢에 대한 이해로 가장 적절한 것은?

① ㉠은 역사 속에서 각광을 받았던 학문 분야들의 개별적 특징을 이해한 것이다.

② ㉡은 도가나 법가 사상을 중심 이념으로 삼아 정치 상황의 변화에 대응하려는 것이다.

③ ㉢은 현명한 신하의 임용과 엄한 형벌의 집행을 전제로 한 평온한 정치의 결과를 의미한다.

④ ㉢은 군주가 부단한 수양과 안정된 권력을 바탕으로 교화의 정치를 펼쳐야 실현되는 것이다.

⑤ ㉠과 ㉡은 역사 지식과 현실 정치를 긴밀히 연결하여 힘으로 권력을 창출하는 것을 의미한다.

04 윗글에서 '육가'와 '집현전 학자들'이 공통적으로 드러내고자 한 내용에 해당하는 것만을 <보기>에서 있는 대로 고른 것은??

보기

ㄱ. 옛 국가의 역사를 거울삼아 새 국가를 안정적으로 통치 하도록 한다.

ㄴ. 옛 국가의 멸망 원인은 잘못된 정치 운영에 있지 않고 새 국가로 천명이 옮겨 온 것에 있다.

ㄷ. 옛 국가에서 드러난 사상적 공백을 채우기 위해 새 국가의 군주는 유교에 따라 통치하도록 한다.

① ㄱ   ② ㄴ   ③ ㄱ, ㄴ

④ ㄱ, ㄷ   ⑤ ㄴ, ㄷ

05 <보기>는 동양 역사가들의 견해이다. <보기>를 바탕으로 (가), (나)를 이해한 내용으로 적절하지 <u>않은</u> 것은? [3점]

보기

ㄱ. 대부분 옛일의 성패를 논하기 좋아하고 그 일의 진위를 자세히 살피지 않는다. 하지만 진위를 분명히 한 후에야 성패가 어긋나지 않을 수 있다. 이는 역사 서술의 근원인 자료를 바로잡고 깨끗이 한다는 뜻이다.

ㄴ. 고금의 흥망은 현실의 객관적 형세인 시세의 흐름에 따르는 것이며, 사림(士林)의 재주와 덕행으로 말미암은 것은 아니었다. 그러므로 천하의 일은 시세가 제일 중요하고, 행복과 불행이 다음이며, 옳고 그름의 구분은 마지막이라고 하는 것이다.

ㄷ. 도(道)의 본체는 경서에 있지만 그것의 큰 쓰임은 역사서에 담겨 있다. 역사란 선을 높이고 악을 낮추며 선을 권면 하고 악을 징계하는 것이다.

① ㄱ의 관점에 따르면, 『신어』에 제시된 진의 멸망 원인에 대한 지적은 관련 내용의 진위에 대한 명확한 판별 이후에 이루어져야 하는 것이겠군.

② ㄱ의 관점에 따르면, 『고려사』 편찬 과정에서 고려의 용어를 고쳐 쓰자고 한 의견은 역사 서술의 근원인 자료를 바로잡고 깨끗이 하자는 것이라고 볼 수 있겠군.

③ ㄴ의 관점에 따르면, 『치평요람』에 서술된 국가의 흥망은 그 원인이 인물들의 능력보다는 객관적 형세인 시세의 흐름에 있다고 보아야겠군.

④ ㄷ의 관점에 따르면, 『신어』에 제시된 진에 대한 비판은 악을 낮추고 징계하는 것으로 볼 수 있겠군.

⑤ ㄷ의 관점에 따르면, 『치평요람☒ 편찬과 관련한 세종의 생각에서 학문의 근본은 도의 본체에, 현실에서 학문의 구현은 도의 큰 쓰임에 대응하겠군

06 문맥상 ⓐ~ⓔ와 바꿔 쓰기에 적절하지 <u>않은</u> 것은?

① ⓐ : 꾀했다

② ⓑ : 받아들여

③ ⓒ : 믿던

④ ⓓ : 끼어들었다는

⑤ ⓔ : 이어졌지만

국제법에서 일반적으로 조약은 국가나 국제기구들이 그들 사이에 지켜야 할 구체적인 권리와 의무를 명시적으로 합의하여 창출하는 규범이며, 국제 관습법은 조약 체결과 관계없이 국제 사회 일반이 받아들여 지키고 있는 보편적인 규범이다. 반면에 경제 관련 국제기구에서 어떤 결정을 하였을 경우, 이 결정 사항 자체는 권고적 효력만 있을 뿐 법적 구속력은 없는 것이 일반 적이다. 그런데 국제결제은행 산하의 바젤위원회가 결정한 BIS 비율 규제와 같은 것들이 비회원의 국가에서도 엄격히 준수되는 모습을 종종 보게 된다. 이처럼 일종의 규범적 성격이 나타나는 현실을 어떻게 이해할지에 대한 논의가 있다. 이는 위반에 대한 제재를 통해 국제법의 효력을 확보하는 데 주안점을 두는 일반적 경향을 되돌아보게 한다. 곧 신뢰가 형성하는 구속력에 주목하는 것이다.

BIS 비율 은 은행의 재무 건전성을 유지하는 데 필요한 최소한의 자기자본 비율을 설정하여 궁극적으로 예금자와 금융 시스템을 보호하기 위해 바젤위원회에서 도입한 것이다. 바젤위원회에서는 BIS 비율이 적어도 규제 비율인 8%는 되어야 한다는 기준을 제시하였다. 이에 대한 식은 다음과 같다.

$$BIS \, 비율(\%) = \frac{자기자본}{위험\,가중자산} \times 100 \geq 8(\%$$

여기서 자기자본은 은행의 기본자본, 보완자본 및 단기후순위 채무의 합으로, 위험가중자산은 보유 자산에 각 자산의 신용 위험에 대한 위험 가중치를 곱한 값들의 합으로 구하였다. 위험 가중치는 자산 유형별 신용 위험을 반영하는 것인데, OECD 국가의 국채는 0%, 회사채는 100%가 획일적으로 부여되었다. 이후 금융 자산의 가격 변동에 따른 시장 위험도 반영해야 한다는 요구가 커지자, 바젤위원회는 위험가중자산을 신용 위험에 따른 부분과 시장 위험에 따른 부분의 합으로 새로 정의하여 BIS 비율을 산출하도록 하였다. 신용 위험의 경우와 달리 시장 위험의 측정 방식은 감독 기관의 승인하에 은행의 선택에 따라 사용할 수 있게 하여 '바젤 I' 협약이 1996년에 완성되었다.

금융 혁신의 진전으로 '바젤I' 협약의 한계가 드러나자 2004년에 '바젤II' 협약이 도입되었다. 여기에서 BIS 비율의 위험가중자산은 신용 위험에 대한 위험 가중치에 자산의 유형과 신용도를 모두 ⓐ고려하도록 수정되었다. 신용 위험의 측정 방식은 표준 모형이나 내부 모형 가운데 하나를 은행이 이용할 수 있게 되었다. 표준 모형에서는 OECD 국가의 국채는 0%에서 150%까지, 회사채는 20%에서 150%까지 위험 가중치를 구분하여 신용도가 높을수록 낮게 부과한다. 예를 들어 실제 보유한 회사채가 100억 원인데 신용 위험 가중치가 20%라면 위험가중자산에서 그 회사채는 20억 원으로 계산된다. 내부 모형은 은행이 선택한 위험 측정 방식을 감독 기관의 승인하에 그 은행이 사용할 수 있도록 하는 것이다. 또한 감독 기관은 필요시 위험가중자산에 대한 자기자본의 최저 비율이 ⓑ규제 비율을 초과하도록 자국 은행에 요구할 수 있게 함으로써 자기자본의 경직된 기준을 보완하고자 했다.

최근에는 '바젤III' 협약이 발표되면서 자기자본에서 단기후순위 채무가 제외되었다.

최근에는 '바젤III' 협약이 발표되면서 자기자본에서 단기후순위 채무가 제외되었다. 또한 위험가중자산에 대한 기본자본의 비율이 최소 6%가 되게 보완하여 자기자본의 손실 복원력을 강화하였다.

이처럼 새롭게 발표되는 바젤 협약은 이전 협약에 들어 있는 관련 기준을 개정하는 효과가 있다.

바젤 협약은 우리나라를 비롯한 수많은 국가에서 채택하여 제도화하고 있다. 현재 바젤위원회에는 28개국의 금융 당국들이 회원으로 가입되어 있으며, 우리 금융 당국은 2009년에 가입하였다. 하지만 우리나라는 가입하기 훨씬 전부터 BIS 비율을 도입하여 시행하였으며, 현행 법제에도 이것이 반영되어 있다. 바젤 기준을 따름으로써 은행이 믿을 만하다는 징표를 국제 금융 시장에 보여 주어야 했던 것이다. 재무 건전성을 의심받는 은행은 국제 금융 시장에 자리를 잡지 못하거나, 심하면 아예 ⓒ발을 들이지 못할 수도 있다.

바젤위원회에서는 은행 감독 기준을 협의하여

제정한다. 그 헌장에서는 회원들에게 바젤 기준을 자국에 도입할 의무를 부과한다. 하지만 바젤위원회가 초국가적 감독 권한이 없으며 그의 결정도 ⓓ법적 구속력이 없다는 것 또한 밝히고 있다. 바젤 기준은 100개가 넘는 국가가 채택하여 따른다. 이는 국제기구의 결정에 형식적으로 구속을 받지 않는 국가에서까지 자발적으로 받아들여 시행하고 있다는 것인데, 이런 현실을 ㉠말랑말랑한 법(soft law)의 모습이라 설명하기도 한다. 이때 조약이나 국제 관습법은 그에 대비하여 딱딱한 법(hard law)이라 부르게 된다. 바젤 기준도 장래에 ⓔ딱딱하게 응고 될지 모른다

01 윗글의 내용 전개 방식으로 가장 적절한 것은?

① 특정한 국제적 기준의 내용과 그 변화 양상을 서술하며 국제 사회에 작용하는 규범성을 설명하고 있다.

② 특정한 국제적 기준이 제정된 원인을 서술하며 국제 사회의 규범을 감독 권한의 발생 원인에 따라 분류하고 있다.

③ 특정한 국제적 기준의 필요성을 서술하며 국제 사회에 수용 되는 규범의 필요성을 상반된 관점에서 논증하고 있다.

④ 특정한 국제적 기준과 관련된 국내법의 특징을 서술하며 국제 사회에 받아들여지는 규범의 장단점을 설명하고 있다.

⑤ 특정한 국제적 기준의 설정 주체가 바뀐 사례를 서술하며 국제 사회에서 규범 설정 주체가 지닌 특징을 분석하고 있다.

02 윗글에서 알 수 있는 내용으로 적절하지 <u>않은</u> 것은?

① 조약은 체결한 국가들에 대하여 권리와 의무를 부과하는 것이 원칙이다.

② 새로운 바젤 협약이 발표되면 기존 바젤 협약에서의 기준이 변경되는 경우가 있다.

③ 딱딱한 법에서는 일반적으로 제재보다는 신뢰로써 법적 구속력을 확보하는 데 주안점이 있다.

④ 국제기구의 결정을 지키지 않을 때 입게 될 불이익은 그 결정이 준수되도록 하는 역할을 한다.

⑤ 세계 각국에서 바젤 기준을 법제화하는 것은 자국 은행의 재무 건전성을 대외적으로 인정받기 위해서이다.

03 BIS 비율 에 대한 이해로 가장 적절한 것은?

① 바젤I 협약에 따르면, 보유하고 있는 회사채의 신용도가 낮아질 경우 BIS 비율은 낮아지는 경향이 있다.

② 바젤 II 협약에 따르면, 각국의 은행들이 준수해야 하는 위험 가중자산 대비 자기자본의 최저 비율은 동일하다.

③ 바젤 II 협약에 따르면, 보유하고 있는 OECD 국가의 국채를 매각한 뒤 이를 회사채에 투자한다면 BIS 비율은 항상 높아 진다.

④ 바젤 II 협약에 따르면, 시장 위험의 경우와 마찬가지로 감독 기관의 승인하에 은행이 선택하여 사용할 수 있는 신용 위험의 측정 방식이 있다.

⑤ 바젤 III 협약에 따르면, 위험가중자산 대비 보완자본이 최소 2%는 되어야 보완된 BIS 비율 규제를 은행이 준수할 수 있다

04 윗글을 참고할 때, <보기>에 대한 반응으로 적절하지 <u>않은</u> 것은? [3점]

> **보기**
>
> 갑 은행이 어느 해 말에 발표한 자기자본 및 위험가중자산은 아래 표와 같다. 갑 은행은 OECD 국가의 국채와 회사채만을 자산으로 보유했으며, 바젤 II 협약의 표준 모형에 따라 BIS 비율을 산출하여 공시하였다. 이때 회사채에 반영된 위험 가중치는 50%이다. 그 이외의 자본 및 자산은 모두 무시한다.
>
> | 항목 | 자기자본 | | |
> |---|---|---|---|
> | | 기본 자본 | 보완 자본 | 단기 후순위 채무 |
> | 금액 | 50억 원 | 20억 원 | 40억 원 |
>
> | 항목 | 위험 가중치를 반영하여 산출한 위험가중자산 | | |
> |---|---|---|---|
> | | 신용 위험에 따른 위험 가중자산 | | 시장 위험에 따른 위험가중자산 |
> | | 국채 | 회사채 | |
> | 금액 | 300억 원 | 300억 원 | 400억 원 |

① 갑 은행이 공시한 BIS 비율은 바젤위원회가 제시한 규제 비율을 상회하겠군.

② 갑 은행이 보유 중인 회사채의 위험 가중치가 20%였다면 BIS 비율은 공시된 비율보다 높았겠군.

③ 갑 은행이 보유 중인 국채의 실제 규모가 회사채의 실제 규모 보다 컸다면 위험 가중치는 국채가 회사채보다 낮았겠군.

④ 갑 은행이 바젤 I 협약의 기준으로 신용 위험에 따른 위험 가중자산을 산출한다면 회사채는 600억 원이 되겠군.

⑤ 갑 은행이 위험가중자산의 변동 없이 보완자본을 10억 원 증액한다면 바젤 III 협약에서 보완된 기준을 충족할 수 있겠군.

05 ㉠에 해당하는 사례로 가장 적절한 것은?

① 바젤위원회가 국제 금융 현실에 맞지 않게 된 바젤 기준을 개정한다.

② 바젤위원회가 가입 회원이 없는 국가에 바젤 기준을 준수하도록 요청한다.

③ 바젤위원회 회원의 국가가 준수 의무가 있는 바젤 기준을 실제 로는 지키지 않는다.

④ 바젤위원회 회원의 국가가 강제성이 없는 바젤 기준에 대하여 준수 의무를 이행한다.

⑤ 바젤위원회 회원이 없는 국가에서 바젤 기준을 제도화하여 국내에서 효력이 발생하도록 한다.

06 문맥상 ⓐ~ⓔ와 바꿔 쓰기에 적절하지 <u>않은</u> 것은?

① ⓐ : 반영하여 산출하도록

② ⓑ : 8%가 넘도록

③ ⓒ : 바젤위원회에 가입하지

④ ⓓ : 권고적 효력이 있을 뿐이라는

⑤ ⓔ : 조약이나 국제 관습법이 될지

질병을 유발하는 병원체에는 세균, 진균, 바이러스 등이 있다. 생명체의 기본 구조에 속하는 세포막은 지질을 주성분으로 하는 이중층이다. 세균과 진균은 일반적으로 세포막 바깥 부분에 세 포벽이 있고, 바이러스의 표면은 세포막 대신 캡시드라고 부르는 단백질로 이루어져 있다. 바이러스의 종류에 따라 캡시드 외부가 지질을 주성분으로 하는 피막으로 덮인 경우도 있다. 한편 진균과 일부 세균은 다른 병원체에 비해 건조, 열, 화학 물질에 저항성이 강한 포자를 만든다.

생활 환경에서 병원체의 수를 억제하고 전염병을 예방하기 위한 목적으로 사용하는 방역용 화학 물질을 '항(抗)미생물 화학제'라 한다. 항미생물 화학제는 다양한 병원체가 공통으로 갖는 구조를 구성하는 성분들에 화학 작용을 일으키므로 광범위한 살균 효과가 있다. 그러나 병원체의 구조와 성분은 병원체의 종류에 따라 완전히 같지는 않으므로, 동일한 항미생물 화학제라도 그 살균 효과는 다를 수 있다.

항미생물 화학제 중 ㉠멸균제는 포자를 포함한 모든 병원체를 파괴한다. ㉡감염방지제는 포자를 제외한 병원체를 사멸시키는 화합물로 병원, 공공시설, 가정의 방역에 사용된다. 감염방지제 중 독성이 약해 사람의 피부나 상처 소독에도 사용이 가능한 항미생물 화학제를 ㉢소독제라 한다. 사람의 세포막도 지질 성분으로 이루어져 있어 소독제라 하더라도 사람의 세포를 죽일 수 있으므로, 눈이나 호흡기 등의 점막에 접촉하지 않도록 주의해야 한다. 따라서 항미생물 화학제는 병원체에 대한 최대의 방역 효과와 인체 및 환경에 대한 최고의 안전성을 확보할 수 있도록 종류별 사용법을 지켜야 한다.

항미생물 화학제의 작용기제는 크게 병원체의 표면을 손상시키는 방식과 병원체 내부에서 대사 기능을 저해하는 방식으로 나눌 수 있지만, 많은 경우 두 기제가 함께 작용한다. 고농도 에탄올 등의 알코올 화합물은 세포막의 기본 성분인 지질을 용해시키고 단백질을 변성시키며, 병원성 세균에서는 세포벽을 약화시킨다. 또한 알코올 화합물은 지질 피막이 없는 바이러스보다 지질 피막이 있는 병원성 바이러스에서 방역 효과가 크다. 지질 피막은 병원성 바이러스가 사람을 감염시키는 과정에서 중요한 역할을 하기 때문에, 지질을 손상시키는 기능을 가진 항미생물 화학제만으로도 병원성 바이러스에 대한 방역 효과가 있다. 지질 피막의 유무와 관계없이 다양한 바이러스의 감염 예방을 위해서는 하이포염소산 소듐 등의 산화제가 널리 사용된다. 병원성 바이러스의 방역에 사용되는 산화제는 바이러스의 공통적인 표면 구조를 이루는 캡시드를 손상시키는 기능이 있어 바이러스를 파괴하거나 바이러스의 감염력을 잃게 한다.

병원체의 표면에 생긴 약간의 손상이 병원체를 사멸시키는 데 충분하지 않더라도, 항미생물 화학제가 내부로 침투하면 살균 효과가 증가한다. 알킬화제와 산화제는 병원체의 내부로 침투하면 필수적인 물질 대사를 정지시킨다. 글루타르 알데하이드와 같은 알킬화제가 알킬 작용기를 단백질에 결합시키면 단백질을 변성시켜 기능을 상실하게 하고, 핵산의 염기에 결합시키면 핵산을 비정상 구조로 변화시켜 유전자 복제와 발현을 교란한다. 산화제인 하이포염소산 소듐은 병원체 내에서 불특정한 단백질들을 산화시켜 단백질로 이루어진 효소들의 기능을 비활성화하고 병원체를 사멸에 이르게 한다.

01 윗글에서 답을 찾을 수 있는 질문에 해당하지 않는 것은?

① 병원성 세균은 어떤 작용기제로 사람을 감염시킬까?
② 알코올 화합물은 병원성 세균의 살균에 효과가 있을까?
③ 바이러스와 세균의 표면 구조는 어떤 차이가 있을까?
④ 병원성 바이러스 감염 예방을 위한 방역에 사용되는 물질에는 무엇이 있을까?
⑤ 항미생물 화학제가 병원체에 대해 광범위한 살균 효과를 나타 내는 이유는 무엇일까?

02 윗글을 읽고 이해한 내용으로 적절하지 않은 것은?

① 고농도 에탄올은 지질 피막이 있는 바이러스에 방역 효과가 있다.

② 하이포염소산 소듐은 병원체의 내부가 아니라 표면의 단백질을 손상시킨다.

③ 진균의 포자는 바이러스에 비해서 화학 물질에 대한 저항성이 더 강하다.

④ 알킬화제는 병원체 내 핵산의 염기에 알킬 작용기를 결합시켜 유전자의 발현을 방해한다.

⑤ 산화제가 다양한 바이러스를 사멸시키는 것은 그 산화제가 바이러스의 공통적인 구조를 구성하는 성분들에 작용하기 때문이다.

03 ㉠~㉢에 대한 설명으로 적절한 것은?

① ㉠과 ㉡은 모두, 질병의 원인이 되는 진균의 포자와 바이러스를 사멸시킬 수 있다.

② ㉠과 ㉢은 모두, 생활 환경의 방역뿐 아니라 사람의 상처 소독에 적용 가능하다.

③ ㉡과 ㉢은 모두, 바이러스의 종류에 따라 살균 효과가 달라질 수 있다.

④ ㉠은 ㉡과 달리, 세포막이 있는 병원성 세균은 사멸시킬 수 있으나 피막이 있는 병원성 바이러스는 사멸시킬 수 없다.

⑤ ㉡은 ㉢과 달리, 인체에 해로우므로 사람의 점막에 직접 닿아서는 안 된다.

04 <보기>는 윗글을 읽은 학생이 '가상의 실험 결과'를 보고 추론한 내용이다. [가]에 들어갈 말로 적절하지 않은 것은? [3점]

/ 보기 /

◦ 가상의 실험 결과

> 항미생물 화학제로 사용되는 알코올 화합물 A를 변환시켜 다음과 같은 결과를 얻었다.
>
> [결과 1] A에서 지질을 손상시키는 기능만을 약화시켜 B를 얻었다.
>
> [결과 2] A에서 캡시드를 손상시키는 기능만을 강화시켜 C를 얻었다.
>
> [결과 3] B에서 캡시드를 손상시키는 기능만을 강화시켜 D를 얻었다.

◦ 학생의 추론 : 화합물들의 방역 효과와 안전성을 비교해 보면, 가 고 추론할 수 있어.

(단, 지질 손상 기능과 캡시드 손상 기능은 서로 독립적이며, 화합물 A, B, C, D의 비교 조건은 모두 동일하다고 가정함.)

① B는 A에 비해 지질 피막이 있는 바이러스에 대한 방역 효과는 작고, 인체에 대한 안전성은 높다.

② C는 A에 비해 지질 피막이 없는 바이러스에 대한 방역 효과는 크고, 인체에 대한 안전성은 같다.

③ C는 B에 비해 지질 피막이 있는 바이러스에 대한 방역 효과는 크고, 인체에 대한 안전성은 같다.

④ D는 A에 비해 지질 피막이 없는 바이러스에 대한 방역 효과는 크고, 인체에 대한 안전성은 높다.

⑤ D는 B에 비해 지질 피막이 없는 바이러스에 대한 방역 효과는 크고, 인체에 대한 안전성은 같다.

DAY 12 - ①

(가)

전국 시대의 혼란을 종식한 진(秦)은 분서갱유를 단행하며 사상 통제를 ⓐ기도했다. 당시 권력자였던 이사(李斯)에게 역사 지식은 전통만 따지는 허언이었고, 학문은 법과 제도에 대해 논란을 일으키는 원인에 불과했다. 이에 따라 전국 시대의 『순자』처럼 다른 사상을 비판적으로 ⓑ흡수하여 통합 학문의 틀을 보여 준 분위기는 일시적으로 약화되었다. 이에 한(漢) 초기 사상가들의 과제는 진의 멸망 원인을 분석하고 이에 기초한 안정적 통치 방안을 제시하며, 힘의 지배를 ⓒ숭상하던 당시 지배 세력의 태도를 극복하는 것이었다. 이러한 과제에 부응한 대표적 사상가는 육가(陸賈)였다.

순자의 학문을 계승한 그는 한 고조의 치국 계책 요구에 부응해 『신어』를 저술하였다. 이 책을 통해 그는 진의 단명 원인을 가혹한 형벌의 남용, 법률에만 의거한 통치, 군주의 교만과 사치, 그리고 현명하지 못한 인재 등용 등으로 지적하고, 진의 사상 통제가 낳은 폐해를 거론하며 한 고조에게 지식과 학문이 중요함을 설득하고자 하였다. 그에게 지식의 핵심은 현실 정치에 도움을 주는 역사 지식이었다. 그는 역사를 관통하는 자연의 이치에 따라 천문·지리·인사 등 천하의 모든 일을 포괄한다는 ㉠통물(統物)과, 역사 변화 과정에 대한 통찰로서 상황에 맞는 조치를 취하고 기존 규정을 고수하지 않는다는 ㉡통변(通變)을 제시하였다.

통물과 통변이 정치의 세계에 드러나는 것이 ㉢인의(仁義)라고 파악한 그는 힘에 의한 권력 창출을 긍정하면서도 권력의 유지와 확장을 위한 왕도 정치를 제안하며 인의의 실현을 위해 유교 이념과 현실 정치의 결합을 시도하였다.

인의가 실현되는 정치를 위해 육가는 유교의 범위를 벗어나지 않는 한에서 다 사상을 수용하였다. 예와 질시를 중시하며 교화의 정치를 강조하는 유교를 중심으로 도가의 무위와 법가의 권세를 끌어들였다. 그에게 무위는 형벌을 가벼이 하고 군주의 수양을 강조하는 것으로 평온한 통치의 결과를 의미했고, 권세도 현명한 신하의 임용을 통해 정치권력의 안정을 도모하는 방향성을 가진 것이었기에 원래의 그것과는 차별된 것이었다.

육가의 사상은 과도한 융통성으로 사상적 정체성이 문제가 되기도 했지만, 군주의 정치 행위에 따라 천명이 결정됨을 지적하고 인의의 실현을 강조한 통합의 사상이었다. 그의 사상은 한 무제 이후 유교 독존의 시대를 여는 데 기여하였다.

(나)

조선 초기에 진행된 고려 관련 역사서 편찬은 고려 멸망의 필연성과 조선 건국의 정당성을 드러내는 작업이었다. 편찬자들은 다양한 방식으로 고려와 조선의 차별성을 부

📅 **시간은 체크한다.**

👤 **인물(책)은 체크한다.**

🔍 **정의는 체크한다.**

⚙️ **조건은 체크한다.**

📁 **분류는 체크한다.**

📅 **시간은 체크한다.**

각하고, 고려 보다 조선이 뛰어남을 설득하고자 하였다.

태조의 명으로 고려 말에 찬술되었던 자료들을 모아 고려에 관한 역사서가 편찬되었지만, 왕실이 아닌 편찬자의 주관이 ⓓ개입되었다는 비판이 제기되는 등 여러 문제점이 지적되었다. 이에 태종은 고려의 역사서를 다시 만들라는 명을 내렸다. 이후 고려의 용어들을 그대로 싣자는 주장과 유교적 사대주의에 따른 명분에 맞추어 고쳐쓰자는 주장이 맞서는 등 세종 대까지도 논란이 ⓔ계속되었지만, 문종 대에 이르러 『고려사』 편찬이 완성되었다. 이 과정에서 역사 연구에 관심을 기울인 세종은 경서(經書)가 학문의 근본이라면 역사서는 학문을 현실에서 구현하는 것으로 파악하고, 집현전 학자들과의 경연을 통해 경서와 역사서에 대한 이해를 쌓아 갔다.

이런 분위기에서 세종은 중국과 우리나라의 흥망성쇠를 담은 『치평요람』의 편찬을 명하였고, 집현전 학자들은 원(元)까지의 중국 역사와 고려까지의 우리 역사를 정리하였다. 정리 과정에서 주자학적 역사관이 담긴 『자치통감강목』에 따라 역대 국가를 정통과 비정통으로 구분했지만, 편찬 형식 측면에서는 강목체를 따르지 않았다. 또한 올바른 정치의 여부에 따라 국가의 운명이 다하고 천명이 옮겨 간다는 내용을 드러내고자 기존 역사서와 달리 국가 간 전쟁과 외교 문제, 국가 말기의 혼란과 새 국가 초기의 혼란 수습 등을 부각하였다.

이러한 편찬 방식은 국가의 흥망성쇠를 거울삼아 국가를 잘 운영하겠다는 목적 이외에 새 국가의 토대를 마련하려는 의도가 전제된 것이었다. 이런 의도가 집중적으로 반영된 곳은 『치평요람』의 국조(國朝) 부분이었다. 이 부분의 편찬자들은 유교적 시각에서 고려 정치를 바라보며 불교 사상의 폐단을 비롯한 문제점들을 다각도로 드러냈고, 이를 통해 유교적 사회로의 변화를 주장하였다. 이성계의 능력과 업적을 담기는 했지만 이것이 조선 건국을 정당화하기에는 불충분했기에 세종은 역사적 사실을 배경으로 조선 왕조의 우수성을 부각한 『용비어천가』의 편찬을 지시했다. 이는 왕조의 우수성과 정통성을 경전과 역사의 다양한 근거를 통해 보여 주고자 한 것이었다.

👤 인물은 체크한다.

⚙️ 조건은 체크한다.

👤 인물(책)은 체크한다.

01 (가)와 (나)의 차이점을 중심으로 두 글을 비교하며 읽는 방법 으로 가장 적절한 것은?

① (가)는 한(漢)에서, (나)는 조선에서 쓰인 책을 설명하고 있으니, 시대 상황과 사상이 책에 반영된 양상을 비교하며 읽는다.

② (가)는 피지배 계층을, (나)는 지배 계층을 대상으로 한 책을 설명하고 있으니, 예상 독자의 반응 양상을 비교하며 읽는다.

③ (가)는 동일한 시대에, (나)는 서로 다른 시대에 쓰인 책들을 설명하고 있으니, 시대에 따른 창작 환경을 비교하며 읽는다.

④ (가)는 학문적 성격의, (나)는 실용적 성격의 책을 설명하고 있으니, 다양한 분야의 책에 담긴 보편성을 확인하며 읽는다.

⑤ (가)는 국가 주도로, (나)는 개인 주도로 편찬된 책들을 설명 하고 있으니, 각 주체별 관심 분야의 차이를 확인하며 읽는다.

1 STRUCTURE FLOW ///////

👤 **인물**   📅 **시간**

2 ANSWER DECODING ///////

● **STEP 1. 지문 스캔**

지문에서 인물을 중심으로 선지에서 묻는 상황을 찾는다.

● **STEP 2. 선지 매칭**

(가)는 한 초기의 육가가 시대의 요구를 반영하여 저술한 『신어』를 소개하고 있다. (나)는 세종이 국가를 잘 운영하기 위해 『치평요람』을 편찬하였다고 제시하였다. (가)와 (나) 모두 시대 상황과 요구를 반영한 책을 소개하고 있으므로 적절한 선지 ⇒ 정답

---

① 진의 권력자인 이사는 역사 지식과 학문을 부정적인 것으로 인식하였다.

② 전국 시대에는 『순자』처럼 여러 사상을 통합하려는 학문 경향이 있었다.

③ 『치평요람』은 『자치통감강목』의 편찬 형식에 따라 역대 국가를 정통과 비정통으로 구분하여 정리하였다.

④ 『치평요람』의 『국조』는 고려의 문제점들을 보임으로써 사회의 변화를 이끌어야 한다는 주장을 드러내었다.

⑤ 『용비어천가』에는 조선 왕조의 우수성을 드러내고 건국의 정당성을 확보하려는 목적이 담겨 있다.

1 STRUCTURE FLOW ///////

👤 **인물(책)**   ⚙️ **조건**

2 ANSWER DECODING ///////

● **STEP 1. 지문 스캔**

지문에서 인물을 중심으로 선지에서 묻는 상황을 찾는다.

● **STEP 2. 선지 매칭**

『치평요람』은 『자치통감강목』에 따라 역대 국가를 정통과 비정통으로 구분하였으나, 편찬 형식 측면에서는 따르지 않았다. 편찬 형식을 따랐다는 것은 적절하지 않은 선지 ⇒ 정답

03 ㉠~㉢에 대한 이해로 가장 적절한 것은?

① ㉠은 역사 속에서 각광을 받았던 학문 분야들의 ~~개별적 특징~~을 이해한 것이다.

② ㉡은 ~~도가나 법가 사상~~을 중심 이념으로 삼아 정치 상황의 변화에 대응하려는 것이다.

③ ㉢은 현명한 신하의 임용과 ~~엄한~~ 형벌의 집행을 전제로 한 평온한 정치의 결과를 의미한다.

④ ㉢은 군주가 부단한 수양과 안정된 권력을 바탕으로 교화의 정치를 펼쳐야 실현되는 것이다.

⑤ ㉠과 ㉡은 역사 지식과 현실 정치를 긴밀히 연결하여 ~~힘으로 권력을 창출하는 것~~을 의미한다.

1 STRUCTURE FLOW //////////

👤 인물(책)   ⚙️ 조건

2 ANSWER DECODING //////////

● STEP 1. 지문 스캔

지문에서 정의를 중심으로 선지에서 묻는 상황을 찾는다.

● STEP 2. 선지 매칭

육가는 형벌을 가벼이 하고 군주의 수양을 강조하는 것으로 정의하고 평온한 통치의 결과라고 주장하였다. 또한 정치권력의 안정을 도모하는 방향성을 가진 것이다. ㉢은 통물과 통변이 정치의 세계에 드러나는 것으로 적절한 선지 ⇒ 정답

---

04 윗글에서 '육가'와 '집현전 학자들'이 공통적으로 드러내고자 한 내용에 해당하는 것만을 <보기>에서 있는 대로 고른 것은??

┌─── 보기 ───
│ ㄱ. 옛 국가의 역사를 거울삼아 새 국가를 안정적으로 통치 하도록 한다.
│ ㄴ. 옛 국가의 멸망 원인은 잘못된 정치 운영에 있지 않고 새 국가로 천명이 옮겨 온 것에 있다.
│ ㄷ. 옛 국가에서 드러난 ~~사상적 공백을 채우기 위해~~ 새 국가의 군주는 유교에 따라 통치하도록 한다.
└───────

① ㄱ   ② ㄴ   ③ ㄱ, ㄴ
④ ㄱ, ㄷ   ⑤ ㄴ, ㄷ

1 STRUCTURE FLOW //////////

👤 인물(책)   ⚙️ 조건

2 ANSWER DECODING //////////

● STEP 1. 지문 스캔

지문에서 인물을 중심으로 선지에서 묻는 상황을 찾는다.

● STEP 2. 선지 매칭

ㄱ. 육가는 진의 단명 원인을 파악하고 한을 안정적으로 통치하기 위해 『신어』를 저술하였다. 세종은 국가의 흥망성쇠를 거울삼아 국가를 잘 운영하기 위해 『치평요람』을 저술하였다.

ㄴ. 육가는 진의 단명 원인 중 하나로 군주의 교만과 사치로 제시하였다.

집현전 학자들은 올바른 정치의 여부에 따라 국가의 운명이 다한다고 주장하였다.

ㄷ. 진은 분서갱유로 사상을 통제하였으나 사상적 공백이 있지 않았다. 조선 초기에 고려의 불교 폐단을 지적하였다. 사상적 공백이 아닌 이전 사상의 문제점을 지적하였다. ⇒ 정답

05 <보기>는 동양 역사가들의 견해이다. <보기>를 바탕으로 (가), (나)를 이해한 내용으로 적절하지 <u>않은</u> 것은?

[3점]

/ 보기 /

ㄱ. 대부분 옛일의 성패를 논하기 좋아하고 그 일의 진위를 자세히 살피지 않는다. 하지만 진위를 분명히 한 후에야 성패가 어긋나지 않을 수 있다. 이는 역사 서술의 근원인 자료를 바로잡고 깨끗이 한다는 뜻이다.

ㄴ. 고금의 흥망은 현실의 객관적 형세인 시세의 흐름에 따르는 것이며, 사림(士林)의 재주와 덕행으로 말미암은 것은 아니었다. 그러므로 천하의 일은 시세가 제일 중요하고, 행복과 불행이 다음이며, 옳고 그름의 구분은 마지막이라고 하는 것이다.

ㄷ. 도(道)의 본체는 경서에 있지만 그것의 큰 쓰임은 역사서에 담겨 있다. 역사란 선을 높이고 악을 낮추며 선을 권면 하고 악을 징계하는 것이다.

① ㄱ의 관점에 따르면, 『신어』에 제시된 진의 멸망 원인에 대한 지적은 관련 내용의 진위에 대한 명확한 판별 이후에 이루어져야 하는 것이겠군.

② ㄱ의 관점에 따르면, 『고려사』 편찬 과정에서 고려의 용어를 고쳐 쓰자고 한 의견은 ~~역사 서술의 근원인 자료를 바로잡고~~ 깨끗이 하자는 것이라고 볼 수 있겠군.

③ ㄴ의 관점에 따르면, 『치평요람』에 서술된 국가의 흥망은 그 원인이 인물들의 능력보다는 객관적 형세인 시세의 흐름에 있다고 보아야겠군.

④ ㄷ의 관점에 따르면, 『신어』에 제시된 진에 대한 비판은 악을 낮추고 징계하는 것으로 볼 수 있겠군.

⑤ ㄷ의 관점에 따르면, 『치평요람』 편찬과 관련한 세종의 생각에서 학문의 근본은 도의 본체에, 현실에서 학문의 구현은 도의 큰 쓰임에 대응하겠군

06 문맥상 ⓐ~ⓔ와 바꿔 쓰기에 적절하지 <u>않은</u> 것은?

① ⓐ : 꾀했다

② ⓑ : 받아들여

③ ⓒ : 믿던

④ ⓓ : 끼어늘었다는

⑤ ⓔ : 이어졌지만

---

1 STRUCTURE FLOW ///////

👤 **인물(책)**　⚙️ **조건**

2 ANSWER DECODING ///////

● **STEP 1. 지문 스캔**

지문에서 인물(책)을 중심으로 선지에서 선지에서 묻는 상황을 찾는다..

● **STEP 2. 선지 매칭**

<보기>의 ㄱ에서 옛일의 진위를 분명히 해야 성패가 어긋나지 않을 수 있다고 하였다. 『고려사』를 편찬 과정에서 유교적 명분과 사대주의에 맞춰서 용어를 고쳐 쓰자는 논의가 있었다. 이는 일의 진위를 바로 잡는 것이 아닌 시대의 요구를 반영하기 위함이므로 적절하지 않은 선지⇒ 정답

1 ANSWER DECODING ///////

● **STEP 1. 지문 스캔**

지문에서 문맥과 단어의 뜻으로 선지에서 묻는 단어를 찾는다. 틀렸다면 별도로 정리한다.

● **STEP 2. 선지 매칭**

ⓒ숭상하던 : 높여 소중히 여기다.

③믿던 : 어떤 사실이나 말을 꼭 그렇게 될 것이라고 생각하거나 그렇다고 여기다. ⇒ 정답

DAY 12 - ②

국제법에서 일반적으로 조약은 국가나 국제기구들이 그들 사이에 지켜야 할 구체적인 권리와 의무를 명시적으로 합의하여 창출하는 규범이며, 국제 관습법은 조약 체결과 관계없이 국제 사회 일반이 받아들여 지키고 있는 보편적인 규범이다. 반면에 경제 관련 국제기구에서 어떤 결정을 하였을 경우, 이 결정 사항 자체는 권고적 효력만 있을 뿐 법적 구속력은 없는 것이 일반 적이다. 그런데 국제결제은행 산하의 바젤위원회가 결정한 BIS 비율 규제와 같은 것들이 비회원의 국가에서도 엄격히 준수되는 모습을 종종 보게 된다. 이처럼 일종의 규범적 성격이 나타나는 현실을 어떻게 이해할지에 대한 논의가 있다. 이는 위반에 대한 제재를 통해 국제법의 효력을 확보하는 데 주안점을 두는 일반적 경향을 되돌아보게 한다. 곧 신뢰가 형성하는 구속력에 주목하는 것이다.

BIS 비율은 은행의 재무 건전성을 유지하는 데 필요한 최소한의 자기자본 비율을 설정하여 궁극적으로 예금자와 금융 시스템을 보호하기 위해 바젤위원회에서 도입한 것이다. 바젤위원회에서는 BIS 비율이 적어도 규제 비율인 8%는 되어야 한다는 기준을 제시하였다. 이에 대한 식은 다음과 같다.

$$BIS\,비율(\%) = \frac{자기\,자본}{위험\,가중자산} \times 100 \geq 8(\%$$

여기서 자기자본은 은행의 기본자본, 보완자본 및 단기후순위 채무의 합으로, 위험가중자산은 보유 자산에 각 자산의 신용 위험에 대한 위험 가중치를 곱한 값들의 합으로 구하였다. 위험 가중치는 자산 유형별 신용 위험을 반영하는 것인데, OECD 국가의 국채는 0%, 회사채는 100%가 획일적으로 부여되었다. 이후 금융 자산의 가격 변동에 따른 시장 위험도 반영해야 한다는 요구가 커지자, 바젤위원회는 위험가중자산을 신용 위험에 따른 부분과 시장 위험에 따른 부분의 합으로 새로 정의하여 BIS 비율을 산출하도록 하였다. 신용 위험의 경우와 달리 시장 위험의 측정 방식은 감독 기관의 승인하에 은행의 선택에 따라 사용할 수 있게 하여 '바젤 I' 협약이 1996년에 완성되었다.

금융 혁신의 진전으로 '바젤I' 협약의 한계가 드러나자 2004년에 '바젤II' 협약이 도입되었다. 여기에서 BIS 비율의 위험가중자산은 신용 위험에 대한 위험 가중치에 자산의 유형과 신용도를 모두 ⓐ고려하도록 수정되었다. 신용 위험의 측정 방식은 표준 모형이나 내부 모형 가운데 하나를 은행이 이용할 수 있게 되었다. 표준 모형에서는 OECD 국가의 국채는 0%에서 150%까지, 회사채는 20%에서 150%까지 위험 가중치를 구분하여 신용도가 높을수록 낮게 부과한다. 예를 들어 실제 보유한 회사채가 100억 원인데 신용 위험 가중치가 20%라면 위험가중자산에서 그 회사채는 20억 원으로 계산된다. 내부 모형은 은행이

정의는 체크한다.

분류는 체크한다.

정의는 체크한다.

조건은 체크한다.

시간은 체크한다.

선택한 위험 측정 방식을 감독 기관의 승인하에 그 은행이 사용할 수 있도록 하는 것이다. 또한 감독 기관은 필요 시 위험가중자산에 대한 자기자본의 최저 비율이 ⓑ규제 비율을 초과하도록 자국 은행에 요구할 수 있게 함으로써 자기자본의 경직된 기준을 보완하고자 했다.

최근에는 '바젤III' 협약이 발표되면서 자기자본에서 ~~단기후순위~~ 채무가 제외되었다.

최근에는 '바젤III' 협약이 발표되면서 자기자본에서 단기후순위 채무가 제외되었다. 또한 위험가중자산에 대한 기본자본의 비율이 최소 6%가 되게 보완하여 자기자본의 손실 복원력을 강화하였다.

이처럼 새롭게 발표되는 바젤 협약은 이전 협약에 들어 있는 관련 기준을 개정하는 효과가 있다.

바젤 협약은 우리나라를 비롯한 수많은 국가에서 채택하여 제도화하고 있다. 현재 바젤위원회에는 28개국의 금융 당국들이 회원으로 가입되어 있으며, 우리 금융 당국은 2009년에 가입하였다. 하지만 우리나라는 가입하기 훨씬 전부터 BIS 비율을 도입하여 시행하였으며, 현행 법제에도 이것이 반영되어 있다. 바젤 기준을 따름으로써 은행이 믿을 만하다는 징표를 국제 금융 시장에 보여 주어야 했던 것이다. 재무 건전성을 의심받는 은행은 국제 금융 시장에 자리를 잡지 못하거나, 심하면 아예 ⓒ발을 들이지 못할 수도 있다.

바젤위원회에서는 은행 감독 기준을 협의하여 제정한다. 그 헌장에서는 회원들에게 바젤 기준을 자국에 도입할 의무를 부과한다. 하지만 바젤위원회가 초국가적 감독 ~~권한~~이 없으며 그의 결정도 ⓓ법적 ~~구속력~~이 없다는 것 또한 밝히고 있다. 바젤 기준은 100개가 넘는 국가가 채택하여 따른다. 이는 국제기구의 결정에 형식적으로 구속을 받지 않는 국가에서까지 자발적으로 받아들여 시행하고 있다는 것인데, 이런 현실을 ㉠말랑말랑한 법(soft law)의 모습이라 설명하기도 한다. 이때 조약이나 국제 관습법은 그에 대비하여 딱딱한 법(hard law)이라 부르게 된다. 바젤 기준도 장래에 ⓔ딱딱하게 응고될지 모른다

↔ 비교는 체크한다.

⚙ 조건은 체크한다.

🔍 정의는 체크한다.

01 윗글의 내용 전개 방식으로 가장 적절한 것은?

① 특정한 국제적 기준의 내용과 그 변화 양상을 서술하며 국제 사회에 작용하는 규범성을 설명하고 있다.

② 특정한 국제적 기준이 제정된 원인을 서술하며 국제 사회의 규범을 ~~감독 권한의 발생 원인에 따라 분류하고 있다.~~

③ 특정한 국제적 기준의 필요성을 서술하며 국제 사회에 수용 되는 규범의 필요성을 ~~상반된 관점에서 논증하고 있다.~~

④ 특정한 국제적 기준과 관련된 ~~국내법의 특징을 서술하며 국제 사회에 받아들여지는 규범의 장단점을 설명하고 있다.~~

⑤ 특정한 국제적 기준의 ~~설정 주체가 바뀐 사례를 서술하며 국제 사회에서 규범 설정 주체가 지닌 특징을 분석하고 있다.~~

1 STRUCTURE FLOW /////////

📁 분류   🔍 정의

2 ANSWER DECODING /////////

● STEP 1. 지문 스캔

지문에서 분류를 중심으로 선지에서 묻는 상황을 찾는다.

● STEP 2. 선지 매칭

BIS 비율을 바탕으로 바젤 협약Ⅰ,Ⅱ,Ⅲ으로 변화하는 과정을 서술하고 있으므로 적절한 선지 ⇒ 정답

---

02 윗글에서 알 수 있는 내용으로 적절하지 <u>않은</u> 것은?

① 조약은 체결한 국가들에 대하여 권리와 의무를 부과하는 것이 원칙이다.

② 새로운 바젤 협약이 발표되면 기존 바젤 협약에서의 기준이 변경되는 경우가 있다.

③ 딱딱한 법에서는 일반적으로 ~~제재보다는 신뢰~~로써 법적 구속력을 확보하는 데 주안점이 있다.

④ 국제기구의 결정을 지키지 않을 때 입게 될 불이익은 그 결정이 준수되도록 하는 역할을 한다.

⑤ 세계 각국에서 바젤 기준을 법제화하는 것은 자국 은행의 재무 건전성을 대외적으로 인정받기 위해서이다.

1 STRUCTURE FLOW /////////

🔍 정의   ⚙️ 조건

2 ANSWER DECODING /////////

● STEP 1. 지문 스캔

지문에서 정의를 중심으로 선지에서 묻는 상황을 찾는다.

● STEP 2. 선지 매칭

말랑말랑한 법은 신뢰가 형성하는 구속력에 주목하여 형식적으로 적용 받지 않는 국가까지 영향을 미치는 것을 의미한다. 반면 딱딱한법은 조약이나 국제 관습법으로 법적 구속력이 있다. 신뢰로 운영 되는 것은 말랑말랑한 법이므로 딱딱한 법이라고 한 것은 적절하지 않은 선지 ⇒ 정답

03 | BIS 비율 | 에 대한 이해로 가장 적절한 것은?

① 바젤I 협약에 따르면, 보유하고 있는 회사채의 신용도가 낮아질 경우 BIS 비율은 ~~낮아지는 경향이 있다.~~

② 바젤 II 협약에 따르면, 각국의 은행들이 준수해야 하는 위험 가중자산 대비 자기자본의 최저 비율은 ~~동일하다.~~

③ 바젤 II 협약에 따르면, 보유하고 있는 OECD 국가의 국채를 매각한 뒤 이를 회사채에 투자한다면 BIS 비율은 ~~항상~~ 높아 진다.

④ 바젤 II 협약에 따르면, 시장 위험의 경우와 마찬가지로 감독 기관의 승인하에 은행이 선택하여 사용할 수 있는 신용 위험의 측정 방식이 있다.

⑤ 바젤 III 협약에 따르면, 위험가중자산 대비 보완자본이 ~~최소 2%는 되어야~~ 보완된 BIS 비율 규제를 은행이 준수할 수 있다

1 STRUCTURE FLOW ////////

> 📁 분류   🔍 정의

2 ANSWER DECODING ////////

● STEP 1. 지문 스캔

지문에서 분류를 중심으로 선지에서 묻는 상황을 찾는다.

● STEP 2. 선지 매칭

바젤 협약 I 은 감독 기관의 승인하에 은행의 선택에 따라 사용할 수 있게 하였다. 바젤 협약 II와III은 바젤 협약 I 의 기본 틀을 유지하되, 일부 내용이 추가된 것이다. 바젤 협약 II 는 신용 위험을 측정할 때 표준 모형이나 내부 모형 중 선택할 수 있다. 내부 모형은 은행이 선택하고 감독 기관의 승인하에 사용하는 모형으로 적절한 선지 ⇒ 정답

04 윗글을 참고할 때, <보기>에 대한 반응으로 적절하지 <u>않은</u> 것은? [3점]

보기

갑 은행이 어느 해 말에 발표한 자기자본 및 위험가중 자산은 아래 표와 같다. 갑 은행은 OECD 국가의 국채와 회사채만을 자산으로 보유했으며, 바젤 II 협약의 표준 모형에 따라 BIS 비율을 산출하여 공시하였다. 이때 회사채에 반영된 위험 가중치는 50%이다. 그 이외의 자본 및 자산은 모두 무시한다.

항목	자기자본		
	기본 자본	보완 자본	단기 후순위 채무
금액	50억 원	20억 원	40억 원

항목	위험 가중치를 반영하여 산출한 위험가중자산		
	신용 위험에 따른 위험 가중자산		시장 위험에 따른 위험가중자산
	국채	회사채	
금액	300억 원	300억 원	400억 원

---

① 갑 은행이 공시한 BIS 비율은 바젤위원회가 제시한 규제 비율을 상회하겠군.

② 갑 은행이 보유 중인 회사채의 위험 가중치가 20%였다면 BIS 비율은 공시된 비율보다 높았겠군.

③ 갑 은행이 보유 중인 국채의 실제 규모가 회사채의 실제 규모 보다 컸다면 위험 가중치는 국채가 회사채보다 낮았겠군.

④ 갑 은행이 바젤 I 협약의 기준으로 신용 위험에 따른 위험 가중자산을 산출한다면 회사채는 600억 원이 되겠군.

⑤ 갑 은행이 위험가중자산의 변동 없이 ~~보완자본을~~ 10억 원 증액한다면 바젤 III 협약에서 보완된 기준을 충족할 수 있겠군.

---

1 STRUCTURE FLOW /////////

📁 **분류** ⚙️ **조건**

2 ANSWER DECODING /////////

● **STEP 1. 지문 스캔**

지문에서 조건을 중심으로 선지에서 묻는 상황을 찾는다.

● **STEP 2. 선지 매칭**

바젤 협약 III에서 자기자본에서 단기후순위채무는 제외되고 위험가중자산에 대한 기본자본의 비율은 최소 6%이다. 이에 따라 자기 자본은 기본자본+보완자본으로 보완 자본을 10억 증액하면 80억 원이다. 위험가중자산은 1,000억원으로 BIS 비율은 x100으로 8%를 만족하지만 ,위험가중자산에 대한 기본 자산의 비율은 100으로 5%이다. 바젤 협약 III에서 정한 기준을 넘기 위에서 보완 자본이 아닌 기본 자본을 10억 증액해야 하므로 적절하지 않은 선지 ⇒ 정답

05 ㉠에 해당하는 사례로 가장 적절한 것은?

① 바젤위원회가 국제 금융 현실에 ~~맞지 않게 된~~ 바젤 기준을 개정한다.

② 바젤위원회가 가입 회원이 없는 국가에 바젤 기준을 준수하도록 ~~요청한다.~~

③ 바젤위원회 회원의 국가가 준수 의무가 있는 바젤 기준을 실제 로는 지키지 ~~않는다.~~

④ 바젤위원회 ~~회원의~~ 국가가 강제성이 없는 바젤 기준에 대하여 준수 의무를 이행한다.

⑤ 바젤위원회 회원이 없는 국가에서 바젤 기준을 제도화하여 국내에서 효력이 발생하도록 한다.

1 STRUCTURE FLOW //////

🔍 정의   ⚙️ 조건

2 ANSWER DECODING //////

● STEP 1. 지문 스캔

지문에서 정의를 중심으로 선지에서 묻는 상황을 찾는다.

● STEP 2. 선지 매칭

말랑말랑한 법은 신뢰가 형성하는 구속력에 주목하여 형식적으로 적용 받지 않는 국가까지 영향을 미치는 것을 의미하므로 적절한 선지⇒ 정답

---

06 문맥상 ⓐ~ⓔ와 바꿔 쓰기에 적절하지 않은 것은?

① ⓐ : 반영하여 산출하도록

② ⓑ : 8%가 넘도록

③ ⓒ : 바젤위원회에 가입하지

④ ⓓ : 권고적 효력이 있을 뿐이라는

⑤ ⓔ : 조약이나 국제 관습법이 될지

1 ANSWER DECODING //////

● STEP 1. 지문 스캔

지문에서 문맥과 단어의 뜻으로 선지에서 묻는 단어를 찾는다. 틀렸다면 별도로 정리한다.

● STEP 2. 선지 매칭

ⓒ발을 들이지 : 어떤 분야에 처음 들어가 일하게 되거나 처음 실제로 겪어 보게 되다.

③바젤 위원회에 가입하지 : 바젤위원회는 초국가적 감독 권한이나 법적 구속력이 없기 때문에 바젤위원회에 가입하지 않아도 국제 금융 시장에 처음 들어가지 못하는 것은 아니다. ⇒ 정답

DAY 12 - ③

질병을 유발하는 병원체에는 세균, 진균, 바이러스 등이 있다. 생명체의 기본 구조에 속하는 세포막은 지질을 주성분으로 하는 이중층이다. 세균과 진균은 일반적으로 세포막 바깥 부분에 세 포벽이 있고, 바이러스의 표면은 세포막 대신 캡시드라고 부르는 단백질로 이루어져 있다. 바이러스의 종류에 따라 캡시드 외부가 지질을 주성분으로 하는 피막으로 덮인 경우도 있다. 한편 진균과 일부 세균은 다른 병원체에 비해 건조, 열, 화학 물질에 저항성이 강한 포자를 만든다.

생활 환경에서 병원체의 수를 억제하고 전염병을 예방하기 위한 목적으로 사용하는 방역용 화학 물질을 '항(抗)미생물 화학제'라 한다. 항미생물 화학제는 다양한 병원체가 공통으로 갖는 구조를 구성하는 성분들에 화학 작용을 일으키므로 광범위한 살균 효과가 있다. 그러나 병원체의 구조와 성분은 병원체의 종류에 따라 완전히 같지는 않으므로, 동일한 항미생물 화학제라도 그 살균 효과는 다를 수 있다.

항미생물 화학제 중 ㉠멸균제는 포자를 포함한 모든 병원체를 파괴한다. ㉡감염방지제는 포자를 제외한 병원체를 사멸시키는 화합물로 병원, 공공시설, 가정의 방역에 사용된다. 감염방지제 중 독성이 약해 사람의 피부나 상처 소독에도 사용이 가능한 항미생물 화학제를 ㉢소독제라 한다. 사람의 세포막도 지질 성분으로 이루어져 있어 소독제라 하더라도 사람의 세포를 죽일 수 있으므로, 눈이나 호흡기 등의 점막에 접촉하지 않도록 주의해야 한다. 따라서 항미생물 화학제는 병원체에 대한 최대의 방역 효과와 인체 및 환경에 대한 최고의 안전성을 확보할 수 있도록 종류별 사용법을 지켜야 한다.

항미생물 화학제의 작용기제는 크게 병원체의 표면을 손상시키는 방식과 병원체 내부에서 대사 기능을 저해하는 방식으로 나눌 수 있지만, 많은 경우 두 기제가 함께 작용한다. 고농도 에탄올 등의 알코올 화합물은 세포막의 기본 성분인 지질을 용해시키고 단백질을 변성시키며, 병원성 세균에서는 세포벽을 약화시킨다. 또한 알코올 화합물은 지질 피막이 없는 바이러스보다 지질 피막이 있는 병원성 바이러스에서 방역 효과가 크다. 지질 피막은 병원성 바이러스가 사람을 감염시키는 과정에서 중요한 역할을 하기 때문에, 지질을 손상시키는 기능을 가진 항미생물 화학제만으로도 병원성 바이러스에 대한 방역 효과가 있다. 지질 피막의 유무와 관계없이 다양한 바이러스의 감염 예방을 위해서는 하이포염소산 소듐 등의 산화제가 널리 사용된다. 병원성 바이러스의 방역에 사용되는 산화제는 바이러스의 공통적인 표면 구조를 이루는 캡시드를 손상시키는 기능이 있어 바이러스를 파괴하거나 바이러스의 감염력을 잃게 한다.

병원체의 표면에 생긴 약간의 손상이 병원체를 사멸시

키는 데 충분하지 않더라도, 항미생물 화학제가 내부로 침투하면 살균 효과가 증가한다. 알킬화제와 산화제는 병원체의 내부로 침투하면 필수적인 물질 대사를 정지시킨다. 글루타르 알데하이드와 같은 알킬화제가 알킬 작용기를 단백질에 결합시키면 단백질을 변성시켜 기능을 상실하게 하고, 핵산의 염기에 결합시키면 핵산을 비정상 구조로 변화시켜 유전자 복제와 발현을 교란한다. 산화제인 하이포염소산 소듐은 병원체 내에서 불특정한 단백질들을 산화시켜 단백질로 이루어진 효소들의 기능을 비활성화하고 병원체를 사멸에 이르게 한다.

🔍 정의는 체크한다.

📁 분류는 체크한다.

⚙️ 조건은 체크한다.

⚙️ 조건은 체크한다.

📁 분류는 체크한다.

📁 분류는 체크한다.

01 윗글에서 답을 찾을 수 있는 질문에 해당하지 않는 것은?

① 병원성 세균은 어떤 작용기제로 사람을 감염시킬까?
② 알코올 화합물은 병원성 세균의 살균에 효과가 있을까?
③ 바이러스와 세균의 표면 구조는 어떤 차이가 있을까?
④ 병원성 바이러스 감염 예방을 위한 방역에 사용되는 물질에는 무엇이 있을까?
⑤ 항미생물 화학제가 병원체에 대해 광범위한 살균 효과를 나타 내는 이유는 무엇일까?

1 STRUCTURE FLOW

📁 **분류**   ⚙️ **조건**

2 ANSWER DECODING

● **STEP 1. 지문 스캔**

지문에서 분류를 중심으로 선지에서 묻는 상황을 찾는다.

● **STEP 2. 선지 매칭**

㉠은 모든 병원체를 파괴하고 ㉡은 포자를 제외한 병원체를 파괴하고 ㉢은 독성이 약한 항미생물 화학제이다. 항미생물 화학제는 병원체의 종류에 따라 살균 효과가 다르므로 적절한 선지⇒ 정답

---

02 윗글을 읽고 이해한 내용으로 적절하지 않은 것은?

① 고농도 에탄올은 지질 피막이 있는 바이러스에 방역 효과가 있다.
② 하이포염소산 소듐은 병원체의 내부가 아니라 표면의 단백질을 손상시킨다.
③ 진균의 포자는 바이러스에 비해서 화학 물질에 대한 저항성 이 더 강하다.
④ 알킬화제는 병원체 내 핵산의 염기에 알킬 작용기를 결합시켜 유전자의 발현을 방해한다.
⑤ 산화제가 다양한 바이러스를 사멸시키는 것은 그 산화제가 바이러스의 공통적인 구조를 구성하는 성분들에 작용하기 때문 이다.

1 STRUCTURE FLOW

📁 **분류**   ⚙️ **조건**

2 ANSWER DECODING

● **STEP 1. 지문 스캔**

지문에서 분류를 중심으로 선지에서 묻는 상황을 찾는다.

● **STEP 2. 선지 매칭**

B는 지질 피막을 손상시키는 기능이 약화되어 지질 피막이 있는 바이러스에 살균 효과가 떨어진다. 그러나 사람의 세포막도 지질도 되어있어 B는 안정성이 높다. C보다 지질 피막 바이러스에 효과는 떨어지나, 안정성이 높으므로 적절하지 않은 선지 ⇒ 정답

03 ㉠~㉢에 대한 설명으로 적절한 것은?

① ㉠과 ~~㉡은 모두~~, 질병의 원인이 되는 진균의 포자와 바이러스를 사멸시킬 수 있다.

② ~~㉠과~~ ㉢은 ~~모두~~, 생활 환경의 방역뿐 아니라 사람의 상처 소독에 적용 가능하다.

③ ㉡과 ㉢은 모두, 바이러스의 종류에 따라 살균 효과가 달라질 수 있다.

④ ㉠은 ㉡과 ~~달리~~, 세포막이 있는 병원성 세균은 사멸시킬 수 있으나 피막이 있는 병원성 바이러스는 사멸시킬 수 없다.

⑤ ㉡은 ㉢과 ~~달리~~, 인체에 해로우므로 사람의 점막에 직접 닿아서는 안 된다.

04 <보기>는 윗글을 읽은 학생이 '가상의 실험 결과'를 보고 추론한 내용이다. [가]에 들어갈 말로 적절하지 <u>않은</u> 것은? [3점]

─── 보기 ───

∘ 가상의 실험 결과

항미생물 화학제로 사용되는 알코올 화합물 A를 변환 시켜 다음과 같은 결과를 얻었다.

[결과 1] A에서 지질을 손상시키는 기능만을 약화 시켜 B를 얻었다.

[결과 2] A에서 캡시드를 손상시키는 기능만을 강화시켜 C를 얻었다.

[결과 3] B에서 캡시드를 손상시키는 기능만을 강화시켜 D를 얻었다.

∘ 학생의 추론 : 화합물들의 방역 효과와 안전성을 비교해 보면, 가 고 추론할 수 있어.

(단, 지질 손상 기능과 캡시드 손상 기능은 서로 독립적이며, 화합물 A, B, C, D의 비교 조건은 모두 동일하다고 가정함.)

① B는 A에 비해 지질 피막이 있는 바이러스에 대한 방역 효과는 작고, 인체에 대한 안전성은 높다.

② C는 A에 비해 지질 피막이 없는 바이러스에 대한 방역 효과는 크고, 인체에 대한 안전성은 같다.

③ C는 B에 비해 지질 피막이 있는 바이러스에 대한 방역 효과는 크고, 인체에 대한 안전성은 ~~같다~~.

④ D는 A에 비해 지질 피막이 없는 바이러스에 대한 방역 효과는 크고, 인체에 대한 안전성은 높다.

⑤ D는 B에 비해 지질 피막이 없는 바이러스에 대한 방역 효과는 크고, 인체에 대한 안전성은 같다.

---

1 STRUCTURE FLOW //////////

📁 분류   🔍 정의

2 ANSWER DECODING //////////

● STEP 1. 지문 스캔

지문에서 분류를 중심으로 선지에서 묻는 상황을 찾는다.

● STEP 2. 선지 매칭

바젤 협약Ⅰ은 감독 기관의 승인하에 은행의 선택에 따라 사용할 수 있게 하였다. 바젤 협약 Ⅱ와Ⅲ은 바젤 협약Ⅰ의 기본 틀을 유지하되, 일부 내용이 추가된 것이다. 바젤 협약Ⅱ는 신용 위험을 측정할 때 표준 모형이나 내부 모형 중 선택할 수 있다. 내부 모형은 은행이 선택하고 감독 기관의 승인하에 사용하는 모형으로 적절한 선지 ⇒ 정답

1 STRUCTURE FLOW //////////

📁 분류   ⚙️ 조건

2 ANSWER DECODING //////////

● STEP 1. 지문 스캔

지문에서 조건을 중심으로 선지에서 묻는 상황을 찾는다.

● STEP 2. 선지 매칭

바젤 협약Ⅲ에서 자기자본에서 단기후순위채무는 제외되고 위험가중자산에 대한 기본자본의 비율은 최소 6%이다. 이에 따라 자기 자본은 기본자본+보완자본으로 보완 자본을 10억 증액하면 80억 원이다. 위험가중자신은 1,000익원으로 BIS 비율은 x100으로 8%를 만족하지만 ,위험가중자산에 대한 기본 자산의 비율은 100으로 5%이다. 바젤 협약Ⅲ에서 정한 기준을 넘기 위에서 보완 자본이 아닌 기본 자본을 10억 증액해야 하므로 적절하지 않은 선지 ⇒ 정답

(가)

 조선 왕조의 기본 법전인 『경국대전』에 규정된 신분제는 신분을 양인과 천인으로 나눈 양천제이다. 양인은 과거에 응시할 수 있었지만, 납세와 군역 등의 의무를 져야 했다. 천인은 개인이나 국가에 소속되어 천역(賤役)을 담당했다. 관료 집단을 뜻하던 양반이 16세기 이후 세습적으로 군역 면제 등의 차별적 특혜를 받는 신분으로 굳어짐에 따라 양인은 사회적으로 양반, 중인, 상민으로 분화되었다. 이러한 법적, 사회적 신분제는 갑오개혁으로 철폐되기 이전까지 조선 사회의 근간이 되었다.

 조선 후기에 접어들어 농업 생산력의 증대와 상공업의 발달로 같은 신분 안에서도 분화가 확대되었고, 이에 따라 신분제에 변화가 일어났다. 천인의 대다수를 구성했던 노비는 속량과 도망 등의 방식으로 신분적 억압에서 점차 벗어났다. 영조 연간에 편찬된 법전인 『속대전』에서는 노비가 속량할 수 있는 값을 100냥으로 정하는 규정을 둠으로써 속량을 제도화했다. 이는 국가의 재정 운영상 노비제의 유지보다 그들을 양인 납세자로 전환하는 것이 유리했기 때문이었다. 몰락한 양반들은 노비의 유지가 어려워졌기 때문에 몸값을 받고 속량해 주는 길을 선택했다.

 18세기 이후 경제적으로 성장한 상민층에서는 '유학(幼學)' 직역*을 얻고자 하는 현상이 나타났다. 유학은 벼슬을 하지 않은 유생(儒生)을 지칭했으나, 이 시기에는 관료로 진출하지 못한 이들을 가리키는 직역 명칭으로 ⓐ굳어졌다. 호적상 유학은 군역 면제라는 특권이 있어서 상민층이 원하는 직역이었다. 유학 직역의 획득은 제도적으로 양반이 되는 것을 의미하였으나 그것이 곧 온전한 양반으로 인정받는 것을 의미하는 것은 아니었다. 당시 양반 집단의 일원으로 인정받기 위해서는 ㉠유교적 의례의 순행, 문중과 족보에의 편입 등 다양한 소선이 필요했다. 이에 따라 일부 상민층은 유학 직역을 발판으로 양반 문화를 모방하면서 양반으로 인정받고자 했다.

 조선 후기에는 신분 상승 현상이 일어나면서 양반의 하한선과 비(非)양반층의 상한선이 근접하는 모습이 나타났다. 양반들이 비양반층의 진입을 막는 힘은 여전히 작동하고 있었지만, 비양 반층이 양반에 접근하고자 하는 힘은 더 강하게 작동했다. 유학의 증가는 이러한 현상의 단면을 보여 준다.

* 직역 : 신분에 따라 정해진 의무로서의 역할.

(나)

『경국대전』 체제에서 양인은 관료가 될 수 있다는 점에서 능력주의가 일부 작동하는 것처럼 보이지만, 실제로는 양반 이외의 신분에서는 관료가 되기 어려웠다. 이러한 상황에서 17세기의 유형원은 『반계수록』을 통해, 19세기의 정약용은 『경세유표』 등을 통해 각각 도덕적 능력주의에 기초한 일련의 개혁론 을 제시했다.

 유형원의 기본적인 생각은 국가 공동체를 성리학적 가치와 규범에 따라 운영하고, 구성원도 도덕적으로 만드는 도덕 국가의 건설이었다. 신분 세습을 비판한 그는 현명한 인재라도 노비로 태어나면 노비로 살아야 하는 것이 천하의 도리에 어긋난다고 보고, 노비제 폐지를 주장했다. 아울러 비도덕적 직업이라고 생각한 광대와 같은 직업군을 철폐하고, 사농공상(士農工商)의 사민(四民)으로 편성하고자 했다. 그는 과거제 대신 공거제를 통해 도덕적 능력이 뛰어난 자를 추천으로 선발하여 여러 단계의 교육을 한 후, 최소한의 학식을 확인하여 관료로 임명해야 한다고 제안했다. 도덕을 기준으로 관료를 선발하고 지방에도 관료 선발 인원을 적절히 분배하면 향촌 사회의 풍속도 도덕적으로 이끌 수 있다고 본 것이다.

 정약용은 신분제가 동요하는 상황에서 사민이 뒤섞여 사는 것이 교화에 도움이 되지 않는다고 보고, 사농공상별로 구분하여 거주하는 것을 포함한 행정 구역 개편을 구상했다. 이에 맞춰 사(士) 집단을 재편하고자 했다. 도덕적 능력의 여부에 따라 추천 으로 예비 관료인 '선사'를 선발하고 일정한 교육을 한 후, 여러 단계의 시험을 거쳐 관료를 선발할 것을 제안했다. ㉡사 거주지에서 더 많은 선사를 선발하도록 했지만, 농민과 상공인에도 선사의 선발 인원을 배정하는 등 노비 이외에서 사 집단으로 진출할 수 있도록 했다. 노비제에 대해서는 사를 뒷받침하기 위해 유지되어야 한다고 주장했다.

　도덕적 능력주의와 관련하여 두 사람은 모두 사회 지배층으로서의 사에 주목했다. 유형원은 다스리는 자인 사와 다스림을 받는 민의 구분을 분명히 하는 것이 천하의 이치라고 보고 ⓒ도덕적 능력이 뛰어난 사람들로 지배층인 사를 구성하고자 했다. 정약용도 양반의 세습을 비판하며 도덕적 능력에 따라 사회 지배층을 재편하는 데 입장을 같이했다. 또한 두 사람은 사회 전체의 도덕 실천을 이끌기 위해 사 집단에 정치권력, 경제력 등을 집중시키려 했고, 지배층과 피지배층 간의 차등을 엄격하게 유지하고자 했다. 내용에서 일부 차이가 있었지만, 두 사람은 사회 지배층의 재구성을 통해 도덕 국가 체제를 추구했다.

01 (가)를 읽고 이해한 내용으로 적절하지 <u>않은</u> 것은?

① 『속대전』의 규정을 적용받아 속량된 사람들은 납세의 의무를 지게 되었다.

② 『경국대전』 반포 이후 갑오개혁까지 조선의 법적 신분제에는 두 개의 신분이 존재했다.

③ 조선 후기 양반 중에는 노비를 양인 신분으로 풀어 주고 금전적 이익을 얻은 이들이 있었다.

④ 조선 후기 '유학'의 증가 현상은 『경국대전』의 신분 체계가 작동하지 않는 현상을 보여 주는 것이었다.

⑤ 조선 후기에 상민이 '유학'의 직역을 얻었을 때, 양반의 특권을 일부 가지게 되지만 온전한 양반으로 인정받지는 못했다.

02 　일련의 개혁론 　에 대한 이해로 적절하지 <u>않은</u> 것은?

① 유형원은 자신이 구상한 공동체의 성격에 적합하지 않은 특정 직업군을 없애는 방안을 구상했다.

② 유형원은 지방 사회의 도덕적 기풍을 진작하기 위해 관료 선발 인원을 지방에도 할당하는 방안을 구상했다.

③ 정약용은 지배층인 사 집단이 주도권을 가지고 사회를 운영하는 방안을 구상했다.

④ 정약용은 직업별로 거주지를 달리하는 것을 포함한 행정 구역 개편 방안을 구상했다.

⑤ 유형원과 정약용은 모두 시험으로 도덕적 능력이 우수한 이를 선발하여 교육한 후 관료로 임명하는 방안을 제시했다.

03 ㉠~ⓒ에 대한 설명으로 가장 적절한 것은?

① ㉠은 경제적 영향으로 신분 상승 현상이 나타나는 상황에서 신분적 정체성을 지키려는 양반층의 노력이고, ㉡은 이러한 양반층의 노력을 뒷받침하기 위한 정책적 방안이다.

② ㉠은 호적상 유학 직역이 증가하는 상황에서 양반 집단이 기득권을 지키기 위한 자율적 노력이고, ㉡은 기존의 양반들이 가진 기득권을 제도적으로 강화하기 위한 방안이다.

③ ㉠은 상민층이 유학 직역을 얻는 것이 확대되는 상황에서 양반으로 인정받는 것을 억제하는 장치이고, ⓒ은 능력주의를 통해 인재 등용에 신분의 벽을 두지 않으려는 방안이다.

④ ㉠은 능력주의가 작동하기 어려운 현실적인 상황에서 신분 구분을 강화하여 불평등을 심화하는 제도이고, ⓒ은 사회 지배층의 인원을 늘려 도덕 실천을 이끌기 위한 방안이다.

⑤ ㉡은 양반층의 특권이 점차 사라져 가고 있는 상황에서 신분적 구분을 명확하게 하기 위한 장치이고, ⓒ은 양반과 비양반층의 신분적 구분을 없애기 위한 방안이다.

04 (나)를 바탕으로 다음의 ㄱ~ㄹ에 대해 판단한 것으로 가장 적절한 것은?

ㄱ. 아래로 농공상이 힘써 일하고, 위로 사(士)가 효도하고 공경하니, 이는 나라의 기풍이 흐트러지지 않는 것이다.

ㄴ. 사농공상 누구나 인의(仁義)를 실천한다면 비록 농부의 자식이 관직에 나아가더라도 지나친 일이 아닐 것이다.

ㄷ. 덕행으로 인재를 판정하면 천하가 다투어 이에 힘쓸 것이니, 나라 안의 모든 이에게 존귀하게 될 기회가 열릴 것이다.

ㄹ. 양반과 상민의 구분은 엄연하니, 그 경계를 넘지 않아야 상하의 위계가 분명해지고 나라가 편안하게 다스려질 것이다.

① 유형원은 ㄱ과 ㄹ에 동의하겠군.
② 유형원은 ㄴ과 ㄷ에 동의하지 않겠군.
③ 유형원은 ㄴ에 동의하지 않고, ㄹ에 동의하겠군.
④ 정약용은 ㄴ과 ㄹ에 동의하겠군.
⑤ 정약용은 ㄱ에 동의하고, ㄷ에 동의하지 않겠군.

05 (가), (나)를 바탕으로 <보기>에 대해 보인 반응으로 적절하지 <u>않은</u> 것은? [3점]

보기

16세기 초 영국의 토머스 모어는 '유토피아'라는 가상 국가를 통해 당대 사회를 비판했다. 그가 제시한 유토피아에서는 현실 국가와 달리 모두가 일을 하고, 사치에 필요한 일은 하지 않기 때문에 하루 6시간만 일해도 경제적으로 풍요롭다. 하지만 이곳에서도 노동을 면제받는 '학자 계급'이 존재한다. 성직자, 관료 등의 권력층은 이 학자 계급에서만 나오도록 하였는데, 학자 계급은 의무가 면제되는 대신 연구와 공공의 일에 전념 한다. 학자 계급은 능력 있는 이를 성직자가 추천하고, 대표 들이 승인하는 절차를 거쳐야 될 수 있다. 그러나 학자 계급도 성과가 부족하면 '노동 계급'으로 환원될 수 있고, 노동 계급도 공부에 진전이 있으면 학자 계급으로 승격될 수 있다.

① 유토피아에서 연구와 공공의 일에 전념하는 사람들은 선발의 과정을 거친다는 점에서, (가)의 '유학'보다 (나)의 '선사'에 가깝군.

② 유토피아에서 관료는 노동을 면제받지만 그 특권이 세습되지 않는다는 점에서, (가)에서 차별적 특혜를 받던 16세기 이후의 '양반'과는 다르군.

③ 유토피아에서 '학자 계급'에서만 권력층이 나오도록 한 것은, (나)에서 우월한 집단인 '사 집단'에 정치권력을 집중시키고자 한 유형원, 정약용의 생각과 유사하군.

④ 유토피아에서 '노동 계급'이 '학자 계급'으로 승격되는 것은 학업 능력을 기준으로 추천받는다는 점에서, (가)의 상민 출신인 '유학'이 '양반'으로 인정받는 것과는 다르군.

⑤ 유토피아에서 '노동 계급'과 '학자 계급' 간의 이동이 가능한 것은 계급 간 차등이 없음을 전제하므로, (나)에서 차등을 엄격하게 유지하고자 한 유형원, 정약용의 구상과는 다르군.

06 ⓐ와 문맥상 의미가 가장 가까운 것은?

① 관용이 우리 집의 가훈으로 확고하게 굳어졌다.
② 어젯밤 적당하게 내린 비로 대지가 더욱 굳어졌다.
③ 포기하지 않겠다는 결심이 어머니의 격려로 굳어졌다.
④ 길에서 버스를 기다리던 사람들의 몸이 추위로 굳어졌다.
⑤ 갑작스러운 소식에 나도 모르게 얼굴이 딱딱하게 굳어졌다.

채권은 어떤 사람이 다른 사람에게 특정 행위를 요구할 수 있는 권리이다. 이 특정 행위를 급부라 하고, 특정 행위를 해 주어야 할 의무를 채무라 한다. 채무자가 채권을 ⓐ가진 이에게 급부를 이행하면 채권에 대응하는 채무는 소멸한다. 급부는 재화나 서비스 제공인 경우가 많지만 그 외의 내용일 수도 있다.

민법상의 권리는 여러 가지가 있는데 계약 없이 법률로 정해진 요건의 충족으로 발생하기도 하지만 대개 계약의 효력으로 발생한다. 계약이란 권리 발생 등에 관한 당사자의 합의로서, 계약이 성립하면 합의 내용대로 권리 발생 등의 효력이 인정되는 것이 원칙이다. 당장 필요한 재화나 서비스는 그 제공을 급부로 하는 계약을 성립시켜 확보하면 되지만 미래에 필요할 수도 있는 재화나 서비스라면 계약을 성립시킬 수 있는 권리를 확보하는 것이 유리하다. 이를 위해 '예약'이 활용된다. 일상에서 예약이라고 할 때와 법적인 관점에서의 예약은 구별된다. ㉠기차 탑승을 위해 미리 돈을 지불하고 승차권을 구입하는 것을 '기차 승차권을 예약했다'고도 하지만 이 경우는 예약에 해당하지 않는 계약이다. 법적으로 예약은 당사자들이 합의한 내용대로 권리가 발생하는 계약의 일종으로, 재화나 서비스 제공을 급부 내용으로 하는 다른 계약인 '본계약'을 성립시킬 수 있는 권리 발생을 목적으로 한다.

[A] 예약은 예약상 권리자가 가지는 권리의 법적 성질에 따라 두 가지 유형으로 나뉜다. 첫째는 채권을 발생시키는 예약이다. 이 채권의 급부 내용은 '예약상 권리자의 본계약 성립 요구에 대해 상대방이 승낙하는 것'이다. 회사의 급식 업체 공모에 따라 여러 업체가 신청한 경우 그 중 한 업체가 선정되었다고 회사에서 통지하면 예약이 성립한다. 이에 따라 선정된 업체가 급식을 제공하고 대금을 ⓑ받기로 하는 본계약 체결을 요청하면 회사는 이에 응할 의무를 진다. 둘째는 예약 완결권을 발생시키는 예약이다. 이 경우 예약상 권리자가 본계약을 성립시키겠다는 의사를 표시하는 것만으로 본계약

이 성립한다. 가족 행사를 위해 식당을 예약한 사람이 식당에 도착하여 예약 완결권을 행사하면 곧바로 본계약이 성립하므로 식사 제공이라는 급부에 대한 계약상의 채권이 발생한다.

예약에서 예약상의 급부나 본계약상의 급부가 이행되지 않는 문제가 ⓒ생길 수 있는데, 예약의 유형에 따라 발생 문제의 양상이 다르다. 일반적으로 급부가 이행되지 않아 채권자에게 손해가 발생한 경우 채무자는 자신의 고의나 과실에서 비롯된 것이 아님을 증명하지 못하는 한 채무 불이행 책임을 진다. 이로 인해 채무의 내용이 바뀌는데 원래의 급부 내용이 무엇이든 채권자의 손해를 돈으로 물어야 하는 손해 배상 채무로 바뀐다.

만약 타인이 고의나 과실로 예약상 권리자가 가진 권리 실현을 방해했다면 예약상 권리자는 그에게도 책임을 ⓓ물을 수 있다. 법률에 의하면 누구든 고의나 과실에 의해 타인에게 피해를 ⓔ끼치는 행위를 하고 그 행위의 위법성이 인정되면 불법행위 책임이 성립하여, 가해자는 피해자에게 손해를 돈으로 배상할 채무를 지기 때문이다. 다만 예약상 권리자에게 예약 상대방이나 방해자 중 누구라도 손해 배상을 하면 다른 한쪽의 배상 의무도 사라진다. 급부 내용이 동일하기 때문이다.

01 윗글에 대한 이해로 적절하지 않은 것은?

① 계약상의 채권은 계약이 성립하면 추가 합의가 없어도 발생 하는 것이 원칙이다.

② 재화나 서비스 제공을 대상으로 하는 권리 외에 다른 형태의 권리도 존재한다.

③ 예약상 권리자는 본계약상 권리의 발생 여부를 결정할 수 있다.

④ 급부가 이행되면 채무자의 채권자에 대한 채무가 소멸된다.

⑤ 불법행위 책임은 계약의 당사자 사이에 국한된다.

02 ㉠에 대한 이해로 가장 적절한 것은?

① 기차 탑승은 채권에 해당하고 돈을 지불하는 행위는 그 채권의 대상인 급부에 해당한다.

② 기차를 탑승하지 않는 것은 승차권 구입으로 발생한 채권에 대응하는 의무를 포기하는 것이다.

③ 기차 승차권을 미리 구입하는 것은 계약을 성립시키면서 채권의 행사 시점을 미래로 정해 두는 것이다.

④ 승차권 구입은 계약 없이 법률로 정해진 요건을 충족하여 서비스를 제공받을 권리를 발생시키는 행위이다.

⑤ 미리 돈을 지불하는 것은 미래에 필요한 기차 탑승 서비스 이용이라는 계약을 성립시킬 수 있는 권리를 확보한 것이다.

03 다음은 [A]에 제시된 예를 활용하여, 예약의 유형에 따라 예약상 권리자가 요구할 수 있는 급부에 대해 정리한 것이다. ㄱ~ㄷ에 들어갈 내용을 올바르게 짝지은 것은?

구분	채권을 발생시키는 예약	예약 완결권을 발생시키는 예약
예약상 급부	ㄱ	ㄴ
본계약상 급부	ㄷ	식사 제공

	ㄱ	ㄴ	ㄷ
①	급식 계약 승낙	없음	급식 대금 지급
②	급식 계약 승낙	없음	급식 제공
③	급식 계약 승낙	식사 제공 계약 체결	급식 제공
④	없음	식사 제공 계약 체결	급식 제공
⑤	없음	식사 제공 계약 체결	급식 대금 지급

04 (가), (나)를 바탕으로 <보기>에 대해 보인 반응으로 적절하지 않은 것은? [3점]

보기

특별한 행사를 앞두고 있는 갑은 미용실을 운영하는 을과 예약을 하여 행사 당일 오전 10시에 머리 손질을 받기로 했다.

갑이 시간에 맞춰 미용실을 방문하여 머리 손질을 요구했을 때 병이 이미 을에게 머리 손질을 받고 있었다. 갑이 예약해 둔 시간에 병이 고의로 끼어들어 위법성이 있는 행위를 하여 ㉮갑은 오전 10시에 머리 손질을 받을 수 없는 손해를 입었다.

① ㉮가 발생하는 과정에서 을의 과실이 있는 경우, 을은 갑에 대해 채무 불이행 책임이 있고 병은 갑에 대해 손해 배상 채무가 있다.

② ㉮가 발생하는 과정에서 을의 고의가 있는 경우, 을과 병은 모두 갑에게 손해 배상 채무를 지고 을이 배상을 하면 병은 갑에 대한 채무가 사라진다.

③ ㉮가 발생하는 과정에서 을에게 고의나 과실이 있는지 없는지 증명되지 않은 경우, 을과 병은 모두 갑에게 채무를 지고 그에 따른 급부의 내용은 동일하다.

④ ㉮가 발생하는 과정에서 을에게 고의나 과실이 있는지 없는지 증명되지 않은 경우, 을과 병은 모두 채무 불이행 책임을 지므로 갑에게 손해 배상 채무를 진다.

⑤ ㉮가 발생하는 과정에서 을에게 고의나 과실이 없음이 증명된 경우, 을과 달리 병에게는 갑이 입은 손해에 대해 금전으로 배상할 책임이 있다.

05 문맥상 ⓐ~ⓔ의 단어와 가장 가까운 의미로 쓰인 것은?

① ⓐ : 자신의 일에 자부심을 가지는 것이 중요하다.

② ⓑ : 올해 생일에는 고향 친구에게서 편지를 받았다.

③ ⓒ : 기차역 주변에 새로 생긴 상가에 가 보았다.

④ ⓓ : 나는 도서관에서 책 빌리는 방법을 물어 보았다.

⑤ ⓔ : 바닷가의 찬바람을 쐬니 온몸에 소름이 끼쳤다.

우리는 한 대의 자동차는 개체라고 하지만 바닷물을 개체라고 하지는 않는다. 어떤 부분들이 모여 하나의 개체를 ⓐ이룬다고 할 때 이를 개체라고 부를 수 있는 조건은 무엇일까? 일단 부분들 사이의 유사성은 개체성의 조건이 될 수 없다. 가령 일란성 쌍둥이인 두 사람은 DNA 염기 서열과 외모도 같지만 동일한 개체는 아니다. 그래서 부분들의 강한 유기적 상호작용이 그 조건으로 흔히 제시된다. 하나의 개체를 구성하는 부분들은 외부 존재가 개체에 영향을 주는 것과는 비교할 수 없이 강한 방식으로 서로 영향을 주고받는다.

상이한 시기에 존재하는 두 대상을 동일한 개체로 판단하는 조건도 물을 수 있다. 그것은 두 대상 사이의 인과성이다. 과거의 '나'와 현재의 '나'를 동일하다고 볼 수 있는 것은 강한 인과성이 존재하기 때문이다. 과거의 '나'와 현재의 '나'는 세포 분열로 세포가 교체되는 과정을 통해 인과적으로 연결되어 있다. 또 '나'가 세포 분열을 통해 새로운 개체를 생성할 때도 '나'와 '나의 후손'은 인과적으로 연결되어 있다. 비록 '나'와 '나의 후손'은 동일한 개체는 아니지만 '나'와 다른 개체들 사이에 비해 더 강한 인과성으로 연결되어 있다.

개체성에 대한 이러한 철학적 질문은 생물학에서도 중요한 연구 주제가 된다. 생명체를 구성하는 단위는 세포이다. 세포는 생명체의 고유한 유전 정보가 담긴 DNA를 가지며 이를 복제하여 증식하고 번식하는 과정을 통해 자신의 DNA를 후세에 전달한다. 세포는 사람과 같은 진핵생물의 진핵세포와, 박테리아나 고세균과 같은 원핵생물의 원핵세포로 구분된다. 진핵세포는 세포질에 막으로 둘러싸인 핵이 ⓑ있고 그 안에 DNA가 있지만, 원핵세포는 핵이 없다. 또한 진핵세포의 세포질에는 막으로 둘러싸인 여러 종류의 세포 소기관이 있으며, 그중 미토콘드리아는 세포 활동에 필요한 생체 에너지를 생산하는 기관이다. 대부분의 진핵세포는 미토콘드리아를 필수적으로 ⓒ가지고 있다.

이러한 미토콘드리아가 원래 박테리아의 한 종류인 원생미토 콘드리아였다는 이론이 20세기 초에 제기되었다. 공생발생설 또는 세포 내 공생설이라고 불리는 이 이론에서는 두 원핵생물 간의 공생 관계가 지속되면서 진핵세포를 가진 진핵생물이 탄생했다고 설명한다. 공생은 서로 다른 생명체가 함께 살아가는 것을 말하며, 서로 다른 생명체를 가정하는 것은 어느 생명체의 세포 안에서 다른 생명체가 공생하는 '내부 공생'에서도 마찬 가지이다. ㉠공생발생설은 한동안 생물학계로부터 인정받지 못했다. 미토콘드리아의 기능과 대략적인 구조, 그리고 생명체 간 내부 공생의 사례는 이미 알려졌지만 미토콘드리아가 과거에 독립된 생명체였다는 것을 쉽게 믿을 수 없었기 때문이었다. 그리고 한 생명체가 세대를 이어 가는 과정 중에 돌연변이와 자연선택이 일어나고, 이로 인해 종이 진화하고 분화한다고 보는 전통적인 유전학에서 두 원핵생물의 결합은 주목받지 못했다.

그러다가 전자 현미경의 등장으로 미토콘드리아의 내부까지 세밀히 관찰하게 되고, 미토콘드리아 안에는 세포핵의 DNA와는 다른 DNA가 있으며 단백질을 합성하는 자신만의 리보솜을 가지고 있다는 사실이 ⓓ밝혀지면서 공생발생설이 새롭게 부각되었다.

공생발생설에 따르면 진핵생물은 원생미토콘드리아가 고세균의 세포 안에서 내부 공생을 하다가 탄생했다고 본다. 고세균의 핵의 형성과 내부 공생의 시작 중 어느 것이 먼저인지에 대해서는 논란이 있지만, 고세균은 세포질에 핵이 생겨 진핵세포가 되고 원생미토콘드리아는 세포 소기관인 미토콘드리아가 되어 진핵 생물이 탄생했다는 것이다. 미토콘드리아가 원래 박테리아의 한 종류였다는 근거는 여러 가지가 있다. 박테리아와 마찬가지로 새로운 미토콘드리아는 이미 존재하는 미토콘드리아의 '이분 분열'을 통해서만 ⓔ만들어진다. 미토콘드리아의 막에는 진핵 세포막의 수송 단백질과는 다른 종류의 수송 단백질인 포린이 존재하고 박테리아의 세포막에 있는 카디오리핀이 존재한다. 또 미토콘드리아의 리보솜은 진핵세포의 리보솜보다 박테리아의 리보솜과 더 유사하다.

미토콘드리아는 여전히 고유한 DNA를 가진 채 복제와 증식이 이루어지는데도, 미토콘드리아와 진핵세포 사이의 관계를 공생 관계로 보지 않는 이유는 무엇일까? 두 생명체가 서로 떨어져서 살 수 없더라도 각자의 개체성을 잃을 정도로 유기적 상호작용이 강하지 않다면 그 둘은 공생 관계에 있다고 보는데, 미토콘 드리아와 진핵세포 간의 유기적 상호작용은 둘을 다른 개체로 볼 수 없을 만큼 매우 강하기 때문이다. 미토콘드리아가 개체 성을 잃고 세포 소기관이 되었다고 보는 근거는, 진핵세포가 미토콘드리아의 증식을 조절하고, 자신을 복제하여 증식할 때 미토콘드리아도 함께 복제하여 증식시킨다는 것이다. 또한 미토 콘드리아의 유전자의 많은 부분이 세포핵의 DNA로 옮겨 가 미토콘드리아의 DNA 길이가 현저히 짧아졌다는 것이다. 미토 콘드리아에서 일어나는 대사 과정에 필요한 단백질은 세포핵의 DNA로부터 합성되고, 미토콘드리아의 DNA에 남은 유전자 대부분은 생체 에너지를 생산하는 역할을 한다. 예컨대 사람의 미토콘드리아는 37개의 유전자만 있을 정도로 DNA 길이가 짧다.

01 윗글의 내용 전개 방식으로 가장 적절한 것은?

① 개체성과 관련된 예를 제시한 후 공생발생설에 대한 다양한 견해를 비교하고 있다.
② 개체에 대한 정의를 제시한 후 세포의 생물학적 개념이 확립 되는 과정을 서술하고 있다.
③ 개체성의 조건을 제시한 후 세포 소기관의 개체성에 대해 공생발생설을 중심으로 설명하고 있다.
④ 개체의 유형을 분류한 후 세포의 소기관이 분화되는 과정을 공생발생설을 중심으로 설명하고 있다.
⑤ 개체와 관련된 개념들을 설명한 후 세포가 하나의 개체로 변화하는 과정을 인과적으로 서술하고 있다.

02 윗글에 대한 이해로 적절하지 않은 것은?

① 유사성은 아무리 강하더라도 개체성의 조건이 될 수 없다.
② 바닷물을 개체라고 말하기 어려운 이유는 유기적 상호작용이 약하기 때문이다.
③ 새로운 미토콘드리아를 복제하기 위해서는 세포 안에 미토콘 드리아가 반드시 있어야 한다.
④ 미토콘드리아의 대사 과정에 필요한 단백질은 미토콘드리아 의 막을 통과하여 세포질로 이동해야 한다.
⑤ 진핵세포가 되기 전의 고세균이 원생미토콘드리아보다 진핵 세포와 더 강한 인과성으로 연결되어 있다.

03 윗글을 참고할 때, ㉠의 이유로 가장 적절한 것은?

① 진핵세포가 세포 소기관을 가지고 있다는 사실을 알지 못했기 때문이다.
② 공생발생설이 당시의 유전학 이론에 어긋난다는 근거가 부족 했기 때문이다.
③ 한 생명체가 다른 생명체의 세포 속에서 살 수 있다는 근거가 부족했기 때문이다.
④ 미토콘드리아가 신핵세보의 활동에 중요한 기능을 한다는 사실을 알지 못했기 때문이다.
⑤ 미토콘드리아가 자신의 고유한 유전 정보를 전달할 수 있다는 것을 알지 못했기 때문이다.

04 <보기>는 진핵세포의 세포 소기관을 연구한 결과들이다. 윗글을 바탕으로 할 때, 각각의 세포 소기관이 박테리아로부터 비롯되었다고 판단할 수 있는 것만을 <보기>에서 고른 것은?

보기

ㄱ. 세포 소기관이 자신의 DNA를 가지고 있다는 것과 이분 분열을 한다는 것을 확인하였다.

ㄴ. 세포 소기관이 자신의 DNA를 가지고 있다는 것과 진핵 세포의 리보솜을 가지고 있다는 것을 확인하였다.

ㄷ. 세포 소기관이 막으로 둘러싸여 있다는 것과 막에는 수송 단백질이 있는 것을 확인하였다.

ㄹ. 세포 소기관이 막으로 둘러싸여 있다는 것과 막에는 다량의 카디오리핀이 있는 것을 확인하였다.

① ㄱ, ㄷ   ② ㄱ, ㄹ   ③ ㄴ, ㄷ
④ ㄴ, ㄹ   ⑤ ㄷ, ㄹ

05 윗글을 바탕으로 <보기>를 이해한 내용으로 적절하지 <u>않은</u> 것은? [3점]

보기

∘ 복어는 테트로도톡신이라는 신경 독소를 가지고 있지만 테트로도톡신을 스스로 만들지 못하고 체내에서 서식하는 미생물이 이를 생산한다. 복어는 독소를 생산하는 미생물에게 서식처를 제공하는 대신 포식자로부터 자신을 방어할 수 있는 무기를 갖게 되었다. 만약 복어의 체내에 있는 미생물을 제거하면 복어는 독소를 가지지 못하나 생존에는 지장이 없었다.

∘ 실험실의 아메바가 병원성 박테리아에 감염되어 대부분의 아메바가 죽고 일부 아메바는 생존하였다. 생존한 아메바의 세포질에서 서식하는 박테리아는 스스로 복제하여 증식할 수 있었고 더 이상 병원성을 지니지는 않았다. 아메바에 게는 무해하지만 박테리아에게는 치명적인 항생제를 아메바에게 투여하면 박테리아와 함께 아메바도 죽었다.

① 병원성을 잃은 '아메바의 세포질에서 서식하는 박테리아'는 세포 소기관으로 변한 것이겠군.

② 복어의 '체내에서 서식하는 미생물'은 '복어'와의 유기적 상호 작용이 강해진다면 개체성을 잃을 수 있겠군.

③ 복어의 세포가 증식할 때 복어의 체내에서 '독소를 생산하는 미생물'의 DNA도 함께 증식하는 것은 아니겠군.

④ '아메바의 세포질에서 서식하는 박테리아'가 개체성을 잃었다면 '아메바의 세포질에서 서식하는 박테리아'의 DNA 길이는 짧아 졌겠군.

⑤ '아메바의 세포질에서 서식하는 박테리아'와 '아메바' 사이의 관계와 '복어'와 '독소를 생산하는 미생물' 사이의 관계는 모두 공생 관계이겠군.

06 문맥상 ⓐ~ⓔ와 바꿔 쓰기에 적절하지 <u>않은</u> 것은?

① ⓐ : 구성(構成)한다고
② ⓑ : 존재(存在)하고
③ ⓒ : 보유(保有)하고
④ ⓓ : 조명(照明)되면서
⑤ ⓔ : 생성(生成)된다

DAY 13 – ①

(가)

　조선 왕조의 기본 법전인 『경국대전』에 규정된 신분제는 신분을 양인과 천인으로 나눈 양천제이다. 양인은 과거에 응시할 수 있었지만, 납세와 군역 등의 의무를 져야 했다. 천인은 개인이나 국가에 소속되어 천역(賤役)을 담당했다. 관료 집단을 뜻하던 양반이 16세기 이후 세습적으로 군역 면제 등의 차별적 특혜를 받는 신분으로 굳어짐에 따라 양인은 사회적으로 양반, 중인, 상민으로 분화되었다. 이러한 법적, 사회적 신분제는 갑오개혁으로 철폐되기 이전까지 조선 사회의 근간이 되었다.

　조선 후기에 접어들어 농업 생산력의 증대와 상공업의 발달로 같은 신분 안에서도 분화가 확대되었고, 이에 따라 신분제에 변화가 일어났다. 천인의 대다수를 구성했던 노비는 속량과 도망 등의 방식으로 신분적 억압에서 점차 벗어났다. 영조 연간에 편찬된 법전인 『속대전』에서는 노비가 속량할 수 있는 값을 100냥으로 정하는 규정을 둠으로써 속량을 제도화했다. 이는 국가의 재정 운영상 노비제의 유지보다 그들을 양인 납세자로 전환하는 것이 유리했기 때문이었다. 몰락한 양반들은 노비의 유지가 어려워졌기 때문에 몸값을 받고 속량해 주는 길을 선택 했다.

　18세기 이후 경제적으로 성장한 상민층에서는 '유학(幼學)' 직역*을 얻고자 하는 현상이 나타났다. 유학은 벼슬을 하지 않은 유생(儒生)을 지칭했으나, 이 시기에는 관료로 진출하지 못한 이들을 가리키는 직역 명칭으로 ⓐ굳어졌다. 호적상 유학은 군역 면제라는 특권이 있어서 상민층이 원하는 직역이었다. 유학 직역의 획득은 제도적으로 양반이 되는 것을 의미하였으나 그것이 곧 온전한 양반으로 인정받는 것을 의미하는 것은 아니었다. 당시 양반 집단의 일원으로 인정받기 위해서는 ㉠유교적 의례의 준행, 문중과 족보에의 편입 등 다양한 조건이 필요했다. 이에 따라 일부 상민층은 유학 직역을 발판으로 양반 문화를 모방하면서 양반으로 인정받고자 했다.

　조선 후기에는 신분 상승 현상이 일어나면서 양반의 하한선과 비(非)양반층의 상한선이 근접하는 모습이 나타났다. 양반들이 비양반층의 진입을 막는 힘은 여전히 작동하고 있었지만, 비양 반층이 양반에 접근하고자 하는 힘은 더 강하게 작동했다. 유학의 증가는 이러한 현상의 단면을 보여 준다.

* 직역 : 신분에 따라 정해진 의무로서의 역할.

(나)

　『경국대전』 체제에서 양인은 관료가 될 수 있다는 점에서 능력주의가 일부 작동하는 것처럼 보이지만, 실제로는 양반 이외의 신분에서는 관료가 되기 어려웠다. 이러한 상황에서 17세기의 유형원은 『반계수록』을 통해, 19세기의 정약용은 『경세유표』 등을 통해 각각 도덕적 능력주의에 기초한

👤 **인물(책)은 체크한다.**

🔍 **정의는 체크한다.**

📅 **시간은 체크한다.**

⚙️ **조건은 체크한다.**

👤 **인물은 체크한다.**

일련의 개혁론 을 제시했다.

유형원의 기본적인 생각은 국가 공동체를 성리학적 가치와 규범에 따라 운영하고, 구성원도 도덕적으로 만드는 도덕 국가의 건설이었다. ~~신분~~ 세습을 비판한 그는 현명한 인재라도 노비로 태어나면 노비로 살아야 하는 것이 천하의 도리에 어긋난다고 보고, ~~노비~~제 폐지를 주장했다. 아울러 비도덕적 직업이라고 생각한 ~~광대~~와 같은 직업군을 철폐하고, 사농공상(士農工商)의 사민(四民)으로 편성하고자 했다. 그는 과거제 대신 공거제를 통해 도덕적 능력이 뛰어난 자를 추천으로 선발하여 여러 단계의 교육을 한 후, 최소한의 학식을 확인하여 관료로 임명해야 한다고 제안했다. 도덕을 기준으로 관료를 선발하고 지방에도 관료 선발 인원을 적절히 분배하면 향촌 사회의 풍속도 도덕적으로 이끌 수 있다고 본 것이다.

정약용은 신분제가 동요하는 상황에서 사민이 뒤섞여 사는 것이 교화에 도움이 되지 않는다고 보고, 사농공상별로 구분하여 거주하는 것을 포함한 행정 구역 개편을 구상했다. 이에 맞춰 사(士) 집단을 재편하고자 했다. 도덕적 능력의 여부에 따라 추천으로 예비 관료인 '선사'를 선발하고 일정한 교육을 한 후, 여러 단계의 시험을 거쳐 관료를 선발할 것을 제안했다. ⓒ사 거주지에서 더 많은 선사를 선발하도록 했지만, 농민과 상공인에도 선사의 선발 인원을 배정하는 등 노비 이외에서 사 집단으로 진출할 수 있도록 했다. 노비제에 대해서는 사를 뒷받침하기 위해 유지되어야 한다고 주장했다.

도덕적 능력주의와 관련하여 두 사람은 모두 사회 지배층으로서의 사에 주목했다. 유형원은 다스리는 자인 사와 다스림을 받는 민의 구분을 분명히 하는 것이 천하의 이치라고 보고 ⓒ도덕적 능력이 뛰어난 사람들로 지배층인 사를 구성하고자 했다. 정약용도 양반의 ~~세습~~을 비판하며 도덕적 능력에 따라 사회 지배층을 재편하는 데 입장을 같이했다. 또한 두 사람은 사회 전체의 도덕 실천을 이끌기 위해 사 집단에 정치권력, 경제력 등을 집중시키려 했고, 지배층과 피지배층 간의 차등을 엄격하게 유지하고자 했다. 내용에서 일부 차이가 있었지만, 두 사람은 사회 지배층의 재구성을 통해 도덕 국가 체제를 추구했다.

⚙️ **조건은 체크한다.**

👤 **인물은 체크한다.**

⚙️ **조건은 체크한다.**

01 (가)를 읽고 이해한 내용으로 적절하지 <u>않은</u> 것은?

① 『속대전』의 규정을 적용받아 속량된 사람들은 납세의 의무를 지게 되었다.

② 『경국대전』 반포 이후 갑오개혁까지 조선의 법적 신분 제에는 두 개의 신분이 존재했다.

③ 조선 후기 양반 중에는 노비를 양인 신분으로 풀어 주고 금전적 이익을 얻은 이들이 있었다.

④ 조선 후기 '유학'의 증가 현상은 ~~『경국대전』의 신분 체계가 작동하지 않는 현상을~~ 보여 주는 것이었다.

⑤ 조선 후기에 상민이 '유학'의 직역을 얻었을 때, 양반의 특권을 일부 가지게 되지만 온전한 양반으로 인정받지는 못했다.

---

1 STRUCTURE FLOW

> 👤 **인물(책)**　⚙️ **조건**

2 ANSWER DECODING

● **STEP 1. 지문 스캔**

　지문에서 인물(책)을 중심으로 선지에서 묻는 상황을 찾는다.

● **STEP 2. 선지 매칭**

　18세기 이후 경제적으로 성장하면서 유학 직역을 얻고자 하는 현상이 나타났다. 이는 비양반층이 양반층의 진입하고자 하는 힘이 강해졌음을 의미하나 여전히 양반들이 비양반의 진입을 막는 힘이 작동하고 있었다. 『경국대전』의 신분 체계는 여전히 작동하고 있으므로 적절하지 않은 선지 ⇒ 정답

02 　일련의 개혁론　에 대한 이해로 적절하지 <u>않은</u> 것은?

① 유형원은 자신이 구상한 공동체의 성격에 적합하지 않은 특정 직업군을 없애는 방안을 구상했다.

② 유형원은 지방 사회의 도덕적 기풍을 진작하기 위해 관료 선발 인원을 지방에도 할당하는 방안을 구상했다.

③ 정약용은 지배층인 사 집단이 주도권을 가지고 사회를 운영 하는 방안을 구상했다.

④ 정약용은 직업별로 거주지를 달리하는 것을 포함한 행정 구역 개편 방안을 구상했다.

⑤ 유형원과 정약용은 모두 ~~시험으로~~ 도덕적 능력이 우수한 이를 선발하여 교육한 후 관료로 임명하는 방안을 제시했다.

---

1 STRUCTURE FLOW

> 👤 **인물(책)**　⚙️ **조건**

2 ANSWER DECODING

● **STEP 1. 지문 스캔**

　지문에서 인물(책)을 중심으로 선지에서 묻는 상황을 찾는다.

● **STEP 2. 선지 매칭**

　유형원은 공거제를 통해 도덕적 능력이 뛰어난 자를 추천으로 선발 후 교육해야 한다고 하였다. 정약용은 추천으로 '선사'를 선발 후 시험을 거쳐야 한다고 하였다. 유형원과 정약용 모두 추천으로 선발해야한다고 했으므로 적절하지 않은 선지 ⇒ 정답

03 ㉠~㉢에 대한 설명으로 가장 적절한 것은?

① ㉠은 경제적 영향으로 신분 상승 현상이 나타나는 상황에서 신분적 정체성을 지키려는 양반층의 노력이고, ㉡은 이러한 ~~양반층의 노력을 뒷받침하기~~ 위한 정책적 방안이다.

② ㉠은 호적상 유학 직역이 증가하는 상황에서 양반 집단이 기득권을 지키기 위한 자율적 노력이고, ㉡은 기존의 양반들이 가진 ~~기득권을 제도적으로 강화하기~~ 위한 방안이다.

③ ㉠은 상민층이 유학 직역을 얻는 것이 확대되는 상황에서 양반 으로 인정받는 것을 억제하는 장치이고, ㉢은 능력주의를 통해 인재 등용에 신분의 벽을 두지 않으려는 방안이다.

④ ㉠은 능력주의가 작동하기 어려운 현실적인 상황에서 신분 구분을 강화하여 불평등을 심화하는 제도이고, ㉢은 ~~사회 지배층의 인원을 늘려~~ 도덕 실천을 이끌기 위한 방안이다.

⑤ ㉡은 양반층의 ~~특권이 점차 사라져가고 있는 상황에서~~ 신분적 구분을 명확하게 하기 위한 장치이고, ㉢은 양반과 비양반층의 ~~신분적 구분을 없애기 위한~~ 방안이다.

---

1 STRUCTURE FLOW //////////

👤 **인물(책)** ⚙️ **조건**

2 ANSWER DECODING //////////

● STEP 1. 지문 스캔

지문에서 인물(책)을 중심으로 선지에서 묻는 상황을 찾는다.

● STEP 2. 선지 매칭

㉠은 양반으로 인정받기 위한 조건이다. ㉡은 정약용의 주장이고, ㉢은 유형원의 주장이다. 유학 직역을 획득 하였어도 ㉠과 같은 조건을 충족해야 양반으로 인정받았다. 이 조건들은 비양반들의 양반층 진입을 막는 장치이다. ㉢은 유형원의 주장으로 현명한 인재라면 노비라도 등용해야한다고 주장하였다. ㉠은 양반으로 인정 받는 것을 억제하고, ㉢은 신분의 벽을 두지 않고 등용하는 주장은 적절한 선지 ⇒ 정답

---

04 (나)를 바탕으로 다음의 ㄱ~ㄹ에 대해 판단한 것으로 가장 적절한 것은?

┌─────────────────────────────┐
ㄱ. 아래로 농공상이 힘써 일하고, 위로 사(士)가 효도하고 공경하니, 이는 나라의 기풍이 흐트러지지 않는 것이다.

ㄴ. 사농공상 누구나 인의(仁義)를 실천한다면 비록 농부의 자식이 관직에 나아가더라도 지나친 일이 아닐 것이다.

ㄷ. 덕행으로 인재를 판정하면 천하가 다투어 이에 힘쓸 것이니, 나라 안의 모든 이에게 존귀하게 될 기회가 열릴 것이다.

ㄹ. 양반과 상민의 구분은 엄연하니, 그 경계를 넘지 않아야 상하의 위계가 분명해지고 나라가 편안하게 다스려질 것이다.
└─────────────────────────────┘

① 유형원은 ㄱ과 ~~ㄹ에~~ 동의하겠군.

② 유형원은 ㄴ과 ㄷ에 동의하지 ~~않겠군.~~

③ 유형원은 ~~ㄴ에 동의하지 않고, ㄹ에 동의하겠군.~~

④ 정약용은 ㄴ과 ~~ㄹ에~~ 동의하겠군.

⑤ 정약용은 ㄱ에 동의하고, ㄷ에 동의하지 않겠군.

---

1 STRUCTURE FLOW //////////

👤 **인물(책)** ⚙️ **조건**

2 ANSWER DECODING //////////

● STEP 1. 지문 스캔

지문에서 인물(책)을 중심으로 선지에서 묻는 상황을 찾는다.

● STEP 2. 선지 매칭

ㄱ. 유형원과 정약용은 사집단이 지배층이 되어야 한다고 하였으므로 모두 동의한다

ㄴ. 유형원은 노비도 등용이 가능하다고 하였고 정약용은 농민과 상공인에도 선사의 선발 인원을 배정해야한다고 하였으므로 모두 동의한다.

ㄷ. 유형원은 노비제 폐지를 주장하였으나 정약용은 노비를 제외한 집단에서만 선사를 선발하자고 하였으므로 나라 안 모든이에게 기회가 열린다는 것은 유형원만 동의한다.

ㄹ 유형원과 정약용은 양반 이외의 신분에서 지배층이 될 수 있는 개혁론을 제시 하였으므로 모두 동의하지 않는다.

05 (가), (나)를 바탕으로 <보기>에 대해 보인 반응으로 적절하지 <u>않은</u> 것은? [3점]

> **보기**
>
> 16세기 초 영국의 토머스 모어는 '유토피아'라는 가상 국가를 통해 당대 사회를 비판했다. 그가 제시한 유토피아에서는 현실 국가와 달리 모두가 일을 하고, 사치에 필요한 일은 하지 않기 때문에 하루 6시간만 일해도 경제적으로 풍요롭다. 하지만 이곳에서도 노동을 면제받는 '학자 계급'이 존재한다. 성직자, 관료 등의 권력층은 이 학자 계급에서만 나오도록 하였는데, 학자 계급은 의무가 면제되는 대신 연구와 공공의 일에 전념 한다. 학자 계급은 능력 있는 이를 성직자가 추천하고, 대표 들이 승인하는 절차를 거쳐야 될 수 있다. 그러나 학자 계급도 성과가 부족하면 '노동 계급'으로 환원될 수 있고, 노동 계급도 공부에 진전이 있으면 학자 계급으로 승격될 수 있다.

① 유토피아에서 연구와 공공의 일에 전념하는 사람들은 선발의 과정을 거친다는 점에서, (가)의 '유학'보다 (나)의 '선사'에 가깝군.

② 유토피아에서 관료는 노동을 면제받지만 그 특권이 세습되지 않는다는 점에서, (가)에서 차별적 특혜를 받던 16세기 이후의 '양반'과는 다르군.

③ 유토피아에서 '학자 계급'에서만 권력층이 나오도록 한 것은, (나)에서 우월한 집단인 '사 집단'에 정치권력을 집중시키고자 한 유형원, 정약용의 생각과 유사하군.

④ 유토피아에서 '노동 계급'이 '학자 계급'으로 승격되는 것은 학업 능력을 기준으로 추천받는다는 점에서, (가)의 상민 출신인 '유학'이 '양반'으로 인정받는 것과는 다르군.

⑤ 유토피아에서 '노동 계급'과 '학자 계급' 간의 이동이 가능한 것은 ~~계급 간 차등이 없음을 전제하므로~~, (나)에서 차등을 엄격하게 유지하고자 한 유형원, 정약용의 구상과는 다르군.

06 ⓐ와 문맥상 의미가 가장 가까운 것은?

① 관용이 우리 집의 가훈으로 확고하게 <u>굳어졌다</u>.
② 어젯밤 적당하게 내린 비로 대지가 더욱 <u>굳어졌다</u>.
③ 포기하지 않겠다는 결심이 어머니의 격려로 <u>굳어졌다</u>..
④ 길에서 버스를 기다리던 사람들의 몸이 추위로 <u>굳어졌다</u>.
⑤ 갑작스러운 소식에 나도 모르게 얼굴이 딱딱하게 <u>굳어졌다</u>.

1 STRUCTURE FLOW ////////

👤 인물(책)   ⚙️ 조건

2 ANSWER DECODING ////////

● STEP 1. 지문 스캔

지문에서 인물(책)을 중심으로 선지에서 묻는 상황을 찾는다.

● STEP 2. 선지 매칭

<보기>학자 계급은 의무가 면제되고, 권력층이 나올 수 있는 유일한 계급이므로 계급 간 차등이 존재한다. (나)에서 유형원과 정약용은 선사의 선발에서 양반층 외에 집단도 포함하되 지배층인 선사와 선사가 아닌 집단의 차등은 엄격하게 유지해야 한다고 주장하였다. (나)에서 지배층과 피지배층의 차등을 엄격히 유지한다는 것은 적절하나 <보기>에서 계급 간 차등이 없다는 것은 적절하지 않은 선지 ⇒ 정답

1 ANSWER DECODING ////////

● STEP 1. 지문 스캔

지문에서 문맥과 단어의 뜻으로 선지에서 묻는 단어를 찾는다. 틀렸다면 별도로 정리한다.

● STEP 2. 선지 매칭

①,ⓐ굳어졌다. : 점점 몸에 배어 아주 자리 잡게 되다. ⇒ 정답

DAY 13 - ②

채권은 어떤 사람이 다른 사람에게 특정 행위를 요구할 수 있는 권리이다. 이 특정 행위를 급부라 하고, 특정 행위를 해 주어야 할 의무를 채무라 한다. 채무자가 채권을 ⓐ가진 이에게 급부를 이행하면 채권에 대응하는 채무는 소멸한다. 급부는 재화나 서비스 제공인 경우가 많지만 그 외의 내용일 수도 있다.

민법상의 권리는 여러 가지가 있는데 없이 법률로 정해진 요건의 충족으로 발생하기도 하지만 대개 계약의 효력으로 발생한다. 계약이란 권리 발생 등에 관한 당사자의 합의로서, 계약이 성립하면 합의 내용대로 권리 발생 등의 효력이 인정되는 것이 원칙이다. 당장 필요한 재화나 서비스는 그 제공을 급부로 하는 계약을 성립시켜 확보하면 되지만 미래에 필요할 수도 있는 재화나 서비스라면 계약을 성립시킬 수 있는 권리를 확보하는 것이 유리하다. 이를 위해 '예약'이 활용된다. 일상에서 예약이라고 할 때와 법적인 관점에서의 예약은 구별된다. ㉠기차 탑승을 위해 미리 돈을 지불하고 승차권을 구입하는 것을 '기차 승차권을 예약했다'고도 하지만 이 경우는 예약에 해당하지 않는 계약이다. 법적으로 예약은 당사자들이 합의한 내용대로 권리가 발생하는 계약의 일종으로, 재화나 서비스 제공을 급부 내용으로 하는 다른 계약인 '본계약'을 성립시킬 수 있는 권리 발생을 목적으로 한다.

[A] 예약은 예약상 권리자가 가지는 권리의 법적 성질에 따라 두 가지 유형으로 나뉜다. 첫째는 채권을 발생시키는 예약이다. 이 채권의 급부 내용은 '예약상 권리자의 본계약 성립 요구에 대해 상대방이 승낙하는 것'이다. 회사의 급식 업체 공모에 따라 여러 업체가 신청한 경우 그중 한 업체가 선정되었다고 회사에서 통지하면 예약이 성립한다. 이에 따라 선정된 업체가 급식을 제공하고 대금을 ⓑ받기로 하는 본계약 체결을 요청하면 회사는 이에 응할 의무를 진다. 둘째는 예약 완결권을 발생시키는 예약이다. 이 경우 예약상 권리자가 본계약을 성립시키겠다는 의사를 표시하는 것만으로 본계약이 성립한다. 가족 행사를 위해 식당을 예약한 사람이 식당에 도착하여 예약 완결권을 행사하면 곧바로 본계약이 성립하므로 식사 제공이라는 급부에 대한 계약상의 채권이 발생한다.

예약에서 예약상의 급부나 본계약상의 급부가 이행되지 않는 문제가 ⓒ생길 수 있는데, 예약의 유형에 따라 발생 문제의 양상이 다르다. 일반적으로 급부가 이행되지 않아 채권자에게 손해가 발생한 경우 채무자는 자신의 고의나 과실에서 비롯된 것이 아님을 증명하지 못하는 한 채무 불이행 책임을 진다. 이로 인해 채무의 내용이 바뀌는데 원래의 급부 내용이 무엇이든 채권자의 손해를 돈으로 물어야 하는 손해 배상 채무로 바뀐다.

만약 타인이 고의나 과실로 예약상 권리자가 가진 권리 실현을 방해했다면 예약상 권리자는 그에게도 책임을 ⓓ물을 수 있다. 법률에 의하면 누구든 고의나 과실에 의해 타인에게 피해를 ⓔ끼치는 행위를 하고 그 행위의 위법성이 인정되면 불법행위 책임이 성립하여, 가해자는 피해자에게 손해를 돈으로 배상할 채무를 지기 때문이다. 다만 예약상 권리자에게 예약 상대방이나 방해자 중 누구라도 손해 배상을 하면 다른 한쪽의 배상 의무도 사라진다. 급부 내용이 동일하기 때문이다.

🔍 **정의는 체크한다.**

⚙️ **조건은 체크한다.**

📁 **분류는 체크한다.**

🔍 **정의는 체크한다.**

⚙️ **조건은 체크한다.**

⚙️ **조건은 체크한다.**

01 윗글에 대한 이해로 적절하지 <u>않은</u> 것은?

① 계약상의 채권은 계약이 성립하면 추가 합의가 없어도 발생 하는 것이 원칙이다.

② 재화나 서비스 제공을 대상으로 하는 권리 외에 다른 형태의 권리도 존재한다.

③ 예약상 권리자는 본계약상 권리의 발생 여부를 결정할 수 있다.

④ 급부가 이행되면 채무자의 채권자에 대한 채무가 소멸된다.

⑤ 불법행위 책임은 계약의 당사자 사이에 국한된다.

1 STRUCTURE FLOW ////////

🔍 정의　⚙️ 조건

2 ANSWER DECODING ////////

● STEP 1. 지문 스캔

지문에서 조건을 중심으로 선지에서 묻는 상황을 찾는다.

● STEP 2. 선지 매칭

타인이 고의나 과실로 예약상 권리자가 가진 권리 실현을 방해했다면 그에게도 책임을 물을 수 있다. 계약의 당사자가 아닌 제3자에게도 책임을 물을 수 있으므로 적절하지 않은 선지 ⇒ 정답

---

02 ㉠에 대한 이해로 가장 적절한 것은?

① ~~기차 탑승~~은 채권에 해당하고 ~~돈을 지불하는 행위는~~ 그 채권의 대상인 급부에 해당한다.

② 기차를 탑승하지 않는 것은 승차권 구입으로 발생한 채권에 ~~대응하는 의무~~를 포기하는 것이다.

③ 기차 승차권을 미리 구입하는 것은 계약을 성립시키면서 채권의 행사 시점을 미래로 정해 두는 것이다.

④ 승차권 구입은 ~~계약 없이~~ 법률로 정해진 요건을 충족하여 서비스를 제공받을 권리를 발생시키는 행위이다.

⑤ 미리 돈을 지불하는 것은 미래에 필요한 ~~기차 탑승 서비스~~ 이용이라는 계약을 성립시킬 수 있는 권리를 확보한 것이다.

1 STRUCTURE FLOW ////////

🔍 정의　⚙️ 조건

2 ANSWER DECODING ////////

● STEP 1. 지문 스캔

지문에서 조건을 중심으로 선지에서 묻는 상황을 찾는다.

● STEP 2. 선지 매칭

계약이란 권리 발생 등에 관한 합의이다. ㉠은 예약에 해당하지 않는 계약의 예시이다. 미래에 채권행사 시점을 설정한 계약이라는 것은 적절한 선지 ⇒ 정답

03 다음은 [A]에 제시된 예를 활용하여, 예약의 유형에 따라 예약상 권리자가 요구할 수 있는 급부에 대해 정리한 것이다. ㄱ~ㄷ에 들어갈 내용을 올바르게 짝지은 것은?

구분	채권을발생시키는 예약	예약 완결권을 발생시키는 예약
예약상 급부	ㄱ	ㄴ
본계약상 급부	ㄷ	식사 제공

	ㄱ	ㄴ	ㄷ
①	급식 계약 승낙	없음	급식 대금 지급
②	급식 계약 승낙	없음	~~급식 제공~~
③	급식 계약 승낙	~~식사 제공~~ ~~계약 체결~~	~~급식 제공~~
④	~~없음~~	~~식사 제공~~ ~~계약 체결~~	~~급식 제공~~
⑤	~~없음~~	~~식사 제공~~ ~~계약 체결~~	급식 대금 지급

1 STRUCTURE FLOW //////////

> 📁 분류   ⚙️ 조건

2 ANSWER DECODING //////////

● STEP 1. 지문 스캔

지문에서 분류를 중심으로 선지에서 묻는 상황을 찾는다.

● STEP 2. 선지 매칭

채권을 발생시키는 예약의 채권의 급부는 예약상 권리자의 본계약 성립 요구를 상대방이 승낙하는 것이다. 본계약 성립 요구는 급식 계약이므로 급식 계약 승낙이 예약상 급부이다. 본계약은 급식을 제공하고 대금을 받는것이므로 본계약상 급부는 급식 대금 지급이다. 예약 완결권을 발생시키는 계약은 예약상 권리자가 본계약을 성립시키겠다는 의사를 표시하는 것만으로 본계약이 성립한다. 따라서 예약상 급부는 없다. ⇒ 정답

04 (가), (나)를 바탕으로 <보기>에 대해 보인 반응으로 적절하지 않은 것은? [3점]

/ 보기 /

특별한 행사를 앞두고 있는 갑은 미용실을 운영하는 을과 예약을 하여 행사 당일 오전 10시에 머리 손질을 받기로 했다.

갑이 시간에 맞춰 미용실을 방문하여 머리 손질을 요구했을 때 병이 이미 을에게 머리 손질을 받고 있었다. 갑이 예약해 둔 시간에 병이 고의로 끼어들어 위법성이 있는 행위를 하여 ㉮갑은 오전 10시에 머리 손질을 받을 수 없는 손해를 입었다.

① ㉮가 발생하는 과정에서 을의 과실이 있는 경우, 을은 갑에 대해 채무 불이행 책임이 있고 병은 갑에 대해 손해 배상 채무가 있다.

② ㉮가 발생하는 과정에서 을의 고의가 있는 경우, 을과 병은 모두 갑에게 손해 배상 채무를 지고 을이 배상을 하면 병은 갑에 대한 채무가 사라진다.

③ ㉮가 발생하는 과정에서 을에게 고의나 과실이 있는지 없는지 증명되지 않은 경우, 을과 병은 모두 갑에게 채무를 지고 그에 따른 급부의 내용은 동일하다.

④ ㉮가 발생하는 과정에서 을에게 고의나 과실이 있는지 없는지 증명되지 않은 경우, 을과 ~~병은 모두~~ 채무 불이행 책임을 지므로 갑에게 손해 배상 채무를 진다.

⑤ ㉮가 발생하는 과정에서 을에게 고의나 과실이 없음이 증명된 경우, 을과 달리 병에게는 갑이 입은 손해에 대해 금전으로 배상할 책임이 있다.

---

1 STRUCTURE FLOW ////////

🔍 정의   ⚙️ 조건

2 ANSWER DECODING ////////

● STEP 1. 지문 스캔

지문에서 조건을 중심으로 선지에서 묻는 상황을 찾는다.

● STEP 2. 선지 매칭

갑은 예약상 권리자, 을은 예약 상대방, 병은 방해자이다. ㉮가 발생하는 과정에서 을에게 고의나 과실이 증명되지 않은 경우 채무 불이행 책임을 져야하고, 채무의 내용은 손해 배상 채무로 바뀐다. 병은 고의로 위법성이 있는 행위를 하였고 법률에 의해 불법행위 책임이 성립하여 병도 손해 배상 채무를 지게 된다. 그러나 채무 불이행 책임은 계약의 당사자인 을만 지게 되므로 적절하지 않은 선지 ⇒ 정답

---

05 문맥상 ⓐ~ⓔ의 단어와 가장 가까운 의미로 쓰인 것은?

① ⓐ : 자신의 일에 자부심을 가지는 것이 중요하다.
② ⓑ : 올해 생일에는 고향 친구에게서 편지를 받았다.
③ ⓒ : 기차역 주변에 새로 생긴 상가에 가 보았다.
④ ⓓ : 나는 도서관에서 책 빌리는 방법을 물어 보았다.
⑤ ⓔ : 바닷가의 찬바람을 쐬니 온몸에 소름이 끼쳤다.

---

1 ANSWER DECODING ////////

● STEP 1. 지문 스캔

지문에서 문맥과 단어의 뜻으로 선지에서 묻는 단어를 찾는다. 틀렸다면 별도로 정리한다.

● STEP 2. 선지 매칭

ⓑ받기 : 다른 사람이 주거나 보내오는 물건 따위를 가지다.
②받았다 : 다른 사람이 주거나 보내오는 물건 따위를 가지다. ⇒ 정답

DAY 13 – ③

우리는 한 대의 자동차는 개체라고 하지만 바닷물을 개체라고 하지는 않는다. 어떤 부분들이 모여 하나의 개체를 ⓐ이룬다고 할 때 이를 개체라고 부를 수 있는 조건은 무엇일까? 일단 부분들 사이의 유사성은 개체성의 기준이 될 수 없다. 가령 일란성 쌍둥이인 두 사람은 DNA 염기 서열과 외모도 같지만 동일한 개체는 아니다. 그래서 부분들의 강한 유기적 상호작용이 그 조건으로 흔히 제시된다. 하나의 개체를 구성하는 부분들은 외부 존재가 개체에 영향을 주는 것과는 비교할 수 없이 강한 방식으로 서로 영향을 주고받는다.

상이한 시기에 존재하는 두 대상을 동일한 개체로 판단하는 조건도 물을 수 있다. 그것은 두 대상 사이의 인과성이다. 과거의 '나'와 현재의 '나'를 동일하다고 볼 수 있는 것은 강한 인과성이 존재하기 때문이다. 과거의 '나'와 현재의 '나'는 세포 분열로 세포가 교체되는 과정을 통해 인과적으로 연결되어 있다. 또 '나'가 세포 분열을 통해 새로운 개체를 생성할 때도 '나'와 '나의 후손'은 인과적으로 연결되어 있다. 비록 '나'와 '나의 후손'은 동일한 개체는 아니지만 '나'와 다른 개체들 사이에 비해 더 강한 인과성으로 연결되어 있다.

개체성에 대한 이러한 철학적 질문은 생물학에서도 중요한 연구 주제가 된다. 생명체를 구성하는 단위는 세포이다. 세포는 생명체의 고유한 유전 정보가 담긴 DNA를 가지며 이를 복제 하여 증식하고 번식하는 과정을 통해 자신의 DNA를 후세에 전달한다. 세포는 사람과 같은 진핵생물의 진핵세포와, 박테리아나 고세균과 같은 원핵생물의 원핵세포로 구분된다. 진핵세포는 세포질에 막으로 둘러싸인 핵이 ⓑ있고 그 안에 DNA가 있지만, 원핵세포는 핵이 없다. 또한 진핵세포의 세포질에는 막으로 둘러싸인 여러 종류의 세포 소기관이 있으며, 그중 미토콘드리아는 세포 활동에 필요한 생체 에너지를 생산하는 기관이다. 대부분의 진핵세포는 미토콘드리아를 필수적으로 ⓒ가지고 있다.

이러한 미토콘드리아가 원래 박테리아의 한 종류인 원생미토 콘드리아였다는 이론이 20세기 초에 제기되었다. 공생발생설 또는 세포 내 공생설이라고 불리는 이 이론에서는 두 원핵생물 간의 공생 관계가 지속되면서 진핵세포를 가진 진핵생물이 탄생 했다고 설명한다. 공생은 서로 다른 생명체가 함께 살아가는 것을 말하며, 서로 다른 생명체를 가정하는 것은 어느 생명체의 세포 안에서 다른 생명체가 공생하는 '내부 공생'에서도 마찬 가지이다. ㉠공생발생설은 한동안 생물학계로부터 인정받지 못했다. 미토콘드리아의 기능과 대략적인 구조, 그리고 생명체 간 내부 공생의 사례는 이미 알려졌지만 미토콘드리아가 과거에 독립된 생명체였다는 것을 쉽게 믿을 수 없었기 때문이었다. 그리고 한 생명체가 세대를 이어 가는 과

⚙ **조건은 체크한다.**

🔍 **정의는 체크한다.**

📁 **분류는 체크한다.**

⚙ **조건은 체크한다.**

정 중에 돌연변이와 자연선택이 일어나고, 이로 인해 종이 진화하고 분화한다고 보는 ~~전통적인~~ 유전학에서 두 원핵생물의 결합은 주목받지 못했다.

그러다가 전자 현미경의 등장으로 미토콘드리아의 내부까지 세밀히 관찰하게 되고, 미토콘드리아 안에는 세포핵의 DNA와는 다른 DNA가 있으며 단백질을 합성하는 자신만의 리보솜을 가지고 있다는 사실이 ⓓ밝혀지면서 공생발생설이 새롭게 부각되었다.

공생발생설에 따르면 진핵생물은 원생미토콘드리아가 고세균의 세포 안에서 내부 공생을 하다가 탄생했다고 본다. 고세균의 핵의 형성과 내부 공생의 시작 중 어느 것이 먼저인지에 대해서는 논란이 있지만, 고세균은 세포질에 핵이 생겨 진핵세포가 되고 원생미토콘드리아는 세포 소기관인 미토콘드리아가 되어 진핵 생물이 탄생했다는 것이다. 미토콘드리아가 원래 박테리아의 한 종류였다는 근거는 여러 가지가 있다. 박테리아와 마찬가지로 새로운 미토콘드리아는 이미 존재하는 미토콘드리아의 '이분 분열'을 통해서만 ⓔ만들어진다. 미토콘드리아의 막에는 진핵 세포막의 수송 단백질과는 다른 종류의 수송 단백질인 **포린**이 존재하고 박테리아의 세포막에 있는 **카디오리핀**이 존재한다. 또 미토콘드리아의 리보솜은 진핵세포의 리보솜보다 박테리아의 리보솜과 더 유사하다.

미토콘드리아는 여전히 고유한 DNA를 가진 채 복제와 증식이 이루어지는데도, 미토콘드리아와 진핵세포 사이의 관계를 공생 관계로 보지 않는 이유는 무엇일까? 두 생명체가 서로 떨어져서 살 수 없더라도 각자의 개체성을 잃을 정도로 유기적 상호작용이 강하지 않다면 그 둘은 공생 관계에 있다고 보는데, 미토콘 드리아와 진핵세포 간의 유기적 상호작용은 둘을 다른 개체로 볼 수 없을 만큼 매우 강하기 때문이다. 미토콘드리아가 개체 성을 잃고 세포 소기관이 되었다고 보는 근거는, 진핵세포가 미토콘드리아의 증식을 조절하고, 자신을 복제하여 증식할 때 미토콘드리아도 함께 복제하여 증식시킨다는 것이다. 또한 미토 콘드리아의 유전자의 많은 부분이 세포핵의 DNA로 옮겨 가 미토콘드리아의 DNA 길이가 현저히 짧아졌다는 것이다. 미토 콘드리아에서 일어나는 대사 과정에 필요한 단백질은 세포핵의 DNA로부터 합성되고, 미토콘드리아의 DNA에 남은 유전자 대부분은 생체 에너지를 생산하는 역할을 한다. 예컨대 사람의 미토콘드리아는 37개의 유전자만 있을 정도로 DNA 길이가 짧다.

인물(주장)은 체크한다.

순서는 체크한다.

비교는 체크한다.

조건은 체크한다.

01 윗글의 내용 전개 방식으로 가장 적절한 것은?

① 개체성과 관련된 예를 제시한 후 공생발생설에 대한 ~~다양한 견해~~를 비교하고 있다.

② ~~개체에 대한 정의를 제시한 후~~ 세포의 생물학적 개념이 ~~확립되는 과정~~을 서술하고 있다.

③ 개체성의 조건을 제시한 후 세포 소기관의 개체성에 대해 공생발생설을 중심으로 설명하고 있다.

④ ~~개체와 유형을 분류한 후~~ 세포의 소기관이 ~~분화되는 과정~~을 공생발생설을 중심으로 설명하고 있다.

⑤ 개체와 관련된 개념들을 설명한 후 ~~세포가 하나의 개체로 변화하는 과정을 인과적으로 서술하고 있다.~~

1 STRUCTURE FLOW /////////

🔍 정의　👤 인물(주장)

2 ANSWER DECODING /////////

● STEP 1. 지문 스캔

지문에서 인물(주장)을 중심으로 선지에서 묻는 상황을 찾는다.

● STEP 2. 선지 매칭

개체성에 대한 정의를 제시한 후 공생발생설을 중심으로 미토콘드리아의 진화로 개체성을 설명하고 있으므로 적절한 선지 ⇒ 정답

02 윗글에 대한 이해로 적절하지 <u>않은</u> 것은?

① 유사성은 아무리 강하더라도 개체성의 조건이 될 수 없다.

② 바닷물을 개체라고 말하기 어려운 이유는 유기적 상호작용이 약하기 때문이다.

③ 새로운 미토콘드리아를 복제하기 위해서는 세포 안에 미토콘 드리아가 반드시 있어야 한다.

④ 미토콘드리아의 대사 과정에 필요한 단백질은 ~~미토콘드리아 외막을 통과하여 세포질로~~ 이동해야 한다.

⑤ 진핵세포가 되기 전의 고세균이 원생미토콘드리아보다 진핵 세포와 더 강한 인과성으로 연결되어 있다.

1 STRUCTURE FLOW /////////

🔍 정의　⚙️ 조건

2 ANSWER DECODING /////////

● STEP 1. 지문 스캔

지문에서 조건을 중심으로 선지에서 묻는 상황을 찾는다.

● STEP 2. 선지 매칭

계약이란 권리 발생 등에 관한 합의이다. ㉠은 예약에 해당하지 않는 계약의 예시이다. 미래에 채권행사 시점을 설정한 계약이라는 것은 적절한 선지 ⇒ 정답

03 윗글을 참고할 때, ⊙의 이유로 가장 적절한 것은?

① 진핵세포가 세포 소기관을 가지고 있다는 ~~사실을 알지 못했기~~ 때문이다.

② 공생발생설이 당시의 유전학 이론에 어긋난다는 ~~근거가 부족했기 때문~~이다.

③ 한 생명체가 다른 생명체의 세포 속에서 살 수 있다는 ~~근거가 부족했기~~ 때문이다.

④ 미토콘드리아가 진핵세포의 활동에 중요한 기능을 한다는 사실을 ~~알지 못했기~~ 때문이다.

⑤ 미토콘드리아가 자신의 고유한 유전 정보를 전달할 수 있다는 것을 알지 못했기 때문이다.

1 STRUCTURE FLOW

⚙ 조건   👤 인물(주장)

2 ANSWER DECODING

● STEP 1. 지문 스캔

지문에서 조건을 중심으로 선지에서 묻는 상황을 찾는다.

● STEP 2. 선지 매칭

전자 현미경의 등장으로 미토콘드리아 안에 자신만의 DNA와 세포 소기관이 있다는 사실이 밝혀졌다. 자신만의 고유한 유전 정보인 DNA가 있다는 사실이 밝혀지기 전에 공생발생성을 믿지 않았으므로 적절한 선지 ⇒ 정답

---

04 <보기>는 진핵세포의 세포 소기관을 연구한 결과들이다. 윗글을 바탕으로 할 때, 각각의 세포 소기관이 박테리아로부터 비롯되었다고 판단할 수 있는 것만을 <보기>에서 고른 것은?

┌─ 보기 ─────────────────────────┐

ㄱ. 세포 소기관이 자신의 DNA를 가지고 있다는 것과 이분 분열을 한다는 것을 확인하였다.

ㄴ. 세포 소기관이 자신의 DNA를 가지고 있다는 것과 ~~진핵세포의~~ 리보솜을 가지고 있다는 것을 확인하였다.

ㄷ. 세포 소기관이 막으로 둘러싸여 있다는 것과 막에는 ~~수송 단백질이~~ 있는 것을 확인하였다.

ㄹ. 세포 소기관이 막으로 둘러싸여 있다는 것과 막에는 다량의 카디오리핀이 있는 것을 확인하였다.

└──────────────────────────────┘

① ㄱ, ㄷ   ② ㄱ, ㄹ   ③ ㄴ, ㄷ

④ ㄴ, ㄹ   ⑤ ㄷ, ㄹ

1 STRUCTURE FLOW

⚙ 조건   👤 인물(주장)

2 ANSWER DECODING

● STEP 1. 지문 스캔

지문에서 조건을 중심으로 선지에서 묻는 상황을 찾는다.

● STEP 2. 선지 매칭

ㄱ. 미토콘드리아는 자신만의 DNA를 가지고 있고 박테리아와 마찬가지로 이분 분열을 하기 때문에 적절한 선지

ㄴ. 미토콘드리아는 자신만의 리보솜을 가지고 있으므로 적절하지 않은 선지

ㄷ. 미토콘드리아는 진핵세포막의 수송 단백질과 다른 고유한 수송 단백질을 가지고 있다는 것이 박테리아로부터 비롯된 증거이므로 적절하지 않은 선지

ㄹ. 카디오리핀은 박테리아 세포막에 있는 것으로 미토콘드리아가 카디오리핀이 있다는 것은 박테리아로부터 유래된 증거이므로 적절한 선지

적절한 선지는 ㄱ,ㄹ ⇒ 정답

05 윗글을 바탕으로 <보기>를 이해한 내용으로 적절하지 않은 것은? [3점]

보기

○ 복어는 테트로도톡신이라는 신경 독소를 가지고 있지만 테트로도톡신을 스스로 만들지 못하고 체내에서 서식하는 미생물이 이를 생산한다. 복어는 독소를 생산하는 미생물에게 서식처를 제공하는 대신 포식자로부터 자신을 방어할 수 있는 무기를 갖게 되었다. 만약 복어의 체내에 있는 미생물을 제거하면 복어는 독소를 가지지 못하나 생존에는 지장이 없었다.

○ 실험실의 아메바가 병원성 박테리아에 감염되어 대부분의 아메바가 죽고 일부 아메바는 생존하였다. 생존한 아메바의 세포질에서 서식하는 박테리아는 스스로 복제하여 증식할 수 있었고 더 이상 병원성을 지니지는 않았다. 아메바에 게는 무해하지만 박테리아에게는 치명적인 항생제를 아메바에게 투여하면 박테리아와 함께 아메바도 죽었다.

① 병원성을 잃은 '아메바의 세포질에서 서식하는 박테리아'는 세포 소기관으로 변할 것이겠군.

② 복어의 '체내에서 서식하는 미생물'은 '복어'와의 유기적 상호 작용이 강해진다면 개체성을 잃을 수 있겠군.

③ 복어의 세포가 증식할 때 복어의 체내에서 '독소를 생산하는 미생물'의 DNA도 함께 증식하는 것은 아니겠군.

④ '아메바의 세포질에서 서식하는 박테리아'가 개체성을 잃었다면 '아메바의 세포질에서 서식하는 박테리아'의 DNA 길이는 짧아 졌겠군.

⑤ '아메바의 세포질에서 서식하는 박테리아'와 '아메바' 사이의 관계와 '복어'와 '독소를 생산하는 미생물' 사이의 관계는 모두 공생 관계이겠군.

06 문맥상 ⓐ~ⓔ와 바꿔 쓰기에 적절하지 않은 것은?

① ⓐ : 구성(構成)한다고

② ⓑ : 존재(存在)하고

③ ⓒ : 보유(保有)하고

④ ⓓ : 조명(照明)되면서

⑤ ⓔ : 생성(生成)된다

1 STRUCTURE FLOW ////////

⚙️ 조건   👤 인물(주장)

2 ANSWER DECODING ////////

● STEP 1. 지문 스캔

지문에서 조건을 중심으로 선지에서 묻는 상황을 찾는다.

● STEP 2. 선지 매칭

미토콘드리아가 세포 소기관이 되었다는 근거는 진핵 세포가 미토콘드리아의 증식을 조절하고, 자신을 복제할 때 미토콘드리아도 같이 복제하기 때문이다. <보기>의 복어와 미생물의 경우 미생물을 제거하여도 복어의 생명에 지장이 없기 때문에 공생관계이다. <보기>의 아메바와 박테리아의 경우 박테리아의 증식이 아메바의 조절을 받지 않기 때문에 세포 소기관이 아닌 공생 관계이다. 따라서 박테리아가 세포 소기관이 되었다는 것은 적절하지 않은 선지 ⇒ 정답

1 ANSWER DECODING ////////

● STEP 1. 지문 스캔

지문에서 문맥과 단어의 뜻으로 선지에서 묻는 단어를 찾는다. 틀렸다면 별도로 정리한다.

● STEP 2. 선지 매칭

ⓓ밝혀지면서 : 드러나지 않거나 알려지지 않은 사실, 내용, 생각 따위가 드러나 알려지다.

④조명되면서 : 어떤 대상이 일정한 관점으로 바라보이다.

⇒ 정답

(가)

리얼리즘 영화 이론가 앙드레 바쟁에 따르면 영화는 '세상을 향해 열린 창'이다. 창을 통해 세상을 인식하는 것처럼, 관객은 영화를 통해 현실을 객관적으로 인식할 수 있다. 영화가 담아내고자 하는 현실은 물리적 시·공간이 분할되지 않는 하나의 총체로, 그 의미가 미리 정해지지 않은 미결정의 상태이다.

바쟁은 영화가 현실의 물리적 연속성과 미결정성을 있는 그대로 드러내야 한다고 생각했다. 바쟁은 영화감독을 '이미지를 믿는 감독'과 '현실을 믿는 감독'으로 분류했다. 영화의 형식을 중시한 '이미지를 믿는 감독'은 다양한 영화적 기법으로 현실을 변형하여 ⓐ새로운 의미를 창조하는 데 주력한다. 몽타주의 대가인 예이젠시테인이 대표적이다. 몽타주는 추상적이거나 상징적인 이미지를 통해 관객이 익숙한 대상을 낯설게 받아들이게 한다. 또한 짧은 숏들을 불규칙적으로 편집해서 영화가 재현한 공간이 불연속적으로 연결된 듯한 느낌을 만들어 낸다. 바쟁은 몽타주가 현실의 연속성을 ⓑ깨뜨릴 뿐만 아니라 감독의 의도에 따라 관객이 현실을 하나의 의미로만 해석하게 할 우려가 있는 연출 방식이라고 생각했다.

바쟁은 '현실을 믿는 감독'을 지지했다. 이들은 '이미지를 믿는 감독'과 달리 영화의 내용, 즉 현실을 더 중요하게 생각하기에 변형되지 않은 현실을 객관적으로 보여 주고자 한다. 디프 포커스와 롱 테이크는 이를 가능하게 해 주는 영화적 기법이다. 디프 포커스는 근경에서 원경까지 숏 전체를 선명하게 초점을 맞춰 촬영하는 기법으로, 원근감이 느껴지도록 공간감을 표현할 수 있다. 롱 테이크는 하나의 숏이 1~2분 이상 끊김 없이 길게 진행되도록 촬영하는 기법이다. 영화 속 사건이 지속되는 시간과 관객의 영화 체험 시간이 일치하여 현실을 ⓒ마주하는 듯한 효과를 낳는다. 바쟁에 따르면, 디프 포커스와 롱 테이크를 혼용하여 연출한 장면은 관객이 그 장면에 담긴 인물이나 사물을 자율적으로 선택하여 응시하면서 화면 속 공간 전체와 사건의 전개

를 지켜볼 수 있게 해 준다.

바쟁은 현실의 공간에서 자연광을 이용해 촬영하거나, 연기 경험이 없는 일반인을 배우로 ⓓ쓰는 등 다큐멘터리처럼 강한 현실감을 만들어 내는 연출 방식에 찬사를 보냈다. 또한 정교하게 구조화된 서사를 통해 의미를 명확하게 제시하는 영화보다는 열린 결말을 통해 의미를 확정적으로 제시하지 않는 영화를 선호했다. 이러한 영화가 미결정 상태의 현실을 있는 그대로 드러낸다고 생각했기 때문이다.

(나)

정신분석학적 영화 이론에 따르면 ㉠관객이 영화에서 느끼는 현실감은 상상적인 것이며 환영이다. 영화와 관객의 심리 사이의 관계를 다루는 정신분석학적 영화 이론은 영화와 관객 사이에 발생하는 동일시 현상에 주목한다. 이런 동일시 현상은 영화 장치로 인해 발생한다. 이때 영화 장치는 카메라, 영화의 서사, 영화관의 환경 등을 아우르는 개념이다. 가장 대표적인 동일시 현상은 관객이 영화의 등장인물에 자신을 일치시키는 것이다. 이런 동일시는 극영화뿐 아니라 다큐멘터리 영화에서도 발생한다. 그런데 관객이 보고 있는 인물과 사물은 영화가 상영되는 그 시간과 장소에는 존재하지 않는다. 그 인물과 사물의 부재를 채우는 역할은 관객의 몫이다. 관객은 상상적 작업을 통해, 영화가 보여 주는 세계의 중심에 자신을 위치시킴으로써, 허구적 세계와 현실 사이의 간극을 ⓔ없앤다. 따라서 정신분석학적 영화 이론에서 영화는 일종의 몽상이다.

정신분석학적 영화 이론에 따르면 관객의 시점은 카메라의 시점과 동일시된다. 관객은 카메라에 의해 기록된 것만을 볼 수 있다. 따라서 관객은 자신이 영화를 보는 시선의 주체라고 생각하지만 그 시선은 카메라에 의해 이미 규정된 시선이다. 또한 영화는 촬영과 편집 과정에서 특정한 의도에 따라 선택과 배제가 이루어지지만, 관객은 제작 과정에서 무엇이 배제되었는지 알 수 없다. 관객은 자신이 현실 세계를 보고 있다고 믿지만, 사실은 인위적으로

만들어진 세계를 보고 있다는 것이 정신분석학적 영화 이론가들의 주장이다.

영화관의 환경은 관객이 영화가 환영임을 인식하기 어렵게 만든다. 영화에 몰입한 관객은 플라톤이 말한 '동굴의 비유' 속 죄수처럼 스크린에 비친 허구적 세계를 현실이라고 착각한다. 이때 영화는 꿈에 빗대진다. 정신분석학적 영화 이론은 영화가 은폐하고 있는 특정한 이념을 관객이 의심하지 않고 자신의 것으로 받아들일 위험이 있다고 경고한다. 이는 관객이 비판적 거리를 유지하면서 영화를 볼 수 있도록, 영화가 환영임을 영화 스스로 폭로하는 설정이 담겨 있는 대안적인 영화가 필요하다는 주장으로 이어진다.

01 (가)와 (나)에서 모두 답을 찾을 수 있는 질문으로 가장 적절한 것은?

① 영화는 무엇에 비유될 수 있는가?
② 영화의 내용과 형식 중 무엇이 중요한가?
③ 영화에 관객의 심리는 어떻게 반영되는가?
④ 영화 이론의 시기별 변천 양상은 어떠한가?
⑤ 영화관 환경은 관객에게 어떤 영향을 주는가?

02 (가)를 바탕으로 할 때, 영화적 기법의 효과에 대한 이해로 적절하지 않은 것은?

① 몽타주를 활용하여 대립 관계의 두 세력이 충돌하는 상황을 상징적 이미지로 표현한 장면에서, 관객은 생소한 느낌을 받을 수 있다.
② 몽타주를 활용하여 서로 다른 공간을 짧은 숏으로 불규칙 하게 교차시킨 장면에서, 관객은 영화 속 공간이 불연속적으로 재구성되었다는 인상을 받을 수 있다.
③ 디프 포커스를 활용하여 주인공과 주인공 뒤로 펼쳐진 배경을 하나의 숏으로 촬영한 장면에서, 관객은 배경이 흐릿하게 인물은 선명하게 보이는 느낌을 받을 수 있다.
④ 롱 테이크를 활용하여 사자가 사슴을 사냥하는 모든 과정을 하나의 숏으로 길게 촬영한 장면에서, 관객은 실제 상황을 마주하는 듯한 느낌을 받을 수 있다.
⑤ 디프 포커스와 롱 테이크를 활용하여 광장의 군중을 촬영한 장면에서, 관객은 자율적으로 인물이나 배경에 시선을 옮기며 사건의 전개를 지켜볼 수 있다.

03 <보기>의 입장에서 (가)의 '바쟁'에 대해 비판한 내용으로 가장 적절한 것은?

보기

관객은 특별한 예술 교육을 받지 않아도 작품을 해석할 수 있다. 또한 감독의 의도대로 작품을 해석하는 존재가 아니다. 따라서 감독은 영화를 통해 관객을 계몽하려 할 필요가 없다. 관객은 작품과 상호 작용하며 의미를 생산하는 능동적 존재이다. 감독과 관객은 수평적인 위치에 있다.

① 바쟁은 열린 결말의 영화를 관객이 이해하도록 돕는 예술 교육의 필요성을 간과하고 있다.
② 바쟁은 정교하게 구조화된 서사의 영화를 통해 관객을 계몽하는 것을 영화의 목적이라고 오인하고 있다.
③ 바쟁이 감독의 연출 역량을 기준으로 감독의 유형을 나눈 것은 영화와 관객의 상호 작용을 무시한 구분에 불과하다.
④ 바쟁이 변형된 현실을 통해 생성한 의미를 관객에게 전달하는 것을 중시한다는 점에서 관객의 능동적인 작품 해석 능력을 과소평가하고 있다.
⑤ 바쟁은 감독의 연출 방식에 따라 영화 작품에 대한 관객의 이해가 달라질 수 있다고 본다는 점에서 감독이 관객보다 우위에 있다고 간주하고 있다.

04 [정신분석학적 영화 이론] 을 바탕으로 할 때, ㉠의 이유로 가장 적절한 것은?

① 관객은 영화 장치의 영향을 받기 때문이다.
② 현실의 의미는 미리 정해져 있지 않기 때문이다.
③ 영화가 현실을 불연속적으로 파편화하여 드러내기 때문이다.
④ 관객은 영화의 은폐된 이념을 그대로 받아들일 위험이 있기 때문이다.
⑤ 관객은 영화의 제작 과정에서 배제된 것들을 인식할 수 있기 때문이다.

05 다음은 학생이 작성한 영화 감상문이다. 이에 대해 (가)의 바쟁(A)의 관점과 (나)의 정신분석학적 영화 이론(B)의 관점에서 설명한 내용으로 가장 적절한 것은? [3점]

> 최근 영화관에서 본 두 편의 영화가 기억에 남는다. 첫째 번 영화는 고단하게 살아가는 한 가족의 일상을 표현한 작품이다. 다큐멘터리라는 착각이 들 정도로 사실적인 영화였다. 작품에 대해 더 찾아보니 거리에서 인공조명 없이 촬영되었고, 주인공은 연기 경험이 없는 일반인이었다. 마지막에 아버지가 아들의 손을 꼭 잡아 줄 때, 마치 내 손을 잡아주는 것처럼 느껴져 감동적이었다. 열린 결말이라서 주인공 가족이 앞으로 어떻게 살아갈지 궁금했다. 둘째 번 영화는 초인적 주인공이 외계의 침략자를 물리치는 내용이다. 영화 후반부까지 사건 전개를 예측하지 못할 정도로 반전을 거듭하는 이야기와 실재라고 착각할 정도로 반전을 거듭하는 이야기와 실재라고 착각할 정도로 뛰어난 컴퓨터 그래픽 화면은 으뜸이었지만 뻔한 결말은 아쉬웠다. 그래도 주인공이 침략자를 무찌르는 장면에서는 내가 주인공이 되어 세상을 구하는 것 같아서 쾌감이 느껴졌다. 그런데 영화가 끝나고 생각해 보니 왜 세계의 평화는 서구인이 지키고, 특정 나라에서 일어나는 사건이 인류의 위기인지 의아했다.

① A의 관점에서 보면, 학생이 ㉮에서 궁금함을 떠올린 것은 '이미지를 믿는 감독'이 열린 결말을 통해 현실을 있는 그대로 ㉮에 담았기 때문이다.

② A의 관점에서 보면, 학생이 ㉯에서 사건의 전개를 예측하지 못한 것은 ㉯에는 의미가 미리 정해져 있지 않은 미결정 상태의 현실이 담겨 있기 때문이다.

③ A의 관점에서 보면, 학생이 ㉮와 ㉯에서 착각하는 듯한 인상을 받은 것은 ㉮와 ㉯가 강한 현실감을 만들어 내는 연출 방식으로 촬영되었기 때문이다.

④ B의 관점에서 보면, 학생이 ㉯에서 의아함을 떠올린 것은 ㉯가 관객으로 하여금 비판적 거리를 유지하며 영화를 볼 수 있도록 하는 대안적인 영화이기 때문이다.

⑤ B의 관점에서 보면, 학생이 ㉮에서 감동을 받은 것과 ㉯에서 쾌감을 느낀 것은 상상적 작업을 통해 허구적 세계의 중심에 자신을 위치시켰기 때문이다.

06 문맥상 ⓐ~ⓔ와 바꿔 쓰기에 적절하지 않은 것은?

① ⓐ : 개선(改善)된
② ⓑ : 파괴(破壞)할
③ ⓒ : 대면(對面)하는
④ ⓓ : 기용(起用)하는
⑤ ⓔ : 해소(解消)한다

공포 소구는 그 메시지에 담긴 권고를 따르지 않을 때의 해로운 결과를 강조하여 수용자를 설득하는 것으로, 1950년대 초부터 설득 전략 연구자들의 연구 대상이 되었다. 초기 연구를 대표하는 재니스는 기존 연구에서 다루어지지 않았던 공포 소구의 설득 효과에 주목하였다. 그는 수용자에게 공포 소구를 세 가지 수준으로 달리 제시하는 실험을 한 결과, 중간 수준의 공포 소구가 가장 큰 설득 효과를 보인다는 것을 발견하였다.

공포 소구 연구를 진척시킨 레벤달은 재니스의 연구가 인간의 감정적 측면에만 ㉠치우쳤다고 비판하며, 공포 소구의 효과는 수용자의 감정적 반응만이 아니라 인지적 반응과도 관련된다고 하였다. 그는 감정적 반응을 '공포 통제 반응', 인지적 반응을 '위험 통제 반응'이라 ㉡불렀다. 그리고 후자가 작동하면 수용자들은 공포 소구의 권고를 따르게 되지만, 전자가 작동하면 공포 소구로 인한 두려움의 감정을 통제하기 위해 오히려 공포 소구에 담긴 위험을 무시하려는 반응을 보이게 된다고 하였다.

이러한 선행 연구들을 종합한 위티는 우선 공포 소구의 설득 효과를 좌우하는 두 요인으로 '위협'과 '효능감'을 설정하였다. 수용자가 공포 소구에 담긴 위험을 자신이 ㉢겪을 수 있는 것이고 그 위험의 정도가 크다고 느끼면, 그 공포 소구는 위협의 수준이 높다. 그리고 공포 소구에 담긴 권고를 이행하면 자신의 위험을 예방할 수 있고 자신에게 그 권고를 이행할 능력이 있다고 느끼면, 효능감의 수준이 높다. 한 동호회에서 회원들에게 '모임에 꼭 참석해 주세요. 불참 시 회원 자격이 사라집니다.'라는 안내문을 ㉣보냈다고 하자. 회원 자격이 사라진다는 것은 그 동호회 활동에 강한 애착을 가지고 있는 사람에게는 높은 수준의 위협이 된다. 그리고 그가 동호회 모임에 참석하는 일이 어렵지 않다고 느낄 때, 안내문의 권고는 그에게 높은 수준의 효능감을 주게 된다.

위티는 이 두 요인을 레벤달이 말한 두 가지 통제 반응과 관련지어 다음과 같은 결론을 도출하였다. 위협과 효능감의 수준이 모두 높을 때에는 위험 통제 반응이 작동하고, 위협의 수준은 높지만 효능감의 수준이 낮을 때에는 공포 통제 반응이 작동한다. 그러나 위협의 수준이 낮으면, 수용자는 그 위협이 자신에게 아무 영향을 ㉤주지 않는다고 느껴 효능감의 수준에 관계없이 공포 소구에 대한 반응이 없게 된다. 이렇게 정리된 결론은 그간의 공포 소구 이론을 통합한 결과라는 점에서 후속 연구의 중요한 디딤돌이 되었다.

01 윗글의 내용 전개 방식으로 가장 적절한 것은?

① 화제에 대한 연구들이 시작된 사회적 배경을 분석하고 있다.
② 화제에 대한 연구들을 선행 연구와 연결하여 설명하고 있다.
③ 화제에 대한 연구들을 분류하는 기준의 문제점을 검토하고 있다.
④ 화제에 대한 연구들을 소개한 후 남겨진 연구 과제를 제시하고 있다.
⑤ 화제에 대한 연구들이 봉착했던 난관과 그 극복 과정을 소개하고 있다.

02 윗글을 읽은 학생의 반응으로 적절하지 않은 것은?

① 재니스는 공포 소구의 효과를 연구하는 실험에서 공포 소구의 수준을 달리하며 수용자의 변화를 살펴보았겠군.
② 레벤달은 재니스의 연구 결과에 대하여 수용자의 감정적 반응과 인지적 반응을 모두 고려하여 살펴보았겠군.
③ 레벤달은 공포 소구의 설득 효과가 나타나려면 공포 통제 반응보다 위험 통제 반응이 작동해야 한다고 보았겠군.
④ 위티는 수용자가 공포 소구에 담긴 위험을 느끼지 않아야 공포 소구의 권고를 따르게 된다고 보았겠군.
⑤ 위티는 공포 소구의 위협 수준이 그 공포 소구의 효능감 수준에 따라 달라지는 것은 아니라고 보았겠군.

03 ㉠~㉢에 대한 설명으로 가장 적절한 것은?

보기

한 모임에서 공포 소구 실험을 진행한 결과, 수용자들의 반응은 위티의 결론과 부합하였다. 이 실험에서는 위협의 수준(높음 / 낮음), 효능감의 수준(높음 / 낮음)의 조합을 달리 하여 피실험자들을 네 집단으로 나누었다. 집단 1과 집단 2는 공포 소구에 대한 반응이 없었고, 집단 3은 위험 통제 반응, 집단 4는 공포 통제 반응이 작동하였다.

① 집단 1은 위협의 수준이 낮았을 것이다.
② 집단 3은 효능감의 수준이 높았을 것이다.
③ 집단 4는 위협과 효능감의 수준이 서로 달랐을 것이다.
④ 집단 2와 집단 4는 위협의 수준이 서로 달랐을 것이다.
⑤ 집단 3과 집단 4는 효능감의 수준이 서로 같았을 것이다.

04 문맥상 ㉠~㉤과 바꾸어 쓰기에 적절하지 <u>않은</u> 것은?

① ㉠ : 편향(偏向)되었다고
② ㉡ : 명명(命名)하였다
③ ㉢ : 경험(經驗)할
④ ㉣ : 발송(發送)했다고
⑤ ㉤ : 기여(寄與)하지

일반 사용자가 디지털 카메라를 들고 촬영하면 손의 미세한 떨림으로 인해 영상이 번져 흐려지고, 걷거나 뛰면서 촬영하면 식별하기 힘들 정도로 영상이 흔들리게 된다. 흔들림에 의한 영향을 최소화하는 기술이 영상 안정화 기술이다.

영상 안정화 기술에는 빛을 이용하는 광학적 기술과 소프트웨어를 이용하는 디지털 기술 등이 있다. 광학 영상 안정화(OIS) 기술을 사용하는 카메라 모듈은 렌즈 모듈, 이미지 센서, 자이로 센서, 제어 장치, 렌즈를 움직이는 장치로 구성되어 있다. 렌즈 모듈은 보정용 렌즈들을 포함한 여러 개의 렌즈들로 구성된다. 일반적으로 카메라는 렌즈를 통해 들어온 빛이 이미지 센서에 닿아 피사체의 상이 맺히고, 피사체의 한 점에 해당하는 위치인 화소마다 빛의 세기에 비례하여 발생한 전기 신호가 저장 매체에 영상으로 저장된다. 그런데 카메라가 흔들리면 이미지 센서 각각의 화소에 닿는 빛의 세기가 변한다. 이때 OIS 기술이 작동되면 자이로 센서가 카메라의 움직임을 감지하여 방향과 속도를 제어 장치에 전달한다. 제어 장치가 렌즈를 이동시키면 피사체의 상이 유지되면서 영상이 안정된다.

렌즈를 움직이는 방법 중에는 보이스코일 모터를 이용하는 방법이 많이 쓰인다. 보이스코일 모터를 포함한 카메라 모듈은 중앙에 위치한 렌즈 주위에 코일과 자석이 배치되어 있다. 카메라가 흔들리면 제어 장치에 의해 코일에 전류가 흘러서 자기장과 전류의 직각 방향으로 전류의 크기에 비례하는 힘이 발생한다. 이 힘이 렌즈를 이동시켜 흔들림에 의한 영향이 상쇄되고 피사체의 상이 유지된다. 이외에도 카메라가 흔들릴 때 이미지 센서를 움직여 흔들림을 감쇄하는 방식도 이용된다.

OIS 기술이 손 떨림을 훌륭하게 보정해 줄 수는 있지만 렌즈의 이동 범위에 한계가 있어 보정할 수 있는 움직임의 폭이 좁다.

디지털 영상 안정화(DIS) 기술은 촬영 후에 소프트웨어를 사용해 흔들림을 보정하는 기술로 역동적인 상황에서 촬영한 동영상에 적용할 때 좋은 결과를 얻을 수 있다. 이 기술은 촬영된 동영상을 프레임 단위로 나눈 후 연속된 프레임 간 피사체의 움직임을 추정한다. 움직임을 추정하는 한 방법은 특징점을 이용하는 것이다. 특징점으로는 피사체의 모서리처럼 주위와 밝기가 뚜렷이 구별되며 영상이 이동하거나 회전해도 그 밝기 차이가 유지되는 부분이 선택된다.

먼저 k번째 프레임에서 특징점들을 찾고, 다음 k+1번째 프레임에서 같은 특징점들을 찾는다. 이 두 프레임 사이에서 같은 특징점이 얼마나 이동하였는지 계산하여 영상의 움직임을 추정한다. 그리고 흔들림이 발생한 곳으로 추정되는 프레임에서 위치 차이만큼 보정하여 흔들림의 영향을 줄이면 보정된 동영상은 움직임이 부드러워진다. 그러나 특징점의 수가 늘어날수록 연산이 더 오래 걸린다. 한편 영상을 보정하는 과정에서 영상을 회전하면 프레임에서 비어 있는 공간이 나타난다. 비어 있는 부분이 없도록 잘라 내면 프레임들의 크기가 작아지는데, 원래의 프레임 크기를 유지하려면 화질은 떨어진다.

---

01 윗글을 이해한 내용으로 적절하지 <u>않은</u> 것은?

① 디지털 영상 안정화 기술은 소프트웨어를 이용하여 이미지 센서를 이동시킨다.

② 광학 영상 안정화 기술을 사용하지 않는 디지털 카메라에도 이미지 센서는 필요하다.

③ 연속된 프레임에서 동일한 피사체의 위치 차이가 작을수록 동영상의 움직임이 부드러워진다.

④ 디지털 카메라의 저장 매체에는 이미지 센서 각각의 화소에서 발생하는 전기 신호가 영상으로 저장된다.

⑤ 보정 기능이 없다면 손 떨림이 있을 때 이미지 센서 각각의 화소에 닿는 빛의 세기가 변하여 영상이 흐려진다.

02 윗글의 'OIS 기술'에 대한 설명으로 적절하지 <u>않은</u> 것은?

① 보이스코일 모터는 카메라 모듈에 포함되는 장치이다.

② 자이로 센서는 이미지 센서에 맺히는 영상을 제어 장치로 전달 한다.

③ 보이스코일 모터에 흐르는 전류에 의해 발생한 힘으로 렌즈의 위치를 조정한다.

④ 자이로 센서가 카메라 움직임을 정확히 알려도 렌즈 이동의 범위에는 한계가 있다.

⑤ 흔들림에 의해 피사체의 상이 이동하면 원래의 위치로 돌아오도록 렌즈나 이미지 센서를 이동시킨다.

03 윗글을 참고할 때, <보기>의 A~C에 들어갈 말을 바르게 짝지은 것은?

─/ 보기 /─
특징점으로 선택되는 점들과 주위 점들의 밝기 차이가 (A), 영상이 흔들리기 전의 밝기 차이와 후의 밝기 차이 변화가 (B) 특징점의 위치 추정이 유리하다. 그리고 특징점 들이 많을수록 보정에 필요한 (C)이/가 늘어난다.

	A	B	C
①	클수록	클수록	프레임의 수
②	클수록	작을수록	시간
③	클수록	작을수록	프레임의 수
④	작을수록	클수록	시간
⑤	작을수록	작을수록	프레임의 수

04 윗글을 읽고 <보기>를 이해한 반응으로 가장 적절한 것은? [3점]

─/ 보기 /─
새로 산 카메라의 성능을 시험해 보고 싶어서 OIS 기능을 켜고 동영상을 촬영했다. 빌딩을 찍는 순간, 바람에 휘청하여 들고 있던 카메라가 기울어졌다. 집에 돌아와 촬영된 영상을 확인하고 소프트웨어로 보정하려 한다.

〔촬영한 동영상 중 연속된 프레임〕

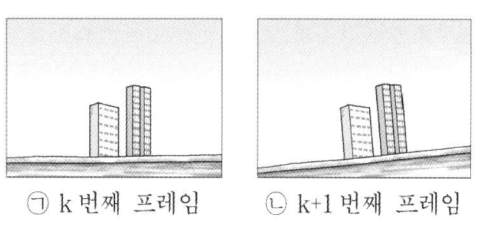

ⓐ k 번째 프레임   ⓑ k+1 번째 프레임

① ⓐ에서 프레임의 모서리 부분으로 특징점을 선택하는 것이 움직임을 추정하는 데 유리하겠군.

② ⓑ을 DIS 기능으로 보정하고 나서 프레임 크기가 변했다면 흔들림은 보정되었으나 원래의 영상 일부가 손실되었겠군.

③ ⓐ에서 빌딩 모서리들 간의 차이를 특징점으로 선택하고 그 차이를 계산하여 ⓑ을 보정하겠군.

④ ⓐ은 OIS 기능으로 손 떨림을 보정한 프레임이지만, ⓑ은 OIS 기능으로 보정해야 할 프레임이겠군.

⑤ ⓑ을 보면 ⓐ이 촬영된 직후 카메라가 크게 움직여 DIS 기능으로는 완전히 보정되지 않았다는 것을 알 수 있겠군.

DAY 14 – ①

(가)

리얼리즘 영화 이론가 앙드레 바쟁에 따르면 영화는 '세상을 향해 열린 창'이다. 창을 통해 세상을 인식하는 것처럼, 관객은 영화를 통해 현실을 객관적으로 인식할 수 있다. 영화가 담아내고자 하는 현실은 물리적 시·공간이 분할되지 않는 하나의 총체로, 그 의미가 미리 정해지지 않은 미결정의 상태이다.

바쟁은 영화가 현실의 물리적 연속성과 미결정성을 있는 그대로 드러내야 한다고 생각했다. 바쟁은 영화감독을 '이미지를 믿는 감독'과 '현실을 믿는 감독'으로 분류했다. 영화의 형식을 중시한 '이미지를 믿는 감독'은 다양한 영화적 기법으로 현실을 변형하여 ⓐ새로운 의미를 창조하는 데 주력한다. 몽타주의 대가인 예이젠시테인이 대표적이다. 몽타주는 추상적이거나 상징적인 이미지를 통해 관객이 익숙한 대상을 낯설게 받아들이게 한다. 또한 짧은 숏들을 불규칙적으로 편집해서 영화가 재현한 공간이 불연속적으로 연결된 듯한 느낌을 만들어 낸다. 바쟁은 몽타주가 현실의 연속성을 ⓑ깨뜨릴 뿐만 아니라 감독의 의도에 따라 관객이 현실을 하나의 의미로만 해석하게 할 우려가 있는 연출 방식이라고 생각했다.

바쟁은 '현실을 믿는 감독'을 지지했다. 이들은 '이미지를 믿는 감독'과 달리 영화의 내용, 즉 현실을 더 중요하게 생각하기에 변형되지 않은 현실을 객관적으로 보여 주고자 한다. 디프 포커스와 롱 테이크는 이를 가능하게 해 주는 영화적 기법이다. 디프 포커스는 근경에서 원경까지 숏 전체를 선명하게 초점을 맞춰 촬영하는 기법으로, 원근감이 느껴지도록 공간감을 표현할 수 있다. 롱 테이크는 하나의 숏이 1~2분 이상 끊김 없이 길게 진행되도록 촬영하는 기법이다. 영화 속 사건이 지속되는 시간과 관객의 영화 체험 시간이 일치하여 현실을 ⓒ마주하는 듯한 효과를 낳는다. 바쟁에 따르면, 디프 포커스와 롱 테이크를 혼용 하여 연출한 장면은 관객이 그 장면에 담긴 인물이나 사물을 자율적으로 선택하여 응시하면서 화면 속 공간 전체와 사건의 전개를 지켜볼 수 있게 해 준다.

바쟁은 현실의 공간에서 자연광을 이용해 촬영하거나, 연기 경험이 없는 일반인을 배우로 ⓓ쓰는 등 다큐멘터리처럼 강한 현실감을 만들어 내는 연출 방식에 찬사를 보냈다. 또한 정교하게 구조화된 서사를 통해 의미를 명확하게 제시하는 영화보다는 열린 결말을 통해 의미를 확정적으로 제시하지 않는 영화를 선호했다. 이러한 영화가 미결정 상태의 현실을 있는 그대로 드러낸다고 생각했기 때문이다.

(나)

정신분석학적 영화 이론에 따르면 ㉠관객이 영화에서 느끼는 현실감은 상상적인 것이며 환영이다. 영화와 관객의 심리 사이의 관계를 다루는 정신분석학적 영화 이론은 영화와 관객 사이에 발생하는 동일시 현상에 주목한다. 이런 동일시 현상은 영화 장치로 인해 발생한다. 이때 영화 장치는 카메라, 영화의 서사, 영화관의 환경 등을 아우르는 개념이다. 가장 대표적인 동일시 현상은 관객이 영화의 등장인물에 자신을 일치시키는 것이다. 이런 동일시는 극영화뿐 아니라 다큐멘터리 영화에서도 발생한다. 그런데 관객이 보고 있는 인물과 사물은 영화가 상영되는 그 시간과 장소에는 존재하지 않는다. 그 인물과 사물의 부재를 채우는 역할은 관객의 몫이다. 관객은 상상적 작업을 통해, 영화가 보여 주는 세계의 중심에 자신을 위치시킴으로써, 허구적 세계와 현실 사이의 간극을 ⓔ없앤다. 따라서 정신분석학적 영화 이론에서 영화는 일종의 몽상이다.

정신분석학적 영화 이론에 따르면 관객의 시점은 카메라의 시점과 동일시된다. 관객은 카메라에 의해 기록된 것만을 볼 수 있다. 따라서 관객은 자신이 영화를 보는 시선의 주체라고 생각하지만 그 시선은 카메라에 의해 이미 규정된 시선이다. 또한 영화는 촬영과 편집 과정에서 특정한 의도에 따라 선택과 배제가 이루어지지만, 관객은 제작 과정에서 무엇이 배제되었는지 알 수 없다. 관객은 자신이 현실 세계를 보고 있다고 믿지만 사실은 인위적으로 만들어진 세계를 보고 있다는 것이 정신분석학적 영화 이론가들의 주장이다.

영화관의 환경은 관객이 영화가 환영임을 인식하기 어렵게 만든다. 영화에 몰입한 관객은 플라톤이 말한 '동굴의 비유' 속 죄수처럼 스크린에 비친 허구적 세계를 현실이라고 착각한다. 이때 영화는 꿈에 빗대진다. 정신분석학적 영화 이론은 영화가 은폐하고 있는 특정한 이념을 관객이 의심하지 않고 자신의 것으로 받아들일 위험이 있다고 경고한다. 이는 관객이 비판적 거리를 유지하면서 영화를 볼 수 있도록, 영화가 환영임을 영화 스스로 폭로하는 설정이 담겨 있는 대안적인 영화가 필요하다는 주장으로 이어진다.

🔍 정의는 체크한다.

⚙️ 조건은 체크한다.

👤 인물은 체크한다.

01 (가)와 (나)에서 모두 답을 찾을 수 있는 질문으로 가장 적절한 것은?

① 영화는 무엇에 비유될 수 있는가?
② 영화의 내용과 형식 중 무엇이 중요한가?
③ 영화에 관객의 심리는 어떻게 반영되는가?
④ 영화 이론의 시기별 변천 양상은 어떠한가?
⑤ 영화관 환경은 관객에게 어떤 영향을 주는가?

1 STRUCTURE FLOW

👤 인물　⚙️ 조건

2 ANSWER DECODING

● STEP 1. 지문 스캔

지문에서 인물과 정의를 중심으로 선지에서 묻는 상황을 찾는다.

● STEP 2. 선지 매칭

앙드레 바쟁에 따르면 영화는 '세상을 향해 열린 창'이라고 비유하였으므로 적절한 선지 ⇒ 정답

---

02 (가)를 바탕으로 할 때, 영화적 기법의 효과에 대한 이해로 적절하지 <u>않은</u> 것은?

① 몽타주를 활용하여 대립 관계의 두 세력이 충돌하는 상황을 상징적 이미지로 표현한 장면에서, 관객은 생소한 느낌을 받을 수 있다.
② 몽타주를 활용하여 서로 다른 공간을 짧은 숏으로 불규칙 하게 교차시킨 장면에서, 관객은 영화 속 공간이 불연속적으로 재구성되었다는 인상을 받을 수 있다.
③ 디프 포커스를 활용하여 주인공과 주인공 뒤로 펼쳐진 배경을 하나의 숏으로 촬영한 장면에서, 관객은 배경이 흐릿하게 인물은 선명하게 보이는 느낌을 받을 수 있다.
④ 롱 테이크를 활용하여 사자가 사슴을 사냥하는 모든 과정을 하나의 숏으로 길게 촬영한 장면에서, 관객은 실제 상황을 마주하는 듯한 느낌을 받을 수 있다.
⑤ 디프 포커스와 롱 테이크를 활용하여 광장의 군중을 촬영한 장면에서, 관객은 자율적으로 인물이나 배경에 시선을 옮기며 사건의 전개를 지켜볼 수 있다.

1 STRUCTURE FLOW

🔍 정의　⚙️ 조건

2 ANSWER DECODING

● STEP 1. 지문 스캔

지문에서 정의를 중심으로 선지에서 묻는 상황을 찾는다.

● STEP 2. 선지 매칭

디프 포커스는 근경에서 원경까지 숏 전체를 선명하게 초점을 맞춰 촬영하는 기법으로 원근감이 느껴지도록 공간감을 표현할 수 있다. 디프 포커스는 선명하게 촬영하는 기법으로 배경이 흐릿하다는 것은 적절하지 않은 선지 ⇒ 정답

03 <보기>의 입장에서 (가)의 '바쟁'에 대해 비판한 내용으로 가장 적절한 것은?

> **보기**
>
> 관객은 특별한 예술 교육을 받지 않아도 작품을 해석할 수 있다. 또한 감독의 의도대로 작품을 해석하는 존재가 아니다. 따라서 감독은 영화를 통해 관객을 계몽하려 할 필요가 없다. 관객은 작품과 상호 작용하며 의미를 생산하는 능동적 존재이다. 감독과 관객은 수평적인 위치에 있다.

① 바쟁은 열린 결말의 영화를 관객이 이해하도록 돕는 예술 ~~교육의 필요성을 간과하고~~ 있다.

② 바쟁은 정교하게 ~~구조화된 서사의 영화를 통해 관객을 계몽~~하는 것을 영화의 목적이라고 오인하고 있다.

③ 바쟁이 ~~감독의 연출 역량을 기준으로 감독의 유형을 나눈~~ 것은 영화와 관객의 상호 작용을 무시한 구분에 불과하다.

④ 바쟁이 변형된 현실을 통해 생성한 의미를 ~~관객에게 전달하는 것을 중시한다는 점에서~~ 관객의 능동적인 작품 해석 능력을 과소평가하고 있다.

⑤ 바쟁은 감독의 연출 방식에 따라 영화 작품에 대한 관객의 이해가 달라질 수 있다고 본다는 점에서 감독이 관객보다 우위에 있다고 간주하고 있다.

---

1 STRUCTURE FLOW ///////

👤 **인물**   🔍 **정의**

2 ANSWER DECODING ///////

● **STEP 1. 지문 스캔**

지문에서 인물을 중심으로 선지에서 묻는 상황을 찾는다.

● **STEP 2. 선지 매칭**

바쟁은 몽타주 기법은 관객이 현실을 하나의 의미로만 해석하게될 우려가 있는 연출 방식이라고 하였다. 디프 포커스와 롱 테이크는 현실을 객관적으로 보여줄 수 있다고 하였다. 바쟁은 관객은 감독의 의도대로 영화를 이해한다고 보았다. <보기>에서 관객은 스스로 작품을 해석할 능력이 있는 수평적 위치라고 했으므로 감독의 의도대로 영화를 감상하는 바쟁의 의견은 감독이 관객보다 우위에 있다고 해석할 수 있기 때문에 적절한 선지 ⇒ 정답

---

04 [정신분석학적 영화 이론] 을 바탕으로 할 때, ㉠의 이유로 가장 적절한 것은?

① 관객은 영화 장치의 영향을 받기 때문이다.

② 현실의 의미는 미리 정해져 있지 않기 때문이다.

③ 영화가 현실을 불연속적으로 파편화하여 드러내기 때문이다.

④ 관객은 영화의 은폐된 이념을 그대로 받아들일 위험이 있기 때문이다.

⑤ 관객은 영화의 제작 과정에서 배제된 것들을 인식할 수 있기 때문이다.

---

1 STRUCTURE FLOW ///////

👤 **인물(주장)**   🔍 **정의**

2 ANSWER DECODING ///////

● **STEP 1. 지문 스캔**

지문에서 인물(주장)을 중심으로 선지에서 묻는 상황을 찾는다.

● **STEP 2. 선지 매칭**

동일시 현상은 영화 장치인 카멜, 영화의 서사, 영화관의 환경으로 인해 발생하므로 적절한 선지 ⇒ 정답

05 다음은 학생이 작성한 영화 감상문이다. 이에 대해 (가)의 바쟁(A)의 관점과 (나)의 정신분석학적 영화 이론(B)의 관점에서 설명한 내용으로 가장 적절한 것은? [3점]

> 최근 영화관에서 본 두편의 영화가 기억에 남는다. 첫째 번 영화는 고단하게 살아가는 한 가족의 일상을 표현한 작품이다. 다큐멘터리라는 착각이 들 정도로 사실적인 영화였다. 작품에 대해 더 찾아보니 거리에서 인공조명 없이 촬영되었고, 주인공은 연기 경험이 없는 일반인이었다. 마지막에 아버지가 아들의 손을 꼭 잡아 줄 때, 마치 내 손을 잡아주는 것처럼 느껴져 감동적이었다. 열린 결말이라서 주인공 가족이 앞으로 어떻게 살아갈지 궁금했다. 둘째 번 영화는 초인적 주인공이 외계의 침략자를 물리치는 내용이다. 영화 후반부까지 사건 전개를 예측하지 못할 정도로 반전을 거듭하는 이야기와 실재라고 착각할 정도로 반전을 거듭하는 이야기와 실재라고 착각할 정도로 뛰어난 컴퓨터 그래픽 화면은 으뜸이었지만 뻔한 결말은 아쉬웠다. 그래도 주인공이 침략자를 무찌르는 장면에서는 내가 주인공이 되어 세상을 구하는 것 같아서 쾌감이 느껴졌다. 그런데 영화가 끝나고 생각해 보니 왜 세계의 평화는 서구인이 지키고, 특정 나라에서 일어나는 사건이 인류의 위기인지 의아했다.

① A의 관점에서 보면, 학생이 ㉮에서 궁금함을 떠올린 것은 '~~아버지를 잡는 감동~~'이 열린 결말을 통해 현실을 있는 그대로 ㉮에 담았기 때문이다.

② A의 관점에서 보면, 학생이 ㉯에서 사건의 전개를 예측하지 못한 것은 ㉯에는 의미가 미리 정해져 있지 않은 ~~미결정 상태와 현실이 담겨 있지 때문이다.~~

③ A의 관점에서 보면, 학생이 ㉮와 ~~㉯에서~~ 착각하는 듯한 인상을 받은 것은 ㉮와 ~~㉯가~~ 강한 현실감을 만들어 내는 연출 방식 으로 촬영되었기 때문이다.

④ B의 관점에서 보면, 학생이 ㉯에서 의아함을 떠올린 것은 ㉯가 관객으로 하여금 ~~비판적 거리를 유지하며 영화를 볼 수 있도록 하는 대안적인 영화이기~~ 때문이다.

⑤ B의 관점에서 보면, 학생이 ㉮에서 감동을 받은 것과 ㉯에서 쾌감을 느낀 것은 상상적 작업을 통해 허구적 세계의 중심에 자신을 위치시켰기 때문이다.

👤 인물(주장)　🔍 정의

2 **ANSWER DECODING**

● STEP 1. 지문 스캔

지문에서 인물(주장)을 중심으로 선지에서 묻는 상황을 찾는다.

● STEP 2. 선지 매칭

정신분석학적 영화 이론(B)은 영화와 관객 사이에서 동일시 현상이 발생한다고 보았다. ㉮에서 마치 자신의 손을 잡아주는 것처럼 느낀 것과 ㉯에서 주인공이 되어 세상을 구하는 것 같아서 쾌감을 느꼈다는 것은 동일시 현상의 예이다. 영화가 보여주는 세계의 중심에 자신을 위치시킨다는 주장은 정신분석학적 영화 이론(B)이므로 적절한 선지 ⇒ 정답

06 문맥상 ⓐ~ⓔ와 바꿔 쓰기에 적절하지 <u>않은</u> 것은?

① ⓐ : 개선(改善)된
② ⓑ : 파괴(破壞)할
③ ⓒ : 대면(對面)하는
④ ⓓ : 기용(起用)하는
⑤ ⓔ : 해소(解消)한다

1 ANSWER DECODING //////////

● STEP 1. 지문 스캔

지문에서 문맥과 단어의 뜻으로 선지에서 묻는 단어를 찾는다. 틀렸다면 별도로 정리한다.

● STEP 2. 선지 매칭

ⓐ새로운 : 지금까지 있은 적이 없다.
①돌아왔다 : 잘못된 것이나 부족한 것, 나쁜 것 따위가 고쳐져 더 좋게 되다. ⇒ 정답

DAY 14 - ②

공포 소구는 그 메시지에 담긴 권고를 따르지 않을 때의 해로운 결과를 강조하여 수용자를 설득하는 것으로, 1950년대 초부터 설득 전략 연구자들의 연구 대상이 되었다. 초기 연구를 대표하는 재니스는 기존 연구에서 다루어지지 않았던 공포 소구의 설득 효과에 주목하였다. 그는 수용자에게 공포 소구를 세 가지 수준으로 달리 제시하는 실험을 한 결과, 중간 수준의 공포 소구가 가장 큰 설득 효과를 보인다는 것을 발견하였다.

공포 소구 연구를 진척시킨 레벤달은 재니스의 연구가 인간의 감정적 측면에만 ㉠치우쳤다고 비판하며, 공포 소구의 효과는 수용자의 감정적 반응만이 아니라 인지적 반응과도 관련된다고 하였다. 그는 감정적 반응을 '공포 통제 반응', 인지적 반응을 '위험 통제 반응'이라 ㉡불렀다. 그리고 후자가 작동하면 수용자들은 공포 소구의 권고를 따르게 되지만, 전자가 작동하면 공포 소구로 인한 두려움의 감정을 통제하기 위해 오히려 공포 소구에 담긴 위험을 무시하려는 반응을 보이게 된다고 하였다.

이러한 선행 연구들을 종합한 위티는 우선 공포 소구의 설득 효과를 좌우하는 두 요인으로 '위협'과 '효능감'을 설정하였다. 수용자가 공포 소구에 담긴 위험을 자신이 ㉢겪을 수 있는 것이고 그 위험의 정도가 크다고 느끼면, 그 공포 소구는 위협의 수준이 높다. 그리고 공포 소구에 담긴 권고를 이행하면 자신의 위험을 예방할 수 있고 자신에게 그 권고를 이행할 능력이 있다고 느끼면, 효능감의 수준이 높다. 한 동호회에서 회원들에게 '모임에 꼭 참석해 주세요. 불참 시 회원 자격이 사라집니다.'라는 안내문을 ㉣보냈다고 하자. 회원 자격이 사라진다는 것은 그 동호회 활동에 강한 애착을 가지고 있는 사람에게는 높은 수준의 위협이 된다. 그리고 그가 동호회 모임에 참석하는 일이 어렵지 않다고 느낄 때, 안내문의 권고는 그에게 높은 수준의 효능감을 주게 된다.

위티는 이 두 요인을 레벤달이 말한 두 가지 통제 반응과 관련지어 다음과 같은 결론을 도출하였다. 위협과 효능감의 수준이 모두 높을 때에는 위험 통제 반응이 작동하고, 위협의 수준은 높지만 효능감의 수준이 낮을 때에는 공포 통제 반응이 작동한다. 그러나 위협의 수준이 낮으면, 수용자는 그 위협이 자신에게 아무 영향을 ㉤주지 않는다고 느껴 효능감의 수준에 관계없이 공포 소구에 대한 반응이 없게 된다. 이렇게 정리된 결론은 그간의 공포 소구 이론을 통합한 결과라는 점에서 후속 연구의 중요한 디딤돌이 되었다.

🔍 **정의는 체크한다.**

👤 **인물은 체크한다.**

🗂 **분류는 체크한다.**

⚙️ **증가/감소는 체크한다.**

⚙️ **조건은 체크한다.**

01 윗글의 내용 전개 방식으로 가장 적절한 것은?

① 화제에 대한 연구들이 시작된 ~~사회적 배경을 분석~~하고 있다.

②화제에 대한 연구들을 선행 연구와 연결하여 설명하고 있다.

③ 화제에 대한 연구들을 분류하는 ~~기준의 문제점을 검토~~하고 있다.

④ 화제에 대한 연구들을 소개한 후 ~~남겨진 연구 과제~~를 제시하고 있다.

⑤ 화제에 대한 연구들이 ~~봉착했던 난관과 그 극복 과정~~을 소개하고 있다.

1 STRUCTURE FLOW

🔍 **정의**   👤 **인물**

2 ANSWER DECODING

● **STEP 1. 지문 스캔**

지문에서 인물을 중심으로 선지에서 묻는 상황을 찾는다.

● **STEP 2. 선지 매칭**

공포 소구에 대해서 재니스, 레벤달, 위티의 연구를 순서대로 소개하고 있다. 선행 연구와 연결하여 소개하고 있으므로 적절한 선지 ⇒ 정답

---

02 윗글을 읽은 학생의 반응으로 적절하지 <u>않은</u> 것은?

① 재니스는 공포 소구의 효과를 연구하는 실험에서 공포 소구의 수준을 달리하며 수용자의 변화를 살펴보았겠군.

② 레벤달은 재니스의 연구 결과에 대하여 수용자의 감정적 반응과 인지적 반응을 모두 고려하여 살펴보았겠군.

③ 레벤달은 공포 소구의 설득 효과가 나타나려면 공포 통제 반응보다 위험 통제 반응이 작동해야 한다고 보았겠군.

④위티는 수용자가 공포 소구에 담긴 위험을 ~~느끼지 않아~~야 공포 소구의 권고를 따르게 된다고 보았겠군.

⑤ 위티는 공포 소구의 위협 수준이 그 공포 소구의 효능감 수준에 따라 달라지는 것은 아니라고 보았겠군.

1 STRUCTURE FLOW

🔍 **정의**   👤 **인물**   ⚙️ **증가/감소**

2 ANSWER DECODING

● **STEP 1. 지문 스캔**

지문에서 인물을 중심으로 선지에서 묻는 상황을 찾는다.

● **STEP 2. 선지 매칭**

위티는 공포 소구에 담긴 위험을 자신이 겪을 수 있고, 그 위험의 정도가 크다고 느끼면 공포 소구에 담긴 권고를 이행한다고 했으므로 위험을 느끼지 않아야 한다는 것은 적절하지 않은 선지 ⇒ 정답

03 ⊙~ⓒ에 대한 설명으로 가장 적절한 것은?

> **보기**
>
> 한 모임에서 공포 소구 실험을 진행한 결과, 수용자들의 반응은 위티의 결론과 부합하였다. 이 실험에서는 위협의 수준(높음 / 낮음), 효능감의 수준(높음 / 낮음)의 조합을 달리 하여 피실험자들을 네 집단으로 나누었다. 집단 1과 집단 2는 공포 소구에 대한 반응이 없었고, 집단 3은 위험 통제 반응, 집단 4는 공포 통제 반응이 작동하였다.

① 집단 1은 위협의 수준이 낮았을 것이다.
② 집단 3은 효능감의 수준이 높았을 것이다.
③ 집단 4는 위협과 효능감의 수준이 서로 달랐을 것이다.
④ 집단 2와 집단 4는 위협의 수준이 서로 달랐을 것이다.
⑤ 집단 3과 집단 4는 효능감의 수준이 서로 ~~같았을~~ 것이다.

---

1 STRUCTURE FLOW ////////

🔍 정의   👤 인물   ⚙️ 증가/감소

2 ANSWER DECODING ////////

● STEP 1. 지문 스캔

지문에서 증가/감소를 중심으로 선지에서 묻는 상황을 찾는다.

● STEP 2. 선지 매칭

위티의 결론에 의하면 다음과 같다. 집단 1 : 공포 소구 없음→위협 낮음 집단 2 : 공포 소구 없음→위협 낮음 집단 3 : 위험 통제 반응→위협,효능감높음 집단 4 : 공포 통제 반응→위협높음,효능감 낮음집단3, 집단4는 효능감 수준이 다르다. 따라서 효능감 수준이 같다는 적절하지 않은 선지 ⇒ 정답

---

04 문맥상 ⊙~ⓜ과 바꾸어 쓰기에 적절하지 <u>않은</u> 것은?

① ⊙ : 편향(偏向)되었다고
② ⓛ : 명명(命名)하였다
③ ⓒ : 경험(經驗)할
④ ⓔ : 발송(發送)했다고
⑤ ⓜ : 기여(寄與)하지

---

1 ANSWER DECODING ////////

● STEP 1. 지문 스캔

지문에서 문맥과 단어의 뜻으로 선지에서 묻는 단어를 찾는다. 틀렸다면 별도로 정리한다.

● STEP 2. 선지 매칭

ⓜ주다 : 남에게 어떤 일이나 감정을 겪게 하거나 느끼게 하다.
⑤기여하다 : 도움이 되도록 이바지하다. ⇒ 정답

일반 사용자가 디지털 카메라를 들고 촬영하면 손의 미세한 떨림으로 인해 영상이 번져 흐려지고, 걷거나 뛰면서 촬영하면 식별하기 힘들 정도로 영상이 흔들리게 된다. 흔들림에 의한 영향을 최소화하는 기술이 **영상 안정화 기술**이다.

영상 안정화 기술에는 빛을 이용하는 **광학적 기술**과 소프트 웨어를 이용하는 **디지털 기술** 등이 있다. 광학 영상 안정화(OIS) 기술을 사용하는 카메라 모듈은 **렌즈 모듈**, 이미지 센서, 자이로 센서, 제어 장치, 렌즈를 움직이는 장치로 구성되어 있다. 렌즈 모듈은 보정용 렌즈들을 포함한 여러 개의 렌즈들로 구성된다. 일반적으로 카메라는 **렌즈**를 통해 들어온 빛이 **이미지 센서**에 닿아 피사체의 상이 맺히고, 피사체의 한 점에 해당하는 위치인 화소마다 빛의 세기에 비례하여 발생한 전기 신호가 저장 매체에 영상으로 저장된다. 그런데 카메라가 흔들리면 이미지 센서 각각의 화소에 닿는 빛의 세기가 변한다. 이때 OIS 기술이 작동되면 자이로 센서가 카메라의 움직임을 감지하여 방향과 속도를 제어 장치에 전달한다. 제어 장치가 렌즈를 이동시키면 피사체의 상이 유지되면서 영상이 안정된다.

렌즈를 움직이는 방법 중에는 **보이스코일 모터**를 이용하는 방법이 많이 쓰인다. 보이스코일 모터를 포함한 카메라 모듈은 중앙에 위치한 렌즈 주위에 코일과 자석이 배치되어 있다. 카메라가 흔들리면 제어 장치에 의해 코일에 전류가 흘러서 자기장과 전류의 직각 방향으로 전류의 크기에 비례하는 힘이 발생한다. 이 힘이 **렌즈를 이동시켜 흔들림에 의한 영향이 상쇄되고 피사체의** 상이 유지된다. 이외에도 카메라가 흔들릴 때 **이미지 센서**를 움직여 흔들림을 감쇄하는 방식도 이용된다.

OIS 기술이 손 떨림을 훌륭하게 보정해 줄 수는 있지만 렌즈의 이동 범위에 한계가 있어 보정할 수 있는 움직임의 폭이 좁다.

디지털 영상 안정화(DIS) 기술은 촬영 후에 소프트웨어를 사용해 흔들림을 보정하는 기술로 역동적인 상황에서 촬영한 동영상에 적용할 때 좋은 결과를 얻을 수 있다. 이 기술은 촬영된 동영상을 프레임 단위로 나눈 후 연속된 프레임 간 피사체의 움직임을 추정한다. 움직임을 추정하는 한 방법은 특징점을 이용하는 것 이다. 특징점으로는 피사체의 모서리처럼 주위와 밝기가 뚜렷이 구별되며 영상이 이동하거나 회전해도 그 밝기 차이가 유지되는 부분이 선택된다.

먼저 k번째 프레임에서 특징점들을 찾고, 다음 k+1번째 프레임에서 같은 특징점들을 찾는다. 이 두 프레임 사이에서 같은 특징점이 얼마나 이동하였는지 계산하여 영상의 움직임을 추정한다. 그리고 흔들림이 발생한 곳으로 추정되는 프레임에서 위치 차이만큼 보정하여 흔들림의 영향을 줄이면 보정된 동영상은 움직임이 부드러워진다. 그러나 특징점의 수가 늘어날수록 연산이 더 오래 걸린다. 한편 영상을 보정하는 과정에서 영상을 회전하면 프레임에서 비어 있는 공간이 나타난다. 비어 있는 부분이 없도록 잘라 내면 프레임들의 크기가 작아지는데, 원래의 프레임 크기를 유지하려면 화질은 떨어진다.

🔍 정의는 체크한다.

⚙ 순서는 체크한다.

⚙ 조건은 체크한다.

📁 분류는 체크한다.

⚙ 순서는 체크한다.

⚙ 조건은 체크한다.

01 윗글을 이해한 내용으로 적절하지 않은 것은?

① 디지털 영상 안정화 기술은 소프트웨어를 이용하여 ~~이미지 센서를 이동시킨다.~~

② 광학 영상 안정화 기술을 사용하지 않는 디지털 카메라에도 이미지 센서는 필요하다.

③ 연속된 프레임에서 동일한 피사체의 위치 차이가 작을수록 동영상의 움직임이 부드러워진다.

④ 디지털 카메라의 저장 매체에는 이미지 센서 각각의 화소에서 발생하는 전기 신호가 영상으로 저장된다.

⑤ 보정 기능이 없다면 손 떨림이 있을 때 이미지 센서 각각의 화소에 닿는 빛의 세기가 변하여 영상이 흐려진다.

1 STRUCTURE FLOW

Q 정의   📁 분류

2 ANSWER DECODING

● STEP 1. 지문 스캔

지문에서 정의를 중심으로 선지에서 묻는 상황을 찾는다.

● STEP 2. 선지 매칭

디지털 영상 안정화(DIS)기술은 촬영 후 소프트웨어를 사용하여 이미지 흔들림을 보정하는 기술이다. 광학 영상 안정화(OIS)기술 중 하나는 카메라가 흔들릴 때 이미지 센서를 움직여 흔들림을 감쇄하는 것이다. 이미지 센서를 움직이는 것은 디지털 영상 안정화 기술이 아닌 광학 영상 안정화기술이므로 적절하지 않은 선지 ⇒ 정답

---

02 윗글의 'OIS 기술'에 대한 설명으로 적절하지 <u>않은</u> 것은?

① 보이스코일 모터는 카메라 모듈에 포함되는 장치이다.

② 자이로 센서는 ~~이미지 센서에 맺히는 영상을~~ 제어 장치로 전달 한다.

③ 보이스코일 모터에 흐르는 전류에 의해 발생한 힘으로 렌즈의 위치를 조정한다.

④ 자이로 센서가 카메라 움직임을 정확히 알려도 렌즈 이동의 범위에는 한계가 있다.

⑤ 흔들림에 의해 피사체의 상이 이동하면 원래의 위치로 돌아오도록 렌즈나 이미지 센서를 이동시킨다.

1 STRUCTURE FLOW

Q 정의   ⚙ 순서

2 ANSWER DECODING

● STEP 1. 지문 스캔

지문에서 정의를 중심으로 선지에서 묻는 상황을 찾는다.

● STEP 2. 선지 매칭

OIS기술이 작동되면 자이로 센서가 카메라 움직임을 감지하여 제어 장치에 방향과 속도를 전달한다. 이미지 센서에 맺히는 영상이 아닌 카메라의 움직임을 전달하므로 적절하지 않은 선지 ⇒ 정답

03 윗글을 참고할 때, <보기>의 A~C에 들어갈 말을 바르게 짝지은 것은?

/ 보기 /
특징점으로 선택되는 점들과 주위 점들의 밝기 차이가 (A), 영상이 흔들리기 전의 밝기 차이와 후의 밝기 차이 변화가 (B) 특징점의 위치 추정이 유리하다. 그리고 특징점 들이 많을수록 보정에 필요한 (C)이/가 늘어난다.

	A	B	C
①	클수록	~~클수록~~	~~프레임의 수~~
②	클수록	작을수록	시간
③	클수록	작을수록	~~프레임의 수~~
④	~~작을수록~~	~~클수록~~	시간
⑤	~~작을수록~~	작을수록	~~프레임의 수~~

1 STRUCTURE FLOW /////////

Q 정의   조건

2 ANSWER DECODING /////////

● STEP 1. 지문 스캔
지문에서 조건을 중심으로 선지에서 묻는 상황을 찾는다.

● STEP 2. 선지 매칭
특징점은 밝기가 뚜렷하게 구별되고, 이동하거나 회전해도 그 밝기 차이가 유지되는 부분이다. 즉, 밝기 차이가 크고, 흔들리기 전후 밝기 차이는 적어야 한다. 특징점의 수가 늘어날수록 연산이 오래 걸리므로 보정에 필요한 시간이 늘어난다.
⇒ 정답

04 윗글을 읽고 <보기>를 이해한 반응으로 가장 적절한 것은? [3점]

보기

새로 산 카메라의 성능을 시험해 보고 싶어서 OIS 기능을 켜고 동영상을 촬영했다. 빌딩을 찍는 순간, 바람에 휘청하여 들고 있던 카메라가 기울어졌다. 집에 돌아와 촬영된 영상을 확인하고 소프트웨어로 보정하려 한다.

〔촬영한 동영상 중 연속된 프레임〕

ⓐ k 번째 프레임

ⓑ k+1 번째 프레임

① ㉠에서 ~~프레임의~~ 모서리 부분으로 특징점을 선택하는 것이 움직임을 추정하는 데 유리하겠군.

② ㉡을 DIS 기능으로 보정하고 나서 프레임 크기가 변했다면 흔들림은 보정되었으나 원래의 영상 일부가 손실되었겠군.

③ ㉠에서 ~~빌딩 모서리들 간의 차이를~~ 특징점으로 선택하고 그 차이를 계산하여 ㉡을 보정하겠군.

④ ~~㉠은~~ OIS 기능으로 손 떨림을 보정한 프레임이지만, ㉡은 OIS 기능으로 보정해야 할 프레임이겠군.

⑤ ㉡을 보면 ㉠이 촬영된 직후 카메라가 크게 움직여 ~~DIS~~ 기능으로는 완전히 보정되지 않았다는 것을 알 수 있겠군.

---

1 STRUCTURE FLOW ////////

🔍 정의   ⚙️ 조건

2 ANSWER DECODING ////////

● STEP 1. 지문 스캔

지문에서 조건을 중심으로 선지에서 묻는 상황을 찾는다.

● STEP 2. 선지 매칭

DIS 기능을 사용하여 보정한 경우 영상을 회전하면서 프레임에서 비어있는 공간이 나타난다. 이 공간을 잘라내면 프레임의 크기가 줄어든다. 보정 후 프레임의 크기가 줄어들었다면 영상의 일부를 잘라낸 것이므로 적절한 선지 ⇒ 정답

(가)

심리 철학에서 동일론은 의식이 뇌의 물질적 상태와 동일하다고 @본다. 이와 달리 기능주의는 의식은 기능이며, 서로 다른 물질에서 같은 기능이 구현될 수 있다고 주장한다. 이때 기능이란 어떤 입력이 주어졌을 때 특정한 출력을 내놓는 함수적 역할로 정의되며, 함수적 역할의 일치는 입력과 출력의 쌍이 일치함을 의미한다. 실리콘 칩으로 구성된 로봇이 찔림이라는 입력에 대해 고통을 출력으로 내놓는 기능을 가진다면, 로봇과 우리는 같은 의식을 가진다는 것이다. 이처럼 기능주의는 의식을 구현하는 물질이 무엇인지는 중요하지 않다고 본다.

설(Searle)은 기능주의를 반박하는 사고 실험을 제시한다. '중국어 방' 안에 중국어를 모르는 한 사람만 있다고 하자. 그는 중국어로 된 입력이 들어오면 정해진 규칙에 따라 중국어로 된 출력을 내놓는다. 설에 의하면 방 안의 사람은 중국어 사용자와 함수적 역할이 같지만 중국어를 아는 것은 아니다. 기능이 같으면서 의식은 다른 사례가 있다는 것이다.

동일론, 기능주의, 설은 모두 의식에 대한 논의를 의식을 구현하는 몸의 내부로만 한정하고 있다. 하지만 의식의 하나인 '인지' 즉 '무언가를 알게 됨'은 몸 바깥에서 ⓑ일어나는 일과 맞물려 벌어진다. 기억나지 않는 정보를 노트북에 저장된 파일을 열람하여 확인하는 것이 한 예이다. 로랜즈의 확장 인지 이론은 이를 설명하는 이론이다.

그에 ⓒ따르면 인지 과정은 주체에게 '심적 상태'가 생겨나게 하는 과정이다. 기억이나 믿음이 심적 상태의 예이다. 심적 상태는 어떤 것에도 의존함이 없이 주체에게 의미를 나타낸다. 예를 들어, 무언가를 기억하는 사람은 자기의 기억이 무엇인지 ⓓ알아보기 위해 아무것도 의존할 필요가 없다. 이와 달리 '파생적 상태'는 주체의 해석에 의존해서만 또는 사회적 합의에 의존해서만 의미를 나타내는 상태로 정의된다. 앞의 예에서 노트북에 저장된 정보는 전자적 신호가 나열된 상태로서 파생적 상태이다. 주체에 의해 열람된 후에도 노트북의 정보는 여전히 파생적 상태이다. 하지만 열람 후 주체에게는 기억이 생겨난다. 로랜즈에게 인지 과정은 파생적 상태가 심적 상태로 변환되는 과정이 아니라, 파생적 상태를 조작함으로써 심적 상태를 생겨나게 하는 과정이다. 심적 상태가 주체의 몸 외부로 확장되는 것이 아니라, 심적 상태를 생겨나게 하는 인지 과정이 확장되는 것이다. 이러한 ㉠확장된 인지 과정은 인지 주체의 것일 때에만, 다시 말해 환경의 변화를 탐지하고 그에 맞춰 행위를 조절하는 주체와 통합되어 있을 때에만 성립할 수 있다. 즉 로랜즈에게 주체 없는 인지란 있을 수 없다. 확장 인지 이론은 의식의 문제를 몸 안으로 한정하지 않고 바깥으로까지 넓혀 설명한다는 의의를 지닌다.

(나)

일반적으로 '지각'이란 몸의 감각 기관을 통해 사물에 대해 아는 것을 의미한다. 이러한 지각을 분석할 때 두 가지 사실에 직면한다. 첫째, 그 사물과 내 몸은 물질세계에 있다. 둘째, 그 사물에 대한 나의 의식은 물질세계가 아닌 다른 세계에 있다. 즉 몸으로서의 나는 사물과 같은 세계에 속하는 동시에 의식으로서의 나는 사물과 다른 세계에 속한다.

이에 대한 객관주의 철학의 입장은 두 가지로 나뉜다. 의식을 포함한 모든 것을 물질로 환원하여 의식은 물질에 불과하다고 주장하거나, 의식을 물질과 구분되는 독자적 실체로 규정함으로써 의식과 물질의 본질적 차이를 주장한다. 전자에 의하면 지각은 사물로부터의 감각 자극에 따른 주체의 물질적 반응으로 이해되며, 후자에 의하면 지각은 감각된 사물에 대한 주체 즉 의식의 판단으로 이해된다. 이처럼 양자 모두 주체와 대상의 분리를 전제하고 지각을 이해한다. 주체와 대상은 지각 이전에 이미 확정되어 각각 존재한다는 것이다.

하지만 지각은 주체와 대상이 각자로서 존재하기 이전에 나타나는 얽힘의 체험이다. 예를 들어 다른 사람과 손이 맞닿을 때 내가 누군가의 손을 ⓔ만지는 동시에 나의 손 역시 누군가에 의해 만져진다. 감각하는 것이 동시에 감각되는 것이 되는 얽힘의 순간에, 나는 나와 대상을 확연히 구분한다. 지각이라는 얽힘의 작용이 있어야 주체와 대상이 분리될 수 있다. 다시 말해 주체와 대상은 지각이 일어난 이후 비로소 확정된다. 따라서 ⓒ지각과 감각은 서로 구분되지 않는다.

지각은 물질적 반응이나 의식의 판단이 아니라, 내 몸의 체험이다. 지각은 나의 몸에 의해 이루어지는 것이고, 지각이 이루어지게 하는 것은 모두 나의 몸이다.

01 다음은 윗글을 읽은 학생이 정리한 내용이다. ㉮와 ㉯에 들어갈 말로 가장 적절한 것은?

(가)는 기능주의를 소개한 후 [㉮] 은/는 같지 않다는 설(Searle)의 비판을 제시하고 있다. 그리고 인지 과정이 몸 바깥으로까지 확장된다고 주장하는 확장 인지 이론을 설명하고 있다. (나)는 인지 중에서도 감각 기관을 통한 인지, 즉 지각을 주제로 하고 있다. (나)는 지각에 대한 객관주의 철학의 입장을 비판하고, [㉯] 으로서의 지각을 주장하고 있다.

	㉮	㉯
①	의식과 함수적 역할	내 몸의 체험
②	의식과 함수적 역할	물질적 반응
③	의식과 뇌의 상태	의식의 판단
④	의식과 뇌의 상태	내 몸의 체험
⑤	입력과 출력	의식의 판단

02 (가)에서 알 수 있는 내용으로 적절하지 <u>않은</u> 것은?

① 동일론자들은 뇌가 존재하지 않으면 의식도 존재하지 않는다고 볼 것이다.

② 설(Searle)은 '중국어 방' 안의 사람과 중국어를 아는 사람의 의식이 다르다고 볼 것이다.

③ 로랜즈는 기억이 주체의 몸 바깥으로 확장될 수 있다고 볼 것이다.

④ 로랜즈는 인지 과정이 파생적 상태를 조작하는 과정을 포함한다고 볼 것이다.

⑤ 로랜즈는 노트북에 저장된 정보가 그 자체로는 심적 상태가 아니라고 볼 것이다.

03 (나)의 필자의 관점에서 ㉠을 평가한 내용으로 가장 적절한 것은?

① 확장된 인지 과정이 인지 주체의 것일 때에만 성립할 수 있다는 주장은, 지각 이전에 확정된 주체를 전제한 것이므로 타당하지 않다.

② 확장된 인지 과정이 인지 주체의 것일 때에만 성립할 수 있다는 주장은, 의식이 세계를 구성하는 독자적 실체라고 규정하는 것이므로 타당하다.

③ 주체와 통합된 경우에만 확장된 인지 과정이 성립할 수 있다는 주장은, 의식은 물질에 불과하다고 본 것이므로 타당하다.

④ 주체와 통합된 경우에만 확장된 인지 과정이 성립할 수 있다는 주장은, 외부 세계에 대한 지각이 이루어질 수 없다고 보는 것이므로 타당하지 않다.

⑤ 주체와 통합된 경우에만 확장된 인지 과정이 성립할 수 있다는 주장은, 주체와 대상의 분리를 통해서만 지각이 이루어질 수 있다고 보는 것이므로 타당하다.

04 ㉡의 이유로 가장 적절한 것은?

① 감각과 지각 모두 물질세계에서 이루어지기 때문에

② 감각하는 것이 동시에 감각되는 것이 되는 얽힘의 작용이 지각이기 때문에

③ 지각은 몸에 의해 이루어지지만 감각은 몸에 의해 이루어 지지 않기 때문에

④ 지각은 의식으로서의 주체가 외부의 대상을 감각하여 판단한 결과이기 때문에

⑤ 주체와 대상이 분리되기 이전에 감각과 지각이 분리된 채로 존재하기 때문에

05 (가), (나)를 바탕으로 <보기>의 상황을 이해한 내용으로 적절하지 <u>않은</u> 것은? [3점]

> ╱ 보기 ╱
>
> 빛이 완전히 차단된 암실에 A와 B 두 명의 사람이 있다. A는 막대기로 주변을 더듬어 사물의 위치를 파악한다. 막대기 사용에 익숙한 A는 사물에 부딪친 막대기의 진동을 통해 사물의 위치를 파악할 수 있다. B는 초음파 센서로 탐지한 사물의 위치 정보를 '뇌-컴퓨터 인터페이스(BCI)'를 사용하여 전달받는다. 이를 통해 B는 사물의 위치를 파악할 수 있다. BCI는 사람의 뇌에 컴퓨터를 연결하여 외부 정보를 뇌에 전달할 수 있는 기술이다.

① (가)의 기능주의에 따르면, A와 B가 암실 내 동일한 사물의 위치를 묻는 질문에 동일한 대답을 내놓는 경우 이때 둘의 의식은 차이가 없겠군.

② (가)의 확장 인지 이론에 따르면, BCI로 암실 내 사물의 위치를 파악하는 것이 B의 인지 과정인 경우 B에게 사물의 위치에 대한 심적 상태가 생겨나겠군.

③ (가)의 확장 인지 이론에 따르면, 암실 내 사물에 부딪친 막대기의 진동이 A의 해석에 의존해서만 의미를 나타내는 경우 그 진동 상태는 파생적 상태가 아니겠군.

④ (나)에서 몸에 의한 지각을 주장하는 입장에 따르면, 막대기에 의해 A가 사물의 위치를 지각하는 경우 막대기는 A의 몸의 일부라고 할 수 있겠군.

⑤ (나)에서 의식을 물질로 환원하는 입장에 따르면, BCI를 통해 입력된 정보로부터 B의 지각이 일어난 경우 BCI를 통해 들어온 자극에 따른 B의 물질적 반응이 일어난 것이겠군.

06 문맥상 ⓐ~ⓔ의 단어와 가장 가까운 의미로 쓰인 것은?

① ⓐ : 그간의 사정을 <u>봐서</u> 그를 용서해 주었다.

② ⓑ : 이사 후에 가난하던 살림살이가 <u>일어났다</u>.

③ ⓒ : 개발에 <u>따른</u> 자연 훼손 문제가 심각해졌다.

④ ⓓ : 단어의 뜻을 <u>알아보기</u> 위해 사전을 펼쳤다.

⑤ ⓔ : 그는 컴퓨터 프로그램을 제법 <u>만질</u> 줄 안다.

(가)

⊙정립-반정립-종합. 변증법의 논리적 구조를 일컫는 말이다. 변증법에 따라 철학적 논증을 수행한 인물로는 단연 헤겔이 거명된다. 변증법은 대등한 위상을 지니는 세 범주의 병렬이 아니라, 대립적인 두 범주가 조화로운 통일을 이루어 가는 수렴적 상향성을 구조적 특징으로 한다. 헤겔에게서 변증법은 논증의 방식임을 넘어, 논증 대상 자체의 존재 방식이기도 하다. 즉 세계의 근원적 질서인 '이념'의 내적 구조도, 이념이 시·공간적 현실로서 드러나는 방식도 변증법적이기에, 이념과 현실은 하나의 체계를 이루며, 이 두 차원의 원리를 밝히는 철학적 논증도 변증법적 체계성을 ⓐ지녀야 한다.

헤겔은 미학도 철저히 변증법적으로 구성된 체계 안에서 다루고자 한다. 그에게서 미학의 대상인 예술은 종교, 철학과 마찬가지로 '절대정신'의 한 형태이다. 절대정신은 절대적 진리인 '이념'을 인식하는 인간 정신의 영역을 ⓑ가리킨다. 예술·종교·철학은 절대적 진리를 동일한 내용으로 하며, 다만 인식 형식의 차이에 따라 구분된다. 절대정신의 세 형태에 각각 대응하는 형식은 직관·표상·사유 이다. '직관'은 주어진 물질적 대상을 감각적으로 지각하는 지성이고, '표상'은 물질적 대상의 유무와 무관하게 내면에서 심상을 떠올리는 지성이며, '사유'는 대상을 개념을 통해 파악하는 순수한 논리적 지성이다. 이에 세 형태는 각각 '직관하는 절대정신', '표상하는 절대정신', '사유하는 절대 정신'으로 규정된다. 헤겔에 따르면 직관의 외면성과 표상의 내면성은 사유에서 종합되고, 이에 맞춰 예술의 객관성과 종교의 주관성은 철학에서 종합된다.

형식 간의 차이로 인해 내용의 인식 수준에는 중대한 차이가 발생한다. 헤겔에게서 절대정신의 내용인 절대적 진리는 본질적 으로 논리적이고 이성적인 것이다. 이러한 내용을 예술은 직관 하고 종교는 표상하며 철학은 사유하기에, 이 세 형태 간에는 단계적 등급이 매겨진다. 즉 예술은 초보 단계의, 종교는 성장 단계의, 철학은 완숙 단계의 절대정신이다. 이에 따라 ⓒ예술종교-철학 순의 진행에

서 명실상부한 절대정신은 최고의 지성에 의거하는 것, 즉 철학뿐이며, 예술이 절대정신으로 기능할 수 있는 것은 인류의 보편적 지성이 미발달된 머나먼 과거로 한정된다.

(나)

변증법의 매력은 '종합'에 있다. 종합의 범주는 두 대립적 범주 중 하나의 일방적 승리로 ⓒ끝나도 안 되고, 두 범주의 고유한 본질적 규정이 소멸되는 중화 상태로 나타나도 안 된다. 종합은 양자의 본질적 규정이 유기적 조화를 이루어 질적으로 고양된 최상의 범주가 생성됨으로써 성립하는 것이다.

헤겔이 강조한 변증법의 탁월성도 바로 이것이다. 그러기에 변증법의 원칙에 최적화된 엄밀하고도 정합적인 학문 체계를 조탁하는 것이 바로 그의 철학적 기획이 아니었던가. 그런데 그가 내놓은 성과물들은 과연 그 기획을 어떤 흠결도 없이 완수한 것으로 평가될 수 있을까? 미학에 관한 한 '그렇다'는 답변은 쉽지 않을 것이다. 지성의 형식을 직관-표상-사유 순으로 구성하고 이에 맞춰 절대정신을 예술-종교-철학 순으로 편성한 전략은 외관상으로는 변증법 모델에 따른 전형적 구성으로 보인다. 그러나 실질적 내용을 ⓓ보면 직관으로부터 사유에 이르는 과정에서는 외면성이 점차 지워지고 내면성이 점증적으로 강화·완성되고 있음이, 예술로부터 철학에 이르는 과정에서는 객관성이 점차 지워지고 주관성이 점증적으로 강화·완성되고 있음이 확연히 드러날 뿐, 진정한 변증법적 종합은 ⓔ이루어지지 않는다. 직관의 외면성 및 예술의 객관성의 본질은 무엇보다도 감각적 지각성인데, 이러한 핵심 요소가 그가 말하는 종합의 단계에서는 완전히 소거되고 만다.

변증법에 충실하려면 헤겔은 철학에서 성취된 완전한 주관성이 재객관화되는 단계의 절대정신을 추가했어야 할 것이다. 예술은 '철학 이후'의 자리를 차지할 수 있는 유력한 후보이다. 실제로 많은 예술 작품은 '사유'를 매개로 해서만 설명되지 않는가. 게다가 이는 누구보다도 풍부한 예술적 체험을 한 헤

겔 스스로가 잘 알고 있지 않은가. 이 때문에 방법과 철학 체계 간의 이러한 불일치는 더욱 아쉬움을 준다.

01 (가)와 (나)에 대한 설명으로 가장 적절한 것은?

① (가)와 (나)는 모두 특정한 철학적 방법에 기반한 체계를 바탕 으로 예술의 상대적 위상을 제시하고 있다.

② (가)와 (나)는 모두 특정한 철학적 방법에 대한 상반된 평가를 바탕으로 더 설득력 있는 미학 이론을 모색하고 있다.

③ (가)와 달리 (나)는 특정한 철학적 방법의 시대적 한계를 지적 하고 이에 맞서는 혁신적 방법을 제안하고 있다.

④ (가)와 달리 (나)는 특정한 철학적 방법에서 파생된 미학 이론을 바탕으로 예술 장르를 범주적으로 유형화하고 있다.

⑤ (나)와 달리 (가)는 특정한 철학적 방법의 통시적인 변화 과정을 적용하여 철학사를 단계적으로 설명하고 있다.

02 (가)에서 알 수 있는 헤겔의 생각으로 적절하지 <u>않은</u> 것은?

① 예술·종교·철학 간에는 인식 내용의 동일성과 인식 형식의 상이성이 존재한다.

② 세계의 근원적 질서와 시·공간적 현실은 하나의 변증법적 체계를 이룬다.

③ 절대정신의 세 가지 형태는 지성의 세 가지 형식이 인식하는 대상이다.

④ 변증법은 철학적 논증의 방법이자 논증 대상의 존재 방식이다.

⑤ 절대정신의 내용은 본질적으로 논리적이고 이성적인 것이다.

03 (가)에 따라 직관·표상·사유 의 개념을 적용한 것으로 적절하지 <u>않은</u> 것은?

① 먼 타향에서 밤하늘의 별들을 바라보는 것은 직관을 통해, 같은 곳에서 고향의 하늘을 상기하는 것은 표상을 통해 이루어 지겠군.

② 타임머신을 타고 미래로 가는 자신의 모습을 상상하는 것과, 그 후 판타지 영화의 장면을 떠올려 보는 것은 모두 표상을 통해 이루어지겠군.

③ 초현실적 세계가 묘사된 그림을 보는 것은 직관을 통해, 그 작품을 상상력 개념에 의거한 이론에 따라 분석하는 것은 사유를 통해 이루어지겠군.

④ 예술의 새로운 개념을 설정하는 것은 사유를 통해, 이를 바탕 으로 새로운 감각을 일깨우는 작품의 창작을 기획하는 것은 직관을 통해 이루어지겠군.

⑤ 도덕적 배려의 대상을 생물학적 상이성 개념에 따라 규정 하는 것과, 이에 맞서 감수성 소유 여부를 새로운 기준으로 제시하는 것은 모두 사유를 통해 이루어지겠군.

04 (나)의 글쓴이의 관점에서 ㉠과 ㉡에 대한 헤겔의 이론을 분석한 것으로 적절하지 <u>않은</u> 것은?

① ㉠과 ㉡ 모두에서 첫 번째와 두 번째의 범주는 서로 대립한다.

② ㉠과 ㉡ 모두에서 두 번째와 세 번째 범주 간에는 수준 상의 차이가 존재한다.

③ ㉠과 달리 ㉡에서는 범주 간 이행에서 첫 번째 범주의 특성이 갈수록 강해진다.

④ ㉡과 달리 ㉠에서는 세 번째 범주에서 첫 번째와 두 번째 범주의 조화로운 통일이 이루어진다.

⑤ ㉡과 달리 ㉠에서는 범주 간 이행에서 수렴적 상향성이 드러난다.

05 <보기>는 헤겔과 (나)의 글쓴이가 나누는 가상의 대화의 일부이다. ㉮에 들어갈 내용으로 가장 적절한 것은? [3점]

> **보기**
>
> 헤겔 : 괴테와 실러의 문학 작품을 읽을 때 놓치지 않아야 할 점이 있네. 이 두 천재도 인생의 완숙기에 이르러서야 비로소 최고의 지성적 통찰을 진정한 예술미로 승화시킬 수 있었네. 그에 비해 초기의 작품들은 미적으로 세련되 지 못해 결코 수준급이라 할 수 없었는데, 이는 그들이 아직 지적으로 미성숙했기 때문이었네.
>
> (나)의 글쓴이 : 방금 그 말씀과 선생님의 기본 논증 방법을 연결하면 [㉮] 는 말이 됩니다.

① 이론에서는 대립적 범주들의 종합을 이루어야 하는 세 번째 단계가 현실에서는 그 범주들을 중화한다

② 이론에서는 외면성에 대응하는 예술이 현실에서는 내면성을 바탕으로 하는 절대정신일 수 있다

③ 이론에서는 반정립 단계에 위치하는 예술이 현실에서는 정립 단계에 있는 것으로 나타난다

④ 이론에서는 객관성을 본질로 하는 예술이 현실에서는 객관성이 사라진 주관성을 지닌다

⑤ 이론에서는 절대정신으로 규정되는 예술이 현실에서는 진리의 인식을 수행할 수 없다.

06 문맥상 ⓐ~ⓔ와 바꾸어 쓰기에 가장 적절한 것은?

① ⓐ : 소지(所持)하여야

② ⓑ : 포착(捕捉)한다

③ ⓒ : 귀결(歸結)되어도

④ ⓓ : 간주(看做)하면

⑤ ⓔ : 결성(結成)되지

분자들이 만나 화학 반응을 진행하는 데 필요한 최소한의 운동 에너지를 활성화 에너지라 한다. 활성화 에너지가 작은 반응은, 반응의 활성화 에너지보다 큰 운동 에너지를 가진 분자들이 많아 반응이 빠르게 진행된다. 활성화 에너지를 조절하여 반응 속도에 변화를 주는 물질을 촉매라고 하며, 반응 속도를 빠르게 하는 능력을 촉매 활성이라 한다. 촉매는 촉매가 없을 때와는 활성화 에너지가 다른, 새로운 반응 경로를 제공한다. 화학 산업에서는 주로 고체 촉매가 이용되는데, 액체나 기체인 생성물을 촉매로부터 분리하는 별도의 공정이 필요 없기 때문이다. 고체 촉매는 대부분 활성 성분, 지지체, 증진제로 구성된다.

활성 성분은 그 표면에 반응물을 흡착시켜 촉매 활성을 제공하는 물질이다. 고체 촉매의 촉매 작용에서는 반응물이 먼저 활성 성분의 표면에 화학 흡착되고, 흡착된 반응물이 표면에서 반응하여 생성물로 변환된 후, 생성물이 표면에서 탈착되는 과정을 거쳐 반응이 완결된다. 금속은 다양한 물질들이 표면에 흡착될 수 있어 여러 반응에서 활성 성분으로 사용된다. 예를 들면, 암모니아를 합성할 때 철을 활성 성분으로 사용하는데, 이때 반응물인 수소와 질소가 철의 표면에 흡착되어 각각 원자 상태로 분리된다. 흡착된 반응물은 전자를 금속 표면의 원자와 공유하여 안정화된다. 반응물의 흡착 세기는 금속의 종류에 따라 달라진다. 이때 흡착 세기가 적절해야 한다. 흡착이 약하면 흡착량이 적어 촉매 활성이 낮으며, 흡착이 너무 강하면 흡착된 반응물이 지나치게 안정화되어 표면에서의 반응이 느려지므로 촉매 활성이 낮다. 일반적으로 고체 촉매에서는 반응에 관여하는 표면의 활성 성분 원자가 많을수록 반응물의 흡착이 많아 촉매 활성이 높아진다.

금속은 열적 안정성이 낮아, 화학 반응이 일어나는 고온에서 금속 원자들로 이루어진 작은 입자들이 서로 달라붙어 큰 입자를 이루게 되는데 이를 소결이라 한다. 입자가 소결되면 금속 활성 성분의 전체 표면적은 줄어든다. 이러한 문제를 해결하는 것이 지지체이다. 작은 금속 입자들을 표면적이 넓고 열적 안정성이 높은 지지체의 표면에 분산하면 소결로 인한 촉매 활성 저하가 억제된다. 따라서 소량의 금속으로도 ㉠금속을 활성 성분으로 사용하는 고체 촉매의 활성을 높일 수 있다.

증진제는 촉매에 소량 포함되어 활성을 조절한다. 활성 성분의 표면 구조를 변화시켜 소결을 억제하기도 하고, 활성 성분의 전자 밀도를 변화시켜 흡착 세기를 조절하기도 한다. 고체 촉매는 활성 성분이 반드시 있어야 하지만 경우에 따라 증진제나 지지체를 포함하지 않기도 한다.

01 윗글의 내용과 일치하지 않는 것은?

① 촉매를 이용하면 화학 반응이 새로운 경로로 진행된다.
② 고체 촉매는 기체 생성물과 촉매의 분리 공정이 필요하다.
③ 고체 촉매에 의한 반응은 생성물의 탈착을 거쳐 완결된다.
④ 암모니아 합성에서 철 표면에 흡착된 수소는 전자를 철 원자와 공유한다.
⑤ 증진제나 지지체 없이 촉매 활성을 갖는 고체 촉매가 있다.

02 ㉠의 촉매 활성을 높이는 방법으로 가장 적절한 것은?

① 반응물을 흡착하는 금속 원자의 개수를 늘린다.
② 활성 성분의 소결을 촉진하는 증진제를 첨가한다.
③ 반응물의 반응 속도를 늦추는 지지체를 사용한다.
④ 반응에 대한 활성화 에너지를 크게 하는 금속을 사용한다.
⑤ 활성 성분의 금속 입자들을 뭉치게 하여 큰 입자로 만든다.

03 윗글을 바탕으로 <보기>를 이해한 내용으로 적절하지 않은 것은? [3점]

<보기>

아세틸렌은 보통 선택적 수소화 공정을 통하여 에틸렌으로 변환된다. 이 공정에서 사용되는 고체 촉매는 팔라듐 금속 입자를 실리카 표면에 분산하여 만들며, 아세틸렌과 수소는 팔라듐 표면에 흡착되어 반응한다. 여기서 실리카는 표면적이 넓고 열적 안정성이 높다. 이때, 촉매에 규소를 소량 포함시키면 활성 성분의 표면 구조가 변화되어 고온에서 팔라듐의 소결이 억제된다. 또한 은을 소량 포함시키면 팔라듐의 전자 밀도가 높아지고 팔라듐 표면에 반응물이 흡착되는 세기가 조절되어 원하는 반응을 얻을 수 있다.

① 아세틸렌은 반응물에 해당한다.

② 팔라듐은 활성 성분에 해당한다.

③ 규소와 은은 모두 증진제에 해당한다.

④ 실리카는 낮은 온도에서 활성 성분을 소결한다.

⑤ 실리카는 촉매 활성 저하를 억제하는 기능을 한다.

04 윗글을 바탕으로 할 때, <보기>의 금속 ⓐ~ⓓ에 대한 설명으로 가장 적절한 것은?

<보기>

다음은 여러가지 금속 물질에 ㉮가 흡착될 때의 흡착 세기와 ㉮의 화학 반응에서 각 금속의 촉매 활성을 나타낸다. (단, 흡착에 영향을 주는 다른 요소는 고려하지 않음.)

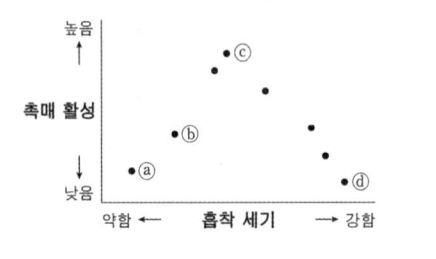

① ㉮의 화학 반응은 ⓐ보다 ⓑ를 활성 성분으로 사용할 때 더 느리게 일어난다.

② ㉮는 ⓐ보다 ⓒ에 흡착될 때 흡착량이 더 적다.

③ ㉮는 ⓐ보다 ⓓ에 흡착될 때 안정화되는 정도가 더 크다.

④ ㉮는 ⓑ보다 ⓒ에 더 약하게 흡착된다.

⑤ ㉮의 화학 반응에서 촉매 활성만을 고려하면 가장 적합한 활성 성분은 ⓓ이다.

DAY 15 – ①

(가)

 심리 철학에서 **동일론**은 의식이 뇌의 물질적 상태와 동일하다고 ⓐ본다. 이와 달리 **기능주의**는 의식은 기능이며, 서로 다른 물질에서 같은 기능이 구현될 수 있다고 주장한다. 이때 기능 이란 어떤 입력이 주어졌을 때 특정한 출력을 내놓는 함수적 역할로 정의되며, **함수적 역할의 일치**는 입력과 출력의 쌍이 일치함을 의미한다. 실리콘 칩으로 구성된 로봇이 찔림이라는 입력에 대해 고통을 출력으로 내놓는 기능을 가진다면, 로봇과 우리는 같은 의식을 가진다는 것이다. 이처럼 기능주의는 의식을 구현하는 물질이 무엇인지는 중요하지 않다고 본다.

 설(Searle)은 기능주의를 반박하는 사고 실험을 제시한다. '중국어 방' 안에 중국어를 모르는 한 사람만 있다고 하자. 그는 중국어로 된 입력이 들어오면 정해진 규칙에 따라 중국어로 된 출력을 내놓는다. 설에 의하면 방 안의 사람은 중국어 사용자와 함수적 역할이 같지만 중국어를 아는 것은 아니다. 기능이 같으면서 의식은 다른 사례가 있다는 것이다.

 동일론, 기능주의, 설은 모두 의식에 대한 논의를 의식을 구현하는 몸의 내부로만 한정하고 있다. 하지만 의식의 하나인 '**인지**' 즉 '무언가를 알게 됨'은 몸 바깥에서 ⓑ일어나는 일과 맞물려 벌어진다. 기억나지 않는 정보를 노트북에 저장된 파일을 열람하여 확인하는 것이 한 예이다. **로랜즈**의 확장 인지 이론은 이를 설명하는 이론이다.

 그에 ⓒ따르면 인지 과정은 주체에게 '**심적 상태**'가 생겨나게 하는 과정이다. 기억이나 믿음이 심적 상태의 예이다. 심적 상태는 어떤 것에도 의존함이 없이 주체에게 의미를 나타낸다. 예를 들어, 무언가를 기억하는 사람은 자기의 기억이 무엇인지 ⓓ알아보기 위해 아무것에도 의존할 필요가 없다. 이와 달리 '**파생적 상태**'는 주체의 해석에 의존해서만 또는 사회적 합의에 의존해서만 의미를 나타내는 상태로 정의된다. 앞의 예에서 노트북에 저장된 정보는 전자적 신호가 나열된 상태로서 파생적 상태이다. 주체에 의해 열람된 후에도 노트북의 정보는 여전히 파생적 상태이다. 하지만 열람 후 주체에게는 기억이 생겨난다. 로랜즈에게 인지 과정은 파생적 상태가 심적 상태로 변환되는 과정이 아니라, 파생적 상태를 조작함으로써 심적 상태를 생겨나게 하는 과정이다. 심적 상태가 주체의 몸 외부로 확장되는 것이 아니라, 심적 상태를 생겨나게 하는 인지 과정이 확장되는 것이다. 이러한 ⊙확장된 인지 과정은 인지 주체의 것일 때에만, 다시 말해 환경의 변화를 탐지하고 그에 맞춰 행위를 조절하는 주체와 통합되어 있을 때에만 성립할 수 있다. 즉 로랜즈에게 주체 없는 인지란 있을 수 없다. 확장 인지 이론은 의식의 문제를 몸 안으로 한정하지 않고 바깥으로까지 넓혀 설명한다는 의의를 지닌다.

👤 **인물(주장)은 체크한다.**

🔍 **정의는 체크한다.**

👤 **인물(주장)은 체크한다.**

🔍 **정의는 체크한다.**

⇅ **순서는 체크한다.**

⚙️ **조건은 체크한다.**

(나)

　일반적으로 '지각'이란 몸의 감각 기관을 통해 사물에 대해 아는 것을 의미한다. 이러한 지각을 분석할 때 두 가지 사실에 직면한다. 첫째, 그 사물과 내 몸은 물질세계에 있다. 둘째, 그 사물에 대한 나의 의식은 물질세계가 아닌 다른 세계에 있다. 즉 몸으로서의 나는 사물과 같은 세계에 속하는 동시에 의식으로서의 나는 사물과 다른 세계에 속한다.

　이에 대한 객관주의 철학의 입장은 두 가지로 나뉜다. 의식을 포함한 모든 것을 물질로 환원하여 의식은 물질에 불과하다고 주장하거나, 의식을 물질과 구분되는 독자적 실체로 규정함으로써 의식과 물질의 본질적 차이를 주장한다. 전자에 의하면 지각은 사물로부터의 감각 자극에 따른 주체의 물질적 반응으로 이해되며, 후자에 의하면 지각은 감각된 사물에 대한 주체 즉 의식의 판단으로 이해된다. 이처럼 양자 모두 주체와 대상의 분리를 전제하고 지각을 이해한다. 주체와 대상은 지각 이전에 이미 확정되어 각각 존재한다는 것이다.

　하지만 지각은 주체와 대상이 각자로서 존재하기 이전에 나타나는 얽힘의 체험이다. 예를 들어 다른 사람과 손이 맞닿을 때 내가 누군가의 손을 ⓔ만지는 동시에 나의 손 역시 누군가에 의해 만져진다. 감각하는 것이 동시에 감각되는 것이 되는 얽힘의 순간에, 나는 나와 대상을 확연히 구분한다. 지각이라는 얽힘의 작용이 있어야 주체와 대상이 분리될 수 있다. 다시 말해 주체와 대상은 지각이 일어난 이후 비로소 확정된다. 따라서 ⓛ지각과 감각은 서로 구분되지 않는다.

　지각은 물질적 반응이나 의식의 판단이 아니라, 내 몸의 체험이다. 지각은 나의 몸에 의해 이루어지는 것이고, 지각이 이루어지게 하는 것은 모두 나의 몸이다.

　📁 분류는 체크한다.

　👤 인물(주장)은 체크한다.

　🎛 순서는 체크한다.

　⚙ 조건은 체크한다.

01 다음은 윗글을 읽은 학생이 정리한 내용이다. ㉮와 ㉯에 들어갈 말로 가장 적절한 것은?

(가)는 기능주의를 소개한 후 　㉮　 은/는 같지 않다는 설(Searle)의 비판을 제시하고 있다. 그리고 인지 과정이 몸 바깥으로까지 확장된다고 주장하는 확장 인지 이론을 설명 하고 있다. (나)는 인지 중에서도 감각 기관을 통한 인지, 즉 지각을 주제로 하고 있다. (나)는 지각에 대한 객관주의 철학의 입장을 비판하고, 　㉯　 으로서의 지각을 주장하고 있다.

	㉮	㉯
①	의식과 함수적 역할	내 몸의 체험
②	의식과 함수적 역할	~~물질적 반응~~
③	~~의식과 뇌의 상태~~	~~의식의 판단~~
④	~~의식과 뇌의 상태~~	내 몸의 체험
⑤	~~입력과 출력~~	~~의식의 판단~~

1 STRUCTURE FLOW ///////

👤 인물(주장)　⚙ 조건

2 ANSWER DECODING ///////

● STEP 1. 지문 스캔

지문에서 인물(주장)을 중심으로 선지에서 묻는 상황을 찾는다.

● STEP 2. 선지 매칭

설은 기능주의를 반박하는 사고 실험을 제시하였다. 기능 주의에서 기능이란 입력이 주어졌을 때 특정한 출력을 내놓는 함수적 역할이다. 설은 의식과 함수적 역할이 같지 않다고 기능주의를 비판하였다. (나)에서는 지각은 물질적 반응이나 의식적 체험이 아닌 내 몸의 체험이라고 주장하고있다. ⇒ 정답

02 (가)에서 알 수 있는 내용으로 적절하지 <u>않은</u> 것은?

① 동일론자들은 뇌가 존재하지 않으면 의식도 존재하지 않는 다고 볼 것이다.

② 설(Searle)은 '중국어 방' 안의 사람과 중국어를 아는 사람의 의식이 다르다고 볼 것이다.

③ 로랜즈는 기억이 주체의 ~~몸 바깥으로 확장될 수 있다~~고 볼 것이다.

④ 로랜즈는 인지 과정이 파생적 상태를 조작하는 과정을 포함 한다고 볼 것이다.

⑤ 로랜즈는 노트북에 저장된 정보가 그 자체로는 심적 상태가 아니라고 볼 것이다.

1 STRUCTURE FLOW ///////

👤 인물(주장)　🔍 정의

2 ANSWER DECODING ///////

● STEP 1. 지문 스캔

지문에서 인물(주장)을 중심으로 선지에서 묻는 상황을 찾는다.

● STEP 2. 선지 매칭

로렌즈에 따르면 인지 과정은 주체에게 심적 상태가 생겨나게 하는 과정이다. 심적 상태는 주체의 몸 외부로 기억이나 믿음이 확장 되는 것이 아닌 심적 상태가 생겨나게 하는 인지 과정이 확산되는 것인다. 몸 외부로 확장된다는 것은 적절하지 않은 선지 ⇒ 정답

03 (나)의 필자의 관점에서 ㉠을 평가한 내용으로 가장 적절한 것은?

① 확장된 인지 과정이 인지 주체의 것일 때에만 성립할 수 있다는 주장은, 지각 이전에 확정된 주체를 전제한 것이므로 타당하지 않다.

② 확장된 인지 과정이 인지 주체의 것일 때에만 성립할 수 있다는 주장은, ~~의식이 세계를 구성하는 독자적 실체라고 규정하는 것이므로 타당하다.~~

③ 주체와 통합된 경우에만 확장된 인지 과정이 성립할 수 있다는 주장은, ~~의식은 물질에 불과하다고 본 것이므로 타당하다.~~

④ 주체와 통합된 경우에만 확장된 인지 과정이 성립할 수 있다는 주장은, ~~외부 세계에 대한 지각이 이루어질 수 없다고~~ 보는 것이므로 타당하지 않다.

⑤ 주체와 통합된 경우에만 확장된 인지 과정이 성립할 수 있다는 주장은, ~~주체와 대상의 분리를 통해서만 지각이 이루어질 수 있다고 보는 것이므로 타당하다.~~

1 STRUCTURE FLOW

👤 인물(주장)   ⚙ 순서

2 ANSWER DECODING

● STEP 1. 지문 스캔

지문에서 순서를 중심으로 선지에서 묻는 상황을 찾는다.

● STEP 2. 선지 매칭

㉠은 로랜즈의 주장이다. 로랜즈에게 주체 없는 인지란 있을 수 없다. (나)는 지각은 주체와 대상이 각자로서 존재하기 이전에 나타나는 얽힘의 체험으로 지각이 먼저 있어야 주체와 대상이 분리될 수 있다. 인지 주체의 인지 과정은 인지 주체가 먼저 있어야 하므로 지각이 주체보다 먼저인 (나)가 비판하는 것으로 적절한 선지 ⇒ 정답

---

04 ㉡의 이유로 가장 적절한 것은?

① ~~감각과 지각 모두 물질세계에서 이루어지기 때문에~~

② 감각하는 것이 동시에 감각되는 것이 되는 얽힘의 작용이 지각이기 때문에

③ 지각은 몸에 의해 이루어지지만 감각은 몸에 의해 이루어지지 ~~않기 때문에~~

④ 지각은 의식으로서의 주체가 외부의 대상을 ~~감각하여 판단한 결과이기 때문에~~

⑤ 주체와 대상이 분리되기 이전에 ~~감각과 지각이 분리된 채~~로 존재하기 때문에

1 STRUCTURE FLOW

👤 인물(주장)   ⚙ 순서

2 ANSWER DECODING

● STEP 1. 지문 스캔

지문에서 순서를 중심으로 선지에서 묻는 상황을 찾는다.

● STEP 2. 선지 매칭

감각하는 것과 동시에 감각 되는 얽힘의 순간에 지각이라는 얽힘의 작용이 있어야 주체와 대상이 분리될 수 있으므로 적절한 선지 ⇒ 정답

05 (가), (나)를 바탕으로 <보기>의 상황을 이해한 내용으로 적절하지 <u>않은</u> 것은? [3점]

> **보기**
>
> 빛이 완전히 차단된 암실에 A와 B 두 명의 사람이 있다. A는 막대기로 주변을 더듬어 사물의 위치를 파악한다. 막대기 사용에 익숙한 A는 사물에 부딪친 막대기의 진동을 통해 사물의 위치를 파악할 수 있다. B는 초음파 센서로 탐지한 사물의 위치 정보를 '뇌-컴퓨터 인터페이스(BCI)'를 사용하여 전달받는다. 이를 통해 B는 사물의 위치를 파악할 수 있다. BCI는 사람의 뇌에 컴퓨터를 연결하여 외부 정보를 뇌에 전달할 수 있는 기술이다.

① (가)의 기능주의에 따르면, A와 B가 암실 내 동일한 사물의 위치를 묻는 질문에 동일한 대답을 내놓는 경우 이때 둘의 의식은 차이가 없겠군.

② (가)의 확장 인지 이론에 따르면, BCI로 암실 내 사물의 위치를 파악하는 것이 B의 인지 과정인 경우 B에게 사물의 위치에 대한 심적 상태가 생겨나겠군.

③ (가)의 확장 인지 이론에 따르면, 암실 내 사물에 부딪친 막대기의 진동이 A의 해석에 의존해서만 의미를 나타내는 경우 그 진동 상태는 파생적 상태가 ~~아니겠군.~~

④ (나)에서 몸에 의한 지각을 주장하는 입장에 따르면, 막대기에 의해 A가 사물의 위치를 지각하는 경우 막대기는 A의 몸의 일부라고 할 수 있겠군.

⑤ (나)에서 의식을 물질로 환원하는 입장에 따르면, BCI를 통해 입력된 정보로부터 B의 지각이 일어난 경우 BCI를 통해 들어온 자극에 따른 B의 물질적 반응이 일어난 것이겠군.

06 문맥상 ⓐ~ⓔ의 단어와 가장 가까운 의미로 쓰인 것은?

① ⓐ : 그간의 사정을 <u>봐서</u> 그를 용서해 주었다.

② ⓑ : 이사 후에 가난하던 살림살이가 <u>일어났다.</u>

③ ⓒ : 개발에 <u>따른</u> 자연 훼손 문제가 심각해졌다.

④ ⓓ : 단어의 뜻을 <u>알아보기</u> 위해 사전을 펼쳤다.

⑤ ⓔ : 그는 컴퓨터 프로그램을 제법 <u>만질</u> 줄 안다.

1 STRUCTURE FLOW

👤 인물(주장)　　🎚 순서

2 ANSWER DECODING

● STEP 1. 지문 스캔

지문에서 인물(주장)을 중심으로 선지에서 묻는 상황을 찾는다.

● STEP 2. 선지 매칭

파생적 상태는 주체의 해석에 의존해서만 또는 사회적 합의에 의존해서만 의미를 나타내는 상태이다. <보기>에서 A는 막대기로 주변을 더듬어서만 사물의 위치를 파악한다. 이는 주체의 해석에 의존해서만 사물을 파악하는 방법으로 파생적 상태이기에 적절하지 않은 선지 ⇒ 정답

1 STRUCTURE FLOW

👤 인물(주장)　　🎚 순서

2 ANSWER DECODING

● STEP 1. 지문 스캔

지문에서 문맥과 단어의 뜻으로 선지 에서 묻는 단어를 찾는다. 틀렸다면 별도로 정리한다.

● STEP 2. 선지 매칭

ⓓ알아보기 : 조사하거나 살펴보다.

④알아보기 : 조사하거나 살펴보다. ⇒ 정답

DAY 15 – ②

(가)

⊙정립-반정립-종합. 변증법의 논리적 구조를 일컫는 말이다. 변증법에 따라 철학적 논증을 수행한 인물로는 단연 헤겔이 거명된다. 변증법은 대등한 위상을 지니는 세 범주의 병렬이 아니라, 대립적인 두 범주가 조화로운 통일을 이루어 가는 수렴적 상향성을 구조적 특징으로 한다. 헤겔에게서 변증법은 논증의 방식임을 넘어, 논증 대상 자체의 존재 방식이기도 하다. 즉 세계의 근원적 질서인 '이념'의 내적 구조도, 이념이 시·공간적 현실로서 드러나는 방식도 변증법적이기에, 이념과 현실은 하나의 체계를 이루며, 이 두 차원의 원리를 밝히는 철학적 논증도 변증법적 체계성을 ⓐ지녀야 한다.

헤겔은 미학도 철저히 변증법적으로 구성된 체계 안에서 다루고자 한다. 그에게서 미학의 대상인 예술은 종교, 철학과 마찬가지로 '절대정신'의 한 형태이다. 절대정신은 절대적 진리인 '이념'을 인식하는 인간 정신의 영역을 ⓑ가리킨다. 예술·종교·철학은 절대적 진리를 동일한 내용으로 하며, 다만 인식 형식의 차이에 따라 구분된다. 절대정신의 세 형태에 각각 대응하는 형식은 직관·표상·사유이다. '직관'은 주어진 물질적 대상을 감각적으로 지각하는 지성이고, '표상'은 물질적 대상의 유무와 무관하게 내면에서 심상을 떠올리는 지성이며, '사유'는 대상을 개념을 통해 파악하는 순수한 논리적 지성이다. 이에 세 형태는 각각 '직관하는 절대정신', '표상하는 절대정신', '사유하는 절대 정신'으로 규정된다. 헤겔에 따르면 직관의 외면성과 표상의 내면성은 사유에서 종합되고, 이에 맞춰 예술의 객관성과 종교의 주관성은 철학에서 종합된다.

형식 간의 차이로 인해 내용의 인식 수준에는 중대한 차이가 발생한다. 헤겔에게서 절대정신의 내용인 절대적 진리는 본질적 으로 논리적이고 이성적인 것이다. 이러한 내용을 예술은 직관 하고 종교는 표상하며 철학은 사유하기에, 이 세 형태 간에는 단계적 등급이 매겨진다. 즉 예술은 초보 단계의, 종교는 성장 단계의, 철학은 완숙 단계의 절대정신이다. 이에 따라 ⓛ예술종교-철학 순의 진행에서 명실상부한 절대정신은 최고의 지성에 의거하는 것, 즉 철학뿐이며, 예술이 절대정신으로 기능할 수 있는 것은 인류의 보편적 지성이 미발달된 머나먼 과거로 한정된다.

(나)

변증법의 매력은 '종합'에 있다. 종합의 범주는 두 대립적 범주 중 하나의 일방적 승리로 ⓒ끝나도 안 되고, 두 범주의 고유한 본질적 규정이 소멸되는 무화 상태로 나타나도 안 된다. 종합은 양자의 본질적 규정이 유기적 조화를 이루어 질적으로 고양된 최상의 범주가 생성됨으로써 성립하는 것이다.

👤 **인물은 체크한다.**

🔍 **정의는 체크한다.**

📁 **분류는 체크한다.**

⚙️ **조건은 체크한다.**

⬆️ **순서는 체크한다.**

⚙️ **조건은 체크한다.**

헤겔이 강조한 변증법의 탁월성도 바로 이것이다. 그러기에 변증법의 원칙에 최적화된 엄밀하고도 정합적인 학문 체계를 조탁하는 것이 바로 그의 철학적 기획이 아니었던가. 그런데 그가 내놓은 성과물들은 과연 그 기획을 어떤 흠결도 없이 완수한 것으로 평가될 수 있을까? 미학에 관한 한 '그렇다'는 답변은 쉽지 않을 것이다. 지성의 형식을 직관-표상-사유 순으로 구성하고 이에 맞춰 절대정신을 예술-종교-철학 순으로 편성한 전략은 외관상으로는 변증법 모델에 따른 전형적 구성으로 보인다. 그러나 실질적 내용을 ⓓ보면 직관으로부터 사유에 이르는 과정에서는 외면성이 점차 지워지고 내면성이 점증적으로 강화·완성되고 있음이, 예술로부터 철학에 이르는 과정에서는 객관성이 점차 지워지고 주관성이 점증적으로 강화·완성되고 있음이 확연히 드러날 뿐, 진정한 변증법적 종합은 ⓔ이루어지지 않는다. 직관의 외면성 및 예술의 객관성의 본질은 무엇보다도 감각적 지각성인데, 이러한 핵심 요소가 그가 말하는 종합의 단계에서는 완전히 소거되고 만다.

변증법에 충실하려면 헤겔은 철학에서 성취된 완전한 주관성이 재객관화되는 단계의 절대정신을 추가했어야 할 것이다. 예술은 '철학 이후'의 자리를 차지할 수 있는 유력한 후보이다. 실제로 많은 예술 작품은 '사유'를 매개로 해서만 설명되지 않는가. 게다가 이는 누구보다도 풍부한 예술적 체험을 한 헤겔 스스로가 잘 알고 있지 않은가. 이 때문에 방법과 철학 체계 간의 이러한 불일치는 더욱 아쉬움을 준다.

📁 **분류는 체크한다.**

⚙️ **조건은 체크한다.**

📁 **분류는 체크한다.**

01 (가)와 (나)에 대한 설명으로 가장 적절한 것은?

① (가)와 (나)는 모두 특정한 철학적 방법에 기반한 체계를 바탕 으로 예술의 상대적 위상을 제시하고 있다.

② (가)와 (나)는 모두 특정한 철학적 방법에 대한 상반된 평가를 바탕으로 더 설득력 있는 미학 이론을 모색하고 있다.

③ (가)와 달리 (나)는 특정한 철학적 방법의 시대적 한계를 지적 하고 이에 맞서는 현실적 방법을 제안하고 있다.

④ (가)와 달리 (나)는 특정한 철학적 방법에서 파생된 미학 이론을 바탕으로 예술 장르를 범주적으로 유형화하고 있다.

⑤ (나)와 달리 (가)는 특정한 철학적 방법의 통시적인 변화 과정을 적용하여 철학사를 단계적으로 설명하고 있다.

1 STRUCTURE FLOW ////////

🔍 정의   📁 분류

2 ANSWER DECODING ////////

● STEP 1. 지문 스캔

지문에서 정의를 중심으로 선지에서 묻는 상황을 찾는다.

● STEP 2. 선지 매칭

변증법을 정의하고 이를 기반으로 예술, 종교, 철학으로 예술의 상대적 위상을 소개하고 있으므로 적절한 선지 ⇒ 정답

---

02 (가)에서 알 수 있는 헤겔의 생각으로 적절하지 않은 것은?

① 예술 · 종교 · 철학 간에는 인식 내용의 동일성과 인식 형식의 상이성이 존재한다.

② 세계의 근원적 질서와 시 · 공간적 현실은 하나의 변증 법적 체계를 이룬다.

③ 절대정신의 세 가지 형태는 지성의 세 가지 형식이 인식 하는 대상이다.

④ 변증법은 철학적 논증의 방법이자 논증 대상의 존재 방 식이다.

⑤ 절대정신의 내용은 본질적으로 논리적이고 이성적인 것이다.

1 STRUCTURE FLOW ////////

🔍 정의   📁 분류

2 ANSWER DECODING ////////

● STEP 1. 지문 스캔

지문에서 정의와 분류를 중심으로 선지에서 묻는 상황을 찾는다.

● STEP 2. 선지 매칭

절대정신은 인간의 절대적 진리를 인식하는 인간의 정신 영역이다. 절대적 진리를 동일한 내용으로 절대정신은 세 형태로 분류된다. 세 형태의 지성이 인식하는 대상은 절대 정신이 아닌 절대적 진리이므로 적절하지 않은 선지 ⇒ 정답

03 (가)에 따라 직관·표상·사유 의 개념을 적용한 것으로 적절하지 않은 것은?

① 먼 타향에서 밤하늘의 별들을 바라보는 것은 직관을 통해, 같은 곳에서 고향의 하늘을 상기하는 것은 표상을 통해 이루어 지겠군.

② 타임머신을 타고 미래로 가는 자신의 모습을 상상하는 것과, 그 후 판타지 영화의 장면을 떠올려 보는 것은 모두 표상을 통해 이루어지겠군.

③ 초현실적 세계가 묘사된 그림을 보는 것은 직관을 통해, 그 작품을 상상력 개념에 의거한 이론에 따라 분석하는 것은 사유를 통해 이루어지겠군.

④ 예술의 새로운 개념을 설정하는 것은 사유를 통해, 이를 바탕 으로 새로운 감각을 일깨우는 작품의 창작을 기획 하는 것은 ~~직관을~~ 통해 이루어지겠군.

⑤ 도덕적 배려의 대상을 생물학적 상이성 개념에 따라 규정 하는 것과, 이에 맞서 감수성 소유 여부를 새로운 기준으로 제시하는 것은 모두 사유를 통해 이루어지겠군.

1 STRUCTURE FLOW ///////

📁 분류   ⚙ 조건

2 ANSWER DECODING ///////

● STEP 1. 지문 스캔

지문에서 분류를 중심으로 선지에서 묻는 상황을 찾는다.

● STEP 2. 선지 매칭

직관은 물질적 대상을 감각적으로 지각하는 지성이다. 새로운 감각을 일깨우는 것은 사유이므로 적절하지 않은 선지 ⇒ 정답

04 (나)의 글쓴이의 관점에서 ㉠과 ㉡에 대한 헤겔의 이론을 분석한 것으로 적절하지 않은 것은?

① ㉠과 ㉡ 모두에서 첫 번째와 두 번째의 범주는 서로 대립한다.

② ㉠과 ㉡ 모두에서 두 번째와 세 번째 범주 간에는 수준 상의 차이가 존재한다.

③ ㉠과 달리 ㉡에서는 범주 간 이행에서 첫 번째 범주의 특성이 갈수록 강해진다.

④ ㉡과 달리 ㉠에서는 세 번째 범주에서 첫 번째와 두 번째 범주의 조화로운 통일이 이루어진다.

⑤ ㉡과 달리 ㉠에서는 범주 간 이행에서 수렴적 상향성이 드러난다.

1 STRUCTURE FLOW ///////

📁 분류   ⚙ 조건

2 ANSWER DECODING ///////

● STEP 1. 지문 스캔

지문에서 분류를 중심으로 선지에서 묻는 상황을 찾는다.

● STEP 2. 선지 매칭

㉠은 변증법으로 첫 번째 범주와 두 번째 범주가 강해지거나 소멸하면 안된다. 이와 달리 ㉡에서는 첫 번째 범주가 약해지고 두 번째가 강화되고 있다고 주장한다. 강해지는 것은 두 번째 범주이므로 첫 번째 범주기 강헤진다는 것은 적절하지 않은 선지 ⇒ 정답

05 <보기>는 헤겔과 (나)의 글쓴이가 나누는 가상의 대화의 일부이다. ㉮에 들어갈 내용으로 가장 적절한 것은? [3점]

> ╱ 보기 ╱
>
> 헤겔 : 괴테와 실러의 문학 작품을 읽을 때 놓치지 않아야 할 점이 있네. 이 두 천재도 인생의 완숙기에 이르러서야 비로소 최고의 지성적 통찰을 진정한 예술미로 승화시킬 수 있었네. 그에 비해 초기의 작품들은 미적으로 세련되 지 못해 결코 수준급이라 할 수 없었는데, 이는 그들이 아직 지적으로 미성숙했기 때문이었네.
>
> (나)의 글쓴이 : 방금 그 말씀과 선생님의 기본 논증 방법을 연결하면 [㉮   ] 는 말이 됩니다.

① 이론에서는 대립적 범주들의 종합을 이루어야 하는 세 번째 단계가 현실에서는 그 범주들을 ~~종합한다~~

② 이론에서는 외면성에 대응하는 예술이 현실에서는 내면성을 바탕으로 하는 절대정신일 수 있다

③ 이론에서는 ~~반~~정립 단계에 위치하는 예술이 현실에서는 정립 단계에 있는 것으로 나타난다

④ 이론에서는 객관성을 본질로 하는 예술이 현실에서는 ~~객관성이 사라진 주관성을 지닌다~~

⑤ 이론에서는 절대정신으로 규정되는 예술이 현실에서는 진리의 인식을 수행할 수 ~~없다~~

1 STRUCTURE FLOW ///////////

🗀 분류   ⚙ 조건

2 ANSWER DECODING ///////////

● STEP 1. 지문 스캔

지문에서 분류를 중심으로 선지에서 묻는 상황을 찾는다.

● STEP 2. 선지 매칭

(나)의 글쓴이는 헤겔의 변증법은 외면성이 지워지고 내면성과 주관성으로 강화되고 있을 뿐 진정한 종합이 이루어지지 않고 있다고 비판하였다. 또한 철학 이후의 자리는 예술이 가능하다고 하였으므로 예술에 해당하는 외면성이 내면성을 바탕으로 하는 최고 지성인 철학이 될 수 있다고 하는 것은 적절한 선지 ⇒ 정답

06 문맥상 ⓐ~ⓔ와 바꾸어 쓰기에 가장 적절한 것은?

① ⓐ : 소지(所持)하여야

② ⓑ : 포착(捕捉)한다

③ ⓒ : 귀결(歸結)되어도

④ ⓓ : 간주(看做)하면

⑤ ⓔ : 결성(結成)되지

1 ANSWER DECODING ///////////

● STEP 1. 지문 스캔

지문에서 문맥과 단어의 뜻으로 선지에서 묻는 단어를 찾는다. 틀렸다면 별도로 정리한다.

● STEP 2. 선지 매칭

ⓒ끝나도 : 일이 다 이루어지다.

③귀결되어도 : 어떤 결말이나 결과에 이르게 되다. ⇒ 정답

DAY 15 – ③

분자들이 만나 화학 반응을 진행하는 데 필요한 최소한의 운동 에너지를 활성화 에너지라 한다. 활성화 에너지가 작은 반응은, 반응의 활성화 에너지보다 큰 운동 에너지를 가진 분자들이 많아 반응이 빠르게 진행된다. 활성화 에너지를 조절하여 반응 속도에 변화를 주는 물질을 촉매라고 하며, 반응 속도를 빠르게 하는 능력을 촉매 활성이라 한다. 촉매는 촉매가 없을 때와는 활성화 에너지가 다른, 새로운 반응 경로를 제공한다. 화학 산업에서는 주로 고체 촉매가 이용되는데, 액체나 기체인 생성물을 촉매로부터 분리하는 별도의 공정이 필요 없기 때문이다. 고체 촉매는 대부분 활성 성분, 지지체, 증진제로 구성된다.

활성 성분은 그 표면에 반응물을 흡착시켜 촉매 활성을 제공하는 물질이다. 고체 촉매의 촉매 작용에서는 반응물이 먼저 활성 성분의 표면에 화학 흡착되고, 흡착된 반응물이 표면에서 반응하여 생성물로 변환된 후, 생성물이 표면에서 탈착되는 과정을 거쳐 반응이 완결된다. 금속은 다양한 물질들이 표면에 흡착될 수 있어 여러 반응에서 활성 성분으로 사용된다. 예를 들면, 암모니아를 합성할 때 철을 활성 성분으로 사용하는데, 이때 반응물인 수소와 질소가 철의 표면에 흡착되어 각각 원자 상태로 분리된다. 흡착된 반응물은 전자를 금속 표면의 원자와 공유하여 안정화된다. 반응물의 흡착 세기는 금속의 종류에 따라 달라진다. 이때 흡착 세기가 적절해야 한다. 흡착이 약하면 흡착량이 적어 촉매 활성이 낮으며, 흡착이 너무 강하면 흡착된 반응물이 지나치게 안정화되어 표면에서의 반응이 느려지므로 촉매 활성이 낮다. 일반적으로 고체 촉매에서는 반응에 관여하는 표면의 활성 성분 원자가 많을수록 반응물의 흡착이 많아 촉매 활성이 높아진다.

금속은 열적 안정성이 낮아, 화학 반응이 일어나는 고온에서 금속 원자들로 이루어진 작은 입자들이 서로 달라붙어 큰 입자를 이루게 되는데 이를 소결이라 한다. 입자가 소결되면 금속 활성 성분의 전체 표면적은 줄어든다. 이러한 문제를 해결하는 것이 지지체이다. 작은 금속 입자들을 표면적이 넓고 열적 안정성이 높은 지지체의 표면에 분산하면 소결로 인한 촉매 활성 저하가 억제된다. 따라서 소량의 금속으로도 ㉠금속을 활성 성분으로 사용하는 고체 촉매의 활성을 높일 수 있다.

증진제는 촉매에 소량 포함되어 활성을 조절한다. 활성 성분의 표면 구조를 변화시켜 소결을 억제하기도 하고, 활성 성분의 전자 밀도를 변화시켜 흡착 세기를 조절하기도 한다. 고체 촉매는 활성 성분이 반드시 있어야 하지만 경우에 따라 증진제나 지지체를 포함하지 않기도 한다.

Q 정의는 체크한다.

↔ 비교는 체크한다.

순서는 체크한다.

⚙ 조건은 체크한다.

Q 정의는 체크한다.

🗀 분류는 체크한다.

01 윗글의 내용과 일치하지 <u>않는</u> 것은?

① 촉매를 이용하면 화학 반응이 새로운 경로로 진행된다.
② 고체 촉매는 기체 생성물과 촉매의 분리 공정이 ~~필요하다.~~
③ 고체 촉매에 의한 반응은 생성물의 탈착을 거쳐 완결된다.
④ 암모니아 합성에서 철 표면에 흡착된 수소는 전자를 철 원자와 공유한다.
⑤ 증진제나 지지체 없이 촉매 활성을 갖는 고체 촉매가 있다.

1 STRUCTURE FLOW

> 🔍 정의   ⚙ 조건

2 ANSWER DECODING

● **STEP 1. 지문 스캔**

지문에서 정의와 조건을 중심으로 선지에서 묻는 상황을 찾는다.

● **STEP 2. 선지 매칭**

고체 촉매는 액체나 기체인 생성물을 촉매로부터 분리하는 별도의 공정이 필요 없기 때문이므로 적절하지 않은 선지 ⇒ 정답

---

02 ㉠의 촉매 활성을 높이는 방법으로 가장 적절한 것은?

① 반응물을 흡착하는 금속 원자의 개수를 늘린다.
② 활성 성분의 소결을 ~~촉진하는~~ 증진제를 첨가한다.
③ 반응물의 반응 속도를 ~~늦추는~~ 지지체를 사용한다.
④ 반응에 대한 활성화 에너지를 ~~크게~~ 하는 금속을 사용한다.
⑤ 활성 성분의 ~~금속입자들을 뭉치게 하여 큰입자로~~ 만든다.

1 STRUCTURE FLOW

> 🔍 정의   ⚙ 조건

2 ANSWER DECODING

● **STEP 1. 지문 스캔**

지문에서 정의를 중심으로 선지에서 묻는 상황을 찾는다.

● **STEP 2. 선지 매칭**

고체 촉매에서는 반응에 참여하는 표면의 활성 성분 원자가 많을수록 촉매 활성이 높아지므로 적절한 선지 ⇒ 정답

03 윗글을 바탕으로 <보기>를 이해한 내용으로 적절하지 않은 것은? [3점]

보기

아세틸렌은 보통 선택적 수소화 공정을 통하여 에틸렌으로 변환된다. 이 공정에서 사용되는 고체 촉매는 팔라듐 금속 입자를 실리카 표면에 분산하여 만들며, 아세틸렌과 수소는 팔라듐 표면에 흡착되어 반응한다. 여기서 실리카는 표면적이 넓고 열적 안정성이 높다. 이때, 촉매에 규소를 소량 포함시키면 활성 성분의 표면 구조가 변화되어 고온에서 팔라듐의 소결이 억제된다. 또한 은을 소량 포함시키면 팔라듐의 전자 밀도가 높아지고 팔라듐 표면에 반응물이 흡착되는 세기가 조절되어 원하는 반응을 얻을 수 있다.

① 아세틸렌은 반응물에 해당한다.
② 팔라듐은 활성 성분에 해당한다.
③ 규소와 은은 모두 증진제에 해당한다.
④ 실리카는 낮은 온도에서 활성 성분을 소결한다.
⑤ 실리카는 촉매 활성 저하를 억제하는 기능을 한다.

04 윗글을 바탕으로 할 때, <보기>의 금속 ⓐ~ⓓ에 대한 설명으로 가장 적절한 것은?

보기

다음은 여러가지 금속 물질에 ㉮가 흡착될 때의 흡착 세기와 ㉮의 화학 반응에서 각 금속의 촉매 활성을 나타낸다. (단, 흡착에 영향을 주는 다른 요소는 고려하지 않음.)

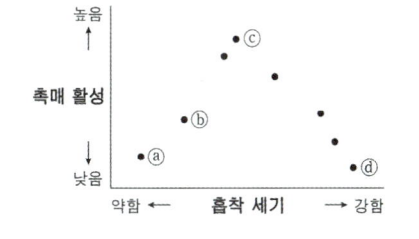

① ㉮의 화학 반응은 ⓐ보다 ⓑ를 활성 성분으로 사용할 때 더 느리게 일어난다.
② ㉮는 ⓐ보다 ⓒ에 흡착될 때 흡착량이 더 적다.
③ ㉮는 ⓐ보다 ⓓ에 흡착될 때 안정화되는 정도가 더 크다.
④ ㉮는 ⓑ보다 ⓒ에 더 약하게 흡착된다.
⑤ ㉮의 화학 반응에서 촉매 활성만을 고려하면 가장 적합한 활성 성분은 ⓒ이다.